Werner Rau

MOBIL REISEN

ENGLAND SÜD

Werner Rau

MOBIL REISEN

ENGLAND SÜD
MOBILE TOURING HIGHLIGHTS

Mit Wohnmobil, Van-Camper oder Caravan
unterwegs auf den schönsten Reiserouten
in Kent, Sussex, Hampshire, Dorset,
Devon, Cornwall und Somerset

**Ein Tourenbuch mit
vor Ort ermittelten GPS-Koordinaten**

WERNER RAU VERLAG

Idee, Layout, Text, Karten, Stadtpläne und Fotos (falls nicht anders gekennzeichnet): Werner Rau
Titelgestaltung: HitzArtworks, 72667 Schlaitdorf
Titelfoto: Lynmouth, Devon

4. überarbeitete Auflage 2020/2021

Herstellung: Druckerei & Verlag Steinmeier, 86738 Deiningen
Printed in Germany

ISBN   978-3-926145-86-4
Geo Nr. 663 10187

Wir lassen nicht im Ausland drucken! Wir nehmen die Dienste heimischer Anbieter in Anspruch – der Umwelt und dem „ökologischen Fußabdruck" zuliebe.

INHALT

Ein Kurzporträt Englands

Ein Kurzporträt Englands 8
– Ortsnamen in Südengland.. 9
– Gesellschaft und Sprache 9
– Architektur 10
– Die Monarchie..12
– – Könige und Königinnen von England 12
– Das Parlament..13
– Wirtschaft 14
– Natur...15
– Die Nationalhymne..15
– Nationale Symbole 16
Geschichte 17
– Staat und Gesellschaft 17
– Englands Geschichte in Stichworten.................................20
– – Römer 20
– – Angelsachsen und Dänen 20
– – Normannische Könige 21
– – Das Haus Lancaster...21
– – Das Haus Tudor 21
– – Henry VIII. und seine Frauen..22
– – Das Haus Stuart...22
– – Das Haus Hanover-Windsor...23
Historische Persönlichkeiten, berühmte Schlachten 25

Anreise

Wie kommt man hin?...28
– Eurotunnel 28
– Günstig gelegene Campingplätze und Wohnmobil-
   stellplätze entlang des Anreiseweges 29
– Fährverbindungen 30

High Spots in Englands Süden

High Spots 33
– Die Schönsten, die Besten 33
– Bemerkenswerte Pubs 34

Mobil Reisen: ENGLAND SÜD – Die Routen

1. Anreise von Dover über Brighton nach Portsmouth 36
   – Abstecher von Dover nach Canterbury.............................43
   – – Ausflug auf der Pilgerroute zu den „C-Villages" 48
   – Abstecher nach Battle und Bodiam Castle 61
2. Isle of Wight 98
3. Isle of Wight – Southampton –Bournemouth....................114
   – Abstecher nach Swanage 129
4. Bournemouth – Weymouth 132
   – Abstecher über Kingston Lacy nach Shaftesbury...........133
   – Abstecher über Cerne Abbas nach Sherborne 143

5. Weymouth – Exeter.. 147
– Abstecher von Exeter nach Tiverton................................. 161
6. Exeter – Ashburton 164
7. Ashburton – Plymouth 177
– Abstecher nach Totnes 184
– Abstecher nach Salcombe... 192
8. Plymouth – St. Austell.. 200
9. St. Austell – Land's End.. 217
– Alternativroute über St. Mawes....................................... 218
– Abstecher auf die Lizard Peninsula 224
– Abstecher zu den Isles of Scilly....................................... 239
10. Land's End – Tintagel 242
– Umweg über den „Jamaica Inn".................................... 254
11. Tintagel – Ilfracombe 263
12. Ilfracombe – Yeovil... 270
– Abstecher in den Exmoor National Park 276
– Abstecher über Glastonbury nach Wells......................... 279
13. Yeovil – Winchester.. 283

Praktische Hinweise und nützliche Informationen von A bis Z

Abkürzungen.. 303
Anschriften... 303
Camping... 304
– Sanitärausstattung.. 304
– Hinweise über Angaben zu Campingplätzen 305
Einkaufen 306
Einreisebestimmungen.. 306
– Persönliche Dokumente.. 306
– Haustiere... 307
– Zollbestimmungen.. 307
English Heritage 307
Essen und Trinken.. 308
– Wo serviert man was? 310
– Über Pubs, Saloons und Lounge Bars 310
Feiertage, Festivals, Veranstaltungen 312
Freizeitaktivitäten 313
Klima und Reisezeit 315
Miniwortschatz 316
Maße und Gewichte... 319
Medizinische Vorsorge... 320
Mit dem Auto durch Großbritannien....................................... 320
– Entfernungsübersicht 323
– Höchstgeschwindigkeiten 324
– Kraftstoff und Preise 324
National Trust 324
Öffnungszeiten... 325
Post und Telefon 325
Reisen im Lande 326
– Mietwagen.. 326
Sicherheit... 327
Souvenirs.. 327
Stromspannung.. 328
Tourist Information... 328

Trinkgeld 329
Wandern 329
– The South West Coast Path.. 329
– Dartmoor Walks.. 330
– South Downs Way 330
– Tarka Trail 330
Währung und Devisen 331
Wichtige Rufnummern.. 332
Zeitunterschied... 332

Informationen zu GPS-Navigationskoordinaten 333
GPS-Roadbook-CD... 334

Zeichenerklärung... 335

Register... 335

Warum gerade Reiseführer aus dem Werner Rau Verlag?.... 342
Rau's Reiseführer – das „Mobil Reisen"-Buchprogramm 343

Extra-Infos

Christopher Marlowe...46
The Chunnel / Der Eurotunnel 52
The Church of England...23
Cornwalls Zinnminen 240
Der „Garten Englands"..37
Geoffrey Chancer 49
Glyndebourne Opera House...69
Henry James..57
Legenden aus dem „Wilden Westen"... 166
Martello Towers 55
New Forest.. 118
Schmuggler in Cornwall 256
Winchester College 300
Vom „Wurm-Betören" und anderen Spleens............................... 186

Karten und Stadtpläne

Die Reiseroute, Übersicht.................. Umschlaginnenseite vorne
Der Reiseweg durch Englands Südwesten ......Umschlag hinten
Routenkarten...vor jeder Etappe

Counties in England...16
Eurotunnel Terminals...28, 29
Exeter Stadtplan 159
Fährstrecken... 31
Plymouth Stadtplan 195
Portsmouth Stadtplan... 91
Rye Stadtplan 56
Salisbury Stadtplan 287
Salisbury Cathedral 288
St. Ives Stadtplan... 244
Torquay Stadtplan... 180
Winchester Stadtplan 294
Winchester Cathedral 295

EIN KURZPORTRÄT ENGLANDS

Die **weißen Klippen von Dover** waren schon für die Römer so beeindruckend, dass sie dem ganzen Land den Namen **Albion** gaben: „Das weiße Land". Nicht nur die Römer landeten in diesem Gebiet, die Küste im Süden Englands bildet seit Jahrhunderten den Zugang zur Insel, Dover ist dabei das am meisten frequentierte Eingangstor.

Seit 1994 muss sich aber der Reisende, der nicht mit einem Fährschiff über den Kanal anreist, seinen ersten optischen Eindruck von England ohne die weißen Klippen machen, denn der neueröffnete **Eurotunnel** lässt Großbritannien nicht nur näher an das vereinigte Europa heranrücken, was den Verfechtern der traditionell gepflegten „splendid isolation" des Landes gar nicht gefällt, er stellt auch eine Zäsur für die Insel dar: Die Ankunft in England hat etwas von ihrem Flair verloren, die Symphonie einer Landschaft in Weiß und Grün muss sich hinter den Errungenschaften der modernen Technik verbergen.

Übrigens: Als ein schweres Unwetter (lange vor der Eröffnung des Eurotunnels) die Fährverbindungen zwischen England und dem europäischen Festland zum Erliegen brachte, titelte eine englische Zeitung: „The Continent is cut off."

Als vor etwa 4.000 Jahren Menschen vom europäischen Festland als Eindringlinge nach England kamen, errichteten sie auch riesige Steinkreise, von denen eine Theorie annimmt, dass diese „henges" als gigantische Kalender die Positionen von Sonne und Mond nutzten, um die beste Zeit für Aussaat und Ernte zu bestimmen.

Die vielen Trampelpfade und Wanderwege im waldreichen Süden Englands mögen den Menschen als einfache Routen gedient haben, um Handel zu treiben oder ihre Kultur zu verbreiten. Auf dem europäischen Kontinent war zu jener Zeit England kaum bekannt, man sprach nur von einer fernen, legendenumwobenen Welt, verschwommen im ewigen Nebel und voller Mysterien.

Dennoch gewann die Insel eine gewisse Anziehungskraft für Menschen vom Festland.

An der Küste im Südosten Englands landeten die ersten Invasoren schon in vorchristlicher Zeit. Keltische Volksstämme kamen etwa 60 Jahre vor den Römern, die unter Julius Caesar in den Jahren 55 und 54 v. Chr. mit 40.000 Soldaten bei Walmer in der Pegwell Bay landeten, aber die Insel schnell wieder verließen.

Die römischen Legionen kamen erst im Jahre 43; sie blieben bis zum Jahre 410 im Land. Ihre lateinische Sprache hinterließ der englischen einige Nachsilben, aus denen man auf frühere Römerstandorte schließen kann, z. B. -caster (Lancaster) oder -chester (Chichester), die sich von „castra", dem Lager, ableiten.

Am Ende der römischen Besatzungszeit waren es Angeln und Sachsen, denen die vielen natürlichen Häfen als ideale Landeplätze dienten. Sie kolonisierten englische Gebiete und benannten Ortschaften mit Endungen wie -ing, -ton, oder -ham (z. B. Worthing, Brighton oder Farnham). Auch dänische und norwegische Wikinger sowie Normannen aus Frankreich gehörten zu den Invasoren.

Allen gleich war der stete Versuch, sich nach dem Eindringen auf der Insel rasch durch Befestigungsanlagen gegen mögliche neue Invasoren abzusichern. Die Überreste dieser alten Anlagen, aber auch viele noch gut erhaltene Burgen und Schlösser, lassen sich heute an vielen Orten besichtigen.

Der Benediktinermissionar Augustinus begann im Auftrag Papst Gregors die Christianisierung Englands im Jahre 597, das von Ihm gegründete Kloster bei Canterbury gilt als Wiege der Christenheit in England.

Den letzten, vergeblichen Versuch eines Angriffs auf Großbritannien unternahm die Luftwaffe des Deutschen Reichs während der Luftschlacht um England im Jahre 1940, bei der viele historische Gebäude durch Bombentreffer schweren Schaden nahmen.

Ortsnamen in Südengland

Keltischer Ursprung: Thames

Angelsächsischer Ursprung:
-bury, -borough (Befestigung) z. B. in Salisbury bzw. Petersborough;
-bourne (gestauter Fluss) z. B. in Eastbourne;
-down (Anhöhe) z. B. in Ashdown;
-combe (Tal) z. B. in Castlecombe.

Skandinavischer Ursprung:
-by (Dorf) z. B. in Grimsby;
-thorp, -thorpe (Farm) z. B. in Grainthorpe.

Römischer Ursprung:
-caster, -chester (Lager) z. B. in Chichester, Winchester, Lancaster;
-coln (Kolonie) z. B. in Lincoln.

Normannischer Ursprung:
Beaulieu, Cowdrey, Hurstmonceaux

Gesellschaft und Sprache

Es gibt kaum ein Land in Europa, auf das sich der Begriff der „Klassengesellschaft" eher anwenden lässt als auf Großbritannien. Gleichzeitig gibt es aber kein Land, das zu einer vorbehaltlosen Identität in nationalen Krisen fähig ist.

Ein großer Teil der Arbeiterschaft versteht sich als „Klasse" und steht mit seinem Wir-Gefühl („us - wir") dem gehobenen Bürgertum („them - die da oben") unvereinbar gegenüber. Karl Marx und seine Theorien vom Klassenkampf und der Weltrevolution haben aber nie einen besonderen Einfluss auf die englische Arbeiterschaft gewinnen können, im Gegenteil, hier hat es Revolutionen der unteren Klassen nicht gegeben.

Die seltsame Vereinbarkeit von heftiger Konfliktbereitschaft und Konsensfähigkeit kann man aber nur verstehen, wenn man in die Geschichte Großbritanniens zurückblickt.

In England war das Königtum stets zu schwach, um sich dauerhaft gegen die großen gesellschaftlichen Gruppen durchzusetzen. Auch eine der preußischen Bürokratie vergleichbare gesellschaftliche Gruppe gab hier es nie. Die englische Gesellschaftstheorie des Adam Smith (172 – 1790) überließ es dem Bürger zu entscheiden, was er für richtig und nützlich im wirtschaftlichen, gesellschaftlichen und politischen Bereich hielt (Liberalismus).

Die Industrielle Revolution seit der Mitte des 18. Jahrhunderts brachte gewaltige gesellschaftliche Veränderungen, deren Lösung den gesellschaftlichen Gruppen selbst überlassen blieb. Als Folge der Zurückhaltung des Staates blieben etwa die krassen Missstände und das Elend der Arbeiterschaft jahrzehntelang bestehen. Gleichzeitig konnten sich aber feste Formen der Konfliktregulierung herausbilden, die aufgrund politischer Erfahrungen Lösungen durch Pragmatismus und Berechenbarkeit schufen. Es war eine politische Erziehung aus der Erfahrung, nicht aus einer Theorie heraus.

Im Zeitalter der Industriellen Revolution war der wirtschaftliche Erfolg der Schlüssel zum sozialen Aufstieg. Das Bürgertum des Geldes wurde von der Aristokratie viel eher akzeptiert als in anderen Ländern.

Auf der anderen Seite waren die neuen Mitglieder des Establishments schnell bereit, die traditionellen Werte, die zum Teil in England noch heute gelten, zu übernehmen. So sind etwa nur standesgemäße Berufe nach der verbreiteten Auffassung wert-traditionell: Jurist, Arzt, Bankier, Lehrer an einer Privatschule, Wissenschaftler, Offizier, nicht aber Ingenieur oder Industriemanager, obwohl diese Berufe einst das Mittel des Aufstiegs waren.

Die Klassenunterschiede in England werden vor allem durch bestimmte Wertvorstellungen, ein Zwei-Klassen-Schulsystem und extreme Unterschiede in der Vermögensverteilung aufrechterhalten. Eigentum und Bildung gelten wesentlich mehr als Leistung und Wettbewerb, wie in der deutschen oder amerikanischen Gesellschaft.

Die Zugehörigkeit zur Oberschicht wird zudem noch durch die Sprache dokumentiert, die wiederum in den Public Schools (Privatschulen), Eliteuniversitäten, Militärakademien und im Rundfunk geprägt werden. Nur eine „richtige" Aussprache und eine entsprechende Schulausbildung bieten die Chance auf den guten Beruf und die Teilhabe am politischen Establishment. Von den Unterhausabgeordneten sind ein Drittel Absolventen einer Privatschule und ein Viertel wiederum hat eine der beiden Universitäten von Oxford und Cambridge besucht. Ähnlich sieht es bei den höheren Beamten, Richtern, Direktoren von Banken und Versicherungen und beim Klerus der Anglikanischen Kirche aus.

Bei politischen Wahlen scheint die Klassenzugehörigkeit nach dem Selbstverständnis vieler Engländer keine Rolle mehr zu spielen. Die beiden großen Parteien sind längst Volksparteien, die von Arbeitern genauso wie von Unternehmern gewählt werden.

Begriffe wie *gentleman, fair play, common sense* sind Leitbilder der britischen Zivilisation. Dass diese Wörter und das, was darunter verstanden wird, in aller Welt ohne Übersetzung verstanden wird, setzt eine Leistung voraus, der andere Nationen nichts Vergleichbares zur Seite stellen können.

In den Gesellschaften der modernen Industriestaaten mögen diese Begriffe in den Hintergrund gedrängt worden sein. Manager, Bürokratie und Spezialistentum haben sich in den Vordergrund gespielt. Die Welt von morgen wird aber nur der Mühe wert sein, wenn gentleman, fair play und common sense zumindest als Ideale noch lebendig bleiben.

Sprache – Wenn man in England den „wrong accent" hat oder gar „branded on the tongue" ist, also durch seine Aussprache als jemand abgestempelt ist, der aus einfachen Verhältnissen stammt oder nicht die „richtige" Schulbildung genossen hat, kann das auch heute noch in Großbritannien zu großen Nachteilen führen.

Während die Aussprache in Deutschland für den Aufstieg in Beruf oder Politik nur noch eine geringe Rolle spielt, ist in England das Beherrschen einer dialektfreien Aussprache für eine Karriere von immensem Vorteil. Eine „received pronounciation", seit dem 19. Jahrhundert als Sprachform in der besten Gesellschaft

akzeptiert, wird von Public Schools, den Universitäten, den Gerichten, Militärakademien und in den hohen Rängen der Beamtenschaft und der Wirtschaft gesprochen. Dieser beherrschende Einfluss ist von den englischen Privatschulen ausgegangen, von wo er in die Oberschicht hineingetragen wurde. Radio und Fernsehen haben sie übernommen und ihre gesellschaftlich dominierende Rolle gefestigt.

Architektur

Die prähistorischen Bewohner Englands hinterließen einige bemerkenswerte Baumonumente. Das bekannteste steht in **Stonehenge** in der Nähe von Salisbury in Wiltshire. Stonehenge bestand ursprünglich aus vier konzentrischen Steinkreisen, von denen einige noch an ihrem ursprünglichen Ort stehen oder liegen. Bei diesem geheimnisumwitterten frühgeschichtlichen Monument handelte es sich wohl um eine Kultstätte, die für Opfergaben und religiöse Riten erbaut worden war.

Die **Römer**, die etwa 450 Jahre lang in England herrschten, hinterließen nach ihrem Abzug viele Zeugnisse ihrer kolonialen architektonischen Baukunst. Erhalten gebliebene Hausfundamente in Dover, Canterbury, auf der Isle of Wight und in Fishbourne bei Chichester. Mit prächtigen Mosaikarbeiten, raffinierten Heizungssystemen und kunstvollen Bädern zeugen sie in Südengland noch immer von der hohen Baukunst der römischen Invasoren.

Die **Angelsachsen** hinterließen kaum Spuren ihrer Baukunst; ihre Kirchen waren in die Landschaft geduckte Gebäude mit dicken Mauern und niedrigen Fenstern. Im Inneren ihrer Gebäude überwogen Holzmaterialien, dadurch ist es zu erklären, dass dieses Baumaterial die Jahrhunderte nicht unbeschadet überdauern konnte. Der gemeinschaftliche Schlafsaal in einer großen Halle des Hauses gab der heutigen englischen „hall" (Eingangshalle) ihren Namen.

Mit der Eroberung Englands durch die Normannen kam der **normannische Baustil**, auf dem europäischen Festland als **Romanik** bekannt, ins Land. Die großen Kathedralen wurden in diesem Baustil begonnen, Rundbögen und geometrische Steindekoration, später Natur- und Tierdarstellungen, wurden als Dekorationen eingebaut. Jahrhunderte später wurden sie unter dem gotischen Einfluss angepasst, umgebaut oder erweitert.

Der Charakter der englischen Kathedralen ergab sich aus ihrer Funktion als Bischofssitz einer Abtei. Sie breiteten sich mit ihren ehemaligen Klostergebäuden innerhalb von Garten- oder Parkflächen aus.

Die Kirchengebäude sind sehr lang, die Querschiffe schließen meist mit hohen Stirnwänden ab. Ab 1175 baute der französische Architekt *Guillaume des Sens* das Chorschiff der **Kathedrale von Canterbury** im Stil des gotischen **Early English** neu. Lanzenförmige, hohe Fenster wurden paarweise oder in Dreiergruppen angeordnet, Rosettenfenster gab es nur wenige, auch waren sie nicht so prachtvoll wie in Frankreich. Die **Kathedrale von Salisbury** mit einer relativ kurzen Bauzeit von 1220 – 1266 war die erste englische Kirche dieser einheitlichen gotischen Architektur in England. Der Aufbau ist einfach und klar gegliedert, alle Fronten schließen flächig und gerade ab.

Im späten 13. Jahrhundert prägte der **Perpendicular Style** mit seinen Fächer- und Trichtergewölben und den vom Boden bis zur Decke reichenden Fenstern den gotischen Stil durch transparente und dekorative Strukturen.

Im 14. Jahrhundert ergänzte der **Decorated Style** mit geschwungenen Formen und einem Turmbau, der wie ein schlankes Schwert in den Himmel strebte, wie man das bei der **Kathedrale von Exeter** sieht, diese Stilepoche.

Die **Burgtypen des Mittelalters** waren normannische Turmhügelburgen, die als sogenannte „Motten" einen europäischen Standardtyp bildeten. Die Wohntürme (Keep) übernahmen später die Funktion der Turmhügelbauten, hatten aber keine Fenster oder Kaminöffnungen. Ein rechteckiger Vorbau verteidigte den Zugang. Die **Burg von Pevensay** gehörte zu dieser Gruppe englischer Burgbauten.

Um die Flankierung zu verbessern, erhielten die Turmbauten dicke Mauern und weitere Ecktürme, etwa in Dover. Mit neuen Angriffstechniken, z. B. den Kanonen der Artillerie, wandelten sich auch die Turmbauten, die ihre Festungsmauern abrundeten, um den heranfliegenden Geschossen weniger Widerstand zu bieten. Deal und Walmer Castle kann man hier als Beispiel anführen.

Das Ende des Feudalsystems und der Aufstieg einer Mittelklasse öffnete auch einem komfortableren Wohnen in England neue architektonische Möglichkeiten.

Im 15. Jahrhundert begann der Bau der ersten Privathäuser, die in der Tudor-Zeit einen eigenen Stil der Hausarchitektur entwickelten. Der Baustil wird leicht, die Fenster sind rechteckig und werden zunehmend größer; manchem Zeitgenossen erschienen die Fassaden aus mehr Glasfläche als aus Steinen zu bestehen.

Das Zeitalter der **Renaissance** beschränkte sich in England vornehmlich auf innenarchitektonische Dekorationen. Als Hochzeit der **Stately Homes** erwies sich das Elisabethanische Zeitalter mit seinen Palästen und **Mansion Houses**, die sich durch einen Innenhof und großflächige Fensterfassaden auszeichneten. In einem oberen Stockwerk befand sich die sogenannte Long Gallery, der beliebteste Aufenthaltsort des Hausherrn und seiner Gäste.

Durch die Architektur des italienischen Baumeisters *Andrea Palladio* beeinflusst, führte der englische Architekt *Inigo Jones* (1573 – 1651) als Königlicher Architekt der englischen Monarchen James I. und Charles I. seinen **Palladian Style** in England ein. Gotische Elemente traten in den Hintergrund, der klassische Stil unter italienischem Einfluss setzte sich durch.

Nach der Restauration setzte *Sir Christopher Wren* mit seinen 50 Londoner Sakralbauten, unter anderem der St. Pauls Cathedral, nach dem großen Feuer Jones' Arbeit mit einem stärkeren englischen Akzent, fort.

Mit dem Wachsen der Städte wurde eine bewusste **Stadtplanung** erkennbar, die auf rechteckige Plätze (squares) und die Reihenhausbauweise (terraces) setzte.

John Wood (1705 – 1754) gilt als einer der bedeutenden Architekten des **Georgian Style**, der noch heute in einigen Städten an der Südküste Englands (Brighton, Bournemouth) mit langen Häuserzeilen gut zu erkennen ist. Die Engländer sprechen vom goldenen Zeitalter des Hausbaus. Das zurückhaltende Äußere wurde durch eine prachtvolle Innendekoration ausgeglichen.

Das **Viktorianische Zeitalter**, in das die Industrielle Revolution fällt, verließ die regelmäßige architektonische Baukunst. Eisen und Glas wurden als neue, aufregende Baustoffe entdeckt (etwa bei der Bahnhofsarchitektur), der **Royal Pavilion** in Brighton vereinigte phantasievolle Komponenten aus fernen Ländern mit der spleenigen Verspieltheit eines englischen Kronprinzen.

Der jetzige Thronfolger, Prinz Charles, hat sich seit vielen Jahren mit großem Engagement neben dem Erhalt und Schutz der Natur auch kritisch in die moderne englische Stadtarchitektur eingebunden und sich dabei als Gegner gesichtsloser, internationaler architektonischer Gleichförmigkeit zu erkennen gegeben.

Die Monarchie

Die englische Monarchie hat heute vornehmlich eine repräsentative Funktion. Der Monarch ist die Personifikation des Staates und sein sichtbares Symbol. Er nimmt folgende Aufgaben wahr: Die jährliche Eröffnung des Parlaments und das Verlesen des Regierungsprogramms, die Auflösung des Parlaments und die Einberufung eines neuen Parlaments durch Wahlen, die Einführung des Premierministers in sein Amt und dessen Beauftragung mit der Regierungsbildung. Im Namen des Monarchen wird in England auch heute noch Recht gesprochen, er verleiht Orden und ist Vorsitzender des Commonwealth.

Am auffälligsten ist die Teilnahme des Monarchen an wichtigen Feiern und Gedenktagen des Landes und die hiermit verbundenen farbenprächtigen Veranstaltungen. Auch die Staatsbesuche im Ausland und die protokollarischen Funktionen des Staatsoberhauptes beim Empfang von Staatsgästen sind zu erwähnen.

Der Monarch ist Oberhaupt der von König Henry VIII. gegründeten anglikanischen Staatskirche, die aber seit dem 19. Jahrhundert an politischem Einfluss verloren hat, seit auch Mitglieder anderer Religionsgemeinschaften öffentliche Ämter bekleiden konnten. Dennoch werden wichtige nationale Gedenkfeiern und Staatszeremonien, z. B. Krönungen und Begräbnisse, aber auch das Gebet zu Beginn von Parlamentssitzungen, im anglikanischen Ritus durchgeführt.

Könige und Königinnen von England

Saxon

802 – 839	Egbert
839 – 858	Ethelwalf
858 – 860	Ethelbald
860 – 866	Ethelbert
866 – 871	Ethelred I.
871 – 901	Alfred
901 – 925	Edward der Ältere
925 – 940	Athelstan
940 – 946	Edmund I.
946 – 955	Edred
955 – 959	Edwy
959 – 975	Edgar
975 – 979	Edward der Märtyrer
979 – 1016	Ethelred II.
1016 – 1017	Edmund II.
1017 – 1035	Canute (dänisch)
1035 – 1040	Harold I. (dänisch)
1040 – 1042	Hardicanute (dänisch)
1042 – 1066	Edward der Bekenner
1066 – 1066	Harold II.

Normannen

1066 – 1087	William I. der Eroberer
1087 – 1100	William II.
1100 – 1135	Henry I.
1135 – 1154	Stephen

Plantagenets

1154 – 1189	Henry II.
1189 – 1199	Richard I. Löwenherz
1199 – 1216	John
1216 – 1272	Henry III.
1272 – 1307	Edward I.
1307 – 1327	Edward II.
1327 – 1377	Edward III.

1377 – 1399	Richard II.
1399 – 1413	Henry IV.
1413 – 1422	Henry V.
1422 – 1461	Henry VI.
1461 – 1470	Edward I.
1470 – 1471	Henry VI.
1471 – 1483	Edward I.
1483 – 1483	Edward II.
1483 – 1485	Richard III.

Tudors

1485 – 1509	Henry VII.
1509 – 1547	Henry VIII.
1547 – 1553	Edward VI.
1553 – 1558	Mary I. "Bloody Mary"
1558 – 1603	Elizabeth I.

Stuarts

1603 – 1625	James I.
1625 – 1649	Charles I.
1660 – 1685	Charles II.
1685 – 1689	James II.
1689 – 1702	William III. und Mary II.
1702 – 1714	Anne

Hanover/Windsor

1714 – 1727	George I.
1727 – 1760	George II.
1760 – 1820	George III.
1820 – 1830	George IV.
1830 – 1837	William IV.
1837 – 1901	Victoria
1901 – 1910	Edward VII.
1910 – 1936	George V.
1936 – 1936	Edward VIII.
1936 – 1952	George VI.
1952 –	Elizabeth II.

Das Parlament

Das britische Unterhaus **House of Commons** wird für 5 Jahre gewählt und tagt in vier Sitzungsperioden von jeweils ca. 40 Tagen im Jahr. Beiträge zu den Debatten werden traditionell frei vorgetragen, was zu einer viel größeren Lebendigkeit des parlamentarischen Lebens führt.

Im Unterhaus sitzen etwa 650 Abgeordnete, die in ihrem Wahlkreis direkt gewählt worden sind und zwischen 50.000 und 70.000 Wahlbürger repräsentieren.

Im Unterhaus sitzen sich Regierungspartei und Opposition in einem für 450 Personen vorgesehenen Saal gegenüber.

Winston Churchill sagte einmal, dass dieser Saal deswegen so klein sei, damit bei Abwesenheit von Abgeordneten nicht der Eindruck gähnender Leer entstehe.

Der Premierminister sitzt dem Oppositionsführer direkt gegenüber; neben dem Premierminister sitzen das Kabinett und andere Mitglieder der Regierung. Etwa 100 Personen gehören dazu.

Neben dem Oppositionsführer versammeln sich die Mitglieder seines Schattenkabinetts, die so zeigen, dass sie jederzeit Regierungsverantwortung übernehmen können.

Das Haus wird vom Sprecher (Mr. Speaker) geleitet, einem traditionellen Amt aus dem 13. Jahrhundert. Er leitet die Sitzungen und wacht über das parlamentarische Protokoll, die Sitten und Privilegien.

Ein weiterer wichtiger Amtsträger ist der Leader of the House, ein Kabinettsmitglied, das dafür Sorge trägt, dass das Parlament die Gesetzesvorlagen der Regierung möglichst termingerecht und umfassend behandelt.

Das Oberhaus **House of Lords** zählt ca. 1.200 Mitglieder, von denen etwa 800 erbliche Adelige des britischen Königreichs sind. Für die Dauer ihrer Amtszeit gehören dem Oberhaus auch die Erzbischöfe von Canterbury und York sowie 24 weitere Bischöfe der anglikanischen Kirche an.

Seit 1958 werden Lords auch auf Lebenszeit ernannt, vornehmlich aufgrund ihrer außerordentlichen Verdienste für das Land. Als erster Deutscher wurde der inzwischen naturalisierte (eingebürgerte) Lord Dahrendorf Mitglied des britischen Oberhauses.

Das Haus hat seit dem letzten Jahrhundert an Macht eingebüßt, da es nicht mehr, wie bis 1911, ein im Unterhaus verabschiedetes Gesetz durch Veto blockieren kann.

Die wichtigste Aufgabe des Oberhauses liegt in seiner parlamentarischen Funktion als Teil des britischen Verfassungssystems.

Zu seinen Mitgliedern gehören 20 sogenannte Law Lords (Lord-Richter), die unter dem Vorsitz des Lord Chancellor, des Vorsitzenden des Oberhauses, das oberste Berufungsgericht des Königreichs sind. Auch hier sieht man die Verschränkungen der verschiedenen Gewalten im englischen Verfassungssystem.

Parlamentarische Etikette: Das Unterhaus

Die Abgeordneten sprechen sich nie direkt, sondern immer über den Speaker an.

Redet man über das Oberhaus, wird dieses immer nur als „der andere Ort" bezeichnet.

Man klatscht nicht in die Hände, sondern drückt seine Zustimmung durch ein hörbares „Hear, hear" aus. Ablehnung wird durch „Shame, shame" kundgetan. Bei großer Unruhe im Saal ruft man „Order, order!"

Mr. Speaker beendet eine Sitzung, indem er aufsteht. Der Speaker stimmt weder mit ab, noch beteiligt er sich an Debatten. Seine Stimme gibt nur bei Stimmengleichheit den Ausschlag.

Parlamentarische Etikette: Das Oberhaus

Der Sprecher des Oberhauses (Lord Chancellor) ist Kabinettsmitglied; er nimmt an den Debatten teil und stimmt auch ab.

Der Lord Chancellor sitzt auf dem „Wool–Sack", einem mit Wolle gefüllten roten Sitzkissen.

In der Regel sind nie mehr als 80 bis 100 Lords anwesend.

Ein Lord spricht andere Mitglieder des Oberhauses immer mit „My Lords" an.

Wirtschaft

Im 19. Jahrhundert war Großbritannien die führende Wirtschafts- und Handelsmacht der Welt, bedingt durch die erste industrielle Revolution und den damit verbundenen wirtschaftlich-technologischen Vorsprung und die Konsumkraft seiner Bürger und die Absatzmärkte im Ausland. Der Erfindergeist der englischen Ingenieure und relative stabile soziale und politische Rahmenbedingungen trugen ein übriges dazu bei. Bis 1939 hatte Großbritannien nach den USA das höchste Pro-Kopf-Einkommen der Welt.

Nach dem Zweiten Weltkrieg begann das Land aber durch nachlassende Leistungsfähigkeit der Wirtschaft, insbesondere der Industrie, abzurutschen. Durch den Konkurrenzdruck auf dem sich globalisierenden Weltmarkt gerieten vor allem die Textilindustrie und die Schwerindustrie (Metall, Schiffbau) in Schwierigkeiten.

Trotz des Nordseeöls verkraftete Großbritannien die Weltwirtschaftskrise der 70er Jahre weit weniger gut als andere westliche Industrienationen. Der traditionelle Auslandsmarkt des Commonwealth verlor an Bedeutung, gleichzeitig sah sich England der Konkurrenz aus den EG-Partnerländern und aus Japan ausgesetzt

Die Beschäftigung im produzierenden Gewerbe ging in den 80er Jahren um 25% zurück, lediglich der Dienstleitungssektor konnte durch Wachstum den Rückgang teilweise auffangen. Ohne gezielte Strukturmaßnahmen der britischen Regierung wäre das traditionelle Nord-Südgefälle des Landes wohl noch krasser ausgefallen.

Südengland ist die wohlhabendste Region Englands. Schon Anfang des 20. Jahrhunderts waren in Großbritannien mehr Menschen im Dienstleistungs- als im Industriesektor beschäftigt. Heute befinden sich zwei von drei Arbeitsplätzen in diesem Bereich.

Auch neue High-Tech-Regionen im Gebiet um die Universitätsstadt Cambridge und im Großraum südlich von London können den Niedergang der 70er Jahre nur teilweise ausgleichen, zudem verstärken sie das Auseinanderklaffen des reichen Südens mit dem ärmeren Norden.

Im Bereich der Biotechnologie ist Großbritannien in Europa führend. Die Privatisierungsbemühungen der 80er Jahre waren ein ebenso wichtiger Bestandteil der umfangreichen Bemühungen, die britische Wirtschaft zu modernisieren, hierzu gehörten die staatliche Telefongesellschaft, die Fluggesellschaft British Airways, Teile der Öl- und Gasförderungsunternehmen, die Seehäfen und die Flugzeugbauindustrie.

Der Süden Englands lebt – abgesehen von den großen Seehäfen Southampton und Portsmouth – von Landwirtschaft (Hopfen-, Apfel- und sogar Weinanbau, von den Scilly Islands werden im Winter Schnittblumen in alle Landesteile exportiert), Fischerei, von Dienstleistungen und vor allem vom Tourismus – die Südküste Englands ist nach wie vor das beliebteste Ferienziel der Briten.

Natur

Trotz der intensiven landwirtschaftlichen Nutzung im Süden Englands gibt es noch reichlich Flächen mit natürlicher Flora und Fauna. Gepflegte Landschaftsgärten bieten dem Auge eine große Vielfalt an Bäumen, Sträuchern und Pflanzen. An der englischen Riviera um Torquay finden sich Palmen, auf den Scilly Islands wachsen sogar südliche Zitrusfrüchte.

Der früher dichte Eichenwald ist eher kleinwüchsigem Buschwald gewichen, einige Buchenwälder finden sich nur noch im Gebiet der South Downs.

Ausgedehnte Moorgebiete (Dartmoor, ca. 500 qkm) bieten vielen Kleintierarten Unterschlupf und Lebensraum. So sind Hase, Igel, der Fasan und der Fuchs immer noch weit verbreitet.

Im Gebiet des New Forest (ca. 350 qkm) streunen wilde Pferde durch eine bewaldete Heidelandschaft, im Exmoor (ca. 30 qkm) leben kapitale Rothirsche und in vielen Flüssen, so sie noch nicht verschmutzt wurden, kann man mit ein bisschen Glück Fischotter sehen.

Entlang der Küste gehen viele Engländer ihrem Hobby der Vogelbeobachtung nach, finden sie hier doch unzählige Seevögel. Der putzigste ist der Puffin, ein Papageientaucher, der dem größten englischen Taschenbuchverlag für seine Kinderbuchreihe den Namen gab. Die zahlreichen Seemöwen erreichen hier Flügelspannweiten von über einem Meter.

Landesnatur – Die Topographie Südenglands wird bestimmt von den Kalkhügeln der Küstenlandschaft. Während die Küste im Südosten noch steil ins Meer fällt, senkt sie sich im Südwesten eher stufenartig zum Meer hinab.

Den größten Teil des südwestlichen England bildet eine Halbinsel zwischen dem Ärmelkanal (English Channel) und dem Bristol Channel mit der längsten Küstenlinie aller englischer Regionen von stattlichen 1.130 km Länge.

Große Teile dieser Küste sind durch Gesetze vor einer übermäßigen Bebauung oder ausufernden Urbanisierung geschützt. Diese nicht zuletzt aus Gründen des Umweltschutzes getroffene Entscheidung ist u. a. einem naturnahen Tourismus zuträglich.

Im äußeren Südwesten ist die Küstenlinie dagegen zerklüftet und reich gegliedert. Die Höhenzüge der South Downs mit ihren Hügelgruppen und Hochplateaus bilden die Umrahmung für eine weite Schichtstufenlandschaft mit einem abwechslungsreichen Relief.

Verkehrsmäßig wird der Süden Englands von London aus sternförmig durch Motorways (Autobahnen) und gute Landstraßen erschlossen – durch die M 2 nach Dover, die M 3 nach Southampton, die M 23 nach Brighton und die M 20 nach Folkestone. Zur Umgehung Londons kann man die M 25 benutzen, die als Autobahn eine der größten Umgehungsstraßen Europas ist.

Die größten Städte der Region im Süden Englands sind Brighton (ca. 250.000 Einwohner inkl. der Nachbarstädte Hove, Portslade und Rottingdean), die Hafenstädte Plymouth (ca. 257.000 Einwohner), Southampton (ca. 240.000 Einwohner und Portsmouth (ca. 205.000 Einwohner und einigen Küstenorten, die die Zahl 100.000 überschreiten, wie Bournemouth, Torquay und Exeter. Fast alle anderen Städte im Süden des Landes bleiben als Kleinstädte unter 100.000 Einwohnern.

Die Nationalhymne

God save our gracious King/Queen,
Long live our noble King/Queen,
God save the King/Queen!
Send him/her victorious,
Happy and glorious,
Long to reign over us,
God save the King/Queen!

Nor on this land alone –
But be God's mercies known
From shore to shore.
Lord make the nations see
That men should brothers be
And from one family
The wide world o'er.

Nationale Symbole

Die britische Nationalflagge, der **Union Jack** oder **Union Flag** vereinigt das englische St. Georges Cross (rot auf weißem Grund, aus dem 8. Jahrhundert), das schottische St. Andrew's Cross (weiß auf blauem Grund, seit 1707) und das irische St. Patrick's Cross (rot auf weißem Grund, seit 1801). Der breite weiße Streifen in der Mitte (unter dem englischen St. Georges Cross) soll Hilfe bedeuten. Der Union Jack ist eine königliche Flagge, die nach einem Parlamentsbeschluss auch von Privatpersonen geführt werden darf. Die Flagge wurde in der jetzigen Form am 1. 1. 1801 zum ersten Mal gehisst.

Das **Staatswappen** vereinigt zahlreiche Aspekte der britischen Geschichte. Die drei Löwen wurden dem Schild von Richard Lionheart (Richard Löwenherz) entnommen (1190), die Harfe von Irland wurde von König Henry II. im Jahre 1155 hinzugefügt. „Honi soit qui mal y pense" (Wehe dem, der schlecht darüber denkt) ist das Motto des Hosenbandordens, der 1344 von König Edward III. gegründet wurde. König James I. fügte dann 1603 den schottischen Löwen und das Einhorn hinzu. Die Worte „Dieu et mon droit" (Gott und mein Recht) werden Richard Lionheart aus dem Jahre 1198 zugesprochen.

Die **Pflanzensymbolik** umfasst die **Rose von England**, die auf den Krieg der Rosen (1461 – 1485) zwischen den Parteien der Roten Rose (Lancaster) und der Weißen Rose (York) um die Vorherrschaft in England zurückgeht, die **schottische Distel**, die als Symbol der Verteidigung von König James II. übernommen wurde,

weiter das dreiblättrige **irische Klee-blatt**, das für St. Patrick die Idee der Dreifaltigkeit symbolisierte, und schließlich der **walisische Lauch**, der auf den Heiligen David zurückgeht, der seine Landsleute im Kampf gegen die Angelsachsen aufforderte, sich eine Lauchstange an die Mütze zu stecken, um sich von den Gegnern abzuheben.

John Bull und die Bulldogge sind satirische Überzeichnungen für die Stärke der britischen Nation.

GESCHICHTE

Staat und Gesellschaft

Seit Jahrhunderten existiert die britische Nation in Grenzen, die kein Feind überschritten hat. Seit 1066 hat niemand mehr die englische Hauptinsel von außen erobern können. Diese Tatsache hat ohne Zweifel dazu beigetragen, dass sich eine britische Identität entwickeln konnte. Dennoch sieht man hierbei nur einen Teil der Wahrheit. Nordsee oder Ärmelkanal waren zwar Hindernisse für militärische Angriffe, aber nur begrenzt wirksam gegen Zuwanderungen und kulturelle Einflüsse.

Erste Spuren menschlicher Besiedlung in England wurden in der **Kents Cavern** in Devon entdeckt, die auf die Zeit vor der letzten Eiszeit datiert werden. Im **Neolithikum**, der Jungsteinzeit vor rund 6.000 Jahren, war der Süden Englands schon recht dicht besiedelt. Damals entstanden so bedeutende Stätten wie **Stonehenge** oder Abebury. Erste Knüppeldämme wurden als Transportwege angelegt, von denen der etwa 6.000 Jahre alte „Sweet Track" als die älteste von Menschen konstruierte und gebaute Straße weltweit gilt.

Schon die **Kelten,** das älteste noch erkennbare kulturelle und sprachliche Element Englands, waren Einwanderer im 7. und 6. vorchristlichen Jahrhundert, die eine noch ältere Bevölkerung unterwarfen.

Nach einem ersten, allerdings wenig erfolgreichen Versuch Caesars 55 v. Chr., eroberten die **Römer** im 1. Jahrhundert nach Chr. vom Südosten aus die Insel und überzogen sie mit ihrer Verwaltung und Kultur. Zwei ihrer Zentren waren Exeter und Bath. Vor allem in Somerset konnten sich die Vertreter des Römischen Imperiums bis ins Jahr 409 halten. Und es waren die Römer, die als erste die reichen Silber und Bleivorkommen im Westen des Landes ausbeuteten.

Im 4. und 5. Jahrhundert landeten **germanische Stämme** aus dem nord-

Stonehenge

deutschen Gebiet in England; es folgten dänische und norwegische **Wikinger**, die sich mehr oder weniger festsetzen konnten.

Etwa ab dem 6. Jahrhundert gewannen die aus dem Osten einfallenden **Angelsachsen** mehr und mehr die Oberhand über die britisch-keltischen Stämme im Süden des Landes. Ihre erste Hochburg wurde unter König Alfred dem Großen das heutige Exeter.

Die Invasion der französisch sprechenden **Normannen** im Jahre 1066 bedeutete eine neue Veränderung der britischen Inseln. Fast 300 Jahre dauerte es, bis die neue Oberschicht vom europäischen Festland integriert war. Dabei wurden Gesellschaft, Kultur, Rechtssystem und Sprache des vorher eher germanischen Englands tiefgreifend verändert. Von den Versuchen, in den folgenden 900 Jahren die britischen Inseln von außen zu erobern, gelang keiner.

Für den auswärtigen Betrachter ist es interessant zu beobachten, dass alle Grenzen innerhalb der britischen Nation von der Natur vorgegeben sind, Wales und Schottland bilden dabei die Binnengrenzen.

Der Prozess der Herausbildung einer einzigen Nation verlief aber bei weitem nicht so glatt, wie es dem Betrachter von außen erscheinen mag. Am schnellsten und erfolgreichsten war es im Süden, im Osten und in der Mitte, also in dem Teil, der heute als England bezeichnet wird. Hier war bereits im Mittelalter ein Nationalbewusstsein erkennbar.

Wales wurde im 12. Jahrhundert von der englischen Krone zur Anerkennung einer Lehnsherrschaft gezwungen, erst ein Jahrhundert später wirklich unterworfen und seit 1400 hat sich Wales gegen verschiedene Aufstände behauptet.
Gegen die Wiederbelebung keltischer Traditionen ging die Londoner Zentralgewalt mit Härte vor, was eine walisische Verbitterung hervorrief, die noch bis in die Gegenwart zu spüren ist.

Schottland wurde 1174 einer englischen Lehnsherrschaft unterworfen. Bis zur Vereinigung mit England im Jahr 1707 sollten aber noch blutige Kriege ausgefochten werden.

Schließlich wurde **Irland** im 12. Jahrhundert unterworfen und von der englischen Aristokratie in Besitz genommen. Die grüne Insel wurde Jahrhunderte lang massiv anglisiert und gegen blutige Aufstände behauptet.
Die bürgerkriegsähnlichen Ereignisse in Nordirland von 1969 bis in die Anfänge des 21. Jh. kann man auch als Ereignisse verstehen, in denen die Grenzen der britischen Integrationsfähigkeit sichtbar werden.

Die Vielfalt der britischen Gesellschaft wurde auch dadurch gefördert, dass die Zuwanderung von Fremden nie aufhörte: Weber aus Flandern im 15. Jahrhundert, französische Calvinisten, die im 16. und 17. Jahrhundert vor ihren Königen flüchteten, irische Arbeiter, die von der Industriellen Revolution angezogen wurden oder europäische Juden und Menschen aus verschiedenen Nationen, die im 20. Jahrhundert vor den Nationalsozialisten auf die Inseln flohen. Nach dem Zweiten Weltkrieg nahm das Land deutsche Juden auf, über 100.000 Polen blieben im Land, die an der Seite der Alliierten gekämpft hatten.

Der Rückzug Großbritanniens aus den ehemaligen Kolonien und Dominions löste eine weitere Einwanderungswelle aus. Als Arbeitskräfte gerufen oder illegal gekommen, stellen heute fast 3 Millionen farbige Briten eine beachtliche Minderheit dar, die so gar nicht in das Bild vom Engländer mit Schirm und Melone passen wollen, die aber auch die großen Schwierigkeiten deutlich machen, die eine offene und multikulturell geprägte Gesellschaft in sich birgt.

Die frühe Beteiligung der Regierten an der Macht und die kontinuierliche Entwicklung dieser Rechte, die vielen anderen europäischen Ländern als Vorbild gelten, begann mit der **Magna Carta Libertatum**, dem großen Freiheitsbrief, den der englische Adel und die Spitzenvertreter der Kirche gegen einen schwachen König durchsetzten. Allerdings wurden hier nur die Rechte der kleinen adeligen Führungsschicht festgeschrieben. Die Einbeziehung der Städte in eine parlamentarische Repräsentation und die Schaffung eines nationalen Parlaments verhinderten den Zerfall des Landes in viele kleine Fürstentümer, wie das etwa in Deutschland geschah.

Seit dem 14. Jahrhundert gibt es das **House of Commons** (Unterhaus) mit den Vertretern der Counties (Grafschaften) und der Städte neben dem **House of Lords** (Oberhaus) als Vertretung der Aristokratie und der hohen Geistlichkeit. Die Rechte der Untertanen wurden in langdauernden, auch bürgerkriegsähnlichen Konflikten erweitert. Kämpfe des Hochadels um die Königsherrschaft (War of Roses 1455 – 1485) schwächten letztendlich das Königshaus. Im 16. Jahrhundert gewannen die starken Könige Henry VIII. und Elizabeth I. wieder an Macht.

Religiöse Konflikte nach einem absolutistischen Herrscher (Charles I), der das Unterhaus entmachtet hatte und die Unabhängigkeit der Rechtssprechung vom König widerrief, verschärften den politischen Kampf und mündeten im Bürgerkrieg.

1642 begann die puritanische Revolution, in der die erfolgreichen Bürger unter Oliver Cromwell gegen das Könighaus kämpften. Der Kampf endete mit einem Königsmord, für die europäische Auffassung der damaligen Zeit eine Ungeheuerlichkeit. Charles I. wurde auf Beschluss des Parlaments hingerichtet.

Nach einer republikanischen Periode, die in Wirklichkeit eine Diktatur Cromwells und seines Sohnes wurde, war die Monarchie restauriert, allerdings mit einem größeren Einfluss des Parlaments.

1689 wurde Wilhelm von Oranien als William III. zum englischen König ernannt; das Parlament legte in der **Bill of Rights** die Prinzipien der neuen politischen Ordnung fest – freie Wahlen, keine Steuern ohne Zustimmung des Parlaments, Pressefreiheit und Unabhängigkeit der Justiz vom König. Diese gesellschaftliche Umwälzung war unblutig errungen worden und ging als **Glorious Revolution** in die

Annalen der Geschichte ein. Vielen ist dabei nicht bekannt, dass in diesem Prozess niemals ein Verfassungstext niedergelegt wurde, in dem alle Bestimmungen systematisch aufgeführt waren, wie es in den Staaten auf dem europäischen Festland oder später in Amerika der Fall war. Dafür ist die Sammlung von historischen Verträgen, Parlamentsbeschlüssen und Gerichtsentscheidungen in England an Flexibilität und Modernisierbarkeit von keinem anderen Land übertroffen worden.

Die Entwicklung der englischen Gesellschaft im Inneren war nicht immer auf dem common sense aufgebaut, dem Kompromiss von Möglichem, Annehmbarem und Vernünftigem.

Die Konflikte zwischen Adel und Stadtbürgern verschärften sich in den Glaubensfragen des 16. Jahrhunderts. Die anglikanische Kirche unter den Stuartkönigen wurde ein Machtinstrument gegen die Städte. Erst 1871 wurden etwa Katholiken, Juden oder Calvinisten zum Studium in Oxford und Cambridge zugelassen.

Auch die Arbeiterklasse, die sich seit dem 18. Jahrhundert herausbildete, wurde zunächst nicht in die englische Gesellschaft integriert. Zu groß war die Furcht vor Revolution angesichts des Massenelends der frühen Industrialisierung.

Die Neueinteilung der Wahlkreise konnte 1832 nur gegen den großen Widerstand des Oberhauses durchgesetzt werden. Noch 1887 besaßen nicht einmal die Hälfte der männlichen Erwachsenen das Wahlrecht, die Frauen erhielten es in zwei Schritten erst 1918 und 1928.

Das 19. und 20. Jahrhundert war in England geprägt von Klassenkampf. Soziale Hilfen vom Staat oder von den Unternehmern gab es in England wenig; die Integration der Arbeiter in die moderne Industriegesellschaft wurde nicht zuletzt von den Gewerkschaften und der Labour Party mit aller Entschiedenheit gefördert.

Auch der berühmte Begriff der „Splendid Isolation", einer für England vorteilhaften Isolationspolitik von den Konflikten außerhalb der Insel, war genaugenommen nie wirklich Bestandteil der englischen Politik. Seit 1152 König Henry II. Eleonore von Aquitanien ehelichte und so große Teile Frankreichs erwarb, war England eine europäische Kontinentalmacht.

Als das Land im 15. Jahrhundert sein Festlandsreich nach Kriegen wieder verlor, zwang die Vorherrschaft der Habsburger und Spaniens im 16. Jahrhundert England wieder zum Eingreifen. Keiner der großen Kriege bis zum 20. Jahrhundert verlief ohne Englands aktive Beteiligung oder diplomatische Intervention.

Die Suche nach neuen Produkten, Absatzmärkten und Handelswegen trieb englische Kaufleute seit dem 16. Jahrhundert in die Welt hinaus. Bis zum Beginn des 20. Jahrhunderts erwarb England ein Weltreich, dessen **Kolonien und Dominions** in der Fläche einhundertmal so groß waren wie das Mutterland und in dessen Bereich achtmal so viel Menschen lebten wie im Mutterland.

Nach dem Sieg über Napoleons Frankreich beherrschte England als uneingeschränkte Seemacht fast ein Jahrhundert lang die Weltmeere, den Handel und die Kapitalströme. Die USA, Kanada, Australien und Neuseeland wurden durch britische Siedler zu englischsprachigen Ländern mit europäischen Gesellschaftssystemen. Die Zahl der Menschen in Großbritannien, die Verwandte oder persönliche Beziehungen in Übersee haben, ist wohl nirgends auf der Welt so groß wie in England.

So ist es zu verstehen, dass die Inselbewohner viel weltläufiger sind als die oftmals in ihrem Blick beschränkteren Mitteleuropäer. Trotz des Zerfalls des British Empire arbeitet britisches Kapital als auch eine große Zahl britischer Fachleute in den alten Einflussgebieten. Vielleicht sind Großbritanniens eher zögerliche Schritte am Ende des 20. Jahrhunderts in ein sich vereinendes Europa deswegen so mühevoll, weil man damit aus der Weite der globalen Politik in die Enge einer viel beschränkteren zurückkehren muss.

Englands Geschichte in Stichworten

10000 – England ist noch durch eine Landbrücke mit dem europäischen Kontinent verbunden; erste Besiedlungen durch Höhlenbewohner, die jagen, fischen und essbare Pflanzen und Früchte sammeln.

1800 – Errichtung der Steinmegalithen von Stonehenge, möglicherweise als gigantischer Kalender zur Bestimmung der Saat- und Erntezeit

500 – Ankunft der Kelten während des ersten Jahrtausends v. Chr., sie dringen von der Südküste aus in das Landesinnere vor.

Römer

55 – 54 – Römische Soldaten unter Julius Caesar landen bei Walmer in der Pegwell Bay, um ihre Herrschaft in Gallien abzusichern.

43 – Aulus Plautius führt die römischen Eroberungsfeldzüge im Namen des Kaisers Claudius an und errichtet in Richborough bei Sandwich das römische Lager Rutupiae. Die Festung Durovernum wird später zu Canterbury.

Die Insel wird als Provinz *Britannia* in das Römische Reich eingegliedert. Die Römer überziehen das Land mit einem dichten Straßennetz; erste römische Städte wie Bath, York und London entstehen.

122 – Gegen die Angriffe der Kelten lässt Kaiser Hadrian eine Mauer quer über die Insel errichten (Hadrian's Wall), eine zweite Mauer entsteht 20 Jahre später weiter nördlich.

410 – Die Römer beenden ihre Besatzung und verlassen ihre Provinz Britannia.

Angelsachsen und Dänen

449 – Die Angelsachsen fallen bei Ebbsfleet nördlich von Sandwich in das Land ein und beginnen ihre Eroberungen, die Kelten werden nach Schottland, Wales und Cornwall zurückgedrängt.

596 – Der Benediktinermissionar Augustinus beginnt im Auftrag des Papstes Gregor des Großen die Christianisierung von England. Gründung eines Klosters und einer Kirche in Cantertury.

Augustinus wird erster englischer Bischof.

789 – Dänische Piraten und Eroberer überfallen das Land und zwingen die Angelsachsen zu einer Neuordnung ihrer Königreiche. Egbert, der König von Wessex, wird 827 erster König von England in der neuen Hauptstadt Winchester.

871 – 901 – Unter König Alfred (871 – 901) wird der nördliche Teil des Landes den Dänen überlassen.

892 – Dänische Invasoren landen in zwei Gruppen bei Castle Rough und Winchelsea; sie werden Herrscher über das ganze Land.

991 – Der norwegische König Olaf greift im Süden Englands bei Sandgate an.

1042 – 1066 – Der Normanne Edward the Confessor wird König von England. Er gründet den Hafenverbund der Cinque Ports (Sandwich, Dover, Hastings, Romney und Rye), die später durch Hythe und Winchelsea ergänzt werden.

1066 – William (William the Conqueror, Wilhelm der Eroberer), Herzog der Normandie, überquert den Ärmelkanal und beginnt den Eroberungsfeldzug der Normannen. In der Schlacht von Hastings am 14. Oktober schlägt er König Harold und marschiert entlang der Küste nach Dover. Am 25. Dezember wird er englischer König (William I.), der das Land in einem Feudalsystem unter seinen Vasallen aufteilt. Mit William kommen die französische Sprache, Literatur und Architektur nach England. Der Handel mit dem europäischen Kontinent wird eröffnet.

1084 – Eine erste Volkszählung und Auflistung aller Güter und des Landbesitzes wird im Domesday Book, dem ersten Reichsgrundbuch Englands, festgehalten.

10. – 11. Jh. – Die gotische Kathedralen im Süden Englands entstehen (Chichester, Exeter, Salisbury, Winchester).

Normannische Könige

1170 – Mord an dem Erzbischof von Canterbury, Thomas Becket, in der Kathedrale durch vier Getreue des Königs Henry II. Dessen historische Worte „Who then will rid me of this turbulent priest?" (etwa: Wer schafft mir endlich diesen auf-sässigen Priester vom Hals) veranlasste Le Bret, Fitzurse, de Moreville und de Tracy zu ihrer Bluttat, für die der König später in der Kathedrale von Canterbury Buße tat.

1154 – 1189 – König Henry II. wird als Urenkel von William the Conqueror der erste Plantagenet-König, der der englischen Krone durch Heirat weite Landstriche Frankreichs einbrachte. Westminster nahe London wird Hauptstadt von England.

1215 – König John muss auf Druck seiner Barone die Magna Carta unterzeichnen, die als Fundament der Freiheitsrechte gilt, und letztendlich den Absolutismus in England beseitigte. Das Dokument umfasst 63 Abschnitte und regelte die feudalen Rechte und Pflichten, schützte aber auch die Rechte der Kirche.

1231 – Immer mehr Kaufleute und Bürger leben in den Städten. Die Universitäten von Oxford und Cambridge werden gegründet.

1327 – 1377 – König Edward III. wendet sich gegen den Kontinent, wo 1349 Krieg wegen der französischen Beherrschung Flanderns drohte, das England seinen Wollhandel ermöglichte.

Die Pest tötet mehr als die Hälfte der englischen Bevölkerung. Englisch wird offizielle Sprache.

Das Haus Lancaster

1415 – König Henry V. fordert alte Rechte Englands auf den Thron von Frankreich ein und erkämpft seinen Sieg in der Schlacht bei Agincourt. Die unterlegene und abgekämpfte englischen Armee schlägt mit ihren Longbow-men die französische Kavallerie.

1453 – Die Engländer werden aus Frankreich vertrieben.

1455 – 1485 – Das Häuser von Lancaster (Rote Rose) und York (Weiße Rose) kämpfen in dem sechsjährigen Rosenkrieg um die Vorherrschaft in England. Der Herzog von York wird 1474 als König Edward IV. neuer Herrscher. Unter seiner Herrschaft führt William Caxton den Buchdruck in England ein.

Das Haus Tudor

1509 – 1547 – König Henry VIII. erhält vom Papst den Titel „Fidei Defensor", Verteidiger des Glaubens, der seitdem von allen englischen Herrschern getragen wird. Sechs Jahre später verweigert der Papst seine Zustimmung zur Annullierung der Ehe mit Catherine of Aragon.

1534 – König Henry VIII. bricht mit der römischen Kirche (Act of Supremacy) und etabliert die Anglikanische Kirche (Church of England).

Mary Tudor, Tochter von Catherine of Aragon und mit dem späteren spanischen König Felipe II. verheiratet (1553 – 1558), führt die katholische Kirchenautorität wieder ein.

Henry VIII. und seine Frauen

Catherine of Aragon – Scheidung (devorced)
Anne Boleyn – Hinrichtung, geköpft (beheaded)
Jane Seymore – natürlicher Tod (died)
Anne of Cleve – Scheidung (devorced)
Catherine Howard – Hinrichtung, geköpft (beheaded)
Catherine Parr – überlebte Henry VIII. (survived)

1558 – 1603 – Königin Elizabeth I., Tochter von Henry VIII. und Anne Boleyn, regiert das Land 45 Jahre lang. Sie macht England 1588 zur stärksten Seemacht der Welt und schlägt die Spanische Armada.

1587 – Mary Stuart wird wegen Hochverrats hingerichtet. England wird Kolonialmacht („Britannia Rules the Waves").

1577 – 1580 – Sir Francis Drake umsegelt die Welt.

1600 – Die East India Company wird gegründet.

Unter König James I. zogen es viele puritanische Protestanten vor, das Land 1620 als Emigranten zu verlassen; unter ihnen waren auch die Pilgrim Fathers, die mit dem Schiff „Mayflower" von Southampton über Plymouth nach Amerika segelten.

1564 – 1616 – William Shakespeare schreibt seine Dramen, die in London in den Theatern „The Swan" und „The Globe" aufgeführt werden.

Das Haus Stuart

1603 – Mit König James I., Sohn der Mary Stuart, beginnt die Herrschaft der Stuarts. Vereinigtes Königreich von England und Schottland unter einer gemeinsamen Krone.

1605 – Guy Fawkes versucht am 5. November 1605 mit dem sogenannten **Gunpowder Plot** das englische Parlament in die Luft zu sprengen – („Remember, remember, the fifth of November ..."). Die Verschwörer werden hingerichtet.

1649 – Die Cavaliers, die Armee von König Charles I., wird von den Ironsides unter Oliver Cromwell geschlagen, der König wird später exekutiert. Cromwell ruft nach Abschaffung der Monarchie und Auflösung des House of Lords (1649 – 1655) eine Republik aus, die er als Lord Protector diktatorisch führt.

1660 – Mit König Charles II. werden die Monarchie und die Anglikanische Kirche wieder restauriert. Das **Habeas Corpus-Gesetz** (1679), das Untersuchungshaft und Gefängnisaufenthalte ohne ein rechtmäßiges Urteil verbietet, tritt in Kraft und gehört bis heute zu den fundamentalen Rechten Englands.

> ### Habeas Corpus – „Du sollst der Person habhaft sein"
>
> Wenn eine Person in Haft genommen wird, hat ein Richter die Pflicht, dass die Haftgründe genannt werden. Wenn kein gesetzmäßiger Grund vorliegt, muss der Gefangene unverzüglich freigelassen werden. 1679 wurde ein weiteres Gesetz verabschiedet, das Richtern und Offiziellen drastische Strafen androhte, die sich nicht an das Habeas Corpus-Gesetz hielten.

1688 – James II. versucht durch ein Schreckensregime den Katholizismus in England wieder einzuführen; das Parlament wählt William of Orange zu seinem Nachfolger (1689 – 1702). Mit der Krönung der eigentlich legitimen Nachfolgerin, Königin Mary II. und William wird die **Declaration of Rights** gültig, was Mary II. und William 1689 zu den ersten konstitutionellen Monarchen der englischen Geschichte macht.

James II., der nach Frankreich geflohen war, verbündet sich mit dem französischen König Louis XIV. und löst 1690 in Irland eine Rebellion aus, die in der Schlacht am Boyne-Fluss von William of Orange blutig niedergeschlagen wird.

The Church of England

Der Ausdruck „Church of England" wird gebraucht, wenn man die Kirche als Institution meint. Der Ausdruck „Anglican Church" bezeichnet die kirchliche Lehre, die dahinter steht.

Englands Christianisierung geht auf den römischen **Missionar St. Augustine** zurück, der im Auftrag des Papstes Gregor seine Arbeit im 6. Jahrhundert in Kent begann und in der Nähe von Canterbury ein Kloster gründete.

König Henry VIII. spaltete die Anglikanische Kirche von Rom ab, allerdings aus verschiedenen Gründen: Zum einen wollte er aus politischen Gründen selbst die Bischöfe Englands ernennen, zum anderen löste er aus finanzpolitischen Gründen die katholischen Klöster auf und konfiszierte deren Vermögen. Schließlich hatte er auch einen persönlichen Grund, denn er wünschte die Scheidung von Catherine of Aragon, der Papst verwehrte ihm aber diese Scheidung.

Mary Tudor wandte sich wieder der katholischen Religion zu. Es blieb Königin **Elizabeth I.** und König **James I.** überlassen, der Anglikanischen Kirche ihre gültige Doktrin zu geben.

Die erste offiziell autorisierte Übersetzung der Bibel in England geht auf das Jahr 1611 zurück, die anglikanischen Kirchendogmen werden 1562 in 39 Artikeln festgehalten und das **Book of Common Prayer**, das allgemeine Gebetbuch von 1559, regelte den Ablauf des anglikanischen Gottesdienstes. Seither ist der englische König gleichzeitig Oberhaupt der Anglikanischen Kirche. Zwei Erzbischöfe kontrollieren die beiden englischen Kirchenprovinzen von Canterbury und York.

Der Erzbischof von Canterbury ist Lord Primate of England und leitet die Kirche stellvertretend für den König. Die 14 Diözesen von York und die 29 Diözesen von Canterbury unterstehen jeweils ihren Bischöfen. In der Gemeinde arbeitet ein Gemeindepfarrer, der Dean.

Über Kirchenfragen entscheiden alle Würden- und Amtsträger der Anglikanischen Kirche, die in der General Assembly national zusammengeschlossen sind. Die Lambeth Conference tagt alle zehn Jahre und führt dabei die Geistlichen der Anglikanischen Kirche aus aller Welt zusammen.

Die Mitglieder der katholischen Kirche in England werden vom Erzbischof von Westminster dirigiert.

Die bekannteste nicht-kirchliche Organisation Englands ist die Heilsarmee (The Salavation Army), die 1878 von William Booth gegründet wurde. Sie ist eher eine religiöse Bewegung, die das Wort Gottes verbreiten möchte und sich besonders in den Armenviertel der großen Städte um die notleidenden Menschen kümmert.

The Declaration of Rights

Der König darf ohne Zustimmung des Parlaments kein Gesetz suspendieren, keine Steuern erheben oder ein stehendes Heer unterhalten. Parlamentswahlen und Parlamentsdebatten müssen frei sein und sollen häufig stattfinden.

Keine Person katholischen Glaubens und keine Person, die mit einer katholischen Person verheiratet ist, kann auf dem Thron von England regieren.

1694 – Die **Partei der Tories**, die den Landadel repräsentiert, gewinnt politischen Einfluss, ebenso wie die **Partei der Whigs**, die die Interessen des aufkommenden Geldadels vertritt.

Das Haus Hanover-Windsor (Georgianisches Zeitalter / Regency-Zeitalter / Viktorianisches Zeitalter)

1714 – 1727 – König George I., ein Deutscher aus dem Haus Hanover, wird englischer König. Korruption und Günstlingswirtschaft machen sich breit.

1721 – 1742 – Sir Robert Walpole erhält den Titel des ersten englischen Premierministers; er führt das Kabinettsystem ein.

1756 – 1763 – Im Siebenjährigen Krieg kämpfen Frankreich und England um zukünftige Kolonialmärkte. England erhält Indien (1757) und Kanada (1758).

1789 – Admiral Nelson besiegt die französische Flotte vor Aboukir.

1805 – Die entscheidende Niederlage als Seemacht erleidet Frankreich bei Trafalgar. Nelson, dessen Aufruf „England expects that every man this day will do his duty" die Soldaten der Flotte besonders motiviert, verliert in der Schlacht sein Leben.

1815 – Die Schlacht bei Waterloo unter Führung des Herzogs von Wellington besiegt „Boney", wie die Engländer Napoleon nannten, endgültig.

1837 – 1901 – Das zweite Britische Empire wird geboren. Königin Victoria regiert über das reichste und als erstes Land der Welt industrialisierte England. Britisches Kapital dominiert die Weltmärkte.

1833 – Die Wighs regulieren die Auswüchse des Kapitalismus und sorgen für erste Arbeitsschutzgesetze und ein Sozialsystem.

1848 – Karl Marx veröffentlicht das „Kommunistische Manifest".

1851 – Die Weltausstellung in London zeigt den Triumph des britischen Kapitalismus; John Pazton erbaut den Crystal Palace, eine architektonische Meisterleistung aus Eisen und Glas.

1867 – Gründung der ersten Gewerkschaften.

1893 – Gründung der Independent Labour Party.

1877 – Königin Victoria wird Kaiserin von Indien.

1906 – Unter den Premierministern Asquith und Lloyd George werden Sozialreformen eingeleitet.

1914 – 1916 – Im 1. Weltkrieg greifen die Deutschen London mit Zeppelinen an.

1918 – Die Suffragetten erkämpfen das Wahlrecht für Frauen.

1936 – Abdankung König Edwards VIII., um eine geschiedene Amerikanerin zu heiraten; Exil in Frankreich.

1939 – 1945 – Während des 2. Weltkriegs greift die Luftwaffe des Deutschen Reichs London und weitere Städte im Süden Englands an, bei denen ab 1940 als 30.000 Menschen getötet werden. Viele alte Kulturdenkmäler werden zerstört.

1946 – Winston Churchill spricht in einer Rede in Zürich von seiner Vision der „Vereinigten Staaten von Europa", zeigt aber gleichzeitig die Gefahren eines aufkommenden „Eisernen Vorhangs", der den europäischen Kontinent teilen wird.

1950 – Beginn der Entkolonisierung.

1952 – Königin Elizabeth II. wird in der Westminster Abbey gekrönt.

1973 – EG-Beitritt von Großbritannien.

1979 – Margaret Thatcher wird als erste Frau englischer Premierminister.

1982 – Der sogenannte Falkland-Krieg gegen Argentinien erobert die besetzten Inseln im Südatlantik zurück.

1992 – Großbritannien vorlässt den EWS-Wechselkursverbund.

1994 – Eröffnung des Eurotunnels zwischen Frankreich und England im Mai.

1996 – 1997 – Die als BSE („mad cow disease") bekanntgewordene Rinderkrankheit zeigt den Missbrauch und die mangelnde Kontrolle bei der Massentierhaltung. Die Krankheit kann als Creutzfeld-Jakob-Krankheit auch den Menschen infizieren.

1997 – Die konservative Regierung wird nach 18 Jahren von der Labour Party unter dem neuen Premierminister Antony (Tony) Blair in der Regierungsverantwortung abgelöst. Am 1. Juli gibt Großbritannien die britische Kronkolonie Hongkong an China zurück.

1998 – Das sog. „Karfreitagsabkommen", ein Friedensabkommen für Nordirland, wird unterzeichnet.

2005 – Am 7. Juli explodieren in London inmitten des Berufsverkehrs in drei U-Bahnzügen und einem Doppeldeckerbus vier Bomben, ausgelöst von vier Selbstmordattentätern, den sog. „Rucksackbombern". Dabei kommen 56 Menschen ums Leben, 700 Menschen werden schwer verletzt.

2007 – Tony Blair tritt vom Amt des Premierministers zurück. Sein Nachfolger wird im Juni Gordon Brown (Labour Party), der bislang als Schatzkanzler fungierte.

2010 – David Cameron (Conservative Partie, Tories) wird neuer Premierminister. Bei den Unterhauswahlen konnte Cameron zwar keine absolute Mehrheit für sich gewinnen, geht aber mit den Liberal Democrats in eine Koalitionsregierung.

2011 – Hochzeit von Prince William, Duke of Cambridge, und Catherine (Kate) Middleton am 29. April 2011 in der Londoner Westminster Abbey.

2012 – Sommerolympiade – Vom 25. Juli bis 12. August 2012 fand in London die XXX. Olympiade der Neuzeit statt. London war zum dritten mal Austragungsort von Olympischen Spielen (1908, 1948, 2012).

Königin Elizabeth II. feiert mit 86 Jahren ihr 60. Thronjubiläum.

2013 – Nachwuchs im englischen Königshaus. Am 22. Juli 2013 brachte die Frau von Prince William, Catherine, Herzogin von Cambridge, zur Freude aller Briten einen Sohn mit Namen George Alexander Louis zur Welt. Er ist in der Thronfolge an dritter Stelle.

2015 – Am 2. Mai wird Charlotte Elizabeth Diana von Cambridge, Tochter von Prinz William und Cathrine, geboren. Sie steht an vierter Stelle in der Thronfolge.

2016 – Königin Elizabeth II. feierte am 21. April ihren 90. Geburtstag.

Am 23. Juni stimmt die Bevölkerung Großbritanniens in einem Volksentscheid über den Verbleib des Landes in der EU ab. Das eigentlich nicht erwartete Ergebnis: Eine Mehrheit von 51,89% spricht sich für den Austritt aus der EU aus! Premierminister Cameron kündigt seinen Rücktritt an.

Theresa May (Conservative Partie) wird neue Premierministerin.

2017 – Am 1. März weist das House of Lords, das Oberhaus des britischen Parlaments, einen ersten Entwurf des Brexit-Gesetzes an das Unterhaus (House of Commons) zurück, was als Niederlage für die Premierministerin, die als Verfechterin des Brexit gilt, angesehen wird.

2018 – Brexit-Verhandlungen dauern an. Am 29. März 2019 soll der Austritt erfolgen.

2019 – Rosamunde Pilcher, Englands berühmte Romanschriftstellerin, stirbt Anfang Februar im Alter von 94 Jahren.

Am 29. März 2019 soll der Brexit vollzogen werden. Dieser Termin wird aber verschoben. Eine Klärung über einen endgültigen Austrittstermin ist nach mehrfachen Fristverlängerungen im englischen Parlament nicht zu erreichen. Der Europäische Rat stimmt schließlich einem Austrittstermin zum 31. Oktober 2019 zu.

Großbritannien und Nordirland müssen – da der Austritt aus der EU ja nicht vollzogen ist – an der Europawahl im Mai 2019 teilnehmen.

Nach dem Rücktritt von Theresa May wird Boris Johnson (Conservative Party), ein Verfechter des Brexit, Ende Juli 2019 neuer Premierminister des Vereinigten Königreiches.

HISTORISCHE PERSÖNLICHKEITEN, BERÜHMTE SCHLACHTEN

William the Conqueror und die Schlacht von Hastings

Um 1066 haben England und Wales zusammen etwa 1.500.000 Einwohner, in London leben 20.000 bis 30.000 Menschen, in Südengland gibt es einige „boroughs", militärisch-politische Gebiete, die sich zu regionalen Marktorten entwickeln.

Am 14. Oktober 1066 siegt der Normanne William the Conqueror in der Schlacht bei Hastings durch den geschickten Einsatz seiner Bogenschützen und Berittenen über die durch Kämpfe und einen Eilmarsch nach Südengland bereits geschwächten Soldaten König Harolds. König Harold wird im Kampf, ebenso wie seine Brüder, getötet. Die normannische Eroberung Englands beendet die angelsächsisch und zeitweise dänische Epoche.

Bis 1087 schlägt William alle Rebellionen nieder und unterwirft das gesamte Land.

In Frankreich schildert der zwischen 1067 und 1077 nach der Schule von Canterbury angefertigte Wandteppich von Bayeux die normannischen Eroberungen.

Bis 1086 lässt William für seine 34 Grafschaften das „Domesday Book", auch „Liber iudicarius Angliae" genannt, erstellen. Dieses „Buch des Jüngsten Gerichts" ist das erste Kataster-, Grund- und Steuerbuch Englands.

Am 9. September 1087 stirbt William während eines kleineren Feldzuges in Frankreich, nachdem er seinem ältesten Sohn das Herzogtum Normandie, dem mittleren Sohn William II. das englische Königreich vermachte, und seinen jüngsten Sohn Henry mit Geld abgefunden hatte.

Henry V. und die Schlacht bei Agincourt

Am 25. Oktober 1415 erzielt König Henry V. in der Schlacht bei Agincourt einen glänzenden Sieg über die Franzosen mit ihren 24.000 Fußsoldaten und 1.000 gepanzerten Reitern. Die Engländer verfügten über 1.000 bereits durch Hunger und Durchfall geschwächte Fußsoldaten sowie über 6.000 Langbogenschützen. Am Ende der Schlacht lagen 15.000 Franzosen und nur 300 Engländer tot auf dem Schlachtfeld. Henry V. verließ mit 2.000 Gefangenen den Kampfort.

Möglich wurde der Sieg durch schräg in den Boden gerammte, zugespitzte Holzpfähle, damit französische Streitrösser sich daran aufspießten, und einen Hagel von 6.000 Pfeilen, die in Sekundenabständen auf den Gegner niedergingen.

Nach neuen Forschungsergebnissen hatten die Langbogen der Engländer ein Spanngewicht von 80 kg, ihre Pfeile konnten also auch in gepanzerte Soldaten eindringen. Die Pfeile flogen mit einer Anfangsgeschwindigkeit von fast 200 km/h und trafen in einem Winkel von 45 Grad mit einer Aufprallgeschwindigkeit von 130 km/h auf die französischen Soldaten und Reiter. Die nachfolgenden Reiter der Franzosen strauchelten über die vorne anwachsenden Leichenberge, ihre bis zu 30 kg schweren Rüstungen behinderten die Bewegungsfreiheit zu Fuß, und die behenden englischen Fußsoldaten konnten sie mit ihren Keulen und Hämmern erschlagen.

1420 macht der Vertrag von Troyes den englischen König zum Beherrscher Frankreichs.

Admiral Howard und die Spanische Armada

Die Spanische Armada unter Admiral Alonzo Perez de Guzman, Herzog von Medina-Sidonia (1550 – 1615), und die englische Flotte unter Admiral Lord Charles Howard of Effingham (1536 – 1624), Vice-Admiral Sir Frances Drake, Sir Martin Frobisher und Sir Walter Raleigh, die sogenannten „Devon Sea Captains", treffen zwischen dem 27. Juli und 8. August vor der englischen Südküste aufeinander. Der moralische Aspekt des britischen Seesiegs war weit größer als die Verluste der Spanier (44 Schiffe), die trotz eines nachfolgenden Sturms noch zwei Drittel ihrer Flotte nach Spanien zurückbringen.

Henry VIII. und die Anglican Church

Am 22. April 1509 besteigt König Henry VIII. den englischen Thron und heiratet im Juni – wie 1502 von seinem Vater beschlossen – Catherine of Aragon, die Witwe seines verstorbenen Bruders Arthur. Henry VIII. macht 1516 den Erzbischof von York und Kardinal zum Hofberater und Kanzler. Zusammen mit dem König verfolgt der das Ziel, durch Auflösung katholischer Klöster Geld in die Staatskasse zu überführen.

Der König äußert sich 1521 in einer Schrift abfällig über Martin Luthers Lehren, worauf ihm vom römischen Papst der Titel „Defender of Faith", Verteidiger des Glaubens, verliehen wird.

Da Catherine of Aragon dem König nur Töchter gebiert, verlangt Henry VIII. die Aufhebung des päpstlichen Heiratsdispens von 1503. Längst hat Henry eine einflussreiche Mätresse, Anne Boleyn, die selbst gerne Königin von England werden will.

1530 klagt der englische König den gesamten englischen Klerus an, damit dieser sich von Rom lossagt und die Wünsche der englischen Krone erfüllt. Bei Nichtbefolgen sollte die katholische Kirche in England ihren gesamten Besitz verlieren. Die Erzbischöfe von Canterbury und York erkauften sich das königliche Pardon und erkennen den König von England als neues Oberhaupt der Church of England an.

Nach seiner Scheidung heiratet Henry VIII. am 25. Januar 1533 die bereits schwangere Anne Boleyn.

1534 bestätigt das Parlament noch einmal im Act of Supremacy, dass der

König Oberhaupt der englischen Kirche bleibt.

1536 stirbt Catherine of Aragon. Im Mai des gleichen Jahres wird Anne Boleyn wegen Hochverrats hingerichtet, der nie bewiesen wird. Anne Boleyn konnte dem König auch keinen männliche Thronfolger schenken.

Bereits elf Tage später heiratet Henry VIII. Jane Seymor.

1536 löst er dann doch alle Klöster in England auf und übereignet die Kirchenschätze der Krone.

1537 kommt sein Sohn Edward zur Welt, Königin Jane Seymor stirbt noch im Wochenbett.

1540 heiratet der König aus machtstrategischen Gründen die protestantische Anne of Cleves, die Ehe wird aber ein halbes Jahr später annulliert. Im gleichen Jahr noch ehelicht er Catherine Howard, die er aber zwei Jahre später hinrichten lässt, wieder wegen vermeintlichen Hochverrats.

1543 geht König Henry VIII. seine sechste Ehe mit Catherine Parr ein.

1547 stirbt der König, der sich schließlich gegen alle seine Gegner durchgesetzt hatte.

Sein kränklicher, aber sehr gebildeter Sohn besteigt als Edward VI. den englischen Thron.

1558 wird König Henrys VIII. Tochter aus der Ehe mit Anne Boleyn als Elizabeth I. Königin von England.

Admiral Nelson und die Seeschlacht bei Trafalgar

Am 10. Mai 1804 versammelt sich vor Boulogne eine französische Landungsflotte mit mehr als 100.000 Mann und 600 Schiffen unter dem Kommando des Admirals Pierre Charles de Villeneuve. Er wartet auf Befehl Napoleons fast ein Jahr darauf, dass die englische Flotte nach Westindien ablegt, um dann eine Invasion Englands zu beginnen.

Am 21. Oktober 1805 vernichtet aber Admiral Lord Horatio Nelson auf seinem Flaggschiff „H.M.S. Victory" den Großteil der französisch-spanischen Flotte unter Villeneuve auf seinem Flaggschiff „Bucentaure" vor dem südspanischen Cape Trafalgar. Die Engländer verlieren kein Schiff, wohl aber ihren Admiral Nelson, der, von einer Kugel getroffen, auf seinem Schiff stirbt. Die Schlacht von Trafalgar sichert Großbritannien für die nächsten hundert Jahre die Seeherrschaft.

Winston Churchill und der Zweite Weltkrieg

1939, im Augenblick des englischen Kriegseintritts in den Zweiten Weltkrieg, macht Premierminister Chamberlain Winston Spencer Churchill zum Ersten Lord der Admiralität (Marineminister). Wenig später übernimmt Churchill das Amt des Premierministers.

In seiner ersten Rede als neuer Premierminister vor dem House of Commons am 13. Mai 1940 prophezeit Churchill der englischen Nation „Blut, Schweiß, Mühsal und Tränen", seine zum V (Victory-Zeichen) gespreizten Finger werden zum Symbol für den englischen Durchhaltewillen gegen Hitler-Deutschland. Im Juni stellt Churchill Hitler vor die Entscheidung, entweder eine Invasion Englands zu wagen oder den Krieg zu verlieren. Englands Haltung gegenüber Deutschland blieb kompromisslos.

Am 16. Juli 1940 beginnt die Luftschlacht um England, in der zahlreiche südenglische Städte bombardiert werden und schweren Schaden nehmen. Tausende von Menschen sterben. Am 27. Mai 1941 versenken die Engländer das deutsche Schlachtschiff „Bismarck" 200 Seemeilen westlich von Brest.

In der „Atlantic Charta" veröffentlicht Churchill mit dem amerikanischen Präsidenten Roosevelt seine Vorstellungen von einer zukünftigen europäischen Nachkriegsordnung, von der Deutschland ausgeschlossen bleiben soll.

Im Januar 1943 fordern die Alliierten in der Konferenz von Casablanca die bedingungslose Kapitulation Deutschlands. Churchill legt die weiteren alliierten Kriegsziele in Europa fest, unter anderem die „Round-The-Clock"-Bombardierung deutscher Großstädte.

Auf der Konferenz von Teheran im November 1943 beschließen die Alliierten die Zerschlagung Preußens und Deutschlands als Staat.

Am 6. Juni 1944 beginnt von südenglischen Häfen aus als „Operation Overlord" die Invasion in der Normandie. Am 18. Juni haben die Alliierten bereits 600.000 Mann, 102.000 Fahrzeuge und 400.000 Tonnen Kriegsmaterial in Frankreich.

Nach der deutschen Kapitulation hält Churchill am 13. Mai 1945 seine Londoner Siegesansprache. Zehn Tage später löst er das englische Kriegskabinett auf und bildet eine konservative Regierung. Bei den im Sommer angesetzten Unterhauswahlen wählen die Engländer, die sich bei ihren Wahlentscheidungen gerne auf die Zukunftsperspektiven der Kandidaten, nicht auf ihre Leistungsbilanz beziehen, Churchill als Premierminister ab. Der Kriegspremier war für die kommenden Friedenszeiten wohl nicht mehr der Richtige.

1946 fordert Churchill in einer politischen Rede eine Art „Vereinigte Staaten von Europa" und spricht bereits von einem drohenden „Eisernen Vorhang" quer durch ein geteiltes Europa. 1951 wird Churchill als Premierminister wiedergewählt, seine Regierung baut England weiter zum Wohlfahrtsstaat aus.

Für sein literarisches Meisterwerk über den zweiten Weltkrieg erhält Churchill 1953 den Nobelpreis für Literatur. Im Alter von 81 Jahren gibt er sein Amt schließlich auf.

Winston Churchill stirbt am 24. Januar 1965 in London und wird mit allen Ehren eines Staatsbegräbnisses feierlich beigesetzt.

Berühmt wurde sein Ausspruch als Antwort auf die Frage, wieso er denn trotz der vielen Zigarren und seiner enormen Leibesfülle bei guter Gesundheit so alt werden konnte: „No sports."

WIE KOMMT MAN HIN?

Mit dem Auto

Die Anfahrtswege zu den Häfen mit Fährverbindungen nach England sind ausgezeichnet. Fast alle wichtigen Fährhäfen an der französischen Kanalküste sind bequem auf Autobahnen zu erreichen. So z. B. Calais, einer der meistbenutzten Häfen mit Verbindungen (ganzjährige, täglich sehr zahlreiche, kurze Fährpassa-

gen) nach Dover in England sowie Station der Pendelzüge durch den Eurotunnel nach Folkestone. Autobahnen in Frankreich sind gebührenpflichtig.

Ein längere Anfahrt und auch eine längere Seepassage nimmt man in Kauf, wenn man z. B. von den französischen Häfen Caen, Cherbourg, St-Malo oder Roscoff nach Südwestengland startet. Vorteil: Man erreicht England wesentlich weiter westlich in Portsmouth, Poole, Weymouth oder Plymouth, also näher an dem zu bereisenden Gebiet im Südwesten Englands.

Eurotunnel

Seit 1994 verbindet der Eurotunnel unter dem Ärmelkanal England mit dem Kontinent. Die Baukosten beliefen sich auf rund 15 Mrd. Euro. Viele Briten bedauerten den Tunnelbau allerdings sehr, bedeutete er doch auch das Ende der von ihnen so sehr geschätzten „splendid isolation".

Der rund 50 km lange Tunnel verläuft zwischen 25 und 35 Meter tief unter dem Kanal durch den wasserundurchlässigen Kreidefelsen. Das Tunnelsystem besteht aus drei Röhren, zwei einspurigen Schienentunnels, durch welche die Pendelzüge jeweils in einer Richtung verkehren und einem kleineren Mitteltunnel, der als Versorgungstunnel dient.

Durch den Tunnel verkehren Pendelzüge zwischen Calais/Coquelles in Frankreich und Folkestone in England. Abfahrten gibt es ganzjährig täglich rund um die Uhr, etwa im Stundentakt. Die reine Fahrtdauer beträgt 35 Minuten.

Französischer Terminal des Eurotunnels bei Calais

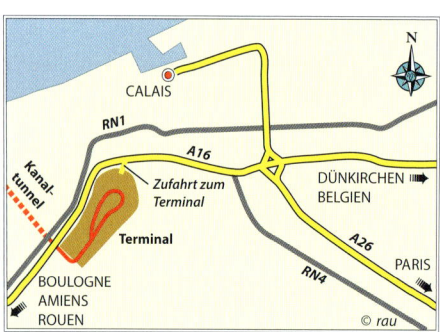

Transportiert werden, je nach Zuggattung, Pkw's, Motorräder, Wohnmobile und Reisebusse. Fußgänger, also Passagiere ohne Auto, werden nicht befördert!

Fahrgäste fahren ihren Wagen selbst in die schallisolierten, klimatisierten und während der Fahrt geschlossenen Doppeldeckerwaggons. Die Passagiere bleiben während der Tunnelfahrt in ihren Fahrzeugen oder können sich auf dem Parkdeck die Beine vertreten. Auch wenn die Fahrt nur kurz ist, kann sie für Menschen mit klaustrophobischer Veranlagung etwas stressig sein.

Infos: Tel. 0180-500 02 50, Eurotunnel Call Centre in Deutschland: Tel. 0180-5000-248. Internet: www.eurotunnel.com.

Günstig gelegene Campingplätze und Wohnmobilstellplätze entlang des Anreiseweges

Hier einige Camping- und Wohnmobilplätze, die relativ verkehrsgünstig nahe des Anreiseweges liegen und ggf. als Übernachtungsstopps angefahren werden können:

Campings an der Strecke nach Calais

Antwerpen (Belgien) – Camping de Molen [N51° 14' 0.87" E 4° 23' 33.28"], Jachthavenweg 6, 2050 Antwerpen, Tel. +32 (0)32 19 81 79; www.camping-de-molen.be; 1. März – 31. Dez.; A1/E19 Ausfahrt 1, weiter Richtung „Haven/Lingeroever"; ebene Wiesen mit Blick über die Schelde zur Stadt; ca. 1 ha – 90 Stpl., etwa zur Hälfte mit Dau. belegt; gute Standard-Sanitärausstattung. Schwimmbad und Restaurant ganz in der Nähe.

Britischer Terminal des Eurotunnels bei Folkestone

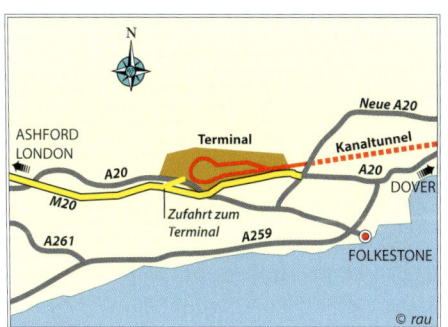

Gent (Belgien) – Camping Blaarmeersen [N 51° 2' 46.33" E 3° 40' 50.95"], Zuiderlaan 12, 9000 Gent, Tel. +32 (0)92 66 81 60; Anf. März – Ende Okt.; Autobahn A10/E40 Ausfahrt 13 Gent-West, beschildert, bei einer Sport- und Freizeitanlage; ebene Wiesen mit Baumbestand, einige Hartstandplätze; ca. 5 ha – 320 Stpl. + 30 Dau.; gute Einrichtungen; Laden, Restaurant, Imbiss. V & E für Wohnmobile.

Beernem (Belgien) – Wohnmobil-Stellplatz „D'Halve Maene" [N51° 08' 36" E3° 17' 31"], Gevaerts-Zuid 47, Tel. +32 (0)5 054 43 33; www.dhalve-maene.be; A10/E40 (Gent – Brugge) Ausfahrt 10; kostenlose Stellplätze für Gäste des Restaurants. V & E Einrichtungen.

Mons (Belgien) – Camping du Waux-Hall [N 50° 27' 05.56" E 3° 57' 46.36"], Avenue de Saint-Pierre 17, 7000 Mons, Tel. +32 (0)6533 55 80, Jan. – Dez.; Ausfahrt 24 der E19/42 und stadteinwärts der kleinen, leicht zu übersehenden Camping-Beschilderung folgen, im Südosten von Mons; ebenes, parkähnliches Gelände, gut schattig; ca. 2ha – 70 Stpl.; Standard-Sanitärausstattung.

Seraucourt-le-Grand bei St. Quentin (Frankreich) – Camping Vivier aux Carpes [N49° 46' 54.33" E3° 12' 50.57"], 10 Rue Charles Voyeux, 02790 Seraucourt-le-Grand, Tel. +33 (0)3 23 60 50 10; www.camping-picardie.com; 20. März – 20. Okt.; am Ortsrand gut schildert. Ebenes Wiesengelände durch Bäume, Hecken und Platzwege vielfach aufgeteilt, nummerierte Stellplätze. Ca. 2 ha – 60 Stpl. + Dau.; einfache, aber funktionelle Sanitärausstattung. V & E für Wohnmobile. WiFi an der Rezeption. Ort in Gehnähe.

Guînes (Frankreich) – Castel-Camping La Bien-Assise [N50° 51' 58.51" E1° 51' 25.30"], Ave. de la Libération, Tel. +34 (0)3 21 35 20 77; www.camping-la-bien-assise.com; 31. März – 29. Sept.; ca. 12 km südlich von Calais; mehrere durch befestigte Wege unterteilte Stellplatzflächen auf gepflegtem Wiesengelände mit

Laubbäumen, teils eben; ca. 16 ha – 150 Stpl. + Dau; Standard-Sanitärausstattung, Laden, Restaurant, Schwimmbad, Tennis u. a. Sporteinrichtungen.

Campings an der Strecke nach Cherbourg

Saverne (Frankreich) – Camping les Portes d'Alsace [N48° 43' 51.67" E7° 21' 19.15"], 40, Rue du Père Liebermann, 67700 Saverne, Tel. +33 (0)3 88 91 35 65; Apr. – Okt.; A4 Ausfahrt 45, am westlichen Ortsrand, teils etwas geneigte Wiesen mit Baumbestand, durch befestigte Fahrwege aufgeteilt, 2 ha – 120 Stpl. + Dau.; einfache Standardausstattung. Von einigen Stellplätzen Sicht auf die Festung Haut-Barr. V & E für Wohnmobile.

Metz (Frankreich) – Camping Municipal Metz-Plage [N49° 7' 24.26" E6° 10' 07.28"], Allée de Metz-Plage, 57000 Metz; Tel. +33 (0)3 87 68 26 48; Mitte Apr. – Ende Sept.; A31 Ausfahrt 33, im Nordwesten von Metz gelegen, an der Mosel beim Stadtbad; ca. 3 ha – 180 Stpl.; Standard-Sanitärausstattung. V & E für Wohnmobile.

Metz (Frankreich) – Wohnmobil-Stellplatz Aire de Camping-Car [N49° 7' 25.51" E6° 10' 9.09"], Allée de Metz Plage, Pont des Morts, 8 Stellplätze vor Camping Municipal Metz-Plage (s. o.) mit V & E-Einrichtungen.

Verdun (Frankreich) – Camping Les Breuils [N49° 9' 13.89" E5° 21' 55.98"], Allée des Breuils, 55100 Verdun, Tel. +33 (0)3 29 86 15 31; www.camping-lesbreuils.com; Mitte März – Mitte Okt.; südlich Verdun D34, beschildert; ca. 6 ha – 150 Stpl., Standard.Sanitärausstattung. Imbiss, Schwimmbad. WLAN. V & E für Wohnmobile.

Châlons-en-Champagne (Frankreich) – Camping Châlons-en-Champagne [N48° 56' 08.86'' E4° 22' 58.79''], Rue de Plaisance, 51000 Châlons-en-Champagne, Tel. +33 (0)3 26 58 38 00; Anf. März – Anf. Nov.; A4/E50 Ausfahrt 27 weiter zur N44, Platz liegt im Süden der Stadt, beschildert; ebenes Wiesengelände mit Baumbestand, durch Bewuchs vielfach unterteilt, einige befestigte Stellplätze; ca. 7 ha – 120 Stpl.; komfortable Sanitärausstattung. WLAN, V & E für Wohnmobile.

Auxerre (Frankreich) – Camping Municipal Auxerre [N47° 47' 10.06" E3° 35' 15.51"], 8 Route de Vaux, 89000 Auxerre, Tel. +33 (0)3 86 52 11 15; 15. Apr. – 15. Sept.; im Stadtbereich gut beschildert, Richtung Arbre Sec. Gepflegtes, ebenes Rasengelände mit einigen hohen Laubbäumen, neben dem Festplatz und gegenüber des Stadions gelegen, durch Hecken und Platzwege unterteilt, nummerierte Stellplätze; ca. 4 ha – 150 Stpl.; Standard-Sanitäranlagen; V & E für Wohnmobile.

Isigny-sur-Mer (Frankreich) – Camping Le Fanal [N49° 19' 7.77" W1° 6' 32.10"], Rue du Fanal, 14230 Isigny-sur-Mer, Tel. +33 (0)2-31 21 33 20; www.camping-normandie-fanal.fr; 1. Apr. – 30. Sept.; N13/E46 Ausfahrt Isigny-Centre, weiter Beschilderung folgen zum nördlichen Ortsrand. Ebenes Wiesengelände durch Bäume, Hecken und Platzwege vielfach aufgeteilt, parzellierte Stellplätze. Ca. 9 ha – 80 Stpl. + Dau.; Standard-Sanitärausstattung. Restaurant, WLAN. V & E für Wohnmobile.

Maupertus-sur-Mer bei Cherbourg (Frankreich) – Camping l'Anse du Brick [N49° 40' 02.67" W1° 29' 15.58"], 50330 Maupertus-sur-Mer, Tel. +33 (0)2 33 54 33 57; 6. Apr. – 15. Sept.; kurz vor dem Car Ferries Port von Cherbourg ostwärts Richtung Val du Saire (D116) abzweigen und noch ca. 7 km bis zur Platzzufahrt bergwärts. Gepflegter Terrassenplatz, von den oberen Stellplätzen Blick auf Bucht und Meer; ca. 15 ha – 150 Stpl. + Dau.; moderne Sanitäranlagen, Hallen- und Freibad, Pizzeria. WLAN. V & E für Wohnmobile.

Fährverbindungen

Zwischen dem europäischen Festland und der Hauptinsel Großbritanniens bestehen vielfältige Fährverbindungen. Nahezu ab jeder großen Hafenstadt an der französischen, belgischen und niederländischen Kanalküste bedienen Reedereien meist ganzjährig die wichtigsten britischen Häfen. Für eine Reise in den Südwesten Englands sind vor allem die

Fährverbindungen nach Südengland

Häfen an der französischen Kanalküste von Interesse.

Man kann wählen, ob man eine etwas längere Seepassage (z. B. von Cherbourg nach Portsmouth oder Poole und so bereits im Südwesten Englands an Land geht) der kürzeren Überfahrt von Calais nach Dover vorzieht und weiter über Folkestone und Brighton nach Südwestengland fährt.

Bei knapp kalkuliertem Reiseplan empfiehlt sich für die Spitzenzeiten der Hochsaison (etwa Anfang Juli bis Mitte August) eine Vorausreservierung für einen Auto- bzw. Kabinenplatz.

Empfehlenswert ist ein Vergleich des Preis- und Leistungsangebots der verschiedenen Schifffahrtslinien. Nicht immer muss der kürzeste Wasserweg auch der preiswerteste Reiseweg sein. Da die Tarifgestaltung der Reedereien untereinander recht unterschiedlich ist, dazu nach Jahreszeit, Personenzahl und Autokenndaten variiert, dabei Spar- oder Sondertarife für Studenten, Senioren und Familien mit Kindern das Durcheinander vervollständigen, sollten Sie sich rechtzeitig im Internet kundig machen oder sich in einem Reisebüro im Dickicht des Tarif-Dschungels beraten lassen. Buchungen übers Internet bringen übrigens fast immer einen Preisvorteil gegenüber dem Direktkauf vor Ort im Hafenbüro der Reederei.

Sehr bequem und schnell sind die Schnellfähren (SeaCats). Sie verkürzen die Fahrzeit ganz erheblich, halbieren sie gar auf bestimmten Strecken.

Spätestens eine Stunde vor Abfahrt sollte man sich zur Einschiffung im Hafen einfinden, auch mit reservierter Passage.

Mein Tipp! Verschließen Sie ihr Fahrzeug auf der Fähre sorgfältig, denn es gibt kaum eine Reederei, die für Gepäck im, am oder auf dem Auto haftet. Selbstverständlich sind gasbetriebene Aggregate (z. B. Kühlschrank im Wohnmobil) während der Überfahrt abzuschalten! Der Haupthahn am Gastank ist zu schließen. Die Gasflaschen müssen gut befestigt sein!

Viele Reedereien untersagen das Mitführen von mit Kraftstoff gefüllten Reservekanistern!

Gerade in der betriebsamen Hochsaison werden die Autos auf den Fähren sehr, sehr dicht geparkt. Deshalb Handbremse gut anziehen (eingelegter Gang alleine genügt nicht), um die Bewegungen des Autos während der Überfahrt, z. B. bei stark bewegter See, so gering wie möglich zu halten.

FRANKREICH – GROSSBRITANNIEN

Dunkerque – Dover

DFDS Seaways – Ganzjährig, 12 Abfahrten täglich, Fahrzeit 2 Stunden; Tel. 040-38 903-71; www.dfdsseaways.de.

Calais – Dover

DFDS Seaways – Ganzjährig, bis zu 15 Abfahrten täglich, Fahrtdauer ca. 1 Std. 30 Minuten; Tel. 040-38 903-71; www.dfdsseaways.de.

P&O Ferries – Ganzjährig, bis zu 23 Abfahrten täglich; Fahrtdauer ca. 1 Std. 30 Minuten; Tel. 0621- 37 90 90 35; www.poferries.com/de/.

Dieppe – Newhaven

DFDS Seaways – Ganzjährig, 2 Abfahrten täglich, Fahrtdauer 4 Stunden; www.dfdsseaways.de.

Le Havre – Portsmouth

Britanny Ferries – Ganzjährig, 1 Abfahrt täglich, Fahrtdauer 5 Std. 30 Min; www.britannyferries.de.

Caen – Portsmouth

Brittany Ferries – Ganzjährig, bis zu 3 Abfahrten täglich. Fahrzeit 5 Stunden 45 Minuten (Tagesfahrt), 7 Stunden auf Nachtfähren, Schnellfähre 3 Stunden 45 Minuten; www.brittanyferries.de,

Cherbourg-Octeville – Portsmouth

Brittany Ferries – Mai bis Oktober bis zu 2 Abfahrten täglich; Fahrzeit 5 Stunden 45 Minuten, Schnellfähre 3 Stunden; www.brittanyferries.de

Cherbourg-Octeville – Poole

Brittany Ferries – 1 Abfahrt täglich, Fahrzeit 4 Stunden 15 Minuten; www.brittanyferries.de.

St-Malo – Portsmouth

Brittany Ferries – 1 Abfahrt täglich, Fahrzeit 11 Stunden; www.brittanyferries.de.

Roscoff – Plymouth

Brittany Ferries – Bis zu 2 Abfahrten täglich. Fahrzeit 6 Stunden (Tagesfahrt), 8 Stunden (Nachtfahrt); www-brittanyferries.de.

Hafeneinfahrt Dover

HIGH SPOTS IM SÜDEN ENGLANDS

Die Schönsten, die Besten ...

Der interessanteste Fund aus der Römerzeit – Roman Palace in Fishbourne bei Chichester – Gut erhaltene Mosaiken und ein Skellet im Boden.

Das schönste Schiff – H.M.S. Victory – Admiral Nelsons Flaggschiff in der Battle of Trafalgar im Royal Navy Dockyard; britische Seeherrlichkeit in Portsmouth.

Die schönste Anreise – Wie in guten alten Zeiten mit der Fähre zu den weißen Kreidefelsen von Dover, die schon William Shakespeare erwähnte.

Die wohl besten Restaurants – Frische Meeresfrüchte im Seafood Restaurant „The Regency" in Brighton – Lobster (Hummer) in Rick Stein's Seafood Restaurant in Padstow, Cornwall.

Eines der besten Essen – Fish and Chips mit einem Schuss Essig – Früher original in einer alten Zeitung serviert.

Pubgrub – So faszinierend wie die Pubs in Süd-England ist, was man dort isst.

Die schönsten Strände – Die Sandstrände von Newquay – Tosende Atlantikbrandung nicht nur für Surfer.

Die süßeste Versuchung – Cream Tee: Eine cornishe Institution aus Clotted Cream und Scones mit schwarzem Tee.

Das schönste Musikerlebnis – Die ländlichen Opern- und Musikfestspiele von Glyndebourne bei Lewes.

Die meistbesuchte Kultstätte – Die Steinringe von Stonehenge bei Salisbury.

Die schönste Sehenswürdigkeit auf einer Insel – St. Michael's Mount in Cornwall.

Die beste Tradition – English Breakfast mit Bacon and Eggs, Sausages und gebratener Tomate – Ein Essen für den ganzen Tag.

Der wichtigste Satz – In jedem Pub: „A Pint of your best, please".

Der letzte Penny – Für ein englisches Coffee-Table-Book – Nirgends gibt es schönere Bücher und Bildbände über England.

Der wichtigste Satz über England – „Love it or leave it". – Ein Kompromiss ist nicht möglich.

Der schönste Garten – Die subtropischen Gärten mit den Schwänen von Abbotsbury.

Das ungewöhnlichste Theater – Das Minack Theatre mit seiner Open-air-Theaterbühne im Felsen steil über dem Meer.

Der schönste Küstenort – Rye mit seinem mittelalterlichen Labyrinth der alten Kopfsteinpflastergassen.

Das schönste Museum – Die Tate Gallery St. Ives mit dem wohl schönsten

Lynmouth zählt mit zu den hübschesten Küstenstädtchen in Devon

Standort Europas; schon die Verbindung von Gebäude und Natur wird zum Kunstwerk.

Die ungewöhnlichste Landschaft – Dartmoor und seine geheimnisvollen Tor-Felsen – Arthur Conan Doyle's „The Hound of the Baskervilles" wird wieder lebendig.

Die merkwürdigste Figur – Cerne Giant – Begegnung mit einem Kreideriesen aus prähistorischer Zeit, eingezeichnet in einen Hügel.

Die schönste Kathedrale – Canterbury Cathedral – Auf den Spuren der Pilger zum Schrein des Heiligen Thomas Becket und Geoffrey Chaucer's „Canterbury Tales".

Die interessanteste Stadt – Winchester – Englands alte Hauptstadt mit König Arthur's Round Table, Winchester Cathedral und der Public School „Winchester College"; hier weht ein Hauch der Geschichte.

Die schönsten Buchten – Die spektakuläre Lulworth Cove mit dem imposanten Felsen Durdle Door auf der Isle of Purbeck und die einzigartige Kynance Cove in Cornwall.

Das seltsamste Schloss – Der phantasievolle Royal Pavilion in Brighton mit indischen Kuppeln im Zuckerbäckerstil und chinesischem Innendekor, Prachtbau eines exzentrischen englischen Thronfolgers.

Die interessanteste Burg – Dover Castle – Eine Zeitreise durch die englische Geschichte von König Henry VIII. bis Winston Churchill.

Die schönsten B & B – Jeake's House und The Mermaid Inn in Rye – Unbeschreiblich hübsche Fachwerkarchitektur aus der Zeit der Schmuggler.

Das schönste Hotel – The Grand Hotel in Brighton – Viktorianische Prachtentfaltung in einem mondänen Badeort.

Das mildeste Klima – South Harns mit der längsten Sonnenscheindauer und die Isles of Scilly mit frischen Schnittblumen im Dezember.

Der atemberaubendste Ausblick – Die atemberaubende Steilküste von Beachy Head und ein Sonnenuntergang in Land's End.

Die schönste Dampfeisenbahn – The Bluebell Railway von Sheffield Park nach Crawley Down – Die Dampfeisenbahn für das Kind im Manne.

Das beste Bier – Jail Ale und Dartmoor Legend Ale aus der Dartmoor Brewery in Princetown – Dafür lohnt sogar die weite Anreise.

Das beste Souvenir – Cornish Mead, 14%iger Honigwein, besonders in der Waterside Meadery in Penzance oder in der Newlyn Meadery zu genießen.

Bemerkenswerte Pubs

Alfriston – Fast jeder Pub im Ort kann etwas aus der alten Schmuggler-Zeit erzählen, fast jeder Eichenbalken an der Decke ächzt unter den Jahrhunderten; **The George Inn** besitzt eine Alkohollizenz aus dem Jahr 1397.

Bembridge, Isle of Wight – **Ye Old Village Inn**: Keine Puppenstube, sondern wirkliches Bilderbuchleben im alten Pub von 1787.

Brading, Isle of Wight – **The Bugle Inn**: Hier versteckte sich der englische König Charles I. vor seinen Häschern, ein sehr historischer Pub mit Schanklizenz von 1314.

Brighton – Im Gebiet der The Lanes ist eine hervorragende Kneipentour durch zahlreiche Pubs möglich; **The Cricketers**: Ältester Pub mit noch älteren Deckenbalken.

Chichester – The Old Cross: Altes Fachwerkhaus mit sehr schönen Bleiglasfenstern.

Cowes, Isle of Wight – **The Globe:** Wo kann man schon von einem Pub aus das Festland sehen? Herrlicher Blick über das Wasser auf das English Mainland gegenüber der Isle of Wight. Diesen Ausblick genoss schon Queen Victoria.

Dartmouth – The Cherub Inn: Ältestes Gebäude in Dartmouth aus 1380, allein das blumengeschückte Fachwerkhaus ist eine Augenweide.

Deal – The King's Head: Salzige Seeluft und ein toller Blick auf den Ärmelkanal vom ältesten Pub der Stadt aus dem Jahre 1364.

Dover – Prince Albert Pub: Der Namensgeber trank 1842 hier sein Bier.

Exeter – Double Locks: Ein wunderschöner Pub von 1820 mit Biergarten direkt am Fluss Exe.

– The Ship Inn: 600 Jahre alter Pub, der schon Sir Francis Drake zu seinen Gästen zählte.

Falmouth – The Seven Stars: Bestes Real Ale der Umgebung in einem Pub, das seit 1660 besteht und seither kaum Veränderungen erfuhr.

Hastings – The Stag Inn: Biertrinken auf historischem Grund; alter Schmugglertreff.

Mevagissey – The Fountain Inn: Ältestes Pub aus dem 15. Jh., einstiger Schmugglertreff; beste Fish and Chips der Stadt.

Newquay – The Fort Inn: Beim Anblick des Strands und des Hafens schmeckt am Abend das Bier doppelt gut.

Penzance – The Turk's Head: Ältester Pub der Stadt, Inbegriff englischer Gemütlichkeit, bestes Seafood.

– Admiral Benbow: Pub, der aus Wrackteilen einer Galeone zusammengebaut wurde.

Plymouth – The Navy Inn: Tradition pur mit guter Küche und Live Music.

– The Queens Arms: Urgemütlicher Pub, Real Ales u.a. Otter Ale, Live Music, im Barbican.

Portsmouth – The Spice Island Inn: Hier kann man noch die englische Seemacht riechen („Britannia Rules the Waves").

Rye – The Mermaid Inn: Einer der schönsten Pubs Südenglands von 1420; hier muss man ein Bier getrunken, aber noch besser getafelt haben; Antiquitäten und Holzvertäfelungen.

Salisbury – The Haunch of Venison: Bier in Pluschsesseln genießen, sehr historisches Ambiente.

Sandwich – The Crispin: Alter Fachwerkbau mit Eichenbalken in der Decke.

Southampton – The Duke of Wellington: Ältester Pub am Ort.

– The Red Lion: Bester Pub am Ort mit Galerie für den Blick von oben.

St. Ives – The Sloop Inn: Cornwalls ältester Pub aus dem Jahr 1312, ein ehemaliger Piraten- und Schmugglertreff.

Torquay – Hole in the Wall: Im alten Schmugglertreff schenkt man seit 1540 Ale aus und serviert Pub Food, Live Music.

Winchester – The Wykeham Arms: Pub im College-Gebiet, in dem man den Lehrern beim Biertrinken zuschauen und zuhören kann; sehr interessant.

– The Royal Oak: Vielleicht der älteste Pub von England, wurde schon 1010 urkundlich erwähnt.

The Queens Arms in Plymouth

ROUTE 1: DOVER – BRIGHTON – PORTSMOUTH

Länge der Tour: Rund 200 km/125 mls, ohne Abstecher.

Die Route: Von Dover A20 bis **Folkestone** – A259 über **New Romney**, **Rye** und **Hastings** bis **Eastbourne** – A27 über **Brighton**, **Worthing** und **Chichester** bis **Portsmouth**.

Abstecher: Von Dover auf der A2 nach **Canterbury**.

Reisedauer: Mindestens ein Tag, besser zwei oder mehr Tage, je nach Besichtigungsvorhaben. Plus ein separater Tag für einen evtl. Abstecher nach Canterbury.

Höhepunkte: Die **Burg** ** und die **Kreideklippen** ** von Dover – die **Kathedrale von Canterbury** *** – ein Spaziergang durch die **Mermaid Street** ** und **The Mermaid Inn** *** in Rye – die Klippenküste von **Beachy Head** *** – **Bodiam Castle** *** – der **Royal Pavilion** *** in Brighton – die historischen Kriegsschiffe wie die „HMS Victory" im **Portsmouth Historic Dockyard** ***.

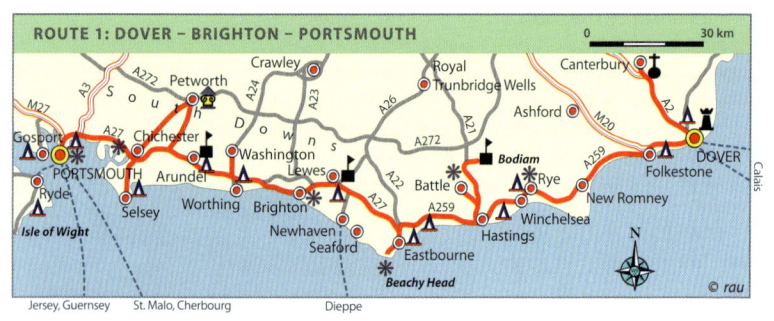

ROUTE 1: DOVER – BRIGHTON – PORTSMOUTH

Kent und Sussex

„The great hills of the South Country
They stand along the Sea;
And it's there walking in the high woods
That I should wish to be."
Hilaire Belloc

Die Felsenküste von Dover mit ihren hohen weißen und steilen **Kreideklippen** zeigen dem Englandbesucher, der mit der Fähre über den Ärmelkanal vom europäischen Festland ankommt, eine Küstenlinie, die viele Jahrhunderte lang eine erste Verteidigungsbarriere gegen mögliche Invasoren der Britischen Inseln war. Sie ist für den Engländer, der von einer Reise auf den Kontinent in die Heimat zurückkehrt, oder für den Touristen, der sich der Insel zum ersten Mal nähert, heute immer noch ein schönes Willkommen und das Tor zu Großbritannien.

Der grüne Süden Englands mit seinen Marschen, Stränden und den weißen Kreidefelsen ragt in die Gezeitenströme der Meeresstraße von Dover hinaus, im Rücken von den Hügeln der **Sussex Downs**, den Obstgärten und Laubwäldern des **Weald** (Old English für Wald) und den Heidelandschaften von Surrey eingerahmt.

Die Küsten der Grafschaften Kent und Sussex sind seit Jahrhunderten das Eingangstor zu England, **The Gateway to England**, wie es die Engländer selbst beschreiben.

Spuren, die die vielen Invasoren hinterlassen haben, zeugen noch in der Gegenwart von den Ereignissen einer

Der „Garten Englands"

Schon seit den Römerzeiten, als zum ersten Mal Obstgärten kultiviert wurden, hat man in der **Grafschaft Kent, dem „Garten Englands"**, Obst angebaut. Der fruchtbare Boden und regelmäßige Niederschläge sicherten immer eine hervorragende Qualität. Die Londoner Fruchtmärkte liegen in der Nähe. Und der europäische Kontinent hat die Obstbauern von jeher dazu angeregt, immer wieder neue Sorten auszuprobieren und anzupflanzen.

Die Äpfel der Römer, die Birnensorten, die die normannischen Eroberer mitbrachten, und die anderen Früchte, die in den mittelalterlichen Klöstern angepflanzt wurden, waren natürlich andere als es die heutigen Obstsorten sind.

Aber die Obstbauern haben immer Sorten kultiviert, die sich als besonders feine herausstellten. Im Jahre 1830 soll Richard Cox eine solche besondere Sorte in seinen Gärten in Buckinghamshire angepflanzt haben, die dann als Cox Orange Pippin - Apfel bekannt wurde.

Die biologische Erkenntnis im späten 18. Jahrhundert, dass es auch bei Früchten männliche und weibliche gibt, machte es möglich, immer neue Obstsorten in einer großen Vielfalt heranzuzüchten.

Als man vor Jahrhunderten die damals beliebten, aber sehr trockenen Äpfel, etwa den Adam's Pairmain, zusammen mit einen Glas Portwein zu essen pflegte, hatten sie noch einen leichten Nussgeschmack. Heute bevorzugt man die saftigen, leicht säuerlichen Apfelsorten.

Auch die Anbauweise hat sich im Lauf der Zeit verändert; wurden früher die Obstbäume in England mit weit ausladenden Ästen in der Form eines Vierecks gepflanzt, zwischen denen dann kleine Büsche wachsen konnten und den Schafen so Raum zu grasen blieb, bevorzugt man heute kleine Obstbaumsorten, die man nun in einer Reihe pflanzt.

Bekannte Obstsorten aus England

Cox Orange Pippin – Englands populärster Essapfel, der zusammen mit anderen Apfelsorten wie dem Worcester Pairmain angebaut wird, um Überkreuzzüchtungen zu erreichen.

Bramley's Seedling – Diese Apfelsorte wurde zuerst im 19. Jahrhundert angebaut und gehört zu den Koch- und Bratäpfeln, saftig im Geschmack und leicht säuerlich. Der Apfelbaum hat weit ausladende Äste.

Worcester Pairmain – Dieser süße Apfel wird als erster im Jahr geerntet und zeichnet sich durch sein kräftiges weißes Fruchtfleisch aus.

Golden Delicious – Vorzüglich für eine längere Lagerung geeignet, schmeckt dieser Apfel saftig und kräftig.

Auch Kirschen werden in großen Mengen in Kent geerntet.

Zu den besten Sorten gehören Napoleon, eine gelb-rötliche Kirsche, Early Rivers, die in dunklem Rot erstrahlt und Noir de Guben, eine sehr dunkle, fast schwarze Kirsche.

Doyenne de Comice – Diese in Kent sehr beliebte Birne hat einen leichten Zimtgeschmack und ihr Fruchtfleisch zerschmilzt förmlich auf der Zunge.

Conference – Eine typische Dessertbirne, die erst im 19. Jahrhundert nach England kam. Sie ist saftig und süß, lässt sich gut einlagern und wird gerne beim Dessert „Birne Helene" verwendet.

Williams' Bon Chretin – Diese Birne wurde etwa 1770 zum ersten Mal von einem Lehrer in Berkshire angepflanzt. Sie ist saftig und hat einen leichten Nachgeschmack. Auf dem europäischen Kontinent findet man sie als ganze Frucht in den bekannten Birnenschnäpsen.

wechselvollen Geschichte. Die Römer hinterließen hier eine der größten Konzentrationen von Befestigungsanlagen an der Küste, mittelalterliche Burgen finden sich häufig ganz in der Nähe. Angelsachsen, dänische und norwegische Wikinger und die Normannen landeten an der Südküste und bauten einen Ring von mächtigen Festungen gegen mögliche neue Invasoren.

Vor diesem eher martialischen Geschichtsbild ist Englands Südostküste heute nur noch Landeplatz für zahllose Besucher und Touristen, die in den vielen Küstenorten und Seebädern Erholung, Ruhe und Aktivitäten an der frischen Meeresluft suchen. Aber es ist noch nicht so lange her, dass Schmuggler auf geheimen Wegen Brandy, Tabak, Seide und Spitze von der Küste in das Landesinnere verbrachten.

Das Grasland, das zusammen mit den Kreidefelsen der Küstenlinie eine Symphonie in Grün und Weiß zu spielen scheint, ist Heimat von vielen wildlebenden Tierarten. Aber auch die Schafe der Gegend, das „Southdown Sheep", ist in der ganzen Welt bekannt und geschätzt. Dort, wo vor 5.000 Jahren die Menschen der Steinzeit ihre Tiere grasen ließen, ziehen sich heute Wander- und Spazierwege durch Täler und folgen kleinen Flüssen.

Der Reiseweg

Am Reiseweg durch Kent liegen Dörfer wie aus einem Bilderbuch, alte englische Landhäuser, Obstgärten im Garden of England und Hopfenfelder im Hop Country, in denen die Oast-Houses stehen, ehemalige Hopfendarren, heute gerne umgebaut und als Wochenendhaus genutzt, laden den Besucher zum Verweilen ein.

Das für Kent so typische **Oast-House** mit seinem weißen, konischen Turmdach diente dazu, den Hopfen für die Bierherstellung zu trocknen und zu pressen. Hopfen wurde erstmals im 16. Jahrhundert vom europäischen Kontinent nach England eingeführt. Bittere Öle und das Lupulin-Harz wurden der Hopfendolde entzogen und beim Brauen zur Geschmacksveredelung oder zum Haltbarmachen genutzt. Gegen Ende August beginnt die Hopfenernte, die dann – zumindest in früheren Zeiten war das so– in den Oast-Houses getrocknet wird. Die konische Dachspitze dient dabei als Lufteinlass, der sich immer in die Windrichtung drehen kann und so für die notwendige Ventilation sorgt. Nach dem Trocknen wird der Hopfen gepresst und an die Brauereien verkauft.

Ein gutes Beispiel, eine solche Anlage zu sehen, bietet der **Hop Farm Country Park [Parkplatz, N51° 11' 59.79" E0° 23' 37.52"] in Beltring bei East Peckham** (von Hastings auf der A21 Richtung London und weiter A228 (Pembury – Maidstone) Richtung East Peckham) *(geöffnet Apr. - Dez. tgl. 10 - 17 Uhr; Feb. - März Sa + So 10 - 16 Uhr; https://thehopfarm.co.uk)*. Ein großer Campingplatz ist angeschlossen; https://thehopfarm.co.uk/stay/campsite-information/.

Im Südosten Englands wird ländliche und kleinstädtische Idylle nicht zum Klischee. Die alten Gotteshäuser scheinen über die vielen Fachwerkhäuser zu wachen, Burgruinen lassen die Fantasie des Besuchers schweifen, Schlösser vermitteln Geschichte, und die vielen, oft Jahrhunderte alten Pubs, Inns und Taverns verbreiten ein ganz besonderes Flair – typically British eben.

Sussex, die westlich an Kent angrenzende Grafschaft, war das Land der **South-Saxons**. Es gibt in der Grafschaft in vielen Ortsnamen noch Spuren der ehemaligen Invasoren. Die Endung -ing z. B. bedeutet, dass der Ort einer bestimmten Familie gehörte, so war Worthing Sitz der Wurth's People.

Die Endung -ton dagegen kennzeichnete einen kleinen Weiler, der sich zu einem Dorf entwickelt hat.

Andere Ableitungen sind -ley oder -holt für Orte in einem Wald, -den für Orte in einem Tal und -burgh für Befestigungsanlagen.

Cinque Ports – Die Hafenstädte **Hastings, Dover, Romney, Sandwich**

und **Rye** schlossen sich unter König Edward the Confessor (1042 – 1066) als die sogenannten Cinque Ports zu einem Bündnis zusammen, das besondere Handels- und Steuerprivilegien von der englischen Krone erhielt als Gegenleistung für die angebotenen Verteidigungsdienste. Später kamen die Hafenstädte **Hythe** und **Winchelsea** hinzu.

Hauptanliegen des Königs war es, in den Häfen Südost-Englands ständig 57 ausgerüstete Kriegsschiffe bereit zu halten, um einem Angriff möglicher Invasoren frühzeitig entgegentreten zu können.

Die Cinque Ports wurden von dem Lord Warden regiert, der dem König direkt unterstand. Der Lord Warden hatte seinen Sitz in Walmer Castle bei Deal. 1835 verloren die Städte ihre Privilegien. Der Titel des Lord Warden existiert aber im heutigen England immer noch. Der bekannteste Träger des Titels in der neueren Geschichte Englands war Sir Winston Churchill.

Dover

„The precious stone set in the silver sea" – *William Shakespeare* über die Weißen Klippen von Dover. Dover ist nach den Zerstörungen im Zweiten Weltkrieg zu einem großen Teil wieder aufge-baut worden. Die Stadt mit annähernd 44.000 Einwohnern lebt heute vor allem von dem modernen Fährhafen. Nur der alte Park mit den Resten der Burg hoch über der Stadt erinnert noch an die dunkle, wohl auch weniger hektischen Zeiten des Mittelalters.

Dover Castle [Parkplatz, WP 002 / N51° 07' 40.10"   E1° 19' 24.92"], der „Schlüssel zu England" hoch über dem Hafen, wurde im 12. Jahrhundert unter König Henry II. errichtet. Die Ringmauern folgten erst zwei Jahrhunderte später. Hier war der Lord Warden of the Cinque Ports bei seinen Aufenthalten in Dover zu Hause, dessen offizieller Amtssitz aber in Walmer Castle in Deal war.

Die Burganlage von Dover (*geöffnet 1. Apr. - 31. Juli + 1. - 30. Sept. tgl. 10 - 18 Uhr; 1. -31. Aug. tgl. 9.30 - 18 Uhr; 1. Nov. - 26. Dez. + 2. Jan. - 17. Feb. Sa + So 10 - 16 Uhr; 25. Feb. - 31. März Mi - So 10 - 16 Uhr; www.english-heritage.org.uk/visit/places/dover-castle/*) mit dem dominierenden **Peverell's Tower**, oder Great Tower, mit der sehenswerten **Great Hall**, dem normannischen Bergfried oder Wohnturm der Burg, schließt neben Bastionen und Befestigungsmauern und Wällen auch unterirdische, im frühen 19. Jahrhundert angelegte Tun-

Hop Farm, Kent

nel samt einem unterirdischen Lazarett aus der Zeit um 1941 mit ein, die man seit 1985 auch der Öffentlichkeit zugänglich gemacht hat. Davor unterlagen die „Secret Wartime Tunnels" der militärischen Geheimhaltung.

Auf unterschiedlichen Führungen (Dauer ca. 30 Minuten, auch in deutscher Sprache) durch die Burganlage werden u. a. der 88 m tiefe Brunnen, der Bankettsaal, die St. Thomas's Chapel, die mit ihrem Namen an Thomas Becket von Canterbury erinnern soll, eine kleine Sakristei, verschiedene Wohnräume aus dem 18. Jahrhundert sowie Sektionen der „Secret Wartime Tunnels" gezeigt.

Dover Castle war während des Zweiten Weltkriegs Sitz eines britischen und alliierten Kommandostabs, der den Rücktransport der 1940 bei Dünkirchen von den Deutschen eingeschlossenen englischen Truppen und die Invasion der alliierten Landungstruppen 1944 in der Normandie mit organisierte.

Ausstellung und Multimediapräsentation wie „Operation Dynamo" oder „Hellfire Tunnel" erklärt die Rolle Dovers im Zweiten Weltkrieg.

Darüber hinaus kann das **Princess of Wales's Royal Regiment and Queen's Regiment Museum,** der **Admirals Lookout** (ehemaliger Beobachtungsposten des Schiffsverkehrs im Kanal) besichtigt werden. Und auf einem Spaziergang auf den Festungsmauern gelingen herrliche Ausblicke.

Unweit östlich der Burg erhebt sich die Kirche **St. Mary in the Castle** (auch St. Mary in castro), ein Gotteshaus aus der angelsächsischen Zeit des 11. Jahrhunderts, das hier schon vor der Burg existierte. Vor der Kirche steht ein uralter Leuchtturm, der aus der Römerzeit stammt.

Innerhalb der Burganlage verkehrt im Sommer ein sog. „land train" zu unterschiedlichen Stationen der Anlage. **Dover Castle & Secret War Time Tunnels** sind *geöffnet Apr. - Okt. tgl. 10 - 18 Uhr; Nov. - Jan. Sa + So 10 - 16 Uhr; Feb. - März Mi - So 10 - 16 Uhr; English He-ritage, Parkplatz, Restaurant, Café, Souvenirladen, Toiletten, Informationen, auch in deutscher Sprache sowie für Hörgeschädigte und in Braille-Schrift.*

Weiter östlich der Burg von Dover liegt auf der bewaldeten Anhöhe über der Steilküste das **Blériot Memorial [Parkplatz, N51° 7' 50.97" E1° 19' 22.74"].** Es erinnert an den französischen Flugpionier und Konstrukteur Louis Blériot, der hier am 25. Juli 1909 nach dem ersten Aufsehen erregenden, 20 Minuten dauernden Flug von Calais über den Kanal mit seinem kleinen Eindecker landete. Aufgrund widriger Winde endete das Manöver aber in einer Bruchlandung, die der mutige Pilot aber unbeschadet überstand. Das Monument stellt die in den Boden eingelassene Kontur eines Motorflugzeugs der ersten Generation dar.

Stationen eines Stadtrundgangs durch Dover

Seit Jahrhunderten ist Dover das Tor zu England. Die Stadt am Ärmelkanal ist reich an historischen Ereignissen, die man auf einem historischen Stadtrundgang noch einmal nacherleben kann. An den genannten Ort befinden sich Informationstafeln, die die Geschichte von Dover veranschaulichen.

Start eines Spaziergangs durch die Innenstadt von Dover kann der **Market Square** an der Biggin Street sein. Neben der **Tourist Information [N51° 7' 29.98" E1° 18' 47.52" - Parkplatz [N51° 07' 33.92" E1° 18' 49.93"],]** findet man an dem Platz auch die einer Kirche nicht unähnlichen **Dover Town Hall**, deren Ursprünge bis ins frühe 13. Jh. zurückreichen. Im Laufe der Jahrhunderte diente das mächtige Gebäude den unterschiedlichsten Funktionen. Lange war es das Rathaus von Dover, in dem auch das Stadtgericht und das berüchtigte Old Town Goal, das Stadtgefängnis untergebracht war. Besichtigen kann man einen extra für Besucher eingerichteten „History Room". Von 1. April bis 31. Okt. werden jeden Mittwoch zwischen 10

Dover Castle

und 16 Uhr gegen eine geringe Gebühr Führungen angeboten.

Ebenfalls am Market Square liegt das **Dover Museum and Bronze Age Boat Gallery** *(geöffnet Mo – Sa 9.30 – 17 Uhr, Apr. – Sept. auch So 10 – 15 Uhr; www.dovermuseum.co.uk).* Das in einem viktorianischen Stadthaus untergebrachte, komplett restaurierte Museum gibt u. a. mit interaktiven Ausstellungen Einblick in Dovers Vergangenheit. Eine Abteilung befasst sich z. B. mit der Geschichte der Kanalschwimmer. Besonders stolz ist man über die feinstens präparierten Funde eines Kanus aus der Bronzezeit. Die auf ein Alter von annähernd 3.000 Jahre geschätzten Bootsreste wurden bei Bauarbeiten an einer Straße nach Folkestone entdeckt. Darüber hinaus werden wechselnde Ausstellungen präsentiert.

St. Mary Church, Cannon Street – Die katholische Kirche wurde 1843 neu errichtet, nachdem die ältere, aus dem Jahre 1100 stammende Gemeindekirche durch ihr zu schwaches Fundament einzustürzen drohte.

Roman Painted House *(geöffnet Juni –Ende Sept. tgl. Di - So 10 - 17 Uhr; Apr. + Mai Di – Sa 10 – 17 Uhr, letzter Einlass 16.30 Uhr)* in der New Street wurde bei Ausschachtungsarbeiten 6 m unter der Erde entdeckt und zeigt die Überreste einer römischen Villa mit noch erhaltenen Wandmalereien, Mosaiken und einer raffinierten Bodenheizungsanlage, die ungefähr vor rund 2.000 Jahren erbaut worden war.

St. Edmund's Chapel – In dieser kleinen versteckten ehemaligen Friedhofskapelle aus dem 13. Jh. in der Priory Road wurde Bischof Richard of Leicester im Jahre 1253 beigesetzt.

Maison Dieu – Das kleine Hospiz in der Priory Road wurde ursprünglich 1203 für Pilger und verwundete Soldaten gebaut.

Western Docks – Ankunfts- und Abreiseort nicht nur der Touristen, sondern in früheren Zeiten auch bekannter historischer Persönlichkeiten. König Henry V. ging hier nach der gewonnenen Schlacht von Agincourt an Land. König Charles II. betrat hier nach seinem Exil 1660 englischen Boden. Und König Henry VIII. schiffte sich hier 1520 nach Frankreich ein.

The Grand Shaft – Dieser einzigartige Treppenturm, 42 m hoch und 8 m im Durchmesser in der Snargate Street am Südwestrand der Stadt bei den Wellington Docks (keine Parkmöglichkeit) wurde zwischen 1806 und 1809 in den

Die „Weißen Felsen" von Dover

Felsen geschlagen, um so eine schnelle Verlegung von Truppen aus den Western Heights zum Hafen zu ermöglichen. Der Treppenschacht wurde 1980 restauriert.

Eine Attraktion neueren Datums ist das Einkaufszentrum **Shopping Outlet De Bradelei Wharf [Parkplatz N51° 7' 22.20" E1° 18' 49.57"]** in der Cambridge Road im Bereich der Hafenanlagen an der Dover Marina mit über 20 Bekleidungsfirmen *(ganzjährig geöffnet Mo - Sa 9.30 - 17 Uhr, So 10.30 - 16.30 Uhr; www.debradeleiwharf.co.uk).*

Shakespeare Cliffs [N51° 06' 17.94" E1° 16' 32.83"] – Der 100 m hohe, weiße Kreidefelsen etwa 2 km westlich von Dover wurde schon in Shakespeare's „King Lear" erwähnt. Eine Bauruine von 1880 etwa 800 m weiter westlich markiert den ersten Tunnelversuch unter dem Kanal. Man erreicht die Klippen von der A20 über die Samphire Road, limitierte Parkmöglichkeit!

Im **Dover Transport Museum [N51° 09' 0.19" E1° 17' 26.89"]**, Willingdon Road, bei **Whitfiled** ca. 5 km nördlich von Dover *(geöffnet 16. März - 30. Okt. Mi - So 10.30 - 17 Uhr, letzter Einlass 15.30 Uhr; 13. Jan. - 15. März So 10.30 - 15 Uhr, letzter Einlass 14 Uhr; www.dovertransportmuseum.org.uk)* kommen Liebhaber alter Kraftfahrzeuge, historischer Lastwagen und Stadtbusse auf ihre Kosten. Ausgestellt sind auch Modelleisenbahnen, Modellautos, maritime Exponate u. ä.

Etwa 4 Meilen (ca. 6,5 km) nordwestlich von Dover liegt **Crabble Corn Mill [N51° 08' 30.45" E1° 16' 59.10"]**, eine schöne, immer noch tätige Wassermühle aus der georgianischen Zeit des 18. Jh. *(geöffnet Ostern - Sept. nur So 11 - 16 Uhr; mit Café am See; www.crabblecornmill.org.uk).*

Dover war mehrfach Schauplatz von bedeutenden „Erst-Taten": Der französische Flugpionier Louis Blériot (1872

PRAKTISCHE HINWEISE – DOVER

Dover Visitor Information Centre [N51° 07' 29.98" E1° 18' 47.52"], im Dover Museum, Market Square, Dover, CT16 1PB, Tel. +44 (0)1304 20 10 66; www. whitecliffscountry.org.uk. *Geöffnet 1. Apr. – 30. Sept. Mo – Sa 9.30 – 17 Uhr, So 10 – 15 Uhr; 1. Okt. – 31. März Mo – Sa 9.30 – 17 Uhr.*
Nächstgelegener **Parkplatz [N51° 07' 33.92" E1° 18' 49.93"]**, Stembrook.

PUBS UND RESTAURANTS

The Prince Albert, Pub, 83 Biggin Street, Tel. +44 (0)1304 20 42 72; Prinz Albert von Sachsen-Coburg-Gotha (1819 – 1861), Gemahl von Königin Victoria, trank 1842 hier sein Bier.

Blake's of Dover, 52 Castle Street, Tel. +44 (0)1304 20 21 94; www.blakesof-dover.com; die Kombination aus Restaurant, einer kleinen Hausbrauerei „Real Ale House", der Cellar Bar und der Bed & Breakfast Unterkunft zieht Tag für Tag Touristen aber auch Einheimische an.

Sollten Sie mal versuchen – Seezunge Dover Sole

Obwohl die Seezunge in der ganzen Nordsee gefangen wird, trägt sie den Namen der Hafenstadt. Sie gilt in England als eine der besten europäischen Plattfische. Viele Restaurants der Region führen Seezunge auf ihrer Speisekarte, die sie auf raffinierte Art nach französischen Rezepten mit feinen Beilagen zubereiten. Die Einheimischen bevorzugen aber eine frische Seezunge, die sie sich einfach gegrillt ohne weitere Beilagen als Delikatesse schmecken lassen.

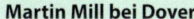

CAMPING

Martin Mill bei Dover

Camping Hawthorn Farm Caravan Park [WP 003 / N51° 10' 6.5" E1° 20' 47.1"], Station Road, Tel. +44 (0) 1304 85 26 58; www.keatfarm.co.uk/camping-dover/hawthorn/; 6. Feb. – 8. Dez.; auf der A-258 von Dover Richtung Deal, nach ca. 5 km Richtung Martin Mill abzweigen; langgestrecktes, leicht geneigtes Wiesengelände entlang einer Bahnlinie, die durch hohe Bäume und dichte Büsche abgeschirmt ist. Durch hohe Hecken in Stellplatzfelder unterteilt, teilweise parzelliert. Im vorderen Platzteil 15 durch Kies befestigte Stellplätze. Zwei Mobilehomeareale. An der Schranke Platz für „Spätankommer (late arrivals)". Ganz am Ende des ausgedehnten Gelände leicht schräge, schattenlose Zeltwiese; 11 ha – 220 Stpl.; Standard-Sanitärausstattung. Laden, Imbiss, Waschmaschine, Trockner WLAN im Receptionsbereich. V & E für Wohnmobile.

– 1936) landete hier 1909 in der Nähe der Burg nach seinem waghalsigen Flug über den Ärmelkanal. 1910 startete Charles S. Rolls von Dover aus zu seinem ersten Hin-und Rückflug nach Frankreich. Und 1875 durchschwamm von hier aus Captain Matthew Webb als erster Mensch den Kanal.

ABSTECHER NACH CANTERBURY

Ab Dover bietet es sich an, einen Abstecher nordwestwärts nach Canterbury zu machen. Wichtigster Grund für den Abstecher ist die historische Kathedrale von Canterbury.

Für diesen Abstecher sollte man sich mindestens einen ganzen Tag Zeit nehmen.

Falls Sie auf den Abstecher verzichten oder ihn erst auf der Rückreise einbauen wollen, **bitte weiter mit Hauptroute** weiter hinten!

ROUTE: Von Dover auf der Autobahn A2 nach **Canterbury**, *ca. 27 km/17 mls.*

Als die Römer im Jahr 43 v. Chr. an der nahen Küste in der Pegwell Bay landeten, fanden sie nicht weit entfernt eine Siedlung am Fluss Stour vor, die sie zur Festung *Durovernum* ausbauten.

Die Angelsachsen nannten diesen Platz am Ende des 5. Jahrhunderts *Cantwara-byrig*. Und genau an dieser Stelle wurde 597 von dem Missionar Augustinus Canterburys erste Kathedrale errichtet.

Augustinus war auf Anweisung von Papst Gregor dem Großen aus Rom nach England gekommen, um König Ethelbert von Kent und die „Gemeinde der Männer von Kent", wie der Ort übersetzt hieß, zu taufen. Kurz darauf wurde Augustinus Erzbischof der Stadt. Von diesem ersten Kirchengebäude ist heute allerdings nichts mehr vorhanden.

Mit dem Bau der jetzigen **Kathedrale von Canterbury,** ganz korrekt eigentlich „The Cathedral of Christ Church", die jedes Jahr Millionen von Touristen in ihren Bann zieht, wurde 1067 nach der normannischen Invasion unter Bischof Lafranc begonnen *(geöffnet im Sommer Mo - Sa 9 - 17.30 Uhr, So 9 - 16.30 Uhr; im Winter Mo - Sa 9 - 17 Uhr, So 10 - 16.30 Uhr, letzter Einlasse30 Min. vor Schließung; www.canterbury-cathedral.org).*

Die graue Kathedrale, vornehmlich im gotischen Stil errichtet, die mit ihrem 75 m hohen **Bell Harry Turm** das Stadtbild dominiert, ist Hauptsitz der Anglikanischen Kirche für die ganze Welt.

Nach der Ermordung des späteren Erzbischofs Thomas Becket im Jahre 1170 durch Vasallen des Königs Henry II. in seiner eigenen Kirche wurde die Kathedrale für mehr als 350 Jahre zum Anziehungspunkt unzähliger Pilger.

1174, vier Jahre nach dem Mord an Thomas Becket, wallfahrte König Henry II. barfuß zur Kathedrale, um für den Mord, den vier königstreue Ritter (Richard Brito, Reginald Fitzurse, Hugh de Moreville und William de Tracy), mit ihren Waffen verübt hatten, Buße zu tun. Die vier Edelmänner hatten den vom König wütend geäußerten, aber wohl eher theoretisch gemeinten Ausruf über Becket „Who then will rid me of this turbulent priest?" (etwa: Wer befreit mich endlich von diesem aufsässigen Priester?) allzu wörtlich genommen. Denn Becket stellte als getreuer römischer Kirchenmann die Interessen der katholischen Kirche über die der englischen Krone. Der ermordete Erzbischof war aber bereits ein Jahr vor König Henrys Bußgang von Rom als Märtyrer heiliggesprochen worden.

Der heiliggesprochene Thomas Becket zog Tausende von Pilgern an, die auf dem Pilgerpfad von Winchester, Englands alter Hauptstadt, nach Canterbury zogen, um den goldenen Totenschrein des Ermordeten zu berühren.

Der englische Baumeister William the Englishman veränderte das Chorschiff extra zu dem Zweck, damit der Totenschrein Beckets einen angemessenen Platz erhalten sollte.

Etwa 50 Jahre lang stand der goldene Schrein mit den Gebeinen Beckets in der Kathedrale von Canterbury, bevor König Henry VIII., ein erneuter Gegner der katholischen Kirche auf dem englischen Thron, im Verlauf eines durch ihn verfügten Schismas die katholischen Klöster in England auflösen und den Schrein 1538 zerstören ließ.

In der Zeit des englischen Bürgerkriegs gingen weitere wertvolle Kirchenschätze verloren.

Heute erinnert in der Kathedrale eine ewige Flamme an die Stelle, an der einstmals der Sarg Beckets stand.

Erst im 15. Jahrhundert entstanden die Querschiffe und die Türme der Kathedrale.

Während des 17. Jahrhunderts kamen zahlreiche im katholischen Frankreich verfolgte Hugenotten (französische Protestanten) in die Region, viele von ihnen fanden in Canterbury Arbeit als Weber.

Im Zweiten Weltkrieg erlitten das historische Kirchengebäude und einige umliegenden Bereiche zahlreiche Bombentreffer.

Das lange **Kirchenschiff** der Kathedrale von Canterbury, das man nach dem Betreten vor sich sieht, wird optisch erst durch den Blick in den Bell Harry Tower unterbrochen, dessen Gewölbe den Besucher in seinen Bann zieht.

In der Verlängerung des Kirchenschiffs erstreckt sich der Kirchenchor hin zum Altar. Zwischen dem Kirchenschiff und dem Chor befindet sich das sog. **Martyrium**, in dem Thomas Becket ermordet wurde. Ein Stein mit der Inschrift „Thomas" weist auf die Stelle der Bluttat hin.

Zu beiden Seiten des Altars steigt man die Pilgerstufen hinauf und kommt so in die **Trinity Chapel**, den Ort, an dem der goldene Schrein des Thomas Becket vor seiner Zerstörung stand. Die

Glasfenster, die unter anderem auch den Erzbischof Becket zeigen, gehören zu den schönsten in England. Neben den alten Meisterwerken der Glaskunst schuf der ungarische Künstler Erwin Bossanyi einige moderne Kirchenfenster neu.

Die Bedeutung der Trinity Chapel wird noch unterstrichen durch die Grabmale des einzigen englischen Königs, der in der Canterbury Cathedral beigesetzt wurde, Henry IV., und von Edward, the Black Prince, dem Sohn von König Edward III. und Vater von Richard II. Er konnte selbst nicht König von England werden, da er vor seinem eigenen Vater starb.

Eingangs des Chors steht der **Thronsessel** des Erzbischofs von Canterbury, der stellvertretend für den englischen König/die englische Königin die Aufgaben des Oberhaupts der Anglikanischen Kirche wahrnimmt (siehe auch „The Church of England" bei „Geschichte" weiter vorne). Wenn man zum Querschiff zurückkehrt, sollte man die Stufen hinunter zur normannischen Krypta gehen, die zu den größten und schönsten in Großbritannien gehört.

Canterbury Cathedral Informationen: Canterbury Cathedral [N51° 16' 47.62" E1° 04' 53.82"], Precincts, (geöffnet im Sommer Mo – Sa 9 – 17.30 Uhr, So 9 - 16.30 Uhr; im Winter 9 - 17 Uhr; So 10 - 16.30 Uhr; letzter Einlass 30 Min. vor Schließung. Die Kathedrale oder Teile davon können bei besonderen Anlässen für Besucher geschlossen sein; www.canterbury-cathedral.org).

Das große **Christ Church Gate**, ein im Jahre 1517 erbautes Torhaus, und das Cathedral Close bilden den Haupteingang zur Kathedrale, die heute auf der UNESCO-Liste des Weltkulturerbes steht.

Christ Church Gate in der Burgate Street ist der Treffpunkt für **Führungen** durch die Kathedrale, Mo - Fr 10.30, 12, 14 Uhr und Sa 10.30, 12, 13 Uhr, im Jan. keine Führung um 10.30 Uhr. Choralsingen in der Kathedrale Mo - Fr um 17.30 und Sa + So um 15.15 Uhr, Dauer 40 Minuten. In Canterbury zeugen neben der alles überragenden Kathedrale viele weitere Kirchen von Englands Christianisierung.

So gehören die Ruinen des Augustinus-Klosters **St. Augustine's Abbey** zu den wichtigsten kirchlichen Stätten des anglikanischen England (geöffnet Apr. – Sept. Mo – Sa 10 – 18 Uhr; Okt. – März Sa + So 10 - 16 Uhr; www.english-heritage.org.uk/visit/places/st-augustine-abbey). St. Augustine's Abbey, 597 durch den Missionar Augustinus gegründet, gilt als Englands Wiege des Christentums.

Die Kirche von St. Dunstan, deren Bau im 11. Jahrhundert begonnen wurde, suchte König Henry II. auf, um seine Kleider zu wechseln, bevor er barfuß zur Kathedrale pilgerte, um Buße für seine Verwicklung in den Mord an Erzbischof Thomas Becket von Canterbury zu tun.

Die **Kirche St. Mildred's** wurde im 13. Jahrhundert wieder aufgebaut und vermittelt – ebenso wie die Kirchen von St. Peter's und St. Alphege – die mittelalterliche Atmosphäre von Canterbury.

Die **Kirche von St. Peter's**, in der Christopher Marlowe getauft wurde, erlitt bei den Luftangriffen im Zweiten Weltkrieg Bombentreffer, nur der Turm blieb unversehrt.

Zu weiteren interessanten Gebäuden der Stadt gehören das **Poor Priests' Hospital** in der Stour Street, das von den Schwarzen Mönchen eingerichtet wurde, und **Greyfriars**, dessen Gebäude 1920 rekonstruiert und so als einziger Überrest eines Franziskanerkonvents über die Zeit gerettet wurde.

1541 begründete König Henry VIII. die **King's School** nahe der Kathedrale, die seitdem zu den ältesten und renommiertesten Privatschulen Großbritanniens gehört. Zu ihren bekanntesten Schülern gehörten der bedeutendste Dramatiker der Zeit vor William Shakespeare, Christopher Marlowe (1564 – 1593), sowie der Autor William Somerset Maugham (1874 – 1965), der später der Schule als großzügiger Mäzen verbunden blieb und dessen Asche auf dem Schulgelände verstreut wurde. An

Christopher Marlowe

Christopher Marlowe, Dichter und Dramatiker in der Zeit Königin Elisabeths I., wurde 1564 als Sohn eines Schuhmachers in Canterbury geboren. Ausgebildet an der King's School und am Corpus Christi College in Cambridge schloss er sich früh der Theaterbühne des Earl of Nottingham an, die auch viele seiner eigenen Stücke aufführte.

1604 erschien sein Drama „The Tragedy of Dr. Faustus". „The Jew of Malta" erschien in der Zeit nach 1588. Man nimmt an, dass Marlowe möglicherweise an Shakespeare's Drama „Titus Andronicus" als Co-Autor beteiligt war. Auch als Übersetzer von Ovid machte er sich einen Namen.

Da er eine atheistische Grundhaltung einnahm, erließ man gegen den unbotmäßigen Dichter 1593 Haftbefehl. Andere Quellen sprechen von Marlowe als einen Agenten der Regierung.

Sein tragisches Ende fand Christopher Marlowe im Alter von nur 30 Jahren durch die Hand eines gewissen Ingram Frisiar in einer Dorfschänke in Deptford, wo er an den Folgen einer Schlägerei starb.

Shakespeare erwähnt Marlowe einmal in „As You Like It" („Wie es euch gefällt") und auch Michael Drayton, ein bekannter Lyriker der Zeit, widmete ihm Verse.

Marlowe erinnert auch The Marlowe Theatre in The Friars Orange Street.

Parken in Canterbury (nach Infos der Stadtverwaltung; www.canterbury. gov.uk/parking): Die meisten öffentlichen Parkplätze in Canterbury sind gebührenpflichtig (Münzautomaten und „pay and display") und mit einer Einfahrtsbarriere (meist 2,4 m hoch) versehen. Minibusse und Motor Caravans unter 5,5 m Länge dürfen tagsüber auf dem **Canterbury Coach Park [N51° 17' 4.88" E1° 5' 0.19"]** geparkt werden. Für größere Wohnmobile gibt es spezielle Parkplätze auf dem **New Dover Road Park and Ride Parkplatz [N51° 15' 43.70" E1° 6' 7.88"]** am Südostrand von Canterbury. Von dort verkehren gebührenpflichtige Pendelbusse ins Stadtzentrum, eigentlich eine bequeme Sache.

Stationen einer Stadtbesichtigung

Canterbury ist für jeden ein lohnendes Ziel, der sich für die Ausstrahlung alter Städte begeistern kann. Die schönen Fachwerkhäuser, deren Giebel sich in den alten und engen Gassen fast berühren, der Fluss Stour, der langsam unter den Brücken der Stadt hindurchfließt, und die alten Weberhäuser an der Ecke St. Peter's Street und The Friars Orange Street laden zu einem Stadtspaziergang ein.

The Guildhall in St. Peter's Place war im Mittelalter Zentrum des politischen Lebens.

Gleich nebenan liegt am Anfang der St. Peter's Street das alte **Westgate [N51° 16' 53.19" E1° 4' 33.04"]**. Es ist als einziges von ehemals sieben Stadttoren erhalten geblieben. Eine Zugbrücke überspannte hier den als Torgraben umgeleiteten Fluss Stour und ein Falltor sollte ungebetene Gäste fernhalten.

In früheren Zeiten zogen die Pilger durch dieses Tor in die Stadt, wo sie nach alter Tradition bei den Dominikanern (Blackfriars) oder den Franziskanern (Greyfriars) eine Herberge fanden.

Das heute im Stadttor eingerichtete **Westgate Towers Museum & Viewpoint** *(geöffnet tgl. 11 – 16 Uhr)* ist recht interessant. Zu sehen sind Gefängniszellen, Waffen, Rüstungen und Folterwerkzeuge. Schön ist die Aussicht über die Stadt vom Torturm.

In der St. Peter's Street bildeten die **Weavers' Houses** mit dem **Canterbury & Old Street Centre** ein kleines Stadtviertel am Fluss Stour. Hier lebten und arbeiteten in Fachwerkhäusern aus dem 16. Jahrhundert flämische Weber, französische Hugenotten und Färber, die vom europäischen Festland kamen. Viele waren wegen religiöser Verfolgung nach England geflohen. Museum für Webstühle, Handarbeiten, Handwerkszentrum, Antiquitäten.

Das **Beaney House of Art & Knowledge**, 18 High Street, ist das Kunstmuseum und die neue Bibliothek der Stadt *(geöffnet Di - Sa 10 - 17 Uhr, So 11 - 16 Uhr; Visitor Information CentreMo - Mi + Fr 9 - 18 Uhr, Do, 9 - 20 Uhr, Sa 9 - 17 Uhr, So 10 - 16 Uhr; www.canterburymuseums.do.uk/beaney/)* und zeigt kostbare Ausgrabungsfunde aus Keltischer Zeit, u.a. einen kunstvoll gestalteten Drachenkopf.

The Canterbury Tales [N51° 16' 41.37" E1° 4' 47.14"], St. Margaret's Street, *(geöffnet Apr. - Aug. tgl. 10 - 17 Uhr, Sept + Okt. tgl. 10 - 16 Uhr, Nov. - März Mi - So 10 - 16 Uhr; www.canterburytales.org.uk)*. Hier kann man sich über die Geschichte der mittelalterlichen Wallfahrten zum Schrein des Heiligen Thomas Becket informieren. U. a. gibt es eine Multimedia-Show und Wachsfiguren als Illustrationen zu Chaucer's „Canterbury Tales" zu sehen.

Gegenüber den Weavers' Houses am Stour-Fluss stand das **Pilgrim's Hospital**, das mit vollem Namen „The Canterbury Pilgrim's Hospital of St. Thomas" hieß. Das Hospiz wurde schon im 12. Jahrhundert erbaut und half Pilgern, Kranken und Armen.

Im **Pilgrims' Way Centre** erfährt der interessierte Besucher, wie der lange Pilgerweg zum Schrein des Heiligen Thomas Becket verlief.

Der berüchtigte **„Ducking Stool"**, der „Tauchschemel" am Fluss Stour, diente in früheren Zeiten als drastische Methode, den stadtbekannten „gossips" ihr keckes Mundwerk zu verbieten, in dem man die „Klatschtanten" zur Abschreckung kräftig in den Fluss tauchte.

Canterbury Roman Museum [N51° 16' 43.08" E1° 4' 53.74"], Butchery Lane Nähe High Street *(geöffnet tgl. 10 - 17 Uhr; https://canterburymuseums.co.uk/romanmuseum/.*

Ausgrabungen einer römischen Villa aus der Zeit um 100 n. Chr. mit schönem Mosaikfußboden mit Rosette sowie archäologische Ausgrabungsfunde zeu-

Canterbury, St. John's

gen von der Zeit der römischen Invasoren.

Das renommierte **The Marlowe Theatre** war längere Zeit geschlossen und konnte nach umfangreichen Umbauten 2011 wiedereröffnet werden. Ticket Box Office, The Friars, Tel. +44 (0)1227 78 77 87; www.marlowetheatre.com.

Einer der schönsten Cricket Grounds in England ist der **St. Lawrence Ground**, auf dem im Juli die in ganz England bekannte Kent Cricket Week abgehalten wird.

Ausflug auf der „Pilgerroute zu den „C-Villages"

Am Rande der North Downs westlich von Canterbury verlief ein alter Wanderpfad aus prärömischer Zeit, der im Lauf der Jahrhunderte als „Pfad der Pilger" bekannt wurde. Es ist aber nicht mehr bekannt, ob dieser Wanderweg auch wirklich nur von Pilgern, die nach Canterbury wollten, benutzt wurde.

Überliefert sind aber Geoffrey Chaucers „Canterbury Tales", mit denen der Dichter die Pilger bei ihrem beschwerlichen Bußgang auf dem Pilgrims' Way unterhalten wollte.

Heute ist der Pilgerpfad Teil des North Downs Way, eines Wanderwegs, von dem aus man nach Norden hin die Weizenfelder und Äcker, nach Süden hin die Hopfenfelder und Obstgärten des Weald sehen kann.

Das Dorf **Chartham** an der alten „Pilgerroute" im Tal des Flusses Stour ist heute vor allem bei Anglern beliebt. In der alten Dorfkirche aus dem 14. Jahrhundert gibt es eine der ältesten Kirchenglocken von Kent.

Das reizvolle **Chilham**, wenige Meilen weiter südwestlich, wartet mit einem hübschen Dorfplatz auf, der von schwarz-weißen Häusern im Tudorstil und kleinen Cottages umgeben ist.

St. Mary's, die Dorfkirche von Chilham aus dem 15. Jahrhundert, beherbergt eine Marmorskulptur von Sir Frances Chantrey (1781 – 1841), der nach seinem Tod sein Vermögen zur Gründung einer Kunstsammlung zur Verfügung stellte, der heutigen Tate Gallery in London.

Castle of Chilham mit seinen weiten Parks und Gärten stammt aus dem frühen 17. Jahrhundert und ist heute wieder in Privatbesitz. Das Haus ist der Öffentlichkeit nicht zugänglich. Die Gärten sind nur an einigen wenigen Tagen im Jahr für Besucher geöffnet.

PRAKTISCHE HINWEISE – CANTERBURY

Canterbury Visitor Information [N51° 16' 46.40" E1° 4' 45.00"], 18 High Street, im Beaney House of Art and Knowledge Museum, Canterbury, Kent, CT1 2RA, Tel. +44 (0)1227 86 21 62; www.canterbury.co.uk. *Geöffnet Mo - Mi + Fr 9 - 18 Uhr, Do 9 - 20 Uhr, Sa 9 - 17 Uhr, So 10 - 17 Uhr.*

Rundgänge, Rundfahrten, Ausflüge
Canterbury Walks: Canterbury Guided Walking Tours. Geführte 90minütige Stadtrundgänge mit Erläuterungen Apr. - Okt. um 11 Uhr und um 14 Uhr und von Nov. bis März um 11 Uhr, ab Buttermarket. Anmeldung im Canterbury Visitor Centre, im Roman Museum oder unter www.canterburyguidedtours.com.
Eine **Bootsfahrt** der „Canterbury Historic River Tours" beginnt am Treffpunkt The Kings Bridge, St. Peter's Street, und findet von März bis Okt. tgl. von 10 - 17 Uhr alle 15-20 Min. statt und zeigt in etwa einer Stunde die Schönheiten der Stadt vom Wasser aus. Canterbury Historic River Tours, The Kings Bridge, Tel. +44 (0)7790 53 47 44; www.canterburyrivertours.co.uk.

PUBS UND RESTAURANTS

The Bell and Crown, Pub, 10 – 11 Palace Street, Tel. +44 (0)1227 78 46 39; alteingesessenes Pub, im Sommer sitzt man draußen.

Geoffrey Chaucer

Geoffrey Chaucer (1345 – 1400), dessen genaues Geburtsjahr bis heute umstritten bleibt, war der Sohn eines Weinhändlers. Schon 1359 war er mit der Armee König Edwards III. in Frankreich, wurde dort aber gefangengenommen und kurz darauf wieder freigelassen.

Im Auftrag der Krone führten ihn diplomatische Missionen nach Genua und Florenz. Im April des Jahres 1388 begann er eine Pilgerfahrt nach Canterbury. Aber schon ein Jahr davor hatte er mit der Arbeit an seinen „Canterbury Tales" begonnen, einem Opus, das in angeblich ca. 17.000 Verszeilen mit außergewöhnlichen Geschichten die Pilger auf ihrem mühsamen Weg unterhalten sollte.

In den Geschichten geht es um 29 Pilger, die im „Tabard Inn" zusammenkommen, um zum Schrein des Heiligen Thomas Becket nach Canterbury zu pilgern. Der Wirt des Gasthofs versprach demjenigen bei der Rückkehr ein festliches Essen, der die interessanteste Geschichte über seine Pilgerfahrt zu erzählen wusste; eine auf dem Hin- und eine auf dem Rückweg. Von jedem dieser 29 Pilger zeichnet Chaucer ein eindrucksvolles Porträt. Wahrscheinlich schon 1478 druckte William Caxton das Werk zum ersten Mal in England.

The Black Griffin, Pub, 40 St. Peter's Street, Tel. +44 (0)1227 45 52 55. Nicht nur als Pub, sondern auch für seine Küche stadtbekannt und beliebt.
Pinocchio's, 64 Castle Street, Tel. +44 (0)1227 45 75 38; www.pinocchioscanterbury.com. Beliebter ‚Italiener' mit vorzüglicher Küche. Sonntags bis dienstags geschlossen.

CAMPING

Bekesbourne bei Canterbury
Camping Canterbury Club Site [WP 004 / N51° 16' 38.38" E1° 6' 45.68"], Bekesbourne Lane, Tel. +44 (0)1227 46 32 16; www.campingandcaravanningclub.co.uk; Januar – Dezember; rund 3 km östlich der Stadt, Zufahrt von der A257 (Littlebourne Road Richtung Sandwich) am Golfplatz rechts ab; meist ebenes, teils leicht geneigtes Wiesengelände, von hohen Bäumen eingefriedet; 7 ha – 180 Stpl.; einfache Standard-Sanitärausstattung. Kiosk, WLAN, Waschmaschine, Trockner. V & E für Wohnmobile. Separate Fläche für Wohnmobile außerhalb des Platzes.

Camping Cobbs Meadow Caravanpark [WP 005 / N51° 15' 58.93" E1° 7' 35.96"], Bekesbourne Lane/Hill, Tel. +44 (0)1227 83 02 14; www.cobbsmeadow.co.uk; Januar – Dezember; ca. 3 km südöstlich von Canterbury von der A257 (Littlebourne Road Richtung Sandwich) nach ca. 1,5 km zum Platz abzweigen; Wiese in ländlicher Umgebung; ca. 1,5 ha – 50 Stpl.; einfache Sanitärausstattung.

HAUPTROUTE

ROUTE: *Vom Fährhafen Dover west-* *wärts auf der A20 nach* **Folkestone***.*

Folkestone – Mit seinen kopfstein-gepflasterten Straßen in der Old Town und mit seinem geschäftigen Hafen-viertel ist Folkestone ein bemerkens-werter Ort im Südosten Englands.

Marina Car Park [WP 010 / N51° 04' 37.5" E1° 10' 49.5"] in Folkestone.

The Leas, ein Spazier- und Promena-denweg entlang der Felsküste in 60 m Höhe verzaubert den Besucher mit ei-ner Farbenpracht, wann immer Pflan-zen und Blumen in Blüte stehen. Bei guter Sicht erkennt man die franzö-sische Kanalküste.

Die Kirche **St. Mary & St. Eans-wythe [N51° 4' 43.48" E1° 10' 54.18"]** in der Church Street erinnert mit einem Kirchenfenster an William Harvey, der 1578 in Folkestone geboren wurde und als Forscher herausfand, wie das Blut im menschlichen Körper zirkuliert.

Heute findet man in Folkestone den Endpunkt des **Eurotunnel** oder einfach Chunnel (eine abkürzende Verbindung der englischen Worte Channel und Tun-nel), wie ihn die Engländer nennen. Der Tunnel ermöglicht eine Eisenbahnver-bindung unter dem Ärmelkanal mit Ca-lais in Frankreich, die hier in Folkestone wieder ans Tageslicht kommt.

Battle of Britain Museum [N51° 6' 47.56" E1° 9' 6.69"], in Hawkinge, Ae-rodrome Road, Landstraße A 260 un-weit nördlich von Folkestone *(geöffnet Mai - Sept. Di - So 10 – 17 Uhr; Apr. + Okt. Di - So 10 - 16 Uhr, letzter Einlass 1 Std. vor Schließung; www.kbobm.org).* Zu sehen sind neben Spitfires, Messerschmitts, Hurricanes und einer V1 Rakete auch Uniformen, Pilotenoveralls, Flugzeug-motoren u. ä.

Mein Tipp für Liebhaber der Ro-mane von Jane Austen: Wer sich sehr für Leben und Werk der Schriftstellerin Jane Austen (1775 – 1817) interessiert, wird gerne den Weg von Folkestone nach **Godmersham [N51° 12' 54.20" E0° 57' 4.27"]** auf sich nehmen. God-mersham liegt rund 20 mls/32 km nord-westlich von Folkestone an der A28, etwa auf halbem Wege zwischen Ash-ford und Canterbury.

Jane Austen hielt sich häufig zusam-men mit ihrem Bruder in Godmersham Park auf, den sie auch als Schauplatz für ihren Roman „Mansfield Park" (1814) zu literarischem Ruhm verhalf. Der Park lädt zu einem Spaziergang am Fluss Stour ein.

Ihre ersten Romane „Sense and Sensibility" (deutsch: „Verstand und Gefühl") und „Proud and Prejudice" (deutsch: Stolz und Vorurteil) veröf-fentlichte Jane Austen 1811 noch un-ter dem Pseudonym „by a lady". Ihren literarischen Durchbruch erreichte die Schriftstellerin mit dem Roman „Emma", der 1816, nur ein Jahr vor ihrem Tode, erschien. Austens „Sittenromane", in denen sie sich gerne kritisch über die Kreise der besseren Gesellschaft aus-lässt erschienen in einer Zeit, in der es noch als sehr ungebührlich galt, sich als Frau und noch dazu als Pfarrerstochter als Schriftstellerin zu betätigen, und die Arbeiten dann auch noch zu veröffent-lichen.

ROUTE: *Von Folkestone auf der A259* *über* **Hythe, New Romney, Rye** *und* **Has-tings** *bis* **Eastbourne***.*

Hythe, gleich westlich von Folke-stone gelegen, nimmt den Besucher durch den eigenwilligen Charme sei-ner kleinen Gassen ein. Ohne herausra-gende Sehenswürdigkeiten geht es hier ziemlich beschaulich zu.

Hythe war im Mittelalter Mitglied im Verbund der „Cinque Ports". Die Ufer-promenade von Hythe kann übrigens zu einem recht unwirtlichen Ort wer-den, wenn bei starkem Sturm die Wel-len über die Uferbefestigungen schla-gen.

Durch die Stadt führt der etwa 40 km lange **Royal Military Canal**, der im 19. Jahrhundert gegraben wurde und bis zur Stadt Rye weiter südwestlich verläuft. Der Kanal wurde 1810 fertig-gestellt und sollte mit einer Breite von

Discover Folkestone, Hythe & Romney Marsh, Town Hall, 1-2 Guildhall Street, Folkestone, CT20 1DY, Tel. +44 (0)1303 21 31 73; www. www.visitkent. co.uk/destinations/folkestone-hythe-and-romney-marsh/6438.

PUBS UND RESTAURANTS

The Guildhall, 42 The Bayle, Town Centre, Tel. +44 (0)1303 25 13 93; https:// guildhallfolkestone.co.uk; gemütliches Pub, im Sommer mit Biergarten, man serviert kleine Gerichte und Getränke aller Art.

British Lion, 8-10 The Bayle, +44 (0)1303 25 14 78; eines der ältesten Pubs der Stadt, Real Ales, kleine Gerichte.

CAMPING

Camping Folkestone Camping & Caravanning Club Site „The Warren" **[WP 007 / N 51° 05' 36.5" E 1° 12' 21.5"]**. Tel. +44 (0)1303 25 50 93; 1. Apr. – 4. Nov.; dieser östlich der Stadt zwar recht schön über dem Meer gelegene Campingplatz des Camping and Caravaning Club weist aber (falls zwischenzeitlich nicht Instand gesetzt) eine so miserable Zufahrt hinab zum Meer auf (teils riesige Schlaglöcher, Belagswellen, schmal und oft recht steil), dass die Zufahrt mit einem Caravangespann nicht empfohlen werden kann (auch entsprechende Schilder an der Zufahrt). Sehr schlechte Campingbeschilderung. Einziger Anhaltspunkt in der Stadt Folkestone ist die Beschilderung „The Warren".

Langgestrecktes, überwiegend ebenes, gepflegtes Rasengelände mit einigen Geländestufen (vornehmlich für Zelte), von Hecken und Bäumen umgeben, unterhalb der Klippen und der Bahnlinie und oberhalb des Meeres gelegen. Im vorderen Platzteil befestigte Stellplätze. 1,5 ha – 60 Stpl.; einfache Standard-

Sanitärausstattung. Waschmaschine mit Trockner, WLAN. V & E für Wohnmobile. Caravans sind nicht erlaubt!

Camping Little Switzerland C & C Site [WP 008 / N51° 5' 41.39" E1° 11' 58.61"], Wear Bay Road, Tel. +44 (1303 25 21 68; März – Okt.; Zufahrt von Folkestone Richtung „The Warren" und über Swiss Way am Nordostrand der Stadt; schmaler, langgestreckter Platz auf einer Geländestufe mit mehreren kleinen, durch Büsche und Bäume getrennte Platzteilen unterhalb der Cliffs mit Aussicht auf die Cliffs, die Wear Bucht und Folkestone; ca. 1 ha – ca. 30 Stpl.; einfache Sanitärausstattung.

Capel-le-Ferne

Camping Little Satmar Campsite & Holiday Park [N51° 6' 26.81" E1° 13' 14.15"], Winehouse Lane, Tel. +44 (0)1303 25 11 88; www.keatfarm.co.uk/ camping-folkestone/little-satmar-campsite; Anf. Feb. – Anf. Dez.; von der A20 (Dover – Folkestone) Ausfahrt zur B2011 Richtung Folkestone und nach ca. 1km nordwärts abzweigen und Beschilderung folgen; ebene Wiese durch niedere Lattenzäune aufgeteilt, bei einem Mobilhomepark; 3 ha –40 Stpl.; Standard-Sanitärausstattung. Laden. V & E für Wohnmobile.

Densole bei Folkestone

Camping Black Horse Caravan Club Club Site [WP 009 / N51° 7' 57.08" E1° 9' 31.12"], 385 Canterbury Road, Tel. +44 (0)1303 89 26 65, http://www.caravanclub.co.uk/club-sites/england/south-east-england/kent/black-horse-farm-caravan-club-site/. Jan. – Dez.; von der M20 (Dover – London) Ausfahrt 13a und auf der A-260 Richtung Canterbury und noch ca. 3,5 km weiter bis zur Platzeinfahrt nördlich von Densole; durch Hecken und Bäume aufgeteiltes ebenes Wiesengelände mit Hartstandplätzen; 2 ha – ca. 100 Stpl.; einfache Standard-Sanitärausstattung. Kiosk, Waschmaschine, Trockner, WLAN. V & E für Wohnmobile. Es werden auch Nicht-Mitglieder aufgenommen.

The Chunnel - Der Eurotunnel unter dem Ärmelkanal

Der Chunnel (channel + tunnel) im englischen Sprachgebrauch, bzw. Eurotunnel aus kontinentaler Sicht, ein Eisenbahntunnel, verbindet mit einer Gesamtlänge von fast 50 km, davon 37 km unter dem Meer des Ärmelkanals, Calais in Frankreich mit Folkestone in England.

Bereits 1502 wollte der französische Ingenieur A. Mathieu einen Tunnel unter dem Ärmelkanal bauen, um die damals noch lange und nicht immer gemütliche Überfahrt mit Segelschiffen zu verkürzen. Mathieu wollte den Tunnel mit Grubenlampen erleuchten und Postkutschen hindurchschicken. Die Engländer, ständig in Furcht vor französischen Invasionen, konnten sich für das Projekt aber nicht begeistern.

Zur Weltausstellung 1867 in Paris legte der französische Geologe de Gamond gemeinsam mit dem Engländer William Lowe neue Pläne zur Kanalunterquerung vor, denn inzwischen gab es Unterwasserbauwerke in London und New York. Nach Klärung der Finanzierung wurde auf englischer Seite in der Nähe von Dover 1881 ein fast zwei Kilometer langer Probetunnel gegraben. Die energische Lobbyarbeit der englischen Fährunternehmer brachte aber 1882 den Tunnelbau rasch wieder zum Erliegen.

1933 wurde ein weiterer Vorschlag im Londoner Parlament eingebracht. Die Aggression Hitler-Deutschlands ließ aber England von einem neuerlichen Tunnelprojekt Abstand nehmen.

Erst ab 1960 diskutierte man erneut Varianten der Kanalüber- bzw. Unterquerung. Im Gespräch waren eine 30 km lange Stahlbrücke, die wegen technischer Schwierigkeiten aber verworfen wurde. Nun wurde ein Eisenbahn- oder Straßentunnel, der unter diversen Vorschlägen rasch als Favorit galt, dafür ins Auge gefasst. Aber wieder war es die Lobby der Fährunternehmer die sich ein weiteres Mal durchsetzen konnte. Das Vorhaben verlief erneut im Sande.

Erst 1986 begannen entgültig die Bauarbeiten zu einem Eisenbahntunnel unter dem Ärmelkanal. Der europäische Binnenmarkt ermutigte die Planer und auch ein geändertes privatwirtschaftliches Interesse wirkte sich positiv aus. Am 1. Dezember 1990 wurde die erste Tunnelröhre, am 22. Mai 1991 die zweite Tunnelröhre durchstochen. Die Baukosten lagen bis dahin bereits bei über 13 Milliarden Euro. Letztendlich kostete das Jahrhundertprojekt runde 15 Mrd. Euro.

Seit Juni 1994 nun verbindet der Eurotunnel, der durch den wasserundurchlässigen Kreidefelsen zwischen 25 und 45 Meter unter dem Meeresboden des Ärmelkanals vorgetrieben wurde, England mit dem Kontinent.

Das Tunnelsystem besteht aus drei Röhren, zwei einspurige Schienentunnels, durch die die Pendelzüge jeweils in einer Richtung verkehren und eine kleinere Mittelröhre, die als Versorgungs- und Rettungstunnel dient und die Schienentunnels im Abständen von 375 m verbindet. Bei einem Zugbrand 1996 kam die Mittelröhre erstmals zum Einsatz.

Die „le shuttle"-Pendelzüge verkehren ganzjährig rund um die Uhr mit bis zu vier Abfahrten in der Stunde. Die Fahrt von Terminal zu Terminal dauert gerade mal 35 Minuten.

knapp 10 m die Verteidigungslinien gegen eine befürchtete Invasion Napoleons verstärken und die dann bereits über den Ärmelkanal gekommenen Franzosen aufhalten. Der Kanal wird von Bäumen und bunten Blumen gesäumt und gilt heute als beliebter Platz zum Angeln.

PUBS

Hythe

The White Hart, 71 High Street, Tel. +44 (0)1303 23 83 04; www.the-whiteharthythe.com; Kaminfeuer und altes Mobiliar laden ein, neben Getränke aller Art im Holzofen gebackene Pizzen zu genießen. Sonntagabends geschlossen.

The King's Head, 117 High Street, Tel. +44 (0)1303 26 62 83; www.kings-head-hythe.co.uk; in einem Gebäude aus dem 17. Jh. eingerichtet. Man schenkt das bekannte Shepherd Neame Bier aus. Kleine Gerichte.

Im Sommer wird in Hythe das **Water Festival** mit geschmückten Booten und Feuerwerken auf dem Wasser zelebriert. Die Einheimischen bezeichnen ihr Festival gerne auch als „Venezianischen Karneval".

Die Krypta der **Kirche St. Leonard's** birgt das Geheimnis von 600 menschlichen Schädeln und etwa 8.000 Knochen, die von Menschen aus dem 14. Jahrhundert stammen sollen. Rätselhaft für die Forscher blieb immer der Umstand, dass die Toten viel kleiner als die damals lebenden Engländer waren.

In **Saltwood**, dem nördlichen Nachbarort von Hythe, finden sich die Ruinenreste einer ehemaligen Normannenburg, die im 16. Jahrhundert zerstört wurde. Hier sollen die späteren Mörder des Thomas Becket aus Canterbury, Fitzurze, de Tracy, de Moreville und Brito (le Bret) übernachtet haben, bevor sie ihre Tat in der Kathedrale von Canterbury ausführten.

Alfred Tennyson (1809 – 1892), Englands großer Schriftsteller des Viktorianischen Zeitalters, hat diesen historischen Stoff 1884 zu seinem Drama „Thomas Becket" aufbereitet.

Am südwestlichen Ortsende von Hythe in Richtung New Romney befindet sich die Endstation der **Romney, Hythe & Dymchurch Railway**, www.rhdr.org.uk. Diese Miniatureisenbahn im Maßstab 1:3 – angeblich die einzige noch funktionsfähige ihrer Art weltweit – verkehrt sowohl mit Dampf- als auch mit Diesellokomotiven zwischen April und Oktober täglich zwischen Hythe und Dungeness. Unterwegs genießt man

schöne Ausblicke auf die Romney-Marsh-Landschaft. Fahrzeit ca. 90 Minuten. Siehe auch unter New Romney.

Die Menschen in dieser Gegend teilen die Welt in sechs Abschnitte: Europa, Asien, Afrika, Amerika, Australien und **Romney Marsh**. Es ist das flache, nebelreiche Marschland, das sie von der Außenwelt abzuschirmen scheint.

Romney Marsh, Walland Marsh und Deage Marsh bieten dem Auge weites Weideland, von Deichen, Dämmen und Entwässerungsgräben recht einförmig durchzogen. Die weißen Flecken der Marschschafe heben sich vom grünen Hintergrund beim Blick in die Ferne wohltuend ab. Das Land liegt fast auf Meereshöhe oder sogar darunter. Sommers wie winters legt sich abends oft ein Mantel aus weißem Nebel über die Landschaft.

Die gesamte Landschaft steht als **Natural Reserve** unter Naturschutz. Dennoch verwundern ein militärischer Truppenübungsplatz und ein Kernkraftwerk und der Besucher macht sich seine Gedanken über die Vereinbarkeit von Naturschutz und nicht unbedenklicher Technik.

Eine solche nicht sonderlich wirtliche Landschaft muss ideal für die heimlichen Geschäfte der Schmuggler gewesen sein, die hier angeblich bis ins 19. Jahrhundert einen schwunghaften Handel trieben. Nur die Menschen, die hier geboren und aufgewachsen waren, kannten die verschlungenen und gefährlichen Wege durch die von Wasseradern und Gräben durchzogene Gegend.

Kleine Küstenorte wie **Romney, Dymchurch** und **Littlestone** haben sich hier als verträumte Urlaubsorte etabliert. Es gibt keine größeren Stadt in der Nähe. Aber der Sommerurlauber findet hier ein ausreichendes Angebot an Ferienapartments und Campingplätzen sowie eine beliebte Lifesteam-Miniatureisenbahn s. o.

Im Frühjahr und im Herbst kann man die durchziehenden Zugvögel beobachten, die hier eine Zwischenlandung einlegen.

Die Orte **Rye** und **Winchelsea** lagen im Mittelalter auf halligartigen Erhebungen noch direkt am Meer. Heute ist das Meer ca. 4 km entfernt.

Der **Marschenfrosch** – Von April bis Juli ist das gleichförmige Quaken der Frösche in der Romney Marsh unüberhörbar. Der dunkelgrüne, schwarz bepunktete Frosch, der sich so bemerkbar macht, wird bis zu 15 cm lang und gehört zu den größten Fröschen in Europa.

1935 brachte der britische Zoologe Percy Smith 12 Exemplare dieser Art aus Ungarn mit und setzte sie in seinem heimischen Teich aus. Natürlich entkamen die Frösche und verbreiteten sich über die ganze Marschlandschaft, sie haben sich aber nirgendwo anders in England ansiedeln lassen.

Dymchurch gehört zu den alten Schmugglerhäfen an diesem Küstenstrich. An der ehemaligen Schleuse am Strand sieht man einen alten Wehrturm einen sog. **Martello Tower [Parkplatz, WP 011 / N51° 1' 21.52" E0° 59' 36.10"]**, der 1804 mit einer rotierenden Kanone auf der Plattform errichtet wurde und der heute als Museum dient.

Die Gemeindekirche **St. Peter and Paul** an der High Street (A259) stammt aus dem 12. Jahrhundert.

Weite **Sandstrände** und viele Parkplätze machen den Ort zu einem attraktiven Badeplatz.

New Romney, das zu den Städten der „Cinque Ports" gehörte, ist die größte Stadt des Marschlandes. Einstmals lag New Romney an der Mündung des Flusses Rother, der allerdings im 13. Jahrhundert seinen Lauf änderte und dann bei Rye die Küste erreichte.

Zu den Sehenswürdigkeit zählt neben einer Kirche aus dem 13. Jahrhundert die **Romney, Hythe & Dymchurch Railway [N50° 59' 7.33" E0° 57' 14.82"]**, New Romney Station *(verkehrt von April bis Oktober täglich, sonst nur an Wochenenden, außer Jan., Feb., März; Tel. +44 (0)1797 36 23 53; www.rhdr.org.uk)*. Die Bahnlinie – Spurweite 0,38 m, Maßstab 1:3 – wurde 1927 gebaut und verbindet Dungeness bei New Romney mit Hythe bei Folkestone.

Die Lokomotiven sind Nachbauten von Modellen der North Eastern Railway. Sie erreichen eine Geschwindigkeit von 35 km/h. Mit dieser Eisenbahn fahren Touristen gerne in das 21 km entfernte Hythe und genießen die Atmosphäre historischer Eisenbahnen.

Während des Zweiten Weltkriegs patrouillierten die Züge mit aufmontierten Flugabwehrkanonen entlang der Küstenstrecke. Nach dem Krieg wurden sie zur Touristenattraktion. Allerdings verkehren die Züge nur in den Sommermonaten, dann aber gewöhnlich mehrmals täglich in beide Richtungen.

Andere historische Eisenbahnen in Südengland: L.M.S. London, Midland & Scottish Railway, www.lmssociety.org.uk; L.N.E.R. London North Eastern Railway, www.lner.co.uk; G.W.R. Great Western Railway, www.gwr.com sowie S.R. Southern Railway, www.southernrailway.com.

Abstecher nach Tenterden

Tenterden liegt knapp 15 mls/24 km nordwestlich von New Romney an der Einmündung der B2080 in die A28 am Rande der ehemals sehr waldreichen Landschaftsregion **Weald** (Old English für Wald).

Die attraktive Kleinstadt war im Mittelalter ein bedeutender Handelsplatz für Wolle. Der recht hohe Kirchturm aus dem 15. Jahrhundert ist ein Wegzeichen für den Reisenden. *William Caxton*, der den Buchdruck in England einführte, soll hier 1742 geboren worden sein. In der grünen Hauptstraße des Ortes stehen viele hübsche Häuser aus dem 18. Jahrhundert.

Martello Towers

Als Vorsichtsmaßnahme gegen eine mögliche Invasion des napoleonischen Frankreich im frühen 19. Jahrhundert wurden entlang der Küste von Folkestone bis Seaford 74 kleinere Befestigungsanlagen gebaut, die sogenannten Martello Towers. Einige stehen noch immer, vor allem im östlichen Teil des südenglischen Küstenabschnitts.

Martello Towers sind gewöhnlich aus Ziegelsteinen gebaut, oben, auf einer sich drehenden Dachplattform war eine Kanone installiert. Ihre Höhe betrug etwa 10 Meter, ihr Durchmesser belief sich etwa auf 8 m und die Mauern waren fast 2 m dick.

Die Verteidigungstürme hatten zwei Bereiche: Im unteren wurden Munition und Lebensmittel aufbewahrt, im oberen Bereich lebte die 24-köpfige Besatzung. Ihren Namen erhielten die den korsischen „Genuesertürmen" nachempfundenen Türme nach dem Kap Martello auf Korsika, das 1794 einem britischen Seeangriff erfolgreich widerstand. Zum Glück für die Briten hat Napoleon diese englischen Befestigungsanlagen nie einem „Test" unterzogen.

Tenterden ist Ausgangspunkt der Eisenbahnstrecke der alten **Kent & East Sussex Railway**. Sie verkehrt von Tenderen zum Bodiam Castle von Juli bis Sept. annähernd täglich, sonst an Wochenenden; Tel. +44 (0)1580 76 51 55; www.kesr.org.uk.

HAUPTROUTE

Rye liegt bereits in der Grafschaft Sussex, in East Sussex, um genau zu sein.

Das mittelalterliche Gebäude des **Mermaid Inn (7)** an der steilen Kopfsteinpflasterstraße Mermaid Street aus dem 14. Jahrhundert zeugt noch von der Zeit, als Rye einmal ein wichtiger Hafen gewesen ist, in dem vor allem Schmuggler Zuflucht fanden. Mehrmals wurde Rye, das seit 1191 Mitglied im Hafenverbund der „Cinque Ports" war, von den Franzosen angegriffen und gebrandschatzt.

Heute erscheint der Ort als idyllisches Postkartendorf, das aber trotz aller romantischer und pittoresker Fachwerkhäuser, mit Rankgewächsen überwucherten Hausfassaden und seinem Blumenschmuck nicht kitschig wirkt. Hier scheint die Zeit einfach stehen geblieben zu sein. Häuser im Tudor-, Stuart- und Georgian-Stil haben Rye bei den Touristen zu einem der beliebtesten Ort im Süden Englands gemacht.

Rye lädt mit zahlreichen Bed & Breakfast-Angeboten zu einem längeren Aufenthalt ein. Der Besucher kann sich allerdings auch nur schwer dem gemütlichen Ambiente entziehen, wenn er durch die vielen Gassen schlendert und fast jede schmucke Hausfront ihre eigene Geschichte aus vergangenen Zeiten zu erzählen scheint.

Parkplätze [WP 013 / N50° 57' 10.39" E0° 43' 55.57"] findet man u. a. in Bahnhofsnähe.

Stationen eines Stadtrandgangs durch Rye

St. Mary's Church (2) [N50° 56' 59.97" E0° 44' 0.47"] – Die Kirche aus dem Jahr 1120 bildet den Mittelpunkt von Rye; sie wurde am Church Square auf einer Anhöhe errichtet. Die Kirche hat eine bemerkenswerte alte, aber noch funktionstüchtige Turmuhr. Es ist kaum zu glauben, dass die täuschend alt aussehenden Cherubim-Figuren, die sog. „Quarter Boys", die jede Viertelstunde anschlagen, nur noch aus Fiberglas nachgemachte Duplikate sind, die 1979 gegen die ursprünglichen Figuren ausgetauscht worden sind. Die alten Cherubime sind in der Kirche ausgestellt.

Man kann tagsüber den Kirchturm besteigen und einen schönen Ausblick genießen (geöffnet tgl. 9 – 18 Uhr).

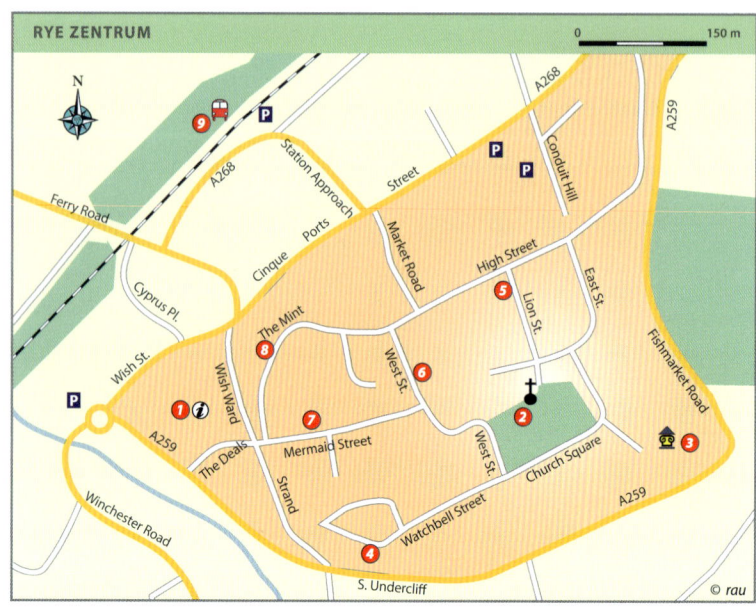

RYE ZENTRUM – **1** The Heritage Centre & Tourist Information Centre – **2** St. Mary's Church – **3** Ypres Tower, Rye Castle Museum – **4** Lookout – **5** Fletcher's House – **6** Lamb House – **7** Mermaid Inn – **8** The Standard Inn – **9** Bahnhof

Ypres Tower (3) – Unweit östlich der Kirche St. Mary's und des Church Square steht der Ypres Tower mit Schießscharten und drei Ecktürmen aus dem Jahr 1249, der später zum Stadtgefängnis von Rye wurde. Der Turm wurde 1928 restauriert und beherbergt heute das **Rye Castle Museum**, ein Regionalmuseum, das Aspekte des Alltagslebens in verschiedenen Epochen zeigt *(geöffnet Apr. - Okt. tgl. 10.30 - 17 Uhr, Nov. - März tgl. 10.30 - 15.30 Uhr; www.ryemuseum. co.uk).* Eine Zweigstelle des Museums liegt in der East Street *(geöffnet Apr. - Okt. Sa + So 10.30 - 17 Uhr).*

Vom **Gun Garden** beim Ypres Tower hat man einen wunderschönen Blick über die Küstenebene bis zum Meer.

Watchbell Street – Geht man vom Ypres Tower über die Straße Church Square zur nach Südwesten weiterführenden Watchbell Street und bis zu deren Ende, kommt man zum **Lookout (4)**, einem alten Aussichts- und Wachpunkt, von dem aus in früheren Zeiten – wie der Straßenname Watchbell Street schon vermuten lässt – bei Gefahr die

Alarmglocke geläutet wurde. Von diesem Punkt aus hat man auch einen guten Panoramablick über den Ort.

Unweit nördlich der St. Mary's Kirche liegt in 2 Lion Street **Fletcher's House (5)**. Es ist das Geburtshaus des elisabethanischen Dramatikers *John Fletcher* (1579 – 1625), der neben vielen anderen Werken auch zusammen mit William Shakespeare an dessen Drama „King Henry VIII" mitgearbeitet hat. Heute ist hier ein Restaurant und Tea Room eingerichtet.

An der Westseite der St. Mary's Kirche verläuft die West Street. Hier im **Lamb House (6)** hatte der Dichter *Henry James* seinen Alterssitz genommen. Der 1843 in Amerika geborene und dann nach England übersiedelte Schriftsteller lebte hier bis zu seinem Tode im Jahre 1916 *(geöffnet Apr. – Okt. Di + Sa 14 – 18 Uhr; National Trust; wegen Renovierungsarbeiten vorübergehend geschlossen; Wiedereröffnung derzeit unklar).*

Auch *Gilbert Keith Chesterton*, bekannt vor allem für die literarische Figur seines Meisterdetektivs Father Brown,

Henry James (1843 – 1916)

Henry James wurde 1843 als Nachfahre von ehemals schottisch-irischen Einwanderern geboren. Sein Vater war ein bekannter Autor theologischer Schriften, sein älterer Bruder, William James, galt als herausragender Philosoph. Nach seiner Ausbildung in New York, London, Paris und Genf studierte Henry James seit 1862 Recht an der Harvard University. Im Jahre 1875 übersiedelte er nach Europa.

Seine schriftstellerische Tätigkeit begann 1865, als er für amerikanische Publikationen erste Kurzgeschichten veröffentlichte.

Henry James lebte mehr als 20 Jahre lang in London, bevor er sich 1898 in Rye niederließ. Hier schrieb er seine späten Romane. Henry James verfasste auch mehrere Bände Reiseliteratur („Portraits of Places" und „A Little Tour in France" in den Jahren 1883 bis 1884). 1915 nahm er die britische Staatsbürgerschaft an.

Henry James starb 1916. Er wurde im Londoner Stadtteil Chelsea beerdigt.

lebte ebenfalls, wenn auch nur für kurze Zeit, in Rye.

Mermaid Street – Nicht versäumen sollte man einen Spaziergang über die mit groben Feldsteinen gepflasterte Mermaid Street, die man getrost als eine von Englands meistfotografierten Straßen bezeichnen kann. Mit ihren von Heckenrosen und anderen Blumen bewachsenen Fachwerkhäusern ist sie sicherlich die schönste Straße des Ortes.

Geht man, von der St. Mary's Kirche und der West Street (s. o.) her kommend, die Mermaid Street hinunter, passiert man rechts das **Mermaid Inn (7)**, einen alten, wunderschönen Pub aus dem Jahr 1420, der früher eine berüchtigte Piraten- und Schmugglerabsteige war. Es wird auch Bed & Breakfast angeboten.

The Heritage Centre und Tourist Information Centre (1) [N50° 56' 58.73" E0° 43' 47.14"] – Das kleine Museum in The Old Sail Loft in der Straße The Strand Quay, zeigt Illustrationen zur Stadtgeschichte, u. a. ist ein großes Modell der Stadt zu sehen *(geöffnet März - Juni tgl. 10 – 17 Uhr; Juli - Aug. tgl. 10 - 18 Uhr; Sept. - Nov. tgl. 10 - 16 Uhr; www.ryeheritage.co.uk).*

Landgate – Das Stadttor aus dem Jahre 1342 ist der einzige erhaltende mittelalterliche Stadtzugang von Rye.

Camber Castle – Etwa 2 km westlich von Rye liegt Camber Castle, das man auf einem Wanderweg erreicht, der am Hafen von Rye beginnt. Die massive Befestigungsanlage aus der Zeit König Heinrichs VIII. war Teil der südenglischen Küstenverteidigung gegen eine mögliche Invasion der Franzosen. Bis 1530 lag die Burganlage noch direkt am Meer.

Rye Festival, in der 3. und 4. Septemberwoche – Kulturwoche mit Musik, Theater, Straßenfesten.

PUBS UND RESTAURANTS

The Mermaid Inn, Mermaid Street, Tel. ++44 (0)1797 22 30 65; www.mermaidinn.com; mittelalterliches Pub von 1420, gilt als eines der schönsten Pubs in Südengland, Antiquitäten, Holztäfelung. Hier muss man einfach einkehren, um im ausgezeichneten Restaurant zu essen oder in der Loungebar ein Bier getrunken zu haben. 31 Gästezimmer.

The Standard Inn (9), Pub (Free House), 33 The Mint, Tel. ++44 (0)1797 22 52 31; aus dem 15. Jh., urig, PubFood und Real Ales. Einige Gästezimmer.

Hayden's Coffee Shop, 108 High Street, Tel. ++44 (0) 22 45 01; www.haydensinrye.co.uk; Familienrestaurant mit Terrasse, man serviert Frühstück und Mittagessen, geöffnet täglich 10 – 17 Uhr.

CAMPING

Camping Rye Bay Caravan Park [WP 014 / N50° 54′ 55.15″ E0° 43′ 24.71″], Pett Level Road, Winchelsea Beach, Tel. (01797) 226 340, Apr. – Sept.; von Rye auf der A259 Richtung Hastings, nach ca. 3 km meerwärts Richtung Winchelsea Beach abzweigen und noch ca. 1,5 km; weitläufiges Gelände geprägt von Mobile Homes; ca. 5 ha – 70 Stpl.; einfache Standard-Sanitärausstattung. Keine Zelte! Zum Strand ca. 500 m.

New Romney
Marlie Holiday Park [N50° 59′ 38.14″ E0° 57′ 12.53″], Dymchurch Road, Tel. +44 (0) 1797 33 01 55; www.parkholidays.com/our-parks/kent/marlie/touring; Anf. März – Ende Okt.; von der A259 (Dymchrucht – New Romney) zum Platz abzweigen; ebene Wiese bei einem Mobilhomepark; 6 ha – 60 Stpl.; Laden, Restaurant, Hallenbad, Waschmaschine, Trockner, WLAN im Clubhouse.

Winchelsea liegt an der A259, rund 5 km südwestlich von Rye. Hier gibt sich England von seiner besten Seite und präsentiert sich als ein ordentliches, friedvolles Städtchen, pittoresk auf der anderen Seite des Rye Hill gelegen. Die alten Häuser werden regelmäßig geweißt. Die Fassaden zieren Heckenrosen und andere Kletterpflanzen.

Interessant sind die vielen Kellergewölbe unter der Stadt, die früher als kühlendes Lager für den aus Frankreich importierten Wein dienten.

Wie Rye gehörte Winchelsea seit 1191 zu den „Cinque Ports", stellte der englischen Krone 50 Schiffe für die Cinque Ports Fleet zur Verfügung und konnte im Gegengeschäft besonders im Weinhandel mit Frankreich beträchtliche Reichtümer anhäufen.

Das alte Winchelsea wurde während eines Orkans am Ende des 13. Jahrhunderts vom Meer verschlungen. Kurz darauf ließ König Edward I. die Stadt nach dem Prinzip eines Gittermusters neu erbauen. Deshalb verlaufen die Straßen in der Regel rechtwinkelig zueinander.

Damals wurde hier zum ersten Mal Stadtplanung betrieben. Ein eigens aus Bordeaux in Frankreich beorderter Architekt, der im Auftrag des Königs tätig war, überwachte die Bauarbeiten.

Drei der ehemaligen Stadttore stehen noch. Strand Gate bietet einen schönen Ausblick über die Romney Marsh. Die **Gemeindekirche St. Thomas [N50° 55′ 25.65″ E0° 42′ 29.27″]** im Decorated Style hat schöne Glasmalereien von Douglas Strachan. Die Grabsteine auf dem Kirchhof tragen feine Skulpturen.

Gegenüber der Kirche steht **Court Hall**, das ehemalige Gefängnis. Heute dient es als **Regionalmuseum** (Court Hall Museum) und gibt Einblick in die Geschichte der kleinen Stadt (*geöffnet Mai – Okt. Di – Sa 12 – 16 Uhr, So 13.30 – 16.30 Uhr; www.winchelsea.com/mu-*

seum/). Besonders stolz ist das Museum auf seine ausgestellte lückenlose Liste aller Bürgermeister der Stadt seit 1295. Unter dieser Liste in der Court Hall nimmt der neue Bürgermeister immer am Ostermontag Platz und präsentiert sich seinem Rat.

Anders als viele europäische Urlaubsorte auf dem Festland, die sich ganz dem Tourismus verschrieben haben und deshalb oft architektonischen Raubbau durch den Abriss eigentlich erhaltenswerter Häuser betrieben haben, konnten sich Englands Küstenorte recht behutsam den modernen Zeiten anpassen. Das Ergebnis kann man entlang der Küste von Hastings bis zum Kap Beachy Head sehen.

Das alte **Hastings** am Fuße der Burg, die im 13. Jahrhundert gebaut wurde, um den Hafen gegen Angriffe der Franzosen zu sichern, ist eigentlich immer noch das Fischerdorf aus alten Tagen geblieben, wenn auch der neue Teil der Stadt nicht unbedingt zu den Schönheiten der südostenglischen Küste gerechnet werden darf!

Seit dem 18. Jahrhundert kamen zunehmend Menschen, die als Urlauber oder auf Anraten ihrer Ärzte als Patienten die saubere und salzhaltige Seeluft suchten, um Krankheiten der Atemwege zu lindern oder zu heilen.

Bexhill-on-Sea und **Eastbourne** haben dagegen einen anderen Ursprung.

Bexhill wuchs durch Menschen, die sich nach einem langen Arbeitsleben als Pensionäre dauerhaft an der See zur Ruhe setzen wollten. Und so ist der Ort heute eher ein ruhiger Wohnort an der Küste als touristisches Seebad.

Eastbourne [Parkplatz, WP 015 / N50° 46' 14.2" E0° 16' 57.4"] wurde vom 7. Herzog von Devonshire entwickelt, als dieser das kleine Dorf an der See 1834 als Teil einer größeren Länderei erbte. Er wollte als Kontrast zum nahen Seebad Brighton etwas ganz anderes entstehen lassen, so dass schließlich ein schöner, eleganter Badeort mit vielen Parks, Gärten und baumbestandenen Straßen nach den Plänen des Herzogs entstand.

Zwischen den Küstenorten wechseln sich windige Klippen mit sanften grünen Hügeln und kleinen, romantischen Dörfern ab. Der aktive Urlauber findet hier ideale Bedingungen für lange Spaziergänge oder sportliche Betätigung an frischer, aber immer windiger Luft. Für Müßiggänger, die ein langes Sonnenbad am Strand bevorzugen, bietet diese Gegend leider nicht die idealen Voraussetzungen. Gesund ist das Reizklima an der Südostküste Englands aber allemal.

Auch **Hastings [Castle Hill Car Park, WP 016 / N50° 51' 22.1" E0° 35' 01.3"]** – in früheren Zeiten von den Franzosen mehrfach angegriffen und teilweise zerstört – gehörte zu den Hafenstädten der „Cinque Ports". Heute ist Hastings ein moderner Touristenort, der sich zumindest auf seiner östlichen Seite mit der Old Town ein wenig von seinem ursprünglichen Ambiente als Fischerort erhalten konnte, während der neuere Ortsteil New Town als weniger schön bezeichnet werden muss.

In der Old Town stehen noch einige alte Fachwerkhäuser in engen Gassen in der Nähe des Hafens. Auf dem Kieselstrand liegen Fischerboote, manchmal sieht man die Fischer bei Ausbesserungsarbeiten vor ihren Speicherhütten („net logs").

Für die Augen des Besuchers verwunderlich, für den englischen Badeurlauber aber um so vertrauter, erstreckt sich eine „Amüsiermeile" von Bingohallen, Minigolfanlagen, Spielautomaten und anderen eher billigen Vergnügungs- und Unterhaltungsmöglichkeiten, die man eher auf einem Jahrmarkt vermutet, entlang der Uferpromenade, die ihren Betreibern sicherlich ein einträgliches Auskommen bescheren. Dazwischen verbreitet sich der Duft von frisch gebratenen Fish and Chips.

Ein günstig gelegener **Parkplatz [N50° 51' 20.66" E0° 35' 47.93"]** findet sich am Ostrand der Stadt an der Küste hinter dem Hastings Fisherman's Museum und dem Aquarium.

Wer sich mehr für die Geschichte der Fischerei und Seefahrt von Hastings interessiert, findet in der Rock-a-Nore Road, dem „Maritime Park" von Hastings, anschauliches Material im sehenswerten **Hastings Fishermen's Museum** *(geöffnet Apr. - Okt. tgl. 10 - 17 Uhr; Sa - So von 14.30 - 17 Uhr; Nov. - März tgl. 11 - 16 Uhr; www.ohps.org.uk/hastings-fishermans-museum/).* Untergebracht ist das Museum in der ehemaligen Seemannskirche St. Nicholas aus der Mitte des 19. Jh. Die Ausstellungen informieren über die Geschichte der Fischerei, über alte Segelboote, Fangtechniken und Rettungsboote .

In der östlichen Nachbarschaft sieht man im **The Shipwreck Centre**, Rock-a-Nore-Road, die Rekonstruktion eines Schiffswracks aus dem 15. Jahrhundert und erfährt Näheres über die Radarbeobachtung des Schiffsverkehrs im Ärmelkanal *(geöffnet Apr. – Okt. tgl. 10.30 – 17 Uhr; https://shipwreckmuseum.co.uk)*

Einen Besuch lohnt auch das **Blue Reef Aquarium [N50° 51' 22.13" E0° 35' 46.63"]** in der Rock-a-Nore-Road ein paar Türen weiter östlich, einem großen Seeaquarium mit Glastunnel durch ein Meerwasserbecken mit Haifischen, Rochen, exotischen Riffen u. ä. *(geöffnet tgl. 10 - 17 Uhr, letzter Eintritt 1 Std. vor Schließung; www.bluereefaquarium.co.uk/hastings/).*

Ein gutes Stück westlich der Museen kann man mit der West Hill Cliff Railway, einer kleinen Kabinenbahn, auf den **Castle Hill** gelangen. Erhalten sind die wenigen Ruinen der alten Burg *(geöffnet tgl. März - Okt. 10 - 16 Uhr),* die angeblich William the Conqueror erbauen ließ (20-minütige Audiovision, Audioguide auch in Deutsch).

Hastings Pier ragt auf seinen Stelzen vom Ufer hinaus ins Meer. Leider fiel die Pier – damals schon in recht desolatem Zustand – 2010 einem Feuer zum Opfer. Nach längeren Restaurierungsarbeiten soll Hastings Pier, das vor allem Mitte 19. Jh. ein Anziehungspunkt an Südenglands Küste war, nun wiedereröffnet werden.

Hastings Museum and Art Gallery [N50° 51' 22.73" E0° 34' 15.96"] ganz in der Nähe der Bohemia Road im westlichen Stadtteil präsentiert Sammlungen von Gemälden, Porzellan, Fossilien, Exponate fremder Kulturen wie der Indianer Nordamerikas u. ä. Besonders sehenswert ist die Durbar Hall, die anlässlich einer großen Kolonialausstellung 1886 im Stil eines indischen Palastes errichtet wurde *(geöffnet Apr. - Okt. Di - Sa 10 - 17 Uhr, So 12 - 17 Uhr; im Winter bis 16 Uhr; www.hmag.org.uk).*

Östlich von Hastings kann man im salzigen Wind wunderschöne Klippenspaziergänge machen. Die vielen schönen Aussichten, z. B. vom East Hill oder von den Fire Hills, die ihren Namen durch die leuchtende Blütenpracht im Frühling erhielten, belohnen alle Anstrengungen.

Weiter im Westen findet man die **St. Clement's Caves**, 49 Croft Road. Sandsteinhöhlen in den Felsklippen und eine 20 m tiefe Schlucht dienten Schmugglern früher als Schlupfwinkel. Heute wird hier in der geisterbahnähnlichen Familienattraktion **Smuggler's Adventure** *(geöffnet tgl. März - Okt. 10 – 17 Uhr; www.smugglersadventure.co.uk)* das „Piraten- und Schmugglerleben" nachempfunden.

Eine andere beliebte Attraktion für Kinder ist Pleasure Island, East Parade, The Stade Beach, mit Tretbooten, Go-Karts, Miniatureisenbahn etc.

Falls Sie dem nachstehend beschriebenen Abstecher nach Bodiam Castle nicht folgen, bitte weiter mit **Hauptroute** weiter hinten!

PRAKTISCHE HINWEISE – HASTINGS

Hastings Tourist Information Centre [Parkplatz, N50° 51' 17.78" E0° 35' 2.73"], Muriel Matters House, Breeds Place, Hastings, TN34 3UY, Tel. +44 (0)1424 45 11 11; www.visit1066country.com. *Geöffnet Mo - Fr 9 - 17 Uhr, Sa + So 10 - 15 Uhr.*

Feste, Veranstaltungen
Blessing of the Sea, Mitte Mai oder Mitte Juni, an der Lifeboat Station in Hastings.
National Town Criers' Contest, im Oktober. In alten Kostümen wird der Ausruf „Oyez! Oyez!" vorgetragen und dazu eine kurze Ansprache im altertümlichen Stil gehalten.
Jack in the Green Festival, das Moriskentänzer-Festival, Folkloregruppen tanzen 4 Tage Anfang Mai unter Blumengirlanden.
Battle of Hastings in der Battle Abbey Mitte Oktober, großes Spektakel mit Darstellern aus ganz Europa.

PUBS UND RESTAURANTS

The Stag Inn, Pub, 14 All Saints Street, Old Town, Tel. +44 (0) 1425 43 87 91; www.staghastings.co.uk;; soll ein alter Schmugglertreff gewesen sein, existiert als Pub seit 1547.
Ye Olde Pumphouse, Pub, 64 George Street, Tel. +44 (0) 1424 42 20 16; www.yeoldepumphouse.com; frisch gezapftes Shepherd Neame Real Ale und andere Biere werden ausgeschenkt, aber auch kleine Gerichte laden zur Einkehr.
The Anchor Inn, Pub, 13 George Street, Old Town, Tel. +44 (0) 1424 42 22 56; www.sanchorchastings.co.uk; das Lokal ist im ehemaligen Gerichtsgebäude untergebracht und es heißt, dass noch heute der Geist eines Mannes spukt, der vor langer Zeit hier zum Tode am Galgen verurteilt wurde.
Lathams' Brasserie Restaurant, 63 George Street, Old Town, Tel. +44 (0)1424 43 49 60; www.lathambrasserie.co.uk; frischer Fisch und Krustentiere aus dem Fang des Tages sowie Fleischgerichte bietet die Speisekarte des Hauses, erlesene Weinkarte.

CAMPING

Camping Shear Barn Holidays & Touring Park [WP 017 / N50° 51' 58.39" E0° 36' 47.04"], Barley Lane, Hastings, Tel. +44 (0) 1424 42 35 83; www.shearbarn.com; 1. März – 31. Okt.; Zufahrt von der A259 (Rye – Hastings) östlich von Hastings in die Harold Street und weiter auf der Barley Lane, noch ca. 900 m bergan, beschildert. Der Platz liegt am östlichen Ortsausgang von Hastings an der Klippenküste mit Blick auf den Ärmelkanal. Wiesengelände auf einer Geländekuppe, teils Ausblicke auf Meer und Umgebung; ca. 5 ha – 400 Stpl.; Standard-Sanitärausstattung. WLAN. V & E für Wohnmobile.

Abstecher nach Battle und Bodiam Castle

Die Kleinstadt **Battle [Parkplatz Park Lane, WP 018 / N50° 54' 53.65" E0° 29' 5.43"]** liegt an der Straße A2100 rund 6 mls/10 km nordwestlich von Hastings in der Nähe des historischen Schlachtfeldes.

Am 14. Oktober 1066 siegte hier William the Conqueror (Wilhelm der Eroberer) und seine Normannen in der legendären **Battle of Hastings** über die Engländer letztendlich durch eine Finte. Die Normannen täuschten trickreich ihre Flucht vor, was die Engländer, angeführt von König Harold, unvorsichtig werden ließ. Als die Normannen plötz-

lich überraschend zurückkehrten gelang es ihnen, die Engländer vernichtend zu schlagen, auch König Harald fiel im Kampf.

William hatte vor dem Kampf geschworen, im Falle eines Sieges ein Kloster zu errichten. Er hielt Wort. Er ließ St. Martin's Abbey (heute besser bekannt als **Battle Abbey [N50° 54' 53.83" E0° 29' 9.58"]**, bauen, die erst durch König Henry VIII. wieder aufgelöst werden sollte.

Von der historischen Klosteranlage steht heute neben einigen wenigen Ruinen nur noch das Gatehouse aus dem Jahr 1339, es beherbergt heute ein umfangreiches **Museum** über die Abteikir-

RESTAURANTS

The Bull Inn, 27 High Street, Tel. +44 (0) 1424 77 51 71; www.thebullinbattle.co.uk; Restaurant mit kleiner Karte aber uriger Atmosphäre, Live Music am letzten Mittwoch im Monat und sonntags einmal im Monat. Man bietet 7 Gästezimmer.

The Kings Head, 37 Mount Street, Tel. + 44 (0)1424 31 66 30; https://kingsheadbattle.co.uk; es soll das älteste Pub aus dem 15. Jh. sein, uriges Ambiente. Man serviert kleine Gerichte in mediterranam Stil, Ales und Weine. Live-Music.

che in den Jahren nach 1066 *(geöffnet Apr.- Sept. tgl. 10 - 18 Uhr; Okt. tgl. 10 - 17 Uhr; Nov. + Dez. Sa + So 10 - 16 Uhr; Jan - Mitte Feb. Sa + So 10 - 16 Uhr; Mitte Feb. - Ende März Mi - So 10 - 16 Uhr; gebührenpflichtiger Parkplatz nebenan s. o.; www.visit1066country.com/things-to-do/1066-battle-abbey-and-battlefield-p41573).*

Gleichzeitig mit der Klostergründung benannte William den Ort nach der historischen Schlacht „Battle".

1669 wurde in der Nähe die **Kirche St. Martin's** erbaut, die unter dem besonderen Schutz der Krone gestellt war und 1869 restauriert wurde. Hier befindet sich das Grab des Erfinders des ersten mechanischen Webstuhls, *Edmund Cartwright*, der 1823 verstarb.

Das eher bescheidene **Battle & District Museum of Local History [N50° 55' 3.86" E0° 28' 59.81"]**, The Almonry, High Street *(geöffnet Apr. - Okt. Mo - Sa 10 – 16.30 Uhr; www.battlelocalhistory.com)* zeigt neben einer informativen Ausstellung über die Geschichte der historischen Schlacht bei Hastings, auch Münzen, Dokumente, altes Spielzeug u. ä. sowie eine Kopie des Wandteppichs von Bayeux.

Das Dorf **Bodiam** liegt knapp 20 mls/32 km nördlich von Hastings zu Füßen des gleichnamigen **Castles [Parkplatz, WP 019 / N51° 0' 1.62" E0° 32' 30.77"]**, einer wunderschönen Befestigungsanlage aus dem Jahre 1386. Die Wasserburg gilt als letzte englische Burg, die einzig dazu errichtet wurde, französische Eindringlinge davon abzuhalten, den Fluss Rother hinaufzufahren.

Die mächtige Burg hat einen quadratischen Grundriss, der an jeder Ecke von einem runden Wachtturm eingerahmt wird. Von oben hat man einen guten Blick auf die Landschaft der näheren Umgebung. Die Burgmauern werden von einem Wassergraben umgeben, in dem hübsche Seerosen blühen.

Von außen sieht die Burg unversehrt aus, innen fehlen aber die Dächer und viele Mauern sind zerstört. Eine kleine Videoshow zeigt das Leben der Ritter aus alten Zeiten. Die eindrucksvollsten Fotos von der Burganlage lassen sich von dem nahe liegenden Hügel aus machen.

Bodiam Castle, *(geöffnet März - Okt. tgl. 10 – 17 Uhr; https://bodiamcastle.uk)* gehört seit 1917 zu den Besitzungen des National Trust; www.nationaltrust.org.uk/bodiam-castle.

Wer den Weg bis Bodiam macht, kann auf dem Hin- oder Rückweg einen Umweg über **Burwash** und **Brightling** machen. Die Orte liegen einige Meilen westlich der Hauptstraße A21. Burwash erreicht man am einfachsten von Hurst Green aus auf der A265. Brightling liegt rund 5 km südlich von Burwash.

In **Burwash [N50° 59' 52.16" E0° 23' 16.64"]** lebte der Dichter des Britischen Empire, *Rudyard Kipling* (1865 – 1936). Kipling war der erste Engländer, der den Nobelpreis für Literatur erhielt (1907).

Burwash präsentiert sich als attraktives Dorf, das zwischen den Flüssen Rother und Dudwell liegt. Kipling beschrieb die Landschaft der Umge-

Bodiam Castle

bung in „Puck of Pook's Hill" (1906) und machte sie zum Schauplatz einiger seiner Kindergeschichten. Sein wohl bekanntestes Werk „Das Dschungelbuch" (1894), war 1967 Grundlage für einen weltweit berühmten Zeichentrickfilm der Walt-Disney-Studios.

Kiplings Haus „Bateman's" [Parkplatz, N50° 59' 25.74" E0° 22' 40.06"] liegt einen Kilometer südlich des Dorfes in der Bateman's Lane. Kipling kaufte das aus dem Jahre 1634 stammende Anwesen im Jahr 1902. Das Haus gehört heute dem National Trust und kann besichtigt werden *(geöffnet Apr. - Okt. tgl. 11 - 17 Uhr, Nov. - März tgl. 11 - 16 Uhr; www.nationaltrust.org.uk/batemans).* Das Arbeitszimmer Rudyard Kiplings ist so belassen, wie es der Dichter zu Lebzeiten benutzt hatte. Auch der drei Meter lange Schreibtisch zeigt noch das gleiche geordnete Chaos, für das der Schriftsteller bekannt gewesen sein soll. Auch der Garten wurde so erhalten wie ihn Kipling einst angelegt hat.

Die Gemeindekirche **St. Bartholomew** mit ihrem normannischen Turm stammt aus dem 15. Jahrhundert. An der Kirchenwand nahe dem Südausgang hängt eine kleine Plakette, die an den Sohn Kiplings, John, erinnert, der

während des 1. Weltkriegs 1915 in der Schlacht von Loos 18-jährig starb.

Zwischen baumbestandenen Hügeln liegt das Dorf **Brightling**, dessen höchste Erhebung Brightling Down 200 Meter ansteigt. Eine Handvoll Häuser versammelt sich um die Gemeindekirche **St. Thomas-à-Becket [N50° 57' 51.35" E0° 23' 58.47"]**.

Auf der Anhöhe sieht man den einem irischen Rundturm ähnlichen, etwa 20 m hohen Obelisken **„Brightling Needle"**, der von *John Fuller* (1756 – 1834), den die Einheimischen wegen seines exzentrischen Verhaltens „Mad Jack" nannten, erbaut wurde. Ob der Obelisk zur Erinnerung an den Sieg Nelsons bei Trafalgar 1805 über die französisch-spanische Flotte errichtet wurde ist nicht sicher.

John Fuller war erfolgreicher Geschäftsmann, Kunstmäzen, Förderer der Wissenschaft (Royal Institution of Great Britain), zeitweilig auch Parlamentsabgeordneter, aber auch ein sonderlicher Exzentriker.

Eine andere architektonische Verrücktheit Fullers ist der 12 m hohe **Sugar Loaf** (Zuckerhut) in der Nähe der Straße Battle – Heathfield. Der Bau dieses spitzkegligen Rundturms geht angeblich auf eine Wette zurück. Fuller wollte nämlich seinen Freunden weismachen, dass er von seinem Haus aus die Kirchturmspitze von St. Gilles, der Dorfkirche von Dallington, sehen könne. Da dem aber nicht so war und er die Wette natürlich nicht gewinnen konnte, ließ er einfach eine Replik dieser Kirchturmspitze bei Woods Corner nachbauen.

Ein weiteres Folly (spleenige Narrheit) ist die kleine **Pagode**, die Fuller in der Nähe seines Hauses von Sir Robert Smirke als Observatorium bauen ließ. Dieses Gebäude hat zwei Stockwerke und eine bleiumfasste Kuppel.

Auch auf Fullers Grab auf dem Friedhof von Brightling steht eine fast 8 m hohe Steinpyramide, die Fuller schon 1811, also 23 Jahre vor seinem Tod, hatte errichten lassen.

HAUPTROUTE

Bexhill (Bexhill-on-Sea) liegt nur wenige Meilen westlich von Hastings an der A259.

Bexhills Stolz ist der **De La Warr Pavilion [Parkplatz, N50° 50' 16.13" E0° 28' 21.37"]** *(geöffnet tgl. 10 - 18 Uhr; www.dlwp.com)*, ein Unterhaltungszentrum mit einem Restaurant, Ballräumen, einem 1.200 Plätze fassenden Theater, Konzertsälen und Fitnessstudios. Der Pavillon wurde 1935/36 nach Entwürfen der beiden deutschen Bauhaus-Architekten Mendelssohn und Cherma-

yeff erbaut. Hier vergnügt sich nicht nur die nicht mehr ganz so junge Bevölkerung, die ihren Lebensabend an der Küste verbringt, sondern inzwischen auch die jüngere Generation. Im Sommer finden hier die allenthalben beliebten Promenadenkonzerte statt.

Pevensey an der Straße A259 etwa 10 km nordöstlich von Eastbourne in Küstennähe gelegen, ist ein idyllisches Dorf mit alten Häusern, deren Ursprung teilweise bis ins frühe 14. Jahrhundert zurückreicht. Ein schönes Beispiel ist das **Mint House** in der High Street, das einst ein zwielichtiges Domizil von Schmugglern gewesen sein soll. Leider nur von außen zu besichtigen.

Die Ruinen der Normannenburg, die einmal direkt an der Küste stand, liegen heute etwa 3 km landeinwärts.

In Pevensey Bay landete 1066 William the Conqueror, bevor er in Richtung Hastings marschierte. Als er englischen Boden betrat, soll er gestrauchelt sein, was im Mittelalter als böses Omen gedeutet wurde. Er machte aber das Beste aus der Situation, indem er die englische Erde in seinen Händen als symbolische Landnahme umdeutete.

Eastbourne [Parkplatz am Bahnhof, WP 015 / N50° 46' 14.11" E0° 16' 57.30"] – Die Eleganz, die der 7. Herzog von Devonshire der Stadt verlieh, als er sie 1834 erbauen ließ, lässt sich noch heute überall erspüren. An der Esplanade wechseln sich stattliche Pri-

CAMPING – PEVENSEY

Camping Norman's Bay C & C Club Site [WP 021 / N50° 49' 19.18" E0° 22' 44.35"], Norman's Bay, Tel. +44 (0) 1323 76 11 90; www.campingand-caravanningclub.co.uk/normansbay; 1. Apr. – 4. Nov.; von der A259 (Hastings – Eastbourne) in Pevensey Bay auf die Coast Road nordostwärts abzweigen und noch ca. 2 km der Beschilderung „Beachlands" folgen. Sandiges Wiesengelände zwischen Dünengürtel zum Meer und der Bahnlinie; 5 ha – 200 Stpl.; einfache Standard-Sanitärausstattung. Kiosk, Waschmaschine, Trockner, WLAN. V & E für Wohnmobile. Nicht-Clubmitglieder werden aufgenommen.

Pevensey Bay
Camping Bay View Park [WP 022 / N50° 48' 4.16" E0° 20' 15.05"], Old Martello Road, Tel. +44 (0) 1323 76 86 88; https://bayviewpark.co.uk; 1. März - 31. Okt.; nordöstlich von Eastbourne auf der A259 Richtung Pevensey Bay zu erreichen; zwei Wiesenflächen für Tourers und Mobilhomes nahe des Strands, an einem Golfplatz angrenzend; 2,5 ha – 90 Stpl.; Standard-Sanitärausstattung. Laden,

Waschmaschine, Trockner, WLAN. V & E für Wohnmobile.

vathäuser mit Hotels ab, Blumenbeete sind mit Saisonblumen immer frisch bepflanzt. Der fast 5 km lange Kieselstrand ist sauber, das Eastbourne Pier ragt weit ins Meer hinaus. Den besten Panoramablick über den Küstenort hat man vom äußersten Ende dieses Piers.

Etwa in der Mitte der Esplanade befindet sich der **Wish Tower**, ein großer Martello-Turm, in dem bis 1937 die Seenotrettungsstation von Eastbourne untergebracht war.

Hinter der Gemeindekirche St. Mary's liegt an einem kleinen See, der durch Aufstauen eines Flusses entstand, die Parkanlage **Motcombe Gardens**. Der aufgestaute See wird auch als „bourne" bezeichnet, was der Stadt Eastbourne ihren Namen gegeben haben soll. Eine andere hübsche Gartenanlage ist Carpet Gardens, die unweit vom Pier liegt.

Der deutsche Industrielle Friedrich Engels, ein Förderer und Gönner von Karl Marx, verbrachte hier viele Jahre lang seinen Sommerurlaub. Auch bekannte literarische Größen wie Charles Dickens, George Bernard Shaw oder Lewis Carroll suchten hier bei Ferienaufenthalten Erholung.

Concert on the Prom – Promenadenkonzerte, bei denen in der Sommersaison Militärkapellen, aber auch renommierte Orchester, beliebte Melodien spielen, gehören in England zu einem traditionellen „day by the sea".

Proms (eigentlich promenade series oder promenades) sind eine Reihe von etwa 70 Sommerkonzerten, die in südenglischen Seebädern, vor allem aber auch in London aufgeführt werden und eine begeisterte Anhängerschaft haben. Zu den Konzerten werden oft namhafte Dirigenten und Orchester engagiert. In Eastbourne finden die Proms am Grand Parade Bandstand an der Esplanade statt.

Das wohl bekannteste Konzert ist dann zum Abschluss der Saison die „Last Night of the Proms" in der Londoner Royal Albert Hall, wo während des Konzerts Hunderte von Zuschauern, den Union Jack schwingend, mitdirigieren und mitsingen. Zwischenzeitlich ist der Besucherandrang zur „Last Night of the Proms" so groß, dass die Konzerte auch über Großleinwänden im Londoner Hyde Park miterlebt werden können.

Vom Südwestende der Stadt aus führt die Beachy Head Road zum knapp 5 km südwestlich von Eastbourne gelegenen **Kap Beachy Head [WP 024 / N50° 44' 13.49" E0° 14' 36.91"]**. Man kann aber auch zu Fuß am Ende der Pier einen kleinen Weg (South Downs Way) hinauf zu den Klippen nehmen. Von einem der Häuser am Stadtrand hier haben 1935 König George V. und seine Frau Queen Mary den Ausblick auf das

PRAKTISCHE HINWEISEN – EASTBOURNE

Eastbourne Tourist Information Centre [N50° 46' 4.87"   E0° 17' 2.37"], Cornfield Road, Eastbourne, Tel. +44 (0) 1323 41 54 15; www.visiteastbourne. com. *Geöffnet Mai - Sept. Mo - Fr 9 - 17.30 Uhr, Sa 9 - 17 Uhr, So 10 - 13 Uhr; März, Apr, Okt. Mo - Fr 9 - 17.30 Uhr, Sa 9 - 16 Uhr; Nov. - Feb. Mo - Fr 9 - 16.30 Uhr, Sa 9 - 13 Uhr.*

PUBS UND RESTAURANTS

The Beachy Head, Beachy Head Road, Beachy Head, Tel. +44 (0) 1323 72 80 60; www.vintageinn.co.uk; einladendes Country Pub, ca. 3 km südlich von Eastbourne in schöner Lage oberhalb der Beachy Head Küste. Küche und Keller werden gelobt. Im Sommer Gartenterrasse. Parkplatz.

CAMPING

Polegate bei Eastbourne
Camping Peel House Farm C & C Park [WP 023 / N50° 50' 28.05" E0° 15' 21.99"], Sayerland Lane, Tel. +44 (0)1323 84 56 29; www.campingandcaravanningclub.co.uk/campsites/uk/east-sussex/polegate/peelhousefarmcaravanpark/; 4. Mai – 28. Okt.; ca. 5 km nördlich von Eastbourne, von der A27 (Pevensey – Polegate) bei Stone Cross auf die B2104 Richtung Hailsham und noch ca. 3 km zum Platz; Wiese (ca. 20 Stpl.) in ländlicher Umgebung. Einfache Sanitärausstattung.

Meer genossen, wie ein kleines Schild dem interessierten Besucher verrät.

An der atemberaubenden Steilküste von **Beachy Head**, erheben sich die höchsten Klippen der südenglischen Küste, die bis zu 160 m tief abfallen.

Am Fuße der spektakulären weißen Klippen steht der etwa 50 m hohe Leuchtturm, der aus der luftigen Perspektive die wahren Dimensionen der Felsenküste erst richtig deutlich werden lässt, und dessen Lichtstrahl bei Dunkelheit 25 km weit auf das Meer hinaus reicht.

An schönen Tagen kann man im Westen die Küste der Isle of Wight erkennen.

Zahlreiche Spazierwege und in ausreichender Zahl vorhandene Parkplätze laden zu Spaziergängen entlang der Klippen ein. Wer nicht schwindelfrei ist, sollte der Klippenkante nicht allzu nahe kommen! Und wer mit Kindern unterwegs ist, braucht hier Nerven wie Drahtseile. Bei Nebel sollte man die Spazierwege unbedingt meiden!

Die dramatische Küsten- und Klippenszenerie am Beachy Head wurde schon oft als Filmkulisse genutzt, von Miss Marple bis Harry Potter Filmen.

Der Deutsche Friedrich Engels, der in seinen Werken die Situation der englischen Arbeiterklasse beleuchtete und der sich oft in Eastbourne aufhielt, hatte in seinem Testament verfügt, dass seine Asche von der Felsküste bei Beachy Head ins Meer zu streuen sei. Dies geschah dann auch im Jahre 1895.

Das **Beachy Head Countryside & Visitor Centre [Parkplatz, N50° 44' 28.81" E0° 15' 11.99"]** informiert über Geschichte, Geologie und Natur am Beachy Head *(geöffnet Apr. - Okt. Mo 13 - 16 Uhr, Di - So 10 - 16 Uhr; www.beachyhead. org).* The Beachy Head Pub und Restaurant nebenan.

ROUTE: Ab Eastbourne nimmt man die meist vierspurig ausgebaute A27 über **Lewes, Brighton, Worthing** *und* **Chichester** *nach* **Portsmouth**.

Auf der Weiterreise von Eastbourne Richtung Brighton passiert man nach rund 10 km an der A27 den Ort **Wilmington**.

Wenige Meilen südlich des Ortes liegt östlich der Landstraße nach Seaford der **Long Man of Wilmington [Parkmöglichkeit, 0,8 km Fußweg**

Beachy Head. Foto: VisitBritain/Rod Edwards

ostwärts, N50° 48' 43.73" E0° 10' 41.57"]. Die etwa 70 m große Hügelfigur stellt die Umrisse eindes Mannes dar und wurde wahrscheinlich schon im frühen Mittelalter in den Untergrund des Kreidefelsens am Windover Hill geschlagen. Erstmals urkundlich erwähnt wurde sie im Jahr 1779.

Die Figur wurde wahrscheinlich von den Angelsachsen geschaffen. Sie soll König Harold darstellen, der einen Speer in jeder Hand hält. Eine andere Theorie geht davon aus, dass die Figur möglicherweise noch viel älter ist. 1969 wurden mehr als 700 Kalksteine verlegt, um die Randlinien des Long Man zu erhalten.

In Wilmington selbst kann man die Überreste einer Kirche besichtigen, die aus normannischen Zeiten stammt. Ein kleines landwirtschaftliches Museum zeigt die Anbaumethoden aus vergangenen Zeiten.

ROUTE: Wer sich an die engen englischen Landsträßchen schon etwas gewöhnt hat, kann von Wilmington über **Seaford** nach **Newhaven** fahren. Etwas einfacher ist aber der Weg über die A27. Schon etwa 3 km westlich von Wilmington passiert man den Abzweig zum unweit südlich gelegenen **Alfriston**.

Alfriston [Parkplatz, WP 025 / N50° 48' 33.32" E0° 9' 24.22"] liegt im Flusstal des Cuclunere. Voller alter Häuser, wie das Star Inn, war Alfriston einst ein beliebter Schmugglertreff. Zunftzeichen an den Häusern zeigen die Handwerksberufe, die einst in den jeweiligen Häusern ausgeübt wurden.

Bemerkenswert am südöstlichen Ortsrand ist das im Jahre 1896 vom National Trust für damals zehn Pfund erworbene Haus aus dem 14. Jahrhundert, das **Clergy House**, eines der ältesten reetgedeckten Wohnhäuser in England (*geöffnet Mitte März – Ende Nov. Mo, Di, Mi, Sa, So 10.30 – 17 Uhr; www.nationaltrust. org.uk/alfriston-clergy-house*).

Die nicht weit vom Clergy House gelegene **Dorfkirche**, die wegen ihrer ungewöhnlichen Größe von den Einheimischen auch „The Cathedral of the South Downs" genannt wird, wurde im 13. Jahrhundert erbaut.

Die **alten Pubs** im Ort wie „The Tudor House", „The George Inn" (besitzt eine Schanklizenz aus dem Jahre 1397), „Ye Olde Smuggler Inn" von 1358, „The Star Inn" u. a. schenken schon seit Jahrhunderten Bier und andere Getränke an ihre Gäste aus und laden den Fremden zu einem empfehlenswerten Besuch ein.

In **Lullington**, direkt am anderen Flussufer, steht eine der kleinsten Kirchen Englands, sie hat eine Grundfläche von nur knapp 5 qm. Von Alfriston aus kann man auf einem etwa 8 km langen Wanderweg zur Spitze des Hügels West Firle gehen.

Heute kommen besonders in den Sommermonaten viele Touristen in die Gegend, die auf den Spazier- und Wanderwegen nach Seaford im Süden und Hailsharn im Norden die wunderschöne Landschaft erkunden wollen.

ROUTE: Von Alfriston kehrt man am einfachsten zurück zur Hauptstraße A27 und folgt ihr rund 5 mls/8 km westwärts bis zum Abzweig nordwärts nach Glynde.

In dem kleinen Dorf **Glynde** begann 1778 John Ellman mit der Zucht der hier beheimateten Schafe, den bekannten schwarzgesichtigen Southdowns.

Der Landsitz **Glynde Place** aus dem 16. Jahrhundert zeigt eine Sammlung von Landschaftsbildern von Rubens und Lely, Bronzestatuen, Keramikarbeiten, Silber, Porzellan und kostbare Möblierungen. Das Anwesen war in den vergangenen Jahren wegen Restaurierungsarbeiten für Besucher allerdings geschlossen!

Beim Ort Lewes findet im nahen **Glyndebourne Opera House [Parkplatz, N50° 52' 45.59" E0° 3' 50.83"]**, das von John Christie 1934 als Anbau des Tudor-Herrenhauses errichtet wurde, jährlich zwischen 18. Mai und 25. August das Glyndebourne Opera Festival statt, ein Musikfestival mit erstklassigen Aufführungen von Mozartopern und Werken anderer Komponisten, das in Europa seinesgleichen sucht. Karten müssen allerdings ein halbes Jahr im voraus bestellt werden: Box Office & Customer Service, , Tel. +44 (0)1273 81 23 21; Tickets +44 (0)1273 81 50 00; www.glyndebourne.com.

Abstecher nach Seaford

*ROUTE: Knapp 3 km westlich Glynde bietet sich in Beddingham Gelegenheit zu einem Abstecher auf der A28 südwärts nach **Newhaven** und weiter nach **Seaford.***

Nachdem der Fluss Ouse 1579 nach einem verheerenden Sturm seine Mündung in den Ärmelkanal nicht mehr bei Seaford erreichte, wurde **Newhaven** der „neue Hafen". Von hier aus verkehren Fährschiffe nach Dieppe in Frankreich. Ein Strand westlich des Ortes eignet sich im Sommer zum Baden.

Besichtigen kann man **Newhaven's Local & Maritime Museum**, ein Regionalmuseum innerhalb des Paradise Family Leisure Parks, Avis Road, (*geöffnet Apr. - Okt. Di, Mi, Fr, Sa 11 - 16 Uhr; www.newhavenhistoricalsociety.org.uk).*

In der Umgebung von Newhaven wurden bei Ausgrabungen römische Münzen aus dem Jahr 285 v.Chr. gefunden.

Über eine Straße durch das Marschland erreicht man das östlich von Newhaven gelegene **Seaford** mit seinen rotbraunen Klinkerhäusern. Wie schon erwähnt mündete hier bis zu dem verheerenden Sturm von 1579 der Fluss Ouse ins Meer. Im alten Stadtteil gibt es noch einige wenige mittelalterliche Häuser.

Das **Seaford Museum [N50° 46' 1.45" E0° 6' 15.04"]** ist in einem markanten Martello Tower an der Ufer-Esplanade untergebracht (*geöffnet März - Okt. Mi 14 - 16 Uhr, Sa + So 11 - 16 Uhr, Nov. - Feb. Sa 14 - 16 Uhr, So 11 - 16 Uhr; www.seafordmuseum.co.uk).* Das Regionalmuseum gibt u. a. Einblick in die Zeit, als Seaford Mitglied in der Vereinigung der Cinque Ports war, in das Leben im Viktorianischen Zeitalter und in die Zeit der Büromaschinen und ersten Computer in der ersten Hälfte des 20. Jh.

Glyndebourne Opera House

Die Musik- und Opernfestspiele von Glyndebourne bei Lewes begannen 1934. Bei der Eröffnung wurde Mozarts „Hochzeit des Figaro" gegeben.

Dem eigentlichen Ursprung der Festspiele liegt eine romantische Liebesgeschichte zugrunde. Der musikbegeisterte Sir John Christie, dessen steinerne Büste noch heute vor dem Opera House steht, lernte bei seinen Hauskonzerten eine Sängerin kennen und verliebte sich in die Dame. Schließlich heiratete man. Als Christie für seine Frau auf dem Anwesen auch noch ein Musiktheater für 300 Zuschauer bauen ließ, wurde er von seiner Familie allerdings enterbt.

Deutsche Emigranten machten aus Glyndebourne dann mit ihren Mozart-Produktionen ein Festival allererster Güte. Das private Opernhaus wurde 1951 auf 600 Plätze und 1976 noch einmal auf 830 Plätze vergrößert. 1988 beauftragte Sir George Christie, der Sohn des inzwischen verstorbenen Gründers, den Architekten Michael Hopkins mit einem Neubau für 1.200 Personen. Das neue Haus wurde bereits mehrfach mit Preisen ausgezeichnet.

Foto: VisitBritain/Mike Hoban

Unerlässlich und wichtig, auch bei dem neuen Opernhaus, ist der weite Rasen am Theater. Denn seit Beginn des Musik- und Opernfestival von Glyndebourne wird die gute Tradition gepflegt, dass sich die Gäste bei langen Opernpausen, die manchmal bis zu 90 Minuten dauern können, auf dem makellosen Rasen in nobler Abendgarderobe zu einem ausgiebigen, gepflegten Picknick bei Champagner oder französischem Rotwein niederlassen. Wer keine Sandwiches und französischen Wein im Picknickkorb mitgebracht hat, schaut den anderen Genießern einfach auf dem Rasen zu, niemand stört sich an diesem für Kontinentaleuropäer doch etwas merkwürdigen Gehabe.

Gyndebourne Opera House gilt als die exklusivste europäische Musikveranstaltung, für die keine Werbung gemacht wird. Die Musikfreunde, die mit der Eisenbahn aus London ankommen, tragen schon bei der Anreise ihren „Black Tie", den smokingähnlichen Anzug, dazu einen Regenschirm, eine Wolldecke und den erwähnten Picknickkorb mit Kühlfach.

Seaford Tourist Information Centre, 37 Church Street, Seaford, BN25 1HG, Tel. +44 (0)1323 89 74 26; www.seafordtown.co.uk.

Ein kurzer Spazierweg führt von Seaford ostwärts nach **Cuckmere Haven**. Von dort hat man einen hübschen Ausblick auf den Küstenabschnitt der Seven Sisters-Kreidefelsen weiter östlich.

Von Cuckmere Haven bis Beachy Head kann der Wanderer entlang der Steilküste die **Sister Cliffs** bewundern: Haien Brow, Short Brow, Rough Brow, Bran Point, Flagstaff Point, Baily's Hill und West Hill Brow bilden die sogenannten Seven Sisters.

Der **Seven Sisters Country Park** östlich von Seaford gelegen und Teil des South Downs National Parks, ist ein etwa 30 ha großer Naturpark aus Marschland und Steilküste aus Kreidefelsen.

Besuchern stehen ein **Visitor Centre** [N50° 46' 30.72" E0° 9' 11.64"] *(geöffnet Apr. - Sept. tgl. 10.30 - 16.30 Uhr; März + Nov. Sa + So 11 - 16 Uhr; Okt. tgl. 11 - 16 Uhr; www.sevensisters.org.uk)* an der A259, Ausstellungen über Geschichte, Fauna, Flora, Souvenirs), zwei **Parkplätze** (Forest Car Park und der näher zum Visitor Centre gelegene Riverside Car Park, jeweils mit Parkticket-Automaten), das Farmhouse Restaurant, eine Fahrradvermietung (Mountainbike-Trails im benachbarten Friston Forest) sowie diverse markierte **Wanderwege** zur Verfügung.

Die beliebtesten Wanderwege sind der **Seaford Head Trail** (westlich der Bachmündung, schönster Blick auf die Klippen oberhalb der Coastguard Cottages, Dauer rund 90 Minuten, Länge 3 Meilen (4,8 km), der **Country Park Trail** (westlich der Bachmündung, Dauer rund 90 Minuten, Länge 3 Meilen (4,8 km) und der **Beach Trail** (östlich der Bachmündung, Dauer 1 Stunde, Länge 2 Meilen, 3,2 km, meist befestigt).

HAUPTROUTE

Lewes, ein romantisches Städtchen mit eher zurückhaltender Eleganz am Fluss Ouse, kann auf tausend Jahre Geschichte zurückblicken. Es gibt hier Überreste einer normannischen Burg, viele mittelalterliche Straßen mit den typischen schindelverkleideten Häusern mit abgesetztem Obergeschoss und eine große Vielfalt an Häusern im Georgian Style.

Die **Kirche St Michaels [N50° 52' 20.03" E0° 0' 25.61"]** aus dem 18. Jahrhundert fällt durch ihren alten, runden Turm auf. Im Inneren sind schöne Kirchenfenster zu sehen.

Ein größeres **Parkplatzareal [WP 026 / N50° 52' 16.89" E0° 0' 41.01"]** findet man in der Pinwell Road, gegenüber vom Bahnhof.

Stationen eines Stadtrundgangs durch Lewes

Auf einem Rundgang durch Lewes kann man in Ruhe das reiche historische Erbe von East Sussex kennenlernen.

Lewes Castle [N50° 52' 22.63" E0° 0' 29.68"] – Die Burg auf einer Anhöhe mitten in der Stadt in der High Street symbolisiert seit 1085 die normannische Eroberung Südenglands. Die Festung diente der Verteidigung der Region South Downs.

1264 trafen in der Schlacht von Lewes westlich von Lewes die Truppen von König Henry III. und Baron Simon de Montfort aufeinander. Heinrich III. musste das Feld geschlagen räumen. Baron de Montfort rief nach dem Sieg das erste englische Parlament zusammen.

Vom **Burgturm** aus dem 13. Jahrhundert hat man einen schönen Blick über die Stadt *(geöffnet März - Okt. tgl. 10 - 17.30 Uhr; Nov. - Feb. tgl. 10 - 15.45 Uhr; So + Mo Einlass um 11 Uhr; letzter Eintritt 30 Minuten vor Schließung).*

Das **Barbican House** direkt an der Burg dient heute als Museum und ist Sitz der Archäologischen Gesellschaft von Sussex.

Seven Sisters. Foto: VisitBritain/Rod Edwards

The Cliffe Bridge – Auf der Brücke über den Fluss Ouse soll St. Richard of Chichester ein Wunder vollbracht haben. Die Brücke verbindet die Stadt Lewes mit den mittelalterlichen Häusern von Cliffes High Street.

Friars Walk [N50° 52' 23.78" E0° 0' 56.22", Parkplatz] – Das mittelalterliche Kloster der Greyfriars (Franziskanermönche) wurde 1538 aufgelöst. Heute sieht man noch den Torbogen zwischen All Saints und dem Friends Meeting House.

Lewes Priory – Die Abtei in der Priory Street wurde 1077 von William de Warenne gegründet und 1538 von Thomas Cromwell zerstört. Teile der Kapelle, des Dormitoriums (Schlafhaus) und des Kreuzgangs sind noch erhalten.

Southover Grange – In der Southover High Street steht das Geburtshaus des Stadtschreibers John Evelyn (1620 – 1706), einem Schüler der Grammar School von Lewes. Das Haus wurde von seinem Großvater erbaut, der Steine von den Ruinen der Lewes Priory verwendete.

Anne of CLeves House [N50° 52' 8.39" E0° 0' 14.65"] – Das Haus in der Southover High Street Nr. 52, erbaut um 1500, wurde Anne of Cleves, der vierten Frau von Heinrich VIII., von ihrem Ehemann als Teil des Scheidungsvertrages überlassen. Heute ist hier ein kleines **Museum** für Volkskunde eingerichtet, das historische Trachten, Hausrat und Inneneinrichtung aus der elisabethanischen Zeit zeigt (geöffnet März - Okt. Di - Sa 10 - 16 Uhr, So + Mo 11 - 16 Uhr; Nov. - Feb. Di - Sa 10 - 16 Uhr, So + Mo 11 - 16 Uhr; Nov. + Feb. Di - Sa 10 - 16 Uhr, So + Mo 11 - 16 Uhr, letzter Eintritt 30 Minuten vor Schließung; www.sussexpast.co.uk/ properties-to-discover/anne-of-cleves-house/).

Southover war einst ein separates Dorf, gehört heute aber zu Lewes.

Old Bull House – In diesem Stadthaus aus dem 15. Jahrhundert (heute Restaurant), das ebenfalls an der South-over Hight Street liegt, lebte zwischen 1768 und 1774 der Radikalpolitiker *Thomas Paine*, als er als Zollbeamter in Lewes Dienst tat. Paine gilt als einer der Väter der amerikanischen Revolution. Seine politischen Ansichten wurden hier im Headstrong Club heiß diskutiert.

Der Dichter *Percy Bysshe Shelley* (1792 – 1822) soll im Shelleys Hotel, 135 – 136 High Street, gewohnt haben, einem restaurierten Haus aus dem 16. Jahrhundert.

Ein schöner **Wanderweg** führt von Lewes an der Pferderennbahn vorbei über die Felder hin zur Anhöhe **Ditchling Beacon**, rund 10 km westlich von Lewes gelegen. Unterwegs passiert man Mount Harry, wo 1624 in der Schlacht von Lewes König Henry III. von den Baronen unter der Führung von Si-

mon de Montford geschlagen wurde.

Jedes Jahr am 5. November werden in Lewes die größten **Bonfires** (Freudenfeuer) Englands entzündet. „Please remember the 5th of November with gunpowder, treason and plot" heißt es an diesem Abend. Damit soll an den Gunpowder Plot eines Herrn namens *Guy Fawkes* erinnert werden, der 1605 das Londoner Parlament in die Luft sprengen wollte und später als Verräter hingerichtet wurde. Zum Bonfire gehört ein großer Fackelumzug, bei dem die Teilnehmer Kostüme aus der alten Zeit tragen.

PRAKTISCHE HINWEISE – LEWES

Lewes Tourist Information Centre [N50° 52' 21.50" E0° 0' 31.63"], 187 High Street, Lewes, BN7 2DE, Tel. +44 (0)1273 48 34 48; www.visitsoutheastengland.com/useful-info/. *Geöffnet Apr. - Sept. Mo - Fr 9.30 - 16 Uhr, Sa 9.30 - 16 Uhr, So 10 - 14 Uhr; Okt. - März Mo - Fr 9.30 - 16.30 Uhr, Sa 10 - 14 Uhr; Jan. - März Mo - Fr 9.30 - 16.30 Uhr, Sa 10 - 14 Uhr.*

Feste, Folklore
Lewes Bonfire Night Celebrations, 5. Nov., Fackelumzug in alten Kostümen und mit Bonfires; www.lewesbonfirecelebrations.com.

PUBS UND RESTAURANTS

The Pelham Arms, Pub, The High Street, Tel. +44 (0)1273 47 61 49; www.thepelhamarms.co.uk; gemütliches Pub, die Speisen werden ausschließlich aus Frischwaren aus der Region hergestellt. Montags Küche geschlossen.
The Swan Inn, Pub, 30a The Southover Hight Street, Tel. +44 (0)1273 48 02 11; beliebtes Pub mit alter Tradition, serviert werden kleine Gerichte.
The Anchor Inn & Boating, [N50°55'31.62" E0°3'0.59"], Barcombe Mills, Barcombe, Tel. +44 (0)1273 40 04 14; www.anchorinnandboating.co.uk; ca. 10 km nördlich von Lewes gelegen, A26 Richtung Uckfield, nach ca. 5 km nach Barcombe abzweigen, in Barcombe weiter Richtung Spithurst und Newick und auf der Boast Lane zur Anchor Lane und noch ca. 1 km; hübsches Landgasthaus am River Ouse mit ausgezeichneter Küche und schönem Sommergarten. Bootsstation. Mietbungalows.

CAMPING

Camping Spring Barn Farm [N50° 51' 40.91" W0° 0' 33.72"], Kingston Road, Tel. +44 (0)1273 48 84 50; www.springbarnfarm.com; Anf. Apr. – Ende Sept.; Zufahrt von Lewes ca. 1,5 km südwärts auf der Landstraße B2193 und der Kingston Road Richtung Newhaven; kleines Wiesengelände in ländlicher Umgebung; 1 ha – 20 Stpl.; einfache Sanitärausstattung. Restaurant, Hofladen.

Ca. 3 km südlich von Lewes liegt **Rodmell**. Dort findet man **The Monk's House [Parkplatz, N50° 50' 22.80" E0° 1' 1.18"]** (geöffnet Apr. – Okt. Mi - So

13 – 17 Uhr, letzter Eintritt um 16.45 Uhr; www.nationaltrust.org.uk/monks-house), das einstige Landhaus der englischen Romanautorin und Schriftstellerin *Virgi-*

nia Woolf (1882 – 1941), in dem sie von 1919 bis zu ihrem Tode 1941 lebte. Virginia Woolf beging am 28. März 1941 in dem nahen Flüsschen Ouse Selbstmord. Sie ist auf dem Anwesen von Monk`s House beigesetzt.

Brighton [Palace Pier, WP 027 / N50° 49' 10.9" W0° 08' 11.3"], Englands berühmtes Seebad, ist eine anregende Stadt voller Kontraste.

Dem Besucher, der mit einem Wohnmobil unterwegs ist, wird ein Stadtbesuch allerdings nicht gerade leicht gemacht. So gut wie alle einigermaßen zentral gelegenen Open-Air-Parkplätze fanden wir auch bei unserem letzten Besuch mit niederen Einfahrtsbarrieren verbarrikadiert!

In Brighton werden gerne Parteitagskongresse oder internationale Konferenzen veranstaltet, Tagesbesucher und Urlauber fahren mit Vergnügen auf der Promenade in offenen Sightseeing-Bussen, und exklusive Antiquitätengeschäfte existieren friedlich neben Spielhallen, in denen „einarmige Banditen" dem Touristen das Geld aus der Tasche ziehen. Diese Mischung von Kultur und Konfektbude am Strand macht dabei die Faszination des Seebades aus.

Andererseits verändert sich die Stadt natürlich auch. Seit 1997 bildet Brighton zusammen mit den südwestlich angrenzenden Städten Hove und Portslade sowie mit dem östlich gelegenen Rottingdean eine große Stadtgemeinde mit Mittlerweile mehr als 157.000 Einwohnern. Dazu kommt die 1961 gegründete University of Sussex mit ihren vielen Studenten. All das hat den Küstenstreifen um Brighton zu einem umtriebigen, allerdings auch nicht mehr ganz so schicken Stadtgebilde werden lassen.

Und im Winter versuchen viele Londoner Obdachlose, angelockt durch das vergleichsweise milde Klima, auf den Straßen von Brighton und Hove einen einigermaßen wärmenden Schlafplatz zu ergattern.

Erstmals urkundlich erwähnt wurde Brighton bereits 1086 im historischen Doomsday Book. Damals hieß die Siedlung aber noch *Bristhelmestun*, was Bristhelms Farm bedeutete. Heute kennt man das alte Fischerviertel, in dem Brightons Ursprünge lagen, als **The Lanes.** Der Besucher findet hier Pubs und Restaurants, Cafés und zahlreiche Geschäfte, die nicht nur Souvenirs anbieten.

Der Weg vom kleinen Fischerdorf Bristemestune, später Brightelmstone, an der Küste, mit einigen bewirtschafteten Ackerflächen im Hinterland, zum mondänen Seebad, begann allerdings erst Mitte des 18. Jahrhunderts. Ein Arzt aus dem benachbarten Lewes, Dr. Richard Russel, hatte den Wert der Seeluft, eines Bades im Meerwasser und das Trinken desselben für die Gesundheit und das Wohlbefinden der Menschen erkannt und setzte sich sehr dafür ein, aus Brightelmstone einen Badeort von Rang zu schaffen. Kommt die Rede auf Dr. Russel, sprechen viele Einheimische noch heute von „Doktor Brighton". 1810 dann wurde der Stadtname Brighton endlich aktenkundig.

Angehörige des englischen Königshauses tragen seit 1783 durch ihre Besuche in Brighton ein gut Teil mit dazu bei, dass Brighton zum berühmtesten Seebad der britischen Inseln wurde.

Der Prince of Wales, Sohn von König George III., besuchte 1783 Brighton und beauftragte Henry Holland, ihm hier eine standesgemäße Villa zu bauen. Der königliche Prinz wollte sich in dem damals schon noblen Seebad Brighton ein Liebesnest für eine allerdings nicht ganz standesgemäße Liaison einrichten.

Bald genügte die Villa den Ansprüchen des Prince of Wales, dem späteren Prince of Wales, aber nicht mehr.

1812 engagierte er deshalb John Nash, den Architekten, der in London schon Regent's Park angelegt hatte, um die kleine royale Villa zu dem extravaganten **Royal Pavilion [N50° 49' 20.06" W0° 8' 17.98"]** auszubauen *(geöffnet Apr. - Sept. tgl. 9.30 – 17.45 Uhr; Okt. - März tgl. 10 - 17.15 Uhr; letzter Einlass 45 Min. vor Schließung; Audio Guides auch in deutscher Sprache; https://brightonmuseums.org.uk/royalpavilion/visiting)*. Rech-

Der Royal Pavilion in Brighton

nen Sie vor allem im Juli und August mit einem großen Besucherandrang und mit Wartezeiten!

Das Äußere des Royal Pavilion ähnelt täuschend dem Palast eines indischen Maharadschas. Das Innere dagegen ist mit chinesischem Dekor ausgestattet.

Als Folge des königlichen Interesses wurde Brighton zu dem mondänen, schicken Seebad an der südenglischen Küste. Rasch entstanden neben dem etwas wunderlich anmutenden Royal Pavilion eine Reihe hübscher Villen und Häuser im Georgian oder viktorianischen Stil, von denen die meisten heute noch stehen.

Doch die Architektur des Royal Pavilion mit seinen Zwiebelkuppeln, Bleistifttürmen und säulengetragenen steinernen Baldachinen fand nicht nur Anhänger. Der Schriftsteller William Cobbett z. B. beschrieb den königlichen Palast satirisch als „eine Mischung aus quadratischer Hutschachtel, einer Rübe aus Norfolk und vier Zwiebeln".

Der englische Karikaturist George Cruikshank zeichnete den Royal Pavilion 1816 in einem Cartoon als „The Court at Brighton à la Chinese". Darin übergibt der fette Monarch, als Chinese gekleidet, seinem Botschafter in China, Lord Amherst, ein Dokument, in dem steht „Instruktionen für Lord Amherst, neue Muster des chinesischen, deformierten Geschmacks zu beschaffen, damit der Royal Pavilion vollendet werde."

Der Besucher des Palastes wird aber ebenso, wie es der Prinz für seine Gäste beabsichtigt hatte, von dem riesigen **Banquetting Room**, Bankettsaal, in Atem gehalten. Wandmalereien mit chinesischen Motiven, ein silberner Drache, der unter der 12 m hohen Marmorkuppel schwebt und ein unglaublicher, eine Tonne schwerer Kristalllüster mit 22.000 Edelsteinen beeindrucken tatsächlich. Eiserne Bambusbüsche und Palmensäulen ziehen das Auge an, das aber wegen der vielen Stilbrüche nicht recht zur Ruhe kommen will.

In der Küche, die noch viele Kochgeräte der Zeit bereithält, konnten die erlegten Tiere aus der Umgebung zubereitet werden. Hier dominieren riesige Kupferkessel, Pfannen und Küchentische, auf denen sich gut und gerne zwei Ochsen nebeneinander verarbeiten ließen.

Als der Bau schließlich 1822 beendet war, kehrte der Prinz nicht wieder nach Brighton zurück, möglicherweise hatte er sich wegen der Kritik an seinem extravaganten Geschmack beleidigt abgewendet.

Gegenüber dem Royal Pavilion brachte der Prinz seine Reitpferde in **The Dome** unter, das sind Reitställe, die mit ihrer großen Kuppel eher an ein kirchliches Gebäude erinnern. Dort werden heute Konzerte aufgeführt.

Wer sich für alte englische Möbel, für Keramik, Gemälde, Musikinstrumente und die Mode aus vergangenen Zeiten interessiert, sollte die Sammlungen im **Brighton Museum and Art Gallery**, Church Street, in den Royal Pavilion Gardens ganz in der Nähe des Royal Pavilion besuchen (*geöffnet Di - So 10 - 17 Uhr; https://brightonmuseums.org.uk/brighton/*).

Die **Strandpromenade** von Brighton ist etwa 7 km lang und lässt den **Palace Pier [WP 027 / N50° 49' 10.9" W0° 08' 11.3"],** der fast 500 m auf Stelzen ins Meer hinausragt, gut erreichen. Der 1898 aus Stahl errichtete Pier steht unter Denkmalschutz. Das Oberdeck liegt 10 m über der Wasseroberfläche.

Früher legten hier die Dampfer aus Dieppe in Frankreich an. Heute flanieren aber nicht mehr die mondänen Badeurlauber aus vergangenen Zeiten auf der Promenade, sondern ein gemischtes Publikum vergnügt sich an Spielautomaten (Museum of Penny Slot Machines, Spielautomaten-Museum) oder auf einer Mattenrutschbahn, die bei gutem Wetter von oben den Blick auf die Isle of Wight verheißt. Und man genießt die Gaumenfreuden von Fish and Chips, Donuts oder Hamburgern.

Am Strand in der Nähe kann man die grün-weiß gestreiften Klappliegestühle kostenfrei zum Ausruhen oder für ein seltenes Sonnenbad nutzen.

Nur einen Steinwurf entfernt rostet und verfällt der zweite Pier Brightons, West Pier, dessen Eisenkonstruktion einem Sturm und dem salzigen Meerwasser zum Opfer gefallen ist. Hier wurden früher einmal Theater- und Konzertaufführungen geboten.

In der Mitte der Uferpromenade erhebt sich in seiner weißen Schönheit die Fassade des **Grand Hotel**, dessen obere Stockwerke 1986 durch ein Bombenattentat der IRA zerstört wurden, als anlässlich des Parteitages der Konservativen Partei, der im benachbarten Kongresszentrum stattfand, Mitglieder der englischen Regierung der Premierminis-terin Margaret Thatcher einem Attentat zum Opfer fallen sollten. Das Gebäude ist inzwischen vollständig restauriert.

Geht man vom Palace Pier weiter in Richtung Osten, erreicht man die **Brighton Marina**, wo in einem der größten Yachthäfen Europas hunderte von Booten vor Anker liegen.

Das angeschlossene **Brighton Marina Village** bietet Einkaufs- und Shoppingmöglichkeiten, Cafés laden zum Verweilen und Beobachten ein. Die Architektur wird hier allerdings vom modernen Baustoff Beton bestimmt.

Hatte der Baumeister John Nash mit dem Ausbau des Royal Pavilion für zahlreiche Kontroversen gesorgt, sind seine **Regency-Häuser** an den rechteckigen Plätzen in der Nähe der Uferpromenade ein gutes Beispiel für eine gelungene städtische Architektur. Besonders der Royal Crescent und der Regency Square beeindrucken mit cremefarbenen Häuserzeilen, deren Fassaden durch Erker, schmiedeeiserne Gitter und Balkone sowie den berühmten Dienstboteneingängen ("Upstairs, Downstairs') einen eigenwilligen Charme entwickeln.

Brighton bietet fast 3.000 qm Park- und Grünflächen. Der größte Park ist sicher der **Stanmer Park** ganz im Norden der Stadt, an den sich die Gebäude der von Sir Basil Spence entworfenen Universität von Sussex anschließen.

Im November findet das traditionelle Autorennen von London nach Brighton statt, an dem allerdings nur Oldtimer teilnehmen. Das Rennen endet an der Madeira Parade am Palace Pier.

Im Mai werden während des jährlichen Brighton Festival Jazz-Konzerte, klassische Musik, Opern- und Theateraufführungen geboten.

Weitere besuchenswerte Museen in Brighton:

Brighton Toy and Model Museum, 52 – 55 Trafalgar Street *(geöffnet Mo, Di, Do, Fr, Sa 10 - 17 Uhr, So 14 - 17 Uhr; www. brightontoymuseum.co.uk)*. Das Museum präsentiert eine große Sammlung von annähernd 10.000 Spielzeugen, Modellen und Modelleisenbahnen.

Hove Museum & Art Gallery, 19 New Church Road, Hove *(geöffnet Mo, Di, Do, Fr, Sa 10 - 17 Uhr, So 14 - 17 Uhr; www.brightonmuseums.org.uk/hove/)*.

The British Engineerium, The Droveway, Hove, Industriemuseum mit alten Dampfmaschinen, Ausstellungen zur Geschichte der Industriellen Revolution *(wg. Renovierungsarbeiten derzeit geschlossen; www.britishengineerium. org)*.

Abends kann man in Brighton in einem von drei Spielkasinos sein Glück versuchen, in einer der vielen Diskotheken tanzen, in verschiedenen Pubs Live-Musik hören oder das kulturelle Angebot von Theater- und Konzertaufführungen genießen. Auch auf den Straßen ist ständig Leben; es gibt eine schnelllebige Szene, die für alle gesellschaftlichen Gruppen immer etwas neues bietet.

Die Verkehrsverbindungen vor allem mit London sind ausgezeichnet. Täglich nutzen z. B. Tausende von Berufspendlern, die gute Verkehrsanbindung zur Hauptstadt. Am Wochenende buchen viele Londoner Geschäftsmänner für sich und ihre Sekretärinnen Hotelzimmer, um ein sogenanntes „Brighton Weekend" zu verbringen, was zum Ausdruck bringt, dass man auch in England Arbeit und privates Vergnügen durchaus zu verbinden weiß. Nicht umsonst wird Brighton gelegentlich auch „London by the Sea" genannt.

Immer noch ist in der Umgebung von Brighton Grün die dominierende Farbe, denn die Bäume und Wiesen der South Down ziehen sich nach Westen hin bis zur Grenze der Grafschaft Hampshire.

Im South Down National Park kann man nach Herzenslust wandern und spazierengehen, sich an den vielen gepflegten Gärten erfreuen oder in den zahllosen Pubs der Region Einkehr halten.

Hove, das nahtlos in Brighton übergeht, hat eine eher streng wirkende Architektur, wenngleich viele Parks und Gartenanlagen für Auflockerung sorgen. Der Stadtteil Brunswick Town am Meer steht mit seinen Regency-Häuserzeilen denen von Brighton kaum nach. Eine Blumenuhr am Palmeira Square oder die St. Ann's Well Gardens lockern die etwas steife Atmosphäre auf.

Die 1890 von J. L. Pearce erbaute Gemeindekirche von Hove hat einen sehr hohen Altar mit schönen Schnitzarbeiten.

PRAKTISCHE HINWEISE – BRIGHTON

Brighton Visitor Information Centre [N50° 49' 19.52" W0° 8' 17.26"], 4 – 5 Pavilion Buildings, Brighton, Tel. +44 (0)1273 29 03 37; www.visitbrighton.com.

Feste, Veranstaltungen
Veteran Car Run – Oldtimerrennen von London nach Brighton, 1. Sonntag im November; www.veterancarrun.com.
Historic Commercial Vehicle Club Run – Oldtimer-Lastwagenfahrt, 1. Sonntag im Juni; www.hcvs.co.uk.
Brighton Arts Festival – 3 Wochen im Mai.

PUBS UND RESTAURANTS
Im Altstadtbereich von The Lanes nahe der Seafront gibt es fast an jeder Ecke ein Pub. Das Publikum ist bunt gemischt, in der Hauptsaison treffen sich Ein-

heimische, Studenten der Sussex University und Touristen zur Kneipentour. Als ältestes Pub der Stadt mit noch älteren Deckenbalken gilt **„The Cricketers"**, 15 Black Lion Street, Tel. +44 (0)1273 32 94 72. Graham Greene erwähnte das Pub in seinem Roman „Brighton Rock". Seit 2005 ist im Obergeschoss „The Greene Room" eingerichtet mit Memorabilien über „Graham Greene & Jack the Ripper". Jack the Ripper soll einer der vielen berühmten Gäste der letzten zwei Jahrhunderte gewesen sein.

In den Hotels an der Uferpromenade ziehen die Gäste die ruhigeren Cocktailbars vor.

The Pump House, Pub, 46 Market Street, Tel. +44 (0)1273 82 74 21; es ist eines der ältesten Pubs der Stadt, das Gebäude soll aus mittelalterlichen Zeiten stammen und seit 1766 als Pub genutzt werden. „Real Ales" und leckeres „Pub Food" laden ein.

The Druid's Head, Pub, 9 Brighton Place, Tel. +44 (0)1273 32 54 90; Getränke aller Art und kleine Gerichte. Mittwochabends Live Music.

The Victory, Pub, 6 Duke Street, Tel. +44 (0)1273 32 65 55; www.victory.pub/; uriges Pub mit langer Tradition und Live Music.

The Black Lion, Pub, 14 Black Lion Street, Tel. +44 (0)1273 71 18 84; www.blacklion.pub/; angesagtes Pub mit Live Music zu Anfang der Woche. Ab donnerstags legt einer der besten DJs Vinylplatten mit Musik aus der Motown, Funk, Soul, HipHop etc. auf. Biergarten.

The Bath Arms, Pub, 3 – 4 Meeting House Lane, Tel. +44 (0)1273 73 18 64; www.batharmsbrighton.co.uk; ein beliebtes Pub, wo unter anderen auch das Shepherd Neame Bier ausgeschenkt wird. Die Küche wird gelobt, der Service ist bemerkenswert.

Food for Friends, 17 – 18 Prince Albert Street, Tel. +44 (0)1273 20 23 10; www.foodforfriends.com; Vegetarier-Bistro in The Lanes, preiswerte Essensangebote, die auch den eingefleischten Restaurantbesucher zum Vegetarier bekehren kann. Leider immer lange Schlangen am Buffet.

English's of Brighton Restaurant & Oyster Bar, 29 – 31 East Street, Tel. +44 (0)1273 32 86 45; www.englishs.co.uk; seit fast 200 Jahren eine Institution für Liebhaber von Meeresfrüchten; sehr pikante Fischspeisen mit geheimnisvollen Saucen. Charles Chaplin war hier zu Gast.

D'Arcy's, 49 Market Place, Tel. +44 (0)1273 32 55 60; www.darcys.org; eigentlich ein Fischspezialitätenlokal, es werden aber auch andere Speisen wie z.B. vegetarische Gerichte kreiert. Sommerterrasse.

CAMPING

Camping Brighton (Sheepcote Valley) Caravan & Motorhome Club Site [WP 028 / N50° 49' 14.91"   W0° 5' 52.25"], East Brighton Park, Tel. +44 (0)1273 62 65 46; www.caravanclub.co.uk/club-sites/england/south-east-england/east-sussex/brighton-caravan-club-site/; Jan. - Dez.; Zufahrt auf der A259 (Brighton – Newhaven) ca. 2 km ostwärts und bei Brighton Marina Village Richtung East Brighton Park auf die Arundel Road nordwärts abzweigen und nach 300 m rechts ab; teils terrassiertes, teils ebenes Wiesengelände, durch Baumreihen unterteilt; 5 ha – 150 Stpl.; Standard-Sanitärausstattung. Kiosk, Waschmaschine, Trockner, WLAN im Rezeptionsbereich. V & E für Wohnmobile. Nicht-Clubmitglieder willkommen. Busverbindung zum Stadtzentrum.

Ausflüge von Brighton

Clayton liegt nördlich von Brighton an der Bahnlinie nach London. Der Ort hat neben seinen beiden **Windmühlen**, die man „Jack" und „Jill" nennt, eine architektonische Merkwürdigkeit zu bieten, die es in England in dieser Form nicht häufig gibt. Es ist das sog. **Tun-**

nelhaus [**Parkmöglichkeit N50° 54' 45.01" W0° 9' 15.87"**], das 1841 von der London, Brighton & South Coast Railway für den Tunnelwärter des Clayton-Tunnels gebaut wurde. Zwischen den beiden festungsartigen Türmen des Tunnelportals steht auf der angedeuteten Burgmauer das Wohnhaus, unter dem die Züge in den Tunnel hineinbrausen.

Von Clayton aus kann man einen ausgeschilderten Spazierweg zum Aussichtspunkt **Ditchling Beacon** nehmen. Ditchling Beacon ist mit seiner Höhe von fast 250 Metern die höchste Erhebung der South Downs, die einen schönen Blick über die Landschaft ermöglicht.

Auch Autofahrer können auf einer kleinen Nebenstraße den Aussichtspunkt erreichen, wenn sie etwa ihre Ausrüstung zum Drachenfliegen mitbringen wollen.

Das Dorf **Ditchling**, dass etwa 4 km nördlich liegt, hat neben seiner Dorfkirche ein Haus aus dem 16. Jahrhundert, das Anne of Cleves, der vierten, geschiedenen Frau von König Henry VIII. gehört haben soll, obwohl sie selbst hier nie gelebt hat. Ein anderes Anne of Cleves-Haus steht in Lewes, siehe dort.

Rottingdean liegt an der Küste östlich von Brighton. In Rottingdean lebte der Dichter des Britischen Empire, *Rudyard Kipling*, in der Straße The Elm, bevor ihn die ständig neugierigen Besucher veranlassten, ein Haus in Burwash zu kaufen, siehe dort.

The Bluebell Railway – Eine der wenigen noch funktionstüchtigen Dampfeisenbahnstrecken liegt nordöstlich von Brighton und verbindet East Grinstead mit Sheffield Park. Die Strecke, ursprünglich von Lewes bis East Grinstead reichend, führt durch eine Landschaft, in der im Sommer Bluebells (Glockenblumen) blühen, die der Eisenbahn ihren Namen gaben – „The Blue Bell Railway" *(www.bluebell-railway.com)*.

1958 von der staatlichen Eisenbahngesellschaft British Rail aufgegeben, kaufte die Blue Bell Preservation Soci-

ety den Lokomotiven- und Wagenpark und eröffnete die Strecke 1961 von neuem. Fahrdienst und Reparaturarbeiten wurden fortan von Freiwilligen übernommen.

Der Verein besitzt heute etwa 30 fahrtüchtige Dampflokomotiven. Die älteste stammt aus dem Jahr 1872. Einige der Dampfrösser tragen noch Traditionsnamen wie „Bluebell" oder „Stepney".

Unter den mehr als 30 Waggons befindet sich auch ein hölzerner Salonwagen der ehemaligen London, Brighton & South Coast Railway aus dem Jahre 1914.

Ungefähr 250.000 nostalgiebesessene Liebhaber der Dampfeisenbahn fahren jährlich mit der Bluebell Railway und drücken sich die Nasen an den vielen technischen Details platt.

Der Bahnsteig in **Sheffield Park [Parkplatz N50° 59' 41.29" E0° 0' 4.94"]** ist ein besonders schönes Beispiel der viktorianischen Eisenbahnarchitektur. Hier hängen wie zu alten Zeiten die roten Feuerlöscheimer am Bahnhofsgebäude, und eine Sammlung nostalgischer Reklameschilder versetzt den Besucher zurück in vergangene Epochen. Das **Bluebell Heritage Steam Railway Museum** begeistern jeden Liebhaber romantischer Eisenbahnen *(geöffnet tgl. 10 - 17 Uhr; www.bluebell-raiilway-museum.co.uk).*

Zu erreichen ist die Bluebell Railway von Brighton aus über die A27/A275 über Lewes nordwärts nach Sheffield Park.

Wenige Meilen östlich von Sheffield Park liegt bei **Uckfield** ein sehr schöner Landschaftspark, den der berühmte englische Landschaftsarchitekt Lancelot „Capability" Brown angelegt hat. Mehrere kleine Seen und Pflanzen und Bäume aus aller Welt sorgen besonders im Herbst für einen Spaziergang durch eine farbenprächtige Landschaft.

ROUTE: Weiterreise von Brighton auf derA27 westwärts über Shoreham ins nahe Worthing.

An der Mündung des Flusses Adur liegt **Shoreham-by-Sea** oder kurz Shorham, dessen langer Strand Shoreham Beach sich westlich bis nach South Lancing und Worthing erstreckt. Old Shoreham, der alte Ortsteil, wurde bereits im 5. Jh. von den Angelsachsen gegründet.

Das **Marlipins Museum [N50° 49' 55.12" W0° 16' 34.48"]**, 36 The High Street, ist in einem historischen Gebäude aus der Normannenzeit untergebracht, das durch seine markante, schachbrettartig gemusterte Hausfassade auffällt. Das Museum zeigt neben einer kleinen Sammlung von historischen Schiffsmodellen, Sextanten, alte Seekarten, Schiffsphotographien und Landschaftsbildern auch Fundstücke zur lokalen Geschichte.

Eine andere interessante Abteilung des Museums befasst sich mit der kurzen Epoche um 1914, als Shoreham Standort einer kleinen Filmindustrie war *(geöffnet Mai - Okt. Di - Fr 10.30 – 16.30 Uhr, Sa 11 - 15 Uhr).*

In der Nähe der alten Holzbrücke, an der früher die Zölle erhoben wurden, steht die Gemeindekirche St. Nicholas, die 1840 restauriert wurde.

Worthing [Parkplatz, WP 029 / N50° 48' 50.97" W0° 22' 4.49"] ist ein beliebter Urlaubs- und Wohnort an der Küste, der wie Brighton und Hove noch einige schöne Regency-Häuserzeilen hat.

Als ein kleiner Fischerort erlebte Worthing ab 1798 seinen Aufstieg zum bekannten Badeort, nachdem Prinzessin Amalia, die jüngste Tochter von König George III., hier einen Aufenthalt einlegte. Innerhalb von nur 20 Jahren entwickelte sich Worthing zu dem Seebad, wie es sich dem Gast noch heute präsentiert.

Eine Promenade von fast 6 km Länge mit einer Pier, die auf eisernen Stelzen vom Ufer ins Meer hinausragt, ein angenehmer Badestrand, Konzerthallen und das Connaught Theater zeichnen den Küstenort aus.

Im **Worthing Museum & Art Gallery [N50° 48' 50.93" W0° 22' 16.52"]** in der Chapel Road werden Landschaftsaquarelle von Künstlern aus dem frühen 19. Jahrhundert und der Viktorianischen Zeit ausgestellt. Auch die prähistorischen Werkzeugfunde vom Cissbury Ring können hier begutachtet werden *(geöffnet Di – Sa 10 – 17 Uhr; www.worthingmuseum.co.uk).*

In **Nepcot Green** bei Findon, wenige Meilen nördlich von Worthing an der A24 gelegen, werden jedes Jahr am zweiten Samstag im September seit 1790 die Southdown Sheep anlässlich der Findon Sheep Fair + Festival Village (www.findonsheepfair.co.uk), ausgestellt.

Falls Sie auf die Ausflüge verzichten, bitte weiter mit **Hauptroute** weiter hinten!

PRAKTISCHE HINWEISE – WORTHING

Worthing Tourist Information [N50° 48' 36.31" W0° 22' 5.25"], Pavilion Foyer, Pavilion Theatre, Marine Parade, Worthing, BN11 3PX, Tel. +44 (0)1903 22 10 66; www.discoverworthing.uk/visitor-information/. *Geöffnet Mo - Fr 9 - 17 Uhr.*

PUBS

Selden Arms, Pub, 41 Lyndhurst Road, Tel. +44 (0)1903 52 33 61; www.seldenarms.co.uk; alteingesessenes Pub mit uriger Atmosphäre mit reichhaltiger Auswahl an Real Ales, Weinen und Spirituosen und sowie Pub Food, darunter Fischspeisen freitags.
The Rose & Crown Tavern, 169 – 173 Montague Street, Tel. +44 (0)1903 20 16 23; beliebtes Pub mit Live Music und kleiner Sommerterrasse.

CAMPING

Camping Northbrook Farm Caravan & Motorhome Club Site [WP 030 / N50° 49' 47.89"   W0° 25' 59.90"], Titnore Way, Tel. +44 (0)1342 32 74 90; www.caravanclub.co.uk; 15. März – 3. Nov.; 2,5 ha – 80 Stpl.; von der A259 (Brighton – Chichester) am westlichen Ortsrand von Worthing auf die A2700 nordwärts in die Arundel Lane abzweigen und nach ca. 800 m rechts zum Platz; Wiesengelände mit einigen Hartstandplätzen; ca. 3 ha – 65 Stpl.; Standard-Sanitärausstattung. Waschmaschine. V & E für Wohnmobile. Nicht-Clubmitglieder willkommen.

Ausflüge in die Umgebung von Worthing

Die Küstenstadt Worthing ist auch ein idealer Ausgangspunkt für Ausflüge und Wanderungen in die Landschaft des **South Downs National Parks**, der sich nordwestlich von Worthing ausdehnt.

Ein alter Wanderweg, der **South Downs Way**, der nördlich von Worthing die A24 kreuzt, verläuft in Ost-West-Richtung durch den Nationalpark und endet am Beachy Head südlich von Eastbourne. Am Weg liegen Überreste alter Befestigungsanlagen aus der Eisenzeit.

Die prähistorischen Stätten von **Chanctonbury Ring** (siehe unter Washington weiter unten) und **Cissbury Ring [N50° 51' 42.37"   W0° 22' 51.30"]** sind dabei auffallende Markierungspunkte in der weitläufigen Hügellandschaft. Der Cissbury Ring, eine steinzeitliche Befestigungsanlage, die sich heute im Besitz des National Trust befindet, liegt nordwestlich von Worthing und etwa auf Höhe von Findon östlich der A24.

Washington [Parkmöglichkeit, WP 031 / N50° 54' 24.90"   W0° 24' 19.75"] liegt rund 10 km nördlich von Worthing an der A24. Der amerikanisch klingende Name des Ortes Washington erinnert in Wirklichkeit an eine angelsächsische Siedlung, die ihren Namen von der Umschreibung „Son of Wassa", der Sohn des Wassa, erhalten hatte. Hilaire Belloc's (1870 – 1953) Trinklieder aus Sussex besingen in einer Strophe das ehemalige Washington Inn, dem der Barde zu seiner Zeit das beste Bier der Region zuschrieb.

Die Gemeindekirche aus dem 19. Jahrhundert hat einen alten Turm, der aus dem 15. Jahrhundert stammt.

Nur einen kurzen Spaziergang südöstlich entfernt von Washington liegt in 2,5 km Entfernung am Ende eines 240 m hohen, steilen Anstiegs der **Chanctonbury Ring [N50° 54' 1.08" W0° 22' 19.47" Parkplatz nordöstlich]**, Reste eines befestigten Lagers aus der Eisenzeit. Ein etwas flacherer Weg führt von der südlichen Seite hierher. Von der Spitze des Hügels hat man einen Panoramablick, der bei guter Sicht bis ins nördlich angrenzende County Surrey und nach Süden bis an das Meer reicht.

Im nahen, baumbestandenen **Winston Park** steht ein elisabethanisches Landhaus, in dem Charles Goring lebte, der 1760 die Bäume ringförmig um den Chanctonbury Ring pflanzte. Viele Menschen halten diesen Baumring fälschlicherweise für den eigentlichen Chanctonbury Ring.

CAMPING – WASHINGTON

Camping Washington C & C Park [WP 032 / N50° 54' 31.77"   W0° 24' 18.05"], London Road, Tel. +44 (0)1903 89 28 69; www.washcamp.com; Jan. – Dez.; von der A24 (Worthing – Ashington) ca. 5 km nördlich von Worthing zur A283 ostwärts abzweigen und kurz darauf 2. Straße links ab zum Platz; ebene Wiese von Büschen eingerahmt; 4,5 ha – 50 Stpl.; Standard-Sanitärausstattung. Waschmaschine, Trockner, WLAN.

Ab Washington bietet sich ein **Abstecher** (12 mls/19 km) nordwestwärts auf der A283 nach Pulborough im oberen Arun-Tal an.

Unterwegs passiert man das elisabethanische Anwesen **Parham House & Gardens**, das dem interessierten Besucher wunderschöne alte Möbel und Bilder, sowie prächtig ausgestattete Räumlichkeiten wie The Great Hall, The Great Parlour oder The Saloon zeigt. Der Garten lädt zu einem Spaziergang ein *(geöffnet Haus: 21. Apr. – 13. Okt.. Mi, Do, Fr, So 14 – 17 Uhr, letzter Einlass 16.30 Uhr; Gärten: 21. – 13. Okt. Mi, Do, Fr, So 12 – 17 Uhr, letzter Einlass 16.30 Uhr; www.parhaminsussex.co.uk).*

Dort, wo der Fluss Arun ein wenig enger wird, liegt das Dorf **Pulborough**. Hier wohnen viele ehemalige Fischersleute. Einige römische und normannische Überreste erinnern an die Geschichte der Landschaft. In der Gemeindekirche Hardham Church, etwa 2 km südlich gelegen, sind Wandzeichnungen aus dem 12. Jahrhundert zu sehen.

Folgt man von Washington der A24 weiter nach Norden, steigt das Land in Richtung **Knepp Castle**, einer normannischen Burgruine aus dem 11. Jahrhundert bei **West Grinstead [N50° 58' 40.51" W0° 19' 30.57"]**, leicht an. Es ist die Gegend, in der Generationen von Bauern das Gesicht der Landschaft mit ihren Farmen und kleinen Wäldern geprägt haben.

Das ruhige Dorf West Grinstead hat sich seine Schönheit trotz des negativen Einflusses des modernen Verkehrs noch bewahrt. West Grinstead Park ist landesweit bekannt als Zuchtplatz für wertvolle englische Rennpferde.

Die etwa 4 km westlich liegende **Windmühle von Shipley** gehörte dem Heimatdichter Hilaire Belloc, der in Frankreich geboren wurde und später am Balliol College in Oxford studierte. In der Region sind vor allem seine Lieder und Gedichte bekannt, die die Landschaft der South Downs poetisch beschreiben. Er lebte unweit von West Grinstead in Kingsholm. Die Windmühle ist bis auf weiteres für Besucher nicht geöffnet!

Entschließt man sich dazu, den Rückweg von West Grinstead über das Landsträßchen A281 bis Henfeld und von dort auf der A2037 zur Hauptstraße A283 zu führen, passiert man zwischen Upper Beeding und Steyning an der A283 den Weiler **Bramber [N50° 52' 58.61" W0° 18' 43.49"]**.

Bei Bramber liegen die Überreste einer normannischen Burg, deren Burgtor aus der Zeit stammt, als der Ort Provinzhauptstadt und Flusshafen am Adur für William the Conqueror war.

St. Mary's House, ein typisches Fachwerkhaus aus dem 15. Jahrhundert, wurde einst für Mönche gebaut, die als Brückenwächter den Zugang zum anderen Flussufer bewachten. Heute in Privatbesitz *(geöffnet Mai - Sept. Do + So 14 - 18 Uhr, letzter Einlass 17 Uhr; www.stmarysbramber.co.uk).*

HAUPTROUTE

Auf der Weiterreise von Worthing auf der A27 nach Westen, passiert man bei Arundel das naturschöne Tal des Flusses Arun.

Der längste Fluss der Grafschaft Sussex entspringt in St. Leonard's Forest, windet sich hinter Pulborough (s. o.) durch friedlich im Sonnenlicht liegendes Weideland, durchschneidet dann die Hügel der South Downs, um an Arundels Burg vorbei bei Littlehampton ins Meer zu münden. Vor allem an seinem Oberlauf ist der fischreiche Fluss ein idealer Platz für Angler.

Das Arun-Tal war zur Zeit der Normannen einer von insgesamt sechs Verwaltungsbezirken, in die die Invasoren Sussex unterteilt hatten. Jeder Bezirk hatte seinen eigenen Küstenstreifen, Ackerland zum Anbau von Feldfrüchten und Weideland für die Viehhaltung. Im nördlichen Bereich des alten Weald lag das Jagdgebiet der Könige.

Küstenstädtchen wie Bognor Regis und Littlehampton liegen an der Schnittstelle von Farm- und Weideland, den Hügeln der South Downs und der Küste. Vor allem die Hügel geben diesem Gebiet den so typischen Charakter.

Diese Landschaft hat der bedeutendste englische Landschaftsmaler *Joseph Mallord William Turner* (1775 – 1851), der zeitweilig in einem Atelier im nahen Petworth arbeitete, auf Leinwand eingefangen und berühmt gemacht.

Auch der Dichter *Alfred Lord Tennyson* (1809 – 1892) kannte diese Landschaft und hat sie in einigen Gedichten poetisch beschrieben.

Kurz vor Arundel zweigt die A284 südwärts ab nach **Littlehampton [Parkplatz The Promenade, WP 033 / N50° 48' 9.84" W0° 31' 56.36"]**. Der beliebte Familienbadeort und populäre Yachthafen mit seinen gepflegten Häusern und Gärten liegt an der Mündung des Flusses Arun.

Vor neunhundert Jahren wurde Littlehampton als Hafen und Warenumschlagplatz mit Verbindungen zur Normandie genutzt. Damals brachten die Schiffe neben Passagieren auch Quader aus den Steinbrüchen von Caen nach England und nahmen auf der Rückfahrt Holz aus den englischen Wäldern mit.

Heute sorgen eine kleine Promenade mit dem üblichen Angebot an Amüsierbetrieben, ein relativ sicherer Kinderstrand, Leihboote, Reitställe und ein 18-Loch-Golfplatz am anderen Ufer des Arun für ein kurzweiliges Urlaubsangebot.

An dem fischreichen Arun kann man bis hinauf nach Pulborough angeln. Und im Sommer verkehren auf dem Flüsschen täglich Ausflugsboote nach Arundel.

Die kleine Stadt **Arundel [Parkplatz Mill Road, WP 035 / N50° 51' 15.84" W0° 33' 7.62"]** steigt vom Flusstal des Arun bis an den Fuß der Mauern des imposanten Schlosses hinauf, über dem die Fahne des Herzogs von Norfolk weht.

Ganz in der Nähe erheben sich die Kirchtürme von St Nicholas und der katholischen Kathedrale Our Lady and St. Philip Howard, die der 15. Herzog von Norfolk zwischen 1868 und 1873 erbauen ließ und Sitz des Bischofs von Brighton und Arundel ist.

Arundel Castle [N50° 51' 19.67" W0° 33' 20.28"] *(geöffnet 2. Apr. – 3. Nov. Di - So 10 – 17 Uhr, State Rooms 12 – 17 Uhr, Gardens + Castle Keep 10 - 16.30 Uhr; letzter Einlass 16 Uhr; Restaurant, Coffee Shop, Castle Shop; https://arundelcastle.org)*, das oft als kleinere Version des Windsor Castle beschrieben wird, wurde von Roger Montgomery, dem Earl von Shrewsbury, nach der normannischen Eroberung Südenglands erbaut, um das Arun-Tal gegen räuberische Überfälle zu schützen.

Das Schloss diente der katholischen Familie der Fitzalans, den Earls von Arundel, für mehr als 500 Jahre als Wohnstatt. 1170 und 1190 wurden Ausbauten vorgenommen. Als jedoch 1643 die Kanonen von Oliver Cromwells Bürgerkriegsarmee die Burg unter Feuer nahmen, wurde sie fast vollständig zerstört. Der Wiederaufbau erfolgte im 18. Jahrhundert, eine langwierige Restaurierung im Jahr 1890.

Man kann sich im gesamten inneren Bereich der Burg, die man durch die Barbican Towers betritt, frei bewegen. Eine Schlossbesichtigung führt durch **Fitzalan's Chapel**, die gewaltige **Haupthalle**, den Rittersaal **Baron's Hall** mit seiner in dunklem Eichenholz gehaltenen hohen Decke, die **Waffenkammer,** die **Castle Bedrooms**, den noblen **Drawing Room** und durch die imposante, komplett mit Honduras-Mahagoni verkleidete **Bibliothek** (35 m x 11 m) aus dem 19. Jahrhundert mit Tausenden von Büchern.

Im Park der Burg steht der **Hiorn's Tower**, ein den Jagdtürmen der Region nachempfundener Turm von 1790.

Der Ort Arundel selbst ist viktorianisch im Stil. Die High Street wird von einem schönen Wirtshaus, dem Norfolk Arms aus dem 18. Jahrhundert, dominiert.

Für das **Arundel Museum [N50° 51' 15.23" W0° 33' 7.60"]** *(geöffnet tgl. 10 - 16 Uhr; www.arundelmuseum.org)* wurde in der Mill Road, neben dem Parkplatz, ein neuer Standort gefunden. Es beschäftigt sich natürlich mit der 900jährigen Geschichte des Schlosses und mit der Entwicklung der Region seit der Römerzeit bis heute. Im Museumsgebäude findet man auch das Touristenbüro Arundel Visitor Information Point

PRAKTISCHE HINWEISE – ARUNDEL

The Arundel Museum & Visitor Information Point [Parkplatz WP 035 / N50° 51′ 15.84″ W0° 33′ 7.623″], Mill Road, Tel. +44 (0)1903 88 58 66; www.arundelmuseum.org. *Geöffnet tgl. 10 – 16 Uhr.*

Feste, Veranstaltungen
Arundel Festival, 10 Tage Mitte August, Sportwettkämpfe, Straßenfeste, Theater (Shakespeare); www.arundelfestival.co.uk.

PUBS UND RESTAURANTS

The Eagle, 41 Tarrant Street, Tel. +44 (0)1903 88 23 04; beliebtes Pub mit freundlicher Atmosphäre mit reichem Speise- und Getränkeangebot, Sommerterrasse. Live-Music.

The Red Lion Pub, 45 High Street, Tel. +44 (0)1903 88 22 14; www.redlionarundel.com; freundliches Pub in modernem Stil und zentraler Lage. Großes Speisen- und Getränkeangebot, guter Service. Live-Music.

The Bay Tree Restaurant, 21 Tarrant Street, Tel. +44 (0)1903 88 36 79; www.thebatreearundel.co.uk; eingerichtet in einem Haus aus dem 16. Jh. ist das Lokal über die Stadt hinaus bekannt und beliebt, man schätzt die familiäre Atmosphäre und die gute Küche, die sich nur frischen Naturprodukten der Region verschrieben hat. Kleine Sommerterrasse.

CAMPING

Wick/Littlehampton
Camping Littlehampton Caravan & Motorhome Club Site [WP 034 / N50° 49′ 37.44″ W0° 32′ 30.75″], Mill Lane, Tel. +44 (0)1903 71 61 76; www.caravanclub.co.uk; 1. März – 6. Jan.; von der A259 (Brighton – Chichester) am nördlichen Ortsrand von Littlehampton auf die A284 Richtung Arundel abzweigen, ca. 1,5 km südlich von Arundel, und noch 500 m zum Abzweig in die Mill Lane; ebenes Wiesengelände durch Hecken unterteilt mit Hartstandplätzen; 2,5 ha – 100 Stpl.; Standard-Sanitärausstattung. Waschmaschine, Trockner, WLAN. V & E für Wohnmobile. Keine Zelte! Nichtmitglieder willkommen.

Falls Sie auf den nachstehend beschriebenen Abstecher nach Petworth verzichten, bitte weiter mit **Hauptroute** weiter hinten!

Abstecher nach Petworth

Bei ausreichend zur Verfügung stehender Zeit bietet sich ab Arundel Gelegenheit zu einem Abstecher auf der A284/A28 nordwärts.

ROUTE: 5 km nördlich von Arundel führt von der Zusammenführung der A284 mit der A28 ein enges Landsträßchen un-

*ter der Bahnlinie hindurch nach **Amberley** [N50° 54′ 33.25″ W0° 32′ 21.58″].*

Im Sommer blühen in den **Gärten von Amberley** die Blumen in allen Farben, die reetgedeckten Häuser stehen geduckt unter der normannischen Kirche und die Ruinen einer 1380 erbauten Burg erinnern an die Zeiten, als in Amberley Castle die Bischöfe von Chichester wohnten. Während des englischen Bürgerkriegs wurde die alte Burg zerstört.

*ROUTE: Man kehrt zurück zur Haupt-straße und fährt bis **Bury** und dort west-wärts ins nahe **Bignor**.*

Bignor ist landesweit bekannt für die größte in England ausgegrabene **Römervilla [N50° 55' 19.74" W0° 35' 47.37"].** Sie wurde 1811 entdeckt. Auf einer Fläche von annähernd zwei Hektar standen einst 70 Gebäude. Das Wohnhaus misst alleine etwa 400 qm und zeigt Mosaikfußböden mit Abbildungen der Göttin Venus. Die einzelnen Mosaiksteinchen sind nicht größer als 0,5 bis 3 Quadratzentimeter.

Die Ausgrabungen zeigen dem Besucher auch das ausgeklügelte Heizungssystem der Römer und einen Baderaum.

In einem der ausgegrabenen Räume ist das angeschlossene kleine **Museum** untergebracht, das neben Haushaltsgegenständen und Münzen aus dem 1. Jahrhundert v. Chr. weitere Schaustücke aus der Römerzeit ausstellt. Auch ein nachgebautes Modell der Anlage vermittelt einen guten Eindruck vom Leben der Römer in Südengland.

*ROUTE: Rund 11 km nördlich von Bury erreicht man **Petworth** [Parkplatz, WP 037 / N50° 59' 7.52" W0° 36' 37.81"] an der Landstraße A272.*

Grund für den Weg nach **Petworth** ist **Petworth House and Gardens [N50° 59' 15.32" W0° 36' 36.27"]** (ge-öffnet tgl. 11 - 17 Uhr, letzter Einlass 30 Min. vor Schließung; Café, Shop; National Trust), ein nobler Landsitz, den sich im ausgehenden 17. Jh. Charles Seymour, Duke of Somerset, auf den Mauern eines Gebäudes aus dem 13. Jh. hat erbauen lassen. Im 20. Jh. kam das Anwesen an den National Trust.

In dem fast 100 m langen, außen recht nüchtern wirkenden, aber fensterreichen Gebäudetrakt, konnte sich der bekannte, aus London stammende Landschaftsmalers *William Turner* (1775 – 1851) auf Einladung eines späteren Herzogs ein Atelier einrichten. Turner malte hier viele seiner wichtigen Werke.

Viele der Innenräume und Salons sind üppig dekoriert, so das **Treppenhaus**, der **Speisesaal**, die **Marmorhalle** oder der reich mit Schnitzwerk dekorierte „**Carved Room**". In den Räumen sind – neben einer umfangreichen Turner-Sammlung – Gemälde anderer großer Künstler wie Gainsborough, Tizian, van Dyke, Blake, Reynolds u. a. zu sehen.

Der weitläufige Park von Petworth House mit Pavillons, Teichen und Tiergehegen wurde einstmals von Lancelot „Capability" Brown, Englands bedeutendstem Landschaftsarchitekt, angelegt.

Ein einladendes, recht uriges Gashaus in Petworth ist der fast 200 Jahre alte „**The Angel Inn**" mit sechs Gästezimmern, 1 Angel Street, Tel. +44 (0)1798 34 44 45; www.angelinnpetworth.co.uk.

*ROUTE: Von Petworth über die A285 südwärts nach **Chichester**.*

HAUPTROUTE

*ROUTE: Von Arundel auf der A27 westwärts bis **Chichester**.*

Die alte Domstadt **Chichester [Parkplatz „Baffins Lane" N50° 50' 8.12" W0° 46' 35.59"; Großparkplatz Cattle Market, WP 038 / N50° 50' 7.21" W0° 46' 25.51"]** liegt am westlichen Rande der „stumpfen, gebeugten und walfisch-buckeligen" South Downs, wie *Rudyard Kipling*, der Dichter des Britischen Empire einmal schrieb. Die hügelige, waldreiche Umgebung reicht bis fast an die Stadt Chichester heran. Von den Anhöhen gibt es herrliche Aussichten.

Schon im Jahre 43 v. Chr. errichteten die Römer am Ostende der schmalen Bucht Chichester Harbour, einem natürlichen Hafenplatz, für ihren Herrscher Cogidubnus eine Siedlung mit mehreckiger Stadtmauer und Stadttoren, die sie *„Noviomagus Reginorum"* nannten.

Den prachtvollen Palast von Cogidubnus haben Archäologen wahrscheinlich in Fishbourne unweit westlich von Chichester ausgegraben. Die Ausgrabungen aus der Römerzeit lassen sich noch heute im Museum von Chichester besichtigen.

Nach dem Abzug der Römer übergab Aella, Regionalfürst der Saxons, seinem Sohn Cissa die zerstörte Stadt. Cissa gab dem Ort seinen eigenen Namen: Cissa's Ceaster (beide Wörter wurden mit „ch" gesprochen") oder Cissa's Castle.

Viele Orte in der Umgebung verdanken die Endung -ing, was soviel wie „Stadt der Leute von ..." bedeutet, in ihrem Ortsnamen übrigens den Saxons, die 400 Jahre nach den Römern das Land ohne größeren Widerstand eroberten und besiedelten.

Seit 1075 ist die etwa 27.000 Einwohner zählende Stadt Chichester auch Domstadt mit einer prächtigen Kathedrale am Meer.

Im Südwesten grenzt Chichester an ein schmale Bucht der weitverzweigten Küste am Chichester Harbour.

Chichester bietet dem Besucher einen schönen Kontrast von noblen Straßen, historischen Ecken, Häusern im Georgian Style, besonders in den Straßen Little London und East Street.

In der Mitte der Stadt ragt der schlanke fast 100 m hohe Turm der romanischen **Kathedrale [N50° 50' 10.75" W0° 46' 53.53"]** *(geöffnet Mo - Sa 7.15 - 18.30 Uhr, So 7.15 – 17 Uhr; www. chichestercathedral.org.uk)*, das Wahrzeichen von Chichester, wie ein Schwert in den Himmel. Die Kathedrale, deren Bau von dem normannischen Bischof Ralph Luffa im Jahre 1091 begonnen wurde, hat ein Kirchenschiff von außergewöhnlicher Schönheit, das mit Steinen von der Isle of Wight gebaut wurde, nicht mit dem damals üblichen Baumaterial aus Caen in Frankreich.

Bei einem Rundgang durch das Gotteshaus sieht man am Rande des großen Kirchenschiffs die Statue von William Huskisson, dem angeblich ersten Toten der neuen Verkehrstechnik, der Eisenbahn, des frühen 19. Jh.

Im Querschiff zeigen Gemälde die Porträts der Bischöfe von Chichester. Eine weitere Statue im nördlichen Seitenschiff wurde zu Ehren des Spenders des Marktkreuzes von Chichester, Bischof Edward Story, aufgestellt. Nicht weit von der Statue entfernt sieht man ein von Marc Chagall geschaffenes Glasfenster, das durch wunderschöne Lichtbrechungen auffällt.

Als Gegenstück zu den Porträts der Bischöfe hängen im südlichen Querschiff der Kathedrale die Abbildungen englischer Könige von William the Conqueror bis zu Henry VIII. Hier sieht man ebenfalls ein sehr schönes Kirchenfenster. Alle Königsporträts hat der englische Maler Lambert Bernard gemalt. Graham Sutherland malte das Bild „Noli me tangere", das in der St. Mary Magdalen-Kapelle zu sehen ist.

Mitte des 19. Jahrhunderts wurde die Kathedrale umfassend restauriert.

Bemerkenswert sind auch der neue Altar von 1966 und das 1983 von John Skelton geschaffene Taufbecken, das sich im Südwestturm befindet.

Gleich neben der Kathedrale steht mitten auf einer großen Kreuzung das **Marktkreuz [N50° 50' 11.50" W0° 46' 45.15"]** aus dem 15. Jahrhundert. Edward Story, Bischof von Chichester von 1478 bis 1503, hatte der Stadt das Marktkreuz geschenkt, das von den Einheimischen oft auch „Bishop Story Cross" genannt wird.

Vom Marktkreuz führen die North, East, South und West Street in die Stadt. Entlang der Straßen liegen eine Vielzahl von Geschäften, Pubs und Restaurants.

Zwei Straßenzüge östlich der Kathedrale findet man in der Straße 9 North Pallant, ganz in der Nähe eines großen Parkplatzes (Koordinaten siehe weiter oben), die **Pallant House Gallery**, ein Museum für moderne Kunst, das in einem Gebäude im Georgian Style eingerichtet ist *(geöffnet Di – Sa 10 - 17 Uhr, Do 10 – 20 Uhr, So 11 – 17 Uhr; https://pallant.org.uk)*. Die Kunstsammlung zeigt Werke weltberühmter Künstler des 20. Jahrhunderts wie Peter Blake Richard Hamilton oder Henry Moore.

The Novium [N50° 50' 14.84" W0° 46' 52.79"], Tower Street, ist Chichesters neues Stadt- und Regionalmuseum *(geöffnet Apr. - Sept. Mo - Sa 10 - 17 Uhr, So 10 - 16 Uhr; Okt. - März Mo - Sa 10 - 17 Uhr; www.thenovium.org).* Im Museum ist auch die Chichester Tourist Information untergebracht.

Geht man vom Market Cross die North Street hinauf, kommt man nach wenigen Minuten Fußweg zum **Oakland Park** (großer Parkplatz). An der Südseite des Parks liegt das **Chichester Festival Theatre [N50° 50' 33.03" W0° 46' 39.99"],** das für seine Shakespeare-Aufführungen landesweit bekannt ist. Erster Leiter des Theaters war Sir Laurence Olivier. In der Festspiel-Saison von Mai bis September ist es oft schwierig, Karten für die Theateraufführungen zu erhalten; *www.cft.org.uk.*

Von jedem Sitz in dem sechseckigen Gebäude des Theaters beträgt die Entfernung zur Bühne exakt 20 Meter. Man wollte damit zum einen ein römisches Amphitheater nachempfinden, zum anderen erreichte man mit dieser Bauform eine exzellente Akustik.

In der Wintersaison werden im Theater Konzerte gegeben. Und alle drei Jahre im Juli finden Chorkonzerte im Rahmen des Southern Cathedrals Festival statt.

Am Ende der North Street kann man einen „Wall Walk" unternehmen und auf Resten der erhaltenen Stadtmauer einen Spaziergang machen.

Ein schöner, ausgeschilderter Wanderweg führt auf dem etwa 6 km langen **Canal Walk** vom Bahnhof Chichester Station über Hunston zum Yachthafen Chichester Marina am Chichester Harbour. Der Weg geht an einem stillgelegten Kanal entlang (Picknickmöglichkeiten) durch eine herrlich grüne Landschaft.

PRAKTISCHE HINWEISE – CHICHESTER

Chichester Tourist Information Centre [N50° 50' 14.84"   W0° 46' 52.79"], The Novium , Tower Street, Chichester, PO19 1QH, Tel. +44 (0)1243 95 04 12; www.visitchichester.org. *Geöffnet Mo - Sa 10 – 17 Uhr.*

Veranstaltungen
Chichester Cattle Market, Market Avenue, bunter Viehmarkt mit Rindern und Schafen, Samstags 8 - 16 Uhr.
Das **Chichester Festival Theatre**, Oaklands Park, präsentiert in der Theatersaison von Mai bis September Aufführungen täglich um 19.30 Uhr, samstags wird auch eine Nachmittagsaufführung eingeschoben. Reservierungen werden unbedingt empfohlen (Box-Office: Tel. +44 (0)1243 78 13 12; www.cft.org.uk).
Von Juli bis zu zweiten Oktoberwoche veranstaltet Chichester seine **Kunst- und Kulturwochen**. Neben Theaterprogrammen werden Konzerte in der Kathedrale, Kunstausstellungen und Cinema-Festivals angeboten.; https://festivalofchichester.co.uk.

PUBS UND RESTAURANTS

The Fountain, 29 Southgate, Tel. +44 (0)1243 78 13 52; www.fountainchichester.co.uk; stadtbekanntes Pub mit Live Music.
The Old Cross, 65 North Street, Tel. +44 (0)1243 53 62 90; ein einladendes Pub in einem Fachwerkhaus mit Bleiglasfenstern.
The George Pub & Smokehouse B&B, 51 North Street, Tel. +44 (0)1243 78 56 60; www.thegeorgechichester.com; ob im Pub oder im Restaurant oder in einem der 10 Gästezimmer, immer fühlt man sich wohl und gut aufgehoben, sehr gute Küche und eine Auswahl an Real Ales und Premium Spirits.

CAMPING BEI CHICHESTER

Selsey
Camping Warner Farm Touring Park [WP 039 / N50° 44' 19.6"   W0° 48' 02.7"], Warner Lane, Tel. +44 (0)1243 60 44 99; www.warnerfarm.co.uk; 1.

März – 3. Jan.; Reservierung empfehlenswert und Mindestaufenthalt zwei oder mehr Tage! Ca. 1 km westl. von Selsey gelegen, von der A27 südwärts auf die B2145 und 13 km zum Platz. Campingplatz für Touristen bei einer sehr weitläufigen Ferienkolonie mit mehreren Holiday Villages und großem Waterfront-Complex mit Badelandschaft, Supermarkt, Cafés, Pubs, Restaurants, Fitnesseinrichtungen. Weitläufiges, ebenes Rasengelände mit markierten, nummerierten Stellplätzen, zahlreiche davon mit gekiester Stellfläche. Kleine Dauercamperabteilung neben dem Sanitärblock. Große Zeltwiese. Ca. 10 ha – 150 Stpl.; gute Standard-Sanitärausstattung; V & E für Wohnmobile. In der Vor- und Nachsaison (März, April, bzw. Sept., Okt.) schließt die Rezeption oft schon um 17.30 Uhr. Übernachtparken ist dann auf dem Besucherparkplatz bei der Rezeption möglich.

Interessantes in der Umgebung von Chichester

Goodwood House [N50° 52' 22.21" W0° 44' 10.58"], unweit nördlich von Chichester, ist seit 1780 der Sitz der Herzöge von Richmond und Gordon.

Auf dem Landgut werden seit Generationen edle Rennpferde gezüchtet. Zum Anwesen gehört auch ein schöner naturbelassener Pferderennkurs aus dem Jahre 1801, den der dritte Herzog von Richmond in Auftrag gab.

Das Landhaus zeigt Beispiele von Louis XV-Möbeln, viele Gemälde (u. a. Canaletto) und eine Sammlung von Porzellan aus dem französischen Sèvres *(geöffnet 3. März – 28. Okt. So + Mo 13 – 17 Uhr, im Aug. So – Do 13 – 170 Uhr, letzter Einlass 1 Std. vor Schließung. Führungen obligatorisch. Die Öffnungszeiten können kurzfristig geändert werden! Info-Tel. +44 (0)1243 75 50 55; www.goodwood.com).* Sommerausstellung „Royal Goodwood" von Anfang August bis 15. Oktober.

Das nahe **Shell House** wurde 1739 für Sarah, Herzogin von Richmond, erbaut. Shell House erhielt seinen Namen nach den Muschelintarsien im Inneren des Gebäudes.

Der 200 Meter hohe Hügel „The Trundel" ist eine natürliche Tribüne, von der man die Pferderennen des „Glorious Goodwood Meeting" jedes Jahr am letzten Dienstag im Juli verfolgen kann. Golfbegeisterte finden hier auch einen 18-Loch-Platz.

Rund 11 km nördlich von Chichester liegt an der A286 Richtung Midhurst der Ort **Singleton**. Dort findet man das **Weald & Downland Open Air Museum [Parkplatz, WP 040 / N50° 54' 26.42" W0° 45' 23.27"]** *(geöffnet 30. März - 26. Okt. tgl. 10.30 - 18 Uhr; 27. Okt. - 29. MÄrz tgl. 10.30 – 16 Uhr; www.wealddown.co.uk/deutsch/).* In diesem besuchenswerten Freilichtmuseum sind über 50 historische Gebäude zusammengetragen worden, darunter Bauernhöfe, Wohngebäude, Werkstätten, Mühlen u. v. m. Manche der Gebäude sind noch original eingerichtet und besitzen einen der Zeit des Hauses entsprechenden Garten.

Selsey liegt rund 16 km südlich von Chichester.

477 landeten Truppen der Süd-Saxons in der Nähe von Selsey. Gut 200 Jahre später, nämlich 681, kam der Heilige Wilfrid nach Selsey. Seine Mission war es, die Saxons zu bekehren. Wilfrid gründete ein Kloster, das später zu einer Kathedrale ausgebaut wurde, die Zeitläufte allerdings nicht überdauerte und heute nicht mehr erhalten ist.

Die Gemeindekirche von St. Peter ist etwa 100 Jahre alt. Die katholische Kirche des Ortes, Our Lady of Mount Carmel and St. Wilfrid, wurde dagegen erst 1962 fertiggestellt.

Von **Selsey Bill**, dem südlichsten Punkt der Küste von Sussex, hat man einen schönen Ausblick über die Küstenlinie bis zur Isle of Wight. Die kleine Halbinsel am Selsey Bill hält den englischen Rekord für Sonnenscheindauer. Das Klima ist hier ganzjährig mild und anregend.

Vogelliebhaber können hier ungestört die gefiederten Besucher beobachten, Badefreunde finden einen geeigneten Sandstrand und selbst die Fischer des Ortes haben noch genug Platz für ihre Boote und Netze.

In **Birdham**, südwestlich von Chichester an der Straße A286 Richtung West Wittering gelegen, entdeckte der englische Maler J. M. W. Turner die Schönheit von Chichester Harbour, der Bucht von Chichester. Seine Bilder sind in Petworth House ausgestellt (siehe dort, Abstecher ab Arundel weiter vorne).

Die **Gemeindekirche** von Birdham aus dem Jahr 1545 hat eine sehr niedrige Portaltür, durch die nach einer Legende der Teufel hinausgeworfen wurde. Danach blockierte man das Tor, so dass er nie wieder in das Gotteshaus hineinkommen konnte. Den gottesfürchtigen Gemeindemitgliedern beließ man nur noch eine verkleinerte Tür zum Einlass.

Gut 6 km westlich von Birdham kommt man nach **West Wittering**. Das ehemalige Fischerdorf hat sich zu einem fashionablen Wohn- und Badeort entwickelt. Reicher Baumbestand machen diesen Ort zu einem attraktiven Platz. Allerdings sind hier eher die wohlhabenden Engländer unter sich, die am Strand bei Niedrigwasser ihre Pferde ausreiten.

Um Cakeham Manor, dem ehemaligen Wohnsitz des Bischofs von Chichester, wurden alte Cottages renoviert und moderne Häuser errichtet.

Fishbourne liegt nur wenige Meilen westlich von Chichester und südlich der Schnellstraße A27. Sehenswert ist der **Fishbourne Roman Palace [Parkplatz, WP 041 / N50°50'14.69" W0°48'36.48"]** *(geöffnet März - Okt. tgl. 10 - 17 Uhr; Nov. + Dez. tgl. 10 - 16 Uhr; Dez. - Jan. sa + So 10 - 16 Uhr; Feb. Sa + So tgl. 10 - 16 Uhr; www.sussexpast. co.uk/properties-to-discover/fishbourne-roman-palace/)*, die einstige Residenz eines römischen Feldherrn namens Cogidubnus.

In diesem aus dem 2. oder 3. Jahrhundert stammenden größten je in England entdeckten römischen Palais haben die Ausgrabungen Wandteile, Bäder und das Heizungssystem ans Tageslicht gebracht. Am beeindruckendsten sind aber die Mosaikfußböden. Sie sind von bemerkenswerter Schönheit. Ein Bodenmosaik zeigt einen Jungen auf einem Delphin.

Zum Römerpalais gehört ein sog. Roman Garden mit Bewässerungsgräben, die ebenfalls noch gut erhalten sind.

Wahrscheinlich ist das Haus einst einem Brand zum Opfer gefallen. Bei Ausgrabungen wurde u. a. auch ein Skelett gefunden. Archäologen gehen davon aus, dass es sich dabei um einen frühen Bewohner des Palastes handelt.

Das angeschlossene **Museum** vermittelt einen anschaulichen Eindruck vom alten Römerpalast und dem Leben der Römer.

Wenige Meilen westlich von Fishbourne liegt auf einer kleinen Halbinsel **Bosham,** der westlichste Ort der Grafschaft Sussex mit kleinen pastellfarbenen Cottages.

Der Saxon-König Harold stach 1064 von Bosham aus in See, um in die Normandie zu segeln. Dort fiel er aber in die Hände von William the Conqueror. Auf dem Wandteppich von Bayeux in Frankreich zeigt eine Szene Harold auf seinem Weg zur Trinity Church von Bosham, bevor er nach Frankreich übersetzte.

Auch der Dänenkönig Canute hat Bosham bekannt gemacht. Nach einer Legende soll er hier eine große Flut zum Rückfluss ins Meer bewogen haben. Eine seiner Töchter liegt in der Gemeindekirche begraben.

Heute ist Bosham vor allem für Segler und Künstler ein sehr beliebter Aufenthaltsort.

HAUPTROUTE

ROUTE: *Von Chichester erreicht man auf der Schnellstraße A127 nach rund 22 km/14 mls* **Portsmouth.**

Portsmouth befindet sich bereits in der Grafschaft Hampshire. Bis zum Beginn unseres Jahrhunderts waren die Grafschaften Hampshire, Wiltshire und Dorset kaum unterscheidbare Landschaften. Die Menschen redeten in ihrer Sprache für den Fremden mit dem gleichen Akzent. Das ist nicht verwunderlich, denn sie alle gehörten einst zum Königreich Wessex, dem Herrschaftsgebiet der Saxons mit seiner alten Hauptstadt Winchester. Von hier aus begann sich ein mächtiges Empire zu entwickeln.

Obwohl ein Großteil der Landschaft auf Kalksandstein gründet, bietet das Gebiet eine abwechslungsreiche Vegetation – die wilde Heidelandschaft von Dorset, der waldreiche New Forest mit wildlebenden Ponies in Hampshire und viele Flusstäler, die das Land zerschneiden.

Das Wessex der Saxons war überwiegend fruchtbares Ackerland, was sich bis heute kaum verändert hat. Weizenfelder und Weideflächen für Schafe bestimmen das Bild. Wunderschöne Mansion Houses liegen wie architektonische Kleinodien in der Landschaft verstreut. Die Dörfer haben ihren mittelalterlichen Charakter bewahrt – die Kirche, eine Farm, ein kleiner Dorfteich und einige reetgedeckte Cottages, sie alle sehen so aus wie seit ewigen Zeiten.

Die Landschaft der **Grafschaft Hampshire** wird bestimmt durch den Fluss Meon, der am Rande der South Downs in der Nähe von East Meon seine Quelle hat und westlich von Portsmouth in die See mündet. In seinen Tälern liegen alte, scheinbar unberührte Dörfer aus der Zeit der Saxons mit einer Kirche als Dorfmittelpunkt und quadratischen Bauernhäusern, die Welten entfernt von der mächtigen Hafenstadt und Marinebasis Portsmouth zu liegen scheinen.

Aber beide Welten haben in der englischen Geschichte ihre tragende Rolle gespielt: In Ramsdean Down oder am Old Winchester Hill findet man prähistorische Grabstätten und Portsmouth verkörperte den Glanz der einst mächtigen britischen Seeherrschaft.

Heute bildet die Hafenstadt das Rückgrat der Reserve für die britische Kriegsmarine; die ganze Gegend zwischen Lee-on-the-Solent und Eastney ist bebaut mit Kasernen, Flugfeldern und Training Camps der Armee. Dagegen finden sich im Forest of Bere hübsche kleine Dörfer, die im Norden an das fruchtbare grüne Farmland des Meon Valley angrenzen.

Portsmouth, das im 15. Jahrhundert an einem Naturhafen entstand, ist seit den Zeiten König Henrys VIII. die Basis der englischen Royal Navy. Und obwohl Portsmouth während des Zweiten Weltkriegs schwer beschädigt wurde, sind viele historische Sehenswürdigkeiten der Stadt erhalten geblieben.

Zu den namhaften Persönlichkeiten aus Portsmouth zählt u. a. der bedeutendste englischsprachige Romancier *Charles Dickens*, der in der Old Commercial Road Nummer 393 am 7. Februar 1812 geboren worden war. Heute ist hier das **Charles Dickens Birthplace Museum (2) [N50° 48' 25.47" W1° 5' 13.50"]** eingerichtet *(geöffnet 1. Apr. – 30. Sept. + 7. Feb. Fr – So 10 – 17.30 Uhr, letzter Einlass 17 Uhr; www.charlesdickensbirthplace.co.uk/).*

Zu Dickens bekanntesten Werken zählen „Oliver Twist", „David Copperfield" oder „Eine Weihnachtsgeschichte" („A Christmas Carol"), die im Dezember 1843 erschien. Charles Dickens starb am 9. Juni 1870 auf seinem Landsitz Gad's Hill Place bei Rochester in Kent. Dickens ist in der Westminster Abbey in London beigesetzt.

In der Nähe lebte im 18. Jahrhundert ein Herr Namens *Jonas Hanway*, der als Erfinder des Regenschirms gilt.

Der Arzt *Sir Arthur Conan Doyle* eröffnete 1882 in Portsmouth eine Praxis, einige Jahre bevor sein erster Roman erschien. Seine berühmte Romanfigur, den Detektiv Sherlock Holmes, benannte Conan Doyle nach einem bekannten Cricketspieler seiner Zeit.

Dramatisches trug sich im 17. Jh. im **Buckingham House** in 119 High Street zu. Ein Günstling der englischen Könige James I. und Charles I., George Villiers, erster Herzog von Buckingham, wurde 1628 im Buckingham House in Portsmouth von einem Soldaten namens John Felton erstochen, der mit der vom Herzog geplanten Expedition zur Rettung französischer Hugenotten nicht einverstanden war.

Andere sehen den Grund für den Mord in der Tatsache, dass der Duke of Buckingham verantwortlich für die Finanzierung und Besoldung der Army- und Navy-Angehörigen war, dieser Verpflichtung aber nur selten nachkam und Soldaten und Matrosen oft monatelang ohne Sold dastanden.

Das Haus fungiert heute als Hotel „Duke of Buckingham" mit 18 Zimmern und Restaurant, Tel. (02392) 827 067.

Drei der fünf in Portsmouth bekanntesten „Schiffe" werden nie in See stechen: Die „HMS Excellent", die „HMS Vernon" und die „HMS Dolphin". Hier handelt es sich nämlich um die Waffenschule der englischen Marine, das Hauptquartier der englischen Torpedoboote und um die U-Boot Basis in Gosport gegenüber dem Hafen von Portsmouth.

Aber in der Seestadt Portsmouth liegen im Hafen Historic Dockyard auch reale Schiffe, die historischer kaum sein könnten, darunter die legendäre „HMS Victory" und das Tudor-Kriegsschiff „Mary Rose".

Stationen eines Stadtrundgangs durch Portsmouth

Portsmouth's größte Attraktionen findet man im **Portsmouth Historic Dock-yard (6),** in der Stadt mit braunen Schildern „Historic Waterfront" ausgeschildert.

Unmittelbar am Historic Dockyard gibt es keine Parkmöglichkeiten! Der nächst gelegene **Parkplatz** liegt in Queen Street 17, rund 500 m östlich des Historic Dockyard, *geöffnet 7 – 19 Uhr.* ABER die Einfahrtshöhe ist hier auf 2,10 m begrenzt!

Wer mit einem Fahrzeug höher als 2,10 m unterwegs ist, findet etwa 2 km östlich des Historic Dockyard den großen, gebührenpflichtigen Parkplatz **NCP Market Way Car Park (5) [WP 042 / N50° 48′ 10.34″ W1° 5′ 20.66″]**, Einfahrt in der Straße Landport View.

Der Hafen **Portsmouth Historic Dockyard**, Queen Street *(geöffnet 1. Apr. - 28. Okt. tgl. 10 - 17.30 Uhr; 29. Okt. - 31. März tgl. 10 - 17 Uhr; letzter Einlass 16 Uhr; www.historicdockyard.co.uk)* liegt innerhalb der Royal Navy Base, Europas größter Marinebasis. Für Besucher gibt es hier einige der bedeutendsten historischen Schiffe Großbritanniens zu sehen.

Für die Besichtigung der Kriegsschiffe sollte man sich ausreichend Zeit und Muße nehmen. Ein Besuch ist immer lohnenswert und die stets langen Warteschlangen sollten einen nicht abschrecken.

Besonders stolz ist man auf die 1758 auf Kiel gelegte und immer noch seetüchtige **„HMS Victory" (6) [N50° 48′ 6.28″ W1° 6′ 33.39″]**. Die 69 m lange und bis 16 m breite „HMS Victory" machte mit einer Segelfläche von über 5.400 qm an drei Masten über 8 Knoten. Die Besatzung bestand aus nicht weniger als 850 Mann und die Bewaffnung aus 30 Kanonen (32 Pfund) im Unterdeck, 28 Kanonen (24 Pfund) im Mitteldeck, 30 Kanonen (12 Pfund) auf dem Oberdeck, 12 Kanonen (12 Pfund) auf dem Achterdeck.

Die „HMS Victory" war das Flaggschiff in der Schlacht von Trafalgar im Jahre 1805 von Admiral Lord Horatio Nelson, dessen Ausspruch „England expects that every man this day will do his duty" die englischen Marinesoldaten angeblich zum Sieg gegen die französische Flotte ansporne.

Am 21. Oktober 1805 begann vor dem südspanischen Cabo de Trafalgar die Seeschlacht zwischen der englischen Flotte unter *Admiral Nelson* und Napoleons Marine, die sieben Schiffe mehr zählte. Gegen 13.00 Uhr feuerte die „HMS Victory" die erste Breitsei-

PORTSMOUTH ZENTRUM – **1** D-Day Story, Museum – **2** Charles Dickens' Birthplace – **3** Duke of Buckingham Pub – **4** Portsmouth Cathedral – **5** Market Way Car Park – **6** HMS "Victory" im Portsmouth Historic Dockyard – **7** Dockyard Apprentice – **8** Mary Rose Museum – **9** National Museum of the Royal Navy – **10** HMS "Warrior" – **11** Spinnaker Tower, Einkaufszentrum Gunwharf Quays –**12** Portsmouth Harbour Station, Bustermimal – **13** Wightlink Car Ferry Terminal – **14** Round Tower – **15** Square Tower – **16** Touristeninformation und Portsmouth City Museum – **17** Royal Marines Museum – **18** South Sea Pier – **19** South Sea Castle – **20** Bluereef Aquarium – **21** Easkney Beam Engine House – **22** Cumberland House, Natural History Museum, Canoe Lake – **23** Hovertravel Terminal – **24** Clarence Pier, Bade- und Freizeitzentrum – **25** Guildhall – **26** St. John's RC Cathedral – **27** Portsmouth and Southsea Station – **28** Fratton Park

te auf das französische Flaggschiff „Bucentaure" des Admirals Villeneuve. Das Schiff wurde achtern stark beschädigt und nahezu manövrierunfähig.

Gegen 14.00 Uhr wurde Nelson von einer Kugel getroffen und starb wenig später auf seinem Schiff. Die englische Flotte siegte und machte Großbritannien zum Herrscher der Weltmeere.

Nelson wurde in der St. Paul's Cathedral von London beigesetzt.

Gegenüber der „HMS Victory" findet man die Ausstellung **Dockyard Apprentice (7)**, die Einblick in 200 Jahre Schiffsbau gibt, als die Royal Dockyards der größte Industriekomplex des Landes waren, in dem über 25.000 Arbeiter damit beschäftigt waren, Kriegsschiffe zu bauen.

Ebenfalls in unmittelbarer Nähe der „HMS Victory" wurde 2013 das **Mary Rose Museum (8)** eröffnet *(geöffnet Apr. - Okt. tgl. 10 - 17.30 Uhr; Nov. - März tgl. 10 - 17 Uhr, letzter Einlass 45 Min. vor Schließung; https://maryrose.org)*. In einer klimatisierten Halle, die der Form eines Schiffes ähnelt, liegt das Schiff **„HMS Mary Rose"**, dessen erhalten gebliebener Rumpf 1982 – allerdings in Tausenden von Einzelteilen – gehoben und in jahrelanger Konservierungsarbeit vor dem völligen Zerfall bewahrt wurde.

Legendär, Admiral Nelsons Schlachtschiff „HMS Victory". Foto: VisitBritain/Rod Edwards

Die „Mary Rose" war eines der ersten mit Kanonen bestückten Kriegsschiffe der Königlichen Flotte König Heinrichs VIII. Das Schiff kenterte am 19. Juli 1545, nach über dreißig Jahren im Dienst, vor der Hafeneinfahrt von Portsmouth vor den Augen des Königs. 700 Mann Besatzung ertranken damals. 1971 wurde das Wrack wiederentdeckt und zehn Jahre später gehoben. Und heute ist die aufwendig restaurierte „HMS Mary Rose" erstmals wieder fast komplett zu sehen.

Zusammen mit den vielen Ausstellungen rund um die „Mary Rose" vermittelt das Museum einen sehr guten Einblick in die Zeit der frühen Royal Navy und in das sicher wenig romantische Leben der Matrosen und Marinesoldaten an Bord.

Wenn man die Main Road nach Süden geht, kommt man am rechterhand gelegenen **National Museum of the Royal Navy (9) [N50° 48' 1.91" W1° 6' 34.03"]** vorbei. Das Museum, eingerichtet in alten Speicherhäusern am Hafen, präsentiert die Geschichte Englands als größte Seemacht vom Mittelalter bis zur Neuzeit. Hier werden u. a. Erin-

nerungen an Admiral Nelson wachgehalten. Schiffsmodelle, Gallionsfiguren und ein Panorama der Schlacht von Trafalgar zeugen von Britanniens großer Marinegeschichte.

Ganz in der Nähe hat an einer Pier die **„HMS Warrior" (10) [N50° 47' 55.67" W1° 6' 28.93"]** für den Rest ihrer Tage festgemacht. Die „HMS Warrior" war 1860 das erste stahlverstärkte Kriegsschiff der englischen Marine, das mit seiner Dampfmaschine und der dadurch erreichten Geschwindigkeit den Franzosen einen gehörigen Schrecken einjagte.

Weiter südlich sieht man die Spitze des 170 m hohen **Emirates Spinnaker Tower (11) [N50° 47' 44.71" W1° 6' 30.19"],** dessen zum Meer gerichtete Front einem geblähten Segel ähnelt, drei Aussichtsdecks, Glasbodendeck 100 m über dem Hafen, Café *(geöffnet im Sommer Mo –Do 9.30 – 18 Uhr, Fr + Sa 9.30 – 17.30 Uhr; im Winter tgl. 10 – 17.30 Uhr; www.spinnakertower.co.uk).*

Hinter dem Aussichtsturm erstreckt sich das riesige Einkaufszentrum Gunwharf Quays mit 95 Geschäften der unterschiedlichsten Art und Outlet Stores, Bankfilialen, Hotel, 30 Restaurants und Pubs, Casino, Kino u. a. *(geöffnet Mo – Sa 10 – 20 Uhr, So 10 - 18 Uhr; https://gunwharf-quays.com).*

Noch ein gutes Stück weiter liegt am Ufer vor der Broad Street der **Round Tower (14)** aus dem Jahre 1417. Der Turm war Bestandteil einer ehemaligen Befestigungsanlage. Von hier wurde bei einer möglichen Bedrohung des Hafens eine Kette nach Gosport gespannt, um eindringende Schiffe aufzuhalten.

Der **Square Tower (15)** am Abzweig der High Street datiert aus der Zeit von König Henry VIII.

Geht man die High Street stadteinwärts passiert man die anglikanische **Portsmouth Cathedral St. Thomas of Canterbury (4)** und erreicht schließlich die Museum Road und das **Portsmouth Museum (16) [Parkplatz, N50° 47' 32.01" W1° 5' 53.32"]**. Neben Ausstellungen zur Regional- und Militärgeschichte, über die Lebensumstände der unterschiedlichen Gesellschaftsschichten in Portsmouth vom 17. Jh. bis in die 1950er Jahre, befasst sich das Museum auch mit Themen wie „Football in the City" oder mit Leben und Werk von Sir Arthur Conan Doyle und dessen Romanfigur Sherlock Holmes *(geöffnet Apr. - Sept. Di - So 10 - 17.30 Uhr; Okt. - März Di - So 10 - 17 Uhr, letzter Einlass 30 Min. vor Schließung; wwww.portsmouthcitymuseums.co.uk; Eintritt frei).* Von Mitte April bis September ist im City Museum eine Zweigstelle des Portsmouth Visitor Information Centres, dienstags bis sonntags von 10 – 17 Uhr geöffnet.

Der Badeort **Southsea (18)**, direkt in Portsmouths südlicher Nachbarschaft, bietet einen schönen Strand, eine 6,5 km lange **Promenade** mit zwei kleinen Piers, Bootshafen, Souvenir- und Antiquitätengeschäfte sowie viele Unterhaltungsmöglichkeiten und Freizeitaktivitäten am Meer.

Ein kleines **Militärmuseum**, das sich in der ehemaligen Artillerie-Befesti-

gungsanlage **Southsea Castle (19)** aus dem 16. Jahrhundert in der Clarence Esplanade befindet, erinnert an die zahlreichen militärischen Verteidigungsanlagen der Gegend, die einst von König Henry VIII. errichtet wurden *(geöffnet Apr. - Okt. Di - So 10 - 17 Uhr; Eintritt frei).*

Von Southsea Castle aus musste König Henry VIII. den raschen Untergang seines Kriegsschiffs „Mary Rose" vor dem Hafen von Portsmouth mit ansehen, bei dem mehrere hundert Seeleute ertranken.

Der weit vom Ufer entfernt stehende Nab Tower diente einst als U-Boot-Alarmstation, wird heute aber nur noch als Signalposten für hereinkommende Schiffe benutzt.

Im **Museum D-Day Story (1) [Parkplatz N50° 46' 48.36" W1° 5' 23.77"]** *(geöffnet Apr. - Sept. tgl. 10 - 17.30 Uhr; Okt. - März 10 - 17 Uhr; letzter Einlass 1 Std. vor Schließung; www.theddaystory. com)* in Southsea, Clarence Esplanade, unweit westlich von Southsea Castle, wird in den Ausstellungen – unterstützt durch Multimedia Präsentationen – die Geschichte der Invasion unter dem Decknamen „Operation Overlord" der alliierten Streitkräfte am 6. Juni 1944 in der Normandie noch einmal deutlich. „Operation Overlord" kann sich der Besucher anhand von Dokumenten, Filmen und anderen Ausstellungsstücken wie alte Sherman-Panzer, amphibische Fahrzeuge, amerikanische Jeeps und anderes Kriegsgerät noch einmal vergegenwärtigen. Ein 80 m langer Wandteppich, das Overlord Embroidery, zeigt verschiedene Phasen der damaligen militärischen Operationen.

Ebenfalls an der Clarence Esplanade in Southsea findet man das **Bluereef Aquarium (20)** (ehemals Sea Life Centre) [Parkplatz N50° 46' 48.36" W1° 5' 23.77"] *(geöffnet tgl. 10 – 17 Uhr, letzter Einlass 1 Std. vor Schließung; www.bluereefaquarium.co.uk).* In dem Seeaquarium sind auf einem Spaziergang durch ein Unterwassertunnel u. a. farbenprächtige tropische Unterwasserwelten zu sehen, außerdem Haie, Rochen, bun-

Blick von der Fähre nach Gosport auf Portsmouth mit dem Spinnaker Tower. Foto: VisitBritain/D. Bosworth

- 16.30 Uhr, letzte Führung 30 Minuten vor Schließung; www.nmrn.org.uk/submarine-museum.

Von April bis Oktober verkehrt täglich zwischen 05.30 Uhr und 0.00 Uhr ein sog. „Waterbus" vom Gunwharf Quay am Spinnaker Tower zum Museum (nur Personenbeförderung); www.go-sportferry.co.uk.

Bei **Portchester**, am nördlichen Rand des Gewässers Portsmouth Harbour, stehen die Überreste eines Schlosses, das König Henry II. innerhalb einer 1000 Jahre älteren römischen Befestigungsanlage bauen ließ. König Henry V. sammelte hier seine Truppen, mit denen er 1415 bei Agincourt die Truppen des französischen Herrschers besiegte.

Fährt man auf die **Ports Down**, die Landzunge gegenüber der Hafenstadt, hat man einen schönen Panoramablick über das gesamte Stadtbild von Portsmouth.

Hambledon, ein etwas abseits gelegenes Dorf mit roten Backsteinhäusern, liegt rund 21 km/13 mls nördlich von Portsmouth an der B2150. Der Ort gilt als die Geburtsstätte des englischen Cricket-Sports.

Der **Hambledon Cricket Club** wurde 1716 gegründet. Man spielte damals auf dem Broadhalfpenny Down etwa 3 km vom Ort entfernt. Dieser Club entwickelte und beschrieb die noch heute gültigen Regeln des weißen Rasensports.

Ein Denkmal gegenüber dem „The Bat and Ball Inn" erinnert an die vergangenen Zeiten.

te Zierfische, verspielte, putzige Fischotter, Frösche, Riesenkrabben u. v. m.

Interessantes in der Umgebung von Portsmouth

In **Gosport**, gegenüber von Portsmouth am Westufer der Bucht Portsmouth Harbour gelegen, findet man in der Haslar Road **The Royal Navy Submarine Museum [Parkplatz N50° 47' 17.09"   W1° 7' 22.79"]**, ein U-Boote Museum mit Ausstellungen über das Leben in einem U-Boot. Zu sehen sind u. a. die „Holland I", das erste U-Boot der Royal Navy von 1902, sowie die „HMS Alliance" aus dem 2. Weltkrieg, die auf Führungen innen und außen besichtigt werden können (geöffnet Apr. - Okt. tgl. 10 - 17 Uhr; Nov. - März Mi - So 10.30

Auf einem kleinen Weinberg am Windmill Down wachsen exzellente Trauben, eine Weinpresse kann besichtigt werden.

Rund 14 km/9 km weiter nördlich von Hambledon liegt an der A32 **West Meon**, das vor allem von Cricket Enthusiasten besucht wird.

In West Meon starb nämlich im Jahre 1832 *Thomas Lord*, der erste Besitzer des englischsten aller Cricket Grounds, St John's Wood in London, kurz Lord's genannt. Thomas Lord wurde auf dem örtlichen Friedhof begraben. Auf dem Dorfplatz steht auch ein steinernes Kreuz, das das letzte seiner insgesamt 16 Kinder nach Lord's Tod zum Gedenken errichten ließ.

Die Außenmauern der Kirche zeigen sorgfältig eingesetzte, ebenmäßige Steine.

Einige Meilen östlich von West Meon liegt **East Meon**, das bilderbuchhübsche Dorf am gleichnamigen Fluss, das zu den schönsten in Hampshire gehört und das noch heute ein wichtiges Zentrum der Forellenfischerei ist.

Den Ortsmittelpunkt bildet die normannische **Kirche** mit ihrem Grundriss eines Kreuzes. Sie wurde wahrscheinlich von Bischof Walkelyn erbaut, der auch die erste Winchester Cathedral errichten ließ. Sehenswert in der Kirche sind Szenen aus dem Leben von Adam und Eva, die in schwarzem Marmor aus Frankreich dargestellt werden.

Gegenüber der Kirche liegt das sog. **Court House** aus dem 15. Jahrhundert mit seinen dicken Mauern. Hier hielten die Bischöfe von Winchester Hof. Das Haus kann besichtigt werden, obwohl es sich heute um einen privaten Wohnsitz handelt.

Südlich des Dorfes beginnen schöne Spazierwege zum Aussichtspunkt des Salt Hill.

Bishop's Waltham liegt nordwestlich von Portsmouth und ist über die B2177 und über Wickham zu erreichen. Bishop's Waltham mit seinen engen Straßen liegt im Herzen von Hampshire's Erdbeerfeldern.

Große Bedeutung hatte der Ort als Residenz der Bischöfe von Winchester, die einst in einem Palast auf einem 1.000 ha großen Grundstück lebten.

William of Wykham war der bekannteste Bischof von Winchester des 14. Jahrhunderts (siehe auch unten unter Wickham).

Wirtshausschild in Portsmouth.
Foto: VisitBritain/Rod Edwards

Während des englischen Bürgerkriegs (1642 – 1649), als die 200 königstreuen Verteidiger von den Roundheads (Anhänger der parlamentarischen Regierungsform) überrannt wurden, zerstörten Truppen auch den alten Bischofspalast aus dem 12. Jahrhundert. Er wurde nie wieder aufgebaut. Die Ruinen, die man noch heute sieht, zeigen den alten Klostergang, eine große Wohnhalle und einen vierstöckigen Turm. Auch die rote Backsteinmauer, die Bischof Langton im 15. Jahrhundert errichten ließ, kann man noch gut erkennen.

Rund 21 km/13 mls nordwestlich von Portsmouth kommt man auf der B2177 nach **Wickham**. In der kleinen Stadt wurde 1324 *William of Wykham* geboren, der als Chancellor of England und Gründer der Public School „Winchester College" sowie des „New College" der Universität von Oxford in die Geschichte Englands einging.

Die Mühle nahe der Brücke über den Meon wurde im 19. Jahrhundert aus dem Holz der amerikanischen Fregatte „Chesapeake" gebaut, die 1813 von den Engländern gekapert worden war.

Östlich von Wickham erstreckt sich der Forest of Bere mit nur sehr lichtem Waldbestand.

PRAKTISCHE HINWEISE – PORTSMOUTH

Portsmouth Museum Visitor Information Centre (16) [Parkplatz, WP 043 / N50° 47' 32.00" W1° 5' 53.34"], Museum Road, im Portsmouth Museum, Portsmouth, PO1 2LJ, Tel. +44 (0)23 92 82 67 22; www.visitportsmouth.co.uk. *Geöffnet Apr. - Sept. Di - So 10 - 17.30 Uhr; Okt. - März Di - So 10 - 17 Uhr.*
Das Visitor Centre organisiert auch geführte Stadtrundgänge zu unterschiedlichen Themen und Plätzen wie „Dockyard to Old Portsmouth", „Nelson Trail", „The Birthplace of Dickens", „Portsmouth and D-Day" u. a. Die Themen können sich ändern.
Portsmouth Habour Tours starten ab Portsmouth Historic Dockyard – Rundfahrt durch den Hafen und die Naval Base, die sonst für Besucher gesperrt ist; www.portsmouth-boat-trips.co.uk.
Fährverbindungen
Ab Portsmouth **[Ferryport, WP 044 / N50° 47' 32.7" W1° 06' 16.8"]** verkehren **Autofähren nach Fishbourne** bei Chichester und nach **Ryde** auf der Isle of Wight, zu den **Kanalinseln Jersey und Guernsey**, sowie nach **Frankreich** (St. Malo, Cherbourg-Octeville, Caen, Le Havere) und nach **Bilbao** in Nordspanien
Auto- und Personenfähren zur Isle of Wight: Fähren der Reederei Wightlink (13) verkehren von von Portsmouth nach Fishbourne vom 1. April bis Ende Oktober täglich zwischen 01.30 Uhr und 23 Uhr alle halbe Stunde, und von Anfang November bis Ende März zwischen 02.15 Uhr und 24.00 Uhr etwa jede Stunde. Änderungen sind, z. B. auf Grund von Wetterverhältnissen, möglich. Die Überfahrt dauert rund 40 Minuten.
Hochgeschwindigkeitskatamarane (400 Personen) von Wightlink verkehren zwischen Portsmouth und Ryde Pier zwischen 5.15 Uhr und 22.45 Uhr alle 30 Minuten, im Sommer häufigere Abfahrten, Fahrzeit 22 Minuten.
Wightlink Ferries, PO Box 59, Portsmouth, P01 2XB, Reservierung Tel. +44 (0) 333 99 97 333; www.wightlink.co.uk.
Die schnellste Verbindung zwischen Portsmouth-Southsea und Ryde auf der Isle of Wight bieten die Hovercraft Luftkissenboote (nur Passagierbeförderung) von *Hover Travel*, tägliche Abfahrt von 6.30 bis 21 Uhr alle Stunde, Fahrzeit 10 Minuten; www.hovertravel.com.
Ein Abstecher zu den Channel Islands, den Kanalinseln **Jersey** (Abwechslungsreiche Insel mit guten Shopping-Möglichkeiten) und **Guernsey** (sehr

grüne Vegetation, schöne Dörfer und Hafen von St. Peter) vor der französischen Küste, ist mit den Fähren von Condorferries möglich (www.condorferries.com). Die Überfahrt nach Jersey dauert mit der Normalfähre ca. 8 Stunden.

PUBS UND RESTAURANTS

The Spice Island Inn, Pub, 1 Bath Square, Old Portsmouth, Tel. +44 (0)2392 87 05 43; www.greeneking-pubs.co.uk/pubs/hampshire/spice-island/; eines der urigsten Pubs in der Stadt, direkt am Hafen gelegen, reiche Auswahl an Getränken und Speisen. Sommerterrasse.

The Wellington, Pub, 62 High Street, Old Portsmouth, Tel. +44 (0)2392 81 89 65; https://wellingtonportsmouth.co.uk; man bietet Speisen und Getränke und dazu Live Music an Wochenenden.

The Still and West, 2 Bath Square, Tel. +44 (0)2392 82 15 567; www.stillandwest.co.uk; Pub und Restaurant in einem Haus aus dem 18. Jahrhundert am Hafen, Terrasse. Die Bar und Küche mit Real-Ales und Pub-Food lobt man.

CAMPING

Southsea/Portsmouth
Camping Southsea Holiday & Leisure Park [WP 045 / N50° 47′ 11.45″ W1° 2′ 34.70″], Melville Road, Tel. +44 (0)2392 73 50 70; www.southsealeisurepark.com; Jan. – Dez.; von Portsmouth Zentrum auf der A2047 und A2030 Richtung Southsea, beschilderte Zufahrt; ebenes, sandiges Grasgelände ohne Schatten, bis an den Strand reichend; 5 ha – 20 Stpl.; Standard-Sanitärausstattung. Laden, Bar, Imbiss.

Lee-on-the-Solent bei Gosport/Portsmouth
Camping Kingfisher Caravan Park [WP 046 / N50° 47′ 25.09″ W1° 10′ 19.69″], Browndown Road, Stokes Bay, Tel. +44 (0)2392 50 26 11; www.kingfisher-caravan-park.co.uk; von Portsmouth auf der A27 und A32 Richtung Gosport ca. 4 km, dann abzweigen auf die B3334 und weiter auf der Grange Road Richtung Browndown und weiter auf der B3333 bis zum Abzweig zum Platz; ebenes, durch Büsche aufgeteiltes Wiesengelände nahe eines Sandstrands; ca. 5 ha – 100 Stpl.; Standard-Sanitärausstattung. Laden, Pub, Imbiss, Restaurant, Waschmaschine, Trockner. An Wochenenden Live-Music.

Gut beschildert, Wanderwege entlang der englischen Küste.
Foto: VisitBritain

ROUTE 2: ISLE OF WIGHT

Länge der Tour:	Rund 96 km/60 mls.
Die Route:	Straßen A3054 und A3021 von **Fishbourne** nach **Osborne House** und zurück bis **Ryde** – A3055 über **Sandown** und **Shanklin** bis **Ventnor** – A3020 bis **Newport** – B3401 über **Calbourne** (oder A3054) bis **Yarmouth**.
Reisedauer:	Mindestens ein Tag.
Höhepunkte:	Wandern auf dem **Coastal Path** ** – **Osborne House** *** – **The Bugle Inn** ** in Brading – **Dinosaur Isle** * in Sandown – **Shanklin Chine** ** – **The Crab-Inn** ** in Shanklin – **Arreton Old Village** * – die Klippen **The Needles** **.

Fähren zur Isle of Wight

Portsmouth-Southsea – Fishbourne, Isle of Wight (und vice versa)

Auto-/Passagierfähren der Reederei Wightlink verkehren von **Portsmouth-Southsea Ferryport [WP 047 / N50° 47' 34.40" W1° 6' 21.57"]** nach **Fishbourne [WP 048 / N50° 43' 55.18" W1° 12' 47.19"]** auf der Isle of Wight von 1. April bis Ende Oktober täglich zwischen 01 Uhr und Mitternacht alle halbe Stunde, und von Anfang November bis Ende März zwischen 03 Uhr und 24.00 Uhr etwa jede Stunde. Änderungen sind, z. B. auf Grund von Wetterverhältnissen, möglich. Die Überfahrt dauert rund 40 Minuten.

Passagiere mit Fahrzeugen sollten sich spätestens 30 Minuten vor Abfahrt, aber nicht früher als eine Stunde im Hafen einfinden.

Fahrkarte kauft man am einfachsten direkt im Hafenbüro in Portsmouth-Southsea. Zu Beginn und am Ende der Schulferien sowie an Sommerwochenenden sind Reservierungen ratsam.

Hochgeschwindigkeitskatamarane (400 Personen) verkehren zwischen **Portsmouth-Southsea und Ryde Pier**, Fahrtzeit ca. 22 Minuten, stündliche Abfahrten zwischen 5 Uhr und 22.45 Uhr, im Sommer häufigere Abfahrten.

Wightlink Ferries, PO Box 59, Portsmouth, P01 2XB, Reservierung Tel. +44 (0) 333 99 97 333; www.wightlink.co.uk.

Die schnellste Verbindung zwischen Portsmouth-Southsea und Ryde auf der Isle of Wight bieten die **Hovercraft Luftkissenboote** (nur Passagierbeförderung) von *Hover Travel*; www.hovertravel.com. Die Überfahrt dauert gerade mal 10 Minuten.

Auto-/Passagierfähren der Reederei Wightlink von Yarmouth/Isle of Wight nach Lymington verkehren ganzjährig, im Sommer täglich zwischen 6.25 Uhr und 21.50 Uhr, jeweils etwa im Stundenintervall. Die Überfahrt dauert 40 Minuten.

Southampton – West Cowes, Isle of Wight (und vice versa)

Von West Cowes/Isle of Wight bestehen Auto-/Personen-Fährverbindungen nach Southampton mit Schiffen der Red Funnel Reederei, ganzjährige Abfahrten täglich zwischen 03.00 Uhr und 23.55 Uhr alle 60 Minuten, im Winter alle 90 Minuten. Fahrzeit 60 Minuten. www.redfunnel.co.uk.

Red Jet Passenger Speed Ferries verkehren von Southampton nach West Cowes/Isle of Wight, Abfahrten alle 60 Minuten, im Sommer alle 30 Minuten, Fahrzeit 25 Minuten.

Red Funnel Isle of Wigth Ferries, Terminal 2, Town Quay, Southampton, SO14 2AQ, Tel. +44 (0)2380 24 85 00; www.redfunnel.co.uk/en/isle-of-wight-ferry/.

Isle of Wight Port Adressen: *Red Funnel Isle of Wight Ferries*, Trinity Road, East Cowes, Isle of Wight, PO32 6RF.

Red Funnel Red Jet Ferries (West Cowes), Fountain Yard, West Cowes, Isle of Wight, PO31 7AR.

Bahn, Bus, Fahrrad

Der Eisenbahnverkehr von **Island Line Trains** (www.thetrainline.com) auf der Insel beschränkt sich auf die knapp 15 km lange Strecke zwischen Ryde und Shanklin.

Der Bahnverkehr wird mit alten, natürlich verkehrstüchtigen Waggons der Londoner U-Bahn betrieben. Die Züge verkehren von Ryde über Smallbrook Junction, Brading, Sandown nach Shanklin zwischen 6 Uhr und 24 Uhr etwa im Stundentakt.

Ab Small Brook Junction verkehrt die Veteranen-Dampfeisenbahn Isle of Wight Steam Railway über Ashey und Havenstreet nach Wootton; www.iwsteamrailway.co.uk.

Southern Vectis ist die **Busgesellschaft** auf der Isle of Wight. Sie bedient 16 Strecken, u. a. zu den Fährterminals in Ryde und in Yarmouth.

Für unbegrenzte Busfahrten während eines Tages oder zwei Tagen kauft man sich das sog. „Rover Ticket".

Wer eine Netzkarte für eine Gültigkeit von 7, 30 oder 90 Tagen braucht, kauft das „Freedom Ticket". Alle Tickets kann man in den South Vectis Travel Shops in Newport Busstation und in Ryde Busstation erwerben. Auskünfte erteilt der Customer Service Tel. +44 (0) 330 05 39 182; www.islandbuses.info.

Fahrradverleihs findet man in Yarmouth (Wight Cycle Hire, 5 Gehminuten entfernt vom Fähranleger, www.wightcyclehire.co.uk. Angeboten werden neben Fahrrädern, E-Bikes und Mountainbikes auch Tandems, Trikes, Anhänger, Kindersitze, Taschen u. ä. Unter www.visitisleofwight.co.uk/things-to-do/cycling findet man alle Fahrradvermietungen auf der Insel.

Wandern und Radfahren

Die Isle of Wight bietet sich geradezu an für eine Radtour oder eine ausgiebige Wanderung. Des Terrain ist meist relativ flach ohne große oder lange Steigungen. Ein kleines Problem könnte zu gewissen Jahreszeiten, Frühjahr und Herbst zum Beispiel, der Wind sein. Dem Sport entsprechende Kleidung samt Regenschutz und eine adäquate Ausrüstung sollte aber nicht fehlen.

Eine gute Idee ist es, sich vorher auf der offiziellen Webseite der Insel www.visitisleofwight.co.uk/things-to-do/cycling/bicycle-island ein wenig über Rad- und Wandertouren zu informieren.

Unter „Things to do" findet man dort jede Menge Tipps und Touren und einige Fahrradvermietungen in unterschiedlichen Orten. Man erfährt, dass für Radler insgesamt annähernde 300 km an Radtouren zur Verfügung stehen, darunter 12 Rundtouren zwischen 5 km und 30 km Länge.

Hilfreich ist die Landkarte für Radler „Isle of Wight Cycle Map".

Wanderern stehen rund 110 km Wanderwege zur Verfügung, die gut ausgeschildert sind und gepflegt werden. Unter www.visitisleofwight.co.uk/explore/isle-of-wight-trails findet man umfangreiche Informationen über verschiedene Wandermöglichkeiten.

Der Coastal Path z. B. führt in sechs Etappen von Cowes aus gegen den Uhrzeigersinn rund um die Insel: Cowes – Yarmouth, 25,6 km/16 mls; Yarmouth – Brighstone 22,4 km/14 mls; Brighstone – Niton 13 km/8 mls; Niton – Sandown 14,4 km/9 mls; Sandown – Ryde 19,2 km/12 mls; Ryde – Cowes 13 km/8 mls.

ISLE OF WIGHT

Seit 1890 ist die Isle of Wight eine eigene Grafschaft und Großbritanniens kleinste dazu. Die Inselbewohner betonen allerdings gerne, dass sie nicht auf dem English Mainland leben. Und gelegentlich könnte man fast den Eindruck gewinnen, dass manche Einwohner der Dörfer im Inselzentrum nicht immer über die Fremden, die sie „overners" nennen, also „die von drüben kommen", übermäßig begeistert sind.

Die Insel misst 37 km von Westen nach Osten und 21 km von Norden nach

Süden. Hier leben ca. 130.000 Einwohner. Es ist also das Überschaubare, das Fehlen des großen Ferienrummels, wie man ihn häufig in den Seebädern entlang der englischen Südküste findet, und die grüne, hügelige Landschaft im Inselinneren mit malerischen Ortschaften, die diese Insel so attraktiv und zu einer Miniaturausgabe Englands machen.

In der Nebensaison kann man die Insel an einem Vormittag mit dem Auto umfahren, eine Busfahrt dauert vier Stunden.

Im Sommer dagegen ist die Insel allerdings überlaufen. In der Hauptsaison sollte man das Auto aber besser stehen lassen, zumal wenn man mit einem Wohnmobil unterwegs ist, und die Schönheiten der Landschaft zu Fuß, mit dem Fahrrad oder mit dem Bus erkunden.

Vor allem die Nebenstraßen sind aber meist recht eng. Und die Straße A3055 im Südwesten der Insel, etwa zwischen Ventnor und Freshwater, ist laut Beschilderung nur für Fahrzeuge bis zu einer Breite von 6' 6" (1,98 m) zugelassen.

Was man als „touristische Eroberung" bezeichnen kann, begann für die Isle of Wight bereits mit dem Viktorianischen Zeitalter. Die Kreidehügel und Felsenklüfte entsprachen so ganz dem Geschmack der Victorians für das Pittoreske. Und Königin Victoria ließ in der Nähe von Cowes ihren Sommersitz Osborne House erbauen. Die Ferienhäuser, die die Engländer in Königin Victorias Zeit bauten, haben der kleinen Insel vor der englischen Südküste ihren eigentümlichen Appeal gegeben.

Der meiste Sonnenschein und die wärmsten Temperaturen Englands, herrliche alte Cottages und Bademöglichkeiten an langen Sandstränden machen die Insel zu einem idealen Ort für Familienferien.

Der National Trust besitzt auf der Isle of Wight übrigens etwa 2.000 ha Grund, über den viele gut ausgeschilderte Spazier- und Wanderwege, sog. „bridleways", führen.

Heute macht die Inseln als Veranstaltungsort berühmter Segelregatten, etwa der Cowes Week oder des Admiral's Cup, von sich reden.

Touristisches Zentrum ist die Ostküste mit den Orten Sandown, Shanklin und Ventnor. Im Nordwesten legen die Segelfreunde im Hafen von Yarmouth an, sie sehen schon vom Meer aus die berühmte Felsküste The Needles, drei steile Felsklippen an einer imposanten Steilküste. Die moderne Inselhauptstadt Newport liegt unweit der alten Hauptstadt Carisbrooke im Inselinneren.

Übrigens: Die „Wood Calamint", die Inselblume der Isle of Wight, ist eine Pflanze, die nur auf der Isle of Wight wächst. Man findet sie auf schattigen, felsigen Klippen zwischen Newport und Yarmouth im Westen der Insel. Die angenehm nach Pfefferminze duftende Pflanze blüht leicht violett zwischen August und Oktober, sie wird 30 bis 45 cm hoch.

Feste, Folklore

Eine der größten und populärsten Musikveranstaltungen auf der Isle of Wight ist das alljährlich Mitte Juni stattfindende **The Isle of Wight Festival** (https://isleofwightfestival.com), das schon als „UK's Woodstock" bezeichnet wurde. Jimi Hendrix z. B. soll viel dazu beigetragen haben, dass das erste Festival (damals bei Freshwater) stattfinden konnte. Heute wird das Festival bei Newport abgehalten. Hier traten sie fast alle auf, von Bob Dylan über The Rolling Stones, Paul McCartney, The Doors, The Who, Miles Davis bis Bruce Springsteen u. v. a.

Round Island Circle

Bei einer **Autotour auf der Isle of Wight** sollten Sie beachten, dass einige der Landstraßen, wie schon erwähnt, recht eng sind, gelegentlich einspurig mit Ausweichen, was vor allem Caravangespannen und Wohnmobilen über 2 m Breite ziemliche Mühe machen dürfte. Manche der Sträßchen sind lt. Beschil-

derung nur für Fahrzeuge bis 6' 6" (1,98 m) Breite zugelassen!

ROUTE: Vom Fährhafen **Fishbourne** *zunächst Richtung* **Newport** *bis zur A3021, der wir nordwärts bis* **East Cowes** *und zur Zufahrt von* **Osborne House** *folgen.*

Cowes (West Cowes) und **East Cowes** sind durch eine Kettenbrücke über den trennenden Fluss Medina miteinander verbunden.

Cowes ist Englands Segler-Hauptstadt. Der Royal Yacht Squadron, der wohl exklusivste Yachtclub der Welt von 1815, in dem König George IV. und Admiral Hardy, Kapitän der Trafalgar-Flotte, Mitglied waren, hat seinen Sitz in der Victoria Parade unterhalb von Cowes Castle, das von König Henry VIII. einst erbaut wurde. Die 22 Messingkanonen der Festung eröffnen im August die jährliche Regatta der „Cowes Week" und feuern den königlichen Salut.

Im Juni veranstaltet man ein Seglerrennen rund um die Isle of Wight. Und im Zweijahres-Rhythmus wird hier auch der Admiral's Cup ausgetragen.

Ein Spazierweg führt über die Esplanade zum Egypt Point mit Leuchtturm an der Gurnard Bay.

Die ersten Siedler im amerikanischen Maryland kamen übrigens aus Cowes. Auch der berühmte Leiter der englischen Public School von Rugby, Dr. Thomas Arnold, wurde hier geboren.

Etwa 2 km südöstlich von East Cowes steht **Osborne House [Parkplatzzufahrt, WP 049 / N50° 45' 00.1" W1° 16' 34.1"]**, königliche Sommerresidenz, in der *Königin Victoria* ihre Sommeraufenthalte auf der Isle of Wight verbrachte und dort 1901 auch starb, in den Armen ihres Lieblingsenkels Wilhelm II., dem deutschen Kaiser, wie es heißt.

Ihr Prinzgemahl *Albert von Sachsen-Coburg und Gotha*, mit dem Victoria seit 1840 verheiratet war, entwarf das stattliche Anwesen von Osborne House zusammen mit dem Architekten Thomas Cubitt im italienischen Landhausstil.

Nach Alberts frühem Tod zog sich die Königin von 1861 bis 1864 nach Osborne House zurück. In dieser Zeit stand sie als Trauernde nicht für offizielle Staatsaufgaben in London zur Verfugung.

Der Besucher kann die Staats- und Privatgemächer im Originalzustand besichtigen (*geöffnet 1. Apr. – 30. Sept. tgl. 10 – 18 Uhr; Okt. tgl. 10 – 17 Uhr; Nov., Dez., März Mi - So 10 - 16 Uhr; März Mi -*

Osborne House

So 10 - 16 Uhr; English Heritage; www. english-heritage.org.uk/visit/places/osborne/). Neben den königlichen Gemächern verdienen Drawing Room, Dining Room, Billard Room und Durbar Room besondere Beachtung.

Die ausgedehnten Parks und Gärten, darunter ein sog. **Walled Kitchen Garden**, laden zu ausgedehnten Spaziergängen ein. Und seit kurzem ist Besuchern nun auch „Queen Victoria's private beach" zugänglich.

Im **Swiss Cottage**, das als Spielhaus für die Kinder der königlichen Familie errichtet wurde, stehen Victorias Schreibtisch und ihre persönliche Porzellansammlung. An den Wänden stehen deutsche Sinnsprüche.

Im nahen Noris Castle verbrachte die Königin als junge Prinzessin mit ihrer Mutter den Urlaub.

ROUTE: *Von Osborne House zurück über* **Fishbourne** *bis* **Ryde.** *Dort südwärts auf der A3055 über* **Branding, Sandown und Shanklin** *bis* **Ventnor.**

Zwischen Fishbourne und Ryde liegt in Küstennähe **Quarr Abbey [N50° 43' 51.80" W1° 12' 19.23"]**, ein historisches Kloster, das noch heute von Benediktinermönchen belebt wird. Die ursprüngliche Abtei war 1132 gegründet, aber, wie so gut wie alle kirchlichen Einrichtungen in England, vierhundert Jahre später von König Henry VIII. eliminiert worden. Das heutige Kloster wurde 1912 von Benediktinermönchen neu gegründet. Die Klos-terkirche ist für Besucher geöffnet. Auch die Klöstergärten stehen

Besuchern offen. Ein Visitor Centre beherbergt ein kleines Museum, das über die Geschichte des KLosters erzählt. Das Kloster selbst kann nur auf Führungen am ersten Dienstag in jedem Monat (im Juli und August an jedem Dienstag) um 11 Uhr besichtigt werden, Spenden sind willkommen; www.quarrabbey.org.

Ryde [St. Thomas Street Upper Car Park, WP 050 / N50° 43' 55.66" W1° 9' 48.81"] ist eines der Verbindungstore der Insel zum englischen Festland.

Das **Ryde Pier [N50° 43' 57.9" W1° 09' 36.9"]** ist fast einen Kilometer lang und wurde 1813 fertiggestellt. Anders als die berühmten Piers von Brighton, Eastbourne oder Bournemouth legen hier noch die Fährschiffe aus Portsmouth und Southampton an.

Ein Waggon der Londoner U-Bahn brachte bis in die 1960er Jahre Generationen von Urlaubern von der Pierspitze zum festen Inselboden. Die seit 1880 betriebene elektrische Eisenbahn war eine der ersten in der Welt. Der alte U-Bahnwaggon verkehrt nun nicht mehr. Man arbeitet aber an der Rekonstruktion der von vielen treuen Inselbesuchern sehr vermissten Bahn.

Ryde kann mit 7 km langen Stränden aufwarten, bietet hübsche Gartenanlagen (Parade Gardens) entlang der Esplanade und einen Flamingo-Park als Touristenattraktion.

In der Union Street, der Hauptgeschäftsstraße des Ortes, gibt es gute Shoppingmöglichkeiten.

Die Kirchturmspitze der All Saints' Church von Ryde ist das höchste Gebäude der Gegend und daher meilenweit zu sehen.

Übrigens: Angeblich ließ sich ein Geschäftsmann aus Ryde namens Henry Knight 1881 den ersten Dosenöffner patentieren.

Die **Isle of Wight Steam Railway**, eine dampfbetriebene Veteranenbahn, verkehrt zwischen Juni und Anfang Oktober täglich von Smallbrook Junction bei Ryde nach Havenstreet Station und

PRAKTISCHE HINWEISE – RYDE

Ryde Tourist Information Point [N50° 43' 58.45" W1° 9' 36.55"], Ryde Esplanade, Ryde Bus Station, Ryde, P033 2HE, Tel. +44 (0)1983 81 38 13; www.visitisleofwight.co.uk. *Geöffnet tgl. 9 - 15 Uhr.*

PUBS UND RESTAURANTS

The Alamo (Steakhouse Bar & Grill), 2 Castle Street, Tel. +44 (0)1983 56 25 93; dem Restaurant wird nachgesagt, die besten Steaks auf der Insel anzubieten. **The Crown**, Pub, 10 St. Thomas Square, Tel. +44 (0)1983 56 20 80; gemütliches Lokal mit gut sortiertem Schanktresen. Es werden kleine Gerichte angeboten. Live Music.13 Gästezimmer.

Seaview bei Ryde
The Old Fort, Pub, The Esplanade, Tel. +44 (0)1983 61 23 63; www.theoldfort. co.uk. Hier lässt es sich, bei schöner Aussicht auf die Solentbucht, gut essen und trinken.

CAMPING

Ryde
Camping Rosemary Vineyard Touring Park [WP 051 / N50° 42' 56.94" W1° 9' 48.52"], Smallbrook Lane, Tel. +44 (0)1983 81 10 84; www.rosemaryvineyard.co.uk; von Ryde auf der A3055 südwärts Richtung Sandown und nach ca. 2 km in die Smallbrook Lane westwärts abzweigen, nach 1,5 km wieder rechts ab zum Weingut; 8 Plätze für Camper auf dem Weingut Rosemary Vineyard mit Stromanschluss, Sanitäranlagen; The Vineleaf Coffee Shop neben dem Platz serviert Kuchen, Snacks und kleine Mittagsgerichte. Es werden Führungen durch das Weingut mit Weinproben angeboten. Keine Kinder unter 14 Jahren.

weiter bis Wootton. In den Monaten März bis Mai und November und Dezember verkehrt die Bahn gewöhnlich nur an Wochenenden; www.iwsteamrailway.co.uk. Lokomotiven (die älteste tut seit dem Jahre 1876 ihren Dienst) und Waggons, von denen viele noch aus der Zeit von Königin Victoria stammen, wurden allesamt wunderbar und originalgetreu restauriert.

Rund 7 km südlich von Ryde kommt man nach **Brading** an der A3055.

In der Morton Old Road südöstlich von Brading liegt die **Roman Villa [Parkplatz, WP 052 / N50° 40' 22.82" W1° 9' 6.01"]**, eine römische Ausgrabung von 1880 mit Mosaikböden, Heizungssystem u. a. Ein neues, modernes Museum mit Ausgrabungsstücken mit dem Forum Café ist angeschlossen *(geöffnet tgl. 10 – 17 Uhr, letzter Einlass 1 Std. vor Schließung; www.bradingromanvilla. org.uk).*

Und wer Freude an altem Spielzeug und an Teddybären hat, wird in der High Street im **Lilliput Doll & Toy Museum [N50° 40' 54.61" W1° 8' 36.31"]** in Brading fündig. Ausgestellt sind annähernd 2.000 Exponate, darunter Spielzeug der unterschiedlichsten Art und aus den unterschiedlichsten Kulturepochen, Puppen, Puppenhäuser, Schaukelpferde u. v. m. *(geöffnet Mitte März – Okt. tgl. 10 – 17 Uhr; www.lilliputmuseum.co.uk).*

Eine kleine Straße führt vom Ort Brading ostwärts hinauf zur Steilküste am **Culver Cliff [Parkplatz, WP 053 / N50° 40' 1.45" W1° 6' 3.34"]**, von wo man einen sehr schönen Ausblick auf die Meerenge The Solent genießt. Hier steht auch der Yarborough Obelisk, der an den ersten Earl von Yarborough erinnert, den Commodore des Royal Yacht Squadron.

Kaum zu glauben, aber wahr: Auf der Isle of Wight wird Wein angebaut. Eines der Weingüter ist der 1968 gegründete **Adgestone Vineyard** bei Brading. Und die dort produzierten Tropfen können nicht die schlechtesten sein, denn man liest, dass Adgestone-Weine sogar an den Palace of Westminster geliefert

werden. Im Sommer kann man dienstags bis samstags 10 – 16 Uhr und sonntags von 11 bis 16 Uhr gegen Gebühr an Kellerführungen und anschließender Verkostung teilnehmen; *www.adgestonevineyard.co.uk.*

Bembridge im Osten der Isle of Wight und östlich von Brading am Kap Foreland gelegen, ist ein kleiner, ruhiger Badeort mit einem breiten Sandstrand bei Niedrigwasser.

Bis in die Zeit Königin Victorias hinein war Bembridge durch eine Art Lagune vom Rest der Insel getrennt und wurde erst Mitte des 19. Jh. durch Landaufschüttungen mit der Insel verbunden. Der Hafen, früher ein Schmugglernest, macht den Ort heute zu einem populären Wassersportlertreff. Der Bembridge Sailing Club gehört hier zu den renommiertesten in ganz Südengland.

Whitecliff Bay und **Culver Cliff** südlich des Ortes sind beliebte Ausflugsziele für ein sommerliches Picknick.

Ganz in der Nähe des Dorfes dreht sich die **Bembridge Windmill [N50° 41' 0.21" W1° 5' 44.53"]**, eine der letzten intakten Windmühlen der Insel aus dem frühen 18. Jahrhundert. Die Mühle hat ein hölzernes Dreh- und Mahlwerk, großenteils noch original erhalten. Die Mühle befindet sich heute im Besitz des National Trust *(geöffnet Mitte März – Ende Okt. tgl. a. 10.30 – 17 Uhr, lletzter Einlass 30 Min. vor Schließung; www.nationaltrust.org.uk/bembridge-windmill/).*

Eine viel besuchte Attraktion in Sandown ist der **Isle of Wight Zoo [Parkplatz, N50° 39' 38.71" W1° 8' 17.68"]**, der „Zoo am Meer", Yaverland Road, *(geöffnet 1. Apr. - 31. Okt. tgl. 10 - 17.30 Uhr; Nov. - Feb tgl. 10 - 16 Uhr; März tgl. 10 - 17 Uhr; letzter Eintritt 1 Std. vor Schließung; https://isleofwightzoo.com).*

Kaum 200 m westlich des Zoos liegt, nur durch die Straße Culver Parade von der Küste getrennt, die Ausstellung **Dinosaur Isle [Parkplatz, N50° 39' 33.78" W1° 8' 32.04"]**. Man sieht lebensgroße Skelette riesiger Dinosaurier und präsentiert werden Fossilien und eine Erklärung zur Geologie der Insel. Besonders interessant sind die verschiedenartigen Farben des Gesteins der Klippen *(geöffnet Mai - Aug. tgl. 10 - 18 Uhr; Apr., Sept., Okt. tgl. 10 - 17 Uhr; Nov. März tgl. 10 - 16 Uhr; letzter Einlass 1 Stunde vor Schließung; www.dinosaurisle. com).*

Südlich von Sandown erreicht die Straße A3055 **Shanklin**, einen bereits 1066 urkundlich erwähnten Ort. Geschützte Sandbuchten werden hier von hohen Klippen eingerahmt.

Zwischen zwei Klippen steigt der Ort den Hügel hinauf. Wer es bequemer mag, kann auch einen Aufzug an der

---

PRAKTISCHE HINWEISE – BEMBRIDGE UND SANDOWN

Sandown Tourist Information Point [N50° 39' 15.49" W1° 9' 14.49"], The Holiday Shop, 37 High Street, Sandown, P036 8DE, Tel. +44 (0)1983 52 15 55; ww.visitisleofwight.co.uk/information/product-catch-all/sandown-tourist-information. *Geöffnet tgl. 9 - 15 Uhr.*

PUBS UND RESTAURANTS

Sandown
The Beach Cafe, 9 Pier Street, Tel. +44 (0)1983 71 95 05; https://beachcafeiow. co.uk; Salat- und Sandwich Bar in einfachem Stil eingerichtet, an der Waterfront von Sandown.

Bembridge
The Old Village Steak and Ale House, Pub, 61 High Street; Tel. +44 (0)1983 87 26 16; in einem Haus von 1787 eingerichtet, gute Küche und gut sortierte Bar.

Crab & Lobster Inn, 32 Forelands Field Road, Tel. +44 (0)1983 87 22 44; www. characterinns.co.uk/the-crab-and-lobster-inn; sehr einladendes Pub mit renommiertem Restaurant, das vor allem für seine Fischgerichte bekannt ist. Es gibt 5 Fremdenzimmer, teils mit Meerblick.

Brading bei Sandown
The Bugle Inn, Pub, 56 – 57 High Street, Tel. +44 (0) 1983 40 73 59; www.characterinns.co.uk/thebugleinnbrading; es soll eines der ältesten Pubs auf der Insel sein. Gemütliche Atmosphäre, Biergarten, gutes Bier und kleine Gerichte. Parkplatz.

CAMPING

Bembridge
Camping Whitecliff Bay Holiday Park [WP 054 / N50° 40' 36.55" W1° 5' 51.14"], Hillway Road, Tel. +44 (0)1983 87 26 71; www.awayresorts.co.uk/whitecliff-bay/; Ostern – Okt.; von der A3055 (Ryde – Sandown) ostwärts auf der Sandown Road Richtung Bembridge abzweigen und weiter Richtung Whitecliff Bay, beschildert; durch Straße zweigeteiltes, weitläufiges, gestuftes Wiesenareal, Platz für Tourer auf der Landseite, für Mobile Homes auf der Küstenseite; 7,5 ha – 200 Stpl.; gute Standard-Sanitärausstattung. Laden, Imbiss, Restaurant, Hallen- und Freibad, Sauna, Minigolf, Waschmaschine, Trockner. V & E für Wohnmobile. Mietcaravans, Miethütten.

Adgestone bei Sandown
Camping Adgestone C & C Cub Site [WP 055 / N50° 39' 59.66" W1° 9' 55.01"], Lower Adgestone Road, Tel. +44 (0)1983 40 34 32; www.campingandcaravanningclub.co.uk/campsites/uk/isleofwight/adgestone/adgestone; 11. Apr. – 30. Sept.; von der A3055 im Süden von Sandown nordwärts abzweigen auf die Straße The Fairway und noch 800 m bis zur Platzeinfahrt, beschildert; 8 ha – 250 Stpl.; gute Standard-Sanitärausstattung. Kiosk, Waschmaschine, Trockner, Schwimmbad, Fahrradverleih, WLAN.

East Cliff Promenade benutzen. Oben angekommen, spaziert man entlang der Promenade und genießt die herrliche Aussicht auf das Meer. Ein relativ zentraler Parkplatz, **Spa Car Park [WP 057 / N50°37'47.27" W1°10'20.81"]**, liegt unten an der Esplanade, Ecke Lift Road.

Small Hope Beach im Norden und **Hope Beach** nach Süden sind die bedeutendsten Strände von Shanklin.

Shanklin Chine Historic Gorge [Parkplatz, WP 058 / N50° 37' 34.04" W1° 10' 41.35"] ist als Touristenattraktion ein unbedingtes Muss. Hier entstand in Millionen Jahren eine 60 m breite und 100 m tiefe Klamm mit Wasserfall, die 1817 für die Öffentlichkeit geöffnet wurde. In vergangenen Zeiten lagerten Schmuggler hier ihr Diebesgut und nutzten die Schlucht als Versteck. Schmuggel im 18. und 19. Jahrhundert gehört zur zwielichtigen, etwas illegalen Vergangenheit vieler Inselorte.

In der kühlen und feuchten Luft wachsen grüne Farne und auch seltene Pflanzen. Shanklin Chine, die wahr-scheinlich älteste Touristenattraktion auf der Isle of Wight, wurde schon von vielen Künstlern, besungen, bedichtet und gemalt. Im Juli und August wird dienstags und donnerstags die abendliche Illumination musikalisch untermalt *(geöffnet 8. Apr. - 23. Mai tgl. 10.30 - 17 Uhr; 24. Mai - 31. Aug. tgl. 10.30 - 22 Uhr; 1. Sept. - 3. Nov. tgl. 10.30 - 19 Uhr; abends Illumination; www.shanklinchine.co.uk).*

Das Heritage Centre in der Schlucht zeigt interessante Ausstellungen über die Geschichte der grünen Klamm. U. a. wird über „Pluto", die Pipe Line Under The Ocean, berichtet, über die im Zweiten Weltkrieg alliierte Truppen in der Normandie mit Kraftstoff versorgt wurden.

Im Old Village, dem älteren Teil von Shanklin, steht eines der schönsten Pubs der Insel, „The Crab Inn".

St. Boniface Down, mit 240 m Höhe der höchste Punkt der Isle of Wight, schützt den kleinen Ort **Ventnor [Central Car Park, WP 060 / N50°**

Shanklin Tourist Information Point [N50° 37' 36.52" W1° 10' 44.32"] , 1 Eastcliff Road, Shanklin, PO37 6AA, Tel. +44 (0)1983 86 26 06; www.visitshanklin.co.uk. *Geöffnet Mo - Sa 10 - 23 Uhr, So 11 - 22.30 Uhr.*

PUBS UND RESTAURANTS

The Crab Inn, 94 High Street, Tel. +44 (0)1983 86 23 63; Old Village, ältestes, strohgedecktes Pub der Insel. Ein Muss, hier zu einem Ale oder einem Snack einzukehren. Im Sommer sehr umtriebig.

The Steamer Inn, Pub (Freehouse), 18 Esplanade, Tel. +44 (0)1983 86 26 41; www.thesteamer.cu.uk; alteingesessenes Pub mit Terrasse an der vor allem in den Sommerferien recht turbulenten Esplande, Live Music freitags, samstags und sonntagabends während der Saison. Auch **B & B**-Zimmer.

Vernon Cottage, Pub (Freehouse), 1 Eastcliff Road, Tel. +44 (0)1983 86 54 11; www.vernoncottage.co.uk; in hübschem strohgedecktem Haus, einladende Restaurantterrasse. Die Küche serviert leckere, kleine Gerichte

CAMPING

Camping Ninham Country Holidays [WP 059 / N50° 38' 47.43" W1° 11' 15.27"], Ninham Farm, Tel. +44 (0)1983 86 42 43; www.ninham-holidays.co.uk; 2. Mai – 16. Sept.; von der A3056 (Shanklin – Newport) ca. 1 km westlich von Shanklin zum Platz abzweigen, beschildert; ebenes Wiesenrund von Bäumen und Büschen eingerahmt; 8 ha – 130 Stpl.; Standard-Sanitärausstattung. Schwimmbad, Waschmaschine, Trockner. Minimumaufenthalt 2 Nächte, im Sommer 3 Nächte..

Museum Dinosaur Isle, Sandown. Foto: VisitBritain/James McCormick

35' 44.50" W1° 12' 12.43"] und seinen Sandstrand vor dem kalten Nordwind.

Der Badeort wurde terrassenförmig in den Hang gebaut. Vor allem im 19. Jahrhundert war Ventnor ein bekanntes Seeheilbad für Erkrankungen der Atemwege.

Charles Dickens lobte den Ort überschwänglich: „The prettiest place I ever saw in my life". Eine Straße führt in Serpentinen steil hinunter zum Strand. Ventnor ist der sonnenscheinreichste und regenärmste Ort ganz Großbritanniens.

Am Undercliff Drive am Südwestrand von Ventnor wachsen in den rund 9 ha großen **Ventnor Botanic Gardens [Parkplatz, N50° 35' 24.19" W1° 13' 35.84"]** über dem Meer subtropische Pflanzen aus aller Welt, u. a. Japanischer Garten, mediterrane Pflanzen, Gewächshaus, Visitor Centre, Royal Garden Café, Souvenirladen, Ausstellungen u. v. m. *(geöffnet tgl. 10 – 17 Uhr, letzter Einlass 1 Stunde vor Schließung; www.botanic.co.uk).*

Im unweit östlich von Ventnor gelegenen Dorf **Bonchurch** waren die englischen Dichter Charles Dickens und William M. Thackeray gern gesehene Gäste. Ihnen gefielen vor allem der hübsche Dorfteich, die kleine normannische Gemeindekirche St. Boniface Old Church und einige viktorianische Villen.

Von Ventnor aus führt eine ziemlich enge Straße (bislang nur Fahrzeuge bis 1,98 m Breite) durch eine schöne Landschaft zum **St. Catherine's Point**, dem südlichsten Punkt der Isle of Wight. Hier steht ein Leuchtturm, den man im Sommer auf Führungen besichtigen kann.

Um zur Aussichtsplattform zu gelangen, muss man allerdings erst 94 Stufen überwinden!

Auf der **Knowles Farm [N50° 34' 37.95" W1° 17' 51.67"]**, heute im Besitz des National Trust, machte der italienische Physiker und Funktechniker *Guglielmo Marconi* (1874 – 1937) erste Versuche mit seiner drahtlosen Telegraphie, die später im Schiffsverkehr zur Nachrichtenübermittlung zum Einsatz kam. Heute wird es als Ferienhaus genutzt.

Der **älteste Leuchtturm** der Isle of Wight liegt übrigens an der Küste bei Niton, unweit westlich von St. Catherine's Point. Der mit dem Kosenamen „Pepperpot" belegte steinerne sechseckige Leuchtturm, der eher an einen Kirchturm erinnert, wurde 1328 errichtet. Wie es heißt, soll der damalige Besitzer dieses Küstenstrich dazu verurteilt worden sein, den Turm zu bauen. Es sollte die Strafe dafür sein, dass der Mann eine Menge Weinfässer von einem in der Chale Bay gestrandeten Handelsschiff geraubt hatte. „Pepperpot" ist heute in der Obhut von English Heritage. Der Turm kann besichtigt werden. Der Aufstieg allerdings ist steil und gefährlich!

*ROUTE: Bitte beachten Sie, dass die Straße A3055 zwischen **Ventnor** und **Freshwater Bay** entlang der Südwestküste der Isle of Wight offiziell nur für Fahrzeuge bis 6' 6" (1,98 m) Breite zugelassen ist! Mit einem Wohnmobil fährt man also besser zurück bis **Shanklin** und nimmt dort die A3020 über **Godshill** und **Blackwater** nach **Newport.***

Fährt man von Ventnor auf der Straße B3327 direkt Richtung Godshill, passiert man den kleinen Ort **Wroxall**, der mit der sehenswerten Ruine von **Appuldurcombe House [N50° 37' 6.08" W1° 13' 59.38"]** aufwartet (*geöffnet 1. Apr. – 30. Sept. So - Fr 10 - 17 Uhr; www.appuldurcombe.co.uk; English Heritage*). Appuldurcombe House, auf den Mauern eines mittelalterlichen Konvents entstanden, wurde zu Beginn des 18. Jh. zu einem stattlichen Landsitz der Familie Worsley, Barone von Appuldurcombe, ausgebaut. Das Haus galt einst als das prächtigste Barockschloss auf der Isle of Wight, bis es im Zweiten Weltkrieg durch den Notabwurf eines abstürzenden deutschen Bombers zu großen Teilen zerstört wurde. Besuchenswert ist das Anwesen dank seines weitläufigen, vom berühmten englischen Gartenbauarchitekten Lancelot „Capability" Brown angelegten Parks und der interessanten Eulenstation und Falknerei.

Fährt man von Wroxall auf der B3327 ca. 2 km nordwärts weiter, passiert man den Abzweig zur Lower Winston Farm mit dem **Isle of Wight Donkey Sanctuary [N50°37'37.98" W1°13'33.97"]**, einer Pflegestation für verwahrloste Esel, die hier ihr Gnadenbrot erhalten. Und wenn Sie eines der Grauohren besonders in Ihr Herz geschlossen haben, können Sie für das Tier sogar eine Patenschaft für 20 Pfund im Jahr übernehmen.

Im wunderschönen, auf einem Hügel gelegenen Dorf **Godshill [Parkplatz, N50° 37' 57.01" W1° 15' 7.15"]** reihen sich im Schatten der Kirche St Lawrence ordentlich die Cottages. Im Sommer ist Godshill bei Touristen wegen seiner schönen Kaffee- und Teegärten sehr beliebt.

Kinder kommen im Garten des Vikarhauses in der High Street auf ihre Kosten, denn dort steht ein Modelldorf, ein **Model Village [N50° 37' 58.08" W1° 15' 16.67"]** im Maßstab 1:10 innerhalb eines wunderschönen Gartens (*geöffnet 11. März - 3. Nov. tgl. 10 - 17 Uhr; Ende Juli – Aug. tgl. 10 – 18 Uhr, letzter Einlass 30 Minuten vor Schließung; www.modellvillagegodshill.co.uk*). Die vielen Reisebusse auf dem Parkplatz am Ortseingang weisen auf die Touristenmassen hin, die hier jeden Tag einfallen.

Als beliebtes Gasthaus in Godshill gilt „The Taverners", High Street, Tel. (01983) 840 707, www.thetavernersgodshill.co.uk; ein Pub und „Eating House". Sonntagabend geschlossen.

Ab Blackwater lohnt ein kurzer Abstecher ostwärts ins nahe **Arreton**.

CAMPING – WROXALL BEI VENTNOR

Camping Appuldurcombe Gardens Holiday Park [WP 061 / N50° 37' 8.41" W1° 13' 40.53"], Appuldurcombe Road, Tel. +44 (0)1983 85 25 97; www.appuldurcombegardens.co.uk; Apr. – Okt.; am nördlichen Ortsrand von Wroxall, ca. 500 m von Appuldurcombe House entfernt; für Tourer ebene Wiesen von Bäumen eingesäumt, jenseits der Versorgungsgebäude des Mobilhomeparks; 2,5 ha – 80 Stpl.; Laden, Imbiss, Waschmaschine, Trockner, Schwimmbad.

Im **Arreton Barns Craft Village** findet man u. a. das **Shipwreck Centre & Maritime Museum** (geöffnet Ostern – Okt. 10 – 17 Uhr, letzter Einlass 30 Minuten vor Schließung; https://museum.maritimearchaeologytrust.org). In dem besuchenswerten Museum geht es um das Wracktauchen, um Navigation und Seenotrettung, um das Piratenwesen früherer Tage und um die unterschiedlichsten Aspekte der Seefahrt. Einen großen Teil der Ausstellungen nehmen Gegenstände ein, die u. a. vom Initiator des Museums, Martin Woodward, aus Wracks geborgen wurden.

In Arreton Barns Craft Village, eine Art Freilichtmuseum, das einem Handwerkerdorf aus dem 19. Jh. nachempfunden ist, findet man eine Kirche aus dem 12. Jh., historische Werkstätten, Souvenirläden, die an Tante-Emma-Läden erinnern und das Dorfpub „The Dairyman's Daughter".

Unweit südöstlich von Arreton kann man in der Watery Lane von **Newchurch** den **Amazon World Zoo Park [Parkplatz, N50° 39' 17.60" W1° 13' 11.80"]**, einen Tier- und Freizeitpark mit Regenwaldfluss, Lemur Walk, Abenteuerspielplatz u. a. besichtigen (geöffnet Apr. – Okt. tgl. 10 – 17.30 Uhr; Nov. – März kürzere Öffnungszeiten, letzter Einlass 1 Stunde vor Schließung; amazonworld.co.uk).

Im nördlichen Nachbarort von Arreton, in **Downend**, liegt der **Robin Hill Country Park**, ein Freizeitpark (geöffnet Apr. – Okt. tgl. 10 – 17 Uhr, im Aug. bis 18 Uhr; www.robin-hill.com).

Newport [Parkplatz, WP 062 / N50° 41' 50.63" W1° 17' 30.49"], die moderne Hauptstadt der Isle of Wight, liegt am Fluss Medina.

Sehenswert ist die **Guildhall**, die der berühmte englische Architekt John Nash im 19. Jahrhundert erbaute. In der Guildhall ist auch das **Newport Museum of Island History [N50° 42' 1.34" W1° 17' 35.75"]** untergebracht (geöffnet Di – Fr 9.30 – 15.30 Uhr, Mo 10.30 – 15.30 Uhr, letzter Einlass 30 Minuten vor Schließung). Das Museum befasst sich mit Aspekten der Geschichte der Insel von der Frühgeschichte bis heute.

Die Gemeindekirche **St. Thomas**, schräg gegenüber des Museums, hat immer noch ihre acht Originalglocken, die weit in die Landschaft hinein zu hören sind.

Im Zentrum der 24.000 Einwohner-Stadt liegt der **St. James' Square** mit der Statue der Königin Victoria, die in Osborne House bei East Cowes viele Jahre ihres Lebens verbrachte. Ein weiteres Denkmal erinnert an den Earl of Burma, Lord Mountbatten, den IRA-Terroristen 1979 in der Irischen See auf seinem Segelboot durch einen Sprengsatz ermordeten.

Auch eine 1926 ausgegrabene **römische Villa [N50° 41' 40.86" W1° 17' 30.62"]** (geöffnet Apr. – Okt. Mo – Sa 10.30 – 16 Uhr; Juli + Aug auch So 12 – 16 Uhr) mit Bodenmosaiken in der Cypress Road im südlichen Stadtbereich und einige attraktive Bürgerhäuser aus dem 17. Jahrhundert machen einen Besuch der Stadt lohnenswert.

In der Old Grammar School von 1619 hielt sich König Charles I. kurzzeitig auf.

Nordöstlich von Newport liegen an der Straße nach Wooton Bridge zwei Freizeitparks, die etwas für die ganze Familie bieten. **Owl & Monkey Haven [N50° 42' 19.83" W1° 15' 44.79"]** (geöffnet 10 – 18 Uhr, letzter Einlass 17 Uhr;

PRAKTISCHE HINWEISE – NEWPORT

Newport Tourist Information Centre [N50° 42' 1.02" W1° 17' 35.40"], The Guildhall, High Street, Newport, P030 1TY, Tel. +44 (0)1983 52 15 55. *Geöffnet Apr. - Okt. Mo - Sa 9.30 - 16.30 Uhr; Nov. - März Mo - Fr 9.30 - 16 Uhr.*

PUBS UND RESTAURANTS

The Bargeman's Rest, Little London, Tel. +44 (0)1983 52 58 28; https://bargemansrest.com; traditionelles uriges Pub mit Nautik-Ambiente, am Ufer des Medinarivers. Live Music.
The Castle Inn, 91 High St., Tel. +44 (0)1983 52 25 28; das älteste Pub in Newport bietet neben einer gut sortierten Bar auch leckere Speisen, vom Sandwich bis zu Fischspezialitäten und Wildgerichten. Live Music.

www.monkeyhaven.org) ist ein Tier- und Freizeitpark, in dem sich die unterschiedlichsten Arten von Primaten und geheimnisvoll blickende Eulen tummeln. Abenteuerspielplatz.

Wenige Kilometer weiter nordöstlich können Sie in der **Butterfly World & Fountain World [N50°42'40.57" W1°15'16.05"]** *(geöffnet Apr. - Okt. Mo - Sa 10 – 16.30 Uhr, So 10 – 15.30 Uhr, letzter Eintritt 30 Minuten vor Schließung; www.butterfly-world-iow.co.uk)* durch schön gestaltete Gärten spazieren, in denen exotische Schmetterlinge flattern. Darüber hinaus gibt es einen japanischen Garten und einen Teich mit Koi-Karpfen.

Carisbrooke, die alte Inselkapitale, liegt südwestlich von Newport an der B3401. Hier steht noch **Carisbrooke Castle [Parkplatz, WP 063 / N50° 41' 13.87" W1° 18' 55.47"]** *(geöffnet Apr. - Sept. tgl. 10 - 18 Uhr; Okt. tgl. 10 - 17 Uhr; Nov - Feb. Sa + So 10 – 16 Uhr; März Mi - So 10 - 16 Uhr; www.english-heritage.org. uk/visit/places/carisbrooke.castle/).* Diese mächtige normannische Befestigungsanlage aus dem 12. Jahrhundert soll in nur 245 Tagen fertiggestellt worden sein. König Charles I. wurde 1647 in der Festung gefangen gehalten, seine Kinder Henry und Elizabeth kamen 1650 ebenfalls als Gefangene auf die Insel. Bis 1944 residierte auf Carisbrooke Castle der Gouverneur der Isle of Wight.

Ein 50 Meter tiefer Brunnen liegt im Inneren der Burg, der an ein hölzernes Schöpfrad angeschlossen ist, das einst die Gefangenen bedienen mussten. Heute verrichten, sehr zum Vergnügen der Kinder, Esel diese Arbeit (Demonstration täglich, aber nur zwei Stunden am Tag).

Eine Sehenswürdigkeit der Schlossanlage ist auch der **Princess Beatrice Garden**, der an die Zeit erinnert, in der Beatrice, die jüngste Tochter von Königin Victoria, hier von 1913 bis 1944 lebte.

In Carisbrooke beginnt einer der schönsten **Wanderwege** der Insel, der über die südliche Hügellandschaft zum 6 km entfernten Ort Shorwell entlang eines alten Römerpfades führt.

Noch ein paar Meilen weiter südwestlich von Carisbrooke passiert die B3401 **Calbourne**. Modellbahner könnten dieses dörfliche Schaustück in die Natur gepflanzt haben, so unwirklich schön ist der Ort mit seiner bekannten Winkle Street, in der alte, romantische Cottages aus Stein und mit Schindeln besetzt, stehen. Und vergessen Sie Ihre Kamera nicht. Der Ort ist voller Postkartenmotive.

Besichtigen kann man die **Calbourne Water Mill & Museums**, eine Wassermühle aus dem 17. Jh. mit täglichen (außer samstags) Mahldemonstrationen um 15 Uhr *(geöffnet Apr. - Okt. tgl. 10 - 17 Uhr; www.calbournewatermill.co.uk).* Außerdem kann man eine Feuerwehrstation, ein Militariamuseum und ein weiteres Mühlwerk besichtigen. Boots- und Kahnverleih, Minigolfplatz u. a.

Das pittoreske Dörfchen **Brighstone**, schon im 12. Jahrhundert erwähnt, mit seinen reetgedeckten Cot-

PUBS UND RESTAURANTS – BRIGHSTONE

The Three Bishops, Main Road, Tel. +44 (0)1983 74 02 26; www.threebishopspub.co.uk; einladendes Pub-Restaurant im Zentrum von Brighstone. Terrasse und Picknickwiese.

CAMPING

Camping Grange Farm Brighstone Bay [WP 065 / N50° 38' 11.46" W1° 24' 26.05"], Military Road, Tel. +44 (0)1983 74 02 96; www.grangefarmholidays.com; März – Okt.; von der A3055 (Military Road) ca. 1,5 km südlich von Brighstone meerwärts abzweigen, Platz liegt zwischen Straße und Meer; Wiesengeviert ohne Baum und Strauch oberhalb des Strands in ruhiger Lage; 3 ha – 50 Stpl.; einfache Standard-Sanitärausstattung. Laden, Waschmaschine, Trockner, WLAN, Miethütten und -caravans.

tages südlich von Calbourne und nahe der Küste gelegen, diente den Schmugglern und Plünderern von gestrandeten Schiffen bis ins 19. Jahrhundert hinein als Refugium.

Das älteste Gebäude des Ortes ist wohl die **St. Mary's Church [N50° 38' 32.64" W1° 23' 40.71"]** aus dem ausgehenden 12. Jahrhundert. Und zu den einladenden Pubs zählt zweifellos „The Three Bishops". Der Name erinnert an eine Episode, als gleich drei Honoratioren von „Brixton", wie der Ort auch genannt wird, hier Bischof sein wollten.

Chilton Chine, einen knappen Kilometer von Brightstone entfernt, bietet auch bei Hochwasser einen schönen Badestrand.

Liebhaber schön angelegter Gärten finden 2 km westlich von Brighstone an der B3399 bei **Mottistone** den **Mottistone Manor Garden [N50° 39' 7.77" W1° 25' 41.33"]** (geöffnet März - Okt. So - Do 10.30 – 17 Uhr, So 10.30 - 17 Uhr, ; Nov. + Dez. Do - Sa 11 - 15 Uhr, letzter Einlass 16.30; National Trust; www.nationaltrust. org.uk/mottistone-gardens-and-estate). Das Herrenhaus Mottistone Manor im elisabethanischen Stil selbst ist nur am 4. Juni für Besucher geöffnet.

Ein Ausflug in den äußersten Westen der Insel, auf die **Freshwater Peninsula**, endet ganz in der Nähe der dramatisch abfallenden Klippen, deren drei weiße Kreidefelsen als **The Needles [Parkplatz, N50° 39' 59.91" W1° 33' 57.13"]** bekannt sind. Neben dem Parkplatz an der Alum Bay liegt The Needles

Park, eine Ansammlung von Gaststätten und Freizeitamüsements. Von hier führt ein Sessellift hinab zum Strand.

Besucher sollten unbedingt **The Needles Old Battery** besichtigen, eine Befestigungsanlage aus dem Jahr 1862, die an der Steilküste The Needles knapp 80 m über dem Meer liegt und ein ausgedehntes Tunnelsystem zur Besichtigung anbietet (geöffnet Mitte März - Ende Okt. tgl. 10.30 - 17 Uhr, letzter Einlass 16.30 Uhr; www.nationaltrust.org.uk/ the-needles-old-battery-and-new-battery). Die Old Battery, heute in der Obhut des National Trust, liegt rund 2 km westlich des Parkplatzes und ist auf einem kurzen Spaziergang zu erreichen. Bei besonders stürmischem Wetter ist die Old Battery nicht zu besichtigen!

Ein paar hundert Meter vorher zweigt ein Weg ab zur nahen **New Battery**. In den unterirdischen Räumen sieht man eine Ausstellung über das britische Raumfahrtprogramm, das hier in den 50er und 60er Jahren des vergangenen Jahrhunderts u. a. in Form von Raketentests durchgeführt wurde (geöffnet Mitte März - Ende Okt. tgl. 11 - 16 Uhr; www.nationaltrust.org.uk/the-needlesNational Trust).

Tennyson Down [Parkplatz, N50° 40' 9.11" W1° 32' 30.82"] oberhalb der Steilküste südlich von Totland gelegen und nur zu Fuß zu erreichen, ist nach dem englischen Dichter und Poeten Laureate (königlicher Hofdichter) Frederick Tennyson (1807 – 1996) benannt, der zusammen mit seiner Frau Emily in einem Haus (heute Hotel) in Farringford am Südrand von Freshwater von 1853 - 1867 lebte, und einige seiner großen Werke hier schrieb. Tennyson führte in Ferringford ein offenes Haus, in dem Künstler und Wissenschaftler der viktorianischen Epoche wie Charles Darwin oder die Margaret Cameron, eine Pionierin der Photographie ein und aus gingen. Ein 10 m hohes Denkmal erinnert an den bekannten Poeten Tennyson.

In dem ehemaligen Wohnhaus und Atelier der renommierten Photographin Julia Margaret Cameron in der Terrace Lane in Freswater Bay ist heute **Dimbola Museum & Gallery** eingerichtet (geöffnet Apr. - Sept. tgl. 10 - 17 Uhr; Okt. - März Di - So 10 – 16 Uhr, letzter Einlass 30 Minuten vor Schließung; www.dimbola.co.uk). Neben frühen Fotografien Camerons und Ausstellungen über Leben und Werk der Fotokünstlerin, sind auch herrliche alte Fotoapparate zu sehen.

In der nahen **Compton Bay** finden erfahrene Surfer und Kitesurfer ein ideales Revier. Kenner wissen über die Gefahren, die hier vor allem im Frühjahr und Herbst in den oft heftigen Winden und Unterwasserströmungen lauern können.

Yarmouth, ältester Hafen auf der Isle of Wight mit seiner **Marina [Parkplatz, WP 067 / N50° 42' 15.03" W1° 29' 59.20"]** ist Anziehungspunkt für Hunderte von Segelyachten. Im Sommer färbt sich das Meer weiß von den Segeln der Freizeityachten, die vor Yarmouth auf dem Solent im Wind kreuzen.

Das kleine **Yarmouth Castle [N50° 42' 23.83" W1° 30' 0.83"]** gleich neben dem Fähranleger, heute eine Ruine, wurde 1545 von König Henry VIII. erbaut und begrüßt den von Lymington vom englischen Festland ankommenden Fährpassagier mit seinem pittoresken Anblick.

Yarmouth Castle, erst nach dem Tode Heinrichs VIII. fertiggestellt, war die letzte Festung in einem groß angelegten Verteidigungsprogramm des Königs an der südenglischen Küste. Grund dazu gab es. Schließlich war Yarmouth 1377 und noch einmal 1524 von französischen Schiffen überfallen worden.

Das Gelände der ehemaligen Festung ist heute ein beliebter Picknickplatz, von dem aus schöne Ausblick über die Wasserstraße The Solent möglich sind.

In der **St. James's Church** steht eine Statue von *Sir Robert Holmes*, der 1665 in Amerika New Amsterdam von den Holländern übernahm und als New York der englischen Krone zuführte. Über die Statue erzählt man sich, dass der Bildhauer eigentlich den Sonnenkönig Ludwig VIX. darstellen wollte, er von Holmes, damals erster Gouverneur der Isle of Wight, aber gezwungen worden sein soll, der Figur sein Konterfei zu verleihen.

Darüber hinaus kann man – neben einem Planetarium – **The Archaeology Discovery Centre at Fort Victoria [Parkplatz, N50° 42' 23.70" W1° 31' 16.75"],** auch „Sunken Secrets" genannt, in der West Hill Lane am Sconce Point besuchen, eine Ausstellungen über Unterwasserfunde, die hier vor der Küste der Insel gemacht wurden (geöffnet Mo, Mi, Fr - So 10.30 - 15.30 Uhr; www.fortvictoria.co.uk).

CAMPING – NEWBRIDGE BEI YARMOUTH

Camping The Orchards Holiday C & C Park [WP 066 / N50° 41' 17.0" W1° 25' 11.2"], Main Road; Tel. +44 (0)19 83 53 13 31; www.orchards-holiday-park.co.uk; 23. März – 28. Okt.; von der A3054 (Newport – Yarmouth) ca. 5,5 km östl. von Yarmouth beschilderter Abzweig südwärts und noch knapp 3 km; gepflegtes, zu einem sanften grünen Tal hin geneigtes, teils gestuftes Rasengelände mit einzelnen Laubbäumen, durch Lattenzäune, Hecken und Platzwege unterteilt, überwiegend mit gekiesten Stellplätzen. Von den meisten Stellplätzen Talblick. Ca. 2 ha – 160 Stpl.; zeitgemäße, komfortable Sanitärausstattung; Laden, Imbiss, Waschmaschine, Trockner, Chemikalienausguss; Frei- und Hallenbad. Am oberen Platzrand Mobilhomes.

The Needles

Ca. 2 km östlich von Easton liegt der Freizeitpark und Streichelzoo **Tapnell Farm Park** *(geöffnet 30. März - 21. Juli tgl. 10 - 17 Uhr; 22. Juli - 29. Aug. Di, Mi, Fr, Sa, So 10 - 17 Uhr, Mo bis 20 Uhr, Do bis 21 Uhr; 30. Aug. - 4. Nov. tgl. 10 - 16.30 Uhr, letzter Einlass 1 Stunde vor Schließung; www.tapnellfarmpark.com).*

PRAKTISCHE HINWEISE – YARMOUTH

Yarmouth Tourist Information Point [N50° 42' 20.98" W1° 30' 2.25"], Harbour Office, The Quay, Yarmouth, PO41 ONT, Tel. +44 (0)1983 81 38 13; www.great-yarmouth.co.uk/visitor-info/tourist-information-centre.aspx. *Geöffnet Mitte 1. Apr. - 3. Mai Mo - Sa 9.30 - 13 + 14 - 17 Uhr; 4. Mai - 1. Nov. tgl. 9.30 - 17 Uhr; 2. Jan. - 5. Apr. Mo - Fr 10 - 16 Uhr.*

RESTAURANTS UND PUBS

The Bugle Coaching Inn, Pub, The Square, Tel. +44 (0)1983 76 02 72; in einer ehemaligen Kutschenstation aus dem 17. Jh. zentral in Yarmouth gelegen. Kaminfeuer je nach Jahreszeit. Man bietet 7 Gästezimmer an.
The King's Head, Pub, Quay Street, Tel. +44 (0)1983 76 01 77; https://kings-headyarmouth.co.uk; alteingesessenes Lokal, man serviert kleine Speisen und bietet eine große Auswahl an Bieren.

CAMPING

Freshwater bei Yarmouth
Camping Heathfield Farm Park [WP 068 / N50° 41' 21.42" W1° 31' 35.36"], Heathfield Road, Tel. +44 (0)1983 40 78 22; www.heathfieldcamping.co.uk; 1. Mai - 30. Sept.; auf der A3054 von Yarmouth ca. 2 km südwestwärts Richtung Totland, dann südwärts in die Heathfield Road abzweigen, noch 200 m zum Platz, ca. 800 m nördlich vom Ortszentrum Freshwater gelegen; Wiesenfelder von hohen Büschen und Bäumen eingefriedet; ca. 2 ha – 60 Stpl.; einfache Standard-Sanitärausstattung. Ca. 1 km zur Colway Bucht.

ROUTE 3: ISLE OF WIGHT – SOUTHAMPTON – BOURNEMOUTH

Länge der Tour: Rund 160 km/100 mls.

Die Route: Straße B3054 von **Lymington** nach **Beaulieu** – Landstraße nach **Bucklers Hard** und zurück nach **Beaulieu** – B3055 nach **Brockenhurst** – A337 über **Lyndhurst** nach **South ampton** und zurück nach **Lymington** –A337 bis **Christchurch** – A338 nach **Bournemouth** und **Poole** – A351 über **Holton Heath** und **Wareham** nach **Swanage** und zurück bis **Holton Heath**.

Abstecher: Nach **Swanage**.

Reisedauer: Mindestens ein Tag.

Höhepunkte: Das **National Motor Museum ***** und **Palace House in Beaulieu ***** – **Bucklers Hard *** – **SeaCity Museum **** Southampton – **Christchurch Priory **** – **Russell-Cotes Art Gallery & Museum ***** und **Oceanarium** in Bournemouth – **Campton Acres Garden *** bei Poole – **Poole Museum *** – Spaziergang auf **Brownsea Island *** – **Corfe Castle ***.

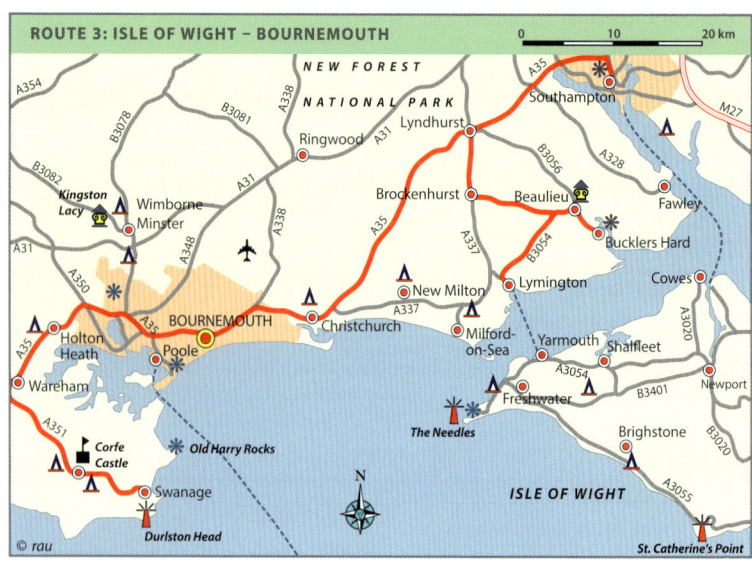

Fähre Yarmouth (Isle of Wight) [WP 069 / N50° 42′ 18.08″ W1° 30′ 7.68″] – Lymington Pier [WP 070 / N50° 45′ 26.85″ W1° 31′ 44.86″]

Autofähren der Reederei Wightlink (www.wightlink.co.uk) verkehren ganzjährig, im Sommer täglich zwischen 6.25 Uhr und 22.50 Uhr, im Winter zwischen 6.25 und 21.50 Uhr, jeweils etwa im Stundenintervall. Die Überfahrt dauert 40 Minuten. An Deck gibt es für die Passagiere eine Lounge mit Bar und Café. Passagiere mit Fahrzeugen sollen sich spätestens 30 Minuten vor Abfahrt, aber nicht früher als eine Stunde vorher im Hafen einfinden. Falls Sie nicht schon bei der Fahrt zur Isle of Wight in Portsmouth ein Rückfahrticket gekauft haben, kauft man seine Fahrkarte am einfachsten direkt im Hafenbüro in Yarmouth. Zu Beginn und am Ende der Schulferien sind Reservierungen sehr ratsam.

Die südenglische Küstenlinie von Southampton bis nach Bournemouth ist eine Region voller Gegensätze. Die beiden großen Städte sind in ihrem Charakter völlig verschieden: Southampton, der wichtigste Hafen Englands im Süden, wird von Docklandschaften und den stählernen Türmen der Ölraffinerien beherrscht, während der bekannte Badeort Bournemouth mit seinen Kiefernbäumen, großzügigen Gartenanlagen und kleinen Tal-Schluchten an der Küste die Schönheiten seiner natürlichen Landschaft betont.

Zwischen diesen beiden Städten wechselt die Landschaft fast mit jedem Kilometer. Bei Fawley an der langen Bucht des Southampton Water ragen stählerne Piers hinaus ins Wasser, die das Öl der anlandenden Tanker in die Raffinerien saugen und dem Besucher einen Eindruck moderner Technik vermitteln.

Christchurch Priory dagegen ist eine alte Abteikirche, die schon viele Jahrhunderte überdauert hat.

Schließlich vereinigt das ehemalige Torhaus des Beaulieu Castle Vergangenheit und Gegenwart mit dem National Motor Museum, das die wechselvolle Geschichte des britischen Automobilbaus und -sports ausstellt.

Die Mündungen der Flüsse Hamble, Lymington und Beaulieu River sind im Sommer geschäftige Gewässer des Segelsports, während die Flüsse Avon und Stour mit ihren Flussauen ruhige Plätze zum Fischen sind.

Das hübsche, alte Markt- und Hafenstädtchen **Lymington** mit heute annähernd 15.000 Einwohnern hat sich durch seine Lage am Solent zu einem Segelsportzentrum entwickelt. Der Tidenhafen quillt im Sommer immer mit Segelbooten über. Schiffbau und Handel, bis zu einem gewissen Grade auch die Salzgewinnung, sind die wirtschaftlichen Standbeine der Stadt. Und auch Lymington erlebte besonders im 18. Jahrhundert ein „goldenes" Zeitalter, über das aber niemand laut sprach, schließlich handelte es sich um schwunghafte Schmuggelgeschäfte.

Romantische Winkel findet man noch heute wenn man die High Street hinab zum Hafen spaziert und in die kopfsteingepflasterten Seitenstraßen schaut.

Am Sonnabend findet in den Straßen von Lymington ein Wochenmarkt statt, auf dem man neben frischem Obst und Gemüse auch Hausrat, Antiquitäten und Trödel kaufen kann. Der traditionsreiche Markt findet schon seit dem 13. Jahrhundert ohne große Unterbrechungen statt.

Parkmöglichkeiten findet man in Lymington u. a. in der Emsworth Road, **Emsworth Road Car Park [N50° 45' 33.39" W1° 32' 36.98"]**.

An der Küste rund 6 km südwestlich von Lymington liegt **Milford-on-Sea**, ein kleiner Badeort mit langem Kiesstrand. Südwestlich des Ortes steht auf einer Landzunge **Hurst Castle**, einst von König Heinrich VIII. zur Verteidigung der Solent-Meerenge errichtet, später Gefängnis von König Charles I. *(geöffnet Apr. – Sept. tgl. 10.30 – 17.30 Uhr; Okt. 10.30 Uhr – 16 Uhr; www.hurstcastle.co.uk; English Heritage)*.

ROUTE: *Von Lymington fährt man auf der B3054 nordostwärts nach* **Beaulieu***, ca. 11 km/7 mls.*

CAMPING – MILFORD-ON-SEA

Camping Lytton Lawn Touring Park [WP 071 / N50° 44' 20.89" W1° 35' 12.73"], Lymore Lane, Tel. +44 (0)1590 64 83 33; www.shorefield.co.uk/camping-touring-holidays/our-parks/lytton-lawn-touring-oark; 10. Feb. – 3. Jan.; ca. 1,5 km nördlich von Milford-on-Sea gelegen, über die Straße B3058 zu erreichen; baumbestandene Wiese mit befestigten Stellflächen; ca. 3 ha – 130 Stpl.; einfache Standard-Sanitärausstattung. Laden, Imbiss, Waschmaschine, Trockner, WLAN.

National Motor Museum, Beaulieu. Foto: National Motor Museum

Das kleine Städtchen **Beaulieu** in der Nähe der Mündung des gleichnamigen Flusses ist vor allem wegen Beaulieu Palace House and Abbey sowie durch **National Motor Museum [Parkplatz, WP 072 / N50° 49' 30.43" W1° 27' 14.09"]** bekannt *(geöffnet 25. Mai - 22. Sept. tgl. 10– 18 Uhr; 24. Sept. – 24. Mai tgl. 10 – 17 Uhr, letzter Eintritt 30 Minuten vor Schließung; www.beaulieu.co.uk.;).*

Das nicht ganz billige, aber sehenswerte Automuseum wurde 1952 zur Erinnerung an den zweiten Baron Montague of Beaulieu errichtet, einem britischen Autopionier. Heute gilt das Museum als eines der best sortierten Automuseen weltweit. Das Museum stellt über 250 Veteran Cars und Vintage Cars aus.

Ein Veteran Car muss ein Oldtimer sein, der vor 1919 gebaut wurde, während ein Vintage Car aus der Zeit zwischen 1919 und 1930 stammen muss.

Im Museum kann der Besucher Oldtimer und historische Autos wie einen „Knight" von 1895, das erste englische Automobil mit Benzinmotor, einen alten Daimler von 1898, einen wunderschönen Mercedes Benz 36/220 von 1928, oder traumhaft schöne alte Rolls-Royce, wie z. B. einen Rolls-Royce Phantom 1 von 1925, sowie Klassiker der Nachkriegszeit bis hin zum modernen Formel 1-Rennwagen bestaunen. In weiteren Abteilungen werden Weltrekordfahrzeuge und Motorräder gezeigt. Wer sich auch nur ein bisschen für Autos interessiert, für den ist das National Motor Museum ein Muss.

Eine Monorail-Hochbahn lädt den Besucher zu einer Rundfahrt über das gesamte Ausstellungsgelände ein und verschafft so einen ersten Überblick über einen Teil des Anwesens von Beaulieu Palace House and Abbey.

Wenn man durch das gepflegte Parkgelände vom Motor Museum zum Palace House geht – man kann auch die Hochbahn oder einen Oldtimerbus benutzen – passiert man die im 19. Jh. angelegten **Viktorianischen Blumen- und Küchengärten** und die Ruinen von **Beaulieu Abbey**. Gegründet wurde die Abtei 1204 von König John für den Zisterzienserorden, oder die „weißen Mönche", wie Mitglieder es Ordens wegen ihrer weißen Mönchskutten auch genannt werden.

1538 veranlasste König Henry VIII., dass auch Beaulieu Abbey aufgelöst und die Klosterkirche bis auf die Grundmauern zerstört wurde.

Beaulieu Abbey

Teile des Kreuzgangs und ehemalige Wirtschaftsgebäude des Klosters sind erhalten geblieben. Die Sakristei im Kreuzgang dient heute als Familiengruft der Montagues. Im ehemaligen Refektorium der Laienbrüder sind heute Ausstellungen über das Klosterleben eingerichtet.

Unbedingt besuchenswert ist **Palace House**, noch heute Sitz der Lords Montague of Beaulieu.

Das prächtige Schloss entstand aus dem ehemaligen Torhaus der Beaulieu Abbey (14. Jahrhundert), diente nach der Säkularisation des Klosters den Earls of Southampton als Jagdschloss und kam später an den Duke of Montague, der, wie danach seine Nachfahren, das Anwesen im schottisch-gotischen Stil erweiterte.

Auf einem Rundgang durch das Schloss sieht man die viktorianische Eingangshalle, den Salon, der im Trakt des ehemaligen Torhauses liegt, den Speisesaal, die Küche, die Ahnengalerie und weitere Salons und Räumlichkeiten. Das Porträt über dem Kamin in der Ahnengalerie stellt den ersten Earl of Southampton dar, der Beaulieu nach der Auflösung des Klosters erwarb.

In der Beschreibung von Palace House ist u. a. folgende Episode zu lesen: Der Urgroßvater von Lord Montague, der fünfte Herzog von Buccleuch, soll einst eine Hochzeitsurkunde in den Familienarchiven entdeckt haben, die seinen Anspruch auf den englischen Thron bestätigte. Als Zeichen seiner Loyalität gegenüber dem Königshaus übergab er die Urkunde Königin Victoria, die sie sofort verbrannte.

Buckler's Hard [Parkplatz, WP 073 / N50° 47' 48.50" W1° 25' 11.10"], rund 4 km südöstlich von Beaulieu gelegen, ist ein winziges Dorf am Unterlauf des Beaulieu River mit Cottages aus dem späten 18. Jh., das durch seine Lage im New Forest mit seinem reichen Eichenbestand ein idealer Platz für den Schiffbau war.

John, Herzog von Montague, gründete die florierende Industrie im 19. Jahrhundert. Hier lebte Henry Adams, der geniale Schiffsbauer, der viele Schiffe für Admiral Lord Nelson bauen ließ, darunter die „HMS Agamemnon", die 1781 hier entstand und zu Nelsons Lieblingsschiffen gehörte.

Ein kleines **Maritime Museum** *(geöffnet im Sommer tgl. 10 – 17 Uhr; im Winter 10 – 16.30 Uhr, letzter Einlass 30 Minuten vor Schließung; www.bucklershard. co.uk)* zeigt die Geschichte des Schiff-

Palace House, Beaulieu

baus unter Henry Adams. Aber auch die Yachten des ersten Einhand-Weltumseglers Sir Francis Chichester kann man als Modelle betrachten.

Einige attraktive Cottages im Georgian Style des 18. Jahrhunderts, in denen das Alltagsleben der armen Schiffbauer nachempfunden ist, sind eine weitere Attraktion des kleinen Ortes.

Ein **Riverside Walk** führt etwa 3 km am Ufer entlang durch Eichenwälder und Marschlandschaft. Endpunkt der Wanderung ist die Wassermühle am Palace House in Beaulieu.

New Forest – Einst königlicher Jagdgrund

Das englische Wort „forest" steht heute für einen mit Bäumen dicht bestandenen Wald. Ein „forest" im mittelalterlichen Verständnis musste aber nicht zwangsläufig ein zusammenhängendes Waldgebiet sein, sondern man verstand darunter ein Gebiet, das zwar Wald, dazwischen aber auch große Flächen von Heide- oder Ackerland, Wiesen und Marschen aufwies. Ursprünglich hatte dieses Wort aber noch eine weitergehende Bedeutung, denn es beschrieb ein abgeschlossenes Jagdrevier des Königs oder eines Adeligen.

Die normannischen Könige besaßen etwa 80 solcher ausgewiesenen Jagdgebiete, die sie mit unerbittlichen Gesetzen gegen Missbrauch und unerwünschte Eindringlinge verteidigten. Bis zur Herrschaft Richard I. (1189 – 1199), der allerdings mehr an seinen Kreuzzügen als an der Jagd Interesse zeigte, konnte ein Mann zur Strafe geblendet werden, wenn er nur das königliche Wildbret in seiner Ruhe störte.

Hampshire's New Forest ist ein solcher Wald, der einst eine königliche Spielwiese und Jagdgrund gewesen ist. Das Wald- und Heidegebiet bedeckt eine Fläche von fast 500 qkm. Es ist noch heute das älteste zusammenhängende Waldgebiet Englands. Aber für William the Conqueror wurde es im wahrsten Sinn des Wortes ein neuer Wald. Er ließ nämlich große Teile des alten Waldes roden, zerstörte zwei Dutzend angelsächsische Dörfer und erklärte 1079 durch königliches Dekret das Gebiet des New Forest zum ausschließlich königlichen Jagdgebiet.

Zwischen den einheimischen Bewohnern, den „commoners", für die das Waldgebiet natürliche Lebensgrundlage war, und dem Königshof gab es deshalb ständig Konflikte, die der König mit seinen rigorosen Jagdgesetzen lösen wollte.

So durften die Bauern der Gegend ihre Schweine nur von September bis Oktober zur Eichelmast in den Wald treiben. In dieser Zeit waren die Eicheln noch grün, so dass zwar die Schweine sie bestens vertrugen und Fett ansetzten, das Rotwild aber von den unreifen Früchten vergiftet worden wäre. Sobald die Eicheln braun wurden und vom Rotwild gefressen werden konnte, hatten die Bauern mit ihren Schweinen wieder zu verschwinden.

Das Einhalten der rigorosen Gesetze überwachten „Forest Verderers", Jagdaufseher, die Übeltäter sofort dem Verderers' Court im Queen's House von Lyndhurst zur Bestrafung überstellten. Wer Rotwild tötete, war des Todes, wer nur auf einen Hirsch schoss, dem wurden beide Hände abgehackt. Schon die Störung der Waldruhe führte zum Blenden des unglückseligen Frevlers.

Erst König Richard I. schaffte diese drakonischen Strafen ab. Und König Edward I. verfügte, dass Wilderer nur bestraft wurden, wenn sie auf frischer Tat ertappt wurden.

Mit dem 17. Jahrhundert änderte sich die Nutzung des New Forest. Denn als Lieferant besten Schiffsbauholzes gewann der Wald immer mehr Bedeutung als Bauplatz für die Schiffe der Royal Navy. Die königlichen Privilegien blieben aber unverändert bestehen.

Erst im 19. Jahrhundert erlaubte das Parlament auch den einfachen Bauern im New Forest ihre Rinder, Ponies und Esel ganzjährig zum Weiden in den Wald zu schicken. Und erst seit 1964 erlaubt ein Gesetz das Anlegen von Camping- und Picknickplätzen für die Allgemeinheit.

Noch heute patrouillieren Verderers, deren Offiziere „Agisters" heißen, zu Pferd in ihrer grünen Reitjacke und der schwarzen Kappe das Waldgebiet des New Forest. Sie hüten das Wild, fangen ausgesetzte Tiere ein und kümmern sich um Verletzungen und Krankheiten. Da sie auch mitentscheiden, welche Ponyhengste in den New Forest ausgewildert werden, haben sie dazu beigetragen, dass die Pferde des New Forest sich eine gesunde und widerstandfähige Population erhalten haben.

Beaulieu Abbey, inmitten des New Forest, ist eine Schenkung des englischen Königs John I., der große Gebiete an die Zisterzienser-Mönche übergab. Hier fanden durch alle Jahrhunderte hindurch politisch Verfolgte immer Asyl.

Als Naherholungsgebiet von Hampshire steht der New Forest heute dem Besucher für ausgedehnte Spaziergänge offen.

ROUTE: *Von Beaulieu fährt man auf der B3055 westwärts bis* **Brockenhurst** *an der A337. Ihr folgt man ein kurzes Stück nordwärts bis* **Lyndhurst**, *der „Hauptstadt" des New Forest (Visitor Centre im New Forest Museum, High Street, Tel. 023 8028 2269, www.thenewforest.co.uk), um von Lyndhurst auf der A35 ins rund 11 km/7 mls entfernte* **Southampton** *zu gelangen.*

Auf den ersten Blick könnte man meinen, **Southampton** sei nur ein Ort für die Öl- und Schiffbauindustrie. Bei genauerem Hinsehen – auch wenn die

Stadt im Zweiten Weltkrieg große Bombenschäden davontrug – stellt sich aber heraus, dass in Southampton durchaus historische Monumente und Sehenswürdigkeiten erhalten geblieben sind, wie etwa die renommierte Nuffield-Universität und das hervorragende Nuffield-Theater in der University Road, oder die historischen Häuser in der Nähe des Royal Pier.

Ein Spaziergang entlang der alten Stadtmauer zeigt viele Plaketten und Inschriften zu geschichtlichen Anlässen: Armeen verließen von hier aus England, um im Hundertjährigen Krieg auf dem europäischen Festland zu kämpfen, die Pilgrim Fathers machten hier auf ihrem Weg von Boston in Lincolnshire Halt auf ihrem Weg nach Amerika.

Southampton bietet dem Besucher eine Mischung aus alt und neu. Dazu laden große Garten- und Parkflächen zum Verweilen ein. Auf der bis an den Südrand der Stadt reichenden Bucht Southampton Water herrscht immer reger Schiffsverkehr, Passagierliner wie Öltanker kommen und gehen. Vom Royal Pier verlassen die Fähren zur Isle of Wight die Stadt. Von hier legte 1912 auch die „Titanic" zu ihrer ersten und gleichzeitig letzten tragischen Reise ab.

Parken in der Innenstadt, vor allem mit größeren Fahrzeugen oder Wohnmobilen, ist problematisch. Ein größerer, relativ zentraler **Parkplatz [WP 074 / N50° 54' 4.33" W1° 24' 29.72"]** liegt z. B. am Westrand der Innenstadt an der südlichen Harbour Parade.

Ein anderer Großparkplatz, **West Bay Parking [N50° 54' 20.54" W1° 24' 35.36"]**, liegt an der nördlichen Harbour Parade in der Nähe des SeaCity Museums. Änderung der Parksituation ist natürlich möglich.

Stationen einer Stadtbesichtigung Southamptons

In Southampton, der großen alten Hafenstadt in der Grafschaft Hampshire, muss man schon sehr genau hinschauen, um die wenigen historisch sehenswerten Stätten zu entdecken, denn die Stadt ist nach der schweren Zerstörung im Zweiten Weltkrieg recht gesichtslos wiederaufgebaut worden. Ein Stadtrundgang vermittelt einen Eindruck von den interessantesten Sehenswürdigkeiten in Southampton.

In der High Street im Zentrum des alten Stadtkerns steht das **Bargate [N50° 54' 9.72" W1° 24' 14.94"]**, das einzige erhaltene Stadttor von Southampton aus dem 12. Jahrhundert mit der Statue von König George III. Im Inneren zeigt eine kleine Ausstellung die Geschichte der Stadt.

Die Ruinen der Kirche **Holyrood Church** in der High Street südlich der Kirche am Marktplatz erinnern an auf See umgekommene Seeleute der Merchant Navy (Handelsmarine).

The City Art Gallery, Commercial Road, (geöffnet Mo – Fr 10 – 15 Uhr, Sa 10 - 17 Uhr; Eintritt frei; www.southamptoncityartgallery.com) ist Southamptons 1994 preisgekrönte Galerie für moderne britische Kunst. Ausgestellt sind u. a. Werke von Gainsborough und Rousseau.

Das **SeaCity Museum [N50° 54' 28.89" W1° 24' 25.74"]**, Havelock Road, eröffnete am 10. April 2012 (geöffnet tgl. 10 – 17 Uhr, letzter Einlass 16 Uhr; www.seacitymuseum.co.uk). Es gibt Kombitickets, die auch den Eintritt in Tudor House & Garden einschließen.

Das SeaCity Museum, in dem auch die Ausstellungen des früheren Museum of Archaeology untergebracht sind, erzählt in der Abteilung „Gateway to the World" die lange Geschichte der Einwohner Southamptons, gibt Einblick in deren Alltag und in die Geschichte der Stadt und ihre traditionsreiche Verbindung mit der Seefahrt und dem Schiffsbau.

Auch die Exponate aus dem früheren Maritime Museum im Wool Warehouse an der Bugle Street und die sehenswerten historischen Schiffsmodelle– darunter ein acht Meter langes Modell des Luxusliners „Queen Mary" und das Modell des Maschinenhauses der „Titanic" – werden nun im neuen SeaCity Museum in der Abteilung „Southampton's Titanic Story" präsentiert und erinnern an die glanzvolle Zeit der Ozeanriesen.

Gleich nebenan liegt die Central Library mit dem Civic Centre und dem **Visitor Information Service** (siehe auch unter „Praktische Hinweise" weiter unten).

Am Südwestrand der Innenstadt, liegt zwischen Kreuzfahrtterminal und dem Anleger der Fähren zur Isle of Wight der **Mayflower Park [N50° 53' 50.31" W1° 24' 23.23"]**. Nicht weit davon entfernt verließen die puritanischen Pilgrim Fathers auf ihren beiden Schiffen „Mayflower" und „Speedwell" England und segelten über Plymouth für ihre religiöse Freiheit gen Amerika. Auf der 27 m langen und 280 t großen „Mayflower" und dem kleinen Begleitschiff „Speedwell" erreichten 102 Kolonisten am 21. November 1620 nach 66 Tagen Überfahrt Cape Cod an der Ostküste Amerikas (heute US-Bundesstaat Massachusetts).

Das Mayflower Monument, das Denkmal an der West Quay Road, erinnert an die Pilgrim Fathers, die auf dem Weg von Boston im englischen Lincolnshire nach Plymouth in Southampton Halt machten.

In der Nähe des Mayflower Parks im südlichen Stadtbereich von Southampton findet man das sog. **Merchant's 4**

uristen sollen aber nicht darüber hinwegtäuschen, dass Southampton heute in erster Linie ein normaler Wohn- und Arbeitsplatz für die annähernd 255.000 Einwohner ist. Die wenigen Attraktionen aus vergangenen Zeiten können den gesichtslosen Ausdruck der modernen Stadt nicht ausgleichen.

PRAKTISCHE HINWEISE – SOUTHAMPTON

Southampton Visitor Information Point [Parkplatz, N50° 54' 25.60" W1° 24' 23.57"], Lower Ground Floor, Central Library, Civic Centre, Tel. +44 (0)23 80 83 30 07; www.discoversouthampton.co.uk. *Geöffnet Mo, Di, Do 10 - 19 Uhr, Mi 10 - 18 Uhr, Fr 10 - 17 Uhr, Sa 10 - 16 Uhr.*

Southampton Visitor Information Point, Oceans, 160 High Street, Tel. +44 (0)23 80 33 13 95; www.oceanssouthampton.com. *Geöffnet Mo - Sa 9 - 18 Uhr, So 10 - 16 Uhr.*

Das Civic Centre ist Sitz der Southamptoner Stadtverwaltung. Das Gebäude ist – wie das UNO-Gebäude in New York – aus Portland Stone errichtet.

Geführte Stadtrundgänge, Hafenrundfahrten
Guided Walks of Old Southampton – Geführte Stadtrundgänge durch das alte Southampton wie „Southampton's Hidden Story" April bis September Mi 17.30 Uhr, Sa + So um 10.30 und 13.30 Uhr, oder „The High Street, Eastern Walls and the Vaults" April bis Sept. Sa um 13.30 Uhr oder „The Western Walls and the Vaults Walk" April bis Sept. Sa + So um 10.30 Uhr. Treffpunkt ist an der Nordseite des Bargate, Dauer eineinhalb bis zwei Stunden.
Hafenrundfahrten sind eine gute Möglichkeit, Southampton vom Wasser aus kennen zu lernen. U. a. veranstaltet Blue Funnel Cruises Hafenrundfahrten ab Ocean Village, Dauer 1 bis 3 Stunden; https://bluefennel.co.uk.

Fähren zur Isle of Wight
Autofähren der Red Funnel Ferries verkehren von Southampton Town Quay nach East Cowes. Schnelle Passagierfähren verkehren von Southampton nach West Cowes.
Red Funnel Isle of Wight Ferries, 12 Bugle Street, Southampton, SO14 2JY, Tel. +44 (0)23 80 24 85 00; www.redfunnel.co.uk.
Passagierfähre nach Hythe, ab Town Quay, tgl. zwischen 6.30 Uhr und 19.30 Uhr im 30-Minuten-Takt, Fahrtzeit ca. 20 Minuten, Tel. +44 (0)23 80 84 07 22; www.hytheferry.co.uk.

PUBS UND RESTAURANTS

Vor allem die Studenten der Nuffield University halten die Pub-Szene vielfältig am Leben. Manche Besucher bedauern allerdings, dass zahlreiche Fastfood-

Ketten und sog. europäische „Spezialitäten-Lokale" und Bistros den Markt erobert und das typisch englisches Flair in den Pubs zurückgedrängt haben.

The Red Lion, 55 The High Street, Tel. +44 (0)023 80 33 35 95; im alten Stadtzentrum unweit von Bargate. Das wohl interessanteste und älteste Pub der Stadt (Schanklizenz seit 1552) mit einer Galerie, von der man einen schönen Blick auf das bunte Treiben im unteren Barraum hat.

Kuti's Brasserie, The Royal Pier, Tel. +44 (0)23 80 33 9211, www.kutis.co.uk; am Fährterminal, lange ein Pub-Treffpunkt der Schönen und Reichen in einem prachtvollen Kuppelbau, heute ein Asia- und Thai-Restaurant.

The Duke of Wellington, 36 Bugle Street, Tel. +44 (0)23 80 33 92 22, Pub seit 1494, damals noch als „Shipwrights Arms" bekannt, hier sollen schon die legendären Pilgrim Fathers vor ihrer Abfahrt nach Amerika ein und aus gegangen sein.

Ennio's Restaurant (ehemals „Geddes"), Town Quay Road, Tel. +44 (0)23 80 22 11 59; www.ennios.co.uk; gegenüber den alten Docks wurde eine alte Lagerhalle, Geddes Warehouse, in ein Restaurant (und Hotel) verwandelt, das mit seinem Angebot an frischen Meeresfrüchten zu den besten von Southampton gehört.

CAMPING – NETLEY ABBEY BEI SOUTHAMPTON

Camping Sunnydalefarm Touring Park [WP 075 / N50° 53' 9.04" W1° 20' 29.29"], Grange Road, Tel. +44 (0)23 80 45 74 62; www.sunnydalefarm.co.uk; Jan. – Dez.; von Southampton auf der B3025 (Portsmouth Road) ca. 4 km ostwärts – vorbei am Plough Pub – bis Abzweig in die Grange Road, noch 800 m zum Platz, beschildert; ebenes Wiesenrund von Pappeln eingefriedet, Hartstandplätze; 1 ha – 40 Stpl.; einfache Standard-Sanitärausstattung. Waschmaschine, Trockner, WLAN. V & E für Wohnmobile.

ROUTE: *Von Southampton auf der A35 nach Südwesten und über* **Christchurch** *nach* **Bournemouth**, *ca. 37 km/23 mls.*

Bei Southampton ist die Küste noch flach, sie steigt allmählich nach Dorset hin in hügeligen Wellen an, um schließlich in Devon in einer wild zerklüfteten Küstenlinie weiterzulaufen.

Zwischen Southampton und Portsmouth wachsen schmackhafte Erdbeeren und in der westlich benachbarten Grafschaft Dorset liefern die Apfelplantagen das Rohprodukt für ein englisches Nationalgetränk: Cider, ein spritziger Apfelwein.

An der Mündung der Flüsse Avon und Stour liegt die alte Stadt **Christchurch**, die um das Augustinerkloster **Christchurch Priory [Parkplatz, WP 076 / N50° 43' 53.82" W1° 46' 30.58"]** aus dem Jahre 1100 herum entstand (*geöffnet Mo – Sa 9.30 – 17 Uhr, So 14.15 – 17.30 je nach Gottesdienst; www.christchurchpriory.org/*).

Schon im Jahr 900 wurde der Ort urkundlich mit 21 Häusern und der kanonenbewehrten Abbey erwähnt. Zu jener Zeit nannte man den Ort aber *Twynham.*

Die Abteikirche der Christchurch Priory vereinigt alle Stilrichtungen von der Zeit der Saxons bis zur Renaissance. Das Hauptschiff ist 35 m lang, die gesamte Kirche hat die stattliche Länge von 95 m. Das Kirchenschiff, eines der längsten in England, wurde mit Steinen aus dem französischen Caen gebaut, die so hart sind, dass noch heute die Steingravuren deutlich zu erkennen sind. Das sehenswerte Chorgestühl mit schön geschnitzten Misericordien („Barmherzigkeiten", Vorsprünge an den Klappsitzen des Chorgestühls dienten als Sitzstütze während des Stehens) ist älter als das von Westminster Abbey in London. Ein Denkmal erinnert an den englischen Dichter Shelley.

Der Kirchturm aus dem 15. Jh. kann bestiegen werden (176 Stufen, Gebühr).

Etwas westlich der Abteikirche bietet das **Red House Museum & Gardens [N50° 43' 56.94" W1° 46' 34.67"]** Ausstellungsstücke zur Geologie und Biologie der Region. Das Museum ist in der Quay Road in einem georgianischen Arbeitshaus aus dem Jahre 1764 untergebracht *(geöffnet Di – Fr 10 – 17 Uhr, Sa 10 – 16 Uhr; Eintritt frei).*

Die **Christchurch Castle Ruines** in der Castle Street erinnern an eine Fes-tung, die im ausgehenden 11. Jahrhundert zum Schutz der Stadt und des Flusszugangs zum alten Königreich Wessex errichtet wurde. Christchurch Castle war oft hart umkämpft, so z. B. während des Civil War im Jahre 1645. Unterhalb liegen die Ruine der Norman Hall.

Christchurch Abteikirche

Christchurch Tourist Information [N50° 44' 3.08" W1° 46' 36.83"], 49 High Street, Christchurch, Dorset BH23 1AS, Tel. +44 (0)12 02 49 91 99; www.visit-christchurch.info. *Geöffnet Mo 9 – 16.30 Uhr, Di – Sa 10 – 16.30 Uhr.*

PUBS UND RESTAURANTS

The Ship, 48 High Street, Tel. +44 (0)12 02 47 47 99; www.theship-christchurch.co.uk; für ein Pub fast elegant zu nennendes Ambiente im Herzen von Christchurch, mit Sommergarten, neben der gut sortierten Bar wird die Küche der leckeren Sandwiches, Salate und Burgers wegen gelobt. An Wochenenden Live Music.

The Haven House Inn, Mudeford Quay, Tel. +44 (0)14 25 27 26 09; beliebtes Pub an der Spitze des Mudeford Quay, große Bierauswahl, Pubfood.

The Jetty, 95 Mudeford, Tel. +44 (0)12 02 40 09 50; www.thejetty.co.uk; schickes Fischspezialitätenrestaurant an der Christchurch Bay, das seit über 30 Jahren vom Starkoch Alex Aitken betrieben wird. Seine Kochkünste sind weit über Christchurch hinaus bekannt. Neben dem Christchurch Harbour Hotel.

The Boathouse Café & Restaurant, Quay Road, Tel. +44 (0)12 02 48 00 33; www.boathouse.co.uk; in bester Lage am Ufer des River Stour keine 5 Minuten von Christchurch Abbey entfernt. Man serviert hauptsächlich Spezialitäten aus dem Meer, aber auch Steaks und Salate. Live-Music.

CAMPING – BEI CHRISTCHURCH

Christchurch
Camping Meadowbank Holiday Caravan Park (früher Grove Farm Meadow Caravan Park) **[WP 077 / N50° 45' 2.17" W1° 48' 31.49"]**, Stour Way, Tel. +44 (0)12 02 48 35 97; www.meadowbank-holidays.co.uk; März – Okt.; von Christchurch auf der A35 Richtung Bournemouth und nordwärts abzweigen auf die Straße The Grove und nach 500 m links ab in die Straße Stour Way; Wiesengelände am Fluss Stour bei einem großen Mobilhomepark; 7 ha – 40 Stpl.; einfache Standard-Sanitärausstattung. Laden, Waschmaschine, Trockner.

Bransgore bei Christchurch
Camping Holmsley Campsite [WP 078 / N50° 47' 28.15" W1° 41' 43.33"], Forest Road, Tel. +44 (0)14 25 674 502, www.campingintheforest.co.uk/england/new-forest/holmsley-campsite; 11. Apr. – 28. Okt.; ca. 4 km nordöstlich von Bransgore gelegen, Zufahrt von de A35 (Lyndhurst – Christchurch) Richtung Bransgore abzweigen und weiter Richtung Thorney Hill, beschildert; 25 ha – 400 Stpl.; Standard-Sanitärausstattung. Laden, Imbiss, Waschmaschine.
Camping Harrow Wood Farm Caravan Park [WP 079 / N 50° 46' 45.36" W1° 43' 36.54"], Poplar Lane, Tel. +44 (0)14 25 67 24 87; www.caravan-sites.co.uk; März – Dez; von der A35 (Lyndhurst – Christchurch) kurz vor dem Pub „Cat & Fiddle" auf die Ringwood Road Richtung Bransgore abzweigen und noch 3,5 km bis zum Abzweig in die Poplar Lane, beschildert; Wiesengelände, teils mit Hartstandplätzen, von Bäumen begrenzt; 2,5 ha – 60 Stpl.; Standard-Sanitärausstattung. Waschmaschine. V & E für Wohnmobile.

New Milton
Camping Hoburne Bashley Caravanning [WP 080 / N50° 46' 19.43" W1° 39' 3.24"], Sway Road, Tel. +44 (0)14 25 61 23 40; www.hoburne.com/holidayparks/hampshire/bashley/; März – Okt.; von der A35 (Southampton – Christchurch) ca. 7 km östlich von Christchurch auf die B3058 und noch ca. 4 km bis zum Abzweig der B3055 und noch 400 m zum Platz, beschildert, Platz liegt ca. 1,8 km nördlich von New Milton; ebenes Wiesengelände mit Büschen und Bäumen unterteilt, Mobilhomepark angrenzend; 40 ha – 150 Stpl.; gute Standard-Sanitärausstattung. Laden Imbiss, Restaurant, Waschmaschine, Trockner, Freiund Hallenbad, Sauna, Fahrradverleih, Tennis. V & E für Wohnmobile. Keine Zelte!

Auf einem Spaziergang zum nur 4 km entfernten Bournemouth kann man am Hengistbury Head sehr schön Vögel beobachten.

Bournemouth, die Stadt an der Mündung des Flüsschens Bourne, überlässt sich ganz dem Urlauber. Bournemouth ist das Zentrum der Ferienindustrie an Englands Südküste. Im Sommer fallen hier regelmäßig über 300.000 Feriengäste ein. Herrliche Sandstrände, ein mildes Klima und jegliche Form von Vergnügungsindustrie und Sportangeboten machen den Ort für viele Engländer zu einem wahren Urlaubsparadies. Und die Einheimischen leben wahrlich nicht schlecht davon. Nicht umsonst wird Bournemouth von den Engländern gerne als „Queen of Resorts", als Königin der südenglischen Badeorte, bezeichnen.

Zusammen mit den Nachbarstädten Poole und Christchurch erreicht der Großraum von Bournemouth fast 350.000 Einwohner und mit den unzähligen Sommergästen entsteht so ein internationales Flair, das durch zahlreiche Kongresse, viele Sprachenschulen und ein buntgemischtes Urlaubspublikum von Jung und Alt aus vielen Ländern noch unterstrichen wird.

Vor knapp 200 Jahren war die Gegend, in der Bournemouth heute liegt, Wildnis in einem reichen Kiefernwald, dessen Überreste die vielen Stadtkiefern heute noch dokumentieren. Sie geben dem Ort sein attraktives Aussehen. Die

30 m hohen Felsklippen, die die Badebucht einrahmen, tun ein übriges für den besonderen Charme von Bournemouth.

Bournemouth wurde erst 1810 gegründet, als ein gewisser Louis Tregonwell an dem Küstenstreifen ein Haus baute, das noch heute als Gebäudeteil in das Royal Exeter Hotel (Exeter Road) integriert ist. Nachdem 1870 die Anbindung an das Eisenbahnnetz erfolgte, nahm der kleine Ort seinen Aufschwung als mondänes Seebad. Im Jahre 1890 erreichte die Einwohnerzahl schon 37.000.

Auf dem Friedhof der Gemeindekirche St. Peter's Church liegt der englische Dichter Bysshe Shelley begraben, allerdings nur sein Herz, wie man sich erzählt, denn seine Leiche wurde nach seinem tragischen Tod durch Ertrinken im italienischen Golf von Livorno am Strand von Viareggio verbrannt.

Zwei Aufzüge an der **West Undercliff Promenade** (West Cliff Cliff Lift **N50° 42' 53.57" W1° 52' 52.47"**) und am **Undercliff Drive** (East Cliff Cliff Lift **N50° 43' 5.38" W1° 51' 55.17"**) im Osten ersparen den mühsamen Abstieg zum Strand, von dem zwei Piers in das Meer hinausragen.

Das große **Bournemouth Pier [nahe Parkplätze an der Bath Road, WP 081 / N50°43'3.06" W1°52'23.39"]** ist das schönste an der südenglischen Küste. Auf seinem äußeren Ende stehen aber keine Spielhallen, sondern das Pier Theatre mit regem Kulturbetrieb, Musik- und Theaterveranstaltungen, und das Key West Restaurant.

Das **Oceanarium [N50° 42' 57.75" W1° 52' 34.83"]** ganz in der Nähe des Bournemouth Pier, ein riesiges Seeaquarium mit Unterwassertunnel, Südseeriff, Seeottern, Schildkröten, Reptilien etc. verspricht Abwechslung für die ganze Familie (geöffnet tgl. 10 – 17 Uhr, letzter Einlass 16 Uhr; www.oceanarium.co.uk).

Nicht nur Kunstliebhaber werden auf ihrem Stadtspaziergang das **Russell-Cotes Art Gallery & Museum [N50° 43' 3.60" W1° 52' 14.06"]** nicht versäumen wollen (geöffnet Di – So 10 – 17 Uhr; www.russell-cotes.com). Die Kunstsammlung mit Gallerie für Moderne Kunst findet man in der Russell-Cotes Road am Übergang zum East Overcliff Drive.

Die Ausstellungen befassen sich u. a. mit Werken von Turner, mit Kunst des 19. Jh. sowie mit südost-asiatischer Kunst. Das Museum ist in der imposanten Villa East Cliff Hall von Sir Merton und Lady Russell-Cotes untergebracht, die das Anwesen 1907 samt seinen erlesenen Kunstschätzen der Stadt Bournemouth

Russell-Cotes Museum, Bournemouth. Foto: VisitBritain/Rod Edwards

und ihren Bürgern vermachten. Alleine die Main Hall mit repräsentativem Aufgang und schöner Glasdecke sowie die prächtig möblierten Salons des Hauses sind eine Sehenswürdigkeit für sich.

Gute Shoppingmöglichkeiten bieten die Einkaufszentren an der Commercial Road herum [**naher Parkplatz „Exeter Road Car Park", N50° 43' 6.72" W1° 52' 44.63"**]. **Parkplätze** findet man auch weiter östlich in der Upper Hinton Road [**„Central Car Park", N50° 43' 11.67" W1° 52'22.04"**] .

Auf dem Weg von Bournemouth nach Poole bietet sich etwa auf halbem Wege Gelegenheit zu einem Abstecher von der A35 südwärts Richtung Sandbanks zu den **Compton Acres Gardens** [**N50° 42' 26.01" W1° 55' 31.38"**], 164 Canford Cliffs Road. Das Anlegen des herrlichen Gartenparks mit sieben verschiedenen Gärten 1920 nahe Poole-Lilliput Hill, soll damals schon über 250.000 Pfund Stirling gekostet haben (*geöffnet Ostern – Okt. tgl. 10 – 18 Uhr; Nov. – Ostern 10 – 16 Uhr, letzter Einlass 1 Stunde vor Schließung; www.comptonacres.co.uk*). Gartenmotive: Italienischer Garten, japanischer Garten, englischer Garten, Steingarten, Palmengarten, Marmorstatuen. Schon der Besuch der Compton Acres Gardens allein rechtfertigt einen Aufenthalt bei Poole.

Vom nahen Lilliput Hill hat man einen schönen Panoramablick auf den Hafen und über die Bucht bis Corfe Castle auf der gegenüberliegenden Isle of Purbeck.

Poole, eine Hafenstadt mit der noch lebendigen Atmosphäre des 18. Jahrhunderts, ist die größte Stadt der Grafschaft Dorset. Poole grenzt unmittelbar an das östlich benachbarte Bournemouth an und hat fast 148.000 Einwohner.

PRAKTISCHE HINWEISE – BOURNEMOUTH

Bournemouth Tourist Information Centre [N50° 43' 0.78" W1° 52' 25.87"], Pier Approach, Bournemouth, BH2 5AA, Tel. +44 (0)12 02 45 17 81; www.bournemouth.co.uk. *Geöffnet Apr. – Juni + Sept. – Okt. tgl. 9 – 17; Juli + Aug. tgl. 9 - 18 Uhr; Jan. – März + Nov. – Dez. tgl. 9 - 16 Uhr.*

PUBS UND RESTAURANTS

Chaplin's & The Cellar Bar, Pub, 529 Christchurch Road, Tel. +44(0)12 02 25 19 53; www.chaplins-bar.co.uk; im Stadtteil Boscombe gelegen wird es als eines der besten und beliebtesten Pubs in Bournemouth bezeichnet, bereits mehrfach ausgezeichnet. Farbenfrohes Ambiente im Stile Charlie Chaplins. Man serviert kleine Gerichte und bietet Live Music an 7 Tagen in der Woche. **Oriental Views**, 232 Old Christchurch Road, Tel. +44 (0)12 02 31 64 04. Chinesisches Restaurant.

West Beach, Pier Approach, Tel. +44 (0)12 02 58 77 85; www.west-beach. co.uk; direkt am Strand und neben dem Oceanarium findet man das „angesagte" Fischrestaurant, in dem nur fangfrische Früchte des Meeres angeboten werden, freundliches Ambiente. Für Gäste mit Zeitmangel bietet man ein Quick Lunch an. Tischbestellung erwünscht. Gelegentlich Live-Music.

CAMPING

Holton Heath bei Bournemouth

Holton Heath liegt rund 3 km nördl. von Wareham und rund 15 km westlich von Bournemouth.
Camping Sandford Holiday Park [WP 082 / N50° 43' 10.6" W2° 05' 07.6"], Organford Road, Tel. +44 (0)12 02 62 25 13; www.parkdeanresorts.co.uk/location/dorset/sandford/; März – Okt.; westlich von Bournemouth Abzweig von der A35 südwärts auf die A351 Richtung Wareham, südl. von Holton Heath beschilderter Abzweig westwärts. Weitläufige Ferienanlage. Hinter einer ausgedehnten Mobilehomesiedlung liegt das große Touristenareal mit eige-

ner Rezeption; ebenes, gepflegtes, parkähnliches Gelände, teils mit hohem Baumbestand, durch Hecken, Büsche, Bäume und Platzwege vielfach gegliedert, nummerierte Stellplätze, viele davon befestigt und mit eigenem Strom-, Wasser- und Abwasseranschluss, ca. 10 ha – 240 Stpl.; gehobene Standardausstattung, geräumige Duschen; im Haupteingangsbereich Supermarkt, Cafeteria, Restaurant. Waschmaschine, Frei- und Hallenbad, Fahrradverleih, Tennis, Reitschule. Mietcaravans.

Wer mit den Fähren aus Cherbourg in Poole Harbour ankommt, passiert vor der Hafeneinfahrt die imposanten Klippen Old Harry Rocks.

Seit den Zeiten der Piraten und Schmuggler scheint sich die gewaltige Bucht Poole Harbour, deren Ufer sich auf über 150 km Länge hinstrecken, kaum verändert zu haben. Ein gewisser Harry Page erwählte sich Poole als Standort für seine Piratenschiffe, mit denen er die französischen und spanischen Handelsschiffe überfiel und ausraubte.

1586 verlieh Königin Elizabeth I. der Stadt den Status einer Grafschaft, den Poole bis 1888 auch behielt. Während des englischen Bürgerkriegs im 17. Jh. war Poole eine Bastion der Roundheads unter Oliver Cromwell (1599 – 1658), Lordprotektor von England.

Von Poole Harbour aus betrieb man im 18. und 19. Jahrhundert einen regen Holzhandel mit Neufundland an der amerikanischen Küste. Und aus Poole kamen auch die ersten Siedler von Neufundland.

Parken in Poole Old Town und entlang der Seafront am The Quay ist vor allem für Fahrzeuge über 2 m Höhe nicht möglich. Die zu Poole Quay am nächsten gelegenen Parkplätze, die auch für Fahrzeuge über 2 m Höhe zugänglich sind (es zumindest bislang waren) liegen am Ostrand der Stadt am Labrador Drive am Strand, etwa 1 km von Pool Old Town entfernt, **Harbourside Park 1 [WP 084 / N50° 42' 43.18" W1° 58' 28.44"]** und **Harbourside Park 2 [N50° 42' 50.61" W1° 58' 19.23"]**. Ansonsten gibt es im Norden der Stadt Parkhäuser bei den Einkaufszentren.

Old Harry Rocks. Foto: VisitBritain/David Shepherd

Zu den eher bescheidenen Sehenswürdigkeiten zählt in erster Linie das **Poole Museum [N50° 42' 45.45" W1° 59' 18.96"]**, 4 High Street, ehemals Waterfront Museum *(geöffnet im Sommer tgl. 10 – 17 Uhr; im Winter Mo – Sa 10 – 16 Uhr, So 12 – 16 Uhr, Eintritt frei).* Die Ausstellungen des Museum erstrecken sich über vier Etagen und befassen sich mit der Geschichte und maritimen Vergangenheit von Poole. Zu sehen sind neben Exponaten und Dokumenten aus dem täglichen Leben der Bevölkerung über die Jahrhunderte auch archäologische Exponate, Kunstgegenstände, Kostüme und Textilien, Keramiken (Poole Pottery), Abteilungen über Handel und Industrie sowie Hinterlassenschaften aus der Piratenepoche.

Ganz in der Nähe liegt das **Scaplen's Court Museum**, eines der besterhaltenen mittelalterlichen Häuser mit Kräutergarten in Poole *(geöffnet Mo - Fr , So 10 – 16.30 Uhr, Gärten Mai - Sept. tgl. 13 - 16 Uhr, Eintritt frei).*

Bei Interesse für die Seefahrtgeschichte lohnt ein Besuch im **Poole Old Lifeboat Museum [N50° 42' 43.46" W1° 58' 52.39"]**, am Ostende der Uferstraße The Quay *(geöffnet Apr. – Anf. Dez. 10 – 16 Uhr, Eintritt frei; poolelifeboats.org.uk/volunteering/museum-volunteer/).* Untergebracht ist das Museum im Bootsschuppen aus dem 19. Jh., in dem früher die Seenotrettungsboote der Stadt untergebracht waren. Besonders stolz in dem kleinen Museum ist man auf das ehemalige Seenotrettungsboot „Thomas Kirk Wright", das 1938 gebaut wurde und bis 1962 seinen Dienst versah. Die „Thomas Kirk Wright" war eines der zahlreichen Boote, die 1940 bei der Evakuierung von Zivilpersonen in Dünkirchen half.

Wer sich aus seiner Pfadfinderzeit vielleicht noch an Robert Baden-Powell erinnert oder wer gerne das Treiben von Vogelarten beobachtet, sollte einen Bootsausflug zur Insel **Brownsea Island** unternehmen, die mitten in der Bucht Poole Harbour liegt. Abfahrt ab Poole, The Quay, April bis Oktober täglich von 10.00 Uhr bis Sonnenuntergang; Fahrzeit etwa eine halbe Stunde. Brownsea Island ist heute ein Vogelschutzreservat in der Obhut des National Trust.

Außer schönen Spazierwegen und einer Lagune im Nordosten gibt es auf der Insel viele Möglichkeiten zu Vogelbeobachtungen. Und Baden-Powell veranstaltete auf Brownsea Island 1907 das erste Pfadfinder-Camp überhaupt.

Das **Poole Tourist Information Centre [N50° 42' 45.57" W1° 59' 18.66"]** findet man im Poole Museum, Poole High Street, BH15 1BW; Tel. +44 (0)12 02 26 26 00; pooletourism.com/visitor-information. *Geöffnet Apr. – Okt. tgl. 10 – 17 Uhr; Nov. – März Mo – Sa 10 – 16 Uhr, So 12 – 16 Uhr.*

Einen recht interessanten Stadtrundgang erlebt man, wenn man dem sog. **Cockle Trail** und den auf den Gehsteigen eingelassenen insgesamt 82 nummerierten Bronzeplaketten folgt.

Der Spaziergang durch die Gassen der Altstadt von Poole dauert ungefähr eine Stunde und passiert alle wichtigen historischen Plätze von Poole. Informationen und Beschreibungen der einzelnen Stationen kann man sich gegen eine geringe Gebühr im Poole Information Centre im Poole Museum bekommen.

Eine andere Möglichkeit, die Stadt kennen zu lernen ist der **Poole Trail**. Man folgt dabei informativen „Wegweisern", bislang elf Stück an der Zahl, die auf Interessantes in der Old Town und an der Harbourside hinweisen, und sie mit Bild und Text in englischer Sprache erklären. Infos, Erklärungen, Bilder, Filme und Audiodateien zu den einzelnen Hotspots kann man sich von www.pooletrail.com auch auf sein Handy herunterladen.

Ab Poole verkehren Autofähren der Reederei Brittany Ferries (www.brittanyferries.com) täglich nach Cherbourg in der Normandie. Condor Ferries (www.condorferries.co.uk) verbinden mit ihren Autofähren Poole mit den Kanalinseln Jersey und Guernsey und mit St. Malo in der Bretagne.

Auf dem Ferry Terminal Car Park ist für Fährbenutzer Übernachtparken gestattet.

Abstecher nach Swanage

*ROUTE: Von Bournemouth oder von Poole aus lohnt ein Abstecher auf der A351 über **Holton Heath** und **Wareham** hinaus nach **Swanage**.*

Der Abstecher führt auf die sogenannte **Isle of Purbeck**, die, anders als der Name vermuten lässt, aber eine Halbinsel ist, wo seit alters her in Steinbrüchen Marmor gebrochen wird. Hier steigen die kleinen Nebenstraßen hinauf in die winzigen Weiler und zu den Ruinen von Corfe Castle, wo man auf der Anhöhe des Hügels eine herrliche Aussicht auf die umliegende Landschaft und den Ärmelkanal hat.

Wareham entstand in der angelsächsischen Zeit als Marktflecken. Zwischen dem 9. und 11. Jahrhundert musste sich die Stadt vieler Überfälle der Dänen erwehren. 1672 vernichtete ein Feuer große Teile des Ortes. Der Fluss Frome ist im Laufe der Jahrhunderte immer mehr versandet und hat so der Stadt ihren Hafen genommen.

Die Kirche **St Martin's on the Walls [N50° 41' 20.04"   W2° 6' 42.02"]** stammt aus angelsächsischer Zeit. Sie ist 1030 entstanden und dürfte damit die älteste Kirche in Dorset sein. In der Kirche findet man eine Skulptur von 1939 des Bildhauers Eric Kennington, die *Lawrence von Arabien* darstellt und den englischen Offizier in arabischem Gewand zeigt, den Kopf an einen Kamelsattel gelehnt.

In der **Kirche Lady St. Mary's** steht der Sarkophag des in Corfe Castle ermordeten Königs Edward the Martyr. Vom Kirchturm (falls zugänglich) kann man sehr schön den Old Quay überblicken.

Das **Wareham Town Museum [N50° 41' 9.81"   W2° 6' 35.04"]** liegt im Ortszentrum neben dem Rathaus *(geöffnet Ostern – Okt. Mo – Sa 10 – 16 Uhr, freier Eintritt)*. Das Museum befasst sich mit der Geschichte der Stadt und ihrer Umgebung von der Frühgeschichte bis heute. Eine spezielle Ausstellung ist Leben und Karriere von Thomas Edward Lawrence, besser bekannt als Lawrence of Arabia (1888 – 1935) gewidmet. Siehe auch unter Clowds Hill, Route 4, weiter hinten.

Das Dorf **Corfe [N50° 38' 18.67" W2° 3' 26.31"]** mit seinen Häusern, die Schieferdächer tragen, wird von der gleichnamigen, gewaltigen Ruine der alten Burg beherrscht *(geöffnet Apr. – Sept. tgl. 10 – 18 Uhr; Okt. tgl. 10 – 17 Uhr; Nov. – März 10 – 16 Uhr, letzter Eintritt 30 Minuten vor Schließung; National Trust; www.corfe-castle.co.uk)*.

Einen gebührenpflichtigen **Parkplatz [WP 085 / N50° 38' 30.99" W2° 3' 33.05"]**, im Sommer mit National Trust Visitor Centre und Toiletten, findet man nordöstlich unterhalb der Burgruine an der Hauptstraße A351. Vom Parkplatz geht man zu Fuß etwa 15 Minuten hinauf zur Burgruine von Corfe. Die Parkmöglichkeiten oben im Ort selbst sind sehr begrenzt und beengt!

In **Corfe Castle** wurde der 18jährige König Edward, den man später den Märtyrer nannte, im Jahre 978 von seiner Stiefmutter Elfrida ermordet, als er sie in der Old Hall um einen Becher Wein bat und statt dessen einen Dolchstoß in den Rücken erhielt. Mit dieser ruchlosen Tat wollte die Stiefmutter den Thron für ihren eigenen Sohn Ethelred freimachen.

Unter König John wurde Corfe Castle Staatsgefängnis. Er ließ hier Anfang des

CAMPING – WAREHAM

Camping Wareham Forest Tourist Park [WP 083 / N50° 43' 17.84"   W2° 9' 20.41"], North Trigon, Tel. +44 (0)19 29 55 13 93; www.warehamforest.co.uk; Jan. – Dez.; nördlich von Wareham auf der A351 ca. 4 km westwärts Richtung Bere Regis, beschildert; gepflegtes, ebenes, Wiesengelände in waldreicher Umgebung, teilweise mit befestigten Stellplätzen; 15 ha – 200 Stpl.; Standard-Sanitärausstattung. Laden, Schwimmbad, Waschmaschine, Trockner. WLAN.

Corfe und die dahinter aufragenden Ruinen von Corfe Castle

13.Jh. seine französische Nichte, Prinzessin Eleonor von der Bretagne, zusammen mit 22 französischen Adelige in den Kerker werfen, die in eine Verschwörung gegen seinen Thron verwickelt waren. Nur die Prinzessin überlebte die Gefangenschaft. Die 22 Adeligen ließ man verhungern.

Um 1572 war Corfe Castle im Besitz von Königin Elizabeth I.

1635 dann kam die Burg in den Besitz von John Bankes, der unter König Charles I. (1600 – 1649, aus dem Hause Stuart, in London hingerichtet) obers-ter Richter (Chief Justice) wurde. Als Bankes mit dem König gerade das Land berei-

ste, ließ Cromwell die Burg 1646 belagern, die von der Burgherrin Mary Banks, der Gattin des Chief Justice, drei Jahre lang mutig verteidigt wurde. Erst durch den Verrat des Wachmanns Colonel Pitman konnten Cromwells Truppen die Burg schließlich einnehmen und wenig später schleifen. Die Mauersteine wurden für den Bau neuer Häuser im Dorf verwenden.

Vor dem Schleifen der mächtigen Festung durfte die Frau von John Bankes mit den Schlüsseln der Burgtore aber abziehen. Die Schlüssel werden noch heute in Kingston Lacy Hall aufbewahrt (siehe auch nächste Etappe, Route 4).

CAMPING – CORFE CASTLE

Camping Corfe Castle C & C Club Site [WP 086 / N50° 38' 11.44" W2° 4' 15.75"], Bucknowle, Tel. +44 (0)19 29 48 02 80; www.campingandcaravanningclub.co.uk/campsites/uk/dorset/wareham/corfecastle/; März – Okt.; von Wareham auf der A351 Richtung Corfe Castle bis unterhalb der Ruine Corfe Castle, hier rechts ab Richtung Church Knowle und noch ca. 1 km bis zum Platz; Wiesengelände in waldreicher Umgebung; 2 ha – 80 Stpl.; Standard-Sanitärausstattung. Laden, Waschmaschine. Nicht-Mitglieder willkommen.

Camping Woodyhyde Camp Site [WP 087 / N50° 37' 17.42" W2° 2' 16.59"], Valley Road, Tel. +44 (0)19 29 48 02 74; www.woodyhyde.co.uk; 1. März – 31. Okt.; ca. 3 km südöstlich von Corfe Castle A351 Richtung Swanage und nach ca. 2,5 km Abzweig südwärts, beschildert. Achtung! Die Campingzufahrt führt durch eine Bahnunterführung mit 2,30 m Breite! 3 von Büschen eingefasste Wiesenfelder; ca. 5 ha – 60 Stpl.; Standard-Sanitärausstattung. Laden, Chemikalausguss, WLAN.

Die Stadt **Swanage**, rund 9 km südöstlich von Corfe Castle gelegen, wurde bereits im Katasterbuch zu Zeiten von William the Conqueror als Swanic urkundlich erwähnt. Ein Granitdenkmal erinnert an den Seesieg von König Alfred über die dänische Flotte im Jahre 877. Heute ist Swanage ein ruhiger Badeort mit einem schönen Strand.

Die Fassade des Rathauses wurde 1670 von Sir Christopher Wren, dem Londoner Kirchenbaumeister, entworfen. Von Swanage aus wurde der Purbeck-Stein, der Marmor, den man in vielen englischen Kathedralen findet, verschifft.

Die **Swanage Steam Railway [N50° 36′ 35.18″ W1° 57′ 38.40″]** führt von Swanage rund 10 km durch die herrliche Landschaft der Purbeck-Halbinsel bis Norden.

PRAKTISCHE HINWEISE – SWANAGE

Die **Swanage Tourist Information [N50° 36′ 38.37″ W1° 57′ 27.45″]**, findet man in The White House, Shore Road, Swanage, BH19 1LB, Tel. +44 (0)19 29 76 60 18; www.visit-Dorset.com/about-the-area/areas-to-visit/swanage-and-purbeck. *Geöffnet ganzjährig tgl. 10 – 17 Uhr.*

PUBS UND RESTAURANTS

Eines der urigsten Pubs der Gegend ist das Pub „**Square & Compass**" in Worth Matravers, rund 7 km südwestlich von Swanage, Tel. +44 (0)19 29 43 92 29; www.squareandcompasspub.co.uk. Der Besitzer Charlie Newman ist nicht nur leidenschaftlicher Wirt, sondern auch ein Sammler von Fossilien der Purbeck Halbinsel, die er in seinem Fossilienmuseum ausstellt.

The Ship Inn, 23A High Street, Tel. +44 (0)19 29 42 38 55; www.theship-swanage.co.uk; das Pub liegt direkt am Stadtplatz mit Blick auf die Swanage Bucht und bietet nicht nur eine große Bierauswahl wechselnder Sorten, sondern auch die Gerichte vom Steak über Fisch bis Hähnchen werden gelobt.

CAMPING

Camping Herston C & C Site [WP 088 / N50° 37′ 5.37″ W1° 58′ 46.56″], Washpond Lane, Tel. +44 (0)19 29 42 29 32; www.herstonleisure.com; Jan. – Dez.; von Swanage auf der A351 ca. 1,5 km westwärts und auf die Washpond Lane abzweigen; leicht abfallendes, zur Hälfte parzelliertes Gelände sowie naturbelassene Wiese; ca. 4 ha – 150 Stpl.; Standard-Sanitärausstattung. Mietyurten.

Camping Toms Field Camping Site [WP 089 / N50° 36′ 21.69″ W2° 0′ 29.84″], Toms Field Road, Langton Matravers, Tel. +44 (0)19 29 42 71 10; www.tomsfieldcamping.co.uk; Mitte März – Okt.; Abzweig von A351 auf die B3069 und nach ca. 800 m südwärts ab zum Platz. Naturbelassenes Wiesengelände; ca. 1,5 ha – 40 Stpl.; einfache Sanitärausstattung. Laden, Chemikalausguss. Keine Caravans!

Camping Ulwell Cottage Caravan Park [WP 090 / N50° 37′ 35.24″ W1° 58′ 17.05″], Studland Road, Tel. +44 (0)19 29 42 28 23; www.ulwellcottagepark.co.uk; März – Jan.; von Swanage auf der Ulwell Road 2 km nordwärts Richtung Studland, beschildert; gestuftes Wiesengelände durch Hecken und Bäume unterteilt; 5 ha – 70 Stpl.; gute Standard-Sanitärausstattung; Laden, Restaurant, Waschmaschine, Trockner, Bar, Hallenbad, WLAN. Mietbungalows.

ROUTE 4: BOURNEMOUTH – WEYMOUTH

Länge der Tour:	Rund 88 km/55 mls, ohne Abstecher.
Die Route:	A35 bis **Bere Regis** – Landstraße bis **Wool** – A352 über **Owermoigne** bis **Dorchester** – A354 bis **Weymouth**.
Abstecher:	Nach **Shaftesbury** 48 km/30 mls einfach. Von Dorchester nach **Sherborne** 32 km/20 mls einfach.
Reisedauer:	Mindestens ein Tag, mit Abstechern besser zwei Tage.
Höhepunkte:	Kingston Lacy ** – der romantische Straßenzug **Gold Hill** * in Shaftesbury – **Clouds Hill** * – **Tank (Panzer) Museum** – der Felsbogen „Durdle Door" ** im Meer – **Jurasic Coast** ** – **Dorchester** – Sherborne New Castle **.

„The spot is lonely, and when the days are darkening, the tears that have wetted it return upon my mind." Von *Thomas Hardy*.

Das wilde Heideland von Mittel-Dorset ist das Land des Dichters Thomas Hardy, der hier Zeit seines Lebens gearbeitet hat und viele Schauplätze seiner Romane der Wirklichkeit nachempfand. Hardy wurde in Higher Bockhampton in der Nähe von Dorchester geboren und das kleine Dorf Stinsford, wo sein Herz begraben liegt, war in seinem Roman „Under the Greenwood Tree" der Ort „Mellstock". In dieser wilden Heidelandschaft, wo Adlerfarne und andere seltene Pflanzen wachsen, hat Hardy auch Städte wie Dorchester („Casterbridge"), Weymouth („Budmouth"), Bere Regis („Kingsbere") und Puddletown („Weatherbury") literarisch verewigt.

In der **Grafschaft Dorset** überwiegt der abgeschiedene, ländliche Charakter. Sogar die Küstenorte Swanage, Weymouth oder Lyme Regis scheinen fernab vom großen Trubel zu liegen. Auch Dorchester als größere Stadt in der Umgebung ist weitgehend ursprünglich und unverfälscht geblieben.

Der östliche Teil von Dorset ist ein Landstrich der Kontraste: Kahle, hohe Hügel ebenso wie buchen- und eichenbestandene Erhebungen, wildes Heideland und felsige Klippen an der Küste

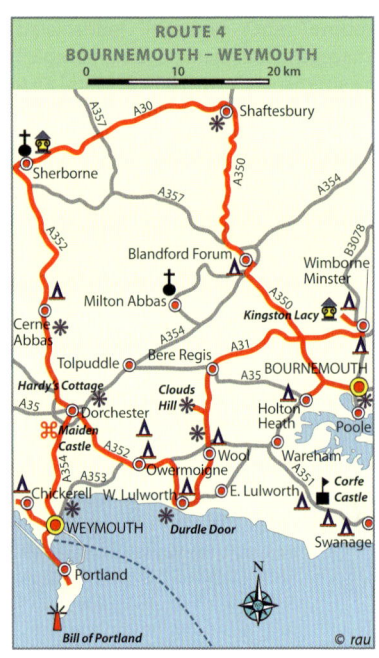

prägen das Gesicht dieser Region.

Südlich von Bere Regis erstreckt sich eine einsame, hügelige Landschaft bis hinunter zum Meer. Im Westen dehnt sich das Flusstal des Piddle aus, in dem das Dorf Tolpuddle liegt, das 1834 durch die Tolpuddle Martyrs bekannt wurde. Sechs Landarbeiter, die sich hier getroffen hatten, um eine Gewerkschaft zu gründen, waren dafür verhaftet und als Verschwörer zu sieben Jahren Haft in der damaligen Strafkolonie Australien verurteilt worden. Aber schon nach zwei Jahren wurden sie aufgrund wütender Proteste in England begnadigt und nach England zurückgebracht.

Südlich des Heidelands liegt eine Gegend, die mit einem anderen Autoren in Verbindung gebracht wird, T. E. Lawrence, der als „Lawrence of Arabia" bekannter ist und um 1935 in seinem Cottage Clouds Hill bei Moreton lebte (siehe dort).

Entlang der Küste gibt es noch einsame Kreidefelsen. Der wohl schönste Ort ist Lulworth Cove, eines der Juwelen im Süden des Landes von beeindruckender Schönheit, in dessen Nähe auch Durdle Door, ein gewaltiger Felsbogen im Seewasser, zu sehen ist.

Übrigens: Der kleine, braun-schwarze Schmetterling „Lulworth Skipper" wurde vor etwa hundertdreißig Jahren zum ersten mal über der Lulworth Cove gesehen. Er ist ein sehr seltener Schmetterling, der nur zwischen Juli und August im Süden von Dorset anzutreffen ist und unter Naturschutz steht.

Falls Sie den nachstehend beschriebenen Abstecher nach Shaftesbury nicht unternehmen wollen, bitte weiter mit **Hauptroute** weiter hinten!

Abstecher über Kingston Lacy nach Shaftesbury

*ROUTE: Von Holton Heath zur A35 und wenige Meilen ostwärts Richtung **Bournemouth** bis zum Abzweig der A350. Ihr folgen wir nordwestwärts Richtung **Blandford Forum**. Schon nach knapp 6 km Abzweig ostwärts auf die A31 bis **Wimborne Minster**. Vor dem Ort zweigt man nordwärts ab auf die B3082 zum **Schloss Kingston Lacy**.*

Kingston Lacy [Parkplatz, WP 091 / N50° 48' 44.21" W2° 1' 59.37"] präsentiert sich als prachtvoller Landsitz der Familie Bankes von1841. Beachtenswert sind neben dem Ägyptischen Salon die Salons mit Kunstschätzen und Gemälden von Van Dyck, Peter Paul Rubens oder Tintoretto. Beachtung ver-

dienen auch der ägyptische Obelisk vor dem Schloss und der Landschaftsgarten *(geöffnet ist das Haus März – Okt. tgl. 11 – 17 Uhr; Nov. – Feb. tgl. 11 – 16 Uhr, letzter Einlass 16 Uhr; der Park 10 – 18 Uhr, National Trust; www.nationaltrust.org.uk/ kingston-lacy/).*

Wimborne Minster liegt im Tal des Flusses Stoar. Fünf Straßen führen auf die alte Marktstadt zu, viele von ihnen sind von Buchen gesäumt, dem typischen Baum der Gegend. An der heutigen Straße B3082 von Wimborne Minster nach Tarrant Keyneston wurden einst im Auftrag von John Bankes, Hausherr von Kingston Lacy Hall, auf jeder Straßenseite 365 Buchen gepflanzt, eine für jeden Tag des Jahres.

Die Geschichte der Stadt Wimborne Minster reicht bis in die Zeit der angelsächsischen Könige von Wessex zurück. In früheren Zeiten lebte die Stadt vor allem vom Wollhandel. Heute ist Wimborne Minster ein Zentrum für Gartenbau und Baumschulen.

Das Münster **St. Cuthburga [N50° 47' 55.05" W1° 59' 18.58"]**, benannt nach der Schwester eines Wessex-Königs, ist eine der größten Kirchen von Dorset, und vereinigt, wie so viele Kirchen in Südengland, alle Stilrichtungen von der normannischen Zeit bis zur English Gothic. Im Westturm befindet sich die **Quarter Jack-Uhr**, bei der die hölzerne Figur eines Grenadiers mit einem Hammer die Stunden schlägt.

871 starb König Ethelred in einer Schlacht gegen dänische Invasoren und wurde von seinem jüngeren Bruder Alfred, der die Nachfolge antrat, in St. Cuthburga begraben.

Der zentrale Turm des Münsters hatte bis 1600 eine hohe Turmspitze, die in jenem Jahr aber bei Nacht und Nebel herunterstürzte, was aber niemand gesehen haben will.

Das kleine **Regionalmuseum Priest's House Museum [N50° 47' 58.22" W1° 59' 15.74"],** The High Street, eingerichtet im alten Pfarrhaus aus dem 16. Jahrhundert neben dem

PRAKTISCHE HINWEISE – WIMBORNE MINSTER

Tourist Information [N50° 47' 57.75" W1° 59' 15.62"] 29 High Street, Wimborne Minster, BH21 1HR, Tel. +44 (0)12 02 88 61 16. *Geöffnet Apr. – Sept. 10 – 17 Uhr; Okt. – März tgl. 11 – 15 Uhr.*

PUBS UND RESTAURANTS

The Greenman, 1 Victoria Road, Tel. +44 (0)12 02 88 10 21;, www.greenman-wimborne.com; gemütliches Pub westlich des Stadtzentrums an der B3082 Richtung Blandford Forum, das seine Gäste nicht nur mit kühlen Getränken und kleinen Gerichten erfreut, sondern im Sommer auch einen lauschigen Innenhof bietet. Freitags und samstags Live Music. Parkplatz.

The Olive Branch, 6 East Borough, Tel. +44 (0)12 02 88 46 86; www.theolivebranch-wimborne.co.uk; Bar & Restaurant mit langer Bierbrauertradition des beliebten „Badger"-Biers, gute Küche, die mit frischen Produkten aus der Region kocht, Biergarten am Flüsschen River Allen. Parkplatz.

CAMPING

Camping Wilksworth Farm Caravan Park [WP 092 / N50° 49' 0.19" W1° 59' 25.37"], Wilksworth Farm, Cranborn Road, Tel. +44 (0)12 02 88 54 67; www.wilksworthfarmcaravanpark.co.uk; Apr. – Okt.; ca. 2,5 km nordwärts auf der B3078 bis zum Abzweig nach Westen und noch 200 m zum Platz; Wiesen bei einem ehemaligen, ruhig gelegenen Landgut, es heißt es gehörte einst Heinrich VIII.; 3 ha – 80 Stpl.; Standard-Sanitärausstattung. Restaurant, Waschmaschine, Trockner.

Merley bei Wimborne Minster
Camping Merley Court Holiday Park [WP 093 / N50° 47' 9.27" W1° 59' 7.72"], Tel. +44 (0)1590 64 83 31; www.shorefield.co.uk; Feb. – Dez.; von Wimborne Minster auf der B3073 2 km südwärts bis zur Straße A349, am Kreisverkehr zweite links und noch 200 m bis zur Platzzufahrt, beschildert; weitläufige Anlage um ein ehemaliges Landgut, von Mobilhomes geprägt; 5 ha – 50 Stpl. + 100 Dau.; Standard-Sanitärausstattung. Laden, Schwimmbad, Waschmaschine, Trockner, WLAN.

Münster, hat sich auf die örtliche Geschichte spezialisiert.

Zu den neueren Attraktionen in Wimborne Minster zählt die Miniaturstadt **Wimborne Model Town [N50° 47' 55.66" W1° 59' 25.61"]** in der King Street *(geöffnet Apr. – Okt. tgl. 10 – 17 Uhr).*

*ROUTE: Von Kingston Lacy zurück zur A31 und westwärts bis zur A350, der wir nordwärts über **Blandford Forum** bis **Shaftesbury** folgen.*

Das hübsche Städtchen **Blandford Forum** wurde 1731 in einem verheerenden Feuer buchstäblich bis auf die Grundmauern niedergebrannt. Das Feuer wurde von einem umgefallenen Talglicht in einem Haus in der Nähe des Marktes verursacht. Da der Wind an diesem Tag kräftig aus Norden wehte, fraßen sich die Flammen durch die gesamte südliche Stadt. Innerhalb einer Stunde waren alle Feuerleitern und Wasserpumpen zerstört. Am Ende des Tages gab es 400 Häuser nicht mehr. Augenzeugen sollen berichtet haben, dass sogar die Kirchenglocken in der Gluthitze schmolzen und das flüssige Metall vom Kirchturm heruntertropfte. Nur das Date House von 1639 in der Salisbury Street ist als einziges Gebäude aus dieser Zeit erhalten geblieben.

Der Wiederaufbau gab dem Ort sein kühles, klassisches Gesicht des 18. Jahrhunderts. Fast alle Gebäude am Marktplatz in der East Street und in der Salisbury Street, auch die Gemeindekirche aus dem Jahre 1739, sind einheitlich in roter Backsteinarchitektur gehalten.

Noch heute ist Blandford Forum eine wichtige Marktstadt und in früheren Zeiten war die Stadt eine beliebte Station der Reisenden und Kaufleute auf ihrem Wege vom Hafen Weymouth nach London.

Hinweisschilder an der Straße aus Salisbury (A30) tragen die Inschrift „6d Handle", als Hinweis darauf, dass die Angelsachsen Blandford Forum einstmals „Sixpenny Handley" nannten.

Der berühmteste Sohn der Stadt ist der hier 1818 geborene Bildhauer Alfred Stevens, der das Wellington-Denkmal in der Londoner St. Paul's Cathedral schuf.

Zu den Sehenswürdigkeiten der Stadt zählen die **St. Peter and St. Paul Church [N50° 51' 23.73" W2° 9' 52.08"]** von 1732 und das **Blandford Fashion Museum [N50° 51' 25.55" W2° 9' 54.19"]** im Lime Tree House, The Plocks (geöffnet Ostern – Sept. Mo, Do, Fr + Sa 10.30 – 17 Uhr; Okt. – März Mo, Do, Fr, Sa 10 – 16 Uhr; www.theblandfordfashionmuseum.co.uk. Ausgestellt ist eine umfangreiche Sammlung historischer Kostüme der früheren Hausbesitzerin Mrs. Petty Penny.

In der Salisbury Street stehen einige schöne Häuser u. a. mit verziertem Vorbau. Am Südende der Salisbury Street kommt man über die West Street zu einem **Parkplatz am Tourist Office [WP 094 / N50° 51' 16.40" W2° 10' 0.17"]** hinter dem Morrisons Supermarkt.

Und die **Hall & Woodhouse Brewery [N50° 51' 5.98" W2° 9' 49.28"]** im benachbarten Blandford St. Mary versorgt die Pubs in der ganzen Region seit Generationen mit „Badger"-Bier.

Milton Abbas, mit seinen reetgedeckten Cottages fast ein Bilderbuch-dorf, liegt einige Meilen südwestlich von Blandford Forum und ist über meist recht enge Landsträßchen zu erreichen.

Bemerkenswert ist **Milton Abbey [N50° 49' 12.54" W2° 17' 8.76"]**, eine ehemalige Benediktiner-Abtei, die im 14. Jh. auf geschenktem Grund entstand, den später König Henry VIII. seinem Rechtsbeistand überlassen hatte, der die Scheidung von seiner Frau Catherine of Aragon juristisch begleitete. Die Abtei – heute Public School – wurde von Sir Giles Gilben Scott renoviert, wodurch auch die vielen Denkmäler in der kleinen Klosterkirche konserviert werden konnten.

Shaftesbury liegt sehr ansprechend in der sanften Hügellandschaft von Dorset. Von den Anhöhen, wie z. B. vom Gold Hill mit seiner romantischen, sehenswerten Kopfsteinpflasterstraße hinter dem Rathaus, sind herrliche Ausblicke möglich.

Schon ausgangs des 9. Jh., der Zeit, als die eingedrungenen Wikinger von König Alfred dem Großen aus Südengland wieder vertrieben worden waren, gründete König Alfred mehrere Orte in Dorset, darunter auch Shaftesbury.

Wenige Jahre danach ermöglichte Alfred in Shaftesbury die Gründung eines der ersten Nonnenklöster der Gegend, das von Benediktinerinnen rasch zu einer sehr einflussreichen Abtei gemacht wurde. Erste Äbtissin des Kloster war Aethelgifu, die Tochter von König Alfred dem Großen.

650 Jahre lang hatte das Kloster Bestand, bis es 1539 wie fast alle Klöster Englands, auf Befehl König Heinrichs VIII. aufgelöst wurde.

Etwa ab Mitte des 16. Jh., das Kloster war säkularisiert worden und be-

CAMPING – BLANDFORD FORUM

Camping The Inside Park [WP 095 / N50° 50' 26.02" W2° 11' 37.99"], Fairmile Road, Down House Estate Blandford Forum, Tel. +44 (0)12 58 45 37 19; www.theinsidepark.co.uk; 1. Apr. – 31. Okt.; von Blandform Forum ca. 2 km westwärts auf der Fairmile Road bis zum Abzweig zum Platz; gepflegte, leicht schräge Wiesen in schönem Parkgelände mit über 200 Jahre alten Libanonzedern; 8 ha – 120 Stpl.; Standard-Sanitärausstattung. Laden, Waschmaschine mit Trockner, WLAN.

Shaftesbury, Gold Hill. Foto: VisitBritain

gann langsam zur Ruine zu verfallen, entwickelte sich Shaftesbury mehr und mehr zu einer wichtigen Marktstadt und zu einem Verkehrsknotenpunkt der Warenströme auf dem Wege nach London und in den Westen des Königreichs. Noch heute findet in Shaftesbury jeden Donnerstag einer der größten Vieh- und Stadtmärkte der Region statt.

Ein anderes großes Ereignis in der Stadt ist die **Gold Hill Fair**, die jedes Jahr am zweiten Wochenende im Juli abgehalten wird. Die Straßen der Stadt sind dann voll mit Marktbuden. Und Musik, Tanz und die Darbietung der „Town Crier" bilden das Rahmenprogramm.

Im 18. Jahrhundert etablierte sich die Firma Case, die in Heimarbeit Knöpfe herstellen ließ und damit fast drei Generationen lang Arbeit und Brot nach Shaftesbury brachte. Aber mit dem Aufkommen der industriellen Knopfproduktion war die manuelle Knopfherstellung nicht mehr rentabel und brach zusammen.

Einen zentral gelegenen Parkplatz, **Bell Street Car Park [WP 096 / N51° 0' 25.30" W2° 11' 52.34"]**, findet man in Shaftesbury nahe dem Tourist Office. Von dort aus können die Abteiruinen, Gold Hill und das Museum zu Fuß gut erreicht werden.

Zu den Sehenswürdigkeiten der Stadt zählen das **Gold Hill Museum [N51° 0' 20.15" W2° 11' 49.44"]** (regionale Geschichte, Münzsammlung und Sammlung von Dorset-Knöpfen aus Shaftesbury *(geöffnet 24. März – Okt. tgl. 10.30 – 16.30 Uhr, Eintritt frei; www. goldhillmuseum.org.uk)*, das ehedem als Gasthof und Unterkunft für die Händler und angereisten Marktleute diente, sowie das **Shaftesbury Abbey Museum & Garden [N51° 0' 19.10" W2° 11' 55.04"]**, Park Walk *(geöffnet Apr. – Okt. tgl. 10 – 17 Uhr; www.shaftesburyabbey. org.uk)*.

Shaftesbury & Gillingham Tourist Information Centre [N51° 0' 23.75" W2° 11' 51.39"], 8 Bell Street, Shaftesbury, SP7 8AE, Tel. +44 (0)17 47 85 35 14; www.shaftesburytourism.co.uk. *Geöffnet tgl. 10 – 17 Uhr.*

ROUTE: Von Shaftesbury fährt man entweder zurück bis **Blandford Forum**

CAMPING – WOOL

Camping Whitemead Caravan Park [WP 098 / N50° 40' 51.78" W2° 13' 34.40"], East Burton Road, Tel. +44 (0)19 29 46 22 41; www.whitemeadcaravanpark.co.uk; Mitte März – Okt.; am nördlichen Ortsrand von Wool von der A352 (Wareham – Dorchester) bei der Texaco-Tankstelle Richtung East Burton abzweigen; an der Straße und Bahnlinie gelegenes Wiesengelände durch Bäume und Sträucher aufgeteilt; 2 ha – 60 Stpl.; einfache Standard-Sanitärausstattung. Laden, Kiosk, Waschmaschine, Trockner, WLAN.

und dort über die A354 nach **Dorchester** oder man nimmt den Weg über **Sherborne** (siehe auch Abstecher ab Dorchester weiter hinten) nach **Dorchester.**

HAUPTROUTE

ROUTE: Von Kingston Lacy zur A35, der man westwärts bis **Bere Regis** folgt. Dort zweigt man südwärts ab und fährt über **Wool** bis an die **Jurassic Coast** bei **West Lulworth**.

Etwa auf halbem Wege nach Wool kann man einen Abstecher westwärts nach **Clouds Hill [Parkplatz; WP 097 / N50° 43' 5.10" W2° 15' 4.80"]** unternehmen. Clouds Hill war der Wohnsitz

von Thomas Edward Lawrence, besser bekannt als Lawrence von Arabien.

Als Lawrence das Cottage übernahm, war es eine sehr kleine Jagdhütte mit nur drei Räumen.

In Clouds Hill gingen Freunde und Bekannte von Lawrence ein und aus, darunter die Dichter und Schriftsteller E. M. Forster, Thomas Hardy und George Bernhard Shaw. Das Anwesen gehört heute dem National Trust und kann besichtigt werden (geöffnet 1. März – 31. Okt. tgl. 11 – 17 Uhr, letzter Einlass 30 Minuten vor Schließung; National Trust).

T. E. Lawrence starb 1935 bei einem Motorradunfall in der Nähe von Moreton, das wenige Meilen südwestlich liegt. Er wurde 46jährig auf dem Fried-

Lulworth Cove an der Jurassic Coast

Lulworth Castle

hof der Kirche St. Nicholas von Moreton beigesetzt.

Nördlich von **Wool**, bei **Bovington,** liegt **The Tank Museum [Parkplatz, WP 099 / N50° 41' 42.28" W2° 14' 29.29"]**. Hier sind in sechs großen Hallen Panzer und anderes armiertes Kriegsgerät aus 26 Ländern, von den ersten Tanks aus der Zeit des Ersten Weltkrieges bis zur Jetztzeit zu sehen *(geöffnet tgl. 10 – 17 Uhr; www.tankmuseum.org)*.

Knapp 2 km davon entfernt kann man **Monkey World [Parkplatz, WP 100 / N50° 41' 51.09" W2° 13' 4.57"]** einen Besuch abstatten. In dem weitläufigen zoologischen Garten tummeln sich Schimpansen, Orang-Utans, Gibbons, Makaken, Lemuren, putzige Kapuzineräffchen u. a. *(geöffnet tgl. 10 – 17 Uhr, im Juli + Aug. 10 – 18 Uhr, letzter Einlass 1 Stunde vor Schließung; www.monkeyworld.org)*.

Lulworth bezeichnet man als das „Juwel des südlichen Englands", dessen landschaftliche Schönheit man am besten außerhalb der Hochsaison genießen sollte.

Lulworth Castle & Park [Parkplatz, WP 101 / N50° 38' 15.39" W2° 12' 13.43"] bei East Lulworth war im 17. Jh. von Thomas Howard, 3. Lord Bindon, errichtet worden, um hier königliche Jagdgesellschaften standesgemäß bewirten zu können. Im 18. Jh. dann wurde Lulworth Castle zu einem noblen Landsitz ausgebaut. 1929 schließlich wurde das quaderförmige Haus mit seinen markanten Rundtürmen an den vier Ecken von einem Feuer in Mitleidenschaft gezogen, unter dem vor allem die Inneneinrichtungen litten *(geöffnet So - Fr 10.30 – 17 Uhr, letzter Einlass 16 Uhr; Gebühr für Parkplatz und Eintritt; www.lulworth.com)*.

In **West Lulworth** enden die Kreidefelsen bei **Lulworth Cove** ganz abrupt und scheinen mit ihren Felsen aus Portland- und Purbeck-Stein die runde Bucht Lulworth Cove fast ganz einzuschließen.

Wer sich mit detaillierte Informationen über diesen Küstenstrich, über Englands berühmte Jurassic Coast, sowie über Wandermöglichkeiten, Fauna

CAMPING – WEST LULWORTH

Camping Durdle Door Holiday Park [WP 103 / N50° 37' 39.77" W2° 16' 5.07"], Main Road, Tel. +44 (0)19 29 40 02 00; www.durdledoor.co.uk/accommodation/camping-touring/; Anf. März – Mitte Okt.; Zufahrt von Wool auf der B3071 ca. 7 km südwärts Richtung West Lulworth, Platz liegt ca. 1 km westlich von West Lulworth an der kleinen Straße zum Parkplatz oberhalb der Küstenszene „Durdle Door", schöne Lage oberhalb der Klippen; teils baumschattiges, teils baumloses Wiesengelände; 12 ha – 120 Stpl.; gute Standard-Sanitärausstattung. Laden, Bar, Imbiss, Waschmaschine, Trockner, Chemikalausguss.

und Flora dort unterrichten will, sollte im **Lulworth Cove Heritage Centre [Parkplatz, WP 102 / N50° 37' 12.02" W2° 15' 11.35"]** am Südrand von West Lulworth ganz in der Nähe der Lulworth Cove, vorbeischauen.

Vom **Parkplatz [N50° 37' 24.24" W2° 16' 7.78"]** westlich von West Lulworth und ganz in der Nähe des Campingplatzes Durdle Door Holiday Park (s. u.) führt ein längerer Fußweg entlang der malerischen Jurassic Coast mit ihren steilen Klippen in Richtung Westen zur geschützten Man o'War Bay mit dem ebenso gewaltigen wie berühmten Felsenbogen des **Durdle Door**, der mit einem „Fuß" im Wasser steht. Besonders beeindruckend ist die Szenerie, wenn

an stürmischen Tagen die Wellen durch den Torbogen krachen.

Jurassic Coast, ein aus Buchten und Steilküsten geformter Küstenabschnitt etwa zwischen Swanage, Weymouth, Lyme Regis und Exmouth in East Devon, ist – zumindest aus Geologensicht – der interessanteste Küstenstrich im Süden Englands. Nicht umsonst ist die Jurassic Coast – wie der Grand Canyon in den Vereinigten Staaten oder das Great Barrier Reef vor Australien – zum Weltnaturerbe erkoren worden, dem ersten in ganz England übrigens.

Die Steilküsten und Klippen aus Juragestein und jüngeren Kreidefelsen sind Monumente aus 185 Millionen Jahre Erdgeschichte. Manche Felsen z. B.

Durdle Door

Dorchester, St. Peter's Church

bei Exmouth sind 250 Millionen Jahre alt. Aber nicht nur wegen seiner spektakulären Küstenformationen wie das Felsentor Durdle Door und der kilometerlange Kieselstrand Chesil Beach oder der herrlichen Wanderungen, die auf dem Coast Path möglich sind, ist die Jurassic Coast bei Urlaubern so beliebt. Für viele sind auch die Fossilien und Dinosaurierskelette und -knochen ein Grund für einen Aufenthalt an der Küste. Noch immer werden neue Urweltfunde gemacht. Vor allem an der Küste bei Lyme Regis werden gelegentlich Fossilien freigelegt oder sie werden nach langen Winterstürmen von den Brechern der aufgewühlten See aus den Kreidefelsen gewaschen.

Die besten Chancen selbst Fossilien zu entdecken, hat man leider eher im Winter. Aber auch im Sommer können Sie nach Ammoniten oder Saurierknochen suchen. Sie sollten es aber nur am Strand tun und nie in den Klippen direkt, was wegen Erdrutschen und Steinschlag viel zu gefährlich wäre. Bevor Sie sich aber auf den Weg machen, erkundigen Sie sich besser in den Touristenbüros nach den neuesten Vorschriften über das Fossiliensammeln! Einige Touristenbüros geben einen sog. „Leitfaden für das Fossiliensammeln" heraus.

*ROUTE: Man fährt zurück bis **Wool** und folgt dort der A352 westwärts über **Winfrith Newburgh** (hübsche Häuser) und **Owermoigne** (Camping s. u. Weymouth) bis Dorchester.*

Dorchester mit seinen knapp 16.000 Einwohnern und seinen Häusern aus grauem Portland-Stein ist eine geschäftige Stadt. Das Muster ihrer Hauptstraßen wurde schon im Jahre 43 von den Römern gelegt, die auch ein Haus in Colliton Park in der Nähe der County Hall in ihrer Durnovaria genannten Stadt zurückgelassen haben, dessen Überreste man inzwischen ausgegraben hat.

Von den römischen Bauten sind heute aber nur noch Überreste erhalten: ein Mosaikfußboden im **Roman Town House [N50° 43' 3.70" W2° 26' 29.72"]** und Reste des ehemaligen Amphitheaters weiter südlich der Stadt.

Im Mittelalter lebte Dorchester gut vom Tuchgeschäft und war für sein gutes Ale landesweit bekannt.

Einen relativ zentral gelegenen, großen **Parkplatz [WP 104 / N50° 42' 50.26" W2° 26' 8.16"]** findet man in der Charles Street bei der Dorchester Church.

In der High Street erinnert ein Bronzedenkmal des Bildhauers Eric Kennington an Thomas Hardy, dem wohl berühmtesten Sohn der Stadt.

Der Dichter und Romancier *Thomas Hardy*, nach Charles Dickens bedeutendster Schriftsteller des viktorianischen Zeitalters, wurde 1840 in dem pittoresken Weiler Higher Bockhampton, unweit nordöstlich von Dorchester an der A354 gelegen, in einem einfachen strohgedeckten, heute fast märchenhaft romantisch wirkenden Cottage geboren. **Hardy's Cottage [Parkplatz N50° 43' 42.98" W2° 23' 27.80"]** mit seinem wunderschönen Landgarten wird heute vom National Trust betreut (*geöffnet März – Okt. tgl. 11 - 17 Uhr; Nov. – Feb. Do – So 10 - 16 Uhr; www.nationaltrust.org.uk/hardys-cottage/).*

Später lebte Hardy in der **Villa Max Gate [N50° 42' 27.71" W2° 25' 12.70"]** in der Alington Avenue (A352) am Ostrand von Dorchester (*geöffnet März – Okt. tgl. 11 - 17 Uhr; Nov. – Feb. Do - So 11 – 16 Uhr; National Trust; www.nationaltrust.org.uk/max-gate).* Max Gate hatte Hardy selbst entworfen und gebaut. Und dort lebte der bodenständige Poet auch bis zu seinem Tode im Jahre 1928. Hardy hatte ja Architektur studiert und

sollte eigentlich Architekt werden. Als bekannte Werke von Thomas Hardy werden von Literaturkennern z. B. „Far from the Madding Crowd" oder „Under the Greenwood Tree" genannt.

Zeit seines Lebens liebte Hardy die ihn prägende Schlichtheit der wilden Heidelandschaft von Dorset. Sie hat ihn zu vielen Landschaftsbeschreibungen in seinen Romanen inspiriert. Obwohl Hardy in der Westminster Abbey von London beigesetzt wurde, hat man sein Herz auf dem Friedhof des nahen Dorfes Stinshead begraben.

Viele Fossilien samt einer Dinosaurierabteilung und Funde aus der Römerzeit werden im **Dorset County Museum [N50° 42' 55.60" W2° 26' 13.88"]** mit der sehenswerten Victorian Hall in der High Street West ausgestellt (*geöffnet Apr – Okt. tgl. 10 – 17 Uhr; Nov. – März tgl. 10 - 16 Uhr; www.dorsetcountymuseum.org).* Zu den Exponaten zählen auch die Hinterlassenschaften eines römischen Soldaten, der in der Schlacht bei Maiden Castle umkam. Das Dorset County Museum besitzt auch eine Reihe von Manuskripten des Dichters Thomas Hardy und es zeigt die Nachbildung seines Arbeitszimmers aus der Villa Max Gate, seinem ehemaligen Wohnsitz.

Bei ausreichend zur Verfügung stehender Zeit versprechen Besuche in **The Dinosaur Museum [N50° 42' 53.51" W2° 26' 2.64"]**, Durngate Street, im **Teddy Bear House [N50° 42' 55.90" W2° 25' 57.93"]** (Teddy-Bär-Sammlung) oder im **Terracotta Warriors Museum [N50° 42' 56.13" W2° 25' 58.30"]** (Repliken der berühmten chinesischen

The Old Tea House, Café, 44 High West Street, Tel. +44 (0)13 05 26 37 19; www.oldteahouse.net; seit 1635 ist hier eine Gastwirtschaft eingerichtet. Als Café bietet man in erster Linie Tee und eine große Kuchenauswahl, aber auch Gebratenes, Suppen, Finger Sandwiches u. ä. an, alles selbstgemacht aus frischen Zutaten der Region. 4 B & B-Gästezimmer.

The Mock Turtle, Restaurant, 34 High Street West, Tel. +44 (0)13 05 26 40 11; seit Jahren gleich gute Qualität der Küche, deshalb sehr beliebt.

CAMPING

Crossways bei Dorchester
Camping Crossways Caravan Club Site [WP 105 / N50° 41' 55.15" W2° 19 '0.97"], Crossways, Moreton, Tel. +44 (0)13 05 852 032, www.caravanclub. co.uk; Mitte März – Ende Okt.; ca. 7 km östlich von Dorchester und nordöstlich vom Ort Crossways gelegen; hügeliges, unübersichtliches Waldgelände mit Stellplatznischen; 2 ha – 80 Stpl.; einfache Standard-Sanitärausstattung. V & E für Wohnmobile**. Nicht-Clubmitglieder willkommen.

Moreton bei Crossway/Dorchester
Camping Moreton C & C Club Site [WP 106 / N50° 42' 4.84" W2° 18' 42.18"], Station Road, Tel. +44 (0)13 05 85 38 01; www.campingandcaravanningclub.co.uk; Apr. – Okt.; ca. 7 km östlich von Dorchester und ca. 1,5 km nordöstlich von Crossways gelegen; Wiesengelände durch Büsche und Bäume aufgelockert; 3 ha – 100 Stpl.; Standard-Sanitärausstattung.

Owermoigne bei Dorchester
Camping Sandyholme Holiday Park [WP 107 / N50° 40' 47.47" W2° 19' 46.97"], Moreton Road, Tel. +44 (0)13 05 85 25 77; www.sandyholmeholidaypark.co.uk; März – Okt.; A352 (Wareham – Dorchester) bis Owermoigne, hier nordwärts ca. 1,5 km bis zum Platz; von hohen Bäumen umgebene Wiese geprägt von Mobilhomes; 2,5 ha – 100 Stpl.; einfache Standard-Sanitärausstattung. Laden, Waschmaschine mit Trockner.

Terrakotta-Armee), beide am Ostrand der Stadt, oder in der **Tutankh-amun Ausstellung [N50° 42' 53.84" W2° 26' 22.98"]**, High Street West. Hier werden Rekonstruktionen aus dem Grab des berühmten Pharaos gezeigt *(geöffnet Apr. – Sept. tgl. 10 – 17 Uhr; Okt. – März tgl. 10 – 16 Uhr; www.tutankhamun-exhibition. co.uk)*.

Die schönste Kirche von Dorchester ist St. George's Church in Fordington am Ostrand von Dorchester gelegen.

Maumbury Rings [N50° 42' 31.39" W2° 26' 25.99"], südlich der Stadt und heute quasi die „Festwiese" von Dorchester, war in der Steinzeit eine kreisförmige Kultstätte, die die Römer zu einem Amphitheater mit 10.000 Sitzplätzen ausbauten. Hier wurden bis 1767 sogenannte „Hanging Fairs" veranstaltet, das waren, entgegen der Wortbedeutung, keine Ausstellungen, sondern öffentliche Hinrichtungen.

Auch die sehr populäre Veranstaltung des „Beast-baiting", bei dem man Kampfhunde auf einen an einem Pfahl angebundenen Bären losließ und Wetten auf den Sieger des Kampfes abschloss, wurden hier veranstaltet.

Maiden Castle [N50° 41' 56.68" W2° 28' 15.18"], eine 2.500 Jahre alte eisenzeitliche Ringfestung auf einer kahlen Anhöhe, liegt unweit südlich von Dorchester und westlich der A354.

Ein interessantes städtebauliches Projekt entsteht in **Poundbury**, am Westrand von Dorchester. Hier arbeitet man an einer modellhaften Dorfsiedlung, in der Menschen umweltverträglich ohne Autos leben und arbeiten können. Mitkonzipiert wurde das Vorhaben, das bis 2020 abgeschlossen sein soll, von H. R. H. The Prince of Wales, www. princeofwales.gov.uk/features/poundbury.

Sherborne Old Castle

Falls Sie den nachstehend beschriebenen Abstecher nach Sherborne nicht unternehmen wollen, bitte weiter mit **Hauptroute** weiter hinten!

Abstecher über Cerne Abbas nach Sherborne

Von der ehemaligen Benediktiner-Abtei aus dem 15. Jahrhundert in **Cerne Abbas** ist nur noch ein Torhaus erhalten geblieben. In der Nähe liegt **St. Mary's Church [N50° 48' 33.86"   W2° 28' 32.56"]**.

Lange Tradition hat das **Royal Oak Pub** in der Long Street Nr. 23. In den urigen Gaststuben am Market Square wird schon seit 1540 kühles Bier an durstige Reisenden ausgeschenkt.

Bekannt ist der Ort aber vor allem wegen der Figur des **Cerne Abbas Giant [Parkplatz, WP 108 / N50° 48' 42.34"   W2° 28' 43.99"]**, die ca. 1 km nordöstlich von Cerne Abbas liegt. Die riesige, 60 m hohen mit Kalksteinen an einem Wiesenhang ausgelegte Figur des „Riesen von Cerne", stellt einen nackten Mann mit einer Keule in der Hand dar. Sie entstand vor mehr als 1.500 Jahren und wird mit alten Fruchtbarkeitsritualen in Verbindung gebracht, denn die Figur zeigt auch den imposanten Phallus der Männergestalt.

Bis in das 19. Jahrhundert hinein glaubten die Frauen der Umgebung an die magischen Kräfte der Figur auf dem Hügel mit dem Fruchtbarkeitssymbol, und so schliefen sie an diesem Ort eine Nacht lang im Freien, wenn sie schwanger werden wollten.

Sherborne, eine der hübschesten Kleinstädte mit annähernd 10.000 Ein-

---

CAMPING – CERNE ABBAS

Camping Giants Head C & C Park [WP 109 / N50° 49' 28.51"   W2° 27' 46.67"], Old Sherborne Road, Tel. +44 (0)13 00 34 12 42; www.giantshead.co.uk; 5. Apr. – 3. Nov.; ca. 3 km nordöstlich von Cerne Abbas, Zufahrt von Cerne Abbas Richtung Buckland Newton; Wiesenviereck von einer Hecke und Feldern umgeben, bei einem Gehöft; ca. 1,5 ha – 50 Stpl.; einfache Sanitärausstattung.

wohnern, liegt im Norden von West-Dorset. Tourismus spielt in Sherborne nur eine untergeordnete Rolle.

Parkplätze [WP 110 / N50° 56' 44.22" W2° 30' 45.43"] findet man an der Ludbourne Road.

Sehenswert allerdings ist die bei tiefstehender Sonne scheinbar aus „goldenem" Sandstein gebaute **Sherborne Abbey St. Mary the Virgin [N50° 56' 46.40" W2° 30' 59.62"]** aus dem 15. Jahrhundert mit einem sehr schönen Fächergewölbe, das man sich bequem mit einem Blick nach unten anschauen kann. Damit man sich keinen steifen Hals holt, hat man nämlich einfach Spiegel am Boden angebracht *(geöffnet im Sommer tgl. 8.30 – 18 Uhr; im Winter 8.30 – 16 Uhr; Führungen in der Hochsaison Di um 10.30 Uhr und Fr um 14.30 Uhr; www.sherborneabbey.com).*

Vor der Kirche befindet sich das Almhouse von 1437 mit einer Kunstgalerie.

Von **Sherborne Old Castle [N50° 56' 57.82" W2° 30' 17.14"]** in der Castleton Road *(geöffnet Apr. – Juni und Sept. + Okt. tgl. 10 – 17 Uhr; Juli + Aug. 10 – 18 Uhr; www.english-heritage.org.uk/visit/ places/sherborne-old-castle/),* das schon im 12. Jh. vom Bischof von Salisbury errichtet wurde und in dem der Entdecker Sir Walter Raleigh ab 1592 15 Jahre lang lebte, sind nur noch Ruinen und ein Torhaus übrig geblieben. Wird von English Heritage betreut.

Sherborne New Castle [N50° 56' 43.83" W2° 30' 1.49"] am Ostrand der Stadt, Nähe New Road, dagegen geht auf eine Jagdhütte zurück, die sich Sir Walter Raleigh 1594 errichten ließ. Im

beginnenden 17. Jh. erwarb ein vermögender Diplomat namens Sir John Digby das Anwesen und ließ es in ein stattliches Schloss umwandeln. Heute können Besucher die prächtigen Salons mit ihren kunstvollen Stuckdecken und Kaminen wie den Oak Room, die Bibliothek oder die Great Hall besichtigen, die alle noch mit vielen Kunstgegenstände, Gemälden und Möbel ausgestattet sind. Außerdem Porzellansammlung aus dem 16. Jahrhundert *(Haus geöffnet Ostern – 27. Okt. Di – Do, Sa, So 11 – 17 Uhr, letzter Einlasse 45 Minuten vor Schließung, Gärten 10 – 18 Uhr; www.sherbornecastle.com).* Der berühmte englische Gartenbauarchitekt Lancelot Brown, genannt „Capability Brown", legte den See und die Gartenlandschaft an.

HAUPTROUTE

ROUTE: Von Dorchester auf der A354 südwärts bis **Weymouth***.*

Die alte Hafenstadt **Weymouth** ist ein beliebter Urlaubsort im Süden Englands. Ihr Aufschwung begann nach einem königlichen Aufenthalt, als 1789 König Georg III. hier zur Erholungskur weilte. Er wohnte in einem Haus, das später zum Gloucester Hotel erweitert wurde. Nach dem Anschluss an das britische Eisenbahnnetz im Jahre 1857 erschloss sich Weymouth auch für den beginnenden Massentourismus.

Der lange Sandstrand grenzt an die **Uferpromenade**, in deren Mitte ein Uhrenturm steht, der anlässlich eines der vielen Thronjubiläen in der langen

Weymouth. Foto: VisitBritain/Rod Edwards

PRAKTISCHE HINWEISE – WEYMOUTH

Weymouth Tourist Information Centre [N50° 36' 20.67" W2° 27' 7.94"], Pilgrim House, 1 Hope Street, Weymouth, DT4 8TU, Tel. +44 (0)13 05 77 94 10; www.weareweymouth.co.uk. *Geöffnet tgl. 10 – 17 Uhr.*

Vom **Weymouth Fährterminal** bestehen Fährverbindungen saisonal zu den Kanalinseln und nach St. Malo.

PUBS UND RESTAURANTS

The Gloucester, Pub, 85 Esplanade, Tel. +44 (0)13 05 77 76 97; www.thegloucesterweymouth.com; ein Pub-Restaurant, das mit Steak & Seafood Grill wirbt. Große Auswahl an Cocktails.

The Ship Inn, Pub, Custom House Quay, Tel. +44 (0)13 05 77 38 79; www.ship-weymouth.co.uk; von außen eher bescheiden wirkend, wird man innen von der maritimen Einrichtung überrascht. Das zentral gelegene Pub schenkt neben anderen Biersorten das bekannte hausgebraute Bier „Badger" der Brauerei Hall & Woodhouse aus, die Speisekarte lässt sich sehen, geöffnet ab 10 Uhr zum Frühstück.

The Black Dog Inn, Pub, 3 St. Mary's Street, Tel. +44 (0)13 05 77 14 26; www.blackdogweymouth.co.uk; serviert werden verschiedene Fassbiere, das dazugehörende Restaurant serviert kleine Gerichte, am Wochenende Live Music. Zentral gelegen.

Vaughan's, 7 Custom House Quay, Tel. +44 (0)13 05 76 90 04; www.vaughans-bistro.co.uk; beliebtes Steak & Seafood Restaurant am Hafen, gut sortierter Weinkeller. Sonntagnachmittags und montags geschlossen.

CAMPING

Chickerell bei Weymouth

Camping Bagwell Farm Touring Park [WP 112 / N50° 37' 58.5" W2° 31' 45.6"], Tel. +44 (0)13 05 78 25 75; www.bagwellfarm.co.uk; Jan. – Dez.;

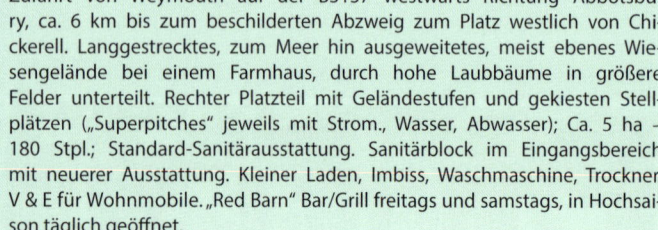

Zufahrt von Weymouth auf der B3157 westwärts Richtung Abbotsbury, ca. 6 km bis zum beschilderten Abzweig zum Platz westlich von Chickerell. Langgestrecktes, zum Meer hin ausgeweitetes, meist ebenes Wiesengelände bei einem Farmhaus, durch hohe Laubbäume in größere Felder unterteilt. Rechter Platzteil mit Geländestufen und gekiesten Stellplätzen ("Superpitches" jeweils mit Strom., Wasser, Abwasser); Ca. 5 ha – 180 Stpl.; Standard-Sanitärausstattung. Sanitärblock im Eingangsbereich mit neuerer Ausstattung. Kleiner Laden, Imbiss, Waschmaschine, Trockner. V & E für Wohnmobile. "Red Barn" Bar/Grill freitags und samstags, in Hochsaison täglich geöffnet.

Herrschaftszeit von Königin Victoria errichtet wurde.

An der Südseite des Brewer's Quay Viertels findet man an der Straße Newberry Gardens größere **Parkplätze [WP 111 / N50° 36' 17.77" W2° 27' 11.51"]**.

Ein Anziehungspunkt von Weymouth ist das Einkaufszentrum **Brewer's Quay [N50° 36' 20.20" W2° 27' 8.75"]** *(geöffnet tgl. 9.30 - 17.30 Uhr, im Sommer Mo - Fr längere Öffnungszeiten; www.brewers-quay.co.uk).*

Das **Regionalmuseum Weymouth Museum** war bis 2016 im Brewers Quay Komplex untergebracht. Nach größeren Renovierungsarbeiten soll es in den nächsten Jahren wiedereröffnet werden. Termin derzeit unklar.

Mein Tipp: Wer sich über die sich von Portland nach Nordwesten erstreckende Chesil Beach (siehe nächste Etappe, Route 5) informieren will, diesem eigenartigen Teil der englischen Südküste, dem sei ein Besuch im **Chesil Beach Centre [N50° 34' 44.32" W2° 28' 10.62"]** empfohlen *(geöffnet Ostern – Sept. tgl. 10 – 17 Uhr; Okt. – Ostern tgl. 10 – 16 Uhr; www.dorsetwildlifetrust.org. uk/chesilbeach.html). Das Center liegt an der A354, etwa auf halbem Wege zwischen Weymouth und Portland. Hier gibt es auch eine Brücke über die Fleet Lagoon zur Chesil Beach.*

Abstecher auf die Isle of Portland

ROUTE: *Von Weymouth auf der A354 südwärts.*

Südlich von Weymouth ragt die **Isle of Portland** hinaus in den Ärmelkanal.

Thomas Hardy hat die Halbinsel als "Gibraltar von Wessex" beschrieben.

Heute präsentiert sich das Städtchen Portland mit seinen Hochhäusern am Beginn der Halbinsel an der West Bay allerdings wenig ansprechend.

Auf Portland gewinnt man den grauen Kalksandstein, der als **Portland Stone** bekannt ist und in vielen englischen Kirchengebäuden, darunter in der St. Paul's Cathedral in London, verbaut worden ist. Auch die Fassade des UNO-Gebäudes in New York enthält diesen Stein.

Im **Tout Quarry [N50° 33' 3.66" W2° 26' 40.82"]**, ein Steinbruch, in dem der berühmte Portland Stone gebrochen wurde, sieht man heute künstlerische Skulpturen.

An der Südspitze, Bill of Portland genannt, steht ein weiß-roter **Leuchtturm [Parkplatz N50° 30' 54.43" W2° 27' 22.84"]**. Schwimmen ist an dieser Stelle wegen der ungemein starken Strömungen lebensgefährlich!

ROUTE 5: WEYMOUTH – EXETER

Länge der Tour: Rund 120 km/75 mls.

Die Route: Straße B3157 bis **Bridport** – A35 und Landstasse bis **Lyme Regis** – A3052 bis **Sidmouth** – A3052 bis **Newton Popple-ford** – B3178 über **Budleigh Salterton** bis **Exmouth** – A376 bis **Exeter**.

Reisedauer: Mindestens ein Tag.

Höhepunkte: **Chesil Beach **** – die Strandpromenade in **Lyme Regis *** – **Exeter Cathedral **** – **Powderham Castle **** bei Exeter – **Knightshayes Court and Gardens *** bei Tiverton.

In **West-Dorset** ziehen sich die Hügel der Kreidelandschaft von Sherborne im Hinterland bis zum Meer bei Lyme Regis, der Perle an der südenglischen Küste. Dazwischen liegt fruchtbares Farmland, das sein Wasser von den Flüssen Cerne, Frome und Char bezieht. Pilsdon Head, mit 300 m die höchste Erhebung der Region, erlaubt einen spektakulären Panoramablick über die Landschaft des mit Ginstersträuchern bewachsenen Marshwood Vale.

Die Hügellandschaft stürzt zwischen Lyme Regis und Barton Bradstock steil ins Meer. Weiter westlich ändert sich das geologische Gesicht der Küstenlinie. An der berühmten Chesil Beach findet man flache, meilenlange Kieselstrände – Chesil bedeutete im Altenglischen „Kiesel" – die sich bis Portland fortsetzen. Insgesamt sind die Kiesbänke über 28 km lang. Dahinter hat sich eine geschützte lagunenartige Landschaft gebildet, die Heimat vieler Tierarten ist.

*ROUTE: Von Weymouth auf der Land-straße B3157 entlang der nahen, meilen-langen **Chesil Beach** nordwestwärts über **Chickerell** (Camping Bagwell Farm Tou-ring Park siehe unter Weymouth) zunächst bis **Abbotsbury**.*

Kurz vor Abbotsbury kann man in **Portesham** nordwärts zum **Hardy Mo-nument [N50° 41' 12.11" W2° 32' 58.76"]**, abzweigen. Diesmal geht es aber nicht um den berühmten Dichter aus Dorset, sondern um Admiral Har-dy, der unter Nelson Flag-Captain in der Schlacht von Trafalgar war. Schon vom Parkplatz aus präsentiert sich dem Besucher das herrliche Panorama der Landschaft von West-Dorset.

In **Abbotsbury** kann man die Reste einer der längsten **Zehnten-Scheunen [Parkplatz, N50° 39' 55.11" W2° 35' 51.10"]** Englands finden. Das Bauwerk war 90 m lang und 10 m hoch und hatte einen hexagonalen Turm. Die Scheuer, einst Teil des im 11. Jh. gegründeten Klosters, wurde im 14. Jahrhundert von Benediktinermönchen errichtet. Von der eigentlichen Abtei, die 1539 zerstört wurde, ist nur noch das Guest House erhalten geblieben. Heute findet man auf dem Grundstück die sog. Children's Farm, mit Streichelzoo und Ponyhof *(geöffnet tgl. 10 – 16 Uhr; www.abbotsbury-tourism.co.uk/childrens_farm/)*.

Zu Beginn des 18. Jahrhunderts wurde Abbotsbury von einem Großfeuer zu großen Teilen zerstört.

Viele Einwohner hatten damals Probleme ihr Auskommen zu finden. Landwirtschaft, Fischerei und Garnspinnerei boten nicht genügend. Da kam eine andere Einkommensquelle vielen sehr gelegen. Welcher Art diese Einkommensquelle war, lässt sich aus einem Artikel des London Journal von 1752 schließen, der in „A Brief History of Abbotsbury" erwähnt wird, wo es heißt: „Die Leute von Abbotsbury, der Vikar mit eingeschlossen, sind alles Diebe, Schmuggler und Wrackplünderer".

Wenig südlich von Abbotsbury kommt man zur **Abbotsbury Swannery [N50° 39' 34.98" W2° 35' 59.36"]**, Grove Lane *(geöffnet 16. März – 28. Okt. tgl. 10 – 17 Uhr, letzter Einlass 1 Stunde vor Schließung; www.abbotsbury-tourism.co.uk/swannery/)*. Benediktinermönche aus dem Kloster in Abbotsbury haben die berühmte Schwanenkolonie im 15. Jahrhundert angelegt, weniger aus einem Naturschutz- oder Tierschutzgedanken, als vielmehr aus der schlichten Überlegung heraus, immer einen guten Braten auf dem Tisch zu haben. Schwanenbraten war damals im ganzen Land eine Delikatesse, bis der Truthahn ihm schließlich den geschmacklichen Rang ablief. Im Winter überstehen hier mehr als tausend Schwäne, Gänse und Enten die kalte Jahreszeit.

Etwa 1 km westlich von Abbotsbury liegen am Bullers Way die **Abbotsbury Subtropical Gardens [Parkplatz, WP 113 / N50° 39' 50.36" W2° 37' 10.23"]**, *(geöffnet im Sommer tgl. 10 - 17 Uhr; im Winter 10 – 16 Uhr, letzter Einlass 1 Stunde vor Schließung; Colonial Restaurant, Souvenirshop; www.abbotsbury-tourism.co.uk/gardens/)*.

Der Garten wurde 1765 von der Gräfin von Ilchester als Küchen- und Kräutergarten angelegt. Heute ist es eine prächtige Wunderwelt exotischer Pflanzen aus aller Welt.

Im Frühling liegt über den subtropischen Gärten der schwere Duft der Magnolien- und Kamelienblüten in der Luft. Und manchmal hört man zwischen den Rhododendronbüschen und Pflanzen den schreienden Ruf der blaugrünen Pfauen. Einen prächtigen Blick auf die Jurassic Coast hat man vom Aussichtspunkt am Ende der Magnolia Avenue.

Die alte Seemanns-Kapelle **St. Catherine's Chapel [N50° 39' 42.26" W2° 36' 21.38"]** *(www.english-heritage.org.uk/visit/places/abbotsbury-st-catherines-chapel/)* liegt dominierend auf einer Hügelkuppe einen knappen Kilometer südlich von Abbotsbury. Die recht wehrhaft wirkende Kirche wurde im 14. Jh. von Benediktinermönchen als Pilgerstätte erbaut. Von der B3157 in Abbotsbury geht man am Chapel Lane Store über die Chapel Lane und einen Fußpfad hinauf zur Kapelle. Einen **Parkplatz [N50° 39' 57.78" W2° 36' 1.87"]** findet man hinter dem Pub „The Ilchester Arms".

ROUTE: Es folgt eine landschaftlich sehr reizvolle Fahrt auf der B3157 oberhalb der langen **Chesil Beach** *von Abbotsbury nach* **Bridport**.

Das Rot der Küstenfelsen ist in das Weiß der Steilküste übergegangen, Kieselsteine verdrängen sandige Buchten. **Chesil Beach**, im Altenglischen die Bezeichnung für einen „Kieselstrand",

CAMPING – EYPE BEI BRIDPORT

Camping Highlands End Holiday Park [WP 114 / N50° 43' 17.01" W2° 46' 38.58"], Mount Lane, Tel. +44 (0)13 08 42 21 39; www.highlandsendholi-daypark.co.uk; 1. März – 3. Nov.; der Platz liegt 2 km westlich von Bridport, Abzweig von der A35 (Bridport – Lyme Regis) Richtung Eype und noch ca. 1 km; ebene Wiese mit befestigten Stellplätzen oberhalb von Klippen, zum Strand ca. 100 m; ca. 12 ha – 140 Stpl.; Standard-Sanitärausstattung. Laden, Restaurant, Waschmaschine, Trockner, WLAN. V & E für Wohnmobile.

erstreckt sich von Abbotsbury bis nach Portland. Der rund 28 km lange, einem Damm ähnliche Strandabschnitt ist mit einer 10 m hohen und an einigen Stellen bis zu 50 m breiten Schicht von Kieselsteinen bedeckt. Im Laufe von Jahrtausenden haben Stürme und Strömungen die runden Steine an dieser Stelle der südenglischen Küste konzentriert. Größe und Farbe der Steine ändert sich, wenn man von Westen in Richtung Osten geht. Bei Portland haben die Steine eine überwiegend graue Farbe, während sie nach Westen hin eher gelb-bräunliche Schattierungen annehmen.

Hinter dieser natürlichen Küstenbarriere hat sich **The Fleet** gebildet, eine Art Brackwasserlagune, die vielen Wasservogelarten eine Heimstatt bietet. Dieses Naturparadies ist ein Eldorado für Vogelbeobachter. Tourist Information Centre siehe unter Weymouth, vorhergehende Etappe, Tour 4.

Chesil Beach war in alten Tagen immer auch ein beliebter Ort für Strandgutjäger. Denn hier konnte man nach einem Sturm alles finden, vom toten Wal bis zur spanischen Galeere.

Golden Cap westlich von Bridport ist der höchste Punkt Südenglands. Golden Cap ist nur zur Fuß über den Coast Path zu erreichen. Ein guter Ausgangspunkt für eine Wanderung zum Golden Cap kann der kleine **Parkplatz [WP 115 / N50° 43' 21.66" W2° 49' 19.97"]** von **Seatown** am Ende der Sea Hill Lane sein. Der Parkplatz liegt beim Gasthaus Anchor Inn am Südrand des Campingplatzes Golden Cap Holiday Park (s. nächste Seite), knapp 1,5 km östlich der Anhöhe Golden Cap. Enges Zufahrtssträßchen!

Charmouth, ein kleiner Küstenort mit angenehmem Strand, wird gerne als „Tor zur Jurassic Coast" bezeichnet und gilt bei Fossilienjägern als beliebter Standort. Das **Charmouth Heritage Coast Centre [WP 116 / N50° 44' 0.87" W2° 54' 6.04"]**, Lower Sea Lane, hält neben einer umfangreichen Fossilienausstellung nicht nur vielfältige Informationen über Geologie und Tierwelt der Jurassic Coast bereit, sondern veranstaltet auch geführte „Fossil Hunting Walks" *(geöffnet Ostern – Okt. tgl. 10.30 – 16.30 Uhr; Winter Fr – Mo 10.30 – 16 Uhr; https:// charmouth.org/chcc/).*

PUBS – CHARMOUTH

The George, The Street, Tel. +44 (0)12 97 56 02 80: www.thegeorgecharmouth.com; gemütliches Pub mit einem großen Getränkeangebot und empfehlenswerten Speisen. Biergarten hinter dem Haus.

CAMPING

Charmouth

Camping Wood Farm Caravan Park [WP 117 / N50° 44' 31.60" W2° 54' 57.10"], Axminster Road, Tel. +44 (0)12 97 56 06 97; www.woodfarm.co.uk; Apr. – Okt.; Zufahrt von der A35 westl. von Charmouth, am Kreisverkehr zum Platz abzweigen; ausgedehnte, gepflegte Terrassenanlage mit Blick ins Land, unterhalb der (zumindest im oberen Platzteil hörbaren) Straße A35; 7 ha – 150

Stpl.; gute Standard-Sanitärausstattung. Laden, Imbiss, Restaurant, Waschmaschine, Trockner, WLAN, Internetecke, Hallenbad, WLAN. V & E für Wohnmobile.

Camping Newlands Holiday Park [WP 118 / N50° 44' 20.32" W2° 53' 24.23"], Tel. +44 (0)12 97 56 02 59; www.newlandsholidays.co.uk; März – Okt.; liegt an der Zufahrtsstraße A35 (Dorchester – Charmouth) ca. 400 m östlich von Charmouth; schattenlose Wiese in Hanglage, von Dauercampern und Mobilhomes umgeben; 5 ha – 120 Stpl.; Standard-Sanitärausstattung. Laden, Schwimmbad, Waschmaschine, Trockner, Bar, Restaurant. Hübsche Miethütten.

Seatown bei Chideock
Camping Golden Cap Holiday Park [WP 119 / N50° 43' 24.13" W2° 49' 19.88"], Mill Lane, Tel. +44 (0)13 08 42 21 39; www.goldencapholidaypark.co.uk; Mitte März – Ende Sept.; von der A35 (Bridport – Lyme Regis) in Chideock südwärts Richtung Seatown abzweigen und noch ca. 1 km zum Platz; geneigte, schattenlose Wiesen, teils mit Hartstandplätzen, Aussicht auf Meer und Landschaft; 3 ha – 100 Stpl.; Standard-Sanitärausstattung. Laden, Waschmaschine, Trockner, WLAN. V & E für Wohnmobile. Mietbungalows.

*ROUTE: Westlich von Charmouth Abzweig südwärts nach **Lyme Regis**.*

Die Parkplatzsituation in **Lyme Regis** ist – vor allem für große Wohnmobile oder gar für Gespanne – etwas problematisch. Am besten versucht man es am **Parkplatz [WP 120 / N50° 43' 13.28" W2° 56' 23.99"]** am Cobb Hafen von Lyme Regis. Hier gibt es sogar ein paar extra markierte Stellplätzen für Motor Homes, die auch (falls frei) benutzt werden müssen. Das Abstellen von Wohnmobilen auf den Pkw-Plätzen dieses Parkplatzes ist nicht gestattet! Die Abfahrt zum Cobb Hafen mit seiner aus dem Mittelalter stammenden Mole „The Cobb" ist sehr steil – fast 20%! Für Caravans nicht zu empfehlen.

Weitere **Parkplätze: Holmbush [N50° 43' 28.04" W2° 56' 26.86"]**, Pound Street im Westen der Stadt oberhalb des Hafens, sowie an der **Charmouth Road [N50° 43' 44.08" W2° 55' 53.34"]** im Osten der Stadt. Beide Parkplätze sind in Gehnähe zum Hafen und der Seafront. Die Straßen der Stadt bescheren eine ständige steile Berg- und Talfahrt.

Die mittelalterliche Hafenstadt Lyme Regis wurde erst im 18. Jahrhundert ein Küstenbadeort. Den königlichen Titel im Stadtnamen (Regis) erhielt der Ort 1284 von König Edward I., der den Hafen und

seine Mole als Schutzbastion im Krieg gegen Frankreich nutzte.

Der Herzog von Monmouth landete 1685 in Lyme, von wo aus er seine letztendlich fehlgeschlagene Rebellion gegen König James II. begann. Nachdem auch die Schmuggler den Ort verlassen hatten, konnte schließlich der ehrbare Aufstieg als friedliches Seebad beginnen.

Hier hielt sich die englische Dichterin *Jane Austen* gerne auf, die einen Teil ihres Romans „Persuasion" (Überredung) in Lyme Regis angesiedelt hat. Der Roman erschien aber erst nach dem Tode von Jane Austen, die kurz nach der Vollendung des Werks am 18. Juli 1817 in Winchester verstorben ist.

In der Bucht Lyme Bay fällt mit 200 m Höhe das höchste Kliff an Englands Südküste steil ins Meer.

Lyme Regis ist ein wahres Paradies für Fossiliensucher. 1811 fand Mary Anning, die erst 10jährige Tochter eines Tischlers, an einem Kreidefelsen der Küstenlinie das Skelett eines Ichthyosaurus, der vor ca. 150 Millionen Jahren im Meer gelebt haben muss. Jahre später entdeckte sie Knochen eines Flugsauriers. Die Funde sind heute im Lyme Regis Museum zu sehen.

In den vielen Kreidefelsen findet man mit ein bisschen Glück noch heute Versteinerungen von Muscheln und

Lyme Regis

anderen fossilen Tieren. Dazu braucht man sich nur in einem der vielen Geschäfte einen Fossilienhammer mit entsprechendem Meißel zu besorgen, und schon kann die „Schatzsuche" losgehen. Aber Vorsicht ist geboten, denn aus der hohen Felsklippe brechen immer wieder kleine Teile heraus, die mit einiger Wucht auf die unten stehenden Menschen fallen können.

Wem das Selbersuchen zu mühsam erscheint, der geht in das **Lyme Regis Museum [N50° 43' 29.45"   W2° 55' 57.50"]**, das frühere Museum of History & Geology, um sich eine große Sammlung von Fossilien, darunter ein 6 m gro-ßer Ichthyosaurier, sowie Ausstellungen über Stadt und Region anzuschauen. Das Museum liegt in der Bridge Street *(geöffnet Apr. – Okt. Mo – Sa 10 – 17 Uhr; So 10 – 16 Uhr; Nov. – März Mi – So 10 Mi – So 10 – 16 Uhr; www.lymeregismuseum. co.uk).*

Auch das privat geführte **Dinosaurland Fossil Museum [N50° 43' 34.87" W2° 56' 3.17"]**, Coombe St., Tel. (01297) 443541, zeigt eine interessante Fossiliensammlung *(geöffnet Feb. – Okt. tgl. 10 – 17 Uhr; Nov. – Jan. Sa + So 10 – 16 Uhr; www. www.dinosaurland.co.uk).*

Im relativ kleinen **Marine Aquarium** am Cobb Hafen *(geöffnet 1. März – 30.*

PRAKTISCHE HINWEISE – LYME REGIS

Lyme Regis Tourist Information [N50° 43' 36.08" W2° 56' 11.34"], Guildhall, Church Street, Lyme Regis, DT7 3BS, Tel. +44 (0)12 97 44 21 38; www.lymeregis.org. *Geöffnet Apr. – Okt. Mo – Sa 10 – 17 Uhr; Aug. – Sept. So 10 – 16 Uhr; Nov. – März Mo – Sa 10 – 15 Uhr.*

PUBS UND RESTAURANTS

The Volunteer Inn, Pub, 31 Broad Street, Tel. +44 (0)12 97 44 22 14; www.thevolunteerlymeregis.com; hoch gelobtes, alteingesessenes Pub seit dem 17. Jh., im Zentrum von Lyme Regis an der Hauptstraße gelegen, große Auswahl an Real Ales und Cider, man serviert frisch produzierte Gerichte.

The Pilot Boat Inn, Pub, 1 Bridge Street, Tel. +44 (0)12 97 44 31 57; www.thepilotboat.co.uk; Pub mit Geschichte: Der Hund eines früheren Wirtes, ein Collie namens „Lassie", wurde zum Lebensretter. Am 1. Januar 1915 war vor der Küste von Lyme Regis die HMS „Formidable" gesunken. Die Toten wurden im Keller des Pilot Boat Inn aufgebahrt. Eines der Opfer, der Seemann John Cowan, wurde von dem Colliehund durch Lecken und Wärmen wiederbelebt und konnte im Hospital gesund gepflegt werden. Das Pub inmitten des betriebsamen Ortes bietet eine reiche Auswahl an Biersorten und frisch zubereiteten Speisen. 3 Gästezimmer.

The Royal Lion Inn at The Royal Lion Hotel, 60 Broad Street, Tel. +44 (0)12 97 44 56 22; www.royallionhotel.com; im „The Oak Room" Restaurant des Hauses genießt man eine gediegene Atmosphäre sowie eine ausgezeichnete Küche, während im „The Inn" eine langjährige Pubtradition gepflegt wird, mit Kaminfeuer, holzgetäfelten Räumen und sehr gutem Pubfood.

CAMPING

Uplyme bei Lyme Regis
Camping Hook Farm C & C Park [WP 121 / N50° 43' 58.28" W2° 57' 33.37"], Gore Lane, Tel. +44 (0)12 97 44 28 01; www.hookfarmcamping.com; März – Okt.; von der A35 (Bridport – Lyme Regis) in Lyme Regis auf der B 3165 nordwestwärts Richtung Uplyme, nach 2 km zum Platz abzweigen; gestuftes Wiesengelände mit Büschen und Bäumen; 2,5 ha – 100 Stpl.; einfache Sanitärausstattung. Mietbungalows.

Monkton Wyld
Camping Monkton Wyld Farm C & C Park [WP 122 / N50° 45' 48.74" W2° 57' 2.90"], Scotts Lane, Tel. +44 (0)12 97 63 11 31; www.monktonwyld.co.uk; März – Okt.; der Platz liegt nördl. der A35 (Charmouth – Axminster) ca. 5 km nordwestlich von Charmouth, Abzweigbeschilderung „Marshwood" folgen und noch 300 m; gepflegtes, durch Platzstraßen und Hecken in Stellflächen aufgeteiltes Gelände, teils mit Hartstandplätzen; 7 ha – 130 Stpl.; gute Standard-Sanitärausstattung. Laden, Imbiss, Waschmaschine, Trockner. Mietbungalows. V & E für Wohnmobile.

Sept. tgl. 10 – 17 Uhr; Okt. tgl. 10 – 16 Uhr; www.lymeregismarineaquarium.co.uk) geht es um Flora und Fauna der Unterwasserwelt vor der Jurassic Coast. Es gibt auch eine Ausstellung zur Geschichte des Hafens von Lyme Regis.

Westlich von Lyme Regis beginnt die **Grafschaft Devon**. Hier weiden auf den saftigen Wiesen die Kühe, aus deren Milch die traditionelle **Devon-Cream** gemacht wird. Vor dem Schlagen wird die Milch so lange auf kleiner Flamme erhitzt, bis sich die ersten Blasen bilden, dann lässt man sie langsam abkühlen und erst jetzt wird die Milch cremig geschlagen. Eine köstliche Beilage, die eigentlich bei keinem gepflegten Afternoon Tea fehlen darf.

An den Ufern der Flüsse Otter und Sid gehen Angler ihrem geruhsamen Hobby nach, Naturliebhaber, insbesonders Vogelfreunde, können in den naturbelassenen Gebieten von Ost-Devon ihre gefiederten Freunde stundenlang beobachten.

Aber die Landschaft hält auch Kontraste bereit. Bei Beer Head endet mit dem westlichsten Punkt die Küstenlinie der weißen Kalkfelsen entlang der Kanalküste. Bei Budleigh Salterton haben die Felsen schon eine braun-rote Farbe angenommen.

Im Norden von Devon ist das Klima rau und abweisend. An der Küste bei Sidmouth dagegen erstaunen Palmen im milden Küstenklima des nahen Golfstroms den Besucher.

Zwischen dem 15. und 18. Jahrhundert lebte die Region vom Handel mit dem Naturprodukt Wolle. Viele hübsche Gemeindekirchen in den Städtchen und Dörfern der Gegend wurden von reichen

CAMPING – SEATON

Camping Manor Farm Park [WP 123 / N50° 42' 56.52"   W3° 5' 3.61"], Seaton Down Hill, Tel. +44 (0)12 97 21 52 4; www.manorfarmcaravansite.com; 15. März – 15. Nov.; von der Straße B3052 (Lyme Regis – Exeter) auf die B3172 Richtung Seaton abzweigen, nach ca. 400 m zum Platz abbiegen; Wiesenplatz in Hanglage mit Blick auf Seaton; 2 ha – 40 Stpl.; einfache Standard-Sanitärausstattung. Laden, Waschmaschine, Trockner.

Wollhändlern gestiftet. Auch die Handschuhmacher, schon zu Shakespeares Zeiten ein ehrenwerter Berufsstand – Shakespeares Vater selbst ging diesem Handwerk nach – und die Spitzen-Produktion trugen zum Ruf der Region bei.

Dieser relativ kleine Flecken Erde im Südwesten Englands hat aber auch große Namen hervorgebracht. In East Budleigh wurde Sir Walter Raleigh geboren. Der erste Herzog von Marlborough, ein Vorfahre von Sir Winston Churchill, stammte aus der Nähe von Axminster. Die Wiege des Dichters Samuel Colderidge stand in Ottery St. Mary und die Familie der Drake's war Großgrundbesitzer in der Region.

Im Dorf **Axminster**, wenige Meilen nordöstlich von Lyme Regis gelegen, überspannt die erste Betonbrücke Englands aus dem Jahr 1877 den Fluss Axe.

ROUTE: Auf der A3052 westwärts Richtung **Sidmouth** *bis zum Abzweig der B3172, der man südwärts über* **Axmouth** *bis* **Seaton** *und dort der weiterführenden B3174 bis* **Beer** *folgt.*

Die Straße B3174 hinab zum hübschen Dorf Beer ist für Wohnmobile über 2 m Breite zwar machbar, aber sehr beschwerlich, weil sehr schmal.

In **Beer** am Kap Beer Head findet man oberhalb des Hotels „The Dolphin" einen öffentlichen, gebührenpflichtigen **Parkplatz [WP 124 / N50° 41' 53.01" W3° 5' 36.23"]**. Große Wohnmobile nutzen besser den Parkplatz, der noch etwa 650 m weiter bergwärts liegt.

Das nette Fischerdorf Beer in einer kleinen, von steilen Klippen umgebenen Bucht, war einst ein notorischer Schmugglertreff. Viele Höhlen in der hohen Steilküste, die den Hafen einrahmt,

Beer

PUBS UND RESTAURANTS – BEER

Smugglers Kitchen, Fore Street, Tel. +44 (0)12 97 22 104; www.thesmugglerskitchen.co.uk; Pub mit gemütlicher Atmosphäre, wo man auf frische Produkte aus dem Meer und der Region großen Wert legt. Sonntags und montags geschlossen.

waren beliebte Lager für Schmuggelgut. Der berühmteste Schmuggler des Ortes, Jack Rattenbury, wurde 1837 gezwungen, sich aus dem Schmuggelgeschäft zurückzuziehen. Er verarbeitete seine Erlebnisse in einem Buch.

Die Fischer landen wie eh und je ihren Fang am Strand an, wo man – je nach Saison und mit etwas Glück – frischen Fisch und Hummer direkt von den Booten kaufen kann, die die Fischer mit Winden auf den groben Kiesstrand ziehen.

Am Beginn der Fore Street, der Straße vom Hafen in den Ort, liegt das Pub „Anchor Inn" (s. o.) mit Blick zu den Klippen und Fischerbooten.

Von Beer führt ein herrlicher Wanderweg auf den Klippen nach Westen zum 5 km entfernten Branscombe Mouth.

Am Kap **Beer Head** südlich des Ortes, liegen mit einer Höhe von knapp 130 m die westlichsten weißen Kreidefelsen der englischen Kanalküste. Von hier in Richtung Westen nehmen die Küstenfelsen eine rote Färbung an.

Ca. 1,5 km westlich von Beer Richtung Branscombe erreicht man die **Beer Quarry Caves [N50° 41' 57.30" W3° 6' 43.01"]**. Die Zufahrt ist eng und einspurig mit Ausweichstellen.

Die Anfänge des Steinbruchs gehen auf römische Zeiten zurück. Bis in das 19. Jahrhundert wurde hier gearbeitet. Die Kathedrale von Exeter z. B. erhielt von hier einen Großteil ihres Baumaterials. Auch beim Bau von Winchester, St. Paul's Cathedral, Westminster Abbey und dem Tower von London wurde Beer Stone verwendet. Die Cavernen, die bei den Steinbrucharbeiten entstanden, sind auf Führung von einstündiger Dauer zu besichtigen (geöffnet 6. Apr. – Sept. Führungen ab 10.30 Uhr jede Stunde bis 15.30 Uhr; Okt. Führungen um 10.30, 12.30, 14.30 Uhr; www.beerquarrycaves.co.uk). **Klei-**

ner Tipp: In den Steinbruchhöhlen ist es immer sehr kühl. Nehmen Sie also etwas zum Überziehen mit auf die Besichtigung.

*ROUTE: Von Beer zurück zur B3052 und weiter Richtung Sidmouth. In **Sidford** Abzweig südwärts nach **Sidmouth.***

Sidmouth ist ein attraktiver Küstenort, in dem der Besucher zahlreiche Regency-Häuser, einladende Hotels und stattliche viktorianische Gebäude, deren Stil man auch „Cottage Orne" nennt, an der schönen Promenade an der Seafront entdeckt. Besonders die gusseisernen, reich verzierten Balkone der Häuser fallen ins Auge. Obwohl die Stadt ansonsten eher den Charme einer verschlafenen Wohnstadt vermittelt, gehört sie doch zu den elegantesten und angenehmsten Badeorten der gesamten englischen Südküste. 1819 verbrachten die Herzöge von Kent mit ihrer Tochter Victoria, der späteren englischen Königin, ihren Urlaub im Woolbrook Cottage.

Heute verbringen die überwiegend älteren Urlaubsgäste den Tag im Liegestuhl an der Promenade und genießen bei netter Unterhaltung die würzige Meeresluft.

Östlich der Stadt beginnt ein kleiner Wanderweg zu den roten Klippen des **Salcombe Cliff** (150 m Höhe), das einen sehr schönen Ausblick auf die Küstenlinie erlaubt.

Zu den eher bescheidenen Sehenswürdigkeiten (außer der Strandpromenade) zählt in Sidmouth das **Sidmouth District Museum**, ein kleines Regional- und Heimatmuseum in der Church Street (geöffnet Mai – Sept. Mo 13 – 16 Uhr, Di – Sa 10 – 16 Uhr).

Parkmöglichkeiten [WP 125 / N50° 40' 45.68" W3° 14' 9.31"] findet man in Sidmouth auf dem gebührenpflichtigen Ham West Short Stay Car Park ge-

PRAKTISCHE HINWEISE – SIDMOUTH

Sidmouth Information Centre [N50° 40' 45.63" W3° 14' 8.28"], Ham Lane, Sidmouth, EX10 8XR, Tel. +44 (0)13 95 51 64 41; www.visitsidmouth.co.uk. Geöffnet Mai – Sept. Mo – Sa 10 – 17 Uhr; Okt. – Apr. Mo – Sa 10 – 13.30 Uhr.

Feste, Folklore
Folklore-Festival, erste Augustwoche. Internationales Folklore- und Volkstanzfestival. Kulturspektakel mit Tausenden von Besuchern.

PUBS UND RESTAURANTS

The Anchor Inn, Old Fore Street, Tel. +44 (0)13 95 51 41 29; www.theanchorinnsidmouth.co.uk; ein Pub, vermutlich seit 1802, das als eines der beliebtesten des Ortes gilt. Es liegt günstig nahe der Esplanade und bietet eine reiche Auswahl an Biersorten und Speisen. Großer Parkplatz ca. 200 m entfernt.
The Swan Inn, 37 York Street, Tel. +44 (0) 13 95 51 28 49; www.swaninnsidmouth.co.uk; in zentraler Lage nahe eines öffentlichen Parkplatzes, man lobt die Bierauswahl, die Speisen und den freundlichen Service.

CAMPING – WESTON BEI SIDMOUTH

Camping Oakdown Touring & Holiday Park [WP 126 / N50° 42' 19.93" W3° 10' 49.80"], Gatedown Lane, Tel. +44 (0)12 97 68 03 87; www.oakdown.co.uk; Mitte März – Ende Okt.; ca. 5 km östlich von Sidmouth von der A3052 Richtung Weston abzweigen; ebenes, parkähnliches Gelände, durch Hecken gegliedert und von hohen dichten Laubbäumen umgeben, teils befestigte Stellplätze; 13 ha – 120 Stpl.; Standard-Sanitärausstattung. Laden, Imbiss, Waschmaschine, Trockner, WLAN, Internetecke, V & E für Wohnmobile.
Camping Salcombe Regis C & C Park [WP 127 / N50° 41' 44.45" W3° 12' 19.23"], Thorn Farm, Tel. +44 (0)13 95 51 43 03; www.salcombe-regis.ci.uk; Ostern – Okt.; von der A3052 beschilderter Abzweig zum Platz; durch Hecken und Bäume unterteilte Wiesen mit Hartstandplätzen; 14 ha – 100 Stpl.; einfache Sanitärausstattung.

genüber der Touristeninformation nahe der Strandpromenade.

Ein von der ganzen Familie gerne besuchte Einrichtung ist das **Sidmouth Donkey Sanctuary [N50° 41' 47.96" W3° 11' 26.99"]**. Hier werden annähernd 400 Esel gepflegt, die ausgesetzt, verwildert oder in völlig vernachlässigtem Zustand von ihren früheren Besitzern übernommen wurden und hier ihr Gnadenbrot genießen. Die Eselstation liegt östlich von Salcombe Regis und ist über die A3052 zu erreichen.

Auf dem nahen **Salcombe Hill** stehen die Teleskopkuppeln des **Norman Lockyer Observatory [N50° 41' 15.17" W3° 13' 13.46"]**. Das Observatorium öffnet an klaren Abenden gelegentlich seine Tore und bietet Besuchern die Gelegenheit mit mächtigen Teleskopen einen tiefen Blick in die Unendlichkeit des Sternenhimmels zu richten.

*ROUTE: Von Sidmouth zurück bis **Sidford** und auf der engen Landstraße A3052 westwärts nach **Newton Poppleford**. Unterwegs bietet sich Gelegenheit zu einem kurzen Abstecher nordwärts nach **Ottery St. Mary** an.*

*Verzichtet man auf den Abstecher, fährt man von Newton Poppleford auf der B3178 südwärts über **East Budleigh** (Hauptroute) nach **Budleigh Salteron** und dort weiter ins einige Meilen westlich gelegene **Exmouth**.*

Abstecher

Rund 10 km/6 mls nördlich von Sidmouth liegt inmitten einer wunderschönen Farmlandschaft am Flüsschen Otter der kleine Ort **Ottery St. Mary [Parkplatz, Hind St., WP 128 / N50° 45' 5.41" W3° 16' 50.77"]**. Am Nordwestrand des Ortes steht eine eindrucksvolle Gemeindekirche aus dem späten 13. Jahrhundert, die der Kathedrale von Exeter nachempfunden ist. Sie wurde 1260 ihrer Bestimmung übergeben. Später, Mitte des 14. Jahrhunderts, wurde der Bau vor allem von John de Grandisson, Bischof von Exeter, mehrfach erweitert.

Im Inneren gibt es neben Grabmälern von Bischöfen und namhaften Honoratioren der Stadt und bemerkenswerten Seitenkapellen eine astronomische Mondphasen-Uhr.

Der Dichter *Samuel Taylor Coleridge* (1772 – 1834) wurde 1772 im Pfarrhaus geboren. Eine Gedenktafel an der Friedhofsmauer erinnert an den Pastorensohn, der seine Heimat mit dem Sonett „To the River Otter" pries.

In jüngerer Zeit machte Ottery St. Mary als Außendrehort für Szenen in Harry Potter Filmen von sich reden. In *J. K. Rowlings* Herry Potter Romanen taucht Ottery St. Mary als „Ottery St. Catchpole" auf. Auch in Rosamunde Pilchers TV-Verfilmungen von „Magie der Liebe" und „Rosen im Sturm" diente die Kirche von Ottery St. Mary als Schauplatz für einige Szenen.

Ein Spektakel der besonderen Art kann man in Ottery St. Mary jedes Jahr am 5. November während des lokalen sog. **Carnival** erleben. Dann werden nämlich brennende Teerfässer durch die Straßen des Ortes getragen und gerollt.

Woher dieser seltsame, uralte Brauch kommt, weiß auch in Ottery St. Mary niemand so richtig. Eine der Erklärungen führt den Brauch auf schwelende Fässer zurück, die früher in Geschäften und Läden aufgestellt waren, um die Räume auszuräuchern und so zu desinfizieren.

Sicher ist jedenfalls, dass vor allem zu dem abendlichen Spektakel, wenn die großen, schweren Fässer durch den Ort gewichtet werden, Leute aus der ganzen Gegend hier zusammenströmen und die Straßen und Gassen in Ottery St. Mary dann zum Brechen voll sind.

Ottery St. Mary Tourist Information [N50° 45' 3.59"   W3° 16' 43.96"], 10b Broad Street, Ottery St. Mary, EX11 1BU, Tel. +44 (0)14 04 81 38 38; www.otterystmarytourism.co.uk.

Etwa 2 km nördlich findet man an der Landstraße B3176 den malerischen Landsitz **Cadhay** *(geöffnet 3. Mai – 27. Sept. Fr 14 - 17.30 Uhr, Führung obligatorisch; www.cadhay.org.uk)*. Ein erfolgreicher Rechtsanwalt aus Devon hatte sich das stattliche Tudor-Herrenhaus Mitte des 16. Jh. bauen lassen. Hier blühen in malerischer Landschaft sogar Zitronenbäume. Eine Besichtigung ist nur im Rahmen einer Führung möglich. Im Innenhof stehen Statuen von König Henry VIII. und seiner Kinder Edward, Mary und Elizabeth.

HAUPTROUTE

Auf dem Weg von Sidmouth über Newton Poppleford und die B3178 südwärts nach East Budleigh passiert man **Bicton Park Botanical Gardens [Parkplatz, WP 129 / N50° 39' 55.23"   W3° 18' 39.11"]**. Die Parkanlagen *(geöffnet Sommer tgl. 10 – 18 Uhr; Winter tgl. 10 – 16.30 Uhr; http://www.bictongardens.co.uk/)* wurden von *André Le Nôtre* (1613 – 1700) entworfen, dem bekannten französischen Gartenbauarchitekten des 17. Jahrhunderts, der schon zu Zeiten des Sonnenkönigs Ludwig XIV. in Versailles sein außerordentliches Können demonstriert hatte.

East Budleigh liegt nördlich von Budleigh Salterton, dem Ort an der Küste, in dem ehemals Meersalz gewonnen wurde. Reetgedeckte Cottages hangeln sich den steilen Hügel hinauf.

In der Gemeindekirche von East Budleigh erinnert ein kleines Denkmal an die Familie von *Sir Walter Raleigh* (1552 – 1618), der in dem schönen Tudorfarmhaus von Hayes Barton, etwa 2 km westlich von Budleigh, geboren wurde.

In **Littleham** nordöstlich von Exmouth findet man den Kinder- und Freizeitpark Devon Cliffs Country Life Park.

Exmouth ist das älteste Seebad in Devon, das vor allem wegen seiner weitläufigen Badestrände und roten Klippen geschätzt wird.

Schon im frühen 18. Jahrhundert kamen die Menschen von Exeter hierher, um sich in der frischen Seeluft zu erholen. Aus dieser Zeit stammen auch einige schöne Gebäude der Stadt, etwa in der Straße The Beacon, wo Lady Hamilton, die Geliebte Admiral Nelsons, lebte.

Sehenswert sind auch einige Armenhäuser mit einer kleinen Kapelle, die 1811 gebaut wurden.

Entlang eines ausgeschilderten **Klippenhöhenwegs** kann man bis zum 8 km entfernten Budleigh Salterton wandern.

Exmouth Tourist Information Service, 42 The Strand, Exmouth, EX8 1AL, Tel. +44 (0)13 95 83 05 50; www.exmouth.gov.uk.

An der Seafront am langen Strand entlang des Queen's Drive am Südwestrand der Stadt findet man **Parkplätze [N50° 37' 19.54" W3° 24' 57.74"]** oder **[N50° 37' 12.73" W3° 25' 01.88"]**.

In Exmouth beginnt die South Devon Sektion des **South West Coast Path**, der rund 160 km weit immer an der Küste entlang bis nach Plymouth führt. Der Wanderweg passiert herrliche Küstenlandschaften, geschützte Buchten, Klippen und baumbestandene Ufer. Und verlaufen kann man sich kaum. Nach Westen gehend muss man nur immer darauf achten, dass das Meer immer linkerhand ist, im übrigen ist der Weg überall gut markiert.

Der South West Coast Path ist Teil des rund 1.000 km (630 Meilen) langen **National Trail**, eines Fernwanderweges, der die ganze Küste von Südwestengland umfasst.

Falls Sie sich schon etwas vorbereiten wollen, sollten Sie auf der Website www.southwestcoastpath.com vorbeischauen. Dort finden Sie jede Menge Infos über den Wanderweg (z. B. Einstiegspunkte in den Wanderweg, Bus- und/oder Bahnanbindung etc.) und Sie können sich gleich die eine oder andere Wanderroute herunterladen. Die Auswahl ist riesig.

Wenn Sie lieber etwas Gedrucktes in der Hand haben, können Sie z. B. bei den Touristenbüros zwei Wanderführer erwerben „Walks along the South West Coast Path - Exmouth to Dartmouth" und „Walks along the South West Coast Path – Dartmouth to Plymouth".

Auf der Weiterfahrt von Exmouth auf der A376 nordwärts Richtung Exeter passiert man an der nördlichen Peripherie von Exmouth den Abzweig einer sehr enger Zufahrtsstraße zu dem kuriosen Haus **A La Ronde [WP 130 / N50° 38' 32.48" W3° 24' 33.02"]**, Summer Lane *(geöffnet Feb. – Okt. tgl 10.30 – 17.30 Uhr, letzter Einlass 16 Uhr; National Trust; www.nationaltrust.org.uk/a-la-ronde/)*. In diesem merkwürdigen, runden, genau besehen sechzehneckigen Haus, sind die Shell Gallery und das Treppenhaus mit Tausenden von Muschelschalen dekoriert.

Der Besucher kann mit einer steuerbaren Videokamera selbst Details der reichen Verzierungen ansteuern und betrachten.

Das „Runde Haus" wurde 1798 gebaut. Nachdem seine Besitzerinnen, die Schwestern Jane und Mary Parminter, sich jahrelang auf Bildungsreise in Südeuropa, vornehmlich Italien, aufgehalten hatte, sollen sie ihr Haus der Basilika San Vitale von Ravenna nachempfunden haben. Bei einer Besichtigung sieht man in den vielen Räumen Unmengen von Reiseandenken, die von einer gewissen Sammelleidenschaft der Damen des Hauses zeugen.

Die Umgebung von Exeter bietet dem Besucher viele Eindrücke der Grafschaft Devon, der größten Grafschaft in England. Bei Exmouth vereinen sich rote Felsklippen, weiße Strände und das blaue Meer, bei Cheriton Fitzpaine fegen raue Winde über sanft ansteigende Hügel, bei Dunsford reihen sich reetgedeckte Cottages am baumbestandenen Ufer des River Teign. Und schließlich gibt es auch noch die alte Römerstadt von Exeter, Sitz eines Bischofs und einer Universität.

Das Klima ist etwas milder als im benachbarten Dartmoor, was die Produktion der Äpfel begünstigt, die für die Herstellung des beliebten Cider benötigt werden.

In keinem anderen Teil von Devon gibt es mehr architektonisch interessante Gebäude: Kathedralen, Klöster und Abteien, Landhäuser und Cottages, Guildhalls und Schulen.

Den größten Charme entwickelt die Region aber abseits der Touristenstraßen. Schon ein kurzer Spaziergang von nur wenigen Minuten bringt den Besucher mitten hinein in abgeschiedene Landschaften und ruhige Plätze.

Exeter ist eine der wichtigsten Städte im Südwesten Englands, dazu eine der geschichtsträchtigsten. Trotz der vielen Zerstörungen im Mai 1942 aufgrund der Bombardierungen durch deutsche Truppen im Zweiten Weltkrieg, hat sich genügend historische Bausubstanz in der 120.000 Einwohner-Stadt erhalten, die es wert ist, besucht zu werden. Die modernen Theater, Kinos und Einkaufsmöglichkeiten kontrastieren dabei mit der ehrwürdigen Kathedrale.

Die Parkmöglichkeiten in Exeter gestalten sich für vor allem für Wohnmobilisten insofern schwierig, da im inneren Stadtzentrum rund um die Kathedrale so gut wie keine offenen Parkmöglichkeiten vorhanden sind. Und die Einfahrten in die Parkhäuser sind lediglich 6'6" (rund 1,98 m) hoch.

Relativ zentrumsnah sind folgende **Parkplätze**, die bislang nicht mit höhenbegrenzenden Einfahrtsbarrieren versehen waren (Änderung möglich!):

Howell Road Car Park [N50° 43' 39.84" W3° 31' 39.28"], Fairpark Car Park [N50° 43'14.80" W3° 31' 24.85"], Magdalen Street Car Park [N50° 43' 12.40" W3° 31' 40.96"].

Notfalls empfiehlt es sich, den etwas außerhalb der Stadt gelegenen öffentlichen, gebührenpflichtigen **Parkplatz Park and Ride Matford [WP 131 / N50° 41' 41.46" W3° 31' 13.84"]** am Bad Homburg Way an der südlichen Peripherie von Exeter zu benutzen. Man erreicht den Parkplatz über die A379. Dieser Platz bietet auch einige Plätze für Fahrzeuge über 1,90 m Höhe. Direkt vom Parkplatz fährt ein Bus ins Stadtzentrum.

Die Geschichte Exeters reicht zurück bis ins dritte vorchristliche Jahrhundert. Dort, wo heute im Zentrum The High Street verläuft, gab es zu Zeiten der Kelten einen Hohlweg, der zu einem Ort namens Dumnonii führte. Die Siedlung reichte von einem trockenen Platz auf einer Anhöhe bis hinab zu einer Stelle am Fluss Exe, an der sich eine Brücke schlagen ließ.

Als die Römer im Jahre 50 kamen, bauten sie zunächst eine Mauer um den Ort Isca Dumnoniorum, deren Überreste man noch in den Straßen Southernhay und Northernhay sehen kann. Nahe der Kathedrale wurde eine der größten römischen Badehäuser ausgegraben.

Während des Mittelalters war Exeter Englands westlichste Stadt.

Die Ursprünge der **Kathedrale (2) [N50° 43' 18.89" W3° 31' 49.07"]**, Cathedral Close (*geöffnet Mo - Sa 9 – 17 Uhr, So 11.30 – 13 Uhr; www.exeter-cathedral. org.uk*), Exeters schönste Sehenswürdigkeit, liegen in der Zeit um 1050.

Der monumentale Kirchenbau, wie er sich heutigen Besuchern präsentiert, wurde um 1394 im Decorated Style, der englischen Gotik, errichtet. Die beiden normannischen Türme, die wunderschöne **Westfassade** mit ihren steinernen Figuren innerhalb einer Skulpturengalerie, die in früheren Zeiten sogar bunt bemalt waren, der meterhohe Bischofsthron, die singenden und posaunenden Engel an der **Minstrels' Gallery** an der Nordseite des Kirchenschiffs und eine astronomische Uhr sind bemerkenswert. Gleich neben dem Haupteingang sieht man die Grabkapelle von Bischof Grandisson, dem ersten Bauherrn des Gotteshauses.

Das Langhaus wird von insgesamt 16 Säulen getragen, in der Mitte ragt die mächtige Orgel in die Höhe und versperrt den Blick durch das gesamte Kirchenschiff. Von der Minstrels' Gallery singen und posaunen die Engel im nördlichen Teil des Schiffs.

Zu den kostbaren Schätzen der Kathedrale gehört im nördlichen Querschiff eine **astronomische Uhr** aus dem

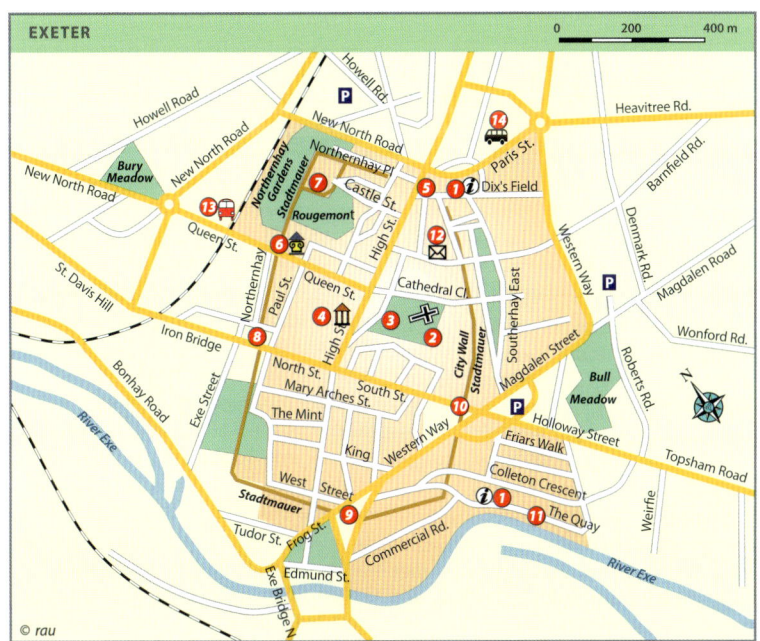

EXETER – 1 Touristeninformation – 2 Kathedrale – 3 Mol's Coffee House – 4 Guildhall – 5 Underground Passage – 6 Royal Albert Memorial Museum & Art Gallery (RAMM) – 7 ehem. Castle – 8 North Gate – 9 West Gate – 10 South Gate – 11 Exeter Cruises – 12 Postamt – 13 Bahnhof – 14 Busbahnhof

15. Jahrhundert, deren zwei Ziffernblätter nicht nur den Stand der Stunde, sondern auch die Bewegungen der Sonne, des Mondes und der Erde anzeigen.

Die Bibliothek der Kathedrale besitzt mit dem Exeter Book Quellen aus angelsächsischer Zeit, die der Kathedrale von Bischof Leofric nach seinem gewaltsamen Tod 1326 vermacht worden waren.

Gegenüber der Kathedrale befindet sich Mol's Coffee House (3). Das dreigeschossige Fachwerkhaus, das als Kaffee- und Teehaus genutzt wurde, trägt das Wappen von Königin Elizabeth I., was ein Hinweis auf die Entstehungszeit des Gebäudes ist. Hier sollen schon die Devon Sea Captains Sir Frances Drake, Sir Walter Raleigh, Sir John Hawkins und Sir Martin Frobisher ihren Tee getrunken haben. In Flussnähe, gegenüber der Kirche St. Mary Steps in der West Street, sieht man eine kleine Gruppe von Häusern aus dem 15. Jahrhundert. Eines dieser Häuser ist 1961 unter großem technischen Aufwand 15 m von seinem ursprünglichen Standort vollkommen intakt versetzt worden.

Die Guildhall (4) von 1593 in der High Street gehört zu den ältesten öffentlichen Gebäuden des Landes. Die große Halle im Inneren zeigt Bärenfiguren, die einen Teil der Dachbalken tragen.

Unter der Stadt lohnt ein Besuch der Bewässerungsanlagen aus dem 13. Jahrhundert, die Trinkwasser aus den Quellen der Umgebung herbeischaffen sollten. Es werden Führungen von 25-minütiger Dauer durch Exeter's Underground Passages (5), die Wasserstollen unter der Stadt, angeboten und zwar Juni – Sept. Mo – Sa 9.30 – 17.30 Uhr, So 10.30 – 16 Uhr; Okt. – Mai Di – Fr 10.30 – 16.30 Uhr, Sa 9.30 – 17.30 Uhr, So 11.30 – 16 Uhr, letzter Einlass 1 Stunde vor Shcließung. Startpunkt ist in der Paris Street, ganz in der Nähe de Exeter Bus Station.

Überhaupt ist Wasser ein allgegenwärtiger Aspekt von Exeter. Die Stadt war bis 1282 ein geschäftiger Hafen, bis Isabel, die Herzogin von Devon, ein Flusswehr errichten ließ. Dadurch wurde der Exe für die Schifffahrt unbrauchbar. 1567 wurde ein Kanal gegraben, der im 17. Jahrhundert weiter ausgebaut wurde. Ein Zollhaus am Quay kam 1681 hinzu. Der Fluss Exe liegt nur 5 Minuten Fußweg von der High Street entfernt.

Ein besuchenswertes Museum ist **RAMM Royal Albert Memorial Museum & Art Gallery (6) [N50° 43' 30.13" W3° 31' 56.91"],** Queen Street, *(geöffnet Di – So 10 – 17 Uhr, Eintritt frei; www. rammuseum.org.uk)*. Die Ausstellungen befassen sich mit der Geschichte der Stadt und der Grafschaft Devon und mit den globalen Verbindungen und Beziehungen der Stadt, Exponate aus aller Welt, altägyptisches Grab, Antikes aus der Welt alter Kulturen u. v. m.

Die Universität mit ihren modernen Gebäuden in einem weitläufigen Gartengelände im Norden der Stadt, hat Exeter weitere Impulse gegeben. Auf dem Campus steht das Northcott Theater aus dem Jahre 1967 und ein Arboretum, das seit 1922 über 150 verschiedene Baumarten zeigt.

Das Bill Douglas Centre, Filmmuseum in der Old Library der University of Exeter in der Prince of Wales Road befasst sich mit der Geschichte des Kinos und der Popkultur; www.billdouglas. org.

Der **City Wall Trail**, ein interessanter Stadtrundgang entlang der mittelalterlichen Stadtmauer, von der noch fast drei Viertel ihrer ursprünglichen Länge erhalten sind, führt zu neun Punkten, an denen illustrierte Informationstafeln in englischer Sprache über historische Ereignisse berichten. Ein hilfreiches Infoblatt erhält man im Exeter Visitor Information Centre.

Der City Wall Trail beginnt an der **Castle Street [N50° 43' 33.31" W3° 31' 47.12"]** im nördlichen Stadtbereich gleich neben den Rougemont Gardens und dem ehemaligen Exeter Castle (7) (heute Hotel), führt zu den Northernhay Gardens (erster römischer Siedlungsversuch), weiter zum Norman Gatehouse (Stadtbefestigung von William the Conqueror), dann weiter zum North Gate (8), zum Snayle Tower, zum West Gate (9), Water Gate, zum eindrucksvollen South Gate (10) und schließlich zum East Gate, dem ehemals wichtigsten Stadtzugang, der auch im Civil War eine bedeutende Rolle spielte, als zwischen 1642 und 1646 die Anhänger des englischen Parlaments gegen König Charles I. aufstanden.

Den Stadtführern (in roter Gewandung) der **Red Coat Guided Tours** kann man sich zwischen Mai bis September ab West Front of Exeter Cathedral oder ab dem Custom House anschließen. Es ist keine Vorbuchung erforderlich, Tel. +44 (9(13 92 25 52 03; www.exeter.gov. uk/leisure-and-culture/our-attractions/ red-coat-guided-tours/.

Bootsausflüge (11) auf dem River Exe werden im Juni, Juli und August täglich und in den Monaten April, Mai und September am Wochenende angeboten. Abfahrtspunkt ist Exeter's Quayside. Veranstalter: Exeter Cruises, Tel. (07984) 368 442.

PRAKTISCHE HINWEISE – EXETER

Exeter Visitor Information & Tickets [N50° 43' 28.43" W3° 31' 32.48"], Dix's Field, Princesshay, Exeter, EX1 1GF, Tel. +44 (0)13 92 66 57 00; www.visite-xeter.co. *Geöffnet Apr. – Sept. Mo – Mi + Fr 9 – 17 Uhr; Do + Sa 9 – 16.30 Uhr; Okt. – März Mo – Mi + Fr 9.30 – 16.30 Uhr, Do + Sa 9.30 – 16 Uhr.*
Custom House Visitor Centre [N50° 43' 7.40" W3° 31' 52.14"], 46 The Quay; Tel. +44 (0)13 92 27 16 11. *Geöffnet Apr. – Okt. tgl. 10 – 17 Uhr; Nov. – März Sa + So 11 – 16 Uhr.*

PUBS UND RESTAURANTS

The Prospect Inn, The Quay, Tel. *44 (0)13 92 27 31 52; in bester Lage am Hafen von Exeter, beim alten Zollhaus, traditionelles Pub mit gutem Bier und kleinen Speisen. Man kann auch draußen sitzen.

The Turk's Head - Prezzo, 202 High Street, Tel. +44 (0)13 92 47 77 39; www.prezzorestaurants.co.uk; das Gebäude existiert seit 1289 und beherbergt seit vielen Jahrzehnten eine Gaststube, nach der Überlieferung kehrte hier bereits Charles Dickens ein. Heute ist es ein italienisches Restaurant der Kette Prezzo. Gute Küche, weites Getränkeangebot.

CAMPING

Kennford

Camping Kennford International Holiday Park [WP 132 / N50° 39' 34.6" W3° 32' 29.1"], Splatford Lane, Tel. +44 (0)13 92 83 30 46; www.kennfordinternational.co.uk; Jan. – Dez.; rund 10 km südl. von Exeter direkt an der A38 gelegen, A377/A30/A38 Ausfahrt Kennford. Platzteil „Lower Park" für Touristen unterhalb des Mobilhomeparks, teils schräges, überwiegend aber ebenes Wiesengelände mit Bäumen, von Hecken umgeben. An der Autobahn, dadurch laut. Ca. 2 ha – 60 Stpl.; Standard-Sanitärausstattung. Waschmaschine, Trockner, Bar, Imbiss in der Saison. WLAN. V & E für Wohnmobile.

Woodbury bei Exeter

Camping Webbers C & C Park [WP 133 / N50° 40' 41.23" W3° 23' 31.25"], Castle Lane, Tel. +44 (0)13 95 23 22 76; www.webberspark.co.uk; Mitte März – Ende Okt.; ca. 13 km östlich von Exeter von der A30 (Honiton – Exeter) südwärts auf die B3180 abzweigen und noch ca. 5 km bis Woodbury; geneigtes Wiesengelände mit Hartstandplätzen; 3 ha – 100 Stpl.; Standard-Sanitärausstattung.

Ausflug nach Kenton

Powderham Castle [N50° 38' 32.81" W3° 27' 46.1"] liegt rund 13 km südlich von Exeter östlich von Kenton und unweit westlich des River Exe *(geöffnet Apr. – Okt. So – Fr 11 – 16.30 Uhr, Führungen obligatorisch, Dauer etwa 1 Std., letzte Führung eine Stunde vor Schließung, freitags um 14.30 Uhr; www.powderham. co.uk).* Ein herrlicher Park mit Rosengarten umgibt das Anwesen.

Powderham Castle, das schon im 14. Jh. urkundlich erwähnt wurde, ist seit jeher Sitz der Courtenay Familie, den Earls of Devon. Sein heutiges Aussehen erhielt Powderham Castle in der viktorianischen Zeit des 19. Jahrhunderts durch Umbauten, die vom 10. Earl of Devon und seinem Nachfolger veranlasst worden waren. Seit 1959 ist das Anwesen der Öffentlichkeit zugänglich.

Auf den obligatorischen Führungen durch das Schloss sieht man die prächtig ausgestatteten Räumlichkeiten, darunter den Musiksalon, den Speisesaal, die Bibliothek, den Küchentrakt sowie die Gewänder, die Graf und Gräfin von Devon zur Krönung von Königin Elizabeth II. 1953 trugen.

Abstecher von Exeter nach Tiverton

ROUTE: Der direkte Weg von Exeter nach Tiverton führt auf der A396 über Bickleigh nordwärts. Wer etwas Zeit mitbringt, macht einen Umweg westwärts über Newton St. Cyres, Crediton und Cheriton Fitzpeine.

In **Newton St. Cyres** ist die Ale-Brauerei **The Beer Engine [N50° 46' 44.61" W3° 35' 23.57"]** beheimatet. In dem ehemaligen Hotel aus der Mitte des 19. Jh. wurde erst 1983 die kleine Privatbrauerei mit gemütlichem Pub und Restaurant eingerichtet (www.thebeerengine.co.uk).

Crediton an der Landstraße A377 ist ein geschäftiger Marktflecken. Zur Zeit der Angelsachsen hatte ein Bischof hier seinen Amtssitz. Crediton wird als Geburtsort des Heiligen St. Boniface (680 – 755), Erzbischof von Mainz und „Apostel aus Deutschland", wie ihn die Engländer gerne bezeichnen, betrachtet. St. Boniface war der erste Priester und Missionare im nördlichen Europa.

Die Gemeindekirche **Church of The Holy Cross [N50° 47' 22.82"   W3° 39' 10.67"]**, zur Zeit der Normannen aus rotem Sandstein gebaut, erreicht fast die Ausmaße einer Kathedrale. Crediton war tatsächlich bis 909 Devons Kirchenhauptstadt, bis im Jahre 1050 diese Ehre an Exeter überging. Während des Mittelalters wurde die Stadt zu einem wohlhabenden Handelszentrum für Wolle.

Das Dorf **Cheriton Fitzpaine** liegt hoch in der hügeligen Landschaft von Devon. Um die Gemeindekirche **St. Mathew Church [N50° 50' 37.87"   W3° 36' 35.60"]** aus dem 15. Jahrhundert schmiegen sich die typischen, oft noch reetgedeckten Cottages, darunter das längste reetgedeckte Haus in England (the Primary School). Im neueren Teil des Dorfes hat allerdings auch schon die Moderne Einzug gehalten.

Wer viel Zeit mitbringt kann auf einem kleinen Pfad am anderen Ufer des Holly Waters genannten Bachs zum 2 km in nördlicher Richtung entfernten Upcott Barton, einem mittelalterlichen Tudor -Haus, das im 17. Jahrhundert ausgebaut wurde, spazieren.

Bickleigh, ein kleiner Weiler am Fluss Exe, hat noch einige wenige reetgedeckte Häuser erhalten. **Bickleigh Castle** stammt aus dem 12. Jahrhundert und wurde nach seiner Zerstörung im 17. Jahrhundert rekonstruiert. Das Torhaus aus Buntsandstein stammt aus dem Mittelalter. Hinter dem Torhaus, steht am Fluss eine normannische Kapelle. Das Anwesen wird heute gerne für Hochzeitsfeiern und Privatparties genutzt. *www.bickleighcastle.com.*

Das Pub **The Fisherman's Cot [N50° 51' 28.80"   W3° 30' 41.65"]** an der Brücke über den River Exe soll zu dem Song „Bridge over Troubled Water" inspiriert haben.

Auf der anderen Seite der Brücke liegt das **Devon Railway Centre [N50° 51' 26.85"   W3° 30' 36.43"]**, ein Freizeitpark mit Spielplätzen, Veteranen- und Schmalspurbahnen, Modelleisenbahnen, Miniaturstadt u. a. (www.devonrailwaycentre.co.uk). Und gleich nebenan findet man Bickleigh Mill, eine ehemalige Wassermühle, die heute ein beliebtes Ausflugslokal und Einkaufsmöglichkeit beherbergt; *www.bickleighmill.com.*

Yearlstone Vineyard, das angeblich älteste Weingut Englands mit dem The Yearlstone Café mit modernem Ambiente und mit Terrasse liegt nördlich von Bickleigh und westlich der A396. 2018 war es wegen Renovierungsarbeiten geschlossen. Wiedereröffnung unklar; *www.yearlstone.co.uk).*

Tiverton, am Oberlauf des River Exe, nahm früher an den Handelswegen eine wichtige strategische Position ein, die mit dazu beitrug, das sich in Tiverton eine blühende Textilindustrie entwickeln konnte.

Tiverton Castle [N50° 54' 22.67"   W3° 29' 17.69"] am Park Hill ist das repräsentativste Bauwerken der Stadt. Die Ursprünge des Schlosses reichen zurück ins Mittelalter, als Henry I. 1106 hier eine Fes-tung errichten ließ. Nach dem Civil War wurde dieses Bauwerk, damals Sitz der Earls of Devon, aber stark zerstört und später im 17. Jh. durch ein befestigtes Landschloss ersetzt, das heute zu sehen ist *(geöffnet Ostern – Okt. nur So + Do14.30 – 17.30 Uhr, letzter Einlass 30 Minuten vor Schließung; www.tivertoncastle.com).*

Zu den Sehenswürdigen zählt darüber hinaus das **Tiverton Museum of Mid Devon Life**, Beck's Square *(geöffnet Feb. – Dez. Mo – Fr 10.30 – 16.30 Uhr, Sa 10 – 13 Uhr; www.tivertonmuseum.org.uk)*, ein Heimat- und Regionalmuseum, das u. a. mit den Themen Landwirtschaft, Handwerk, Handel und der Herstellung von Spitzen und Borten (lace making) in Devon befasst. Wie man liest, sollen alle Hochzeitsschleier, von Königin Victoria bis Prinzessin Diana, hier in Tiverton hergestellt worden sein.

Und der sog. **Merchant's Trail** oder Tiverton Town Trail, ein markierter Weg durch die Stadt führt zu den wichtigsten Plätzen in Tiverton. In der Tourist Information, die im Tiverton Museum of Mid Devon Life untergebracht wird, gibt es ein Faltplatt mit Erklärungen zu den einzelnen Stationen des Stadtspaziergangs.

In Tiverton endet ein Streckenabschnitt des **Great Western Canal**, der im ausgehenden 18. Jh. angelegt worden ist, um den Ärmelkanal mit dem Bristol Channel mit einer Wasserstraße zu verbinden, der der Schifffahrt den gefährlichen Weg um Land's End ersparen sollte. Im November 2012 erlebte diese Region im Südwesten England extrem heftige Regenfälle, die zu Überschwemmungen und zum Bruch der Dämme entlang des Kanals führten, der daraufhin auf weite Strecken leer lief.

Am Ostrand von Tiverton kann man im **Canal and Country Park [N50° 54' 7.23" W3° 28' 30.10"]** noch ein Stück des Kanals und historische Kanalboote sehen. Und im Sommer können Sie den Kanal auch von einer „Horse Drawn Barg", einem von einem Pferd gezognen Kanalboot aus erleben. Im **Canal Visitor Centre** (geöffnet tgl. 9.30 – 16.30Uhr; www.new.devon.gov.uk/grandwestern-canal/visitors/visitor-centre/) erhält man viele informationen über den Kanal und Flora und Fauna der Region.

Knightshayes Court and Gardens [N50° 55' 36.65" W3° 28' 52.85"] liegt 1,6 km nordöstlich Tiverton bei Bolham. Die Zufahrt ist einspurig mit wenigen Ausweichen (geöffnet März - Okt. 10 - 17 Uhr das Haus, 10 - 17 Uhr Gärten, Restaurant, Shop; übrige Zeit bis 16 Uhr; www.nationaltrust.org.uk/knightshayes/). Dieser prächtige viktorianische Landsitz – heute im Besitz des National Trust – liegt mitten in einem großen, herrlichen Park.

Tiverton Tourist Information, Beck's Square, Tiverton Museum of Mid Devon Life, Tiverton, EX16 6PJ, Tel. +44 (0)18 84 23 08 78; www.exploretiverton.co.uk. **Parkplatz [N50° 54' 6.65" W3° 29' 17.03"]** in der Nähe der Tourist Information.

Leuchtturm am Kap Bill of Portland, Isle of Portland. Foto: VisitBritain

ROUTE 6: EXETER – ASHBURTON

Länge der Tour:	Rund 136 km/85 mls.
Die Route:	Straße B3212 über **Dunsford** bis **Moretonhampstead** – A382 bis **Sandy Park** – Abstecher auf Landstraße zum **Castle Drogo** und zurück – A382 bis **Whiddon Down** – A30 bis **Okehampton** – A30 und A386 bis **Tavistock** – A386 bis **Yelverton** – Landstraße zur **Buckland Abbey** und zurück bis **Yelverton** – B3212 über **Princetown** bis **Two Bridges** – B3357 (unterwegs **Abstecher nach Widecombe-in-the-Moor**) bis **Ashburton**.
Reisedauer:	Mindestens ein Tag.
Höhepunkte:	**Castle Drogo * – Buckland Abbey * – Dartmoor** und **Widecombe-in-the-Moor * – Buckfast Abbey ***.

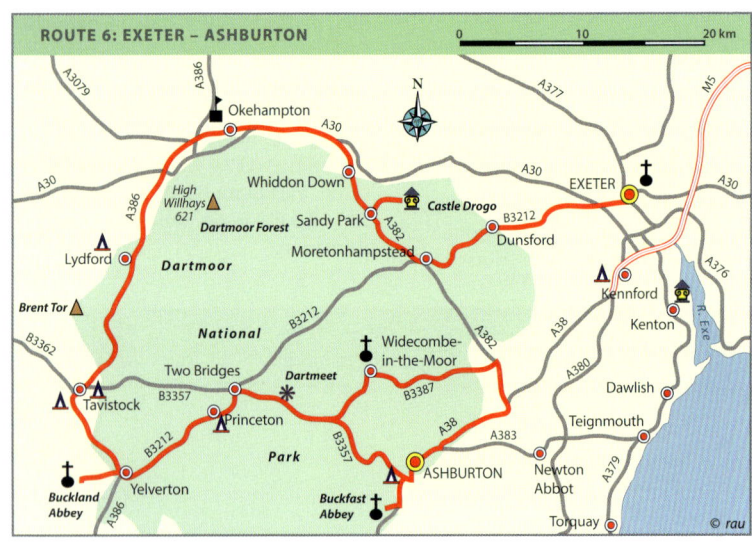

Ohne Zweifel ist der Südwesten Englands, der als **West Country** besser bekannt ist, mit seinem milden Klima und seinen faszinierenden Landschaftsbildern das beliebteste Urlaubsgebiet der britischen Hauptinsel. Die in den Atlantik hinausragende Halbinsel zieht Menschen an, die das Meer lieben. Die eindrucksvolle Landschaft wechselt hier ständig zwischen einem lieblichen, wilden oder grandiosen Szenarium, und man findet zahllose Spuren aus fast 5.000 Jahren Geschichte.

Devon ist mit dem granitenen Hochland des Dartmoor-Nationalparks und den Tors, den kleinen „Felstürmen" im Landesinneren, eine mysteriöse Landschaft, in der sich der Wanderer an die Szenarien von Arthur Conan Doyle's „Hound of the Baskervilles" erinnert. An der Küste wiederum vermutet der Besucher kaum die vielen Palmen und subtropischen Pflanzen, die dem Landstrich am Meer den Beinamen „English Riviera" eingebracht haben.

Die Halbinsel **Cornwall** westlich des Flusses Tamar, der die geographische Grenze zu Devon bildet, ist ein vom Meer geprägter Landstrich. Hier ist die See von keinem Ort weiter als 30 km entfernt. Die Küstenlinie bietet eine eindrucksvolle Naturdramaturgie: Kleine, geschützte Fischerorte, steile und schroffe Felsküsten, Buchten mit Höhlen und tief in die Landschaft geschnittene Täler bieten dem Auge ein abwechslungsreiches Naturschauspiel.

45 km südwestlich der Küste vorgelagert, liegt die Inselgruppe der Scilly Isles, die durch ihr sehr mildes Klima schon zu Weihnachten in Tresco's tropischen Gärten blühende Frühlingsblumen beschert.

Die ältesten Funde menschlicher Zivilisation im Südwesten des Landes gehen in die neolithische Zeit zurück. Die Bronze- und Steinzeit hat Steinmonolithe, Grabfunde und Erdbefestigungen hinterlassen. Die Römer, deren Imperium hier endete, hinterließen zahlreiche Spuren, etwa den Foss Way, einen alten Pfad, der die Städte Exeter und Lincoln miteinander verband.

Als die im südenglischen Raum lebenden Menschen nach der Eroberung durch die angelsächsischen Völker immer weiter nach Westen gedrängt wurden, haben sie sich in Cornwall und Wales eine Bastion ihrer keltischen Kultur erhalten, bis in das Mittelalter auch ihre eigene keltische Sprache gerettet Das weite Land hatte sich bis zum Beginn der Neuzeit praktisch vom Rest des Landes isoliert.

Eigensinnig sind die Menschen auch heute noch. Im nahen Devon dagegen wollten die Menschen Geschichte mitbestimmen. Von dort kamen so berühmte Namen wie Drake, Raleigh, Grenville und Hawkins, die alle Söhne der Grafschaft am Meer waren.

Nach dem Bürgerkrieg begann mit dem wirtschaftlichen Aufstieg der Zinn- und Kupferminen eine florierende Industrie. Fischerei und Schiffbau versorgte die Menschen, bis in der Moderne sich schließlich die Urlaubs- und Freizeitindustrie der Landschaft annahm, die heute den Menschen Arbeit und Brot gibt. Nur die Industrie des Kaolinabbaus, dessen Produkt, die Porzellanerde, man zur Porzellanherstellung

benötigt, floriert auch heute noch.

In dieser sehr ländlich geprägten Welt stehen nur wenige bedeutende architektonische Bauten, die bemerkenswert sind. Die Kathedrale von Exter und der St. Michael's Mount an der Cornish-Küste sind zwei bekannte Beispiele.

Die Dichter Coleridge und Wordsworth machten in ihren Werken die einmalige Landschaft des Südwestens auch literarisch bekannt. St. Ives mit seiner Tate-Gallery ist schon seit langer Zeit Anziehungspunkt für Künstler, denen das klare Licht und die schöne Lage immer besonders gefallen haben.

Der Prince of Wales, der auch Herzog von Cornwall ist, gehört zu den Großgrundbesitzern im Südwesten Englands. Er besitzt zahlreiche Dörfer und Ländereien, ist aber dem Umwelt- und Naturschutz sehr verbunden und genießt dafür bei den Menschen großen Respekt.

ROUTE: Von Exeter nach Südwesten und auf der B3212 Richtung Moretonhampstead. Nach rund 7 mls/11 km kommt man durch Dunsford.

Das hübsche Dorf **Dunsford** mit seinen kleinen strohgedeckten Cottages wird dominiert von der mächtigen über dem Ort thronenden mittelalterlichen Gemeindekirche **St. Mary's Church**. In der Kirche steht ein Denkmal von Sir Thomas Fulford aus dem Jahre 1610, dessen Tudor-Landhaus in einem hübschen Park mit See in **Great Fulford**, etwa 3 km nordwestlich von Dunsford, steht.

ROUTE: Ab Moretonhampstead nehmen wir die teils schmale Landstraße A382 nordwestwärts bis Sandy Park. Von dort führt die Zufahrt nach Nordosten Richtung Drewsteignton zum Castle Drogo. Die rund 2 km lange Zufahrt zum Castle Drogo ist schmal mit wenigen Ausweichen.

Castle Drogo and Gardens [Parkplatz, WP 135 / N50° 41' 52.8" W3° 48' 25.0"] – Castle Drogo ist das letzte in England errichtete Schloss.

Legenden aus dem „Wilden Westen"

Der Südwesten Englands ist reich an alten Sagen und Legenden, die man sich nach alter Überlieferung noch heute erzählt.

Manche Geschichten reichen zurück bis in vorchristliche, heidnische Zeiten. So glaubten die keltischen Menschen, dass Hunde den Gott Wotan begleiteten, wenn er über den Himmel zog. Arthur Conan Doyle verarbeitete dieses uralte Motiv in seinem Sherlock Holmes-Roman „The Hound of the Baskervilles". Hunde liefen demnach über das mysteriöse Dartmoor, weil der Teufel hinter ihnen her war.

Diese Geschichten konnten überleben, weil sie sehr lebendig waren oder die unheimlichen Welten, in denen sie geschahen, noch heute existieren. Aufgrund der Überlieferungen und von prähistorischen Funden könnte man fast vermuten, dass die Menschen dieser frühen Zeit an den keltischen Steinkreisen und anderen mystischen Orten Dämonen, Riesen und Wesen aus einer anderen Welt begegnet sind. Wenn Nebel sich auf die Landschaft legt, scheinen die alten Legenden wieder Wirklichkeit zu werden.

Die alten West Country-Legenden beruhen alle auf den keltischen Steinkreisen. Ein solcher Kreis ist Merry Maidens in der Nähe von St. Buryan, in dem 19 Steine und zwei Menhire, einzeln stehende Steine, versammelt sind. Man erzählt sich, dass hier 19 Jungfrauen zu den Klängen zweier Flötenspieler am Sabbath getanzt haben, als der Teufel erschien und sie in Steine verwandelte.

Nahe dem Ort Morvah stehen sog. Tolmens, riesige Steine mit einem Loch in der Mitte. Diese Men-an-Tol sah man als Eingang zu einer anderen Welt. Bis in das 18. Jahrhundert ließen Eltern ihre Kinder durch den offenen Steinring steigen, um sie von Rachitis zu heilen. Andere Legenden empfahlen Frauen, die auf eine glückliche Schwangerschaft hofften, durch den Steinring zu kriechen.

Viele Legenden erzählen von Riesen und anderen übernatürlichen Wesen. So sollen sich zwei Dämonen bei Helston gestritten und sich in ihrer Wut mit riesigen Felssteinen beworfen haben, die man an der Straße nach Marazion immer noch liegen sieht.

Auch die hochgelegenen Moorlandschaften des West Country bilden einen idealen Nährboden für Legenden. Dämonische Hunde, die sogenannten Wish Dogs, sollen entlang des Dartmoor Abbot's Way nach ungetauften Kindern gejagt haben. Ponies und Schafe flohen dann in blankem Entsetzen und die Haushunde starben vor Furcht, wenn sie das Heulen der Höllenhunde vernahmen. Wenn der Sturm über das Dartmoor fegte, dann hörten die Menschen das Heulen der verlorenen Kinder im Wind.

Zwischen Land's End und den Isles of Scilly soll einst das sagenhafte Land Lyonesse gelegen haben, zu dem auch der Mount St. Michael gehörte. In diesem Land gab es 140 Kirchen, die man nach einer alten See-Legende unter dem Meer läuten hören kann.

In dem Land Lyonesse hatten die Ritter des König Artus viele Abenteuer zu bestehen. Tristan, der in Liebe zu Isolde entbrannte, war dort geboren.

Auch Meerjungfrauen, die englischen Mermaids, soll es in großer Zahl entlang der Küste gegeben haben. In der Bucht von Seaton Sands bei Looe stand einst eine Stadt, deren Seeleute im trunkenen Rausch eine Meerjungfrau so beleidigt haben, dass sie einen Fluch aussprach. Im nächsten Sturm wurde die Stadt mit Mann und Maus vom Meer verschlungen.

Andere Geschichten spinnen sich um Schmuggler, die auf Geisterschiffen mit Irrlichtern entlang der Küste Cornwalls ihr Unwesen trieben.

Es gibt etwa 100 heilige Quellen in Cornwall, die fast alle nach örtlichen Heiligen benannt sind. So sollte nach einer Legende die Quelle von St. Cleer Schwachsinn heilen, das Wasser der Ludgvan-Quelle sollte Kinder davor bewahren, einen Menschen zu töten, und St. Keyne sollte erreicht haben, dass ein Ehepartner den anderen beherrschen konnte, der zuerst das Wasser aus seiner Quelle trank.

Bei Tintagel soll der Sage nach Merlin König Artus am Strand getroffen haben. Artus hielt Hof in Camelot und auf der Fabelinsel Avalon soll er gestorben sein. Als Artus nach seiner letzten Schlacht am Dozmary Pool im Sterben lag, befahl er dem Ritter Sir Bedevere, sein Schwert Excalibur in den nahen See zu werfen. Dabei erschien eine Hand aus dem Wasser, die das Schwert auffing und für immer in die Tiefe mitnahm.

Zu Beginn des 20. Jahrhunderts war ein cleverer Kaufmann namens Julius Drewe zu erheblichem Reichtum gekommen. Durch eine Kette von Kolonialwarenläden, eine Innovation in der damaligen Zeit, war Drewes in wenigen Jahren zum Millionär geworden. Um seine gesellschaftliche Stellung auch nach außen zu dokumentieren – zwischenzeitlich hatte man Ahnenforscher damit beauftragt die Herkunft der Drewes zu erforschen, die die Linie bis auf einen normannischen Baron namens Drogo zurück verfolgten – entschloss sich Julius Drewe, sich seinen Traum zu erfüllen und beauftragte 1910 den renommierten Stararchitekten Sir Edwin Lutyens, Castle Drogo zu bauen, außen Schloss im Tudorstil, innen mit allen technischen Raffinessen der damaligen Zeit wie Zentralheizung, modernen Sanitäreinrichtungen, Telefonanlagen etc. und eigenem Elektrizitätskraftwerk. 1911 wurde mit den Bauarbeiten begonnen. Allerdings galt das Vorhaben schon damals als absoluter Anachronismus.

Als Baumaterial wurde Granitstein verwendet, der dem Gebäude ein sehr strenges, fast abweisend wirkendes Äußeres verleiht.

Wie man liest, soll es immer wieder Differenzen zwischen Bauherrn und Architekten über die Baupläne und die Ausführung der Arbeiten gegeben haben.

Ein Streitpunkt war offenbar auch die Gestaltung des Daches. Drewe wollte z. B. ein flaches Dach, von dem aus man die umgebende Landschaft betrachten konnte.

Allerdings hatte man damals kaum Erfahrung mit dem Bau von Flachdächern und im Besonderen mit der Abdichtung solcher Dachformen. Man verwendete Asphalt als Dichtmittel, kannte das Verhalten dieses Werkstoffes damals aber noch zu wenig.

Schon bald stellte man gravierende Wassereinbrüche am Dach und an den Fenstern fest, die bis auf den heutigen Tag dem Bau erheblich zusetzen. Man hatte damals völlig unterschätzt, dass Asphalt bei kalten, frostigen Wetterbedingungen zur Rissbildung neigt, durch die dann Wasser in das Mauerwerk eindringen konnte.

1927 konnten die ersten Räume bezogen werden. 1930 – unterbrochen durch die Wirren des Ersten Weltkrieges – war das Schloss fertiggestellt – nur ein Drittel so groß wie in der Anfangsphase geplant, aber dreimal so teuer.

Heute ist Castle Drogo im Besitz des National Trust, der sich darum bemüht mit immensem finanziellem Aufwand das Problem mit eindringendem Wasser in den Griff zu bekommen. Neben den Räumlichkeiten des Schloss kann man auch die ausgedehnten Park- und Gartenanlagen besichtigen (geöff-

net: Schloss Mitte März – Sept. tgl. 10.30 – 17.30 Uhr; Okt. tgl. 10.30 – 16.30 Uhr; Nov. – Dez. Fr – So 11 – 16 Uhr; National Trust; www.nationaltrust.org.uk/castle-drogo/).

*ROUTE: Von Castle Drogo zurück bis **Sandy Park** an der A382, der wir noch ein kurzes Stück weiter nach Nordwesten bis **Whiddon Down** folgen und dort zur nahen Schnellstraße A30 fahren. Der A30 folgen wir über **Okehampton** bis **Sourton** und nehmen dort die nach Süden weiterführende A386 bis **Tavistock.***

Die Marktstadt **Okehampton** wird als nördliche Hauptstadt des Dart-moor bezeichnet. Die Überreste von **Okehampton Castle [N50° 43′ 53.65″ W4° 0′ 26.94″]**, einer alten Normannenburg, liegen auf einer Anhöhe an der Landstraße A30 über dem Fluss Okement. Hier lebte bis zu ihrem Umzug nach Powderham die Familie der Courtenays, die Earls von Devon.

Südlich der Stadt erheben sich die hohen Hügel (Tors) von Dartmoor - High Willhays und Yes Tor. Vom Yes Tor hat man einen herrlichen Ausblick über das Dartmoor, nach Westen über das Bodmin Moor und über weite Teile der Landschaft von Devon. Leider sind Teile der Landschaft für die Öffentlichkeit gesperrt, wenn die britische Armee die Gegend als Übungsgebiet für ihre Artillerie benutzt.

Einige Meilen südlich von Sourton bietet sich Gelegenheit zu einem Abstecher nach **Lydford**, das unweit westlich der Fernstraße A386 liegt. Lydford ist Ausgangspunkt für Wanderungen zur Lydford Gorge oder noch weiter südlich zur Anhöhe Brent Tor.

Tavistock ist ein wichtiger Handels- und Wirtschaftsplatz für das Dartmoor und gilt als westliche Hauptstadt der Moorlandschaft. Der Ort entstand um

eine alte Benediktinerabtei am River Tavy, die schon im 10. Jahrhundert gegründet wurde.

Nach der Auflösung des Klosters im Jahre 1539 durch Henry VIII. bedachte der König John Russel, den damaligen Earl und späteren Herzog von Bedford, mit dem Kloster, mit der Stadt und allen ihren Ländereien und Besitzungen. Erst im Jahre 1911 wurde Tavistock von den Herzögen von Bedford aus ihren Besitzungen veräußert.

Das heutige Erscheinungsbild wird durch viktorianische Gebäude bestimmt, die noch den Wohlstand in der letzten Phase des Kupferbergbaus repräsentieren. Die beiden wichtigen Brücken über den River Tavy in der Stadt, East Bridge und Vigo Bridge, stammen aus dem Jahre 1773.

Von 1803 bis 1817 grub man den rund 7 km langen Tavistock-Kanal, der die Kupferminen an der Küste über den Fluss Tamar, der nur wenige Meilen westlich von Tavistock fließt, mit Tavistock verband. Die Stadt profitierte damals ganz enorm vom Transport und Umschlag des Erzes.

Innerhalb von nur sechs Jahrzehnten verdreifachte sich die Einwohnerzahl der Stadt auf annähernd 9.000. Als der Kanal 1882 geschlossen wurde, musste auch Tavistock einen wirtschaftlichen Rückschlag erleben. Viele der Häuser in der Duke Street und der Pannier Market stammen aus diesen Boomjahren des 19. Jahrhunderts.

Der **Pannier Market [N50° 33′ 1.18″ W4° 8′ 38.18″]** *(geöffnet ganzjährig Di – Sa 9 – 16.30 Uhr)* ist ein riesiger, überdachter Floh- und Antiquitätenmarkt am Bedford Square. Rund um den Pannier Market haben sich Geschäfte und Lebensmittelläden etabliert. Und jeden zweiten, vierten und fünften Samstag im Monat wird in Tavistock von 9 bis 15

CAMPING – LYDFORD

Camping Lydford C & C Park [WP 136 / N50° 38′ 54.53″ W4° 6′ 21.91″]; Tel. +44 (0)18 22 82 04 97; www.lydfordsite.co.uk; 15. März – 31. Okt.; von der A386 (Oakhampton – Tavistock) knapp 1 km westwärts nach Lydford, dort beschildert; kleine Wiese nördlich des Ortes; ebene, teils schattige Wiesen; Standard-Sanitärausstattung. Laden, Waschmaschine, Trockner, WLAN.

Uhr der weit über die Stadt hinaus bekannte **Tavistock Farmer's Market** abgehalten. Jedes Jahr am zweiten Mittwoch im Oktober findet in den Straßen der Stadt die berühmte **Goosey Fair**, ein unterhaltsamer Jahrmarkt, statt. In früheren Zeiten kaufte man auf dem Markt seine Weihnachtsgans, die dann bis zum Fest gemästet wurde.

Ansonsten zählen zu den eher bescheidenen Sehenswürdigkeiten die Stadtkirche **St. Eustachius [N50° 32' 59.34" W4° 8' 43.74"]** gleich neben den spärlichen Ruinenresten der einstigen Benediktinerabtei am zentralen Bedford Square und das Stadtmuseum in den Guildhall am Guildhall Square gleich schräg gegenüber.

Einen recht zentral gelegen **Großparkplatz [WP 137 / N50° 32' 51.17" W4° 8' 47.75"]** findet man an der Canal Road, abseits der Durchgangsstraße Plymouth Road (A386).

Wenn Sie sich die Zeit nehmen können, um Tavistock auf einem ausführlichen **Stadtspaziergang** näher kennen zu lernen, sollten Sie sich in der Tourist Information das Faltblatt „Tavistock Town Trails" besorgen, das diverse Stationen auf einem Rundgang kurz beschreibt. Geschildert wird zum Beispiel der **„Drake Trail"**, ein rund 5 km langer Rundweg, der von der Drake Statue am Ende der Plymouth Road auf dem alten Treidelpfad am Kanal entlang zur Crowndale Farm und weiter zum Shillamill Viadukt, einem alten Bahnviadukt, führt.

Auf der **Crowndale Farm**, etwa 2 km von Tavistock entfernt, wurde Sir Francis Drake 1540 (manche Quellen sprechen auch von 1542) geboren. In Tavistock erinnert am Ende der Plymouth Road ein Denkmal an den Seehelden und „Freibeuter" von Königin Elizabeth I., der einige seiner Anwesen in England

---

PRAKTISCHE HINWEISE – TAVISTOCK

Tavistock Tourist Information [N50° 32' 58.89" W4° 8' 40.16"], Bedford Square, Tavistock, PL19 0AE, Tel. +44 (0)18 22 61 29 38; www.visit-tavistock.co.uk. *Geöffnet Di – Sa 10.30 – 16 Uhr.*

PUBS UND RESTAURANTS

Taylor's Restaurant, 22 Market Street, Tel. (+44 (0)18 22 61 30 45; www.taylor-stavistock.co.uk; ansprechendes Lokal mit gutem Service, gutem Speisenangebot und guter Weinkarte. Sonntagabends geschlossen.

CAMPING

Tavistock-Gulworthy
Camping Woodovis Park [WP 138 / N50° 32' 55.95" W4° 12' 52.90"], Woodovis House, Tel. +44 (0)18 22 83 29 68; www.woodovis.com; Mitte März – Ende Okt.; von Tavistock auf der A390 ca. 1,5 km südwestwärts nach Gulworthy und auf der B3362 nach 2 km links ab; ebenes Wiesengelände mit Hartstandplätzen; 4 ha – 50 Stpl.; gute Standard-Sanitärausstattung. Laden, Waschmaschine, Trockner, Schwimmbad, WLAN. V & E für Wohnmobile.

Moorshop bei Tavistock
Camping Tavistock C & C Club Site [WP 139 / N50° 33' 13.57" W4° 5' 41.01"], Higher Longford, Tel. +44 (0)18 22 61 86 72; www.campingandcaravanningclub.co.uk/tavistock; Jan. – Dez.; von Tavistock auf der B3357 (Mt. Tavy Road) ostwärts Richtung Two Bridges, nach ca. 3 km Einfahrt zum Platz; leicht geneigtes Wiesengelände in schöner Hügellandschaft, teils Hartstandplätze; 2,5 ha – 90 Stpl.; einfache Standard-Sanitärausstattung, Waschmaschine, Trockner, WLAN teilweise auf dem Platz. Nicht-Clubmitglieder willkommen.

Peter Tavy bei Tavistock
Camping Harford Bridge Holiday Park [WP 140 / N50° 34' 16.24" W4° 6' 52.35"], Tel. +44 (0)18 22 81 03 49; www.harfordbridge.co.uk; Mitte März –

Mitte Nov.; von der A 386 (Tavistock – Oakhampton) ca. 3 km nördlich von Tavistock Richtung Peter Tavy abzweigen, nach 150 m Einfahrt zum Platz; zum River Tavy geneigte Wiesen, von hohen Bäumen umgeben, ein Platzteil mit Mobilhomes belegt; 4 ha – 110 Stpl.; Standard-Sanitärausstattung. Waschmaschine, Trockner, Tennis, Internetecke, WLAN. V & E für Wohnmobile.

aus Überfällen auf spanische Galeonen und Schatzschiffe finanzierte.

ROUTE: Weiterreise von Tavistock auf der A386 südwärts bis **Yelverton**. *Dort südwestwärts zur* **Buckland Abbey**.

Buckland Abbey [WP 141 / N50° 29' 0.27" W4° 7' 49.86"], der stattliche Landsitz von *Sir Francis Drake*, dem Weltumsegler und Freibeuter der Meere in königlichen Diensten von Königin Elizabeth I., liegt rund 11 km südlich Tavistock *(geöffnet Mitte Feb. – Okt.; Nov. – Dez. tgl. 10 – 16 Uhr, National Trust; www.nationaltrust.org.uk/buckland-abbey/)*.

Ursprünglich war das Anwesen eine wohlhabende Zisterzienserabtei, 1273 von Amicia, Gräfin von Devon, gegründet. Wie so gut wie alle Klöster Englands wurde auch Buckland Abbey 1539 aufgelöst und von König Heinrich VIII. an Sir Richard Grenville vermacht. Dessen Sohn Roger, der spätere Besitzer von Buckland Abbey, fand als Kommandeur der legendären „Mary Rose" bei deren Untergang im Hafen von Portsmouth den Tod.

Der nach seiner Weltumsegelung und diversen Kaperaktionen zu Wohlstand und Ansehen bei Hofe gekommene Sir Francis Drake, damals auch Bürgermeister von Plymouth, kam 1582 nach Buckland Abbey. Seine Aufenthalte dort können aber nur von kurzer Dauer gewesen sein. Drake war immer wieder längere Zeit auf See und unternahm mit seiner Flotte Kaperfahrten und Attacken auf die spanische Armada. Nach einer dieser Seereisen starb Sir Francis Drake am 27. Januar 1596 in der Karibik.

Da Drake keine Kinder hatte, erbte sein Bruder Thomas Buckland Abbey, der wiederum vererbte das Anwesen an seinen Sohn Francis. Dieser Francis Drake hatte übrigens gleich zwei Bücher

veröffentlicht, die die Seeräuberreisen und Kaperfahrten seines Onkels zum Thema hatten.

In den folgenden Jahrhunderten ging Buckland Abbey durch viele Hände, wurde 1938 von einem Brand größtenteils vernichtet und vom damaligen Besitzer Captain Rodd an den National Trust übergeben.

Neben der Abtei-Kirche und der riesigen, fast 50 m langen **Grossen Scheune** (Great Barn) können die sog. **Reisegalerie** u. a. mit Exponaten zu Drakes Weltumsegelung und seinem Schiff „Golden Hind" (Videofilm), die **Schatzgalerie** u. a. mit Drakes berühmter Trommel und der königlichen Standarte, die Drake auf seiner „Golden Hind" hisste, **Drakes Zimmer** (Drake Chamber) u. a. mit Porträts von Königin Elizabeth I. und prominenter Engländer, das sog. im Stil des späten 18. Jh. mit kostbaren Mahagonimöbeln eingerichtete Georgianische Esszimmer, die **Große Halle** u. a. besichtigt werden.

Und Freunde der Verfilmungen von Rosamunde-Pilcher-Romanen wird interessieren, dass in Buckland Abbey einige Szenen zu „Rückkehr nach Rose Abbey" und „Wiedersehen in Rose Abbey" gedreht wurden.

In **Buckland Monachorum** mit seinem alten Pfarrhaus und einem Turm aus dem 16. Jahrhundert, das kaum einen Kilometer nördlich von Buckland Abbey liegt, lohnt bei ausreichend zur Verfügung stehender Zeit ein Besuch im **The Garden House [Parkplatz, N50° 29' 38.54" W4° 7' 17.22"]**, eine schöne Gartenanlage in Terrassen *(geöffnet Apr. – Okt. tgl. 11 – 15 Uhr; Nov. – März Fr – So 11 – 15 Uhr, letzter Einlass 16.30 Uhr; www.thegardenhouse.org.uk)*. Ein gerne besuchtes Pub in Buckland Monachorum ist „The Drake Manor Inn".

Buckland Abbey

ROUTE: *Von Buckland Abbey zurück bis* **Yelverton** *an der A386. Hier nordostwärts auf der B3212 nach* **Princetown**, *mitten im berühmt-berüchtigten* **Dartmoor**.

Dartmoor, den Festlandseuropäern als Ort eines düsteren Gefängnisses, aber auch wegen der herben Schönheit seiner Landschaft bekannt, ist eine der letzten großen, offenen Landschaften im Südwesten Englands. Der größte Teil der Region gehört zum Dartmoor Nationalpark, der ein Gebiet von 587 qkm zwischen Okehampton und Ivybridge, Tavistock und Buckfastleigh umfasst.

Hier liegen Hochmoore, gewaltige Hügel, tiefe Täler und dichte Wälder, die kleine Marktstädte und abgelegene Dörfer einschließen. Riesige, an der Luft erodierte Felstürme, die Tors, beherrschen den Horizont. Eine der höchsten Erhebungen, der Yes Tor, erreicht eine Höhe von immerhin fast 600 m. Regen gibt es reichlich, etwa die dreifache Menge von Exeter pro Jahr.

Während des Mittelalters förderte man im Dartmoor Zinn, Kupfer, Mangan und Blei. Die Minenbesitzer beherrschten das Zinngeschäft in den drei „Stannary Courts", den Zinnhandelsplätzen Tavistock, Ashburton und Plympton,

Überall in dem weitläufigen Gebiet laden Naturpfade zu ausgedehnten Wanderungen ein.

Arthur ConanDoyle's „The Hound of the Baskervilles" wird wieder lebendig, wenn man sich auf einen der vielen Wanderwege durch das wilde und düstere Dartmoor begibt, auf dem seltsame, verwitterte Steinhügel, die Tors, den Weg weisen. Eine andere Welt beginnt. Vielen Touristen begegnet man hier nicht.

Auch laufen keine entflohenen Sträflinge aus dem berüchtigten Gefängnis bei Princetown über den Weg. Dafür ist die Landschaft abwechslungsreich.

Und keine Angst, man versinkt nicht so schnell im Moor – wenn man auf den markierten Wegen bleibt. Auf jeden Fall sollte man sich bei den lokalen Tourist Information Centres eine Wanderkarte besorgen und um eine gefahrlose Routenbeschreibung bitten. Ein Kompass sollte als letzte Sicherheit aber trotzdem nicht fehlen.

Im Dartmoor Nationalpark

Fährt man mit dem Auto auf den oft recht engen Straßen durch die Landschaft des Dartmoor, bieten sich hinter jeder Kurve neue, eindrucksvolle Ausblicke.

Wandertipps: Zum Wandern nur mit OS-Karte (Ordnance Survey) und Kompass aufbrechen, da jederzeit Nebel auftreten kann. Regenschutz und warmen Pullover mitnehmen, auch bei gutem Wetter. Festes Schuhwerk wegen des feuchten Untergrunds. Niemals alleine wandern. Zielort und Route immer bei der Unterkunft hinterlassen.

Die **Tourist Information Centres** z. B. in Okehampton, Tavistock oder in Princetown haben Informationen zu organisierten Wanderungen (Walk and Talk) von 2 Stunden bis 6 Stunden. Wandersaison ist von April bis September.

In **Princetown** findet man mitten im Ort hinter dem Duchy Hotel, das gleich neben dem **High Moorland Visitor Centre [Parkplatz, WP 142 / N50° 32' 38.68" W3° 59' 32.96"]** liegt, einen öffentlichen Parkplatz.

Princetown ist genau die Stadt, die man sich als Schauplatz für einen Thriller aussuchen würde; sie liegt etwa 500 m über dem Meer und bekommt wie keine andere Stadt übermäßig Regen, Nebel und Sturm ab, was viel zu ihrem eher düsteren Ambiente beiträgt.

Ihren Namen verdankt die Stadt dem Prince of Wales, dem späteren König George IV., der von seinem Herzogtum Cornwall Land abtrat, um ein Gefängnis für die Gefangenen der Napoleonischen Kriege zu errichten.

Der Grundstein für das berüchtigte **Gefängnis von Dartmoor** wurde 1806 gelegt. Seit dem 19. Jahrhundert wurde es für gewöhnliche Kriminelle genutzt. Rund 800 m nördlich von Princetown gibt es das **Dartmoor Prison Museum [Parkplatz, N50° 33' 0.72" W4° 0' 0.32"]** zu besichtigen (*geöffnet Mo – Do + Sa 9.30 – 16.30 Uhr, Fr – + So 9.30 – 16 Uhr, letzter Eintritt 30 Minuten vor Schließung; www.dartmoor-prison.co.uk*).

Nordwestlich von Princetown liegen unweit der B3357 die sog. **Merrivale Stone Rows [Parkplatz, N50° 33' 25.20" W4° 2' 38.19"]**, ein Steinkreis aus der Bronzezeit, der einstmals über den Fluss Walkham wachte.

*ROUTE: Von Princetown weiter nordostwärts bis **Two Bridges** an der B3357, der wir ostwärts nach **Ashburton** folgen.*

Die Straße B3357, die mitten durch den Dartmoor National Park führt, bie-

Widecombe-in-the-Moor

tet auf der Anhöhe Dartmeet (Parkplatz) wunderschöne Ausblicke in die Hügellandschaft des Dartmoor. In Dartmeet treffen sich die beiden Flüsse East Dart und West Dart, um fortan als Dart-Fluss dem Meer zuzustreben und bei Dartmouth in den Ärmelkanal zu münden.

Im ganzen Dartmoor National Park leben seit Menschengedenken große Herden von halbwilden Ponies, die das ganze Jahr über frei über die grünen Höhen ziehen. Die überaus wiederstandsfähigen, genügsamen und trittsicheren **Dartmoor Ponies** leben zwar völlig frei, sind aber nicht herrenlos. Sie alle sind im Besitz von Farmern, die die

Tiere jedes Jahr im Herbst zusammentreiben, Fohlen ihren Stuten und damit ihrem Besitzer zuweisen und Tiere aussortieren, die verkauft werden sollen. Viele der relativ kleinen Tiere wurden mit robusten Shetland Ponies gekreuzt, wodurch man eine starke, gutmütige Rasse züchtete, die einst vornehmlich in den Zinnminen eingesetzt wurden.

Kurz nach der Anhöhe **Dartmeet [WP 144 / N50° 32′ 35.80″ W3° 52′ 34.00″]**, wo in früheren Zeiten angeblich die Sargträger ihre Last auf dem Weg zum einzigen Friedhof weit und breit in Widecombe-in-the-Moor absetzten, führt eine schmale Landstraße

PUBS – PRINCETOWN

The Plume of Feathers, Pub, Plymouth Hill, Tel. +44 (0)1822 89 02 40; www.theplumeoffeathersdartmoor.co.uk; ein Pub seit 1785 mit Atmosphäre, großes Biersortiment und gutem Pubfood. 10 B&B-Zimmer. Kleiner Campingplatz angeschlossen.

CAMPING – PRINCETOWN

Camping The Plume of Feathers Inn [WP 143 / N50° 32′ 37.71″ W3° 59′ 24.93″], Plymouth Hill, Tel. +44 (0)18 22 89 02 40; ww.theplumeoffeathersdartmoor.co.uk; Jan. – Dez.; an der B3212 am Südostrand von Princetown, ebene Wiese von hohen Bäumen umgeben; 2 ha – 40 Stpl.; einfache Sanitärausstattung. Keine Stromanschlüsse. Hinter dem gleichnamigen Pub.

The Rugglestone Inn, Widecombe-in-the-Moor

nach Norden in den sehr ansprechend gelegenen, rund 6 km entfernten Weiler **Widecombe-in-the-Moor.** Der Abstecher in das abgelegene, aber hübsche Dorf mitten im berüchtigten Dartmoor lohnt, auch wenn der Weg auf den schmalen Straßen etwas aufhält.

Mitten in dem kleinen Ort, der heute fast ausschließlich vom Tourismus lebt, findet man am Kiosk neben „The Old Inn" einen gebührenpflichtigen **Parkplatz [WP 145 / N50° 34' 38.44" W3° 48' 38.13"],** auf dem Wohnmobile nach Absprache mit dem Platzwart gegen Gebühr auch über Nacht stehen dürfen.

Diesen kleinen Ort mit seinen hübschen Pubs wählte Rosamunde Pilcher als einen der Schauplätze in ihrem Roman „Magie der Liebe", der 1998 erschienen ist und auch verfilmt wurde.

Neben den urigen Pubs und Inns des sehr einladenden Dorfes ist vor allem die unübersehbare **St. Pancras Church** eine Sehenswürdigkeit.

Die gotische „Kathedrale im Moor" mit ihrem 37 m hohen Turm hat im Vergleich zu dem kleinen Dorf ganz erstaunliche Ausmaße. 1638 wurde die Kirche angeblich durch einen Kugelblitz stark in Mitleidenschaft gezogen. Im Inneren der über 600 Jahre alten Kirche ist u. a. der kleine Abschlussstein im Gewölbe mit drei Hasen mit drei Ohren bemerkenswert. Diese Darstellung gilt als das Symbol der Minenarbeiter in den Zinnminen. Viele Männer aus Widecombe fanden im 18. und 19. Jahrhundert nur in den Zinnminen ein kärgliches Auskommen.

Auf dem Friedhof der St. Pancras Church liegt die Schriftstellerin Beatrice Chase (1874 – 1955) begraben, deren richtiger Name Katharine Parr lautete und die ihre Herkunft bis auf Catherine Parr, der sechsten Ehefrau von Heinrich VIII., zurückverfolgen konnte.

Jedes Jahr am zweiten September findet die **Widecombe Fair** statt, ein überaus traditionsreicher Viehmarkt, der erstmals im Oktober 1850 auf der Wiese neben der Kirche abgehalten wurde und einen so riesengroßer Erfolg hatte – angeblich wechselten damals über 700 Schafe und weit über 1.000 Pferde den Eigentümer – dass man sich dazu entschloss, den Markt künftig jedes Jahr abzuhalten.

Heute ist der Markt nicht nur im ganze Land bekannt, jedes Kind kennt auch das Volkslied über die Widecombe Fair, das mit den Zeilen beginnt: „Tom Pearce, Tom Pearce, lend me your grey mare. | All along, down along, out along lee. | For I want for to go to Widdecombe Fair. …".

In einer Glasvitrine in der Kirche sieht man eine kleine Skulptur, die die graue Mähre darstellt, auf der die Typen sitzen, die in dem Lied erwähnt werden – Bill Brewer, Jan Stewer, Peter Gurney, Peter Davy, Harry Hawk und Old Uncle Tom Cobley. Ein beliebtes Mitbringsel aus Widecombe-in-the-Moor sind übrigens sog. **„Toby-Jugs"**, das sind Henkelkrüge mit Karikaturköpfen.

Wenn Sie etwas Zeit haben, spazieren Sie an der Kirche vorbei den schmalen Weg hinab zum **The Rugglestone Inn [N50° 34' 27.40" W3° 48' 29.68"]**, Tel. (01364) 621 327, einem urigen Pub mit niederen Schankstuben (Parkplatz).

ROUTE: Von Widecombe-in-the-Moor kann man entweder den längeren Weg auf der B3387, vorbei am markanten Felsen Haytor Rocks nördlich der Straße (Parkplätze, National Park Information Centre, N50° 34' 51.7" W3° 44' 42.4"), nach Bovey Tracey nehmen. Von dort fährt man 3,5 km weiter zur nahen A38, die südwestwärts nach Ashburton führt.

Oder man fährt von Widecombe-in-the-Moor zurück zur Straße B3357, der man weiter ostwärts über eine sehr steile Abfahrt (25%) hinab ins Tal des River Dart und über die uralte, nur 2,30 m breite „Clapper Bridge" über den River Dart nach Ashburton an der Schnellstraße A38 folgt.

Das **Tal des River Dart an der Clapper Bridge** ist ein schöner, romantischer Flecken im Dartmoor, den man aber nur wirklich genießen kann, wenn man zu Fuß und nicht mit Auto unterwegs ist.

„Clapper Bridges" sind eine für den Südwesten Englands typische Brückenart, die aus ungeschlagenen Feldsteinen, Natursteinplatten und Findlingen

zusammengefügt wurden. Heute sind sie nur noch an alten Wegen zu finden, die nicht mehr dem öffentlichen Verkehr dienen. Eine der wenigen Ausnahmen ist die Clapper Bridge über den River Dart s. o.

Ashburton war im frühen 14. Jahrhundert (neben Chafford, Plympton und Tavistock) in den elitären Kreis der vier „Stannary Towns" aufgenommen worden und hatte dadurch große Privilegien im Abbau und in der Verarbeitung von Zinnerz in Dartmoor. Als Stannary Town war Ashburton über Jahrhunderte wirtschaftlich gut gestellt.

Heute ist Ashburton ein wenig aufregendes, aber verkehrsgünstig an der A38 gelegenes Landstädtchen, das sich gut als Standort für Ausflüge in den Dartmoor National Park eignet.

Größte Touristenattraktion der Gegend ist der **River Dart Country Park [N50° 30' 51.48" W3° 47' 7.41"]** westlich von Ashburton, zu erreichen über die A38 und die Landstraße B3352. In dem Abenteuerpark in einem ausgedehnten Waldparkgelände mit Seen am River Dart findet man – neben einem weitläufigen Campingplatz (s. u.) – die unterschiedlichsten Arten von Spielplätzen, Bade- und Wassersportmöglichkeiten am River Dart, Klettergarten hoch in den Bäumen und Kletterwand, Picknickwiese, Cafeteria, Restaurant und B & B Unterkünfte *(geöffnet ganzjährig 10 bis Sonnenuntergang, letzter Einlass 16 Uhr; www.riverdart.co.uk).*

Rund 5 km südlich von Ashburton liegt bei Buckfastleigh **Buckfast Abbey [Parkplatz, WP 146 / N50° 29' 31.74" W3° 46' 40.14"].** Die Abtei befindet sich etwa 2 km nördlich des Ortes und ist über die A38 rasch zu erreichen *(geöffnet Mo – Sa 10 – 15.30 Uhr, So 13 – 15.30 Uhr; www.buckfast.org.uk).*

Französische Benediktinermönche brauchten mehr als 30 Jahre, um Buckfast Abbey nach Plänen des Architekten Frederick Walters zu erbauen. Am Ende hatten sie ein Gotteshaus mit den Ausmaßen einer Kathedrale errichtet, de-

PRAKTISCHE HINWEISE – ASHBURTON

Ashburton Tourist Information Centre, Town Hall, North Street, Ashburton, TQ13 7QQ, Tel. +44 (0)13 64 65 34 26; www.ashburton.org. *Geöffnet Mo – Sa 9.30 – 16.30 Uhr.*

PUBS UND RESTAURANTS

Exeter Inn, 26 West Street, Tel. +44 (0)13 64 52 478; ein typisches englisches, traditionsreiches Pub mit alter Einrichtung, niederen Decken, Kaminfeuer, reiches Biersortiment, Cider und Weine, man serviert kleine Gerichte. Sommerterrasse hinter dem Haus.
The Moorish Restaurant, 11 West Street, Tel. +44 (0)13 64 65 40 11; www.moorishrestaurant.co.uk; kleines, aber feines Lokal, dessen Küche gerne orientalische Zubereitungsarten benutzt, aber auch lokale Gerichte werden angeboten. Öffentlicher Parkplatz nahebei. Sonntags und montags geschlossen.

CAMPING – ASHBURTON

Camping River Dart Country Park [WP 148 / N50° 30' 58.21"   W3° 47' 22.32"], Tel. +44 (0)13 64 65 25 11; www.riverdart.co.uk; 1. April – 28. Sept.; Zufahrt von der A38, Ausfahrt Ashburton und weiter auf der B3352. Weitläufiges, gepflegtes, parkähnliches Gelände mit einigen stattlichen alten Bäumen, bei einem ehemaligen Herrenhaus. Leicht geneigtes und von Wald umgebenes Terrain oberhalb des Flusslaufs Dart. Sechs Stellbereiche mit nummerierten Stellplätzen, einige davon befestigt, ruhig gelegen. Separate Platzteile für Zelte mit Picknickwiese. Ca. 4 ha – 200 Stpl.; Standard-Sanitärausstattung; Laden, Restaurant, Imbiss, Waschmaschine, Trockner, Fahrradverleih, WLAN im Hauptgebäude im Eingangsbereich. Diverse Kletter- und Abenteuerspielplätze, Wassersport- und Bademöglichkeiten, Klettergarten am Platzeingang, Tennisplatz. V & E für Wohnmobile.

ren Kalkstein eigenartig in der Abendsonne glänzt. Wie es heißt, musste ein Mönch damals in 18 Monaten das Handwerk eines Steinmetzes erlernen, um den raschen Baufortgang zu ermöglichen. 1938 war der Bau beendet, der 1906 begonnen worden war. 2012 wurde im Kircheninneren mit umfassenden Restaurierungsarbeiten begonnen, die sich über einen Zeitraum von drei Jahren hingezogen haben.

Heute sind die Mönche von Buckfast Abbey berühmt für ihre Glasmalereien, die in vielen Gotteshäusern Englands als Bleiglasfenster eingesetzt sind. Sogar eine eigene Bienenzucht und das Destillieren von vorzüglichen Likören wie dem berühmten „Buckfast Tonic Wine" gehören zum Qualitätsmerkmal der Abtei. Grange Restaurant, großer Souvenir- und Klosterladen.

Im benachbarten **Buckfastleigh** liegt die nördliche Station der **South Devon Railway [WP 147 / N50° 28' 57.8" W3° 46' 10.7"]** im Dart Valley. Strecke und Zugmaterial werden seit 1967 von privaten Eisenbahn-Enthusiasten unterhalten, nachdem British Rail die Strecke fünf Jahre zuvor geschlossen hatte.

Die Nostalgiebahn fährt im Sommer von Buckfastleigh entlang des Flusses Dart durch eine malerische Landschaft nach Totnes. Die 11 km lange Strecke wird in einer gemütlichen knappen Stunde bewältigt. Bahnhof, Waggons und Lokomotiven bieten Eisenbahnromantik pur; *www.southdevonrailway. co.uk.*

ROUTE 7: ASHBURTON – PLYMOUTH

Länge der Tour: Rund 160 km/100 mls.

Die Route: Straßen A38 und A383 bis **Newton Abbot** – A381 bis **Teignmouth** – A379 über **Torquay, Paignton, Brixham, Dartmouth, Torcross, Kingsbridge** und **Modbury** bis **Plymouth.**

Reisedauer: Mindestens ein Tag, besser zwei Tage.

Höhepunkte: Die „englische Riviera" – „Agatha Christie Mile" und Torquays Seafront * – **Dartmouth** ** – Barbican, Mayflower Steps, National Marine Aquarium, Merchant's House, Plymouth City Museum & Art Gallery, The Hoe in **Plymouth** **.

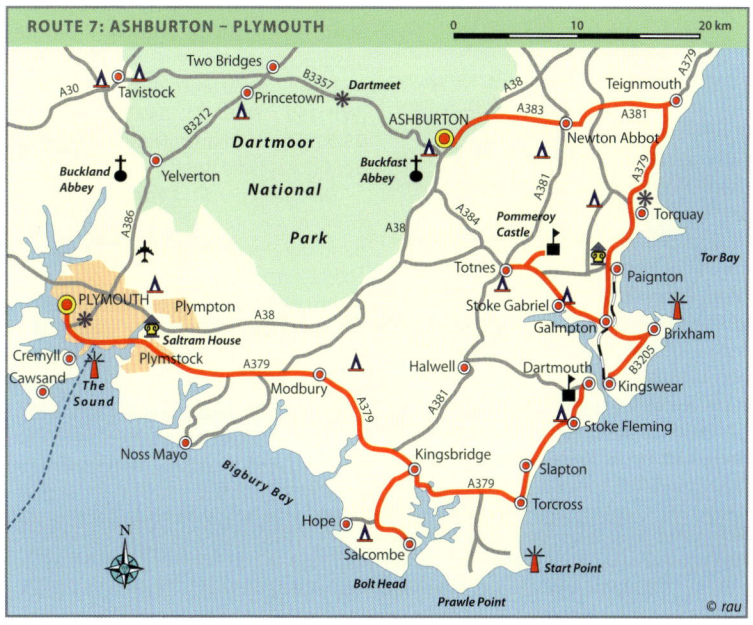

Zwischen Dawlish und Brixham erstreckt sich ein farbenprächtiger Küstenabschnitt mit üppiger Vegetation und schönen Sandstränden, dem das eigenartige Blau des Wassers und des Himmels zu einem Postkartenimage verhilft, das man so ähnlich auch an der Mittelmeerküste vorfinden kann.

Die kontinentale Atmosphäre in Torquay, Devons großem, im Sommer regelmäßig überlaufenen Seebad, luxuriöse Hotels mit einer ausgezeichneten Küche, Palmen und Segelyachten, die im Hafen dümpeln oder vor der Küste

kreuzen, bestimmen das mediterrane Flair an der „englischen Riviera" in South Devon.

Kein anderer Teil von Devon zieht so viele Urlauber an, kein anderer Teil bietet auch so viele Urlaubsattraktionen. Golfplätze, Bootsausflüge, Hochseefischen, Tauchen, eine Miniatureisenbahn und viele weitere Animationsmöglichkeiten sorgen für kurzweilige Urlaubstage.

Wem die Geschäftigkeit der Küstenorte zu hektisch wird, der kann, nur wenige Autominuten von der Küste entfernt, im Landesinneren Ruhe und Entspannung finden, dort, wo die Erde sich rot färbt und die Luft sogar im Winter angenehm mild ist.

Diese Region bietet dem interessierten Besucher aber auch eine ganze Reihe architektonischer Sehenswürdigkeiten: Die Ruinen einer normannischen Burg bei Berry Pommeroy, eine alte Abtei in Torquay, Regency-Häuser in Dawlish und natürlich die typischen reetgedeckten Cottages von Süd-Devon.

*ROUTE: Von Ashburton auf der A38 und der A382 nordostwärts bis **Newton Abbot**.*

Newton Abbot ist entgegen seinem Namen (Newton ist eine Abwandlung von „New Town") schon sieben Jahrhunderte alt. Teile der Stadt gehörten einst der Torre Abbey in Torquay. Von dieser Abtei erhielt der Ort seinen zweiten Namensteil.

Bedeutung erhielt Newton Abbot durch die Eisenbahnanbindung im Jahr 1846, deren Strecke bis nach Cornwall erweitert wurde, sowie durch die Errichtung eines wichtigen Eisenbahndepots von British Rail und eines Instandhaltungswerks für Dampflokomotiven.

Näheres und Hintergrundinformationen über die Geschichte der Eisenbahn und der Stadt selbst vermitteln die Ausstellungen im **Newton Abbot Town & Great Western Railway Museum**. Bisher war es in der St. Paul's Road im Stadtzentrum eingerichtet. Ab Ende 2019 bzw. Anfang 2020 wird es an anderer Stelle wiedereröffnet. Termin und Öffnungszeiten sind derzeit unklar.

Bis ins 19. Jh. hinein war Newton Abbot aber auch ein bedeutender Stützpunkt der Kabeljaufischerei vor Neufundland. Der Handel mit getrocknetem Kabeljau brachte damals großen Wohlstand nach Newton Abbot. Neufundland soll übrigens schon 1583 von Humphrey Gilbert, einem Seefahrer aus South Devon, für die Britische Krone beansprucht worden sein.

Einen zentrumsnahen **Parkplatz [WP 149 / N50° 31' 54.07" W3° 36' 25.31"]** findet man in Newton Abbot an der Cricket Field Road.

Der Turm der **St. Leonard's Church** steht etwas einsam an seinem Platz, denn der Rest des Gotteshauses wurde 1836 zerstört.

Im 19. Jahrhundert erbaute die Familie der Courtenays, die den Earl of Devon stellt, den Platz Devon Square und den italienisch angelegten Garten Courtenay Park westlich des Bahnhofs.

Zu den ältesten Häusern der Stadt zählen das südwestlich des Bahnhofs an

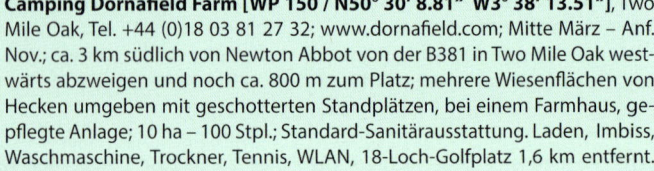

PRAKTISCHE HINWEISE– NEWTON ABBOT

Newton Abbot Tourist Information [N50° 31' 51.88" W3° 36' 34.37"], 6 Bridge House, Courteney Street, Newton Abbot, TQ12 2QS, Tel. +44 (0)16 26 21 21 56 67; www.visitsouthdevon.co.uk/places/newton-abbot-p199073.

PUBS UND RESTAURANTS
The Dartmouth Inn, 63 East St., Tel. +44 (0)16 26 20 23 09; bereits 1674 gegründet ist es heute noch eines der beliebtesten Pubs der Stadt. Ausgeschenkt werden diverse Teal Ales. Sommerterrasse. Live-Musik.

CAMPING
Camping Dornafield Farm [WP 150 / N50° 30' 8.81" W3° 38' 13.51"], Two Mile Oak, Tel. +44 (0)18 03 81 27 32; www.dornafield.com; Mitte März – Anf. Nov.; ca. 3 km südlich von Newton Abbot von der B381 in Two Mile Oak westwärts abzweigen und noch ca. 800 m zum Platz; mehrere Wiesenflächen von Hecken umgeben mit geschotterten Standplätzen, bei einem Farmhaus, gepflegte Anlage; 10 ha – 100 Stpl.; Standard-Sanitärausstattung. Laden, Imbiss,

Waschmaschine, Trockner, Tennis, WLAN, 18-Loch-Golfplatz 1,6 km entfernt. V & E für Wohnmobile.

der Brunel Road gelegene **Old Forde House** aus dem Jahre 1610, in dem König Charles I. 1610 weilte, auch William of Orange machte auf seinem Weg nach London hier Halt, sowie **Bradley Manor** von 1419, das im Westen der Stadt am Ende der Berrys Wood Road liegt und heute dem National Trust gehört.

ROUTE: Ab Newton Abbot ostwärts auf der B381 nach **Teignmouth** *an der Küste.*

Teignmouth an der Mündung des River Teign ist einer der ältesten Küstenorte von Devon. Bekannt wurde der Ort einst als Fischerei- und Schiffbauhafen.

In der Nähe der Esplanade liegt The Den, eine fast 3 ha große Park- und Gartenanlage. Und auf einem Hügel, fast 300 m über dem Strand, erstreckt sich ein interessanter Golfplatz, von dem aus sich ein herrlicher Ausblick bis zum nahen Dartmoor bietet. Aber Teignmouth deshalb unbedingt eine Schönheit zu nennen, wäre wohl etwas überschwänglich.

Fährt man über die 500 m lange Brücke (Bridge Road, A379) über den River Teign, erreicht man **Shaldon**, den Nachbarort mit vielen kleinen hübschen Gassen. In Shaldon parkt man am besten am Parkplatz „The Ness" [**WP 151 / N50° 32' 13.22" W3° 29' 58.31"**] an der Marine Parade, um von dort zu Fuß durch den sog. Smuggler's Tunnel hinab zur Ness Beach unterhalb der Steilküste zu gelangen. Schmuggler hatten mit dem Bau des Tunnels übrigens nichts zu schaffen.

Während der „Torby Fortnight" im Juli und August findet im Rahmen der Teignmouth Regatta jede Woche eine Segelregatta vor der Küste von Teignmouth, Brixham und Torqay statt.

ROUTE: Von Teignmouth folgen wir der küstennahen, kurven- und verkehrsreichen A379, die hoch über der Küste verläuft, über **Shaldon** *nach* **Torquay** *in das benachbarte* **Paignton.**

Torquay ist Devons größter und berühmtester Ferienort. Seine wunderschöne Lage auf bewaldeten Hügeln und mit einem herrlichen Blick über die Tor Bay, sein mildes Klima und die vielen Palmen in den Straßen lassen sofort erkennen, dass man im Herzen der „Queen of the English Riviera" ist. Der Aufstieg zum Seebad begann für Torquay, als während der Kriege mit Frankreich die Mittelmeerbadeorte für die Engländer versperrt waren.

Teignmouth

Die Parkplatzsituation in der Innenstadt und um das zentrale Hafenbecken herum ist vor allem für Fahrzeuge über 1,9 m Höhe überaus problematisch. Einen sehr zentralen, aber immer stark frequentieren **Parkplatz [N50° 27' 43.32" W3° 31' 19.77"]** (für Fahrzeuge bis allerhöchstens Kastenwagengröße geeignet!) findet man am Pavillon am Hafen und gleich neben dem unübersehbaren, weißen Riesenrad, dem „English Riviera Wheel".

Einen der sehr wenigen offenen **Parkplätze [WP 152 / N50° 27' 38.05" W3° 31' 13.23"]** in Torquay ohne Höhenbeschränkung (57 Plätze) liegt einen knappen Kilometer östlich des Touristenbüros in der Meadfoot Road.

In Torquay kann der Urlauber nach Herzenslust von der Marina aus segeln, er kann tauchen, Golf spielen, auf den Klippen, in den Parkanlagen oder an der elegant geschwungenen Strandpromenade spazieren gehen oder sich für die zahlreichen kulturellen Einrichtungen der Stadt interessieren.

In nur wenigen anderen Orten entlang der südenglischen Küste gibt es wie in Torquay Unterhaltungsmöglichkeiten, die die Bezeichnung Night Life auch verdienen. Discos und Nachtklubs kommen den verschiedenen Wünschen von Jung und Alt entgegen.

Die Fußgängerzone Fleet Street bietet attraktive Geschäfte und Restaurants.

Das milde Klima des nahen Golfstroms beschert Torquay eine ganzjährige Saison.

In Reisekatalogen werden die nahe beieinander liegenden Orte Torquay, Paignton und Brixham mit insgesamt weit über 150.000 Einwohnern gerne als „Torbay" zusammengefasst. Verbunden werden die Städte durch stündlich verkehrende Shuttle Boats.

Zu den Sehenswürdigkeiten in Torquay zählt **Torre Abbey (2) [N50° 27'**

*TORQUAY – **1** Touristeninformation, Vaughan Parade, Torquay Pavilion – **2** Torre Abbey – **3** Agatha Christie Mile – **4** All Saints Church – **5** Torquay Museum – **6** Living Coast – **7** Babbacombe Model Village – **8** Babbacombe Cliff Railway – **9** Kents Cavern – **10** Bahnhof – **11** Torre Abbey Sands*

Torquay

49.98" W3° 32' 28.06"] *(geöffnet Di – So 10 – 15 Uhr; www.torre-abbey.org.uk)* am The King's Drive. In dem ehemaligen Kloster aus dem 12. Jahrhundert und ab der Mitte des 16. Jh. bis 1930 Stadtresidenz einer wohlhabenden Torquayer Familie beherbergt heute eine Kunstgalerie vornehmlich mit Werken britischer Künstler des 19. Jahrhunderts. An einer Außenwand der Torre Abbey ist eine Gedenktafel angebracht, die an die berühmte Kriminalautorin Agatha Christie errinnert.

Torquay ist der Geburtsort von *Agatha Christie*, der „Königin des Kriminalromans", die hier am 15. September 1890 das Licht der Welt erblickte. Hier spielte sie als Kind, hier arbeitete sie gelegentlich und hier, aber auch auf ihren häufigen Reisen in den Nahen Osten sammelte sie Ideen für ihre Bücher, die als Bestseller der Kriminalliteratur die Charaktere einer Miss Marple und eines Hercule Poirot unsterblich machten. Agatha Christie schrieb 65 Kriminalromane, mehrere Kurzgeschichten und über zwanzig Theaterstücke. Sie starb 1976.

Auf der Agatha Christie Riviera Tour können Sie auf den Spuren der Schriftstellerin wandeln. Die Tour beginnt an der Anstey's Cove, die Agatha Christie häufig besuchte. Dann geht es zur Kents Cavern, der Höhle, die in dem Roman „The Man in the Brown Suit" eine Rolle spielt.

In Torquay selbst folgt man der **„Agatha Christie Mile" (3)** die entlang der Torquay Seafront vom Grand Hotel, wo Agatha Christie Weihnachten

Agatha Christie Denkmal in Torquay

181

1914 ihre Hochzeitsnacht mit ihrem ersten Mann Archie Christie verbrachte, über Torre Abbey Garden, Princess Pier, Princess Gardens, The Torquay Pavilion in dessen Nähe eine Agatha Christies Bronze Büste steht, weiter über Beacon Cove, dem früheren „Damenstrand", wo die junge Agatha Miller (ihr Mädchenname) einst beinahe ertrunken wäre und das Imperial Hotel, das in diversen Geschichten von Agatha Christie eine Rolle spielt, schließlich zum Torquay Museum mit der Agatha Christie Gallery.

Wer auf Agatha Christies Spuren durch Torquay wandeln möchte, wird sich, bevor man Torquay verlässt, in der **All Saints Church (4) [N50° 28' 37.82" W3° 30' 59.30"]** in der Reddenhill Road den Ort anschauen, an dem das junge Mädchen Agatha Miller getauft wurde. Ihre Kindheit verbrachte sie in Ashfield, einer viktorianischen Villa in der Barton Road, einst eine ländliche Straße im Norden der heutigen Stadt.

Und in Cockington lernte Agatha Christie als junge Frau im Oldway Mansion das Tanzen.

Ihr späterer Wohnsitz wurde das Dorf **Churston-Galmpton** einige Meilen südlich von Torquay und östlich von Brixham an der A379 gelegen. Churston kann man mit einer alten Dampfeisenbahn erreichen, in der schon die junge Agatha Christie mitfuhr. Im „Churston Court Inn" trank die Autorin ihren Cider und der Gemeindekirche von Churston stiftete sie ein hübsches Kirchenfenster.

Übrigens: **Greenway House [Parkplatz, N50° 23' 2.91" W3° 35' 6.72"]**, *(geöffnet Mitte Feb. – Anf. Nov. 10.30 – 17 Uhr; www.nationaltrust.org.uk/greenway/)* Agatha Christie's Sommerhaus auf einer bewaldeten Landzunge weiter südwestlich von Galmpton am Dartmouth River gelegen, können Sie zwischen Mitte Februar und Anfang November von Torquay aus mit dem Nostalgiebus „Barnaby", Baujahr 1947, besuchen. Die Fahrt, begleitet von Kommentaren (in englischer Sprache) des Fahrers, führt über die sog. „Agatha Christie Mile" in Torquay mit berühmten Plätzen aus dem Leben der Krimi-Autorin und

durch schöne Landschaften Süd-Devons. Mehr Details dazu erfährt man in der Tourist Information (1) unter Tel. +44 (0)18 03 21 12 11, 5 Vaughan Parade, Torquay, Devon, TQ2 5JG; *www.englishriviera.co.uk.*

Mein Tipp: Falls Sie selbst mit ihrem Auto nach Greenway House fahren wollen (siehe auch weiter hinten), sollten Sie wissen, dass Besucherparkplätze in der Nähe von Greenway House im Voraus reserviert werden müssen und zwar mindestens einen Tag vor ihrem Besuch, Tel. +44 (0)18 03 84 23 82. Es sind nur Autos bis 5 m Länge zugelassen!

Zu den weiteren Sehenswürdigkeiten in Torquay zählt das **Torquay Museum (5) [N50° 27' 44.72" W3° 31' 5.83"]**, 529 Babbacome Rd. Zu sehen sind u. a. frühgeschichtliche Exponate und Grabungsfunde aus der Kents Cavern, Ausstellungen zum ländlich-bäuerlichen Leben in Devon und eine Agatha Christie Galerie *(geöffnet Mo – Sa 10 – 16 Uhr, letzter Einlass 45 Minuten vor Schließung; www.torquaymuseum.org).*

Living Coasts (6) [N50° 27' 29.52" W3° 31' 28.27"] ist ein kleiner Zoo am Hafen von Torquay, in dem hauptsächlich im und am Wasser lebende Tiere zu sehen sind wie Pinguine, Seevögel, Seeotter, Fische etc. *(geöffnet tgl. 10 – 16 Uhr, letzter Einlass 1 Stunde vor Schießung; www.livingcoasts.org.uk).*

Weiter im Nordosten der Stadt liegt im Vorort Babbacombe ganz in der Nähe der Babbacombe Beach das **Babbacombe Model Village (7) [Parkplatz, N50° 28' 57.80" W3° 31' 18.67"]**, Hampton Avenue, eine ausgedehnte Welt im Kleinen *(geöffnet Apr. – Juli + Okt. tgl. 10 – 17 Uhr; Jan. – März 10 – 15 Uhr; www.model-village.co.uk).*

Ganz in der Nähe führt die **Babbacombe Cliff Railway (8) [N50° 28' 53.45" W3° 31' 5.06"]**, eine Zahnradbahn, von der Cliffside Road hinab zum Strand Oddicombe Beach.

In den Kalksteinhöhlen der **Kents Cavern (9) [N50° 28' 5.27" W3° 30' 10.52"]**, 91 Ilsham Road, in Wellswood östlich von Torquay, lebten schon zu prähistorischer Zeit wilde Tiere, später auch Menschen. Das prähistorische Tropfsteinhöhlensystem, das heute für Touristen in hellem Flutlicht erstrahlt, kann auf Führungen von 45minütiger Dauer besichtigt werden *(geöffnet Apr. – Okt. tgl. 9 – 17 Uhr, Führungen obligatorisch um 11, 12.30, 14 + 15.30 Uhr; www. kents-cavern.co.uk).*

Cockington Village & Country Park [Parkplatz, N50° 27' 50.92" W3° 33' 34.33"] liegt knapp 5 km westlich von Torquay. Sehenswert sind hier einige schön restaurierte strohgedeckte Häuser aus dem 17. Jh. sowie die normannische Gemeindekirche.

An der Tor Bay liegt – gleich südlich an Torquay anschließend – das Seebad **Paignton**, das vor allem wegen seiner langen, flachen Sandstränden als idealer Familienurlaubsort gilt. Zur Zeit der Angelsachsen lag der Ort übrigens noch einen Kilometer von der Küste entfernt.

In der Hochsaison werden speziell für die Kinder Strandfeste organisiert.

Die 11 km lange Strecke der nostalgischen Schmalspurbahn **Paignton & Dartmouth Steam Railway [WP 154 / N50° 26' 5.45" W3° 33' 52.30"],** Queen's Park Station, Torbay Road, führt zwischen Paignton und Kingswear entlang des Flusses Dart durch herrliche Landschaft. In der Hochsaison gibt es stündliche Abfahrten. Auskunft zu Preisen und Abfahrzeiten unter Tel. +44 (0)18 03 55 58 72; www.dartmouthrailriver.co.uk.

Eine der beliebtesten Touristenattraktionen des Badeortes ist – außer dem Paignton Pier – der **Paignton Zoo,** Totnes Road, *(geöffnet tgl. 10 – 17 Uhr; www.paigntonzoo.org.uk),* mit mehr als 1.000 Tieren einer der größten zoologischen Gärten Englands mit Tropical House und Affeninsel u. v. m.

Zu den großen Sehenswürdigkeiten in Paignton zählt **Oldway Mansion [Parkplatz, WP 155 / N50° 26' 35.88" W3° 34' 1.30"]** eine schlossähnliche, säulengeschmückte neoklassizistische Villa, die sich der amerikanischen Nähmaschinenfabrikanten und Multimillionär *Isaac Merritt Singer* 1871 mitten in einem prächtigen italienischen Garten erbauen ließ. Der Prachtbau zählt nicht weniger als 100 Zimmern, darunter ein prunkvolles Treppenhaus und die dem Spiegelsaal von Versailles nachempfundene Spiegelgalerie. Die Rotunde vor der Villa diente als Reithalle.

Singer starb 1875 im Alter von 63 Jahren. Sein Begräbnis war angeblich ein so spektakuläres Ereignis, dass noch Jahre danach darüber gesprochen wurde. Und wie man liest hinterließ Singer 22 Kinder und mehrere (angeblich legale) Ehefrauen.

Oldway Mansion, wo Agatha Christie als junges Mädchen angeblich das Tanzen lernte, ist heute ein sehr beliebter Veranstaltungsort für Fest- und Hochzeitsbankette. Das Anwesen liegt an der Straße A3022 (Paignton – Torquay) einen knappen Kilometer außerhalb Paignton, kleines **Nähmaschinenmuseum**. 2012 wurden Pläne bekannt, die vorsehen, Oldway Mansion in ein Luxushotel umzuwandeln. Ob eine Besichtigung dann noch möglich sein wird, war noch nicht zu erfahren.

Falls Sie dem nachstehend beschriebenen Abstecher nach Totnes nicht folgen wollen, bitte weiter mit **Hauptroute** weiter hinten.

Abstecher nach Totnes

ROUTE: Totnes liegt rund 10 km/6 mls westlich von Paignton und ist über die A385 zu erreichen.

PRAKTISCHE HINWEISE – PAIGNTON

Paignton Library and Information Centre - Visitor Information Point [Parkplatz, N50° 25' 59.97" W3° 33' 57.32"], Great Western Road, Paignton, TQ4 6AG, Tel. +44 (0)18 03 21 12 11; www.visitsouthdevon.co.uk/places/paignton-p241023. *Geöffnet Mo + Fr 9.30 – 17 Uhr, Di + Do 9.30 – 18 Uhr, Mi 9.30 – 13 Uhr, Sa 9.30 – 16 Uhr).*

PUBS UND RESTAURANTS – PAIGNTON

Inn on the Green, Esplanade Road, Tel. +44 (0)18 03 55 78 41; www.innonthegreenpaignton.co.uk; schönes Pub direkt an der Strandpromenade, gelobt werden allgemein die reichhaltigen Gerichte, der gute Service und das gute Preis-Leistungsverhältnis.
The Harbour Light Restaurant, North Quay, Tel. +44 (0)18 03 66 65 00; www.the-harbourlight.co.uk; das beliebte Hafenlokal liegt sehr schön am südlichen Ende der Strandpromenade, ist täglich geöffnet und serviert natürlich Fischgerichte, aber auch Steaks und Sandwiches. Parkplatz.

CAMPING

Stoke Gabriel bei Paignton
Camping Ramslade Caravan Club Site [WP 156 / N50° 24' 43.83" W3° 36' 45.49"], Stoke Road, Tel. +44 (0)18 03 78 25 75; www.caravanclub.co.uk; Ende März – Ende Okt.; von Paignton zur A385 Richtung Plymouth, nach ca. 2 km auf die Stoke Road abzweigen und noch ca. 2,5 km zum Platz; Wiesenmulde mit parzellierten, teils geschotterten Stellplätzen; Standard-Sanitärausstattung, Waschmaschine, Trockner, Kiosk. V & E für Wohnmobile.

Camping Whitehill Country Park [N50° 25' 5.19" W3° 36' 31.57"], Stoke Road, Tel. +44 (0)18 03 78 23 38; www.whitehill-park.co.uk; Ende März – Ende Okt.; von Paignton zur A385 Richtung Plymouth, nach ca. 2 km auf die Stoke Road abzweigen und noch ca. 2 km zum Platz; welliges Wiesengelände; 8 ha – 200 Stpl. + Dau.; Standard-Sanitärausstattung. Laden, Restaurant, Imbiss, Waschmaschine, Trockner, WLAN. V & E für Wohnmobile. Mietcaravans.

Totnes wurde schon in der angelsächsischen Zeit gegründet und kam im Mittelalter durch den Tuchhandel zu großem Wohlstand.

Einen recht zentralen **Parkplatz [WP 157 / N50° 25' 56.48" W3° 40' 59.28"]** findet man an der Coronation Road in der Nähe der Tourist Information.

Im Westen der Stadt steht oberhalb der High Street die normannische Burgruine von **Totnes Castle [N50° 25' 54.19" W3° 41' 26.71"]**, von der noch der mittlere Teil und Reste der Burgmauer übrig geblieben sind. Die Burg stammt aus dem 11. Jahrhundert und bietet einen schönen Panoramablick über die Stadt *(geöffnet Apr. - Sept., tgl. 10 – 17 Uhr; English Heritage; www.english-heritage.org.uk/visit/places/totnes-castle/)*. Der Burggraben, der einstmals die ganze Anlage umgab, ist heute der Platz für Gärten und Ferienhäuschen.

Die charmante Altstadt von Totnes liegt hoch auf einem Hügel über dem Fluss Dart. In der Fore Street und in der High Street findet der Besucher einige sehenswerte Häuser aus dem elisabethanischen Zeitalter. Am Butterwalk, einem Teil der High Street, stehen einige Reihenhäuser mit überhängenden Obergeschossen. Und in der Fore Street findet sich die King Edward VI. Grammar School in einem Gebäude aus dem 18. Jh.

Am ehemals östlichen Ende der Stadt erhebt sich das East Gate, das die Fore Street von der High Street trennt.

Totnes Elizabethan House Museum [N50° 25' 52.98" W3° 41' 11.76"], 70 Fore Street *(geöffnet 23. März – 2. Okt. Mo - Fr 10.30 - 16 Uhr, letzter Einlass 30 Minuten for Shcließung; www.totnesmuseum.org)*, ein Familienmuseum in einem Kaufmannshaus von 1575, präsentiert u. a. historische Möbel und Münzen, viktorianisches Spielzeug, eine elisabethanische Küche und einen Gewürzgarten.

Totnes Fashion and Textiles Museum [N50° 25' 53.88" W3° 41' 21.59"], 43 High Street, beherbergt die Ausstellung Devonshire Collection of Period Costume, eine der bedeutendsten Kostümsammlungen Englands vom 18. Jh. bis in 21. Jh.*(geöffnet Apr. - Sept. Di - Fr 11 -17 Uhr; www.totftm.org)*.

Die rote Gemeindekirche **St. Mary** aus dem frühen 15. Jahrhundert hat eine Steinrosette von 1460, die zu den schönsten Englands gehört .

Nördlich der Kirche steht die **Guildhall [N50° 25' 56.48" W3° 40' 59.28"]**, die an der Stelle einer ehemaligen Abtei im 16. Jahrhundert errichtet wurde. Wenn keine Sitzungen des örtlichen Rates stattfinden, kann man die Guildhall besichtigen.

CAMPING

Camping Steamer Quay Caravan Club Site [WP 158 / N50° 25' 43.88" W3° 40' 50.48"], Steamer Quay Road, Tel. +44 (0)18 03 86 27 38; www.caravan-club.co.uk; Mitte März – Ende Sept.; auf der Ostseite des River Dart südlich der Totnes Bridge; schattenloses Wiesenrund, zum Stadtzentrum mit Geschäften und Restaurants ca. 500 m; 2 ha – 45 Stpl.; einfache Standard-Sanitärausstattung. Nicht-Mitglieder willkommen.

Von Totnes aus kann man mit Ausflugsdampfern bis nach Dartmouth fahren. Und vom Bahnhof Totnes Station aus verkehrt die South Devon Railway, eine private Dampfeisenbahn, von April bis Oktober täglich die 11 km lange Strecke nach Buckfastleigh am Fluss Dart.

Dartington Hall & Park [N50° 27' 10.19" W3° 41' 34.01"] liegt ca. 3 km nördlich von Totnes an der Dartington Lane Landstraße. Hier finden ganzjährig Kulturprogramme statt. Das ganz in der Nähe gelegene **Dartington Cider Press Centre [N50° 26' 53.32" W3° 42' 34.09"]**, Shinners Bridge, ist ein Einkaufszentrum mit Läden der unterschiedlichsten Art und Restaurants.

Wer nicht glauben mag, dass auch in England ein guter Wein angebaut wird, der besuche die Weinberge von **Sharpham Vineyard [N50° 24' 34.80" W3° 39' 9.30"]** in den Sommermonaten zu einer Weinprobe. Sharpham Vineyard & Café, Sharpham House, bei Ashprington, knapp 5 km südöstlich von Totnes, Tel. (018039) 732203 (geöffnet Apr. – Okt. Mo - So 10 – 17 Uhr, März + Dez. Mo – Sa 10 – 17 Uhr, Nov. tgl. 10 – 15 Uhr; www.sharpham.com). Weinbergrundgang am Ufer des Dart-Flusses und Weinprobe, Fruchtliköre, Sharpham-Käse, Sharpham Brie, Sharpham Creamery. Zum Käse trinkt man in Devon traditionell Cider, den spritzigen Apfelwein.

Berry Pommeroy, nordöstlch von Totnes gelegen, bekam seinen Namen durch die normannische Familie der Pommeroys, die im Französischen de la Pommeraie hießen und deren Familienwappen sich noch in der Gemeindekirche findet.

Mitten in einem bewaldeten Tal stehen, etwa 3 km nordöstlich von Berry Pommeroy entfernt, die romantischen Überreste von **Berry Pommeroy Castle [N50° 26' 56.57" W3° 38' 8.30"]**. Die Türme datieren aus dem 14. Jahrhundert, der Zeit, als die Pommeroys die Burg erbauten. Im Jahre 1548 erwarb die Familie des Edward Seymour, der als Lord Protector von Somerset ein einflussreicher Mann war, die Burgan-

Vom „Wurm-Betören" und anderen Spleens

Viele Städte und Dörfer der South Hams veranstalten im Sommer Volksfeste, deren Ursprung viele Jahrhunderte zurückgeht.

In Totnes z. B. gedenkt man Sir Frances Drake mit dem Orange Race, das ein wenig an das Eierlaufen auf Kinderfesten erinnert.

Die verrückteste Veranstaltung – pardon, in England sagt man „spleenigste" – ist aber die Blackawton International Worm Charming Competition, der Wurmbetörungswettkampf also. Hier müssen die Teilnehmer ohne jedes Werkzeug Regenwürmer dazu bewegen, ihre Bodenlöcher zu verlassen und an die Oberfläche zu kriechen. Als bevorzugte Wettkampftechnik wird dabei immer wieder das Besingen, das rhythmische Besprechen und das Tanzen um die Wurmlöcher beobachtet. Das hervorragende Blackawton Ale verfehlt dabei natürlich seine Wirkung nicht.

lage. Seymour muss ein Vermögen für den Umbau bezahlt haben, bei dem ein wunderschönes Herrenhaus mit Alabaster- und Marmorelementen innerhalb der Burgmauern entstand. 1688 wurde William of Orange auf seiner Reise zur Krönung als neuer englischer König, von Brixham kommend, hier empfangen *(geöffnet Apr. – Okt. tgl. 10 – 17 Uhr; Nov. – März Sa + So 10 – 16 Uhr; English Heritage; www.english-heritage.org.uk/visit/places/berry-pommeroy-castle/).*

HAUPTROUTE

ROUTE: *Von* **Paignton** *auf der A379 südwärts und über* **Galmpton** *und* **Brixham** *auf der B3205 nach* **Dartmouth**.

Kurz bevor man Brixham erreicht, bietet sich in **Galmpton** Gelegenheit zu einem ca. 3 km langen Abstecher von der A379 südwestwärts auf der Greenway Road nach **Greenway House [Parkplatz, N50° 23' 2.91" W3° 35' 6.72"]**, Agatha Christie's schönem Sommerdomizil auf einer bewaldeten Landzunge am River Dart, das heute im Besitz des National Trust ist *(geöffnet Mitte Feb. – Okt. tgl. 10.30 – 17 Uhr; Nov. + Dez. Sa +So 10 – 16 Uhr; www.nationaltrust.org.uk/greenway).* Vom Parkplatz geht man etwa 500 m bis zum Haus. Achtung! Der Parkplatz muss im Voraus und mindestens einen Tag vor Ihrem Besuch gebucht werden Tel. +44 (0)18 03 84 23 82. Es sind nur Autos bis 5 m Länge zugelassen!

Einfacher geht es mit dem zwischen Mitte Februar und Anfang November von Torquay aus über Paignton und Galmpton verkehrenden Nostalgiebus „Barnaby", Baujahr 1947, siehe auch unter Torquay.

Brixham an der Tor Bay ist ein pittoresker Fischerhafen **[Parkplatz, N50°23'42.32" W3°30'52.85"]**. Das dazugehörige Dorf liegt allerdings rund 1 km entfernt und zieht sich oberhalb des Strandes einen Hügel hinauf.

Ein Denkmal am Hafen erinnert an ein wichtiges Datum der englischen Geschichte. Am 5. November 1688 landete hier *William III. of Orange (Wilhelm III. von Oranien)*, ein Ereignis, das die Geschichtsbücher als „Glorious Revolution" beschreiben. Teile des Parlaments, die mit der Regentschaft von König James II. (Jakob II.) nicht einverstanden waren, hatten William of Orange nach England gerufen. William war mit Prinzessin Maria von England, der Tochter von James II. verheiratet. Die militärische Übermacht des anrückenden William veranlasste seinen Schwiegervater James II. zur Flucht ins Exil. William of Orange wurde ein Jahr später König von England, Schottland und Irland.

Das Pier von Brixham wurde zwischen 1799 und 1804 erbaut und in Hafennähe stehen noch einige Häuser aus dem 19. Jahrhundert.

Vieles, darunter das Fishermen's Memorial, erinnert noch an die Zeit, als Brixham der größte und erfolgreichste Fischereihafen in Devon war. Die Fischer hatten im 18. Jahrhundert mit der neuen Technik des Trawling, bei dem ein Netz den Meeresboden abfischt, immense Erfolge erzielt. 1850 lagen 350 Fischtrawler im Hafen.

In dem immer lebhaften Fischerort findet man rund um den Hafen eine Reihe von Fish & Chips Imbisse. Und mit einer leckeren, heißen Portion Fish & Chips in der Hand lässt sich das touristische Treiben am Hafen gelassen beobachten.

Heute liegt am The Quay im Hafen ein Nachbau des Segelschiffes „Golden Hind", das als **Golden Hind Museum Ship [N50° 23' 46.23" W3° 30' 46.48"]** dient *(geöffnet Mitte Feb. – Okt. tgl. 10.30 – 16 Uhr; www.goldenhind.co.uk).* Mit dem Original hatte Sir Francis Drake am 13. Dezember 1577 England verlassen und umsegelte bis 1580 drei Jahre lang als erster Engländer die Welt.

Einige noch erhaltene Höhlen an der Küste von Brixham dienten schon seit der Steinzeit als Behausung. Auch die Römer nutzten sie später. Bekannt ist **Windmill Hill Cave**, die bekannteste Tropfsteinhöhle der Gegend, die 1858 entdeckt wurde und in der man menschliche Gebeine und die Kno-

„The Golden Hind", Museumsschiff, Brixham

chen von zahlreichen Tierarten fand. Die Funde aus der Höhle sind im **Brixham Heritage Museum**, Bolton Cross, zu sehen.

Vom Hafen aus kann man einen schönen Spaziergang entlang der Steilküste machen, der zum Hügel Battery führt. Von dort aus hat man einen schönen Panoramablick über die Bucht von Tor. Ein noch besserer Aussichtspunkt ist Berry Head, etwa 2 km östlich gelegen.

Das altenglische Wort **„Hamme"** bedeutete „ein geschützter, abgeschlossener Platz". Demnach handelt es sich bei der Halbinsel von South Hams um eine geschützte, ländliche Region, zu

der das mildeste Klima, das die britischen Inseln zu bieten haben, gehört. Dazu kommen eine spektakuläre Küstenlandschaft, historische Städte und reizvolle Dörfer, die das Besondere dieses Urlaubsgebietes ausmachen.

Bis in den Spätherbst, manchmal sogar bis Dezember, stehen hier immer einige Pflanzen in Blüte.

Die South Hams erstrecken sich von Totnes im Norden bis Prawle Point im Süden und von Dartmouth im Osten bis fast nach Plymouth im Westen. Keine Industrie verschmutzt die klare Luft.

Die Menschen der Region leben vom Fremdenverkehr, vornehmlich aber von der Landwirtschaft. Die sehr fruchtbaren Böden werden von gleich fünf

Flüssen – Plym, Yealm, Erzne, Avon und Dart – gewässert.

In Kingswear südlich von Paignton befindet sich die südliche Endstation der historischen **Paignton & Dartmouth Steam Railway [N50° 21' 3.07" W3° 34' 11.44"]**; *www.dartmouthrailriver.co.uk.*

Ab **Kingswear** bedient man sich der **Autofähre Dartmouth Lower Ferry [WP 160 / N50° 20' 54.16" W3° 34' 23.85"]** über die Mündungsbucht des Dart Rivers hinüber nach Dartmouth, Fahrtdauer 8 Minuten. Die Fähren verkehren täglich zwischen 7 Uhr und 23 Uhr; *www.southhams.gov.uk/dartmouthlowerferry/.* In der Hochsaison bilden sich regelmäßig lange Autoschlangen vor dem Fähranleger. Dann ist der Umweg über Totnes oft schneller! Die andere Fähre, die Dartmouth Higher Ferry befördert ausschließlich Passagiere!

Dartmouth entpuppt sich als hübscher kleiner Hafenort in hügeliger Landschaft am Westufer der bewaldeten Dart-Mündung. **Parkmöglichkeiten [WP 161 / N50° 21' 11.03" W3° 34' 39.77"]** findet man in der Mayor's Avenue (B3205) beim Kaufhaus Marks & Spencer. Eine Besichtigung von Dartmouth unternimmt man tunlichst zu Fuß!

Schon seit der Römerzeit war der Ort ein wichtiger Hafenplatz. Viele historische Seeexpeditionen der englischen Marine nahmen von hier ihren Ausgang, so auch die Kreuzzüge des 12. Jahrhunderts oder die Belagerung von Calais im Jahre 1347. Damals segelte König Edward III. mit 31 Schiffen an die Küste der Normandie.

Wolle und Tuch wurden von Dartmouth Harbour aus exportiert, Wein aus Bordeaux in Frankreich kam dafür zurück.

Im August 1620 legten die Pilgrim Fathers, aus Southampton kommend, am **Bayard's Cove Fort [N50° 20' 52.84" W3° 34' 38.76"]** unweit südlich des heutigen Fähranlegers noch einen Aufenthalt ein, bevor sie nach Plymouth weitersegelten.

Bayard's Cove war übrigens Schauplatz für Außenaufnahmen zu dem Film „Die Onedin Linie". Und kurz vor dem D-Day der Alliierten im Juni 1944 versammelte sich vor Dartmouth mit 485 Schiffen noch einmal eine stattliche Armada von Kriegsschiffen. Heute laufen Segelyachten den natürlichen Hafen von Dartmouth Estuary an.

Der urlaubende Besucher schätzt dagegen eine Tour mit dem Ausflugsdampfer auf dem Fluss Dart, der sie bis nach Totnes bringt.

Die Burg **Dartmouth Castle [N50° 20' 30.78" W3° 33' 58.25"]** *(geöffnet Apr. – Okt. tgl. 10 – 17 Uhr; Nov. – März Sa + So 10 – 16 Uhr; English Heritage; www.english-heritage.org.uk/visit/places/dartmouth-castle/)*, Castle Road, aus dem 15. Jahrhundert, die Kingswear Castle am Ostufer der Dart-Mündung gegenüber liegt, zeugt noch von der Idee, durch eine gespannte Kette über das Wasser zwischen den beiden Burganlagen feindliche Schiffe zurückzuhalten.

Vor über 600 Jahren fungierte Dartmouth Castle vor allem als Wächter über die enge Mündungsbucht des Dart River. Die ehemalige Artilleriefestung hatte die Aufgabe die vollen Lagerhäuser und die herrschaftlichen Wohnsitze der wohlhabenden Kaufleute, die sich an der Bucht angesiedelt hatten, vor Angriffen zu schützen.

Dartmouth Castle liegt etwa 25 Gehminuten vom Stadtzentrum entfernt. Ein ausgeschilderter Fußweg führt dahin. Etwas einfacher geht es, wenn man sich der Castle Ferry bedient, die von Ostern bis Oktober verkehrt.

Bayard's Cove Fort war eine weitere Befestigungsanlage, die König Henry VIII. entlang der englischen Südküste aus Furcht vor einer französischen Invasion anlegen ließ.

Das eigentliche Zentrum von Dartmouth bildet **The Quay** mit der sich anschließenden Promenade. 1954 wurden in der Gasse Duke Street, die man wegen der Butter- und Käseproduktion in vergangenen Zeiten nur den „Butterwalk" nennt, eine Reihe von elisabethanischen Häusern aus dem 17. Jahrhundert res-tauriert, die 1943 bei einem Bombenangriff Schaden genommen hatten.

Agincourt House und das **Customs House** von 1739 sind weitere sehenswerte historische Gebäude in Dartmouth.

Die schönste Kirche in Dartmouth ist die **St. Saviour's Church [N50° 21' 4.13" W3° 34'44.11"]** mit ihrer eisernen Tür aus dem 14. Jahrhundert und einem seltenen Altar, der bemalte Engel zeigt.

Im **Newcomen Engine House**, neben dem Büro der Touristeninformation, steht eine frühe Dampfmaschine von Thomas Newcomen von 1705, die später James Watt verfeinert und verbessert wurde.

In der Duke Street findet man das **Dartmouth Museum [N50° 21' 6.73" W3° 34'43.15"]**. Das kleine Heimatmuseum ist in einem ehemaligen Kaufmannshaus aus der Mitte des 17. Jahrhunderts eingerichtet. Ausgestellt sind im King's Room vor allem Modelle historischer Schiffe, im Holdsworth Room wird auf heimatgeschichtliche Aspekte eingegangen während in der Henley Collection Gegenstände zu sehen sind, die der Wissenschaftler William Cumming Henley, ein Zeitgenosse Charles Darwins, auf seinen Reisen durch die Welt zusammengetragen hat *(geöffnet Ostern – Okt. Mo + So 13 – 16 Uhr; Nov. – Ostern 13 – 16 Uhr; www.dartmouth.org)*.

The Harbour Bookshop, 12 Fairfax Place, ist die Buchhandlung von Christopher Milne, der mit seinen Büchern von „Puuh, der Bär" berühmt wurde.

Und wer sich für Keramikarbeiten im traditionellen Stil begeistert, schaut am besten in der **Dartmouth Pottery [N50° 20' 31.23" W3° 34' 27.05"]**, Warfleet Creek Road, vorbei.

Hoch über der Stadt schaut von einem Hügel das Britannia Royal Naval College herab, in dem seit 1905 Seekadetten der Marine ihrer Majestät ausgebildet werden.

Romantische Gemüter schwärmen über die sommerlichen Sonnenuntergänge, die den alten Fachwerkhäusern von Dartmouth einen eigenartigen Glanz verleihen und die wohl mit dazu beigetragen haben, dass Dartmouth mit dem Beinamen „Perle von South Hams" belehnt wurde.

Im nahen **Woodlands Leisure Park**, einem Freizeitpark vor allem für Kinder, findet man Bauernhöfe, Abenteuerspielplätze, Bienenstöcke, Falkenjagddemonstrationen u. ä.

CAMPING BEI DARTMOUTH

Stoke Fleming bei Dartmouth

Camping Dartmouth C & C Club Site [WP 162 / N50° 19' 52.75" W3° 35' 47.31"], Dartmouth Road, Tel. +44 (0)18 03 77 02 53; www.campingandcaravanningclub.co.uk/campsites/uk/devon/dartmouth/dartmouth; 1. Apr. – 4. Nov.; von der A379 (Dartmouth – Kingsbridge) ca. 300 m nördlich von Stoke Fleming zum Platz abzweigen; Wiese in ländlicher Umgebung mit einigen befestigten Stellplätzen, teils Ausblick zum Meer; 2 ha – 90 Stpl.; Standard-Sanitärausstattung. Kiosk, Waschmaschine, Trockner, WLAN auf einigen Stellplätzen. V & E für Wohnmobile. Imbiss in 50 m Entfernung. Nicht-Club-Mitglieder willkommen.

Camping Woodlands Grove C & C Park [WP 163 / N50° 21' 23.93" W3° 40' 18.92"], Tel. +44 (0)18 03 71 25 98; www.woodlandsgrove.co.uk; Ende März – Ende Okt.; ca. 8 km westlich von Dartmouth an der B3122, 5,6 km östlich von Halwell; leicht geneigtes Wiesengelände mit Baumbestand; gute Standard-Sanitärausstattung. Gehört zum Woodlands Family Theme Park, Eintritt frei als Campingplatznutzer. Der relativ teure Platz verlangt einen Mindestaufenthalt von zwei Nächten!

ROUTE: *Weiterreise von Dartmouth südwärts über* **Stoke Fleming** *und* **Slapton** *bis* **Torcross**.

Unterwegs passiert die A379 bei Stoke Fleming, rund 3 km südlich von Dartmouth, die geschützte Bucht **Blackpool Sands** von ursprünglicher Schönheit und dank immergrüner Pflanzen und Bäumen mit fast mediterraner Atmosphäre.

Noch einige Kilometer weiter südlich kommt man an **Slapton Sands**, einem 5 km langen Kieselstrand vorbei. **Slapton Memorial mit Parkplatz [N50° 17' 12.89" W3° 38' 43.37"]**.

Rund 4 km/2,5 mls westlich von Torcross, in **Chillington**, führen enge Landstraßen nach Süden hinaus zu diversen Kaps, z. B. zum **Parkplatz [N50° 13' 33.56" W3° 39' 16.14"]** am **Start Point Lighthouse** hoch über der dortigen Klippenküste. Der etwa einen Kilometer vom Parkplatz entfernte Leuchtturm ist nur zu Fuß zu erreichen.

Unweit nördlich davon liegt **South Hallsands**, das „abgestürzte" Fischerdorf, Aussichtsplattform. Bis zu Beginn des 20. Jahrhunderts lebten in dem kleinen Dorf kaum mehr als 40 Familien.

Im Zuge von umfassenden Bauarbeiten für einen neuen Hafen um 1900 musste man aber feststellen, dass der Ort nun bei Stürmen mehr als erwartet in Mitleidenschaft gezogen wurde. Schließlich war nach extrem heftigen Stürmen und einer verheerenden Sturmflut im Frühjahr 1917 im Dorf nur noch ein einziges Haus bewohnbar, der Rest war ein Raub der See geworden.

ROUTE: *In Torcross folgen wir der A379 westwärts über* **Chillington** *zunächst bis* **Kingsbridge**.

Die von Chillington, westlich von Torcross, nach Süden führende Straße endet nahe der Klippenküste. Nach einem längeren Spaziergang erreicht man das **Kap Prawle Point [Parkplatz, N50° 12' 19.30" W3° 43' 9.62"]** mit prächtiger Aussicht.

In **Kingsbridge** kann man ganz gut am Kai **[N50° 16' 55.38" W3° 46' 34.83"]** parken.

Im **Cookworthy Museum of Rural Life [N50° 17' 14.19" W3° 46' 40.91"]**, 108 Fore Street, geben Exponate Einblick in das Landleben früherer Tage in Devon *(geöffnet 25. März – 30. Sept. Di + Do 9 – 19 Uhr, Mi, Fr, Sa 9 – 17 Uhr; www. kingsbridgemuseum.org.uk).*

Frische Meeresfrüchte serviert **„The Sloop Inn" [N50° 16' 41.94" W3° 52' 7.36"]**, ein Gasthof aus dem 14. Jahrhundert am River Avon, ca. 6 km westlich von Kingsbridge bei Bantham. Man bietet 6 Gästezimmer an..

Kingsbridge Tourist Information, The Quay, Kingsbridge, TQ7 1HS, Tel. +44 (0)15 48 85 31 95; www.hellokingsbridge.co.uk.

Abstecher nach Salcombe

In Kingsbridge bietet sich ein Abstecher südwärts auf der A381 über Malborough nach Salcombe an.

Salcombe präsentiert sich als ein hübsches Dorf mit engen Gassen, die für Wohnmobile über 2 m Breite sehr beschwerlich und eigentlich nicht zu empfehlen und für Caravangespanne gänzlich ungeeignet sind. Auch der **Parkplatz** am Hafen in der Fore Street **[WP 164 / N50° 14' 15.78" W3° 46' 1.45"]** ist recht beengt. Nebenan liegt das **Maritime Museum**, Market Street, mit vielen Schiffswrack-Exponaten *(geöffnet Apr. – Okt. 10.30 – 12.30 + 14.30 – 16.30 Uhr; www.salbombemuseum.org.uk.*

Salcombe ist der südlichste Küstenort der Region South Hams mit einer der bezauberndsten Landschaften entlang der Küste, besonders um das **Kap Bolt Head** (National Trust) herum, der nur zu Fuß erreichbar ist.

Das ehemalige Fischerdorf, Werftplatz für Segelschoner bis 1856, ist zu einem begehrten Urlaubsort herangewachsen, wirkt aber nie überlaufen. Viele Engländer meinen, Salcombe sei überhaupt der hübscheste Küstenort in ganz Südengland.

Das Klima ist hier besonders mild. Entlang der Bucht von Salcombe wachsen Orangen- und Zitronenbäume. Schöne Sandstrände laden zum Baden ein.

In der Nähe der North Sands steht eine verfallene Tudor–Burg.

Im Süden von Salcombe gelangt man zu **Overbeck's Garden & Museum, National Trust [N50° 13' 22.80" W3° 47' 5.96"]**, Sharpitor, Tel. (01548) 842 893. Im Park gedeihen tropische Pflanzen und im Museum sind alte Schiffsmodelle, eine Schmetterlingssammlung und Antiquitäten ausgestellt *(geöffnet Park Feb. – Okt. tgl. 10 -18 Uhr, Museum Apr. – Okt. tgl. 11 – 17 Uhr; www.nationaltrust.org.uk/overbecks/).*

Ganz in der Nähe beginnt ein wunderschöner Spazier- und Wanderweg zu den Klippen des **Bolt Tail** und zur Bucht Hope Cove, die etwa 9 km westlich entfernt liegen. Die Klippen des Bolt Tail sind dunkel, fast schwarz, und fallen 120 m tief zum Meer hin ab.

Wer nicht schon ab Salcombe nach Hope gewandert ist und wem das Fahren auf engen Landsträßchen nicht zu lästig erscheint, kann auf dem Weg von Salcombe zurück nach Kingsbridge nördlich von Malborough einen Abstecher westwärts nach **Hope [N50° 14' 34.87" W3° 51' 30.54"]**, einem winzigen Dorf mit reetgedeckten Häusern und Minihafen und zu den Klippen Bolt Tail machen.

PRAKTISCHE HINWEISE – SALCOMBE

Salcombe Tourist Information [N50° 14' 18.22" W3° 46' 4.12"], Market Street, Council Hall, Salcombe, TQ8 8DE, Tel. +44 (0)15 48 84 39 27; www.salcombeinformation.co.uk. *Geöffnet Apr. – Okt. tgl. 10 – 17 Uhr.*

PUBS UND RESTAURANTS

The Victoria Inn, Fore Street, Tel. +44 (0)15 48 84 26 04; www.victoriainn-salcombe.co.uk; einladendes, traditionelles Pub mit gut sortierter Bierauswahl, großem Biergarten und guter Küche, die frische Gerichte anbietet, vor allem aus Meeresfrüchten.

Dick & Wills Waterside Brasserie & Bar, Fore Street, Tel. +44 (0)15 48 84 34 08; www.dickandwills.co.uk; schön am Salcombe Harbour gelegen, die Küche bietet alles was das Meer bietet, zu den Spezialitäten gehören Lobster Thermidor, Salcombe Crab Salad mit Blaukäse oder King Prawns. Schöne Sommerterrasse am Wasser.

CAMPING

Salcombe

Camping Higher Rew Park [WP 165 / N50° 13' 49.48" W3° 48' 18.65"], MarlboroughTel. +44 (0)15 48 84 26 81; www.higherrew.co.uk; 23. März – 29. Okt.; von Kingsbridge auf der A381 westwärts bis Malborough und auf der Collaton Road ca. 1,6 km südwärts, dann weiter Richtung Rew Cross; schattenlose, geneigte Wiese in ländlicher Umgebung; 2,5 ha – 70 Stpl.; Standard-Sanitärausstattung. Laden, Waschmaschine, Trockner, Tennis, WLAN um das Versorgungsgebäude.

Bolberry bei Salcombe

Camping Bolberry House Farm C & C Park [WP 166 / N50° 14' 16.78" W3° 49' 56.87"], Tel. +44 (0)15 48 56 12 51; www.bolberryparks.co.uk; 28. März – 30. Sept.; von der A381 (Kingsbridge – Salcombe) bei Marlborough Richtung Bolberry abzweigen und 1,5 km bis Bolberry, hier noch 200 m bis zum Platz südöstlich des Ortes, beschildert; schattenlose, schräge Wiese, von Büschen und Bäumen umgeben; 2 ha – 80 Stpl.; einfache Standard-Sanitärausstattung, WLAN.

Camping Karrageen C & C Park [WP 167 / N50° 14' 21.31" W3° 50' 24.50"], Bolberry, Malborough, Tel. +44 (0)15 48 56 12 30; www.karrageen.co.uk; 5. Apr. – 22. Sept.; Zufahrt wie Camping Bolberry House Farm Camping & Caravan Park; mehrere schräge Wiesenflächen durch Hecken und Büsche unterteilt; 4 ha – 70 Stpl.; einfache Standard-Sanitärausstattung, WLAN.

Malborough

Camping Alston Farm C & C Park [WP 168 / N50° 15' 7.07" W3° 48' 1.21"], Tel. +44 (0)15 48 56 12 60; www.alstoncampsite.co.uk; 15. März – 1. Nov.; nordöstlich von Malborough, zunächst kurz auf die A381 (Kingsbridge – Salcombe), dann abzweigen Richtung Woolston, noch ca. 10 km bis zum Platz; leicht schräge, teils terrassierte Wiese ohne Parzellierung; 2 ha – 70 Stpl.; einfache Standard-Sanitärausstattung.

HAUPTROUTE

ROUTE: *Ab Kingsbridge folgen wir weiter der A379 westwärts über* **Modbury** *bis* **Plymouth.**

Bei ausreichend zur Verfügung stehender Zeit lohnt östlich von Modbury ein Abstecher südwärts an die Küste zu dem kleinen Ort **Bigbury-on-Sea [N50° 16' 57.03" W3° 53' 35.30"]**. Wer ein Fable für Austern hat, für den ist die Bigbury Bay schon fast ein Muss. Man-

che Lokale servieren frische Austern aus dem Fluss Avon. Eine viel gelobte Adresse ist „The Oyster Shack", Milburn Farm, Stakes Hill, Tel. +44 (0)15 48 81 08 76; www.oystershack.co.uk, ca. 4 km nordöstlich von Bigbury-on-Sea Richtung Aveton Gifford gelegen.

Bigbury-on-Sea kaum einen halben Kilometer vorgelagert ist die Insel **Burgh Island**, die man bei niedrigem Wasserstand zu Fuß erreichen kann. Hier ließ die Krimiautorin Agatha Chri-

CAMPING – MODBURY

Camping Pennymoor C & C Park [WP 169 / N50° 20' 54.67" W3° 50' 59.11"], Tel. +44 (0)15 48 83 05 42; www.pennymoor-camping.co.uk; 15. März – 2. Nov.; Zufahrt von der A379 (Kingsbridge – Modbury) ca. 2,5 km südöstlich von Modbury nordostwärts abzweigen und noch ca. 2 km Richtung Laddiswell. Gepflegtes Wiesengelände in leichter Hanglage, von Bäumen und hohen, dichten Hecken umgeben; 4 ha – 120 Stpl.; Standard-Sanitärausstattung. Kiosk, Laden, Waschmaschine, Trockner, V & E für Wohnmobile. Mietbungalows.

stie einen literarischen Mord passieren.

Auf der Insel steht „The Pilchard Inn", ein Pub aus dem 14. Jahrhundert, direkt an der Bucht, Tel. +44 (0)15 48 81 05 14. Verpasst man wegen der einsetzenden Flut den rechtzeitigen Rückweg zum Festland, kann man notfalls mit dem „Sea Tractor" trockenen Fußes zurückfahren (Weiterbestand des Services ist aber fraglich!).

Umweg über Noss Mayo

5 km/3 mls westlich von Modbury bietet sich ein Umweg auf meist sehr engen Landstraßen südwestwärts über **Noss Mayo [N50° 18' 36.48" W4° 2' 27.66"]** an South Devons Klippenküste an. Über Newton Ferrers gelangt man zurück zur Straße A379 bei Yealmpton.

HAUPTROUTE

Mit einer Einwohnerzahl von knapp über 264.000 gehört **Plymouth** zu den größten Städten des West Country. Die Stadt ist in einer herrlichen landschaftlichen Umgebung gelegen, die die Mündungen der Flüsse Tamar und Plym, aber auch die Bucht von Plymouth Sound vor dem Hintergrund der allmählich ansteigenden Hügel von Dartmoor umfasst.

Das Viertel Barbican um Sutton Pool war alles, was von der alten Stadt übriggeblieben ist, nachdem deutsche Bomber 1941 weite Teile von Plymouth zerstört hatten. Die Charles Church erinnert mit ihrer Ruine an die Toten der Bombardierungen im Zweiten Weltkrieg.

Während des Hundertjährigen Krieges (1338 – 1453) mit Frankreich legten im Hafen von Plymouth die Kriegsschiffe ab und hier begannen die Devon Sea Captains der elisabethanischen Zeit (Raleigh, Hawkins und Frobisher) ihre Fahrten hinaus auf die Weltmeere.

Vor allem ist Plymouth aber die Hafenstadt von *Sir Francis Drake*, der auf dem eleganten Rasenplatz von The Hoe seine berühmte Partie Bowls (ein Vorläufer des Rasen-Bowling) erst zu Ende spielte, bevor er sich der spanischen Armada am Horizont annahm, die seine Flotte dann 1588 vernichtend schlug. Wahr an der Legende ist sicherlich, das auflandige Winde und der ungünstige Tidenstand ein Auslaufen seiner Flotte wohl verzögerte und er deshalb die Zeit für eine Partie Bowls nutzte.

Aber schon vorher hatte sich Drake als Kapitän der „Golden Hind" und als „Korsar in königlichen Diensten" für die englische Krone verdient gemacht, indem er spanische Galeonen kaperte und das erbeutete Gold nach England verbrachte.

1620 legten die Pilgrim Fathers mit der „Mayflower" in Plymouth ab, um ein neues Leben in Amerika zu beginnen.

Und 1772 verließ *James Cook* den Hafen für seine zweite Südseereise und drei Jahre dauernde Weltumseglung. Auch zu seiner dritten und letzten Südseereise brach James Cook mit seinem bewährten Schiff „Resolution" von Plymouth aus auf (12. Juli 1776). Cook sollte von dieser Reise nicht zurückkehren. Er wurde am 14. Februar 1779 auf einer Hawaii-Insel von Eingeborenen ermordet.

Fast 200 Jahre später startete Sir Francis Chichester noch einmal zu einer Weltumseglung von Plymouth aus, diesmal in einem Einhand-Segelboot, das ihn von 1966 bis1967 um die Welt führte.

Plymouth ist die englische Stadt mit dem größten Einfluss an maritimer Geschichte. Stein gewordener Beweis dafür ist die Royal Citadel zwischen Barbican und dem östlichen Ende von The Hoe.

Westlich The Hoe beginnt der neuere Teil von Plymouth mit den Stadtteilen Millbay Stonehouse, Stoke, Mount Wise und Devonport.

Günstiger Ausgangspunkt für Stadtbesichtigungen ist der **Parkplatz [WP 170 / N50° 21' 53.59" W4° 8' 4.34"]** südlich der Plymouth Tourist Information, The Barbican. Weitere gute Parkmöglichkeiten (Parkscheinautomaten)

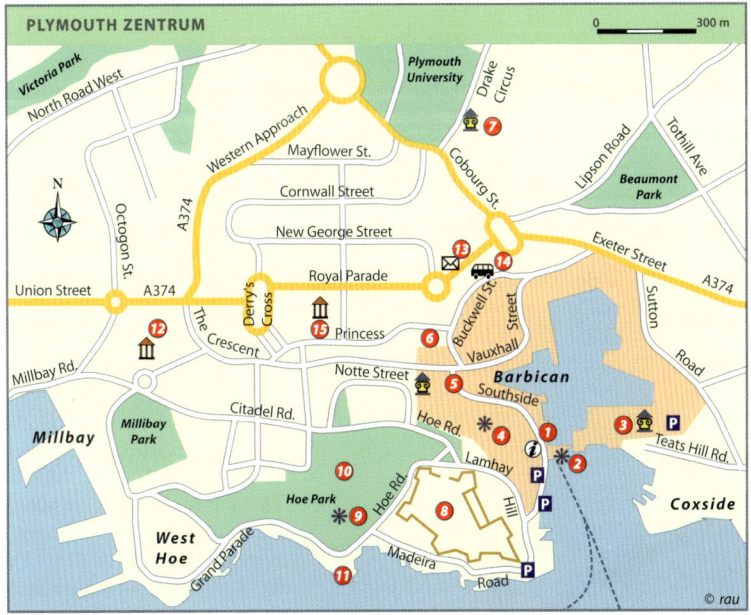

PLYMOUTH ZENTRUM – 1 Touristeninformation, Plymouth Mayflower Museum, Barbican – 2 Mayflower Steps – 3 National Marine Aquarium – 4 Elizabethan House – 5 Plymouth Dry Gin Distillery – 6 The Merchant's House – 7 Plymouth City Museum & Art Gallery – 8 The Royal Citadel – 9 Smeaton's Tower – 10 Plymouth Hoe Promenade, Denkmäler – 11 Tinside Lido, The Terrace Café – 12 Plymouth Pavilion – 13 Hauptpost – 14 Bretonside Bus Station – 15 Civic Centre

findet man entlang der Straße The Barbican zwischen Hafen und der östlichen Festungsmauer beim Restaurant „Duttons" und an der weiterführenden Madeira Road unterhalb der Festungsmauer.

Stationen auf einer Stadtbesichtigung in Plymouth

Barbican Hafenviertel

Im wiederaufgebauten Hafenviertel Barbican erfährt man im **Plymouth Mayflower Museum (1) [N50° 21' 58.74" W4° 8' 3.09"]**, das im Gebäude der **Plymouth Tourist Information**, 3 – 5 The Barbican, untergebracht ist, Interessantes über die Stadt, ihre bewegte Geschichte und ihre Vergangenheit als Stadt der Seefahrer und Entdecker (geöffnet Apr. – Okt. Mo – Sa 9 – 17 Uhr, So 10 – 16 Uhr; Nov. – März Mo – Fr 9 – 17 Uhr, Sa 10 – 16 Uhr, letzter Einlass 30 Mi-

nuten vor Schießung; www.visitplymouth. co.uk/things-to-do/mayflower-museum-p928703/). Andere Abteilungen des Museums verschaffen dem Besucher einen Einblick in die Zeit der großen Kaufmannsfamilien in Plymouth, in die Fischereiindustrie, in die Zeit als wichtige Marinebasis und natürlich in die Zeit der Pilgerväter und Weltumsegler. Vom obersten Stockwerk des Museums genießt man einen schönen Blick über den Stadtteil Barbican und den Hafen, der einst als Sutton Harbour bekannt war.

Ganz in der Nähe der Plymouth Tourist Information liegen die **Mayflower Steps (2) [N50° 21' 58.30" W4° 8' 2.35"]**. Ein kleiner steinerner Torbogen am Kai bezeichnet die Stelle, von der die Pilgrim Fathers mit ihrer „Mayflower" 1620 ablegten, um in die Neue Welt zu segeln, wo sie ein neues Plymouth gründeten („Plimoth Plantation" im US-Bundesstaat Massachusetts).

195

An der Osteseite des Hafenbeckens Sutton Harbour Marina und von den Mayflower Steps über eine Fußgängerbrücke zu erreichen, liegt das **National Marine Aquarium (3) [N50° 22' 3.58" W4° 7' 44.12"]**, Englands größtes Seeaquarium mit Meeresfauna und -flora aus aller Welt *(geöffnet tgl. 10 – 17 Uhr, letzter Einlass 1 Stunde vor Schließung; www.national-aquarium.co.uk)*.

In der Nähe des Aquariums liegt an der Straße Barbican Approach ein großer **Parkplatz [N50° 22' 4.38" W4° 7' 26.69"]**.

Barbican, Southside Street, Plymouth Dry Gin Distillery

An der Westseite des Hafenbeckens lohnt es sich, über die Southside Street ein Stück in das Barbican-Viertel hinein zu gehen.

Gleich am Anfang liegt in der Seitenstraße New Street das **Elizabethan House (4) [N50° 22' 0.74" W4° 8' 6.35"]**, 32 New Street, The Barbican.

Wegen umfangeichen Renovierungsarbeitenit eine Besichtigung bis auf weiteres nicht möglich. Das Gebäude aus dem späten 16. Jahrhundert mit seinen sieben Räumen auf drei Etagen, mit seiner Wendeltreppe, schiefen Böden, rustikalen Decken, niederen Räumen, einer Küche und Möbeln aus der alten Zeit, sowie einem kleinen Küchengarten, ist eines der wenigen erhaltenen sog. Sea Captain-Häuser in Plymouth. Als Sea Captains wurden in früherer Zeit Kaufleute mit internationalen Beziehungen im Seehandel bezeichnet.

Fast am Ende der Southside Street Nr. 60 findet man die **Plymouth Dry Gin Distillery (5) [N50° 22' 3.89" W4° 8' 15.74"]**, Black Friars Distillery, 60 South-side Street, Barbican *(geöffnet Mo – Sa 10 – 17 Uhr, So 11 – 17 Uhr; www.plymouthdistillery.com)*. Auf Führungen durch die 200 Jahre alte Gin-Brennerei können Sie sehen wie hier seit 1793 nach alten, unveränderten Rezepten in einer kupfernen Brennblase aus viktorianischer Zeit feinster Gin (im Wesentlichen ein Wacholderbrand) destilliert wird. Manche der Gebäude der Brennerei stammen noch aus der Mitte des 15. Jahrhunderts und waren damals Teil eines Benediktinerklosters.

In der nördlichen Parallelstraße The Parade sind neben dem Haus Nr. 25 an einer Giebelwand die sog. **Elizabethan Murals [N50° 22' 5.15" W4° 8' 10.14"]** zu sehen. Das monumentale Wandgemälde wurde zwischen 1970 und 1972 von dem Künstler Robert Lenkiewicz erstellt. Thema: „The Influence of Jewish Thought on Elizabethan Culture 1580 – 1620" (etwa: Der Einfluss jüdischen Gedankenguts auf die elisabethanische Kultur 1580 – 1620).

The Merchant's House (6) [N50° 22' 8.04" W4° 8' 21.99"], 33 St. Andrew Street. Wegen Renovierungsarbeiten derzeit bis auf weiteres geschlossen. In dem elisabethanischen Kaufmannshaus, das im 17. Jh. einem wohlhabenden Herrn namens William Parker gehörte, sind heute Exponate zur Geschichte von Plymouth zu sehen, darunter eine rekonstruierte Drogerie, alte Ladenschilder, ein großes Puppenhaus und ein viktorianisches Schulklassenzimmer. Der Schiffseigner William Parker, Freund von Sir Francis Drake, soll sein Glück mit Geschäften aus Prisen, die auf Kaperfahrten in der Karibik von spanischen Schatzschiffen erbeutet wurden, gemacht haben. Parker hatte sich finanziell u. a. auch in der Kolonisierung Nordamerikas engagiert.

Plymouth City Museum & Art Gallery (7) [N50° 22' 28.02" W4° 8' 15.79"], Drake Circus. Bis auf weiteres geschlossen. Es wird im neuen Kulturkomplex „The Box" eingerichtet werden. Die Eröffnung dieses Objekt im Stadtzentrum ist für Frühjahr 2020 geplant. Regionalmuseum, Stadt- und Seefahrtgeschichte, naturwissenschaftliche Sammlungen, archäologische Ausstellungen, Kunst, Reynolds Porträts, Naturgeschichte, fremde Kulturen in Amerika, Afrika, Asien mit Sammlungen der Weltreisenden *Gertrude Benham*, der ersten Frau, die 1909 den Kilimanjaro bestieg.

Auf einer Anhöhe südlich des Barbican-Viertels liegt **The Royal Citadel (8)[N50° 21' 56.95" W4° 8' 16.89"]**. Die Festung bewacht den Eingang zum Sut-ton Pool vor dem Altstadtviertel Barbican (Sutton war der Name von Plymouth im 13. Jahrhundert) und zum Cattewater, wie die Mündung des Flusses Plym von den Seeleuten genannt wird. Die Befestigungsanlage wurde von König Charles II. im 17. Jahrhundert nach den damals modernsten Erkenntnissen des Festungsbaus errichtet.

Die Festung ist noch heute militärisches Gebiet. Eine Besichtigung ist deshalb nur im Rahmen einer Führung (English Heritage) möglich, und zwar von Februar bis Mitte September jeweils dienstags, donnerstags und sonntags um 14.30 Uhr, Treffpunkt ist am Haupteingang. Fotografieren ist während der Führung in der Zitadelle nur eingeschränkt erlaubt. Besucher sollten keine großen Taschen oder Rucksäcke auf der Führung dabei haben.

Smeaton's Tower, The Hoe, Plymouth

Westlich der Zitadelle schließt sich **The Hoe** an, eine hügelige Grün- und Parkfläche oberhalb einer recht zerklüfteten Felsküste.

Eine dominierende Landmarke dort ist **Smeaton's Tower (9) [N50° 21' 51.27" W4° 8' 27.19"]**, The Hoe, Tel. (01752) 600 608 *(geöffnet tgl. 10 - 17 Uhr, letzter Einlass 30 Minuten vor Schließung)*,

ein historischer, rot gestreifter Leuchtturm von 1759, der Stein für Stein im
Jahre 1884 an seinem ursprünglichen
Standort auf dem Eddystone Rock vor
der Küste von Plymouth abgetragen
und am Plymouth Hoe wieder errichtet
wurde. Wer sich der Mühe unterzieht
und die 93 Stufen hinauf zur Aussicht-
plattform überwindet, wird mit einem
prächtigen Ausblick über Plymouth und
seine Umgebung und bei klaren Wetter bis zum Eddystone Leuchtturm belohnt, der südlich in gut 20 km Entfernung weit draußen im Ärmelkanal zu
sehen ist.

*Plymouth, The Howe, Seegeschichtsdenk-
mäler an der Promenade*

Weiter oben auf der Anhöhe kommt
man zur **Promenade (10)**. Drei Denkmäler dort unterstreichen Plymouths
herausragende Seegeschichte, wird

doch an die englische Marine, an die
besiegte spanische Armada und an Sir
Francis Drake erinnert.

Unterhalb des markanten Leuchtturms Smeaton's Tower liegt der **Tinside
Lido (11)**, der 1935 im Art Deco Stil eröffnet und damals als „eines der feinsten
und elegantesten Badezentren in England an der offenen See" bezeichnet wurde. Der ins Meer gebaute riesige Meer-
wasserpool beeindruckt noch immer.

Übrigens, die Gestade vor The Hoe
sind Zielpunkt einer der berühmtesten
Rennregatten der Welt, dem Fastnet
Yacht Race. Der Fastnet Challenge
Cup wird seit 1925 traditionell vom
renommierten Royal Ocean Racing
Club organisiert. Gestartet wird in
Cowe auf der Isle of Wight, Wende-
punkt ist der Fastnet Rock vor der
Südwestküste Irlands.

Knapp 6 km östlich von Ply-
mouth liegt das besuchenswerte
**Saltram House [Parkmöglichkeit
N50° 22' 49.96"   W4° 4' 47.94"]**,
Saltram Park, *(geöffnet 9. März – 3.
Nov. Sa – Do 12 – 16.30 Uhr; Gärten
und Shop 11 – 17 Uhr; Park Café tgl.
10 – 17 Uhr, Park tgl. von Sonnenauf-
gang bis Sonnenuntergang, Natio-
nal Trust; www.nationaltrust.org.uk/
saltram/).* Wunderschönes Mansion
House aus der Zeit König George II.
Innendekoration von Robert Adam,
prächtiger Salon und Great Drawing
Room, Keramik und Porzellan, mit
Landschaftsgarten.

Wer Zeit mitbringt, kann vom
Bahnhof Plymouth Railway Stati-
on mit der Tamar Valley Line, einer
Triebwagenbahn, einen gemüt-
lichen **Ausflug durch das schöne
Tal des River Tamar** nordwärts bis hi-
nauf nach Gunnislake unternehmen,
Fahrtdauer etwa eine Stunde.

PRAKTISCHE HINWEISE – PLYMOUTH

 Plymouth Tourist Information [N50° 21' 58.74"   W4° 8' 3.09"], Plymouth
Mayflower, 3 – 5 The Barbican, Plymouth, PL1 2LR, Tel. +44 (0)17 52 30 63 30;
www.visitplymouth.co.uk. *Geöffnet Apr. – Okt. Mo – Sa 9 – 17 Uhr, So 10 – 16
Uhr; Nov. – März Mo – Fr 9 – 17 Uhr, Sa 10 – 16 Uhr.*

PUBS UND RESTAURANTS

Im Hafenviertel The Barbican reiht sich Pub an Pub, so dass für jeden Geschmack etwas zu finden ist. Ideal für eine gemütliche Kneipentour durch Plymouth's Altstadt.

The Ship, Pub und Restaurant, Quay Road, Tel. +44 (0)17 52 66 76 04; www.theshipplymouth,co.uk; nicht im üblichen, urigen Stil aber dennoch in ansprechendem Ambiente, mit ausgezeichneter Küche, die sehr gelobt wird.

Admiral McBride, Pub im Hafenviertel Barbican, 1 The Barbican, Tel. +44 (0)17 52 26 20 54; www.admiralmacbride.com; uriges Ambiente, das sich seit vielen Jahrzehnten nicht verändert hat, große Auswahl an Biersorten und kleinen Gerichten. Nähe National Marine Aquarium. Man bietet 6 Gästezimmer an.

The Kings Head Tavern, 21 – 23 Bretonside, Tel. +44 (0)17 52 66 56 19, gilt als eines der ältesten Pubs in Plymouth, serviert werden kühle Real Ales.Gute Atmosphäre. Live-Music.

The Pub on the Hoe (früheres The Yard Arm), 159 Citadel Road, The Hoe, Tel. +44 (0)17 52 20 24 05; www.thepubonthehoe.co.uk; am Nordrand des Hoe Parks gelegen, traditionsreiches Pub, mit schöner Einrichtung. Die Bar bietet ein umfangreiches Getränkeangebot und im Restaurant werden frisch produzierte Speisen serviert, Live-Music. Man bietet 4 Gästezimmer an.

The Terrace Cafe, Madeira Road, Tel. +44 (0)17 52 60 35 33; das Restaurant-Café liegt westlich der Festung unterhalb des Leuchtturms „Smeaton's Tower" und oberhalb des großen Schwimmbades an der Felsküste am Tinside Lido, schöne Terrasse mit weitem Ausblick auf die Bucht von Plymouth und den Hafen. An Wochenenden Live-Music.

Plymouth's Nightlife spielt sich in der Union Street ab. Viele Diskotheken reihen sich hier Tür an Tür. Das Publikum ist bunt gemischt.

CAMPING BEI PLYMOUTH

Marsh Mills bei Plymouth
**Camping Riverside Caravan Park [WP 171 / N50° 23' 54.82"   W4° 5'
11.96"]**, Leigham Manor Drive, Tel. +44 (0)17 52 34 41 22; www.riversidecaravanpark.com; Jan. – Dez.; ca. 3,5 km nordöstlich von Plymouth, A38 Ausfahrt Marsh Mills und noch ca. 1 km zum Platz; ebene Wiese mit Hartstandplätzen; ca. 3,5 ha – 150 Stpl.; Standard-Sanitärausstattung. Kiosk, Restaurant, Bar, Schwimmbad, Waschmashcine, Trockner. V & E für Wohnmobile.

Plymouth, The Hoe, Tinside Lido

ROUTE 8: PLYMOUTH – ST. AUSTELL

Länge der Tour: Rund 112 km/70 mls

Die Route: A38 bis **Saltash** – A386 bis **Callington** – A390 und Landstraße bis **Cotehele House** und zurück bis **Saltash** – A38 und A374 über **Antony** bis **Torpoint** und zurück bis **Hessenford** – A397 über **East** und **West Looe**, **Polperro** und Fähre bis **Fowey** – A3082 bis **St. Blazey** – Landstraße bis **Eden Project** – A390 bis **St. Austell**.

Reisedauer: Mindestens ein Tag, mit Abstechern nach Mevagissey z. B. und Besuch der Lost Gardens of Heligan besser zwei Tage.

Höhepunkte: **Cotehele Quay** und Cotehele House * – **Eden Projekt ** – Restormel Castle ** – Charlestown Shipwreck & Heritage Centre ** – Mevagissey * – The Lost Gardens of Heligan ***.

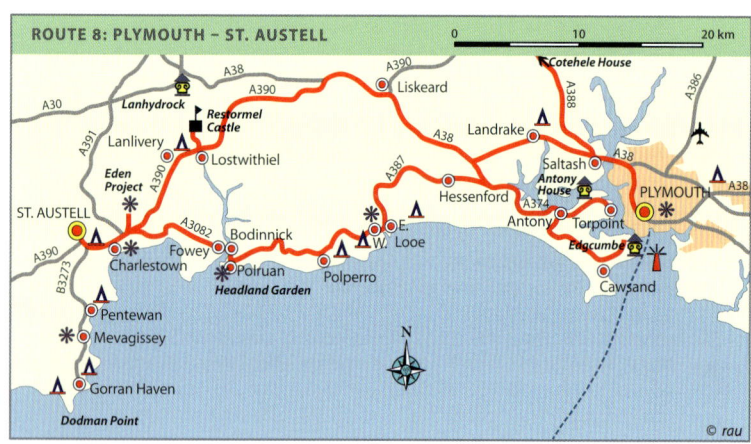

Lange bevor es eine Straßen- oder Eisenbahnverbindung gab, lag die **Grafschaft Cornwall** wie eine einsame Insel abgeschieden vom restlichen England. Dieser Charakter des etwas Andersartigen, hat bis heute in den örtlichen Dialekten überlebt.

Der breite Fluss Tamar- bildet dabei die natürliche Grenze zwischen Devon und Cornwall. Hier liegen nicht nur zwei geographisch unterschiedliche Landesteile nebeneinander, hier trennen Welten die unterschiedlichen Lebensweisen der Menschen links und rechts des Flusses.

Bei Saltash überspannen zwei Brücken die Mündungsbucht des Tamar,

die erst das Vordringen des Tourismus in diese bis dahin gottverlassene Gegend ermöglichten.

Pittoreske Fischerdörfer wie Polperro oder Looe, deren natürliche Schönheit auch der stärkste Andrang von Urlaubern nicht zu zerstören vermag, liegen an der romantisch wilden Küste von Cornwall vor dem Hintergrund von dichtbewaldeten Hügeln. In Fowey lebte der Dichter „Q", hinter dessen Kürzel sich *Sir Arthur Quiller-Couch* verbarg, der die besten Erzählungen über Cornwall schrieb.

Mit der Bezeichnung **„Daphne du Maurier Country"** nehmen die Engländer Bezug auf die bekannte Schriftstellerin und Romanautorin, die zahlreiche Erzählungen in der Gegend von Fowey und Polruan ansiedelte. Übrigens – wussten Sie, dass die aggressiven Vögel in Hitchcocks gruseliger Filmversion eigentlich aus Cornwall, nämlich aus Daphne du Mauriers Erzählung „The Birds", „Die Vögel" (1963) stammen?

Von Plymouth bis Newquay führt ein langer Abschnitt des Fernwanderwegs **Cornwall Coast Path** entlang der wilden Küste von Cornwall um die gesamte südwestliche Spitze Englands. Hier wechseln sich Sandstrände und steile Felsklippen ab. An den Flussmündungen liegen pittoreske Küstenorte.

Englands südwestlichste Ecke ist die Halbinsel **Penwith**. Raue Winde fegen hier über die beige Landschaft. Wer an dieser eindrucksvollen Küstenlinie wandern will, braucht Kondition und für die Pfade entlang der Steilküsten gute Nerven. Er wird aber mit überwältigenden Panoramablicken auf eine urwüchsige und einmalige Landschaft mehr als entschädigt.

In der Mount's Bay liegt dem englischen Festland vorgelagert der berühmte **St. Michael's Mount**. Frankreichkenner erinnern sich sofort an die Ähnlichkeit mit dem Mont St-Michel in der Normandie.

Auf der **Halbinsel Lizard** laden einsame Buchten zum Verweilen ein, alte Befestigungsanlagen an der Küste zeugen von den Ereignissen der Geschichte und Englands Bestreben, den feindlichen Franzosen keine Invasion in diesem Gebiet zu ermöglichen. Bei Falmouth weiten sich die Buchten zu großen Fjorden und der Besucher wird daran erinnert, dass Cornwall ein maritimer Landstrich ist.

ROUTE: Weiterreise von Plymouth auf der A38 westwärts bis **Saltash** *am Westufer der Mündungsbucht des Tamar River.*

Saltash (Cornwall), auch heute mehr oder weniger noch ein Fischerort, liegt auf einem Hügel an den Ufern des Flusses Tamar, der einst Bindeglied zwischen Devon und Cornwall war. Die normannische Gemeindekirche beherbergt als Kirchenschatz einen silbernen Altarkelch aus der Tudorzeit.

Etwa 2 km entfernt liegen die Überreste des Trematon Castle, einer Burganlage aus dem 13. Jahrhundert.

Über den Fluss Tamar führt die **Royal Albert Bridge [N50° 24' 24.98" W4° 11' 52.57"]**, die im viktorianischen Zeitalter als Wunderwerk der Technik und Meisterstück des Ingenieurs Marc Isambard Brunel galt. Seit 1859 dient sie als Eisenbahnbrücke zwischen Ost und West. Brunels Problem bestand allerdings darin, dass die britische Admiralität damals auf einer Durchfahrtshöhe von 33 m bei Hochwasser bestand, damit auch dann die Segelschiffe der Marine weiterhin den Fluss passieren konnten. Daher musste der mittlere Brückenpfeiler bis in eine Tiefe von 25 m hineingetrieben werden, bis er auf tragendes Felsgestein stieß. Der kranke Brunel selbst erlebte das Ende der Bauzeit nicht mehr.

Vom Saltash Quay aus kann man die alte Brücke am besten mit der neuen Straßenbrücke, die den Fluss seit 1961 überquert, vergleichen.

Abstecher nach Cotehele

ROUTE: Von Saltash auf der A388 nordwestwärts Richtung **Launceston** *bis* **Callington**. *Dort ostwärts auf die A390 und bis zum Abzweig zu* **Cotehele House**.

CAMPING – LANDRAKE BEI SALTASH

Camping Dolbeare C & C Park [WP 173 / N50° 25' 50" W4° 18' 19"], St. Ive Road, Tel. +44 (0)17 52 85 13 32; www.dolbeare.co.uk; Jan. – Dez.; Zufahrt von der A38 (Plymouth – Liskeard) in Landrake Richtung Blunts und noch ca. 1 km. Leicht geneigtes, gepflegtes Wiesengelände in ländlicher, ruhiger Umgebung, von hohen Hecken und Bäumen umgeben, befestigte, geschotterte Stellplätze. 3,5 ha – 50 Stpl.; Standard-Sanitärausstattung. Laden, Kiosk, Pub, Kiosk, Waschmaschine, Trockner, Internetecke, WLAN. V & E für Wohnmobile.

Cotehele Quay

Am **Cotehele Quay [Parkplatz, N50° 29' 30.71" W4° 13' 24.31"]** am Westufer des River Tamar kann man im Rahmen des National Maritime Museum die Reste einer historischen Werft mit Hafenbecken für Frachtschoner, eine alte Wassermühle, die restaurierte Bark „Shamrock" von 1899 und ein kleines Museum, das die Geschichte der Flussschifffahrt im 19. Jahrhundert erzählt, besichtigen; Cotehele Quay, St. Dominick, Saltash, Tel. +44 (0)15 79 35 08 30; www.nationaltrust.org.uk/cotehele; *geöffnet 9. März – 27. Okt. tgl. 11 – 16 Uhr; National Trust.*

Von dem kleinen Hafen führt durch ein enges Tor die Zufahrt auf teils einspuriger Straße hinauf zum Tudorschloss **Cotehele House [Parkplatz, WP 172 / N50° 29' 41.73" W4° 13' 26.31"]**, ein Landschloss mit prächtigem Inventar (*geöffnet 9. März – 27. Okt. tgl. 11 – 16 Uhr ; National Trust).*

ROUTE: *Von Cotehele House zurück zur A388 und nach **Saltash**. In Saltash auf die A38 und rund 10 km/6,3 mls über **Landrake** westwärts bis zum Abzweig der A374 südwärts. Ihr folgen wir über **Antony** zum **Antony House.***

Abstecher auf die Rame-Halbinsel

Etwa 2 km nordöstlich des Dorfes **Antony** an der Flussmündung des Lynher unweit von Plymouth steht westlich von Torpoint **Antony House [Parkplatz, N50° 23' 8.39" W4° 13' 31.31"]**, seit 500 Jahren Sitz der Carew Familie. *Richard Carew* (1555 – 1620) veröffentlichte 1602 sein berühmtes Werk „Survey of Cornwall", das bis heute die detailliertesten Informationen zum äußeren Westen Englands bietet. Das Haus in seiner heutigen Form hat der Architekt James Gibbs 1721 entworfen, der auch die Kirche St. Martin-in-the-Fields am Londoner Trafalgar Square gebaut hat.

Der stattliche Landsitz mit schönen Gärten liegt in einer weitläufigen Parklandschaft. Das Haus selbst ist mit kostbaren Gemälden und Möbeln ausgestattet (*geöffnet Apr. – Okt. Di – Do 12.30 – 16.30 Uhr; Juni – Aug. auch So 12.30 – 16.30 Uhr; National Trust; www. nationaltrust.org.uk/antony/).* In Antony House wurden Szenen des Walt Disney Films „Alice in Wonderland" gedreht.

Mount Edgcumbe House [Parkplatz, WP 174 / N50° 21' 12.79" W4° 10' 38.14"] liegt am Nordufer der Bucht The Sound bei Cremyll gleich südlich gegenüber von Plymouth. Die Zufahrt mit dem Auto ist etwas umständlich und führt südlich von Antony über die schmale B3247 ostwärts bis Mount Edgcumbe. Lohn der Mühe ist ein stattlicher Landsitz aus dem frühen 16. Jh., dem Sitz der Edgcumbe Family of Cotehele, den Grafen von Mount Edgcumbe *(geöffnet Apr. – Ende Sept. So – Do 11 – 16.30 Uhr, letzter Einlass 16 Uhr; www. mountedgcumbe.gov.uk).*

Mount Edgcombe House soll einer der ersten Herrschaftssitze gewesen sein, deren Standort nicht nach strategischen, verteidigungspolitischen Aspekten ausgesucht, sondern vielmehr seiner schönen landschaftlichen Lage wegen gewählt worden sein. 1971 wurde das Anwesen samt seiner Länderein an Cornwall verkauft. Nach dem Zweiten Weltkrieg erfuhr das Haus umfassende Restaurierungsarbeiten. Bei der Verfilmung des Rosamunde-Pilcher-Stoffs „Eine besondere Liebe" diente Mount Edgcombe House als Kulisse.

Bemerkenswert im Inneren sind Gemälde von Sir Joshua Reynolds, William van de Velde u. a., sowie Porzellangegenstände aus China.

ROUTE: Von Antony auf der A374 zurück zur A38.

Mein Tipp zu Routenalternativen!
Wer mit einem Caravangespann oder mit einem Fahrzeug breiter als 2 m unterwegs ist, dem sei empfohlen, auf die nachstehende geschilderte Alternativroute zu verzichten und der weiter hinten beschriebenen Hauptroute auf der A38, später auf der A390, über Liskeard und Lostwithiel nach St. Austell zu folgen. Auf diese Weise erspart man sich die in Küstennähe verlaufenden engen Straßen. Sie sind m. E. für Caravans und Fahrzeuge über 2 m Breite wenig geeignet!

ALTERNATIVROUTE: Auf der A38 Richtung *Liskeard.* Nach rund 5 km/3 mls südwärts ab und über *Hessenford* nach *Looe.*

Hessenford entpuppt sich als kleines, hübsches Dorf mit alten Häusern und einer kleinen Gemeindekirche von 1833.

Wenige Meilen südlich von Hessenford liegt an der Mündung des Flusses Seaton der kleine Küstenort **Seaton (gebührenpflichtiger Parkplatz „pay and display" N50° 21' 57.07" W4° 23' 15.07")** an einer einladenden Meeresbucht mit langem Kiesstrand und mit dem Pub „Smugglers Inn" (drei Fremdenzimmer B & B). Der Strand zieht sich ostwärts bis ins benachbarte, allerdings wenig schön bebaute Downderry hin.

Nördlich von Seaton erstreckt sich der Seaton Valley Countryside Park mit Wander- und Radwegen.

East Looe und **West Looe** werden seit 1883 durch eine siebenbogige, viktorianische Brücke miteinander verbunden, die ein Brückenbauwerk aus dem 15. Jh. ersetzt.

Looe beiderseits des gleichnamigen Flusses gelegen, ist wichtiger Fischereihafen in Cornwall und beliebter Ankerplatz für Segelyachten. Im Sommer ist Looe, wie so viele Küstenorte an der englischen Südküste, mit Touristen allerdings ziemlich überlaufen.

Die Gassen und Straßen in Looe sind recht eng. Es empfiehlt sich also dringend, die Parkplätze am Ortsrand zu benutzen! **Parkplatz East Looe [N50° 21' 21.81" W4° 27' 18.48"], Fore Street. Parkplatz West Looe [N50° 21' 27.08" W4° 27' 40.05"], Millpool Car Park.**

East Looe verfügt über den Hafen und die Geschäfts- und Einkaufszentren, während im etwas ruhigeren West Looe vornehmlich Restaurants und Hotels zu finden sind.

In West Looe ist die Kirche von **St. Nicholas** sehenswert, die bis 1650 auch die Guildhall des Ortes war. Der Kirchturm wurde nach alten Schriftfunden aus jener Zeit als Käfig für „schimpfende Weiber" verwendet, sehr effizient, wie damalige Augenzeugen berichteten.

Die viktorianische **Guildhall** in der Fore Street in West Looe wurde 1877 als Symbol der Vereinigung der beiden

West Looe

Ortsteile erbaut. Sie dient heute als Rathaus von Looe.

Im Jahre 1346 stellte East Looe für König Edwards III. Flotte 315 Seemänner auf 20 Schiffen, die an der Belagerung von Calais teilnahmen.

Lange war der Schmuggel ein wichtiges wirtschaftliches Standbein der Menschen in der Region, bis der Tourismus die illegalen Geschäfte auf noch einträglichere Weise ablöste.

Im **Old Guildhall Museum**, dem ehemaligen Rathaus von Looe aus dem 15. Jh. in der Higher Market Street, East Looe, wird über die Stadtgeschichte von Looe und über die Region berichtet (*geöffnet 19. Apr. – 28. Okt. Mo – Fr 11 – 16 Uhr, Sa 11 – 13.30 Uhr, So 11 – 16 Uhr; www.eastlooetowntrust.co.uk*). Spielzeug- und Porzellansammlung, historische Gefängniszelle, Schiffsmodelle.

Eine einladende Station nach einem ermüdenden Stadtspaziergang könnte „**Ye Jolly Sailor Inn**“, ein altes, uriges Pub aus dem 16. Jahrhundert am Princes Square in West-Looe sein (Tel. +44 (0)15 03 26 33 87; www.jollysailorlooe.co.uk; 5 Fremdenzimmer, im Sommer Folkmusic, Shanty Night).

Über das Pub erzählt man sich, es sei – wie so manche Kneipe an der Küste Cornwalls – einst eine üble Schmugglerspelunke gewesen. Berühmtheit erlangte eine clevere Wirtin aus jenen Tagen. Als eines Tages überraschend Steuereintreiber in der Kneipe auftauchten und nach Schmuggelgut suchten, soll die Dame ein – natürlich geschmuggeltes – Fässchen Rum schnell unter ihrem langen, voluminösen Rock versteckt haben, und als „Schwangere“ gemütlich im Sessel sitzend und strickend, der Durchsuchung seelenruhig zugesehen haben.

Lanreath Folk and Farm Museum, Lanreath, Looe, Tel. (01503) 220 321 (*geöffnet Ostern – Okt. tgl. 11 – 17 Uhr*) ist ein privates Bauernhofmuseum mit Scheunen, bäuerlichen Utensilien und Arbeitsgräten, Bauernküche, Trödelladen, Maschinen und Traktoren, Cafeteria und Picknickwiese.

The Wild Futures' Monkey Sanctuary [N50° 21' 59.08" W4° 24' 53.99"], Wild Futures, Murrayton House, St. Martin/Looe, Looe Hill (*geöffnet Ostern –*

Ende Aug. Mi – So tgl. 11 – 16.30 Uhr; Sept. Mi – So 11 – 15.30 Uhr; Okt. Sa + So 11 – 15.30 Uhr; www.monkeysanctuary.org) liegt etwas außerhalb von Looe. Das viktorianische Anwesen mit einem ausgedehnten Waldpark ist heute die Heimat von „Wooly Monkeys" (lagothrix lagotricha), der größten Affenpopulation in den Regenwäldern Südamerikas im Amazonasgebiet. Typisch für die Primaten ist ihr langer, kräftiger Schwanz, den sie beim Klettern in den Bäumen äußerst geschickt als „fünfte Hand" benutzen.

Die schönsten **Strände** findet man in East Looe neben dem Banjo Pier und bei West Looe an der Hannafore Beach, von wo man hinüber zum Looe Island sieht.

Neben Bootsfahrten zum Haifischfang werden Bootsausflüge zur vorgelagerten Insel **Looe Island** angeboten. Die Insel ist heute im Besitz des Cornwall Wildlife Trust, nachdem die letzten Bewohner, zwei ältere Damen verstorben sind. Die Insel mit spärlichen Resten einer Benediktinerabtei aus dem frühen 12. Jh., ist heute ein Naturreservat und bekannt für ihr überaus mildes Klima und für eine artenreiche Vogelwelt.

Looe Island, oder St. George's, wie die Insel früher genannt wurde, soll auch das Versteck von Fyn und Black Joan gewesen sein, einem berüchtigten Geschwisterpaar, das Schmuggelgut auf der Insel zwischenlagerte und vor den Zöllnern versteckte. Und man erzählt sich, dass in stürmischen Herbst-

PRAKTISCHE HINWEISE – EAST/WEST LOOE

 Looe Tourist Information Centre [N50° 21' 16.00" W4° 27' 15.56"], The Guildhall, Fore Street, Tel. +44 (0)15 03 26 20 72; East Looe, Cornwall PL13 1AA; www.ilovelooe.co.uk. Geöffnet Ostern – Mitte Sept. Mo – Sa 10 – 15 Uhr, Okt. – Ostern Mo – Fr 10 – 13 Uhr.

 PUBS UND RESTAURANTS

West Looe
The Jolly Sailor Inn, Princes Square, Tel. +44 (0)15 03 26 33 87; www.jolly-sailorlooe.co.uk; eines der ältesten Pubs im Land, hat noch immer seine alte urige Atmosphäre erhalten. Live Music. Man bietet 5 Gästezimmer.

East Looe
Ye Olde Salutation Inn, Fore Street +44 (0) 15 03 26 2 7 84; einige sagen es sei das beste Pub im Looe, es liegt direkt im Zentrum von East Looe. Gutes Bier, kleine Gerichte.
The Old Sail Loft, Quay Street, Tel. +44 (0) 15 03 26 21 31; www.oldsailloft-looe.co; es ist ein kleines uriges Restaurant in einem Haus, das vor 400 Jahren ein Schmugglernest gewesen sein soll, in den Räumen sind allerlei Relikte aus der Zeit zu sehen, als das Haus zur Fischverarbeitung genutzt wurde. Die Speisekarte weist hauptsächlich Fischgerichte aus, während die Weinkarte Weine aus aller Welt in bester Qualität anbietet.

 CAMPING

East Looe/St. Martin
Camping Looe Caravan & Motorhome Club Site [WP 175 / N50° 22' 33.80" W4° 26' 26.90"], St. Martin, Tel.+44 (0)015 03 26 40 06; www.caravanclub.co.uk; 15. März – 4. Nov.; von East Looe auf der B3253 nordwärts Richtung St. Martin, nach 2,5 km Einfahrt zum Platz; ebenes Wiesengelände in Stellplatzreihen aufgeteilt; 6 ha – 217 Stpl.; Standard-Sanitärausstattung. Schwimmbad, Waschmaschine, Trockner, WLAN. V & E für Wohnmobile. Nicht-Club-Mitglieder willkommen.
 Camping Polborder House C & C Park [WP 176 / N50° 22' 38.33" W4° 25' 4.16"], Buchlawren Road, Tel. +44 (0)15 03 24 02 65; www.polborderhouse.co.uk; Jan. – Dez.; von der A 387 (Hessenford – Widegates) auf die B3253 Rich-

tung Looe abzweigen und weiter bis Nomansland, hier ostwärts auf die Bucklawren Road abzweigen (der Beschilderung Monkey Sanctuary folgen) und noch ca. 1 km zum Platz; geneigte Wiese in ruhiger, ländlicher Umgebung; 7 ha – 30 Stpl. + Mobilhomes; Standard-Sanitärausstattung. Laden, Waschmaschine, Trockner, WLAN. V & E für Wohnmobile.

Camping Bay View Farm C & C Site [WP 177 / N50° 21' 50.54" W4° 25' 39.85"], St. Martin, East Looe, Tel. +44 (0)15 03 26 59 22; www.looebaycaravans. co.uk; Feb. – Dez.; von der A387 (Hessenford – Widegates) auf die B3253 Richtung Looe abzweigen und weiter bis Nomansland, ca. 3,5 km weiter der Beschilderung Monkey Sanctuary folgen, dann beschildert. Am nördl. Ortsrand von East Looe in sehr schöner Lage oberhalb der Looe Bucht; geneigte, teils terrassierte Wiese, schattenlos mit Blick auf die Bucht von Looe; einfache StandardSanitärausstattung. Waschmaschine, Trockner. Originelle Mietbungalows. Keine Caravans!

West Looe
Camping Tencreek Holiday Park [WP 178 / N50° 20' 46.42" W4° 28' 59.58"], Polperro Road, Tel. +44 (0)15 03 26 24 47; www.dolphinholidays. co.uk Jan. – Dez.; von der A387 (Looe – Polperro) ca. 2 km westl. von West Looe beschilderter Abzweig, nach 500 m ostwärts zum Platz auf kurzem, einspurigem Feldweg; leicht schräge, teils terrassierte Wiese, zweiter Platzteil mit Mobilhomes belegt. Gute Standardausstattung mit zeitgemäßen Sanitäranlagen. Laden, Imbiss, Restaurant, Hallen- und Freibad, Waschmaschine, Trockner, Internetecke.

Camping Caradon Touring Park [WP 179 / N50° 21' 32.49" W4° 30' 23.74"], Trelawne, Tel. +44 (0)15 03 27 23 88; www.campingcaradon.co.uk; Jan. – Dez.; ca. 3 km westl. von West Looe von der A386 (Looe – Polperro), weiter auf der B3359 Richtung Pelynt, nach ca. 300 m beschilderter Abzweig zum Platz; fast schattenloses Wiesendreieck, teils mit Hartstandplätzen; 2 ha – 50 Stpl.; Standard-Sanitärausstattung. Waschmaschine, Trockner. WLAN. V & E für Wohnmobile.

nächten auf Looe-Island die Seele eines schwarzen Seemanns umgehe, den die wilde Black Joan einst ermordet haben soll.

Im August wird in Looe das englische Hochseeangel-Festival abgehalten, bei dem unzählige Haifische ihr Leben lassen.

ALTERNATIVROUTE: Weiterreise von West Looe auf der A387 westwärts und über Polperro zur Fährstation Bodinnick Ferry Landing [N50° 20' 22.90" W4° 37' 48.53"]. Die Straße zur Bodinnick Fähre ist meist einspurig mit einigen Ausweichen und m. E. für Fahrzeuge über 2 m Breite oder gar für Caravangespanne ungeeignet, oder zumindest beschwerlich!

Polperro, ein kleiner Fischerort an der Mündung des Flüsschens Pol (kleiner Strand) lohnt einen kurzen Stopp. Es besteht Parkpflicht auf den **Parkplät-** zen [N50° 20' 10.49" W4° 31' 25.53"] am Ortseingang. Der Ort selbst ist nur zu Fuß zu besichtigen.

Unweit links vom Fähranleger in **Bodinnick** liegt das Haus „Ferryside", ehemals Teil einer Bootswerft, seit 1920 das Anwesen der du Maurier Familie. Die Schriftstellerin Daphne du Maurier lebte hier lange. Hier entstanden viele ihrer frühen Werke wie „The Loving Story (1931), Daphne du Mauriers erste Novelle, die sich mit dem Alltag einer Bootsbauerfamilie in Fowey befasst. Das Haus ist der Öffentlichkeit nicht zugänglich.

Und im historischen, über 400 Jahre alten **„Old Ferry Inn"** (12 Fremdenzimmer, Tel. +44 (0)17 26 87 02 37; www. oldferryinn.co.uk) werden in Bodinnick seit Generationen Reisende entlang des „Queen's Highway" von Plymouth nach Fowey mit Speis und Trank versorgt.

Wenige Meilen östlich von Bodinnick gabelt sich die Straße, rechts geht es zur Bodinnick Fähre, links nach Polruan.

Das hübsche, fast romantisch zu nennende Dorf **Polruan [N50° 19' 45.37" W4° 38' 4.81"]** liegt am östlichen Ufer der Mündungsbucht des Fowey-Flusses. Hier leben in den kleinen Cottages am Hügel die vielen Menschen, die den Hafen von Fowey mit Leben erfüllen – Lotsen, Dockarbeiter oder Fährschiffer.

Die Hauptstraße endet am Fähranleger und am „Lugger Inn". Ein anderes einladendes Lokal, das „The Russel Inn", ein Pub und Restaurant, liegt ganz in der Nähe an der West Street.

Von Polruan verkehren **Passagierfähren nach Fowey** und zwar im sommer Mo - Do 6.45 – 21 Uhr, Fr – Sa 9 – 21 Uhr, im Winter Mo – Fr 7.15 – 19 Uhr, Sa 7.30 – 19 Uhr, So 10 – 17 Uhr, Abfahrten ca. alle 15 Minuten, Überfahrtdauer knapp 15 Minuten; *www.ctomsandson. co.uk*.

Wer etwas für schöne Gärten und exotische Pflanzen übrig hat, sollte sich in Polruan den wunderschönen Klippengarten **„Headland Garden" [N50° 19' 40.52" W4° 38' 19.47"]**, Battery Lane, anschauen, in dem einzigartige subtropische Gewächse neben einheimischen Arten angepflanzt sind. Leider ist die Gartenanlage nur von April bis September am Donnerstagnachmittag von 14 bis 18 Uhr geöffnet!

Für konditionsstarke Wanderer beginnt in Polruan ein Abschnitt des **South West Coastal Path**, ein Wanderweg, der hinauf zum St. Saviour's Hill und von dort über rund 26 km/16 mls über Polperro bis nach West Looe führt und dabei Gebiete entlang der Küstenlinie berührt, die heute dem National Trust gehören und von einzigartiger Schönheit sind. Zum Zeitpunkt der jüngsten Recherchen war der Weg allerdings wegen des Ausbruchs der Maul- und Klauenseuche gesperrt! Änderung möglich!

*ALTERNATIVROUTE: In Bodinnick bedient man sich der **Autofähre über den River Fowey** nach **Fowey** (s. o.).*

Die Fähre legt in **Fowey** am Fowey Custom House Quay Ferry Landing an. Gleich nebenan findet man den großen **Parkplatz „Caffa Mill" [N50° 20' 23.40" W4° 38' 2.63"]**.

Fowey, ausgesprochen „Foy", durchzieht ein dichtes Netz von engen, hügeligen Gassen. Einen großen zentralen **Parkplatz [WP 180 / N50° 20' 6.27" W4° 38' 21.77"]**, den Main Car Park, findet man an der Straße Saffron Close.

Die berüchtigten Korsaren und Seeleute von Fowey, die man ironischerweise als „Fowey Gallants" bezeichnete, haben während des Hundertjährigen Krieges mit Frankreich die französischen Küsten überfallen und ausgeraubt, sogar noch, als König Edward IV. längst Frieden mit den Franzosen geschlossen hatte.

Heute kommen Frachtschiffe aus aller Herren Länder nach Fowey, um Porzellanerde aus der umliegenden Gegend zu laden. Man schätzt, dass etwa 1,5 Millionen Tonnen „English China Clay" pro Jahr den Hafen von Fowey verlassen.

In einem Haus an der Esplanade, das man **„The Haven"** nennt, wohnte *Sir Arthur Quiller-Couch* (1663 – 1944), Cambridge Professor und Autor einer der besten Geschichten über Cornwall, die er unter dem Pseudonym „Q" veröffentlichte. Quiller-Couch war eine Zeitlang auch Bürgermeister von Fowey. In seinen Romanen taucht Fowey oft als „Troy Town" auf. In seinem Haus war die englische Schriftstellerin *Daphne du Maurier* oft zu Gast. Ihre bekannten Romane „The Birds", „Jamaica Inn" und „Rebecca", die von *Alfred Hitchcock* verfilmt wurden, der mit ihrem Vater befreundet war, spielen in Cornwall (siehe auch unter „Landsitz Menabilly" weiter hinten).

Das **Fowey Museum** (geöffnet Apr. – Sept. Mo – Fr 10.30 – 16 Uhr; wwwfowey.co.uk/things-to-do/fowey-Museum-p1090633) ist in der Fowey Town Hall am Trafalgar Square, einem Gebäude aus dem 15. Jh., untergebracht. Das Museum beschäftigt sich in erster Linie mit der wechselvollen Geschichte der Hafenstadt und ihrer langen Verbindung mit der Seefahrt. Fowey wurde von Franzosen und Spanier belagert, die Schiffe von Sir Francis Drake, Captain Cook und Sir Walter Raleigh machten hier fest. Zu sehen u. a. mittelalterliche maritime Exponate, Schiffsmodelle sowie Ausstellungen über Fischer, Fährmänner und Seeleute aus Fowey.

Am **Town Quay** mit einigen hübschen Pubs herrscht bei gutem Wetter eine fast mediterrane Stimmung. Eines der Pubs bzw. Hotels trägt den für englische Gefilde etwas seltsamen Namen „**The King of Prussia**". König Friedrich der Große war natürlich nie in Cornwall, aber ein berühmter Schmuggler der Gegend im frühen 19. Jh. namens John Carter, war ein großer Verehrer des preußischen Herrschers. Eine Bucht, in der Carter bevorzugt Schmuggelgut an Land brachte, benannte er denn auch „Prussia Cove".

Am südlichen Stadtrand von Fowey liegt das Kap **St. Catherine's Point [N50° 19' 41.39" W4° 38' 40.71"]**. Hier stand im 13.Jahrhundert eine Kapelle und etwas unterhalb der Cliffs das St. Catherine's Castle, das während der Regentschaft von König Henry VIII. zum Schutz des Hafens erbaut wurde. Schöner Blick über den Fowey-Fjordarm; zu erreichen über die Verlängerung der Esplanade und einen Fußweg.

Ein schöner Rundgang um den natürlichen Hafen von Fowey ist der **Hall Walk**. Er bietet interessante historische Informationen und Ausblicke auf eine reizvolle Landschaft

1664 wurde von einem Puritaner, der auf dem Hall Walk unterwegs war, auf König Charles I. geschossen.

Für einen Panoramablick über das Meer und die Schiffe in der Bucht von St Austell geht man von Readymoney Cove nach Polridmouth Beach, anschließend über die Gribben Headland mit dem gut sichtbaren Trinity House auf einem Hügel, der die Einfahrt in den Fowey Harbour markiert, nach Polkerris.

Der gesamte Hall Walk hat eine Länge von etwa 15 km. Es empfiehlt sich also, sich nicht ganz ohne Proviant und Ausrüstung auf den Weg zu machen.

Der herrschaftliche Landsitz **Menabilly [Parkplatz, N50° 19' 43.70" W4° 40' 32.57"]**, den Daphne du Maurier (1907 – 1989) viele Jahre bis 1967 gepachtet hatte, war Vorbild für das Anwesen „Manderley House" in Daphne du Mauriers berühmtem Roman „Rebecca".

Das private Anwesen Menabilly in einem weiten Waldpark am Gribbin Head, das recht schwer erreichbar und für die Öffentlichkeit nicht zugänglich ist, liegt rund 3 km nordwestlich von Fowey, Abzweig von der A3082.

PRAKTISCHE HINWEISE – FOWEY

Fowey Tourist Information + Daphne du Maurier Literary Centre [N50° 20' 7.29" W4° 38' 6.76"], 5 South Street, Fowey, PL23 1AR, Tel. +44 (0)17 26 83 36 16; www.fowey.co.uk. *Geöffnet Mo – Sa 9.30 – 17 Uhr; So 10 – 16.30 Uhr.*

PUBS UND RESTAURANTS

The Galleon Inn, Pub, 12 Fore Street, Tel. +44 (0)17 26 83 30 14; www.galleon-inn.com; alteingesessenes Pub mit schöner Terrasse direkt am Fowey River. Freitags Live-Music. Man bietet 9 Gästezimmer an.

The Ship Inn, Trafalgar Square, Tel. +44 (0)17 26 83 22 30; www.shipfowey.co.uk; vermutlich das älteste Pub der Stadt, das 1570 von John Rashleigh erbaut wurde, der 1588 im Krieg gegen die Spanische Armada gekämpft hat. Heute ist das Lokal ein einladendes Pub-Restaurant mit gemütlichem Ambiente, guter Küche und gutem Biersortiment. Man bietet 5 einfache Gästezimmer an. Kein eigener Parkplatz.

The Lugger Inn, 5 Fore Street, Tel. +44 (0)17 26 83 34 35; Pub aus dem Jahre 1787, in dem man einst über Seerechtsfragen zu Gericht saß. Es hat noch immer die Atmosphäre von damals.

*ALTERNATIVROUTE: Von Fowey auf der A3082 westwärts bis zur Hauptstraße A380 nordöstlich von **St. Austell** an unserer Hauptroute.*

HAUPTROUTE

*ROUTE: Wer der oben beschriebenen Alternativroute nicht folgt, fährt von **Saltash** auf der A38 westwärts bis hinter **Liskeard** und folgt dann der A390 südwestwärts über **Lostwithiel** nach **St. Austell.***

Liskeard, ein Marktstädtchen (Markttag ist Donnerstag) an der A38 ist aus touristischer Sicht wenig interessant. Neben dem Stuart House in der Straße The Parade, in dem 1644 König Charles I. logierte und der Guildhall mit Uhrturm aus der Mitte des 19. Jahrhunderts ist das kleine **Liskeard & District Museum** in der Pike Street, erwähnenswert *(geöffnet Mo – Fr 10 – 16 Uhr, Sa 10 – 13 Uhr, Eintritt frei; www.visitliskeard. co.uk/discover/liskeard-museum/).*

Liskeard Tourist Information, Foresters Hall, 1 Pike Street, Liskeard, PL14 3JE, Tel. +44 (0)15 79 34 91 48; visitliskeard.co.uk.

Lostwithiel, eine kleines Landstädtchen am Nordende der schmalen Mündungsbucht des River Fowey an der A390 gelegen, hatte bis ins beginnende 19. Jahrhundert hinein das Privileg, zwei Abgeordnete in das Unterhaus in London zu entsenden.

Zu den historischen Bauwerken der Stadt zählen – neben der alten Steinbrücke über den River Fowey aus dem 12. Jahrhundert – The Old Duchy Palace und die Gemeindekirche St. Bartholomew in der Queen Street.

Fährt man von Lostwithiel auf der Restormel Road wenige Meilen nordwärts, erreicht man **Restormel Castle [Parkplatz, WP 182 / N50° 25' 15.32" W4° 40' 20.90"]**. Die 1,5 km lange Zufahrt zu der imposanten runden Burgruine ist überwiegend einspurig, lohnt aber die Mühe, denn Restormel Castle ist sehenswert *(geöffnet Apr. – Juni + Sept. tgl. 10 – 17 Uhr; Juli + Aug. tgl. 10 – 18 Uhr; Okt. tgl. 10 – 16 Uhr; English Heritage; www.cornwalls.co.uk/attractions/restormel-castle.htm).*

Restormel Castle, eine beeindruckende Rundburg liegt oberhalb des

---

Lostwithiel Tourist Information [N50° 24' 31.94" W4° 40' 7.38"], The Community Centre, Liddicoat Road, Lostwithiel, PL22 0HE, Tel. +44 (0)12 08 87 22 07; www.visitcornwall.tv/cornwall-visitor-information/tic/lostwithiel-tourism-information-centre/. *Geöffnet im Sommer Mo – Fr 10 – 17 Uhr, Sa 10 – 13 Uhr; im Winter Mo – Fr 10 – 13 Uhr.*

PUB UND HOTEL

The Royal Oak Hotel & Pub, 6 Zi., 5 Duke Street, Tel. +44 (0)12 08 87 25 52; www.royaloakcornwall.com; mitten in Lostwithiel ganz in der Nähe der Durchgangsstraße A390 liegt dieses alteingesessene Pub, das 6 Gästezimmer bereithält. Im Pub erhält man Getränke aller Art und die Küche des Restaurants wird über die Stadt hinaus gelobt.

CAMPING

Lanlivery bei Lostwithiel
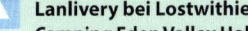
Camping Eden Valley Holiday Park [WP 181 / N50° 24' 5.39" W4° 41' 50.22"], Tel. +44 (0)12 08 87 22 77; www.edenvalleyholidaypark.co.uk; 1. Apr. – 31. Okt.; von der A390 (Lostwithiel – St. Austell) Richtung Lanlivery abzweigen und noch ca. 400 m zum Platz; Wiesengelände an einem Bachlauf, durch Büsche und Bäume in Stellflächen aufgeteilt, mit einigen Hartstandplätzen; 4 ha – 50 Stpl.; einfache Standard-Sanitärausstattung. Waschmaschine, Trockner, WLAN, V & E für Wohnmobile.

Restormel Castle

Flusses Fowey. Die trutzige Anlage mit ihren hohen, zinnenbewehrten Mauern zählt zu den am besten erhaltenen normannischen Burgen in Cornwall.

Die Ursprünge der von einem breiten Graben umgebenen Anlage auf einem Hügel gehen zurück auf eine ganz aus Holz errichteten Wehrburg im frühen 12. Jahrhundert. Erst gut 100 Jahre später wird von einer Festung aus Stein mit über sieben Meter hohen Mauern berichtet, die sich der damalige Earl of Cornwall hatte errichten lassen.

Zu den wenigen historischen Ereignissen auf Restormel Castle zählen die Aufenthalte von Edward, dem „Schwarzen Prinzen", der hier Mitte des 14. Jahrhunderts gelegentlich Hof hielt. Nur einmal noch, nämlich 1644 machte Restormel Castle von sich reden, als während des Civil War, dem englischen Bürgerkrieg von 1642 bis 1649, Anhänger des englischen Parlaments, die sich hier festgesetzt hatten, von Royalisten vertrieben wurden. Die Burganlage ist heute im Besitz von English Heritage.

Eine nähere Beschreibung von **Lanhydrock House and Gardens [Park-platz, N50° 26′ 44.94″   W4° 41′ 46.07″]**, das einige Meilen nordwestlich von Restormel Castle Richtung Bodmin liegt, finden Sie in Route 10 (Land's End – Tintagel) bei Bodmin.

Nördlich von St. Austell liegt das sog. **Eden Project [Parkplätze, WP 183 / N50° 21′ 32.26″   W4° 44′ 45.65″]**. Riesiger Parkplatz, von dessen einzelnen Sektionen man auch mit Pendelbussen zum Visitor Centre im Eingangsbereich des Eden Projects gelangen kann.

Ausgangspunkt für einen Besuch der ausgedehnten Anlage des Eden Projects ist das **Besucherzentrum** mit Information, Restaurant, Souvenirshop, Pflanzenladen und Ticketschaltern *(geöffnet tgl. Sommer 9.30 Uhr – 18 Uhr, letzter Einlass 16.30 Uhr; im Juli und Aug. teils bis 20 Uhr, letzter Einlass 18.30 Uhr; Winter 10 – 16 Uhr, letzter Einlass 14.30 Uhr; www.edenproject.com).*

Eden Project, das im Taleinschnitt eines ehemaligen Abbaugebiet für Tonerde liegt, präsentiert sich einerseits als Freizeitpark, andererseits als ziemlich futuristisch anmutende Anlage, bei der sich unter riesigen, lichtdurchlässigen

Eden Project. Foto: VisitBritain/Adam Burton

Kuppeln unterschiedliche Biotope wie ein Regenwaldbiotop und ein Mittelmeerbiotop verbergen. Drumherum führen endlose Spazierwege durch Freilandbiotope.

Hintergrund des auf private Initiative hin entstandenen Projekts ist der Umweltgedanke, die Abhängigkeit des Menschen von einer intakten Umwelt und wie diese erreicht bzw. erhalten werden kann. Bringen Sie für einen Besuch viel Zeit mit!

St. Austell zählt mit annähernd 25.000 Einwohnern zu den größten Städten in der Grafschaft Cornwall. Die Stadt widmete sich traditionell so gut wie nicht dem Tourismus, sondern viel mehr der Bergbauindustrie.

Lange profitierten Stadt und Bewohner von den reichen Erzminen in Cornwall, bis Mitte des 18. Jahrhunderts ganz in der Nähe der Stadt von einem Apotheker namens William Cookworthy unweit nördlich von St. Austell reiche Vorkommen an Kaolinerde entdeckt wurden. Kaolinerde, oder Porzellanerde, wird vornehmlich zur Herstellung von Porzellan, aber auch in der Pharmazie und zur Veredelung von gewissen Papieren und Textilien benötigt und war weltweit gefragt.

Stadt und Umgebung brachte der Abbau und die Verschiffung des Kaolins über den Hafen von Charlestown Milliarden ein. St. Austell wurde zur wohlhabenden, aber bis heute touristisch kaum interessanten Gemeinde.

Aber nicht nur die Stadt änderte sich während der profitablen Zeit des Kaolinhandels, sondern auch die Landschaft der Cornish Alps westlich von St. Austell hatten ihr Gesicht durch Gruben und Abraumhalten verändert. Um 1910 sollen fast eine Million Tonnen Kaolinerde gefördert worden sein.

Mitte des vergangenen Jahrhunderts dann begannen die Weltmarktpreise durch billigeres Kaolin aus anderen Ländern einzubrechen.

Dennoch wird bei St. Austell noch heute Kaolin gefördert, das aber nicht mehr in der Porzellanindustrie, sondern fast ausschließlich in der Papierindustrie verwendet wird.

Ein zentrumsnaher Parkplatz in St. Austell ist der **Priory Car Park [WP 184**

/ N50° 20' 20.49" W4° 47' 42.64"] an der Priory Road.

In St. Austell bietet sich auch Gelegenheit zu einer Brauereibesichtigung in der **St. Austell Brewery [N50° 20' 30.00" W4° 47' 15.95"]**, Visitor Centre „Brewing Experience", 63 Trevarthian Road.

Seit 160 Jahren wird dort Bier gebraut. Gegen Gebühr kann man an stündlichen Führungen von etwa 90minütiger Dauer teilnehmen. In der Gebühr sind „2 beer tokens" (Gutscheine) als Kostproben eingeschlossen. Führungen finden statt *Mo - Sa 9 - 18 Uhr, letzter Eintritt 16 Uhr.* Die Teilnehmerzahl

pro Führung ist begrenzt. Anmelden kann man sich unter Tel. +44 (0)17 26 66 022; www.staustellbrewery.co.uk.

Einblick in die Zeit des Kaolinabbaus bieten die Ausstellungen im **Wheal Martyn China Museum [Parkplatz, N50° 21' 52.15" W4° 48' 20.59"]** an der Bodmin Road (B3274) nördlich von St. Austell *(geöffnet im Sommer tgl. 10 - 17 Uhr; im Winter tgl. 10 - 16 Uhr; www. wheal-martyn.com).* Zum Museum gehört – neben dem größten noch aktiven Wasserrad Cornwalls – ein weitläufiger Freizeit- und Countrypark, durch den ein Spazierweg vorbei an alten Bergwerksgebäuden zu einem Aussichts-

St. Austell Tourist Information Centre[N50° 20' 2.27" W4° 46' 43.32"], Southbourne Road, St. Austell, PL25 4RS, Tel. +44(0)17 26 87 95 00; www.staustellbay.co.uk. *Geöffnet im Sommer tgl. 9 – 17 Uhr; im Winter Mo – Sa 9 – 17 Uhr.*

PUBS UND RESTAURANTS

The Holmbush Inn, Holmbush Road, Tel. +44 (0)17 26 68 691; www.holmbushinn.co.uk; beliebtes Lokal, das noch immer in erster Linie als Pub fungiert, inzwischen aber noch mehr Wert auf eine gute Küche und einen wohl sortierten Keller legt. Burgers, Salate und Speisen aus Fleisch und Fisch. Bierauswahl der St. Austells Brewery.

CAMPING BEI ST. AUSTELL

Carlyon Bay
Camping Carlyon Bay C & C Park [WP 185 / N50° 20' 28.70" W4° 44' 20.77"], Cypress Avenue, Tel. +44 (0)17 26 81 27 35; www.carlyonbay.net; Ende März – Ende Sept.; von der A390 auf die A3082 Richtung Fowey abzweigen, nach 500m südwärts in die Cypress Avenue einbiegen und weiter 500 m zur beschilderten Platzeinfahrt; terrassiertes Wiesengelände durch Hecken und Bäumen aufgeteilt, teils mit Hartstandplätzen; 6 ha – 130 Stpl.; Standard-Sanitärausstattung. Laden, Imbiss, Restaurant, Waschmaschine, Trockner, Schwimmbad. WLAN auf Teilen des Platzes. *V & E für Wohnmobile.*

Pentewan
Camping Little Winnick Touring Park [WP 186 / N50° 18' 1.35" W4° 47' 57.51"], Tel. +44 (0)17 26 84 36 87; www.littlewinnick.co.uk; Ende März – Ende Sept.; von der A390 (St. Austell – Truro) auf die B3273 Richtung Pentewan abzweigen, noch ca. 3 km bis zur Platzeinfahrt; ebene Wiesen zwischen der Straße B3273 und dem St. Austell River, 2 ha – 80 Stpl.; ebenes Wiesengelände, von Bäumen eingefriedet, teils mit Hartstandplätzen; einfache Standard-Sanitärausstattung. Waschmaschine, Trockner, WLAN. V & E für Wohnmobile.
Camping Pentewan Sands Holiday Park [WP 187 / N50° 17' 17.18" W4° 47' 8.46"], Pentewan Sands, Tel. +44 (0)17 26 84 34 85; www.pentewan.co.uk; auf der B3273 (St. Austell – Mevagissey) ca. 4 km bis zur Platzeinfahrt am Südrand von Pentewan; schattenloses, weitläufiges, ebenes Wiesengelände zwischen Straße B3273 und Sandstrand; 11 ha – 400 Stpl.; gute Standard-Sanitärausstattung. Laden, Imbiss, Restaurant, Waschmaschinen, Trockner,

Schwimmbad, Fahrradverleih, Tennis, Diskothek. V & E für Wohnmobile. Zahlreiche Mietcaravans.

Gorran Haven
Camping Trelispen C & C Park [WP 188 / N50° 14' 43.80" W4° 47' 59.64"], Tel. +44 (0)17 26 84 35 01; www.trelispen.co.uk; 1. Apr. – 31. Okt.; von der Straße Mevagissey – Gorran Haven beschilderter Abzweig nördlich von Gorran Haven; ebenes Wiesenviereck von Büschen eingefriedet; ca. 3 ha – 50 Stpl.; einfache Sanitärausstattung.

Boswinger bei Gorran Haven
Camping Seaview Gorran Haven Holiday Park [WP 189 / N50° 14' 13.73" W4° 49' 9.91"], Boswinger, Tel. +44 (0)17 26 84 34 25; www.seaviewinternational.com; 1. Apr. – 31. Okt.; von der B3273 (St. Austell – Gorran Haven) nordwestlich von Gorran Haven Richtung Boswinger abzweigen und noch ca. 2 km zur Platzeinfahrt; 6 ha – 150 Stpl.; gute Standard-Sanitärausstattung. Laden, Imbiss, Waschmaschine mit Trockner, Schwimmbad, Tennis, WLAN. V & E für Wohnmobile.

punkt führt, von dem aus man in eine Tagebaugrube sieht.

Charlestown südlich von St. Austell ist ein pittoreskes Hafenstädtchen **[Parkplatz, WP 190 / N50° 19' 56.47" W4° 45' 29.23"]**. Im historischen Hafenbecken haben eine ganze Reihe von imposanten Windjammern festgemacht.

Generationenlang war Charlestown der Hafen in Cornwall, über den die weiter im Hinterland in den Cornish Alps geförderte Kaolinerde verschifft wurde.

Lohnend ist ein Besuch im **Charlestown Shipwreck & Heritage Centre [N50° 19' 57.92" W4° 45' 25.43"]**, in der Quay Road am Hafen *(geöffnet; 1. März - 3. Nov. tgl. 11 - 17 Uhr, letzter Einlass 1 Std. vor Shcließung; im Winter Mo, Mi, Fr, Sa, So 11 - 16 Uhr; www.shipwreck-charlestown.com)*. Zu den diversen Abteilungen des Museums gehören Ausstellungen über ein Kaolinbergwerk,

Charlestown

The Lost Gardens of Heligan. Foto: VisitBritain/Daniel Bosworth

über die Kaolinverschiffung über den Hafen von Charlestown, der quasi vor der Tür des Museums liegt, sowie sehr interessante Ausstellungen zu namhaften historischen Schiffen wie der tragisch untergegangenen „Mary Rose" aus der Zeit Heinrichs VIII., Nelsons „H.M.S. Victory", berühmter Ocean Liner wie der „Lustania" oder der „Titanic" und schließlich zu Themen wie Seenotrettung oder Schatztauchen, ergänzt durch eine Sammlung von Wrackfunden, darunter Stücke von der „Titanic". Viel bestaunt wird die hübsche Halskette mit herzförmigem Anhänger „Heart of the Ocean", die Kate Winslet in dem berühmten Film „Titanic" trug.

PRAKTISCHE HINWEISE – MEVAGISSEY

Mevagissey Tourist Information [N50° 16' 12.90" W4° 47' 13.92"], St. Georges Square, Mevagissey, PL26 6UB, Tel. +44 (0)17 26 84 44 40; www.visitmevagissey.co.uk Geöffnet Ostern – Okt. Mo - Fr 10 - 17 Uhr; Juli + Aug. tgl. 10 – 16 Uhr.

PUBS

The Ship Inn, Fore Street, Tel. Tel. +44 (0)17 26 84 33 24; www.theshipinn-meva.co.uk; bekanntes, uriges Traditionspub mit allem was dazu gehört, also gute Bierauswahl und lobenswerte Produkte aus der Küche und natürlich Live- Music am Samstagabend. Man bietet 5 Gästezimmer an.

The Fountain Inn, 3 Cliff Street, Tel. +44 (0)17 26 84 23 20. Das Haus wird seit dem 16. Jh. fast durchgehend als Pub genutzt und erstreckt sich über zwei Etagen, wobei im Erdgeschoss sich noch immer das urige, alte Pub mit niedrigen Balkendecken und Kaminfeuer befindet. Im Obergeschoss findet man das Restaurant mit guter Küche und entsprechendem Service. 2 B & B-Zimmer.

CAMPING

Camping Tregarton Park [WP 193 / N50° 15′ 30.92″   W4° 49′ 45.93″], Tel. +44 (0)17 26 84 36 66; www.tregarton.co.uk; 1. Apr. – 1. Okt.; von St. Austell auf der B3273 südwärts Richtung Mevagissey, später westwärts und ca. 3 km weiter der Beschilderung „The Lost Gardens of Heligan" folgen; durch Hecken und Platzstraßen aufgeteiltes schräges Wiesengelände, teils terrassiert, in ländlicher, ruhiger Umgebung gelegen; 6 ha – 120 Stpl.; gute Standard-Sanitärausstattung. Laden, Imbiss, Waschmaschine, Trockner, Schwimmbad, Tennis, WLAN. V & E für Wohnmobile.

Abstecher über Mevagissey nach Gorran Haven

ROUTE: Von St. Austell auf der A390 rund 5 km nach Westen, dann Abzweig südwärts auf die B3273 und über Pentewan und Mevagissey nach Gorran Haven.

Auf dem Weg nach Mevagissey lohnt in Pentewan ein Abstecher von der B3272 westwärts zu den nahen **The Lost Gardens of Heligan [Parkplatz, WP 191 / N50° 17′ 13.81″   W4° 48′ 53.79″]** *(geöffnet Apr. - Sept. 10 - 18 Uhr; Okt. - März 10 - 17 Uhr, letzter Einlass 90 Min. vor Shcießung; www.heligan.com).*

Die annähernd 80 ha umfassenden Parks und Gärten sind Teil des Anwesens der Familie Tremayne, die hier über 400 Jahre lang ansässig war.

Nach einer Blütezeit im 19. Jh. begannen die Gartenanlagen zu verfallen und zu verwildern. Das ganze Areal verschwand mehr und mehr unter einem Dickicht aus Efeu und Brombeersträuchern. Und ein furchtbarer Sturm 1990 hätte für Heligan fast das Ende gebracht.

Erst seit etwa zwanzig Jahren wird mit großem Erfolg daran gearbeitet, die „versunkenen Gärten von Heligan" wieder in ihren früheren, prächtigen Zustand zu versetzen.

Heute kann der Besucher schon wieder durch üppige Gärten im „Lost Valley", durch imposante Farnhaine, einen viktorianischen Küchengarten, exotische Pflanzendschungel oder auf dem „Woodland Walk" durch Wälder mit uralten Baumriesen spazieren. Für einen erlebnisreichen Besuch sollten Sie aber etwas Zeit mitbringen!

Am Nordrand der Gärten liegt der Heligan Woods Camping and Caravan Park (Jan. - Nov., 29 Stpl., Tel (01726) 842 714).

Mevagissey gilt als der „schönste Urlaubsort in Cornwall". Um ein kleines Hafenbecken herum durchstreift man die kleinen Straßen und engen Gassen, die im Sommer dem täglichen Besucheransturm kaum gewachsen sind.

Mein Tipp! Sie sollten gar nicht erst versuchen nach Mevagissey mit dem Auto hineinzufahren, wenn Sie etwas vom Reiz des Ortes mitbekommen wollen! Die Straßen (eher Gassen) im hübschen Mevagissey sind nämlich sehr eng! Am Ortsrand gibt es mehrere gebührenpflichtige Parkplätze. Nehmen Sie am besten gleich den ersten **Parkplatz (Willow Car Park) [WP 192 / N50° 16′ 17.78″ W4° 47′ 25.20″]**. Er ist kaum 400 m vom Ortszentrum entfernt und man kann dort gegen eine extra Gebühr mit dem Wohnmobil auch über Nacht stehen bleiben!

Im 18. und 19. Jahrhundert erlangte Mevagissey einen relativen Wohlstand durch den ausgiebigen Sardinenfang. Bereits 1724 wurden jährlich über 4.000 Tonnen dieses nahrhaften Fisches exportiert.

Die Schönheit des Fischerdorfes hat schon viele Schriftsteller und Maler angezogen, die hier ihren Wohnsitz nahmen.

Eines der vielen einladenden Pubs in Mevagissey ist die urige Kneipe „The Ship Inn" im Ortszentrum in der Fore Street.

Falls Sie bei Ihrem Besuch in Mevagissey einen nicht ganz so schönen Tag erwischt haben, den Sie nicht schon wieder im Pub verbringen wollen, wie wär's mit einem Besuch im **Mevagissey Museum [N50° 16' 12.74" W4° 47' 4.22"]**, East Wharf, Inner Harbour *(geöffnet 7. Apr. - 31. Okt. tgl. 11 - 16 Uhr; Juli + Aug. tgl. 10 - 17 Uhr, Eintritt frei; www. mevagisseymuseum.com)*. Es ist ein Heimatmuseum, das sich vor allem mit dem Schiffsbau, der Fischerei und der Stadtentwicklung befasst.

Bootsausflüge in der Bucht und Haifischangeltouren – nach Looe ist Mevagissey der wichtigste „Haifischort" – auf dem offenen Meer versprechen kurzweilige Abwechslung.

Im Norden bei Polstreath und im Süden bei Portmellon laden schöne **Strände** zum Baden ein.

Der ehemals einfache Fischerhafen **Gorran Haven [Parkplatz, N50° 14' 24.43" W4° 47' 27.39"]** hat sich dank seines breiten Strands zu einem lebendigen Urlaubsort gewandelt.

Ein Weg führt zwei Kilometer südwärts zum Kap **Dodman Point**, von dem man aus 120 m Höhe die Veryan Bay im Westen überblickt. Cornwalls berühmter Autor Sir Arthur „Q" Quiller-Couch nahm Dodman Point als Vorbild für seinen Roman „Dead Man's Rock".

Caerhays Castle [Parkplatz am Strand, N50° 14' 16.37" W4° 50' 31.57"] liegt weiter westlich, ca. 1,5 km westlich von Boswinger. Das prächtige Anwesen mit seinen ausgedehnten Parks und Gärten, zu Beginn des 19. Jh. nach Plänen des renommierten Architekten John Nash errichtet, liegt schön über der Bucht Porthluney Cove. Die **Gärten**, weithin berühmt für ihre prächtigen Magnolienbäume, Kamelien und Rhododendren, sind ab *Mitte Februar bis Mitte Juni tgl. 10 - 16 Uhr geöffnet. Das Schloss kann nur von Mitte März bis Mitte Juni auf Führungen von 45-minütiger Dauer von Mo - Sa um 11.30, 13 und 14.30 Uhr besichtigt werden; www.caerhays.co.uk.*

Mevagissey

ROUTE 9: ST. AUSTELL – LAND'S END

Länge der Tour:	Rund 128 km /80 mls.
Die Route:	Straße A39 bis **Truro** – A39 bis **Falmouth** – A39 und A394 bis **Helston** – A3083 bis **Lizard Point** und zurück bis **Helston** – A394 bis **Penzance** – Landstraße bis **Cross-an-Wra** – A30 bis **Land's End**.
Alternative:	Über **St. Mawes**.
Reisedauer:	Mindestens ein Tag., besser zwei oder mehr Tage.
Höhepunkte:	**St. Mawes Castle** – die **Trelissick Gardens *** – **Pendennis Castle Falmouth** – das **Kap Lizard Point ***** – der **St. Michael's Mount **** – **Penlee House Gallerie **** in Penzance – die Klippenküste von **Land's End ****.

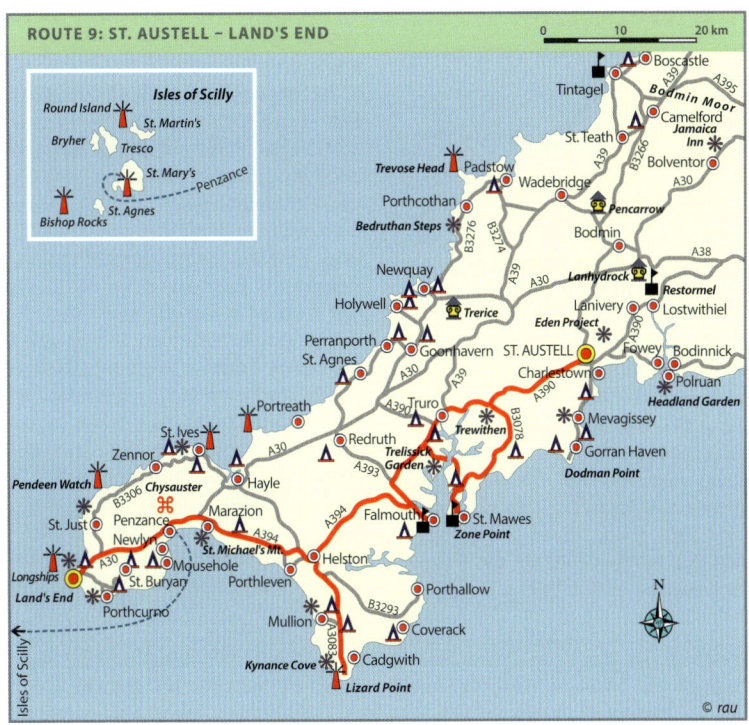

Die Küstenlandschaft südwestlich von Mevagissey wird gerne mit dem Attribut „Riviera" belehnt. Nicht von ungefähr, denn das milde Klima lässt subtropische Pflanzen blühen und exotische Bäume wachsen, erinnert an südliche Gefilde. Die wildromantische Landschaft, sandige Buchten, Hügel, die sanft oder steil ins Meer fallen, das Hochland hinter der zerklüfteten Felsküste und dazwischen kleinen Fischerdörfer und Yachthäfen wie St. Mawes und Mevagissey erinnern den Besucher immer wieder, dass er in einem besonderen Teil Englands unterwegs ist.

Sir Arthur Quiller-Couch, der bekannte Romanschriftsteller und Essayist, schrieb über seine Heimat: „Die Land

CAMPING – VERYAN

Camping Veryan C & C Club Site [WP 194 / N50° 14' 3.40" W4° 53' 58.18"], Tretheake, Tel. +44 (0)18 72 50 16 58; www.campingandcaravanningclub. co.uk/veryan; 1. Apr. – 31. Okt.; von der B3078 (Tregony – St. Mawes) nach Veryan abzweigen und noch ca. 2 km nordostwärts zum Platz; ebenes, fast schattenloses Wiesengelände, von Hecken und Bäumen aufgeteilt; 5 ha – 140 Stpl.; einfache Standard-Sanitärausstattung. Waschmaschine, Trockner, WLAN. Nicht-Clubmitglieder willkommen.

schaft Cornwalls ist das Juwel im Diadem eines reizenden Herzogtums."

Falls Sie der nachstehenden Alternativroute nicht folgen wollen, bitte weiter mit **Hauptroute** weiter hinten.

Alternativroute über St. Mawes

*ALTERNATIVROUTE: Von St. Austell auf der A390 nach Südwesten Richtung **Truro**. Nach rund 15 km/9,5 mls zweigt die A3078 nach Süden ab, der wir bis **St. Mawes** in der Landschaftsregion „Roseland" folgen.*

*Etwa auf halbem Wege nach St. Mawes besteht die Möglichkeit, in **Ruan High Lanes** über **Veryan** hinaus an die Küste zu den **Klippen von Portloe** zu fahren.*

Veryan ist ein kleines Dorf mit Ententeich und zwei markanten, eigenwilligen, weißen Rundhäusern **[N50° 13' 4.11" W4° 55' 26.30"]** mit strohgedeckten Kegeldächern, die am Ortseingang zu sehen sind. Die Häuser stammen aus dem frühen 19. Jahrhundert. Und ihre runde Form wurde angeblich deshalb gewählt, um das Böse von den Häusern fernzuhalten. Dort gibt es

nämlich keine Ecken, in denen sich der Teufel verstecken könnte.

St. Mawes, ein recht mondäner Yachthafen liegt auf der Halbinsel Roseland Peninsula am östlichen Ufer der Mündung des Flusses Fal gegenüber von Falmouth.

Parkplatz [WP 195 / N50° 9' 35.35" W5° 0' 51.61"] beim Hotel Rising Sun Inn.

St. Mawes Castle [N50° 9' 20.67" W5° 1' 24.87"] liegt am Castle Drive südlich der Stadt auf einem erhöhten Landvorsprung sehr schön am Ufer der schmalen Bucht Carrick Roads, dem Mündungstrichter des River Fal, und ziemlich genau gegenüber von **Pendennis Castle** von Falmouth. Die gut erhaltene Festung mit ihren drei mächtigen Rundtürmen war einstmals ein Juwel in der Verteidigungsstrategie von König Heinrich VIII., 1540 dazu angelegt, befürchtete Angriffe der Franzosen frühzeitig abzuwehren. Besonders schön ist die Aussicht oben von den Festungsmauern *(geöffnet März - Juni + Sept. - Okt. tgl. 10 - 17; Juli + Aug. Mo - Fr 10 - 18 Uhr; übrige Zeit Sa + So 10 - 16 Uhr, letzter Einlass 30 Minuten vor Schließung;*

PRAKTISCHE HINWEISE – ST. MAWES

The Roseland Visitor Centre [Parkplatz, N50° 9' 35.01" W5° 0' 50.67"], The Square, St. Mawes, TR2 5AG, Tel. +44 (0)13 26 27 04 40; www.stmawesandtheroseland.co.uk. *Geöffnet Sommer Mo – Sa 10 – 16, So 10 – 12 Uhr; Winter Mo – Fr 10 – 14 Uhr.*

PUBS UND RESTAURANTS

The Victory Inn, Victory Hill, Tel. +44 (0)13 26 27 03 24; www.victoryinn.co.uk; das einzige noch erhaltene traditionelle Pub in St. Mawes. Es wird von Touristen ebenso gerne besucht, wie auch von Einwohnern. Im Erdgeschoss liegen die Pubräume und im Obergeschoss ist das etwas feinere Restaurant eingerichtet, das Produkte der Region, vor allem Fisch, zu leckeren Gerichten verarbeitet. Tischreservierung angeraten.

English Heritage; www.english-heritage.org.uk/visit/places/st-mawes-castle/). Allerdings ist die Zufahrt nur für Fahrzeuge bis 3 t gestattet!

Seinen Namen hat St. Mawes übrigens von einem walisischen Heiligen, der oft in der Sonne neben einer heiligen Quelle in der Nähe des Burghügels gesessen haben soll, die Krankheiten, besonders den Wurmbefall, heilen konnte.

Am Kap **Zone Point** südlich von St. Mawes steht der gestreifte Leuchtturm St. Anthony Lighthouse, der 1834 errichtet wurde und damals ein uraltes mit Holz betriebenes Leuchtfeuer ersetzte.

Auf dem Weg von St. Mawes nordwärts zur King Harry Ferry kommt man an **St. Just-in Roseland** vorbei. Zu den Sehenswürdigkeiten dort zählt die recht romantisch gelegene **Kirche [N50° 10' 54.65" W5° 0' 50.90"]** des Ortes, die aber nur über eine enge Zufahrt und einen 2-minütigen Fußweg zu erreichen ist. Die Mühe lohnt sich eigentlich nur für jene, die sich sehr für englische Kirchenarchitektur interessieren.

ALTERNATIVROUTE: Von St. Mawes über die N3289 nordwärts bis **King Harry Ferry [WP 197 / N50° 13' 00.42" W5° 01' 30.91"]**. *Mit der tagsüber laufend verkehrenden Fähre (1888 eingerichtete Kettenfähre) setzt man über den Mün-*

dungsarm Carrick Roads über (Fahrzeit ca. 5 Minuten, Fahrpreis ca. £ 5,-) und folgt der Straße weiter – vorbei an der Zufahrt zu den **Trelissick Gardens** *– bis zur A390, die südlich von* **Truro** *erreicht wird.*

An der B3289 bei Feock nahe King Harry Ferry liegen die **Trelissick Gardens [Parkplatz, WP 198 / N50° 13' 0.94" W5° 2' 2.06"]**, eine Gartenanlage mit exotischen Pflanzen aus aller Welt, mit Trelissick Gallery und Restaurant *(geöffnet Haus: Feb. - Dez. tgl. 10.30 - 17.30 Uhr, Garten: Tgl. Sonnenauf- bis Sonnenuntergang; National Trust; www.nationaltrust.org.uk/trelissick/.* Selten sieht man eine solche Mischung aus Magnolien, Rhododendren und japanischen Kirschbäumen beieinander. Das milde Klima des nahen Golfstroms sorgt für die Voraussetzungen, die eine solche Blütenpracht erst möglich machen.

HAUPTROUTE

ROUTE: Von St. Austell über die A390 südwestwärts nach **Truro.**

Truro, Cornwalls „Kathedralenstadt", ist gleichzeitig das Verwaltungszentrum der Region ist.
Truro Cathedral [Parkplatz, N50° 15' 51.85" W5° 2' 58.76"], dieses massive und wenig elegante Gotteshaus im Early English Style, das J. L. Pearson

PRAKTISCHE HINWEISE– ST. JUST-IN-ROSELAND

St. Just Tourist Information Centre, The Library, Market Square, St. Just, TR19 7HX, Tel. +44 (0)17 36 78 81 65; www.visitcornwall.tv/cornwall-visitor-information/tic/st-just-tourism-informaton-centre/. *Geöffnet Ostern - Sept. Mo - Do 10 - 13 + 14 -17 Uhr; Okt. - Ostern Mo - Mi 10 - 13 + 14 - 17 Uhr, Fr bis 18 Uhr, Sa 10 - 13 Uhr.*

CAMPING

Camping Trethem Mill Touring Park [WP 196 / N50° 11' 26.84" W5° 0' 2.62"], Tel. +44 (0)18 72 58 05 04; www.trethem.com; 1. Apr. –1. Okt.; von St. Just-in-Roseland auf der A3078 ca. 1 km nordwärts, dann Abzweig und noch 400 m. Zufahrt über teils einspurigen Hohlweg. Leicht geneigtes, sehr gepflegtes, von hohen Bäumen und Hecken umgebenes Rasengelände mit großzügig bemessenen, teils befestigten, geschotterten und durch mannshohe Hecken unterteilte, nummerierte Stellplätze. Geteerte Platzwege. Ruhige, ländliche Lage. Kiosk. Standard-Sanitärausstattung. Laden, Waschmaschine, Trockner. Gut zu benutzende V & E–Station für Wohnmobile.

schuf, hat drei Türme, dessen höchster fast 90 m aufragt.

Die Kirche wurde erst 1910 nach 22 Jahren Bauzeit an der Stelle der alten Gemeindekirche St. Mary aus dem 16. Jahrhundert fertiggestellt. Das südliche Kirchenschiff der alten Kirche wurde in die neue Kathedrale integriert. Anlass zur Grundsteinlegung der Kathedrale von Truro war der Umstand, dass Cornwall 1897 zum eigenständigen Bistum wurde. Davor war Cornwall mit Devon kirchenrechtlich vereinigt.

Truro taucht auch im Roman „Wolken am Horizont" (1995) von Rosamunde Pilcher auf.

Ein relativ zentraler Parkplatz ist **Moorfield Parking [WP 199 / N50° 15' 43.21" W5° 3' 13.76"]**, Charles Street, Ecke Lemon Mews Road.

In der Lemon Street, die ab 1795 entstand, stehen Häuser im Georgian-Style. Die Straße gilt als besterhaltenes, geschlossenes Architekturensemble im Süden Englands.

Das Denkmal am Ende der Lemon Street zeigt zwei berühmte Söhne der Stadt, die Brüder *John* und *Richard Lander*, die von 1825 bis 1830 den Niger-Fluss in Afrika erforschten.

Am nahen Lemon Quay sollte man den alten Markthallen, Lemon Street Market (Moorfield Parking s. o.), in denen heute Flohmärkte veranstaltet werden, einen Besuch abstatten.

Interessant ist ein Rundgang durch das **Royal Cornwall Museum [N50° 15' 48.83" W5° 3' 16.85"]**, 25 River Street *(geöffnet 1. Apr. - 31. Okt. Mo - Sa 10 - 16 Uhr; 1. Nov. - 31. März Di - Sa 10 - 16 Uhr; wwwroyalcornwallmuseum.org. uk)*. Ausgestellt sind in Cornwalls ältestem Museum u. a. sehenswerte Kunstwerke, eine ägyptische Mumie, eine Mineraliensammlung sowie Gemälde der berühmten Newlyn School (englische Impressionisten) und Bilder bekannter Maler aus Cornwall, darunter das berühmte Gemälde eines cornischen Riesen von Godfrey Kneller (1646 – 1723, hieß eigentlich Kniller), einem aus Deutschland (Lübeck) stammenden Hofmaler und Porträtisten.

*ROUTE: Weiterreise von Truro südwärts auf der A39 über **Penryn** nach **Falmouth**.*

*Unterwegs ist ein Abstecher ostwärts Richtung Feock zu den **Trelissick Gardens** möglich, siehe weiter vorne.*

PRAKTISCHE HINWEISE – TRURO

Truro Tourist Information Centre [N50° 15' 48.01" W5° 3' 2.80"], Municipal Buildings, 30 Boscawen Street, Truro, TR1 2NE, Tel. +44 (0)18 72 27 45 55; www.visittruro.org.uk. *Geöffnet Ostern - Okt. Mo - Fr 9.30 - 17 Uhr, Sa 9 - 17 Uhr.*

PUBS UND RESTAURANTS

The White Hart, 25 New Bridge Street, Tel. +44 (0)18 72 27 72 94; das typische Pub wird in Zeitungen aus 1802 bereits erwähnt und gelobt. Es hat sein altes Flair erhalten können und serviert eine große Bierauswahl, Weine und Whiskys.

The Old Ale House, 7 Quay Street, Tel. +44 (0)18 72 27 11 22; beliebtes Pub der örtlichen Brauerei Skinner, abends oft Live Music.

CAMPING

Greenbottom bei Truro

Camping Truro C & C Park [WP 200 / N50° 15' 52.34" W5° 7' 41.56"], Greenbottom, Chacewater, Tel. +44 (0)18 72 56 02 74; www.trurocaravanandcampingpark.co.uk; Jan. – Dez.; westlich von Truro von der A390 in Threemilestone Richtung Chacewater abzweigen und noch 500 m zur Platzeinfahrt; fast ebenes Wiesengelände mit geschotterten Stellplätzen, fast schattenlos; 3,5 ha – 50 Stpl.; Standard-Sanitärausstattung. Waschmaschine, Trockner. WLAN. V & E für Wohnmobile.

Carnon Downs
Camping Carnon Downs C & C Park [WP 201 / N50° 13' 30.41"   W5° 4'
47.83"], Tel. +44 (0)18 72 86 22 83; www.carnon-downs-caravanpark.co.uk;
Jan. – Dez.; Zufahrt von Truro auf der A39 Richtung Falmouth 5 km südlich in
Carnon Downs beschilderter Abzweig; ebenes, weitläufiges Wiesengelände
mit Hartstandplätzen, durch gekieste Platzstraßen aufgeteilt; 8 ha – 160 Stpl.;
Standard-Sanitärausstattung. Neue Duschanlagen. Waschmaschine, Trockner.

In **Falmouth** ist ganzjährig Saison. Nicht nur die hervorragende landschaftliche Lage und die Möglichkeiten zu herrlichen Klippenwanderungen, auch die reizvollen Badestrände an der Falmouth Bay und die Wassersportangebote für Segler und Surfer ziehen jedes Jahr Urlauber an.

Falmouth war ein verschlafener Küstenort in Cornwall, kaum von anderen zu unterscheiden, bis Sir Walter Raleigh die strategischen Vorzüge des natürlichen Hafens entdeckte und den Ort für den Ausbau zu einem Kriegshafen mit Dockanlagen empfahl. Sein Freund, Sir Peter Killigrew, griff die Idee auf. Er gilt heute als Begründer des modernen Falmouth.

Killigrew gilt aber auch als einer der Vielen, die in Cornwall ihr Vermögen im Schmuggel und bei Piratenüberfällen machten. Bis zum Ende des 18. Jahrhunderts und noch zu Beginn des 19. Jahrhunderts erlebte das vor allem im Südwesten Englands verbreitete **Schmuggelwesen** eine regelrechte Blütezeit. In Aufzeichnungen über „Smuggling in Cornwall" liest man zum Beispiel, dass in nur einem Jahr annähernd 500.000 Galonen (rund 2,3 Mio. Liter) an Branntwein nach England geschmuggelt worden sein sollen. Von anderen ebenfalls extrem mit Steuern und Zöllen belegten Gütern wie Rum, Tee, Tabak oder Gin gar nicht zu reden.

Seinen touristischen Aufschwung nahm Falmouth mit der Anbindung an die Eisenbahn im Jahre 1863.

Im 18. Jahrhundert ankerten in Falmouth die Segelschiffe aus Amerika, die Post in die alte Heimat transportierten. Daher gab es in Falmouth auch eine wichtige Poststation, von der Kutschen in Richtung London abfuhren. 1788 wurde Falmouth offizielle Fracht- und Poststation, und im Jahre 1827 lieferten insgesamt 39 Schiffe Post in alle Welt aus. 1852 verlor Falmouth das Postrecht an Plymouth und Southampton.

Als die Segelschiffe nach und nach von Dampfschiffen abgelöst wurden, verlor auch der Hafen von Falmouth an Bedeutung. In Upton's Slip, einer kleinen Allee, die zum Hafen führt, kann man an zwei ausgestellten Galionsfiguren noch ein wenig die Herrlichkeit vergangener Segelschiffromantik nachspüren.

Personenfähren verbinden ganzjährig im Sommer alle zwanzig Minuten und im Winter alle Stunde – ausgehend vom Prince of Wales Pier und vom Custom House Quay [N50° 9' 8.46"   W5° 3' 54.49"] – Falmouth mit dem gegenüberliegenden St. Mawes, dem Seglerparadies auf der östlichen Seite der Mündungsbucht des Fal River, Fahrzeit 20 Minuten. Unterwegs hat man einen schönen Blick sowohl auf Pendennis Castle auf der Falmouthseite, als auch auf St. Mawes Castle gegenüber. Infos unter www.falriver.co.uk, Tel. +44 (0)13 26 74 11 94.

Darüber hinaus starten zwischen Ostern und Oktober ab Prince of Wales Pier **Bootsauflüge** der Enterprise Boats auf dem River Fal bis hinauf nach Truro Town Quay, mit Stopps bei Trelissick Gardens und Malpas. Im Sommer verkehren die Boote ab Falmouth um 9, 10.30, 12.15, 13.15 und 16.30 Uhr (Änderungen möglich!). Infos unter www.falriver.co.uk/ferries/enterprise-boats/. Tel. (01326) 741 194.

Zentrumsnahe **Parkplätze in Falmouth: Town Quarry Car Park [N50° 9' 19.33"   W5° 4' 25.88"]**, Quarry Hill, in der Nähe des Prince of Wales Pier und der Tourist Information.

Church Street Car Park [WP 202 / N50° 9' 18.52" W5° 4' 5.44"], Church Street, Ecke Fish Strand Quay, ca. 200 m südöstlich der Tourist Information, ebenfalls ein für Stadtbesichtigungen günstig gelegener Parkplatz am Ostrand der Stadt.

Weitere **Parkplätze – Grove Place [N50° 9' 4.05" W5° 3' 50.67"]** und **Maritime Car Park [N50° 8' 59.56" W5° 3' 46.15"]** – findet man an der Arvenack Street, Nähe Discovery Dock und National Maritime Museum Cornwall.

Der alte Teil der Stadt liegt in Hafennähe, hier finden sich einige interessante Sehenswürdigkeiten:

Die Kirche **King Charles the Martyr Church [N50° 9' 11.77" W5° 4' 3.13"]** in der Church Street wurde 1662 eingeweiht, das Arwenack House am Grove Place gilt als ältestes Haus in Falmouth stammt aus dem 14. Jh. und war im 16. Jh. Residenz von Sir John Killigrew, erster Gouverneur von Pendennis Castle, der Burg, die König Henry VIII. 1543 erbauen ließ, um die Hafeneinfahrt nach Falmouth zu überwachen.

Pendennis Castle [Parkplatz, WP 203 / N50° 8' 55.96" W5° 2' 55.40"] ist eine historische Festungsanlage an der Hafeneinfahrt von Falmouth Harbour, die schon vor 450 Jahren in der Tudor-Epoche ihren Dienst tat. Seitdem wurde Pendennis Castle immer wieder erweitert und durch Geschützbastionen ergänzt, um den veränderten verteidigungsstrategischen Anforderungen gerecht zu werden.

Abwechslung für die ganze Familie verspricht das **Ships & Castles Leisure Centre [Parkplatz, N50° 8' 59.22" W5° 3' 5.46"]**, Castle Drive, Pendennis Headland, eine große Badelandschaft mit Wellenbad, Spa Pools, Wasserrutschen etc. etc. (geöffnet Mo – Fr 7 – 21.30 Uhr, Sa + So 8 – 17 Uhr; www.better.org.uk/leisure-centre/cornwall/ships-and-castles/.

Im **Pendennis Castle Museum** gibt es Ausstellungen zur siegreichen Verteidigung während einer Belagerung im Royalist Civil War und man erhält Einblick in das Garnisonsleben im 20. Jh. u. ä. (geöffnet im Sommer tgl. 10 – 17 Uhr; im Winter Sa + So 10 – 16 Uhr; English Heritage). Von den Festungsmauern und von dem unterhalb gelegenen **Parkplatz am Pendennis Point [WP 204 / N50° 8' 40.78" W5° 2' 38.13"]** am Castle Drive hat man einen schönen Panoramablick über die Küstenlinie.

Am alten Custom House Quai, Quai Street in Höhe der Arwenack Street, kann man „The King's Pipe", einen Schornstein aus der Schmugglerzeit bewundern, eine Eigenheit vergangener Zeiten, als die Zöllner in einem Kamin Schmuggelware verbrannten.

Wer sich für die Geschichte der maritimen Vergangenheit von Falmouth interessiert, sollte das **National Maritime Museum Cornwall [N50° 9' 4.17" W5° 3' 49.65"]**, Cambeltown Way, Discovery Quay, besuchen (geöffnet tgl. 10 - 17 Uhr; www.nmmc.co.uk; nahe Parkplätze Grove Place und Maritime Car Park s. o.). Das Regionalmuseum mit seinem markanten, runden, einem Leuchtturm nicht unähnlichen Aussichtsturm befasst sich mit der Geschichte des Hafens und mit der Post- und Paketschifffahrt.

Einen Besuch wert ist die **Falmouth Art Gallery [N50° 9' 21.00" W5° 4' 20.43"]**, Municipal Building, The Moor, mit Werken vornehmlich englischer Künstler wie Thomas Gainsborough, Laura Knight, John Singer Sargent oder Charles Napier Hemy. Besonders stolz ist man auf „The Lady of Shalott", gemalt von John William Waterhouse.

Einige Meilen südlich von Falmouth liegen südlich von Mawnan Smith zwei besuchenswerte Gartenanlagen:

Die um 1820 angelegten **Glendurgan Gardens [N50° 6' 34.01" W5° 6' 58.61"]** (geöffnet März - Okt. Di - So 10.30 - 17.30 Uhr; www.nationaltrust.org.uk/glendurgan-garden) mit einem fast 200 Jahre alten Irrgarten und **Trebah Garden [N50° 6' 24.89" W5° 7' 18.00"]**, ein enges Tal am Helford River mit Dschungelpflanzen, 100jährigen Farnen, prächtigen Rhododendronbüschen, Magnolien, Camelien und subtropischem Garten mit Wasserfall *(geöffnet tgl. 10 – 16 Uhr, letzter Einlass 1 Stunde vor Schließung; www.trebahgar-* den.co.uk). Picknickmöglichkeiten am Strand Polgwidden Cove.

PRAKTISCHE HINWEISE – FALMOUTH

Falmouth Tourist Information Centre/Fal River Visitor Informaton Centre [N50° 9' 22.86" W5° 4' 15.66"], 11 Market Street, Prince of Wales Pier, Falmouth, TR11 3DF, Tel. +44 (0)13 26 74 11 94; www.falmouth.co.uk. *Geöffnet tgl. 10 - 16 Uhr.*

PUBS UND RESTAURANTS

Grapes Inn, 64 Church Street, Tel. +44 (0)13 26 31 47 04; am Hafen gelegenes Pub mit alter Tradition, großem Biersortiment und Pub Food. Ein großer öffentlicher Parkplatz findet man nahebei. Freitags Live-Music.

The Seven Stars, 1 The Moor, Tel. +44 (0)13 26 31 21 11; www.thesevenstardsfalmouth.com; es ist das älteste Pub in Falmouth und befindet sich in einem denkmalgeschützten Haus. Bier, Wein, Whisky und Cider gehören zum Getränkerepertoire des Hauses und bestens speisen kann man ebenfalls.

The Prince of Wales, 4 Market Strand, Tel. +44 (0)13 26 31 11 14; www.princeofwales-falmouth.co.uk; typisches Pub mit großer Bierauswahl und Pub-Food wie Fish & Chips, Burger, Salate, etc. Freitags und samstags Live-Music.

Harbour View, 24 Arwenack Street, Tel. +44 (0)13 26 31 53 15; www.harbourdining.com; Restaurant, Café & Bar nennt sich das Lokal am Hafen mit modernem Ambiente, serviert wird täglich vom Frühstück bis zum Abendessen.

Rick Stein's Seafood Bar, Discovery Quay, Tel. +44 (0)18 41 53 27 00; www.rickstein.com; beim National Maritime Museum Cornwall gelegen, ist es das Lokal in Falmouth mit der Spezialität Stein's Fish & Chips, wahrscheinlich die besten der Stadt, aber auch die Moules Marinière oder die gegrillte Seebrasse bleiben in guter Erinnerung. Öffentliche Parkplätze nahebei.

CAMPING

Meanporth
Camping Pennance Chalet & Mill Farm [WP 205 / N50° 8' 4.07" W5° 5' 34.32"], Tel. +44 (0)13 26 31 74 31; www.chycor.co.uk/camping/pennance-mill/; Ostern – Nov.; von Falmouth südwestwärts über Swanpool ca. 3,5 km Richtung Maenporth, beschilderte Zufahrt ca. 600 m nördlich von Maenporth; schattenlose Wiesen, teils mit befestigten Stellplätzen; 3 ha – 70 Stpl.; einfache Sanitärausstattung.

ROUTE: *Von Falmouth zurück bis zum Abzweig der A394, der wir südwestwärts bis* **Helston** *folgen.*

Wer sich für Cornwalls Bergbaugeschichte interessiert, kann kurz vor Hels-ton nordwärts auf die B3297 Richtung **Wendron** abzweigen. Dort findet man die **Poldark Mine [N50° 8' 19.08" W5° 14' 35.81"]**, eine Zinnmine aus dem 18. Jh., Führungen durch die teils recht engen Bergwerksstollen, Museum, Parkplatz *(geöffnet Apr. - Okt. Mi - Sa 10 - 13.30 Uhr, Führungen um 11, 12.15, 14 Uhr; www.poldarkmine.org.uk).*

Die Marktstadt **Helston**, eine bunte Mischung aus steilen Straßen, alten Steinhäusern und modernen Gebäuden, war bis ins 13. Jahrhundert hinein ein wichtiger Hafen, bis die Sandbank „Loe Bar" die Hafenzufahrt versperrte.

Heute ist „The Loe" ein hübscher Lagunensee, in den nach einer alten Legende Sir Bedivere König Arthur's Schwert Excalibur nach dessen Tod versenkt haben soll.

Im Zusammenhang mit dieser Legende werden aber auch andere Seen in Cornwall genannt.

Nachdem Helstons Hafen unbrauchbar geworden war, verlagerte sich die Schifffahrt weiter ostwärts nach Gweek am Helford Fluss.

Helston war früher die Stadt, in der das geschürfte Zinn von Cornwall gewogen und taxiert wurde.

1762 wurde die Gemeindekirche **St. Michael's** durch den Earl of Godolphin wieder aufgebaut, nachdem ein Blitzschlag die alte Kirche zerstört hatte. Auf dem Friedhof bei der Kirche liegt Henry Trengrouse begraben, der einen raketenangetriebenen Apparat erfand, mit dem die Seenotrettungsleute Rettungsleinen auf havarierte Schiffe hinüberschießen konnten.

In Helston steht auch das Geburtshaus des einzigen englischen Boxweltmeisters im Schwergewicht, „Fighting" Bob Fitzsimmons, der 1897 den Titel gegen Jim Corbett gewann.

Immer am 8. Mai um 7 Uhr in der Früh beginnt Helstons **Flora Day**, der das jährliche **Furry Dance Festival** einleitet. Elegant gekleidete Tänzer bewegen sich durch die Straßen und tanzen sogar in die blumengeschmückten Häuser der Einwohner hinein.

Besichtigen kann man das **Helston Folk Museum** im Market House **[N50° 6' 3.61" W5° 16' 28.24" - Parkplatz dazu N50° 6' 2.05" W5° 16' 20.85"]**. Es befasst sich mit der cornischen Kultur des 19. und 20. Jh. (geöffnet Mo – Sa 10 – 16 Uhr; https:museumofcornishlife.co.uk).

Zu Helston gehört auch der Freizeitpark Flambards Experience, www.flambards.co.uk.

Helston Tourist Information Point, Helston Museum, Market Place, Helston, TR13 8TH, Tel. +44 (0)13 26 56 40 27. Geöffnet Mo - Sa 10 - 16 Uhr.

Ein beliebtes Pub in Helston ist das „Blue Anchor", das vor allem für seine Ales gelobt wird.

Bei **Gweek**, einige Meilen östlich von Helston am Ende der schmalen Helford-Bucht gelegen, kann das **Cornish Seal Sanctuary [N50° 5' 43.08" W5° 12' 20.00"]** besichtigt werden, eine Rettungs- und Rehabilitierungsstation für verunglückte Robben, Seehunde, Pinguine und Seeotter, Parkplatz (geöffnet tgl. 10 - 17 Uhr, letzter Einlass 1 Stunde vor Schließung; www.sealsanctuary.co.uk).

Abstecher auf die Halbinsel Lizard Peninsula

*ROUTE: Von Helston auf der A3083 südwärts Richtung **Lizard**. Unterwegs passiert man schon kurz hinter Helston den Abzweig nach **Gweek** (s. o.) und der B3293, die nach Südosten nach **St. Keverne** an der Ostküste der **Lizard Halbinsel** führt, mit einem Abzweig südwärts nach **Coverack** unweit der Klippenküste am Kap Black Head.*

Auf dem Weg über die A3083 nach Lizard zweigt wenige Meilen vor Lizard eine schmale Stichstraße ostwärts nach Ruan Minor ab. **Cadgwith [Parkplatz, N49° 59' 22.14" W5° 11' 1.81"]** bei Ruan Minor entpuppt sich als kleines Fischerdorf. Die Fischer von Cadgwith fangen mit ihren kleinen Booten, die gelegentlich zur Ausbesserung auf dem Kieselstrand liegen, Krebse und Hummer. Reetgedeckte Cottages schmiegen sich um die Bucht.

Südlich des Ortes, zu dem eine schmale Straße hinunterführt, liegt am ausgeschilderten Küstenwanderweg Cornwall Coast Path in der Bucht ein natürliches Felsbassin, das von den Fluten des Meereswassers gefüllt wird. „The

CAMPING – COVERACK

Camping Little Trevothan C & C Park [WP 206 / N50° 1' 8.12" W5° 6' 50.66"], Tel. +44 (0)13 26 28 02 60; www.littletrevothan.com; 1. März – 31. Okt.; von Helston zunächst auf der A3083 an der Culdrose Air Base vorbei und auf die B3293 ostwärts abzweigen, ca. 10 km weiter Richtung Coverack, dann noch ca. 1,5 km westwärts zur Platzeinfahrt; ebenes Wiesengelände; ca. 3 ha – 50 Stpl.; einfache Standard-Sanitärausstattung. Waschmaschine, Trockner. V & E für Wohnmobile. Mietbungalows.

Cadgwith. Foto: VisitBritain

Devil's Frying Pan", des „Teufels Bratpfanne" nennen es die Einheimischen.

Etwas weiter nördlich rauscht ein reißender Bach vorbei, der ein Wasserrad antreibt, welches in vergangenen Zeiten die Maschinen für einen Steinbruch antrieb. In dem Steinbruch wurde der örtliche „Serpentine Rock" gebrochen. Die Gemeindekirche von Ruan Minor, oberhalb von Cadgwith, wurde teilweise aus diesem Felsstein gebaut

The **Lizard Peninsula** ist der südlichste Teil Englands. Die Halbinsel hat ihren Namen von den Worten „lis" (Palast) und „ard" (hoch), eine angemessene Bezeichnung also für die hohen Klippen und Felsspitzen, die sich bis Lizard Point hin erstrecken.

Die unberechenbare See und viele Untiefen haben dem Landstrich aber auch ein sinistres, unheilvolles Image verliehen. Nirgendwo haben mehr Menschen als Schiffbrüchige ihr Leben lassen müssen als an diesem Küstenabschnitt Cornwalls.

The Lizard ist längst nicht so dicht bevölkert wie die Gebiete weiter östlich oder weiter westlich.

Den größten Teil der Halbinsel bilden die Goonhilly Downs bei Helston, die für die riesigen Antennenschüsseln bekannt sind, die der Satelitenkommunikation dienen.

Zwischen Mai und Juni explodieren in dieser Landschaftsregion förmlich die bunten Farben der Blütenpracht, und die eigentlich eher eintönige Heidelandschaft wird zu einem Blütenmeer. Im Winter dagegen beherrschen Atlantikstürme und kalte Nebelschwaden die Landschaft, die dann zu einem unwirtlichen Ort wird, den man gerne meidet.

Die streckenweise etwas enge Straße A3038 zum **Lizard Point** endet an einem kostenpflichtigen **Parkplatz [WP 207 / N49° 57' 39.42" W5° 12' 15.60"]** in der Nähe des Lizard Lighthouse. Nach Auskunft bei unserem letzten Besuch werden auf dem Parkplatz nur Fahrzeuge bis Kastenwagengröße und keine Caravans akzeptiert. Wer also mit einem größeren Fahrzeug unterwegs ist, parkt besser bereits auf dem Parkplatz in Lizard. Von dort ist es nur ein knapper Kilometer zum Lizard Lighthouse.

Lizard Lighthouse Heritage Centre [N49° 57' 37.14" W5° 12' 10.01"], ein Leuchtturm von 1619, 1751 erneuert, beherbergt heute im ehemaligen Maschinenraum ein Heritage Centre mit interessanten Ausstellungen zum Leuchtturmwesen in England. Der rund 20 m hohe Leuchtturm, dessen Lichtkegel bei optimalen Bedingungen 48 km weit auf See zu sehen ist, kann gegen Gebühr bestiegen werden *(geöffnet 1. Mai - 22. Sept. So - Do 11 - 17 Uhr; www.visitcornwall.com/things-to-do/attractions/west-cornwall/helston/lizard-lighthouse-and-heritage-centre/).*

Schon in früher Zeit waren die Gewässer rund um Lizard Point bei den Seefahrern ob ihrer tückischen Klippen und Strömungen sehr gefürchtet und die Notwendigkeit für ein Leuchtfeuer zur Navigationshilfe war lange erkannt. Aber erst zu Beginn des 17. Jh. reiften Pläne für einen Leuchtturm. Allerdings hatte die Admiralität große Befürchtungen, dass durch ein Leuchtfeuer Piraten und Invasoren aus Frankreich und Spanien der Weg an die englische Küste erleichtert werden könnte.

Aufgrund der großen Verluste an Schiffen, Frachtgütern und Mannschaften vor Lizard Point wurde schließlich die Genehmigung zum Bau eines Leuchtturms erteilt, allerdings mit der Auflage, dass bei anrückenden fremden Schiffen, das Leuchtfeuer sofort gelöscht werden musste.

Vom Parkplatz und vom Lizard Lighthouse führen Fußwege zum nahen Lizard Point, dem südlichsten Punkt Großbritanniens. Die Aussicht auf die Felsküste ist eindrucksvoll. Neben diversen Souvenirläden finden Sie hier den „Most Southerly Kiosk" mit Café und Terrasse.

Man kann noch ein Stück weiter hinab in eine von dunklen, schroffen Felsen umgebenen Bucht zur alten Rettungsboot-Station gehen.

Kynance Cove [Parkplatz, WP 208 / N49° 58' 26.46" W5° 13' 28.44"] liegt rund 4 km/2,5 mls nordwestlich des Kaps Lizard Point. Die Felsküste dort wird von Vielen als schönste Küste Cornwalls beschrieben. Zwar gelangt man auf enger Straße zum Parkplatz an der Kynance Cove, vor allem bei gutem Wetter empfiehlt es sich aber, um in den Genuss dieser landschaftlichen Schönheit zu kommen, sich vom Lizard Point aus auf einen etwas längeren Spaziergang auf dem Cornwall Coast Path einzulassen. Allerdings sollte es in den Tagen zuvor nicht dauernd geregnet haben,

Lizard Lighthouse. Foto: VisitBritain/David Shepherd

Am Lizard Point

denn dann verwandelt sich der Fußweg leicht in einen matschigen Pfad.

Kurz nach Lizard Point erreicht man auf dem Fußpfad Pistol Meadow, dessen Gebiet dem National Trust gehört. Von hier aus hat man einen schönen Blick zurück auf den Leuchtrum von Lizard Point. Der Wanderweg führt hoch über dem Meer am Klippenrand entlang, bis man nach insgesamt etwa 4 km die Bucht von Kynance erreicht (Kynance Café, Toiletten).

Auf engen Stufen steigt man hinunter zum Strand. Die rund 60 m hohen, pyramidenförmigen Felsklippen und die steilen Felsen des Serpentine Rock in der Bucht von Kynance schimmern in fast allen Regenbogenfarben von Rot über Grün bis Purpur. Zahlreiche andere Buchten mit so phantasievollen Namen wie „Lackes' Bathing Pool" oder „Des Teufels Briefkasten" liegen nahebei. Selbst Albert von Sachsen-Coburg und Gotha, Prinzgemahl von Königin Victoria, tat Kynance Cove Mitte des 19. Jahrhunderts die Ehre seines Besuches an.

Auf der kleinen, vorgelagerten Insel Asparagus Island wächst die Spargelpflanze so üppig, dass man das Eiland gleich nach ihr benannte. Auf der Spargelinsel steht ein einzelner Felsen, den

man „Devil's Bellow" nennt. Die Wellen dringen unten am Fuß in eine Felsöffnung ein und sprudeln unter lautem Getöse oben aus dem Felsen wieder heraus, ein kleines Naturschauspiel.

Will man auf dem Rückweg den etwas mühsamen Treppenaufstieg vermeiden, kann man dem Schild „Zum Parkplatz ohne Treppen" folgen, das einen leichteren Anstieg auf einem Schotterweg verspricht.

Auf dem Weg von Lizard zurück nach Helston zweigt die B3296 westwärts ab ins nahe **Mullion**. Etwas nordwestlich des Ortes findet man oberhalb der Poldhu Cove mit einladendem Strand das **Marconi Centre [Parkplatz, N50° 1' 52.16" W5° 15' 48.38"]**, ein kleines Museum über die ersten Versuche des italienischen Nobelpreisträgers *Guglielmo Marconi* (1874 – 1937), 1901 Informationen drahtlos über den Atlantik nach St. John's in Neufundland zu senden (*geöffnet Mai, Juni + Sept. So + Mi 13.30 - 16.30 Uhr, Di + Fr 19 - 21 Uhr; Juli + Aug. So, Mi + Do 13.30 - 16.30 Uhr; Okt. - Apr. So 13.30 - 16.30 Uhr, Di + Fr 19 - 21 Uhr; National Trust; www.marconi-centre-poldhu. org.uk*). Ein Denkmal in der Nähe erinnert an den Radio- und Funkpionier.

CAMPING – LIZARD PENINSULA

Lizard
Camping Henry's Camp Site [WP 209 / N49° 58' 7.33" W5° 12' 22.09"], Tel. +44 (0)13 26 29 05 96; www.henryscampsite.co.uk; Apr. – Nov.; auf der A3083 von Helston nach Lizard, Platz liegt am Westrand von Lizard; kleine Wiese hinter Wohnhäusern; 1 ha – 30 Stpl.; einfache Sanitärausstattung.

Cury Cross Lanes
Camping Franchis Holiday Camp Site [WP 210 / N50° 2' 19.33" W5° 13' 10.87"], Cuty Cross Lanes, Tel. +44 (0)13 26 24 03 01; https://franchis.co.uk; 6. Apr. – 1. Okt.; an der A3083 ca. 6 km nördlich von Lizard gelegen; leicht geneigtes Wiesengelände von Wald umgeben; 2 ha – 40 Stpl.; einfache Sanitärausstattung.

Mullion
Camping Mullion Holiday Park [WP 211 / N50° 1' 16.01" W5° 12' 53.03"], Ruan Minor, Tel. +44 (0) 330 12 34 850; www.parkdeanholidays.co.uk; Ende März – Ende Okt.; von Helston auf der A3083 Richtung Lizard bis Penhale, Nähe Abzweig nach Mullion; ebenes Wiesenrund bei einem ausgedehnten Mobilhomepark; 20 ha – 100 Stpl.; Standard-Sanitärausstattung. Nebenan großer Vergnügungspark.

HAUPTROUTE

ROUTE: *Zurück in* **Helston** *folgt man der A394 westwärts über* **Marazion** *und vorbei am* **St. Michael's Mount** *nach* **Penzance** *auf der* **Halbinsel Penwith**.

Wer ein Fable für kleine Fischerorte hat, zweigt gleich westlich von Helston auf die schmale B3304 nach **Porthleven [Parkplatz, N50° 5' 9.06" W5° 18' 57.56"]** ab, das für seinen tiefen Hafen bekannt ist. Die Parkmöglichkeiten dort sind allerdings schlecht.

West Wharf aus dem 19. Jahrhundert und das große Harbour House aus dem 18. Jahrhundert zeugen noch von der einstigen Bedeutung von Porthleven als Hafenstadt.

Über die eindrucksvolle Fassade der **Wesleyan Kapelle**, die 1890 errichtet wurde, machten sich die Einheimischen in einem satirischen Gedicht lustig, in dem es sinngemäß heißt: „Sie bauten die Kirche, so schön wie eine Abtei, aber dann wollten sie den lieben Gott beschummeln und schufen den hinteren Teil nur schäbig".

Porthleven Sands, der 3 km lange Strand von Porthleven, besteht aus zerriebenen Muschelschalen.

Vor der Küste bei Marazion liegt in der Mount's Bay die markante, 70 m hohe Felsinsel **St. Michael's Mount [N50° 7' 7.77" W5° 28' 36.41"]** mit seinem burgähnlichen Mansion House. Vor allem von Osten her betrachtet erinnert die Insel an den Mont St-Michel in der Normandie, ist aber doch nicht ganz so imposant.

Vom **Parkplatz [WP 212 / N50° 7' 26.61" W5° 28' 33.55"]** am Rand von Marazion geht man zum Bootsanleger. Von dort setzt man über zum Anwesen „The Lodge" (Sail Loft Restaurant, Island Shop, Cafeteria, Toiletten) auf die Insel St. Michael's Mount.

Nur bei Ebbe ist der St. Michael's Mount auch zu Fuß auf einem Pflasterweg zu erreichen (ca. 600 m). *Geöffnet Schloss: 24. März - 28. Juni + 1. Sept. - 1. Nov. So - Fr 10.30 - 17 Uhr, 30. Juni - 30. Aug. So - Fr 10 -17.30 Uhr; Gärten: 15. Apr. - 28. Juni + 5. Sept. - 27. Sept. Mo - Fr 10.30 - 17 Uhr; 4. Juli - 30. Aug. Do + Fr 10 - 17.30 Uhr; 4. Nov. - 18. Dez. Mo - Mi nur mit Führungen um 10.30, 11.30, 13.30, 14.30 Uhr; letzter Einlass 1 Stunde vor Schließung; St. Michael's Mount ist in der Obhut des National Trust; www.stmichaelsmount. co.uk.*

In der Ferienzeit oder an Wochenenden ist der relativ kleine Parkplatz in Marazion rasch belegt. Zwei größere **Parkplätze [N50° 7' 35.82" W5° 28'**

St. Michael's Mount

41.78"] liegen westlich von Marazion an der Longrock Road, der westlichen Zufahrtsstraße nach Marazion.

Nach einer alten Legende soll St. Michael's Mount vor Urzeiten von dem Riesen „Cormoran" als dessen Wohnsitz geschaffen worden sein. Von dort watete er zum nahen Ufer, um von den Bauern Schafe und Rinder zu stehlen. Eines Tages aber schlich sich ein mutiger Bauernjunge auf die Insel, grub des Nächtens an der Nordseite ein tiefes Loch in den Felsen und blies am nächsten Morgen in sein Jagdhorn, um den schlafenden Riesen zu wecken. Dieser rannte voller Wut über die Störung hinab und stürzte, von der Sonne geblendet, in die Grube und brach sich den Hals. Die dankbaren Bauern verliehen dem mutigen jungen Mann daraufhin den ehrenvollen Beinamen „Jack the Giant Killer". Und darüber gibt es auch ein Volkslied.

Eine andere Legende bringt den St. Michael's Mount in Verbindung mit der Artus Sage. Nicht in den Bereich der Legende gehört, dass schon keltische Prie-

ster auf dem kleinen Eiland, das einen Umfang von gerade mal einer Meile hat, ein Kloster anlegten, das dann William the Conqueror nach 1066 Benediktinermönchen übergab. Sie schufen um 1135 durch umfangreiche Umbauten dann das bekannten Kloster und weihten es dem Erzengel und Teufelsbezwinger St. Michael. Schon bald gehörte St. Michael's Mount zu den wichtigen Stationen der englischen Pilger auf ihrem Weg in den spanischen Wallfahrtsort Santiago de Compostela.

König Henry VIII. wandelte den kirchlichen Ort in eine der vielen Küstenfestigungen um. Die Mönche wurden kurzerhand vertrieben. Seit 1654 bewohnte St. Michael's Mount die Familie St. Aubyn, bis 1954 der National Trust das Gelände übernahm. Zu besichtigen sind u. a. die Abteikirche sowie die Salons und Räumlichkeiten der früheren Bewohner St. Aubyn.

Rosamunde Pilcher verwendete St. Michael's Mount gleich in zweien ihrer Romane als Schauplatz, 1995 in „Wolken am Horizont", der teilweise auch in Tru-

CAMPING – ROSUDGEON BEI ST. MICHAEL'S MOUNT

Camping Kenneggy Cove Holiday Park [WP 213 / N50° 6' 30.74" W5° 24' 46.33"], Higher Kenneggy, Tel. +44 (0)17 36 76 34 53; www.kenneggycove. co.uk; 17. Mai – 30. Sept.; von A394 (Penzance – Helston) östl. St. Michael's Mount in Kennegy Downs Abzweig südwärts und noch ca. 900 m schmale Zufahrtsstraße zur Platzeinfahrt; Wiesengelände mit Büschen und Bäumen aufgelockert und von hoher Hecke umgeben, in ruhiger, ländlicher Umgebung mit Blick auf die Küste; 1,5 ha – 50 Stpl.; Standard-Sanitärausstattung. Laden, Imbiss, Waschmaschine, Trockner. V & E für Wohnmobile.

ro spielt und im Zweiteiler „Heimkehr" von 1997.

Die Halbinsel **Penwith Peninsula**, an deren Ostseite Penzance liegt, ist nur knapp 8 km breit. Ein geübter Wanderer kann innerhalb von ein bis zwei Stunden von der Kanalküste, an der eine eher milde Brise weht, zur rauen Atlantik-küste kommen, wo der Wind stets kräftig durch die Kleidung bläst.

Penzance liegt am westlichen Ende der St Michael's Bay. Das Klima hier ist gewöhnlich so mild, dass in den „Morrab Gardens" („morrab" war das alte Cornish-Wort für Küste) mit seinem Morrab House von 1840 (damals die Stadtvilla eines wohlhabenden Brauereibesitzers, heute Public Library) und dem Musikpavillon aus viktorianischer Zeit nahe der Western Promenade Road an der Seafront, sogar subtropische Pflanzen und Palmen gedeihen.

Im 14. Jahrhundert erhielt Penzance Marktrechte, im 17. Jahrhundert Stadtrechte. 1595 wurde der Ort von spanischen Seeleuten heimgesucht, die alle Häuser niederbrannten und ausraubten. 1769 gehörte sogar der Bürgermeister von Penzance zu den berüchtigtsten Schmugglern von Cornwall.

1778 wurde *Sir Humphry Davy* in Penzance geboren, der sich als Erfinder der Gruben-Sicherheitslampe einen Namen gemacht hat, obwohl er ein viel bedeutenderer Chemiker war. Ein Denkmal in der Market Jew Street erinnert an den großen Sohn der Stadt.

Als die Eisenbahn nach Cornwall kam, erhielt Penzance den westlichsten Anschluss. Mit seinen etwa 22.000 Einwohnern ist Penzance noch heute die Hauptstadt des äußersten Südwestens von Cornwall.

Das Stadtzentrum und die Haupteinkaufsgegend von Penzance erstreckt sich um die Market Jew Street.

Und die Fähr-, später auch Flugverbindungen zu den 50 km entfernten Isles of Scilly und der regelmäßige Blumenimport von den Scilly-Inseln sind noch heute wichtige Faktoren für die wirtschaftliche Bedeutung von Penzance.

Einen großen, recht zentralen **Parkplatz [WP 214 / N50° 7' 10.05" W5° 31' 58.47"]** findet man in Penzance unweit südlich der Tourist Information zwischen Bahnhof und Yachthafen in der Wharf Road.

Zu den wenigen Sehenswürdigkeiten von Penzance gehört in erster Linie das **Penlee House Museum & Gallery [N50° 6' 59.21" W5° 32' 22.28"]**, Morrab Road (*geöffnet 1. Apr. - 31. Okt. tgl. 10 - 17 Uhr; 1. Nov. - 31. März tgl. 10 - 16.30 Uhr, letzter Einlass 30 Min. vor Schließung; www.penleehouse.org.uk*). Dem Regionalmuseum, das sich in einem viktorianischen Stadthaus aus dem Jahre 1865 in einem weitläufigen Park befindet, ist eine sehenswerte Kunstgalerie angeschlossen. Dort hängen Bilder aus der weltberühmten Newlyn-Schule sowie Werke aus der Zeit des 19. und 20. Jahrhunderts von Künstlern vornehmlich aus West Cornwall. Auch ein Modell der nördlich von Penzance gelegenen prähistorischen Stätte von Chysauster (s. u.) wird ausgestellt.

Das **Egyptian House**, in der Chapel Street, 1836 von John Lavin, einem Geologen aus Penzance, erbaut, wirkt mit seinem orientalischen Äußeren und seinen vielen dekorativen Baustilen ein wenig fremd im Stadtbild. Der Architekt des Hauses, John Foulston, wurde damals einem verbreiteten Zeitgeschmack und einer in ganz Westeuropa grassierenden „Egyptomanie" gerecht und er soll sich bei der Gestaltung der Hausfassade an der berühmten Egyptian Hall in Piccadilly (London) orientiert haben.

Im **Chysauster Ancient Village [N50° 6' 58.52" W5° 31' 51.48"]** östlich von Newmill und ca. 6 km nördlich von Penzance gelegen, sind Reste einer frühen Siedlung aus der Keltenzeit, die vermutlich schon vor weit über 2.000 Jahren hier existierte, zu finden *(geöffnet Apr. - Juni + Sept. tgl. 10 - 17 Uhr; Juli + Aug. tgl. 10 - 18 Uhr; Okt. tgl. 10 - 16 Uhr; www.eng-lish-heritage.org.uk/chysauster-ancient-village/).* Die aus Stein errichteten ringförmigen Wohnstätten, die sog. „courtyard houses", dieser frühen Siedler sind bislang nur in der Gegend von Land's End und auf den Isles of Scilly gefunden worden. Die archäologische Stätte ist heute in der Obhut von English Heritage.

Newlyn, unweit südlich von Penzance gelegen, ist ein emsiger Fischerhafen mit kleinen Cottages, die sich einen Hügel hinaufziehen. In dem größten Fischereiort Südwest Englands gibt es einen wunderbaren Fischmarkt. Speisefisch kann man hier noch fangfrisch kaufen. Der Besuch eines der zahlreichen Fischlokale ist hier sehr zu empfehlen.

Die ersten Künstler entdeckten Newlyn schon vor hundert Jahren. Dame Laura Knight, Stanhope Forbes oder Frank Bramley sind Namen von Kunstschaffenden, die eng mit dem Ort verbunden sind und die „Schule von Newlyn" begründeten, später aber nach St. Ives weiterzogen.

Für Interessierte lohnt ein Besuch in der **Newlyn Art Gallery & The Exchange**, New Road. Bedeutende Galerie mit Werken aus der Newlyn-School (geöffnet im Sommer Mo - Sa 10 - 17 Uhr; im Winter Di - Sa 10 - 17 Uhr; www.newlynartgallery.co.uk/).

Ungefähr 5 km südlich des Ortes steht eine Gruppe von Steinen aus der Bronzezeit, von denen die Legende erzählt, dass es sich um Jungfrauen handelt, die mit ihrer Versteinerung bestraft worden waren, weil sie am Sonntag verbotenerweise tanzten. Wie Penzance und Mousehole wurde auch Newlyn 1595 von marodierenden spanischen Seeleuten überfallen und verwüstet.

Mousehole (von Einheimischen ausgesprochen klingt der Ortsnamens wie „Maushähl") auf der Halbinsel Penwith an der Westseite der Mount's Bay liegt knapp 5 km südlich von Penzance und hat sich seinen Charakter als altes Fischerdorf bewahren können. Um den kleinen Hafen herum stehen Häuser aus braun-grauem Granit, bei Ebbe liegen die Fischerboote im Schlick.

1595 landeten 200 den Engländern entkommene, marodierende Spanier auf 4 Galeonen in Mousehole, brannten den Ort nieder und vergewaltigten alle Frauen. 400 andere Spanier überfielen Newlyn und Penzance, bis Sir Francis Godolphin zu Hilfe eilte und die Spanier schließlich abzogen.

1777 starb in Mousehole Dolly Pentreath, von der man annahm, dass sie die letzte Frau war, die noch die alte Cornish-Sprache sprach, die sich in dieser Region am längsten behaupten konnte. Auf einem Hügel in Paul bei der Gemeindekirche über dem Ort liegt ihr Grab.

Traurige Berühmtheit erlangte Mousehole im Winter 1981, als der Seenotrettungskreuzer von Mousehole bei Orkan auslief, um einem havarierten Frachter zu Hilfe zu kommen. Aber alle Besatzungsmitglieder wurden ein Opfer der rauen See.

Kenner der Pubszene zählen das „Ship Inn" am Hafen von Mousehole zu den besten Pubs in Cornwall; www.shipinnmousehole.co.uk.

*ROUTE: Von Penzance westwärts über **Cross-an-Wra** zur A30, der wir über **Sennen** (Strand, Strandparkplatz [N50° 4' 40.75" W5° 41' 56.91"], Wanderung auf dem South West Coast Path zum Kap Land's End, ca. 2 km) bis **Land's End** folgen.*

Land's End [großer Parkplatz , WP 215 / N50° 3' 56.17" W5° 42' 44.28"], Englands südwestlichster Festlandspunkt ist das Touristenziel in Cornwall schlechthin und wird entsprechend stark besucht und vermarktet. Kaum ein Ort Englands wird während des ganzen Jahres von so vielen Touristen heimgesucht.

Lassen Sie sich aber von den „Amusements" und Souvenirläden, Restaurant und Hotels im Eingangsbereich des Land's End Centres nicht abschrecken. Die prächtige Klippenküste mit ihren berühmten Felsen, die steil ins Meer stürzen und die man nach einem kurzen Fußweg erreicht, ist beeindruckend. Der gesamte Küstenabschnitt gehört heute dem National Trust.

Der Eintritt nach Land's End ist frei. Es wird lediglich eine Parkplatzgebühr erhoben. Eintritt wird zu den Attraktionen und Filmen im Land's End Cen-

Land's End, rechts oben das „First and Last House"

tre verlangt; *www.landsend-landmark. co.uk*.

Land's End (cornish „Penn-an-Wras"), das schon den Römern als *Bolerium* (Thron des Sturms) bekannt war, besteht aus massiven, bräunlich-grauen Granitfelsen, die dramatisch ins Meer hinabstürzen. Selbst die täglichen Besuchermassen können der Landschaft nichts von ihrer einmaligen, faszinierenden Atmosphäre nehmen.

Wer es einrichten kann, sollte in der Ferienzeit am frühen Morgen oder am späten Abend hierher kommen, wenn kaum ein anderer Besucher die friedvolle Ruhe und den Ausblick auf den 2,5 km entfernten, auf einem einsamen Felsen im Atlantik aufragenden, 22 m hohen Leuchtturm Longships Lighthouse aus dem Jahre 1883 stört, hinter dem man sich in das 3.000 Seemeilen entfernte Amerika träumen kann.

Sonnenuntergänge können am Land's End besonders eindrucksvoll sein.

Szenen des *Rosamunde Pilcher* Romans „Stürmische Begegnung", ihr zweiter, 1993 erschienener Roman nach

dem Erfolg von „Die Muschelsucher", spielen an der Küste von Land's End.

Ganz in der Nähe lief 1967 der Supertanker „Torrey Canyon" auf ein Riff und brach in der rauen See auseinander. Selbst die Bombardierung des Tankers durch die englische Marine konnte damals eine Ölkatastrophe in Cornwall nicht verhindern.

Nur bei gutem Wetter und sehr klarer Sicht erheischt man den seltenen Blick auf das rund 17 km entfernte Wolf Lighthouse.

Unterhalb der einladenden Freiterrasse des The Land's End Hotel (Tel. +44 (0)17 36 87 18 44; www.landsendhotel.co.uk) liegen die Klippen des Dr. Johnson's Head.

Wenigstens ein kurzes Stück sollte man vom Penwith House, dem anderen der beiden Hotels am Land's End, ein kurzes Stück auf dem South West Coast Path entlang der zerklüfteten, imposanten Küste bis zum nahen **„First and Last House"** spazieren (geöffnet tgl. 10.30 - 16 Uhr, Restaurant tgl. 11 - 20.45 Uhr; *https://landsend-landmark.co.uk*).

Die Klippen dort, der eigentliche Punkt des Landendes, sind als Dr. Syntax's Head bekannt.

Bei ausreichend zur Verfügung stehender Zeit und bei wirtlichem Wetter, sollte man den Spaziergang noch etwas ausdehnen und hinter dem „First and Last House" dem South West Coast Path weiter der Küste entlang Richtung **Sennen Cove** folgen.

Sennen Cove (**Parkplatz Sennen Harbour Car Park, N50° 4' 39.51" W5° 42' 16.63"**) ist von Land's End etwa 2 km entfernt. Für den einfachen Weg sollte man eine Gehzeit von 45 Minuten einplanen.

Vor allem am Mayon Cliff (Aussichtsturm in der Nähe), kurz vor Sennen Cove, ist die Küstenszenerie und das Landschaftspanorama noch einmal recht beeindruckend. Unterhalb sieht man einen spitzen Felskegel aus den Wellen ragen, die „Irish Lady", mit einem Felsblock auf der Spitze balancierend. Der Weg wendet sich wenig später nach rechts und führt über einen Treppenweg hinab nach Sennen Cove.

Porthcurno mit seinem kleinen weißen Badestrand in einer von hohen Felsen eingerahmten Bucht, liegt rund 6 km/4 mls südöstlich von Land's End an der Felsküste des Gwennap Head.

CAMPING BEI LAND'S END

Sennen, östlich von Land's End
Camping Sea View Holiday Park [WP 216 / N50° 4' 7.90" W5° 41' 41.75"], Tel. +44 (0)17 36 87 12 66; www.seaview.org.uk; 22. März – 3. Nov.; ca. 1 km östlich Land's End an der Straße A30 Richtung Penzance am Südrand von Sennen; schattenloses, ebenes, teils terrassiertes Wiesengelände an der A30, teils mit befestigten Stellplätzen, geprägt durch großen Mobilhomepark; 3 ha – 130 Stpl.; gute Standard-Sanitärausstattung. Laden, Imbiss, Restaurant, Schwimmbad, Waschmaschine, Trockner. V & E für Wohnmobile.

St. Buryan
Camping Sennen Cove C & C Club Site [WP 217 / N50° 5' 22.53" W5° 40' 5.77"], Higher Tregiffian Farm, Tel. +44 (0)17 36 87 15 88; www.campingandcaravanningclub.co.uk/campsites/uk/cornwall/penzance/sennencove; 31. März – 31. Okt.; von der A30 (Penzance – Land's End) ca. 3 km nordöstlich von Sennen auf die B3306 Richtung St. Just abzweigen und nach 200 m links ab zur Platzzufahrt; ebene, schattenlose, buschlose Wiese, durch einen mannshohen Erdwall eingefriedet, einige Hartstandplätze; ca. 2 ha – 72 Stpl.; Standard-Sanitärausstattung. Kiosk, Waschmaschine, Trockner, WLAN. V & E für Wohnmobile. Nicht-Clubmitglieder willkommen.

Camping Tower C & C Park [WP 218 / N50° 4' 39.11" W5° 37' 29.73"], Tel. +44 (0)17 36) 81 02 86; www.towerparkcamping.co.uk; 23. März – 31. Okt.; von der A30 (Penzance – Land's End) bei Catchall auf die B3283 Richtung St. Buryan abzweigen, am nördlichen Ortsrand von St. Buryan. Im Ort an der Südseite der Kirche ab Richtung St. Just, rechts halten und noch 300 m. Mehrere ebene große Wiesenstücke durch hohe Hecken und Baumreihen unterteilt. In ländlich-bäuerlicher Umgebung. Einige nummerierte Stellplätze mit Stromanschluss. 4 ha –100 Stpl.; Standard-Sanitärausstattung. Waschmaschine, Trockner, WLAN. V & E für Wohnmobile.

Camping Treverven Touring C & C Park [WP 219 / N50° 3' 30.34" W5° 37' 6.43"], Coastal Road B3315, Tel. +44 (0)17 36 81 02 00; www.treverventouringpark.co.uk; 1. Apr. – 30. Okt.; von Penzance auf der A30 Richtung ca. 3 km Land's End und auf die B3283 Richtung St. Buryan. Nach ca. 2 km auf die B3315 Richtung Mousehole. Noch ca. 1 km zur Platzeinfahrt. Leicht geneigtes, schattenloses Wiesendreieck in ruhiger, ländlicher Umgebung in der Nähe einer schönen Bucht; 2,5 ha – 100 Stpl.; einfache Standard-Sanitärausstattung. Waschmaschine, Trockner. Im Sommer Laden und Imbiss. V & E für Wohnmobile.

Entstanden ist Porthcurno eigentlich erst im 19. Jahrhundert, als man im Zuge des Ausbaus der Telegraphie mit Seekabeln einen günstigen Anlegeplatz an der südenglischen Küste für die Kabellegerschiffe und die Überseekabel suchte. Und Porthcurno bot mit seiner kleinen geschützten Bucht offenbar gute Voraussetzungen dafür.

Noch nach dem Zweiten Weltkrieg war Porthcurno eine der größten Seekabelstationen weltweit. Bis zu vierzehn transatlantische Telephonkabel und Seekabel mit Verbindungen in alle Welt wurden in der Relaisstation in Porthcurno betrieben.

In den Betriebsanlagen ist heute ein **Museum** eingerichtet. Gleich neben dem großen **Parkplatz [WP 220 / N50° 2' 44.63" W5° 39' 18.30"]** von Porthcurno findet man in der Old Cable Lane das interessante **Porthcurno Telegraph Museum** *(geöffnet Apr. - Okt. tgl. 10 - 17 Uhr; Nov. - März Sa, So, Mo 10.30 - 16 Uhr, letzter Einlass 1 Std. vor Schließung; https://telegraphmuseum. org).*

Sehr sehenswert ist die Küste am **Minack Theatre [N50° 2' 28.16" W5° 39' 8.18"]**. Die große Attraktion aber ist hier die Anlage des einem griechischen Amphitheater ähnelnden Theaters selbst, das rund 60 m hoch über dem Meer an der Steilküste unweit südlich von Porthcurno liegt und auf seinen Rängen Platz für 800 Besucher bietet.

Landschaft, Himmel und Meer werden als natürliches Bühnenbild einbezogen. Die Aufführungen, Shakespeare-Stücke und Modernes Theater, sind, alleine schon wegen der spektakulären Lage des Thea-

ters, ein wirkliches Erlebnis .Theatervorstellungen *Montag bis Freitag um 20 Uhr, Dienstag und Donnerstag auch 14 Uhr, Änderungen möglich; Tel. +44 (0)17 36 81 01 81; www.minack.com.* Gespielt wird übrigens bei jedem Wetter!

Es gibt zwar wenige Schritte vom Minack Theatre entfernt einen **Parkplatz [WP 221 / N50° 02' 29.6" W5° 39' 10.7"]**, den aber größere Wohnmobile besser meiden, denn die Auffahrt von Porthcurno hinauf zum Parkplatz ist sehr eng und sehr steil!

Das Minack Theatre geht auf die Initiative der damals 35jährigen Miss *Rowena Cade* zurück, die es neben dem ebenfalls aus dem Felsen gehauenen Blumengarten ihres Minack House in nur zwölf Monaten 1932 zusammen mit zwei Männern erbaute. Shakespeare's „The Tempest" (Der Sturm) wurde als erste Aufführung gezeigt. Ein Teil der

Minack Theatre. Foto: VisitBritain

CAMPING BEI PORTHCURNO

Camping Treen Farm Camp Site [WP 222 / N50° 2' 52.72" W5° 38' 38.79"], Treen, St. Levan, Tel. +44 (0)75 98 46 93 22; www.treenfarmcampsite.co.uk; 1. Apr. – 31. Okt.; ca. 1 km östlich von Porthcurno gelegen. Zufahrt von der B3315 (Land's End – Newlyn) südwärts nach Treen abzweigen und noch 400 m zur Platzeinfahrt, ein Fußweg führt zur 400 m entfernten Pedn Vounder Beach; 3 ha – 80 Stpl.; einfache Standard-Sanitärausstattung. Laden.

Eintrittsgelder und die Spenden werden für den Erhalt dieses einzigartigen Theaters verwendet.

Zum 20jährigen Bühnenjubiläum wurde auf Wunsch von Rowena Cade wieder „The Tempest" gezeigt, und 1982 dann zum dritten Mal; diesmal feierte man die 50 Jahre des Bestehens des Theaters. Miss Cade war immer noch dabei, nun schon 85 Jahre alt. Sie starb 1989 in ihrem Haus oberhalb der Freiluftbühne.

Das Theater kann besichtigt werden, auch ohne einer Vorstellung beizuwohnen (geöffnet (geöffnet Apr. - Okt. tgl. 9.30 - 17.30 Uhr; Nov. - März tgl. 10 - 17 Uhr; letzter Einlass 30 Min. vor Schließung; www.minack.com).

Heute besuchen fast 50.000 Zuschauer die Sommeraufführungen, auch schlechtes Wetter hält niemanden vom Besuch der Vorstellungen ab.

Das **Rowena-Cade-Ausstellungszentrum** am Minack Theatre befasst sich mit Leben und Werk der Theatergründerin (Öffnungszeiten siehe oben).

Östlich von Porthcurno und südlich von Treen steht der 80 Tonnen schwere **Logan Rock**, der angeblich schon bei einer festeren Berührung von seinem Standplatz hinunterfällt. 1824 stießen ein gewisser Leutnant Goldsmith und eine Gruppe von Seeleuten den Felsen aus Übermut die Klippen hinunter. Die Dorfbewohner waren darüber so erbost, dass Goldsmith den Felsen wieder an seinen ursprünglichen Standort zurückversetzen musste, natürlich auf eigene Kosten. Heute gehört das Gebiet am Logan Rock dem National Trust.

ABSTECHER ZU DEN ISLES OF SCILLY

Die Inselgruppe der **Isles of Scilly** liegen nur etwa 50 km südwestlich vor Land's End der Küste Cornwalls im Atlantik. Die Inseln sind das ganze Jahr über mit dem Flugzeug ab Penzance in 20 Minuten oder mit der Fähre in knapp drei Stunden erreichbar. Nur an Sonntagen verkehren weder Flugzeug noch Schiff.

Berühmt und beliebt bei Vielen sind die Isles of Scilly wegen ihres überaus milden Klimas, das im Wesentlichen dem Golfstrom zu verdanken ist. Es gibt auf den Inseln, so sagt man, nur zwei Jahreszeiten: Frühling und Sommer. Frühlingsblumen kann man schon im November pflücken.

Westlich der Inseln gibt es nur noch die Weite des Ozeans. Amerikas Küste ist 3.000 Seemeilen (ca. 5.556 km) entfernt (zurück nach Dover reichen knapp 600 Kilometer). Die einzige Stadt der Scilly Isles, die diesen Namen verdient, Hugh Town, liegt auf der Hauptinsel St. Mary's, man erreicht sie mit dem Flugzeug oder mit der Fähre.

Mythen und Sagen berichten, dass in grauer Vorzeit zwischen Land's End und den Isles of Scilly das geheimnisvolle, längst versunkene Königreich Lyonesse gelegen haben soll. Eine ähnliche Geschichte über ein versunkenes Stadtkönigreich namens Ys erzählt man sich übrigens an der bretonischen Küste.

Von den über einhundert kleinen und kleinsten Inseln des Archipels sind nur fünf bewohnt **St. Agnes, Bryher, St. Mary's, St. Martin's** und **Tresco**; auf ihnen leben rund 2.000 Einwohner, die meisten davon auf St. Mary's, der Hauptinsel der Scilly Isles.

Die Pflanzenwelt ist wegen der ungewöhnlich milden klimatischen Verhältnisse noch üppiger als an der Riviera Cornwalls. Blumenzucht ist daher die Haupteinnahmequelle der Inseln. Mit 2.000 Sonnenstunden pro Jahr werden die Menschen verwöhnt und so beschränken sich die Jahreszeiten auf Frühling und Sommer. Schon im Dezember blühen die Osterglocken und viele andere bekannte Zierpflanzen, die auf den englischen Märkten als Schnittblumen landen.

Neben der Blumenzucht leben die Menschen vom Fischfang und von den Touristen, die von März bis Ende Oktober die Inseln bevölkern.

Dabei ist aber die Übernachtungskapazität beschränkt. Ohne bestätigte Zimmerbuchung sollte man sich erst gar nicht auf den Weg auf die Inseln machen.

Die Menschen auf den Isles of Scilly nennen sich „Locals" oder „Scillonians", wenn sie auf den Inseln geboren wurden.

Das Meer um die Inselgruppe ist für die Schifffahrt tückisch und gefährlich. Fast jedes Riff könnte von einem aufgelaufenen Schiff erzählen.

In vergangenen Zeiten half man den Launen der Natur gelegentlich auch ein wenig nach, indem man mit falsch gesetzten Leuchtfeuern Schiffe stranden ließ, um sie alsdann auszurauben. Auch Schmuggler kannte man auf den Inseln.

Nach dem ersten Leuchtturm am Lizard Point (1619) kam 1680 auf St. Agnes ein weiteres Leuchtfeuer für die Schifffahrt hinzu, um die Seewege sicherer zu machen. Damals war es allerdings noch Kohlenglut, die von der Anhöhe in die Dunkelheit der Nacht hinausglühte. Erst 1849 baute man einen modernen Leuchtturm auf den westlichen Klippen, dem Bishops Rock, um die Einfahrt in den Ärmelkanal zu markieren.

Nach mehreren Fehlschlägen und Beschädigungen konnte aber erst 1858 das **Bishops Rock Lighthouse** fertiggestellt werden. Dreißig Jahre später wurde der Turm erhöht, da bei Orkan und schwerer See riesige Wellen bis fast an seine Spitze geschlagen waren, die immerhin in 20 m Höhe war. Seit der Erhöhung im Jahr 1888 ist der Leuchtturm von Bishops Rock nun knapp über 50 m hoch (*www.trinityhouse.co.uk/lighthouses-   and-lightvessels/bishop-rock-lightsouse/*).

Kennern der Seefahrtsgeschichte ist bekannt, dass der kleine Felsen mit dem Leuchtturm der Anfangs- oder Endpunkt einer Atlantikquerung zwischen Europa und Nordamerika ist, für die das schnellste Schiff die Auszeichnung des „Blauen Bandes" erhält.

Auf der **Insel St. Mary's**, der Hauptinsel der Isles of Scilly, landen die Flugzeuge und kommen die Fähren aus Penzance an.

Die Insel ist nicht sonderlich groß und hat einen Umfang von gerade mal 16 Km. An einem Tag kann man zu Fuß die meisten Punkte der Insel erkunden.

In **Hugh Town**, der Inselhauptstadt, steht das 1593 erbaute achteckige Star Castle, erbaut als Befestigungsanlage gegen die Spanier und Franzosen. Heute ist hier ein Hotel eingerichtet. Vom Burghügel hat man einen schönen Panoramablick über den natürlichen Hafen.

Im **Isles of Scilly Museum**, einem kleinen Heimatmuseum in der Church Street, wird über die Geschichte des Insel-Archipels und von den zahlreichen Schiffskatastrophen (Wrackteile) an den Klippen rund um die Scilly Islands berichtet (*geöffnet Apr. tgl. 10 - 12 + 13.30 - 16.30 Uhr; Mai - Sept. tgl. 19.30 - 21.00; Nov. - Feb. Mi 14 - 16.00 Uhr; www.iosmuseum.org*).

Und an einem eher trüben Tag kann das **Longstone Centre** in der Telegraph Road in Hugh Town mit seinem Schmetterlingshaus und der Blumenausstellung für Abwechslung sorgen.

Wer Ruhe und Einsamkeit mag, findet auf der Insel **St Martin's** abgelegene, schöne Sandstrände. Das Eiland ist nur spärlich besiedelt.

In **New Grimsby** auf der Insel Tresco gehört ein Besuch der **Tresco Abbey Gardens** zum Programm, die mit ihrer fast mediterranen Blumenpracht zu einen Spaziergang einladen.

Die Ruinen in dem Park erinnern an ein altes Benediktinerkloster, das in früheren Zeiten an dieser Stelle stand. Der Garten mit kleinem See wurde 1834 angelegt *(geöffnet tgl. 10 – 16 Uhr)*.

Eine Sammlung von fast 70 Galionsfiguren in der **„Valhalla"**, die man von gestrandeten Schiffen barg, erinnert an die Allgegenwart der maritimen Geschichte.

Ein alter Befestigungsturm von 1651 gehörte zu Cromwell's Castle.

In der Nähe liegt Charles's Castle, eine Befestigungsanlage aus dem 16. Jahrhundert.

Mit ein wenig Glück kann man an den Stränden von **St. Agnes** Schatzsucher spielen, denn nach Stürmen wird manchmal altes Treibgut an Land gespült.

Vogelliebhaber können auf der Insel viele Wasservogelarten beobachten, die hier gerne überwintern.

Ebenso ist das auf dem kleinen Eiland **St. Bryher** möglich. Allerdings werden während der Brutzeit viele Strandabschnitte zwischen April und August gesperrt.

Auf den Isles of Scilly wird Naturschutz sehr ernst genommen. Deshalb ist es für Naturliebhaber immer ratsam, auf Ausflügen möglichst ein starkes Teleobjektiv für die Kamera oder ein stark vergrößerndes Fernglas mitzuführen.

PRAKTISCHE HINWEISE – ISLES OF SCILLY

Isles of Scilly Tourist Information, Town Hall, Porthcressa Bank, Hugh Street, St. Mary's, TR21 0LL, Tel. (01720) 424 031; www.visitislesofscilly.com. *Geöffnet Ostern - Okt. Mo - Sa 9 - 16 Uhr, Juli + Aug. bis 17 Uhr; Nov. Mo - Fr 9 - 13 Uhr; Dez. - Feb. Mo - Fr 10 - 12 Uhr.*

Flug und Fähren
Land's End Aerodrome, Skybus Flights, Tel. +44 (0)17 36 78 87 71; www.islesofscilly-travel.co.uk/lands-end-airport/. Flüge zu den Isles of Scilly in Propellermaschinen und Rundflüge.
Penzance Harbour, Passagierfähre „Scillonian III", Mitte März – Anf. Nov. täglich außer So, zwischen Anf. Juli und Anf. Sept. auch So, um 9.15 Uhr Abfahrt zu den Isles of Scilly (St. Mary's), Fahrtzeit 2 Std. 45 Min., Tel. +44 (0)17 36 33 42 20; www.isleofscilly-travel.co.uk/scillonian-iii/.

PUBS UND RESTAURANTS

The Turk's Head, Pub in **St. Agnes**, Tel. +44 (0)17 20 42 24 34. Das kleine Pub liegt schön direkt an einer Bucht im Norden der Insel nahe der Fähranlegestelle nach St. Marys. Gute Biere von der Insel und gutes Pub-Food. Im Sommer sitzt man auch draußen und genießt von hier die Umgebung.
The Mermaid Inn, Bank House, Pub in **St Mary's**, Tel. +44 (0)17 20 42 27 01; www.mermaidscilly.co.uk; ein Pub wie im Bilderbuch, schöne Lage direkt an der Bucht, ein gutes Restaurant mit Ausblicken zum Meer und die „Slip Bar", die in einer Art Boot eingerichtet.

CAMPING

Camping ist auf den Isles of Scilly nur für Zeltcamper möglich.

ROUTE 10: LAND'S END – TINTAGEL

Länge der Tour:	Rund 200 km/125 mls.
Die Route:	Straße B3306 über **St. Just** bis **St. Ives** – A3074 bis **Hayle** – A30 bis **Redruth** – A3075 bis **Newquay** – A392, A39 und B3274 bis **Padstow** – A389 über **Wadebridge** bis **Bodmin** – A30 und A395 bis **Davidstow** – B3263 bis **Tintagel**.
Reisedauer:	Mindestens ein Tag.
Höhepunkte:	Die **Zinnbergwerke **** von Levant und Geevor – die **Tate Gallery **** in St. Ives – **Pencarrow House & Gardens *** – **Lanhydrock House & Gardens *** – der **Jamaica Inn *** – **Tintagel Castle ***.

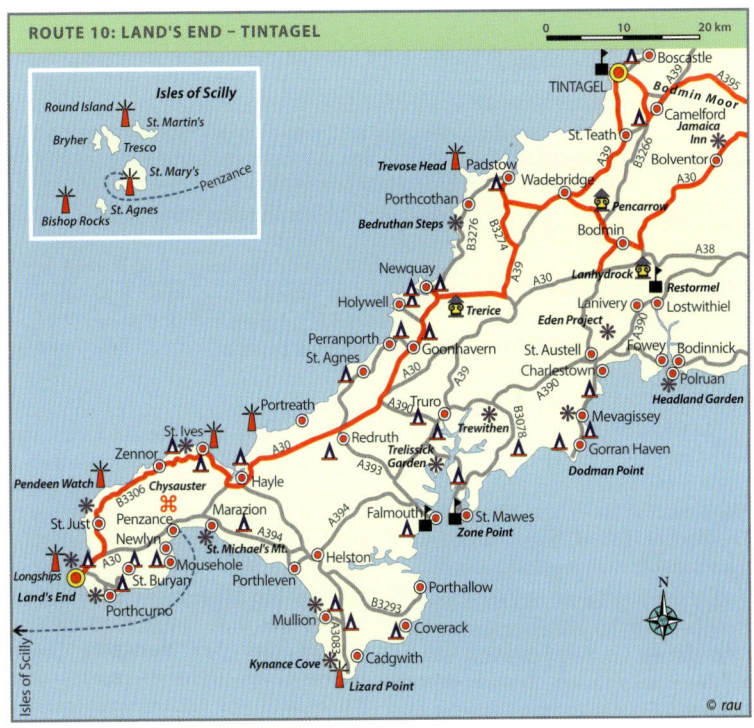

ROUTE 10: LAND'S END – TINTAGEL

ROUTE: *Die Straße B3306 von Sennen nach* ***St. Ives*** *ist für Fahrzeuge über 2 m Breite beschwerlich, denn es sind einige enge Ortsdurchfahrten zu absolvieren. Dennoch ist die Fahrt durch die wilde Landschaft überaus reizvoll.*

St. Just-in-Penwith, die westlichste Stadt in England, liegt etwa 2 km östlich von **Cape Cornwall [N50° 7' 37.79" W5° 42' 14.27"]**.

In der mittelalterlichen Gemeindekirche von St. Just gibt es einen Stein aus dem 6. Jahrhundert, auf dem die Buchstaben XP als Monogramm eingraviert sind. Es handelt sich um die beiden ersten Buchstaben des griechischen Wortes für Christus.

Am Bank Square steht ein altes, rundes Amphitheater, das einen Durchmesser von knapp 46 m hat. Man nennt es Plen-an-Gawry, den Platz für Spiele.

Cornwalls Zinnminen

Zinnhaltiges Erz wird in Cornwall schon seit vorchristlicher Zeit gefördert, bearbeitet und gehandelt. Zinnbarren wurden schon damals mit Schiffen auf den Kontinent gebracht, dort auf Packpferden quer durch Frankreich nach Marseilles transportiert und von dort aus in den ganzen Mittelmeerraum exportiert.

Ein zinnhaltiges Gebiet um Camborne war einst das Herzstück des Zinnbergbaus in Cornwall. Aber auch im Gebiet um Land's End finden sich noch viele Stollen, in denen einst Bergarbeiter schufteten. Als die florierende Industrie 1860 ihren Höhepunkt erreichte, gab es über 600 Stollen, in denen etwa 50.000 „Tinner" Zinn abbauten.

Nahe dem St. Michael's Mount wurde das geförderte Zinn verschifft. Als jedoch billigeres Zinn aus Malaysia nach England eingeführt wurde, bedeutete dies das baldige Ende des ehemaligen Rückgrats der Industrie im Südwesten Englands.

Heute findet der Besucher zwischen Land's End und Newquay noch viele Ruinen ehemaliger Förderanlagen. Die burgähnlichen Ruinen der Maschinenhäuser („Jinjies") stehen oft an der Küste, da die Stollen häufig unter dem Meer hindurch in einer Tiefe von 1.000 m in den Berg getrieben wurden. Dabei war eindringendes Wasser, das riesige Pumpen ans Tageslicht hinaufbefördern mussten, der schlimmste Feind der Bergleute.

Die Lebens und Arbeitsbedingungen der Bergarbeiter waren miserabel. Z. B. mussten die Männer ihre teuren Arbeitswerkzeuge selbst kaufen. Viele waren so ständig verschuldet. Bei Arbeitsunfällen oder längerer Krankheit fiel der oft einzige Ernährer einer Familie aus, der obendrein schnell seine Arbeitsstelle verlor. Hunger und Armut waren die Lebensbegleiter und in der arsenhaltigen Luft der Stollen wurde kaum ein Bergarbeiter alt.

Im Mittelalter wurden hier „Miracle Plays" aufgeführt, religiöse Kurzdramen zu Begebenheiten aus der Bibel, die man als Vorläufer der dramatischen Theaterspiele sieht. Im 18. Jahrhundert veranstaltete man hier Ringkämpfe.

Anfang des 19. Jh. lebten in St. Just zwei berüchtigte Schmuggler. Ihre Masche war es, um nicht selbst als Käufer auftreten zu müssen, über einen Mittelsmann Cognac in Frankreich zu kaufen. Der Branntwein wurde dann illegal nach England gebracht. Dort hatte man seine Abnehmer vor allem auch in höheren Kreisen der Gesellschaft. Eines Tages aber machte sich der Mittelsmann mit der ganzen Barschaft auf und davon und verpfiff die beiden bei den Behörden. Der Anzeige wurde aber seltsamerweise nie nachgegangen.

3 km weiter nördlich stehen nahe **Botallack Head** die Überreste der alten **Zinnmine von Botallack** aus dem 19. Jahrhundert. Die Minenschächte waren bis zu 330 m tief und bis zu 140 m unter dem Meeresboden schürfte man das Mineral. Wenn die Wellen oben krachend auf die Felsklippen schlugen, muss es den Minenarbeitern unten gehörig in den Ohren gedröhnt haben.

Man kann am **Botallack Count House** parken [N50° 8' 28.01" W5° 41' 24.66"], das 1860 für die Zahlmeister der Botallack Mine errichtet wurde. Im Haus (geöffnet Apr. - Okt. tgl. 10 - 17 Uhr, Nov. - März tgl. 11 - 15 Uhr; www.nationaltrust.org.uk/Botallack) erhält man auch Informationen über die Mine. Mit dem „Botallack Audio Trail" kann man sich durch das Minengelände leiten lassen. Infos hierfür am Visitor Desk erhältlich. Vorsicht ist aber geboten, um nicht in einen überwucherten Schacht auf dem Areal zu fallen!

Levant Mine

Wenige Meilen weiter nördlich erreicht man bei **Trewellard** über eine einspurige Zufahrtsstraße, die an einem **Parkplatz [WP 223 / N50° 9' 4.69" W5° 41' 6.92"]** endet, die **Levant Mine & Beam Engine**. Hier liegen an der teils steilen Küste die Schächte der „Queen of Cornwall's submarine mines", aus denen zwischen 1820 bis 1930 bis aus 600 m Tiefe Kupfer- und Zinnerz gefördert wurde. Einige der Stollen sollen sich fast 3 km weit unter dem Meer entlang ziehen. Schlote und Maschinenhäuser für die Entwässerungspumpen über den Schächten sind noch gut zu sehen.

Die große Attraktion hier ist allerdings die dampfbetriebene Beam Engine, eine sog. Balancier-Dampfmaschine, aus dem Jahre 1840, die noch heute in ihrem angestammten Maschinenhaus an der Küste zu Demonstrationszwecken ihren Dienst tut, betreut vom National Trust *(geöffnet Mitte März - Ende Okt. tgl. 10.30 - 17 Uhr; www.nationaltrust.org. uk/levant-mine-and-beam-engine)*.

Von der Levant Mine führt ein Fußweg an der Küste entlang zur unweit südlich gelegenen Botallack Mine (s. o.).

Folgt man der Straße B3306 weiter nach Norden, kommt man kurz darauf nach **Pendeen**.

Einen Besuch lohnt hier die **Geevor Tin Mine [Parkplatz, WP 224 / N50° 9' 5.57" W5° 40' 28.40"]**. Bei der Anmeldung im Besucherzentrum erhält jeder Besucher einen Grubenhelm, der während der Besichtigung auf dem Minengelände zu tragen ist *(geöffnet Apr. - Okt. So - Fr 9 - 17 Uhr; Nov. - März So - Fr 10 - 16 Uhr; letzter Einlass 1 Stunde vor Schließung; www.geevor.com)*.

Hier, im größten Industriemonument des kornischen Bergbaus, wurde bis 1990 Zinnerz abgebaut. Dann musste die Mine aufgrund drastisch gefallener Zinnpreise geschlossen werden.

Neben den großen Maschinenhäusern, der Mill, in der das Erzgestein zerkleinert wurde und dem Hard Rock Museum sind hier die Führungen durch die Stollen der Wheal Mexico Mine aus dem 19. Jh. eine Besucherattraktion. Mindestens genauso interessant sind die Einblicke, die man über die Arbeits- und Lebensumstände der Bergarbeiter im 19. erhält. Auch Frauen und Kinder waren damals bei gewissen Arbeiten eingesetzt.

Auf der Weiterreise Richtung St. Ives passiert man **Morvah**. Wer sich sehr für Frühgeschichte Cornwalls interessiert, findet südöstlich des Ortes in der Nähe

Pendeen Geevor, ehemalige Zinnmine

der Straße nach Madron mehrere frühgeschichtliche Stätten.

Rund 2 km hinter Morvah erreicht man auf einem Pfad nach rund einem Kilometer den Steinkreis **Mên-an-Tol [N50° 9' 30.90" W5° 36' 16.19"]**, Reste einer fast 4.000 Jahre alten Kultstätte aus der Bronzezeit.

Eine Rolle spielte in alten Sagen und Riten der Ringstein „Devil's Eye", der in der Mitte ein Loch von etwa einem halben Meter Durchmesser hat und der von zwei aufrechtstehenden Monolithen flankiert wird. Frauen, die bei Vollmond durch den engen Ringstein stiegen, soll alsbald ihr Kinderwunsch in Erfüllung gegangen sein. Kinder reichte man durch den Stein, wenn sie von Krankheiten geheilt werden sollten. Auch zur Abwehr von Flüchen und Verwünschungen soll der Stein aufgesucht worden sein.

Weiter auf dem Sträßchen von Morvah nach Madron, etwa auf halbem Wege, liegt unweit links (östlich) der Straße die frühgeschichtliche Stätte **Lanyon Quoit [Parkplatz, N50° 8' 50.44" W5° 35' 56.78"]**, ein annähernd 6.000 Jahre alter Dolmen aus der Jungsteinzeit. Eine tonnenschwere,

waagrecht liegende Steinplatte ruht auf drei aufrecht stehenden Steinen.

Zennor [Parkplatz, N50° 11' 28.48" W5° 34' 4.09"], ein kleiner, küstennaher Ort, lebte – außer von der Fischerei, der Landwirtschaft und dem Zinnbergbau – bis weit ins 19. Jh. hinein vor allem auch von dem Granitsteinbruch beim Ort. Mit Granit aus Zennor wurden halb St. Ives sowie die Hafenmauern in Falmouth gebaut. Heute lebt der Ort hauptsächlich vom Tourismus.

Als ältestes, traditionsreichstes und gemütliches Pub in Zennor gilt „Tinners Arms" in einem Gebäude, das aus dem 13. Jh. stammen soll und an der einzigen „Hauptstraße" des kleinen Weilers schräg gegenüber der Kirche liegt. Terrasse im Sommer, Kaminfeuer bei weniger schönem Wetter; *www.tinnersarms. com.*

In der **Kirche von Zennor** findet man – etwas schwierig und erst nach etwas Suchen – an einem Holzpanel ein kleines, flaches Relief, das eine Meerjungfrau mit langem Haar, mit Spiegel in der rechten und Kamm in der linken Hand darstellt. Die „Mermaid of Zennor" soll an eine Geschichte erinnern, die sich irgendwann vor langer

Zeit zugetragen haben soll: Eines Tages tauchte eine überaus hübsche junge Frau während des Gottesdienstes in der Kirche von Zennor auf. Niemand kannte die Frau, deren wunderschöne Stimme den Kirchengesang aber so wohltuend bereicherte. Natürlich wurde viel im Dorf über sie geredet. Und alle Männer hatten längst ein Auge auf sie geworfen. Ein hübscher junger Mann wollte schließlich das Geheimnis um die unnahbare Schöne lüften. Ermutigt durch ihr Lächeln folgte er ihr nach dem Sonntagsgottesdienst in Richtung der Klippen am Meer. Er kam nie zurück.

Zennor Quoit, ein uralter, längst zusammengebrochener, tonnenschwerer Dolmen aus grauer Vorzeit, etwa 2 km südlich von Zennor gelegen, zeugt davon, dass in dieser Gegend schon vor etwa 5.000 Jahren Menschen ansässig gewesen sein müssen.

St. Ives, ein idyllisches Hafenstädtchen und einstiger Fischerort, wird von vielen Besuchern besonders wegen seines unvergleichlich schönen Lichts und seiner angeblich so beschwingten Atmosphäre bewundert, die auch viele Künstler zu schätzen wussten, die sich heutigen Besuchern aber wohl erst nach einem etwas längeren Aufenthalt mitteilt.

St. Ives entstand im 6. Jahrhundert um eine kleine Kapelle herum, die St. Ia errichtet hatte. Später entwickelte sich St. Ives zu einem Fischereihafen für den Sardinenfang. Heute fischen bei St. Ives eigentlich nur noch die Touristen zum Spaß.

Wie so viele Orte entlang der wilden Küste Cornwalls war auch St. Ives ein betriebsamer Umschlagplatz für Schmuggelgut. Von einem ehemaligen Pub am Hafen, dem „Blue Bell Inn" erzählt man sich, dass es das Versteck eines berüchtigten holländischen Schmugglers gewesen sein soll, der angeblich im Bund mit dem Teufel stand. Denn er hatte für nur ein Fässchen Branntwein Steuern bezahlt, das aber wundersamerweise nie leer wurde.

St. Ives taucht übrigens im Roman „Die Muschelsucher" von Rosamunde Pilcher als „Porthkerris" auf.

Rosamunde Pilcher wurde am 22. September 1924 in Lelant in der Nähe von St. Ives geboren. Ihren literarischen Durchbruch schaffte Rosamunde Pilcher, die lange Jahre unter dem Pseudonym Jane Fraser romantische Geschichten für Zeitungen schrieb, erst 1987 mit dem mehrfach verfilmten Roman „The Shell Seekers" („Die Muschelsucher"). Heute lebt die überaus erfolgreiche Schriftstellerin in Longforgan in Schottland.

Noch eine andere berühmte Schriftstellerin, nämlich *Virginia Woolf* (1882 – 1941), verbrachte ausgangs des 19. Jahrhunderts mehrere Sommer in St. Ives.

In den Sommermonaten gelten **verkehrstechnische Einschränkungen** für die Zufahrt in die Innenstadt von St. Ives!

Parken entlang der engen Straßen in der Innenstadt ist kaum möglich. Es kann vorkommen – vor allem in der Sommer- und Ferienzeit – dass die Straßen der Innenstadt von St. Ives tagsüber für den allgemeinen Autoverkehr gesperrt werden und nur Einheimische mit Ausnahmegenehmigung in die Innenstadt fahren dürfen!

The Trenwith Car Park am **Leisure Centre [WP 226 / N50° 12′ 33.66″ W5° 29′ 7.99″]**, The Burrows, ein öffentlicher Großparkplatz, liegt etwas südwestlich der Stadt beim St. Ives Leisure Centre. Von dort gelangt man mit Linienbussen in die Stadt.

Ein zentral gelegener, allerdings immer stark frequentierter Parkplatz ist der **Barnoon Car Park [N50°12′50.36″ W5°28′56.84″]**, Ecke Barnoon Hill und Clodgy Way, vor dem Friedhof Barnoon Cemetery und ganz in der Nähe der Tate Gallery und der Porthmear Beach.

Park & Ride: In der Sommerferienzeit ist es eine überlegenswerte Variante, schon auf dem rund 5 km/3 mls südöstlich von St. Ives gelegenen Bahnhofsparkplatz **Lelant Saltings Station Car Park [N50° 10′ 40.95″ W5°**

ST. IVES – **1** Touristeninformation, Guildhall – **2** Barbara Hepworth Museum & Sculpture Garden – **3** Tate Gallery – **4** St. Ives Museum – **5** Wills Lane Gallery – **6** St. Ives Parish Church – **7** Postamt – **8** Bahnhof – **9** Trenwith Car Park am Leisure Centre – **10** Barnoon Car Park – **11** Island Car Park

26' 32.58"] zu parken und von dort mit dem Lokalzug nach St. Ives zufahren. Dort kommen sie in günstiger Gehnähe zum Stadtzentrum, zum Hafen und zu den Stränden an. Die Züge verkehren tagsüber etwa alle halbe Stunde.

Es waren die Künstler James McNeill Whistler aus den USA und der in Deutschland geborene Engländer Walter Sickert, die im 19. Jahrhundert nach St. Ives zogen und den Ort international als Künstlerkolonie bekannt machten. Der Maler Ben Nicholsen, seine Ehefrau, die Bildhauerin Dame Barbara Hepworth, und Bernard Leach mit seinen durch Japan inspirierten Keramik- und Töpferarbeiten – er hatte 11 Jahre in Japan verbracht – verwandelten gegen Ende der 1930er Jahre St. Ives in einen „Workshop" zeitgenössischer Kunst, an-

gezogen von den einzigartigen Lichtverhältnissen am Atlantik. Und die 1949 gegründete Penwith Gallery machte die Künstler mit ihren Ausstellungen weltbekannt.

Das ehemalige Wohnhaus mit dem Trewyn Atelier von Dame Barbara Hepworth dient heute als **Barbara Hepworth Museum & Sculpture Garden (2) [N50° 12' 47.49" W5° 28' 51.55"]**, Barnoon Hill (geöffnet Mo - So 10 - 17.20 Uhrhr, letzter Einlass 16 Uhr; www.tate. org.uk/visit/tate-st-ives/barbara-hepworth-museum-and-sculpture-garden). Der Garten des Barbara Hepworth Museums beherbergt über 20 Skulpturen. Er soll ein Ort der Besinnung und Träumerei sein. Barbara Hepworth zählte neben ihrem Freund Henry Moore zu den großen Bildhauern des 20. Jahrhunderts. Die Künstlerin arbeitete hier von

1949 bis 1975, als sie einen tragischen Tod starb. Sie fiel einem Feuer zum Opfer. Nach dem Tod ihres Sohnes, der als Pilot der RAF ums Leben kam, schuf sie 1954 für die St. Ives Church die Skulptur „Madonna mit Kind".

Seit Juni 1993 ist die weltberühmte Sammlung der Künstlerkolonie von St. Ives in der neuen **Tate Gallery (3) [N50° 12' 50.11" W5° 28' 56.82"]**, einer Außenstelle des Londoner Museums, am Strand Porthmeor Beach zu sehen *(geöffnet März - Okt. tgl. 10 - 17.20 Uhr; Nov. - Feb. Di - So 10 - 16.20 Uhr, letzter Einlass 16 Uhr; www.tate.org.uk/visit/tate-st.ives/)*. Das Kunstmuseum kann zu den schönsten Museen Europas gezählt werden.

Das runde Zentralgebäude mit Blick auf das Meer wurde von den Architekten Evans und Shalev entworfen. Der Künstler Patrick Heran, der das Atelier des Malers Ben Nicholsens übernommen hatte, schuf das farbige Glasfenster in der Rotunde. Eine gut sortierte Buchhandlung und ein Cafe gehören zum Haus. Führungen werden von den Mitarbeitern der Galerie angeboten, die sich von anderen Einheitsführungen in den Museen vieler Großstädte wohltuend abheben.

St. Ives Museum (4) [N50° 12' 57.95" W5° 28' 34.31"], Wheal Dream *(geöffnet 15. Apr. - 2. Nov. Mo - Fr 10.30 - 16.30 Uhr, Sa 10.30 - 15.30 Uhr; www.stives-cornwall. co.uk/things-to-do/st.ives-museum)*. Das Museum im alten Fischerviertel von St. Ives ist der Geschichte der Stadt und der Region gewidmet. Die Ausstellungen befassen sich mit Themen wie Geologie und Bergbau, Landwirtschaft und Handwerk, Schifffahrt, Seenotrettung und Fischerei u. a. Und das Museum erinnert an die lange Tradition von St. Ives als die „Stadt der Katzen".

In der **Leach Pottery [N50° 12' 23.04" W5° 29' 37.92"]**, Pottery Cottage, Higher Stennack (B3306), St. Ives, wurden bis um 1999 japanische Töpferarbeiten in der Tradition des Namensgebers Bernard Leach geschaffen. Heute Museum *(geöffnet März - Okt. Mo - Sa 10 - 17 Uhr, So 11 - 16 Uhr; Nov. - Feb. Mo - Sa 10 - 17 Uhr; www.leachpottery.com)*.

Tate Gallery, St. Ives. Foto: VisitBritain

Ives nordwestwärts abzweigen und noch ca. 800 m zur Platzeinfahrt; geneigte, schattenlose Wiese, ruhig gelegen; 2 ha – 100 Stpl.; Standard-Sanitärausstattung. Laden, Waschmaschinen, Trockner. V & E für Wohnmobile.

Halsetown südl. St. Ives an der A3311
Camping Polmanter Tourist Park [WP 228 / N50° 11' 46.33" W5° 29'
29.13"], Tel. +44 (0)17 36 79 56 40; www.polmanter.co.uk; 1. Apr. – 27. Okt.; am westl. Ortsrand von St. Ives Abzweig von der B3306 auf die B3311 Richtung Halsetown, nach ca. 2 km in Halsetown beschilderte Zufahrt; durch Hecken und Platzstraßen aufgeteiltes, parzelliertes Wiesengelände mit einigen befestigten Stellplätzen, teils mit Blick zum Meer; gute Standard-Sanitärausstattung. Laden, Imbiss, Restaurant (in der Saison), Waschmaschinen, Trockner, Schwimmbad, Internetecke. Tennis. V & E für Wohnmobile.

ROUTE: Weiterreise von St. Ives auf der A3074 nach Hayle und weiter auf der A30 nach Redruth.

In **Hayle** lohnt ein kurzer Besuch im **Hayle Heritage Centre [Parkplatz, N50°11'1.05" W5°25'15.19"]** im John Harvey House, 24 Foundry Square. Das erst 2015 eröffnete Heimatmuseum zeigt die Entwicklung des Ortes mit allen Facetten *(geöffnet Apr. - Sept. Di - Fr 11 - 16 Uhr; www.hayleheritagecentre.org. uk).*

Die beiden Städte **Camborne** und **Redruth** vereinigen sich zu einem urbanen Konglomerat, das als einziges im westlichen Cornwall noch an die alte Zinn- und Kupferindustrie erinnert.

Das Denkmal des *Richard Trevithick* (1771 – 1833) in Camborne erinnert an den größten Sohn der Stadt, dessen technische Erfindungen für den Tiefenbergbau in der ganzen Welt berühmt wurden. Trevithick, den man zusammen mit Robert Louis Stephenson erwähnen muss, erfand auch das erste Dampffahrzeug zur Passagierbeförderung. 1801 stellte Trevithick in Camborne seine aufsehenerregende "Straßenlokomotive" vor, die für die Leute damals ein "Puffing Devil" war.

In Redruth hinter der Druid's Hall steht noch das erste Haus der Welt, das mit Gasbeleuchtung ausgestattet war. 1792 installierte dort der schottische Ingenieur William Murdock (1754 –

PRAKTISCHE HINWEISE – HAYLE

Hayle Tourist Information Centre, Hayle Library, Commercial Road, Hayle, TR27 4DE, Tel. +44 (0)17 36 75 43 99; www.hayletown.co.uk. *Geöffnet im Sommer Mo - Fr, Fr 9 - 18 Uhr, Sa 9.30 - 12.30 Uhr.*

Camping

Camping Beachside Holiday Park [WP 229 / N50° 12' 1.26"   W5° 24' 45.94"], Tel. +44 (0)17 36 75 30 80; www.beachside.co.uk; 6. Apr. – 1. Nov.; von Hayle ca. 1,2 km auf der B3301 bis Abzweig nach Philack und auf schmaler Straße noch ca. 1 km bis zur Platzeinfahrt; geneigtes, schattenloses Wiesen- bzw. Dünengelände, hinter der Mietbungalowsiedlung, zum Strand über den Dünengürtel; 12 ha – 80 Stpl. + Dau.; Standard-Sanitärausstattung. Laden, Imbiss, Schwimmbad, Waschmaschinen, Trockner. WLAN im Receptionsbereich. uajöreoche Mietcaravans. V & E für Wohnmobile.

Upton Towans bei Hayle

St. Ives Bay Holiday Park [WP 230 / N50° 12' 17" W5° 24' 14"], 73 Loggans Road, Tel. +44 (0)800 31 77 13; www.stivesbay.co.uk; Ostern – Ende Okt.; von Hayle auf der B3301 ca. 2,5 km nordwärts Richtung Portreath, Platz liegt nahe der B3301; Wiesengelände bei einem umfangreichen Mobilhomepark mit Blick auf Leuchtturm und Meer. Ca. 25 ha – 300 Stpl.; gute Standard-Sanitärausstattung. Laden, Imbiss, Hallenbad, Waschmaschinen, Trockner, Tennis, Diskothek. Über einen Dünengürtel zum Strand ca. 150 m. 250 Mietcaravans und 179 Mietbungalows. V & E für Wohnmobile.

1839) zum ersten Mal seine neue Erfindung.

Am Rande des recht zentral in Redruth gelegenen **Parkplatzes New Cut Car Park [WP 231 / N50° 14' 5.50" W5° 13' 47.02"]** steht das Celtic Wooden Cross, ein historisches Holzkreuz. Ein weiterer zent-raler Parkplatz ist der **Parkplatz Flowerpot Chapel Car Park** in der Fore Street **[N50° 14' 2.74"   W5° 13' 34.0"]**.

Auf dem eindrucksvollen **Carn Brea [Parkplatz, N50° 13' 16.77"   W5° 14' 47.04"]**, einer 220 m hohen Anhöhe an der Cairn Lane südwestlich von Redruth, liegen die Überreste einer alten römischen Befestigungsanlage und einer alten Burg aus dem 15. Jahrhundert.

PRAKTISCHE HINWEISE – REDRUTH

Redruth Tourist Information Centre [N50° 13' 58.96" W5° 13' 37.64"], The Cornwall Centre, Alma Place, Redruth, TR15 2AT, Tel. +44 (0)12 09 21 90 48; www.visitredruth.co.uk. *Geöffnet im Sommer Mo - Sa 10 - 17 Uhr.*

CAMPING BEI REDRUTH

Cambrose

Camping Cambrose Touring Park [WP 232 / N50° 15' 45.17"   W5° 14' 48.41"], Portreath Road, Tel. +44 (0)12 09 89 07 47; www.cambrosetouring-park.co.uk; Ostern – 31. Okt.; ca. 3 km nördl. von Redruth auf die B3300 Richtung Porthtowan abzweigen, einem kleinen Dorf mit schönem Sandstrand. Nach ca. 3 km beschilderter Abzweig zum Platz; 3 ha – 80 Stpl.; einfache Standard-Sanitärausstattung. Schwimmbad, Waschmaschine, Trockner, WLAN.

Camping Porthtowan Tourist Park [WP 233 / N50° 16' 28" W5° 14' 16"], Mile Hill, Tel. +44 (0)12 09 89 02 56; www.porthtowantouristpark.co.uk; Ende März – 30. Sept.; Zufahrt von der A30 (Penzance – Bodmin) Ausfahrt Porthtowan und ca. 3,5 km weiter Richtung Porthtowan, Platzeinfahrt liegt links der Straße ca. 600 m südlich von Porthtowan; schattenlose Wiesen; 2 ha - 70 Stpl.; Standard-Sanitärausstattung. Waschmaschine, Trockner. WLAN. V & E für Wohnmobile.

In **Pool**, ziemlich genau zwischen Camborne und Redruth und zwischen A30 und A3047 gelegen, findet man im östlichen Ortsbereich in der Trevithick Road das **Museum East Pool Mine [N50° 13' 50.93" W5° 15' 47.01"]**, ein interessantes Zinnbergbaumaschinen-Museum (geöffnet 16. Feb. - 2. Nov. Di - Sa 10.30 - 17 Uhr, letzter Einlass 1 Std. vor Schließung; www.nationaltrust.org.uk/east-pool-mine/), betreut vom National Trust. U. a. sieht man in zwei riesigen Maschinenhäusern sog. Beam Engines, dampfbetriebene Antriebsmaschinen, die den Bergbau damals nicht nur in Cornwall revolutionierten.

Interesse am Zinnbergbau in Cornwall? Dann sollten Sie einen Besuch in der **Mine Blue Hills Tin Streams [N50° 19' 12.92" W5° 11' 31.97"]**, Wheal Kitty Lane, nordöstlich von **St. Agnes**, vorsehen. Hier wurde bis 1920 Zinn gefördert (geöffnet 9. Apr. - 12. Okt. Di - Sa 10 - 14 Uhr; www.cornishtin.com). Hier kann man auch hübschen Zinnschmuck erwerben. Aber Achtung! Sehr starkes Abfahrtsgefälle, für große Fahrzeuge m. E. nicht zu empfehlen!

Noch mehr über die Zeit der Zinnminen sowie über die Seefahrtgeschichte von St. Agnes erfährt man im **St. Agnes Museum [N50° 18' 27.55" W5° 12' 12.86"]**, Penwinnick Road (geöffnet 1. Apr. - Ende Okt. tgl. 10.30 -17 Uhr, Eintritt frei; www.stagnesmuseum.org.uk).

Wheal Coates [Parkplatz, N50° 18' 19.50" W5° 13' 40.07"], eine weitere ehemalige Zinnmine liegt westlich von St. Agnes (geöffnet von Sonnenaufgang bis Sonnenuntergang; www.nationaltrust.org.uk/wheal-coates/) in der Nähe des Campingplatzes Beacon Cottage Farm Touring Park (s.u.).

*ROUTE: Weiterreise auf der küstennahen Straße nach **Perranporth**. Dort ostwärts bis **Goonhavern** und auf der A3075 nach **Newquay**.*

Von St. Agnes Head im Süden bis Trevose Head im Norden wiederholt sich an der westlichen Atlantikküste das gleiche Bild: Das dunkle Hochland über der Küste und kilometerlange, goldene Sandstrände wechseln sich stetig ab, während sich die hohen Atlantikwellen mit ihren Schaumkronen tosend am Ufer brechen. Die Landschaft ist spektakulär, die Luft ist belebend und erfrischend. Surfer finden hier ideale Bedingungen für ihren Sport.

An der östlichen Küste des Südzipfels von England wechselt das Landschaftsbild, die Vegetation wird dichter. Newquay ist die Hauptstadt dieser Region.

Im Eisenzeitalter wurde in Newquay Erz für Waffen und Werkzeuge geschmolzen. Und während der industriellen Revolution des 19. Jahrhunderts betrieb man Handel mit Zinn aus den Minen Cornwalls und mit Porzellanerde. Heute sind es eher die Sandstrände, die sich zur „Goldgrube" der Region entwickelt haben.

Perranporth [Beach Car Park, WP 235 / N50° 20' 43.4" W5° 09' 15.8"] mit seinem ansprechenden Strand liegt südlich von Newquay. Drei Kirchen, die alle St. Piran's heißen, machten den Ort bekannt. Zwei der Kirchen wurden Opfer von Dünentreibsand.

Die erste St. Piran's Church aus dem 6. Jahrhundert, die sogenannte „verlorene Kirche", eine der ältesten in England, wurde 500 Jahre nach ihrem Bau aufgegeben, da sie durch Stürme regel-

---

CAMPING – THE BEACON / ST. AGNES

Camping Beacon Cottage Farm Touring Park [WP 234 / N50° 18' 28.34" W5° 13' 31.28"], Beacon Drive, Tel. +44 (0)18 72 55 23 47; www.beaconcottagefarmholidays.co.uk; 1. Apr. – 30. Sept.; von der A30 (Redruth – Bodmin) auf der B3277 Richtung St. Agnes, in St. Agnes Richtung Beacon, nach ca. 2 km Platzeinfahrt links; von hohen Büschen und Bäumen eingefasste Wiese, zum Sandstrand 10 Min. Fußweg; 3 ha – 70 Stpl.; einfache Standard-Sanitärausstattung. Laden, Waschmaschine, Trockner. WLAN. V & E für Wohnmobile.

PRAKTISCHE HINWEISE – PERRANPORTH

 Perranporth Tourist Information [N50° 20′ 43.86″ W5° 9′ 8.40″], Westcott House, St. Pirans Road, Perranporth, TR6 0BH, Tel. +44 (0)18 72 57 52 54; www. perranporthinfo.co.uk. *Geöffnet Mo - Sa 9 – 17 Uhr.*

 CAMPING

Perranporth

Camping Tollgate Farm C & C Park [WP 236 / N50° 20′ 44.08″ W5° 8′ 29.24″], Budnic Hill, Tel. +44 (0)18 72 57 21 30; www.tollgatefarm.co.uk/; Ostern – 30. Sept.; auf der A3075 (Three Burrows – Goonhavern) in Goonhavern auf die B3285 Richtung Perranporth abzweigen, ca. 1,6 km westwärts weiter bis zur Platzeinfahrt rechts einer Kurve; mehrere, ebene, schattenlose Wiesen mit einigen Hartstandplätzen, über die Dünenlandschaft zum Sandstrand; 2,5 ha – 90 Stpl.; einfache Standard-Sanitärausstattung. Waschmaschine, Trockner, Laden. WLAN.

Goonhavern

Camping Silverbow Park [WP 237 / N50° 20′ 10.70″ W5° 7′ 10.34″], Tel. +44 (0)18 72 57 23 47; www.silverbow.co.uk; Apr. – Sept.; 23. Apr. - 17. Sept.; an der A3075 (Redruth – Newquay) zwischen Perranwell und Goonhavern gelegen, beschildert; durch Büsche unterteiltes, leicht geneigtes Parkgelände; 4 ha – 90 Stpl.; Standard-Sanitärausstattung. Kiosk, Waschmaschine, Trockner, Schwimmbad, Tennis. Mietbungalows. V & E für Wohnmobile.

Rejerrah bei Newquay

Camping Newperran Holiday Park [WP 238 / N50° 20′ 59.90″ W5° 6′ 9.14″], Tel. +44 (0) 33 33 70 05 55; www.ariaresorts.co.uk/newperran/; 30. März - 29. Sept.; von der A3075 (Redruth – Newquay) ca. 1 km nordöstlich von Goonhavern beschilderter Abzweig, noch 400 zur Platzeinfahrt; schattenloses, ebenes, durch Hecken und Platzstraßen in mehrere Wiesenstellflächen aufgeteiltes Gelände auf einem sanften Hügel mit schönen Ausblicken, einige Hartstandplätze; 17 ha – 400 Stpl.; Standard-Sanitärausstattung. Laden Restaurant, Hallenbad, Waschmaschine, Trockner, Chemikalausguss, WLAN. Mietbungalows.

recht im Sand begraben wurde. Man fand sie erst 1835 wieder. Nach den Freilegungsarbeiten deckte man sie aber erneut mit Sand zu, um Plünderungen zu vermeiden; ihr Standort war nur an einer Dünenmarkierung zu erkennen.

Die zweite St. Piran's Church entstand 1150 auf einer anderen Düne. Sie wurde wegen des Sandes im 15. Jahrhundert aufgegeben. An ihrem Standort erinnert ein Kreuz an das ehemalige Gotteshaus.

Die bisher letzte St. Piran's Church wurde 1804 in Perranzabuloe, etwa 2 km südlich, errichtet. Der Ortsname verweist auf „St. Piran in Sabulo", was soviel wie St. Piran im Sand bedeutet.

Im St. Piran's Round, einer Art Amphitheater, wurden mehr als 300 Jahre lang alte Legenden aus Cornwall als Theaterspiele aufgeführt. In den Sommermonaten gibt es noch heute einige Aufführungen.

Bis 1874 lebte Perranporth von den nahen Zinnminen.

Newquay – Als das alte Fischerdorf Towan Blystra im 16. Jahrhundert einen größeren Fischerhafen benötigte, entstand eine neue Hafenanlage, eben ein „new quay", der dem größer werdenden Ort dann auch seinen heutigen Namen gab.

Das Wohl der Fischer hing damals vom Sardinenfang ab. Männer, die man „huers" nannte, beobachteten und meldeten von bestimmten Ausguckposten, etwa der Huer's Hut am Kap Towan Head, die Fischschwärme, um dann die Fischerboote mit ihren Schreien in die richtige Richtung zu dirigieren. Wenn

Huer's Hut am Kap Towan Head, Newquay

man von Süden her ins Zentrum von Newquay Richtung Fistral Beach fährt, passiert man einen markanten, blendendweißen Steinbau direkt an der Straße, die sog. **Huer's Hut [N50° 25' 8.64"   W5° 5' 25.09"]**, *www.cornwall. co.uk/newquay/huers_hut.htm.*

Nachdem die Eisenbahn 1875 in New-quay angekommen war, begann auch der Aufstieg der Tourismusindustrie. Vom malerischen alten Hafen in der ansonsten eher hässlichen Stadt erstrecken sich die kilometerlangen Strände entlang der steilen Klippen. Vor allem wegen der unvergleichlich schönen Küstenlandschaft gilt die Region um Newquay als eine der reizvollsten Küs-tenabschnitte im Süden Englands, manche sagen sogar Europas.

Einen recht zentralen **Parkplatz The Manor Car Park [WP 239 / N50° 24' 47.72"   W5° 4' 58.11"]** findet man an der Manor Road hinter der Newquay Library.

Interessante Abwechslung verspricht ein Besuch im **Blue Reef Aquarium [N50° 24' 53.42"   W5° 5' 3.03"]**, The Crescent *(geöffnet tgl. 10 - 17 Uhr, letzter Einlass 30 Min. vor Schließung, keine Hunde; www.bluereefaquarium.co.uk)*, Towan Promenade. Durch das Großaquarium mit seiner farbenprächtigen lokalen und subtropischen Meeresfauna kann man z. B. in einem gläsernen Unterwassertunnel spazieren, während über einem Haie und kleine Fische ihre Runden drehen.

Nur einen Spaziergang vom Strand entfernt bilden ganz in der Nähe des Zoos die **Trenance Gardens [N50° 24' 37.98"   W5° 4' 5.60"]**, eine Obstbaum-

PRAKTISCHE HINWEISE – NEWQUAY

Newquay Tourist Information [N50° 24' 45.60" W5° 4' 53.59"], Marcus Hill, Newquay, TR7 1BD, Tel. +44 (0)16 37 83 85 16; www.visitnewquay.org. *Geöffnet Apr. - Sept. Mo - Fr 9.15 - 17.30 Uhr, Sa + So 10 - 16 Uhr; Okt. - März Mo - Fr 10 - 16 Uhr, Sa + So 10 - 15 Uhr.*

PUBS UND RESTAURANTS

The Fort Inn, Pub-Restaurant, 63 Fore Street, Tel. +44 (0)16 37 87 57 00; www. fortinnnewquay.co.uk; das Restaurant ist nicht nur wegen seinem Getränke-

und Speisenangebot beliebt, sondern auch, weil man bei schönem Wetter auf der großen Sommerterrasse den Ausblick über den Hafen und das Meer genießen kann.
The Sailor's Arms, Pub, 15 Fore Street. Tel. +44 (0)16 73 87 28 38; www.sailorsarms.com; ein Pub für Jung und Alt mit gut sortierter Bar und ordentlichen, kleinen Gerichten. Freitags bis sonntags Night Club.

CAMPING BEI NEWQUAY

Newquay
Camping Hendra Holiday Park [WP 240 / N50° 24' 8.29" W5° 2' 59.61"], Tel. +44 (0)16 37 87 57 78; www.hendra-holidays.com; 23. März – 3. Nov.; am östl. Ortsrand von Newquay an der A392 Richtung Bodmin; Platz liegt direkt an der Straße A392; großes, weitläufiges Wiesengelände, durch Bäume und Hecken eingeteilt; 16 ha – 500 Stpl. + Dau.; gute Standard-Sanitärausstattung. Laden, Imbiss, Restaurant, Waschmaschine, Trockner, Hallen- und Freibad, Minigolf, Fahrradverleih. WLAN. Zahlreiche Mietbungalows. V & E für Wohnmobile.
Camping Treloy Touring Park [N50° 25' 57.92" W5° 0' 45.29"], Tel. +44 (0)16 37 87 20 63; www.treloy.co.uk; 18. März – 10. Sept.; von der A3059 (Newquay – St. Columb Major) Richtung RAF St. Mawgan abzweigen und noch ca. 300 m; durch Hecken und Platzstraße unterteiltes, ebenes Grasgelände, teils mit befestigten Stellplätzen; 4 ha – 160 Stpl.; Standard-Sanitärausstattung. Laden, Imbis, Schwimmbad, Waschmaschine, Trockner. V & E für Wohnmobile.
Newquay Holiday Park [WP 241 / N50° 25' 22.54" W5° 1' 28.46"], Tel. +44 (0) 344 33 53 507; www.parkdeanholidays.co.uk; Ostern – Ende Okt.; von Newquay ostwärts auf der A3058 Richtung St. Columb Minor und ca. 1,6 km weiter auf der A3059 Richtung St. Columb Major, Platz liegt an der Straße A3059; weitläufiges, von Mobilhomes dominiertes, teils terrassiertes Wiesengelände, Golfplatz nebenan; 15 ha – 100 Stpl. + Dau.; Standard-Sanitärausstattung. Laden, Waschmaschine, Trockner, 3 Pools, Amüsiermeile mit Spielautomaten, Tanzboden etc.

Holywell Bay
Camping Trevornick Holiday Park [WP 242 / N50° 23' 5.45" W5° 7' 44.61"], Holywell Road, Tel. +44 (0)16 37 83 05 31; www.trevornick.co.uk; 1. Apr. – 26. Okt.; von der A3075 (Newquay – Redruth) ca. 4,5 km südlich von Newquay Richtung Holywell abzweigen und noch 3 km bis zur Platzeinfahrt rechts der Straße; ebenes, schattenloses Wiesengelände durch Hecken und Platzstraßen aufgeteilt; Standard-Sanitärausstattung. Laden, Restaurant, Schwimmbad, Sauna, Waschmaschine, Trockner, Fahrradverleih, Tennis, WLAN. V & E für Wohnmobile. Knapp 1 km zur Holywell Bay mit Sandstrand.

Crantock
Camping Trevella C & C Park [WP 243 / N50° 23' 49.11"   W5° 5' 45.38"], Tel. +44 (0)16 37 83 03 08; www.trevella.co.uk; Anf. Apr. – Mitte Okt.; von Newquay zunächst auf der A392, dann ca. 200 m auf der A3075 weiter bis zum Abzweig Richtung Crantock, nach ca. 1,2 km Abzweig zur Platzeinfahrt; geneigtes, schattenloses Wiesengelände bei einem Fischweiher, teils mit Hartstandplätzen; Standard-Sanitärausstattung. Laden, Imbiss, Waschmaschinen, Trockner, Schwimmbad, WLAN, Internetecke. V & E für Wohnmobile.

St. Columb bei Newquay
Camping Trewan Hall C & C Site [WP 244 / N50° 26' 42.26" W4° 56' 36.65"], Tel. +44 (0)16 37 88 02 61; www.trewan-hall.co.uk; Mitte Mai – Mitte Sept.; von St. Columb nordwärts Richtung St. Eval und noch 1,5 km bis zur beschilderten Platzzufahrt; Standard-Sanitärausstattung. Laden, Imbiss, Waschmaschine, Trockner, Schwimmbad. Chemikalausguss. WLAN im Leseraum.

Strand bei Newquay

und Gartenanlage mit exotischen Pflanzen und wunderschönen Blumenbeeten, einen ruhigen Kontrast zum hektisch-aktiven Strandleben.

Trerice House [N50° 23' 12.57" W5° 2' 14.57"], liegt in **Kestle Mill**, rund 5 km südöstlich von Newquay an der A3058 Richtung Summercourt *(geöffnet House: 2. März - 3. Nov. tgl. 11 - 16.30 Uhr; Garden, Restaurant, Shop tgl. 10.30 - 17 Uhr; 9. Nov. - 22. Dez. Garden, Restaurant, Shop tgl. 11 - 15.30 Uhr, letzter Eintritt 30 Minuten vor Schließung; www.nationaltrust.org.uk/trerice/)*. Dieses elisabethanische Landschloss mit seinen gepflegten Gärten stammt aus der Zeit um 1570. Auf einem Rundgang sieht man – neben der bemerkenswerten, über zwei Etagen reichende Eingangshalle mit 576 Fensterelementen und der Großen Halle – in den möblierten Salons schön gearbeiteten Decken, Kamine und seltene Uhren.

In der Nähe des Anwesens zwängt sich der Fluss Helford durch eine steile, 60 m tiefe Schlucht.

Von **Benny Halt**, ca. 1,5 km südlich von Trerice gelegen, verkehrt die **Lappa Valley Steam Railway [N50° 22' 29.36" W5° 2' 30.10"]**, eine nostalgische, dampfbetriebene Schmalspureisenbahn auf einer 4 km langen, landschaftlich recht reizvollen Strecke nach Newlyn East. Die Bahn verkehrt von 30. März bis 3. November täglich um 10.40, 11.20, 12, 12.40, 13.20, 14, 14.40, 15.20, 16 und 16.40 Uhr; *www.lappavalley.co.uk*.

Folgt man der teils etwas engen Küstenstraße B3276 von Newquay nordwärts nach Padstow, passiert man das Surferparadies **Fistral & Watergate Bay [N50° 26' 39.99" W5° 2' 27.09"]**. An den Stränden von Towan, Great Western und Tolcarne üben dagegen diejenigen, die erst noch Surfmeister werden wollen.

Etwas weiter kommt man an den Klippen **Bedruthan Steps [Parkplatz, N50° 28' 53.72" W5° 1' 55.36"]** vorbei, die zu einer der schönsten Küstenszenerien im Südwes-ten Englands gehören. Die Klippen sind Eigentum des National Trust. Überliefert ist die Legende, nach der der Riese Bedruthan die Felsen als Stufen benutzt hat, als er vor Urzeiten aus dem Meer an Land stieg. Zum Strand führt ein steiler Treppenpfad hinab. Mühsam ist der Rückweg! *www.*

Trerice House

nationaltrust.org.uk/carnewas-and-bed-ruthan-steps/.

Einige Klippen haben Einheimische nach bekannten Persönlichkeiten benannt, etwa den „Queen Beth Rock", der angeblich dem Profil der englischen Königin Elizabeth I. ähnelt.

Unweit nördlich des Küstenorts Porthcothan heißt eine der vielen kleinen Buchten ganz unverfänglich **„Pepper Cove" [N50° 31′ 24.42′ W5° 1′ 30.83″].** Pepper Cove war aber vor allem im 18. Jahrhundert ein ganz berühmt-berüchtigter Umschlagplatz für geschmuggelten Pfeffer und andere exotische Gewürze. Wieder war es der horrend hohe Zoll, mit dem Pfeffer damals belegt war, der viele Schmuggler durch den Handel mit unverzollter Ware zu wohlhabenden Leuten machte.

*ROUTE: Von Newquay auf der A392 ostwärts bis zur A39. Ihr folgen wir rund 7 km/4,5 mls nordwärts und zweigen nordwestwärts auf die B3274 ab nach **Padstow**.*

An der Mündung des Camel Flusses liegt das malerische **Padstow,** das neben St. Ives zu den attraktivsten Küstenorten an der Westküste Cornwalls ge-

hört. **Parkmöglichkeiten** findet man am Hafen **[WP 245 / N50° 32′ 27.52″ W4° 56′ 13.34″].**

Bereits im 6. Jh. soll der Heilige Petroc aus Irland an dieser Stelle ein Kloster gegründet haben, Pedrocstowe, aus dem später Padstow wurde. Während des Mittelalters machten im Kloster irische Pilger Station, die sich auf dem langen Weg zum nordspanischen Wallfahrtsort Santiago de Compostela befanden.

In der Gemeindekirche **St. Petroc's Church [N50° 32′ 29.51″ W4° 56′ 33.78″]** aus dem 15. Jahrhundert erinnern viele Gedenktafeln an die Familie Prideaux, die in dem nahen Landsitz **Prideaux Place** seit mehr als 400 Jahren lebt. Das von einem weiten Park mit Wildgehegen umgebene Herrenhaus mit kostbaren Möbeln und Stuckarbeiten stammt aus er Zeit Elizabeth I. und kann besichtigt werden *(geöffnet House: 12. Mai - 3. Okt. So - Do Führungen um 13.30 und 16 Uhr; Garden und Café tgl. 7. Apr. - 25. Okt. So - Fr 10.30 - 17 Uhr; www. prideauxplace.co.uk).*

Prideaux Place ist auch durch den Roman „Das Ende eines Sommers" (1994) von *Rosamunde Pilcher* bekannt.

In der Altstadt von Padstow schlängeln sich kleine Gassen in Richtung Hafen, wo es seit dem Mittelalter immer eine Fähre über die Padstow Bay gegeben hat. Einige Häuser stammen noch aus dem 15. Jahrhundert.

Am South Quay steht das Gebäude **Raleigh Court [N50° 32' 28.16" W4° 56' 14.16"]** aus dem 16. Jahrhundert, in das Sir Walter Raleigh immer dann kam, wenn er seine Schutzzölle und Steuern eintrieb, was er als „Warden of Cornwall" durfte.

Während des jährlichen Volksfestes **„Obby Oss"** (Hobby Horse Festival) am Maifeiertag wird ein als Pferd verkleideter Mann durch die Gassen geführt, um den die Menge dann tanzt. Das Fest soll zu den ältesten Volkstanzfesten in Europa gehören.

Wohin an einem regnerischen Tag? Schauen sie doch mal in der **International Lobster Hatchery** vorbei, South Quay, einer Lehr-, Forschungs- und Aufzuchtstation für Hummer.

*ROUTE: Weiterfahrt von Padstow zurück bis **Little Petherick**. Dort auf der A389 ostwärts zur A39. Ihr folgen wir über Wadebridge nordostwärts bis **St. Teath**. In St. Teath nordwärts nach **Tintagel**.*

Wadebridge ist eigentlich ein eher nichtssagendes Städtchen, bis auf The Old Bridge, eine Steinbrücke mit siebzehn Bögen, die 1485 von einem Kirchenmann erbaut worden sein soll **[Parkplatz N50° 30' 57.32" W4° 50' 6.26"]**.

Umweg über Bodmin und den „Jamaica Inn" im Bodmin Moor

Wer an den mysteriösen Romanen („Rebecca", „Ein Tropfen Zeit", „Die Vögel", „Jamaica Inn", „Das Geheimnis des Falken" u. v. a.) von *Daphne du Maurier* Gefallen gefunden hat, sollte auf den Umweg nicht verzichten, führt er doch vorbei am legendären „Jamaica Inn", in dem sich im gleichnamigen Roman geheimnisvolle Dinge im Zusammenhang

---

PRAKTISCHE HINWEISE – PADSTOW

Padstow Tourist Information [N50° 32' 32.35" W4° 56' 13.49"], The Mariner's Clock Building, South Quay, Padstow, PL28 8BL, Tel. +44 (0)18 41 53 34 49; www.padstowlive.com. *Geöffnet Apr. - Okt. Mo - Fr 10 – 17 Uhr, Juli + Aug. 9.30 - 17.30 Uhr; Nov. - März Mo - Sa 10 - 16 Uhr.*

Feste, Folklore
Obby Oss Day (Hobby Horse Festival), 1. Mai, Tanz um den Maibaum mit wilden Masken und Verkleidungen.

PUBS UND RESTAURANTS

The London Inn, Pub, Restaurant, 6 – 8 Lanadwell Street Tel. +44 (0)18 41 53 25 54; padstowlondoninn.co.uk; Pub mit über 200jähriger Tradition, in dem sowohl in der Bar als auch im „The Wheel House Restaurant" gespeist werden kann, das Angebot der Bar lässt sich sehen, viele lokale Biere, aber auch Weine oder Ciders.

The Shipwrights Inn, Pub, North Quay, +44 (0)18 41 53 24 51; www.shipwrightspadstow.co.uk; gemütlich eingerichtetes Pub, das sich im Erdgeschoss befindet, im Obergeschoss ist das Restaurant eingerichtet, gute Küche und Gerichte aus frischen Produkten der Region. Schöne Sommerterrasse.

CAMPING

Camping Padstow Touring Park [WP 246 / N50° 31' 37.01" W4° 56' 57.40"], Tel. +44 (0)18 41 53 20 61; www.padstowtouringpark.co.uk; Jan. – Dez.; auf der A389 ca. 1,5 km südwärts, dann meerwärts abzweigen; ebenes Wiesengelände, durch Hecken und Platzstraßen gegliedert, einige Hartstandplätze; 5 ha – 150 Stpl.; Standard-Sanitärausstattung. Cafeteria, Laden, Waschmaschinen, Trockner, WLAN. V & E für Wohnmobile.

mit Strandraub und Schmuggel zutrugen. Heute ist der Jamaica Inn ein hübsches Pub mit urigem Ambiente, Beschreibung siehe weiter unten.

*ROUTE: Von der A39 bei **Wadebridge** zweigt man südostwärts nach **Bodmin** ab (A389).*

Auf dem Wege nach Bodmin passiert man die Zufahrt zu **Pencarrow House and Gardens [Parkplatz, WP 247 / N50° 30' 26.94" W4° 45' 58.13"]**. *Haus geöffnet: 31. März - 3. Okt. So -Do 11.15 - 15 Uhr, Führungen obligatorisch, alle 45 Min., Dauer ca. 60 Min. Gärten geöffnet 31. März - 31. Okt tgl. 10 - 17.30 Uhr; www. pencarrow.co.uk.*

Pencarrow House, umgeben von weiten Parkanlagen, präsentiert sich als stattliches, herrschaftliches Anwesen im Georgian Style, das seit dem 16. Jahrhundert, der Zeit von Königin Elisabeth I., im Besitz der Familie Molesworth ist. Seit den 1970er Jahren ist Pencarrow House der Öffentlichkeit zugänglich.

Sehenswert – neben dem eindrucksvollen Treppenhaus – sind die kostbar dekorierten und möblierten Salons mit erlesenen Wandverkleidungen, Stuckdecken, Bleiglasfenstern, wertvollen Gemälden und Familienporträts berühmter Porträtmaler wie Sir Joshua Reynolds, sowie weitere Werke berühmter englischer Künstler wie Richard Wilson, Henry Raebourn oder Samuel Scott. Außerdem beachtenswerte Glas- und Porzellansammlung.

Pencarrow House ist heute auch eine attraktive Location für Hochzeitsfeierlichkeiten.

Bodmin, eine Kleinstadt am Rande des Bodmin Moor, entstand wohl bereits im 6. Jahrhundert bei einem Kloster, das von St. Petroc weitergeführt wurde. Später im 11. Jahrhundert war das Kloster von Botmenei, wie der Ort damals hieß, bereits eine einflussreiche und wohlhabende Abtei und Bischofssitz. Damals war Bodmin die größte Gemeinde in ganz Cornwall.

Das heutige Bodmin hat aus touristischer Sicht neben einem bescheidenen **Stadtmuseum** und der sog. **Court Room Experience** *(geöffnet Juni - Sept. Mo - Fr 10.30 - 16.30 Uhr; Okt. Sa 10.30 - 14.30)*, in der eine einstmals aufsehenerregende Gerichtsverhandlung gegen den Mörder einer gewissen Charlotte Dymond nachgestellt wird, dem **Bodmin Jail**, wo 1909 der letzte Delinquent durch den Strang hingerichtet worden ist, der **St. Petrocs Chruch** und einem

Blick auf Bodmin, Bodmin Moor

Schmuggler in Cornwall

In Cornwall konnte man beim Schmuggeln immer auf die Symphatie der Mitbürger rechnen. Die vielen Buchten und Flussmündungen entlang der Küste im Südwesten Englands boten ideale Verstecke, in denen die Beute ungesehen an Land gebracht und dann in Höhlen zwischengelagert werden konnte.

So wird z. B. von der „Pepper Cove", nördlich von Padstow berichtet, dass die Bucht bei Schmugglern ganz besonders beliebt gewesen sei, denn die Einfahrt war relativ schmal und noch dazu von tückischen Klippen nahezu versperrt. Aber hatte man die Klippen glücklich umschifft – und die Schmuggler kannten ihre Küste wie ihre eigene Westentasche – war man in der Bucht mit ihrem flachen Sandstrand von See her nicht mehr sichtbar.

Im 18. Jahrhundert waren die Menschen, die sich als Landarbeiter einen kärglichen Lohn verdienten, bettelarm. Die Bergarbeiter in den Zinn- und Kupferminen wurden ausgebeutet. Man musste also niemanden lange überreden, sich als Schmuggler ein Zubrot zu verdienen.

Da Luxusgüter wie Tee, exotische Gewürze oder alkoholische Getränke vom europäischen Festland in England durch hohe Steuern ein Vielfaches des kontinentalen Preises kosteten, wurden Teekisten und Branntweinfässer, aber auch ganze Tabakballen in rauen Mengen am Fiskus vorbeigeschmuggelt. Trotz drakonischer Strafandrohungen bezeichneten die Schmuggler ihr Gewerbe als „Free Trade". Nicht selten hielten ihrer Majestät Bedienstete auch selbst die Hand auf, um dann ein Auge zuzudrücken. Selbst namhafte Familien engagierten sich im lukrativen Schmuggelgeschäft. So heißt es z. B. von einer Familie, die den Hafen von Falmouth mitbegründete, sie habe ihr Vermögen mit Schmuggel gemacht.

Auf dem Höhepunkt des Schmugglerwesens Ende des 18. Jahrhunderts sollen pro Jahr, wenn man den überlieferten Berichten glauben darf, weit über eine Million Liter Branntwein illegal nach England gebracht worden sein.

Ein anderer Trick war, dass Segler, die aus Fernost kamen und kostbare Seide, Tee, Porzellan u. ä. geladen hatten, vor der Küste außerhalb des Zollbereichs ankerten, und ihre wertvollen Güter auf kleine Boote verluden, die die Waren dann illegal und den Zoll umgehend an Land brachten.

Piraten und Strandräuber gingen brutaler ans Werk. Sie ließen die vorbeifahrenden Schiffe durch falsche Leuchtfeuer stranden, ermordeten die Besatzungen und raubten die wertvolle Ladung.

Im 19. Jahrhundert dann patrouillierten auf den Coast Pathes Küstenpolizisten und sog. „revenue men". Sie legten z. B. Fußfallen, um der Schmuggler habhaft zu werden.

Wurde man als Schmuggler auf frischer Tat ertappt, war die traditionelle Mindeststrafe die Exportation in die Strafkolonie Australien. Nicht selten wurde die Todesstrafe verhängt und der Delinquent zur Abschreckung öffentlich gehängt.

Erst als die Einfuhrzölle ab 1850 sanken, lohnte sich das illegale Geschäft des Schmuggelns nicht mehr.

Militärmuseum kaum Interessantes zu bieten.

Liebhaber alter Eisenbahnen werden allerdings an der **Bodmin & Wen-** **ford Railway General Station [Parkplatz, WP 248 / N50° 27' 57.18" W4° 42' 58.83"]**, der letzte Standardspur-Dampfeisenbahn in Cornwall ihre Freude haben; www.bodminrailway.co.uk. Von Bodmin General Station fahren von Ende März bis Anfang November täglich Züge nach Boscarne Junction nördlich von Bodmin und nach Bodmin Parkway Junction südlich des Ortes mit Anschluss an die Hauptbahnstrecke.

Lanhydrock House & Gardens [Parkplatz, WP 249 / N50° 26' 46.12" W4° 41' 43.21"] liegt unweit südöstlich von Bodmin, jenseits der A30. Das viktorianische Anwesen liegt mitten in einem herrlichen Park mit prächtigen alten Bäumen (geöffnet März - Okt + Dez. tgl. 11 - 16 Uhr; Gärten ganzjährig tgl. 10 - 16.30 Uhr; National Trust; www.nationaltrust.org.uk/lanhydrock/. Vom Parkplatz längerer Fußweg zum Haus). Das Haus selbst stammt in seinen Ursprüngen aus dem 17. Jh., wurde aber 1881 durch ein Großfeuer fast vollständig zerstört und nach der Katastrophe im Stil des Viktorianischen Zeitalters quasi mit „allen Schikanen" wieder aufgebaut. Heute sind etwa 50 Räume, von der Küche über die Bedienstetenquartiere bis zu den Salons der Herrschaften, zu besichtigen. Von besonderem Interesse sind das imposante Torhaus und die Long Gallery mit aufwendig dekorierter Decke. Diese beiden Gebäudeteile wurden als einzige von dem Feuer 1881 verschont.

ROUTE: Weiterreise von Bodmin auf der A30 nordostwärts Richtung **Bolventor**. Kurz nach dem Ort zweigt die Zufahrt zum **Jamaica Inn** ab.

Rund 5 km nordwestlich von **Bolventor** erhebt sich der 420 m hohe Brown Willy, die höchste Erhebung nicht nur im Bodmin Moor sondern in ganz Cornwall.

Das legendäre **Jamaica Inn [Parkplatz, WP 250 / N50° 33' 43.09" W4° 33' 59.93"]**, eine urige Kneipe mit mehreren rustikalen Gaststuben und 16 Gästezimmern liegt mitten im Bodmin Moor; www.jamaicainn.co.uk.

In einer der Gaststuben ist in den Boden eine Messingtafel eingelassen, die die Stelle markiert, an der der zwielichtige Wirt und Schmugglerboss Joss Merlyn in Daphne du Maurier's Roman „Jamaica Inn" sein trauriges Ende findet. Und noch heute sollen ermordete Schmuggler des nächtens im gepflas-

---

Bodmin Tourist Information Centre [Parkplatz, N50° 28' 13.27" W4° 43' 13.37"], Shire Hall, Mount Folly, Bodmin, PL31 2DQ, Tel. +44 (0)12 08 76 616; www.bodminlive.com. Geöffnet Mo - Do 8.45 - 17 Uhr, Fr 8.45 - 16.30 Uhr.

PUBS UND RESTAURANTS

The Governors Hall im **Bodmin Jail**, Berrycoombe Road, Tel. +44 (0)12 08 76 292; www. Bodminjail.org. Im einstigen Stadtgefängnis findet man eine Pub-Bar in elegantem Ambiente, in der eine reiche Auswahl an Getränken und Snacks gereicht wird, sowie ein einladendes Restaurant, das eine reichhaltige Speisekarte anbietet. Wer es mag, kann sich bei einem „Jail Visit" die dunklen Gewölbe des alten Gefängnisses anschauen. Geöffnet 9.30 bis 20 Uhr.

Romanschauplatz „Jamaica Inn"

terten Hof des Jamaica Inn herumspuken.

Warum das Jamaica Inn, das doch relativ weit von der Küste entfernt liegt, ein berüchtigtes Schmugglernest gewesen sein soll, liegt vielleicht auch daran, dass die Höhen dort oft im dichten Nebel liegen, in dessen Schutz man ungestört und ungeniert Schmuggelgut (contraband), in Sicherheit bringen konnte.

In einem Nebengebäude des Jamaica Inn, das ehemals als Remise und Stallung diente, als das Jamaica im ausgehenden 18. Jh. noch eine wichtige Post- und Umspannstation war, findet man das überaus interessante **Museum** über die Schriftstellerin **Daphne du Maurier**. Man sieht u.a. Dokumente und Fotos ihres Lebens und ihre Schreibmaschine, auf der viele spannende Romane entstanden sind. Darüber hinaus erfährt man in dem Museum auch etwas über das Schmuggler- und Strandräuberwesen im 18. und 19. Jh., das Daphne du Maurier in ihrem Roman „Jamaica Inn" zum Thema gemacht hat. Das Museum ist *geöffnet tgl. 8 - 21 Uhr*.

Zum Komplex gehört ein 4-Sterne-Hotel, das 16 Zimmer anbietet. Tel. (+44 (0)15 66 86 250; www.jamaicainn.co.uk.

Wer ein Fable für die Sage um König Artus hat, den wird interessieren, dass der Legende nach Artus' legendäres Schwert „Excalibur" nach dem Tode des Königs von einem seiner treuen Ritter in dem kleinen See Dozmary Pool, etwa 5 km südöstlich von Bolventor, versenkt worden sein soll.

Die Vorgeschichte liest sich kurz gefasst so: Der Zauberer und Mentor des jungen Artus (Arthur), Merlin, hatte ein Schwert in einen Felsen gerammt. Und nur der, der in der Lage war, das Schwert wieder aus dem Fels zu ziehen, sollte rechtmäßiger König von England werden. Viele Edelmänner und Ritter versuchten es, aber nur Artus, dem künftigen König, gelang es.

Eines Tages zerbrach in einer Schlacht dieses Schwert des Königs, worauf er von der geheimnisvollen „Königin vom See" (Dozmary Pool) das wundertätige Schwert „Excalibur" geschenkt bekam. Es sollte den König unverwundbar machen und ihm mystische Kräfte verleihen. Nach dem Tod von Artus wurde „Excalibur" der Königin vom See zurückgegeben und im Dozmary Pool versenkt.

ROUTE: Vom Jamaica Inn zur A30 und weiter nordostwärts Richtung Launceston.

Am Westrand von **Launceston** erhebt sich auf einem markanten Bergkegel **Launceston Castle [Zugang N50° 38' 10.94" W4° 21' 44.46"],** oder das was von der trutzigen ehemaligen normannischen Rundfestung, die den Zugang nach Cornwall kontrollierte und noch heute die Stadtsilhouette dominiert, noch übrig ist *(geöffnet Apr. - Sept. tgl. 10 - 18 Uhr; übrige Zeit tgl 10 - 17 Uhr; English Heritage; www.english-heritage. org.uk/visit/places/launceston-castle/).* Vom Burghügel, auf dem vor langer Zeit die Grafen von Cornwall residierten, hat man einen schönen Blick ins Land und auf Launceston.

Großer **Parkplatz [WP 251 / N50° 38' 8.61" W4° 21' 29.11"]** am Race Hill am Ostrand der Stadt, in Gehnähe zur Burgruine und zur Tourist Information.

Launceston Tourist Information [N50° 38' 9.68" W4° 21' 36.74"], White Hart Arcadet, Launceston, PL15 8AA, Tel. +44 (0)15 66 77 23 21; *www.visitlaunceston.co.uk.*

ROUTE: Rund 5 km/3 mls vor Launceston zweigt man westwärts ab und folgt der A395 bis zur A39. Auf der A39 ein kurzes Stück südwärts Richtung Camelford und Abzweig westwärts auf die B3263 nach Tintagel.

Westlich von Camelford liegen beim Ort **Delabole** die **Delabole Slate Quarries**, alte Schieferbrüche, in denen schon seit dem 16. Jahrhundert das viel verwendete Material für Dachschindeln hergestellt wird.

Das Dorf **Tintagel**, das einen knappen Kilometer vom Meer entfernt liegt, dürfte wohl eines der legendärsten und berühmtesten Dörfer im Südwesten Englands sein. **King Arthur's Car Park Parkplatz [WP 253 / N50° 39' 49.03" W4° 45' 6.60"],** Fore Street. Weitere, kleinere Parkplätze sind im Ort vorhanden, wie z. B. am Tourist Information Centre s. u.

Die Reste und Mauerfragmente des sagenumwobenen **Tintagel Castle [Visitor Centre und Zugang, N50° 40' 4.42" W4° 45' 28.17"]** liegen am Westrand des Dorfes auf einer durch einen schmalen Strandstreifen mit dem Festland verbundenen Halbinsel mit schroffer Felsküste an der windigen Küste Cornwalls hoch über dem Meer *(geöffnet Apr. - Okt. tgl. 10 - 17 Uhr; Nov. - Feb.Fr - So 10 - 16 Uhr; März tgl. 10 - 16 Uhr; English Heritage; www.english-heritage.org. uk/visit/places/tintagel-castle/).*

Die Burg entstand schon im 12. Jahrhundert auf den Mauern eines alten keltischen Tempels. Tintagel Castle gilt als Geburtsort von **Arthur (Artus)**, dem legendären König der Tafelrunde und Anführer der Engländer in der Schlacht mit den Pikten.

Erstmals in Verbindung gebracht wurde Tintagel Castle mit der Artuslegende von Geoffrey of Monmouth, einem Geschichtsschreiber und Chronisten des englischen Königtums des 12. Jahrhunderts.

Später im 15. Jahrhundert griff *Thomas Malory* die Geschichte in „The Book of King Arthur and His Noble Knights of the Round Table" auf. Zu vermuten ist, dass dieses Werk mehr Erzählung und Roman, als ein auf verbrieften Unterlagen basierender historischer Bericht ist.

CAMPING – CAMELFORD

Camping Camelford Caravan and Motorhome Club Site [WP 252 / N50° 36' 55.33" W4° 41' 25.17], Valley Tunkle, Tel. +44 (0)13 42 32 74 90; www.caravan-club.co.uk/club-sites/england/devon-and-cornwall/camelford-caravan-club-site/; 5. Apr. – 4. Nov.; 1 km südlich des Ortszentrum von Camelford von der A39 (Wadebridge – Bideford) bei Valley Tuckle Richtung Boscastle abzweigen, nach ca. 500 m links ab und noch 100 m zur Platzeinfahrt; Wiese teils mit Hartstandplätzen; 3 ha – 60 Stpl.; Standard-Sanitärausstattung. Laden, Waschmaschine. V & E für Wohnmobile. Nichtmitglieder willkommen.

Wie man liest, soll Malory sein Werk im Gefängnis geschrieben haben, in dem er viele Jahre wegen Betrugs, Mord und anderer schwerer Vergehen einsaß. Und vielleicht ist Malory in den endlosen Hafttagen und Nächten das eine oder andere phantasievolle Beiwerk zur Artussage eingefallen.

Artus ist der Sohn von Igraine, der Gemahlin von Gorlois, Herzog von Cornwall und Uther Pendragon, dem Widersacher des Herzogs. Und Uther Pendragon gelang es nur mit Hilfe des Zauberers **Merlin**, der Uther Pendragon die Gestalt des Herzogs Gorlois verliehen hatte, sich Igraine zu nähern. Aus dieser mysteriösen Zusammenkunft entstand Artus, der legendäre spätere König.

Merlin, der zwielichtige, geheimnisumwitterte Zauberer, Erzieher und Ratgeber von Artus, hat sich der Legende nach oft in Tintagel aufgehalten. Am Zugang zur Halbinsel liegt rechts am Strand die Merlin Höhle.

Und der legendäre Marke, König von Cornwall (Marke wird auch als König von Cornoueille in der Bretagne erwähnt), Hauptfigur in der tragischen Geschichte um Tristan und Isolde, soll auf „Tintajol" (Tintagel Castle) Hof gehalten haben.

Bei archäologischen Grabungen um 1930 und nochmals um 1990 auf dem Gelände von Tintagel Castle wurde – neben deutlichen Hinweisen, dass Tintagel intensive Handelsbeziehungen mit Ländern im Mittelmeer unterhielt – der berüchtigte Stein „Arthnou" entdeckt, der die Archäologen auf die Idee brachte, Tintagel Castle könnte im dunklen Mittelalter tatsächlich Sitz der Könige von Cornwall gewesen sein.

Von großer strategischer Bedeutung kann Tintagel Castle nach der Einschätzung der Archäologen aber nicht gewesen sein. Die Mauern der Burg werden von den Wissenschaftlern als viel zu schwach für eine Verteidigungsanlage angesehen.

Wappnen Sie sich aber mit Geduld, wenn Sie die Ruinenfragmente von Tintagel Castle besichtigen wollen. Die Ruinen liegen etwa 700 m außerhalb des Ortes und sind über einen stellenweise recht holprigen, aber beschilderten Fußweg zu erreichen und der Treppenweg hinauf – wir haben nicht nachgezählt – soll über 100 Stufen haben.

The Old Post Office, Tintagel

Wer schlecht zu Fuß ist, kann sich zwischen April und Oktober gegen Gebühr mit einem Landrovertransport von den Parkplätzen im Ort zum Visitor Centre am Zugang zum Tintagel Castle bringen lassen.

Das Visitor Centre am Zugangsweg zur Ruine bietet Cafeteria, Souvenirshop, Toiletten. Interessant und informativ ist das dort gezeigte Video „Searching for King Arthur", eine willkommene Einstimmung auf den Besuch von Tintagel Castle.

Zu den Sehenswürdigkeiten im einst recht beschaulichen Ort Tintagel selbst, der durch seine große Popularität aber nicht anziehender geworden ist, zählen die Gemeindekirche **St. Materiana [Parkplatz, N50° 39' 45.83" W4° 45' 36.00"]** aus dem frühen 12. Jahrhundert und das **Old Post Office [N50° 39' 48.40" W4° 45' 5.66"]**, Fore Street, untergebracht in einem urigen, rustikalen Natursteingebäude aus dem 14. Jahrhundert, einst Bauernhaus, später Poststation *(geöffnet 9. - 31. März + Okt. tgl. 11 - 16 Uhr, 1. Apr. - 29. Sept. tgl. 10.30 - 17.30 Uhr; National Trust; www.nationaltrust. org.uk/tintagel-old-post-office/).*

PRAKTISCHE HINWEISE – TINTAGEL

Tintagel Visitor Centre [Parkplatz, WP 254 / N50° 39' 44.58" W4° 44' 52.23"], Bossiney Road, Tintagel, PL34 0AJ, Tel. +44 (0)18 40 77 90 84; www. tintagelparishcouncil.gov.uk; im östl. Stadtteil an der Straße B3263 nach Boscastle (Parkplatz und Supermarkt). *Geöffnet März - Okt. tgl. 10 - 17 Uhr; Nov. - Feb. tgl. 10.30 - 16 Uhr.*

PUBS UND RESTAURANTS

The King Arthur's Arms, Fore Street, Tel. +44 (0)18 40 77 06 28; www.kingarthursarms.co.uk; das familiengeführte Pub liegt direkt gegenüber dem National Trust Old Post Office, es lädt ein zu einem kühlen Bier aus der großen Bierauswahl und kredenzt Speisen, die überwiegend aus Produkten der Region zubereitet werden. 10 Gästezimmer. Parkplatz.

Ye Olde Malthouse Inn, Fore Street, Tel. +44 (0)18 40 77 04 61; www.malthousetintagel.com. Die Annalen des Pubs gehen zurück bis ins 14. Jh. Der heutige Besitzer bemüht sich, die alte Atmosphäre zu erhalten, was in der Bar zutrifft, während das Restaurant moderner ausgestattet ist. Die Küche wird gelobt. Großer Parkplatz nahebei. Es werden 7 Gästezimmer angeboten.

CAMPING

Camping The Headland C & C Park [WP 255 / N50° 39' 59.47" W4° 45' 5.17"], Atlantic Road, Tel. +44 (0)18 40 77 02 39; www.headlandcaravanpark. co.uk; 24. März – 20. Okt.; schattenlose, ebene, teils geneigte Wiesen am Nordostrand von Tintagel, noch in Gehnähe zum Tintagel Castle; einfache Standard-Sanitärausstattung. Kiosk, Waschmaschine, Trockner. WLAN im Receptionsbereich. V & E für Wohnmobile.

Camping Trewethett Farm Caravan Club Site [WP 256 / N50° 40' 26.47" W4° 43' 36.14"], Trethevy, Tel. +44 (0)18 40 77 02 22; www.caravanclub.co.uk/ club-sites/england/devon-and-cornwall/cornwall/trewethett-farm-caravan-club-site/; 15. März – 4. Nov.; Zufahrt von Tintagel auf der B3263 Richtung Boscastle, ca. 2,5 km. Langgestrecktes, schräges Wiesengelände, im vorderen Platzteil mit Geländestufen, im hinteren Platzteil mit befestigten, geebneten Stellplätzen. Von vielen Stellplätzen schöne Aussicht aufs Meer und die Felsküste. Vom hinteren Platzteil weite Wege zu den Sanitäranlagen; einfache Standard-Sanitärausstattung. Kiosk, Waschmaschine, Trockner. WLAN auf Teilen des Geländes. V & E für Wohnmobile.

Boscastle, von vielen Liebhabern Cornwalls als schönstes kornisches Hafenstädtchen bezeichnet, liegt rund 5 km/3 mls nordwestlich von Tintagel. Aber obwohl es der Ortsname signalisiert, findet man hier weder Burg noch Schloss. Dafür aber gibt es am nordwestlichen Ortsrand das **The Pilchard Cellar Café (NT)** und das **Muse-um of Witchcraft and Magic [N50° 41' 25.52" W4° 41' 39.96"]**, das Hexenmuseum, The Harbour (geöffnet Apr. - Okt. Mo - Sa 10.30 - 17 Uhr, So 11.30 - 17 Uhr, letzter Einlass 17.30 Uhr; https://museum-ofwitchdraftandmagic.co.uk).

The Cobweb Car Park [WP 258 / N50° 41' 23.84" W4° 41' 28.30"], Parkplatz am Ostrand des Ortes.

Boscastle
Camping Lower Pennycrocker C & C Site [WP 257 / N50° 42' 12.40" W4° 39' 25.28"], St. Juliot, Tel. +44 (0)79 67 60 53 92; www.pennycrocker. com; 1. Apr. – 31. Okt.; von Boscastle auf der B3263 ca. 4 km nordostwärts, Richtung Beeny abzweigen und nach ca. 800 m links ab zum Platz; Wiese bei einem Gehöft in erhöhter Lage mit weiten Ausblicken; 2 ha – 40 Stpl.; einfache Sanitärausstattung.

Camping Trewethett Farm Caravan Club Site, Tintagel

ROUTE 11: TINTAGEL – ILFRACOMBE

Länge der Tour: Rund 255 km/159 mls.

Die Route: Straße B3263 Richtung **Camelford** – A39 bis **Bude** – A39 und B3237 bis **Clovelly** – A39 über **Bideford** bis **Barnstaple** – A361 bis **Ilfracombe**.

Reisedauer: Mindestens ein Tag, besser zwei Tage.

Höhepunkte: **Hartland Abbey & Gardens ** – Hartland Quay * – Clovelly *** – Ilfracombe Museum**.

*ROUTE: Von Tintagel über **Tregatta** (B3263) Richtung **Camelford** zur A39. Ihr folgen wir nordwärts über **Bude** und **Bidford** nach **Barnstaple**.*

Etwa auf halbem Wege zwischen Camelford und Bude kann man westwärts zur Küste am klippenreichen Cambeak Point und nach **Crackington Haven [N50° 44' 27.27" W4° 37' 59.62"]** abzweigen (kleine Bucht mit Sand- und Kiesstrand, Pub, Restaurant).

Bude ist wegen seiner schönen, ausgedehnten Strände ein sehr beliebtes Seebad an Cornwalls Westküste. Beliebt und vielbesucht sind z. B. Crooklets Beach, oder Northcott Mouth weiter nördlich, oder Widemouth Bay rund 5 km südlich von Bude.

*ROUTE: Rund 20 km/12,5 mls nördlich von Bude zweigt man von der A39 nordwestwärts ab, um auf der B3248 hinaus an die Küste zum **Hartland Quay** zu fahren, das bereits wieder im County Devon liegt. Die Zufahrt zum Parkplatz am Hartland Quay ist streckenweise sehr schmal!*

Auf dem Weg nach Hartland Quay passiert man **Hartland Abbey & Gardens [N50° 59' 49.34" W4° 30' 30.32"]**, (geöffnet: Haus 1. Apr. - 30. Sept. So - Do 14 - 17 Uhr, letzter Einlass 1 Std. vor Schließung; Gärten 11 - 17 Uhr; www.hartlandabbey.com). Planen Sie mindestens ein Stunde für einen kurzen Besuch der Gärten und evtl. des Hauses ein. Wenn Sie auch einen Spaziergang zum Strand unternehmen und die Gärten etwas eingehender genießen wollen, sollten

Bude Tourist Information Centre [Parkplatz, WP 259 / N50° 49' 37.65" W4° 32' 43.81"], The Crescent, Bude, EX23 8LE, Tel. +44 (0)12 88 35 42 40; www.visitbude.info.

CAMPING

Camping Upper Lynestone Camping & Caravan Park [WP 260 / N50° 9' 11.49" W4° 32' 55.22"], 89, Lynstone Road, Tel. +44 (0)12 88 35 20 17; www.upperlynstone.co.uk; 1. Apr. – 30. Sept.; von Bude auf der Küstenstraße Lynstone Road ca. 1 km südwärts Richtung Widemouth Bay bis zur Platzeinfahrt an der Küstenstraße; gestuftes Wiesengelände; 2,5 ha – 30 Stpl.; einfache Standard-Sanitärausstattung. Laden, Waschmaschine, Trockner. Mietbungalows.

Camping Wooda Farm Holiday Park [WP 261 / N50° 50' 36.53" W4° 31' 4.80"], Poughill, Tel. +44 (0)12 88 35 20 69; www.wooda.co.uk; 30. März – 2. Nov.; von der A39 (Camelford – Bideford) ca. 1 km nördlich von Stratton beschilderter Abzweig und noch knapp 1 km zur Platzeinfahrt; auf einer Anhöhe gelegenes, schattenloses Wiesengelände, fast ohne Bepflanzung. Schöne Aussicht ins ländliche Umland; 5 ha – 160 Stpl.; Standard-Sanitärausstattung. Laden Cafeteria, Waschmaschine, Trockner, Tennis, Bogenschießplatz. V & E für Wohnmobile. Mietbungalows.

Poundstock bei Bude

Camping Widemouth Fields C & C Park [WP 262 / N50° 46' 57.28" W4° 32' 6.55"], Park Farm, Tel. +44 (0)12 88 36 13 51; 1. Mai – 28. Sept.; an der A39 (Camelford – Bude) ca. 4,5 km südlich von Bude; ebenes Wiesengelände überwiegend mit Hartstandplätzen, schattenlos, schöne Ausblicke; einfache Standard-Sanitärausstattung. Laden, Imbiss, Waschmaschine, Trockner, WLAN.

V & E für Wohnmobile.

Sie mit mindestens drei Stunden rechnen.

Mitte des 12. Jahrhunderts haben Augustinermönche in diesem idyllischen Tal ein Kloster gegründet. Wie fast alle Abteien in England wurde auch Hartland Abbey im frühen 16. Jahrhundert von König Henry VIII. aufgelöst, säkularisiert und William Abbott, seines Zeichens Königlicher Kellermeister, vermacht.

Im 18. und 19. Jahrhundert wurden die Gebäude im Stil der Zeit umfassend umgestaltet, was dazu führte, dass heute unterschiedliche Stilrichtungen erkennbar sind, vom Queen Ann Style,

Küste am Hartland Quay

über den Victorian Style bis zur Neugotik.

Noch heute leben in Hartland Abbey Nachkommen von William Abbott.

Sehenswert in den Räumlichkeiten der ehemaligen Abtei sind die vielen Porträts früherer Herren auf Hartland, zu denen Politiker, Militärs, High Sheriffs, aber auch Freibeuter gezählt haben sollen. Die Porträts stammen von so namhaften Malern wie Gainsborough, Reynolds oder Ramsey. Ein Porträt zeigt Sir William Stukeley, der als „Retter von Stonehenge" in die Analen Englands einging.

Ein Spaziergang durch die *Gärten von Hartland Abbey* ist vor allem im April, Mai und Juni ein Erlebnis, wenn Rhododendron, Kamelien, Magnolien und Azaleen in Blüte stehen.

Sehenswert ist auch der von einer hohen Mauer umgebene „Walled Garden" aus dem 18. Jahrhundert. Er liegt ein gutes Stück östlich der ehemaligen Abtei.

Einer der Spazierwege (knapp 2 km) bei Hartland Abbey führt an die eindrucksvolle Klippenküste und zur **Blackpool Mill**, die Schauplatz in *Rosamunde Pilchers* 2007 verfilmten Roman „Die Muschelsucher" („The Shell Seekers") war.

Die Küste am Hartland Quay mit ihren bizarren Felsen und Klippen ist eine Sehenswürdigkeit. Das kleine **Hartland Quay & the Shipwreck & Smuggling Museum [Parkplatz, WP 264 / N50° 59' 42.10" W4° 31' 57.67"]** (*geöffnet 12. - 22. Apr.,27. Mai - 30. Sept. 11 - 17 Uhr; www.hartlandquayhotel.com/shipwreck-museum*) unterhalb des Parkplatzes befasst sich vor allem mit Schiffswracks, denen die Küste vor dem Hartland Point zum Verhängnis geworden ist. Es gibt ein kleines, einfaches Hotel und ein Restaurant. Viele Besucher kommen eigens nach Hartland Quay, um von hier aus an einem schönen Sommertag den Sonnenuntergang zu genießen.

Bei ausreichend zur Verfügung stehender Zeit und schönem Wetter lohnt ein Spaziergang südwärts entlang des Küstenpfades über der Klippenküste. Nach 20, 30 Minuten kommt man zum sog. **Speke's Mill Mouth**. Hier stürzen die Milford Waters als imposanter Wasserfall hinab ins Meer.

Der Leuchtturm **Hartland Point Lighthouse [Parkplatz, N51° 1' 11.09" W4° 31' 5.72"]** liegt ein gutes Stück weiter nördlich am gleichnamigen Kap und ist auf separater Straße von Hartland aus zu erreichen. Die Straße endet an einem Parkplatz (Gebühr). Von dort führt ein kurzer Fußweg zum Kap.

*ROUTE: Zurück zur A39 und nach Nordosten Richtung **Bideford**. Nach rund 14 km zweigt man nordwärts nach **Clovelly** ab. Der kurze Abstecher ist sehr lohnend!*

Clovelly, ein wahrer „beauty spot", präsentiert sich als das hübscheste und steilste Fischerdorf in Privatbesitz. Oben vor dem **Visitor Centre** (Tel. 01237-431 781; www.clovelly.co.uk) gibt es einen großen **Besucherparkplatz [WP 265 / N50° 59' 55.20" W4° 24' 14.73"]**.Das malerische Dorf in einem engen, bewaldeten, zum Meer hin abfallenden Taleinschnitt, das fast einem Freilichtmuseum ähnelt, ist nur zu Fuß und nur gegen Eintritt zu besichtigen (geöffnet 9 - 18 Uhr).

Aber die Gebühr lohnt. Denn der Spaziergang vom hübschen Queen Victoria Brunnen über die steile, gepflasterte, einzige Dorfstraße mit ihren pittoresken, weißen Hausfassaden, vorbei am New Inn, einem kleinen, einladenden Hotel in einem Gebäude aus dem 17. Jh. hinab zum Hafen ist ein Erlebnis!

Vergessen Sie nicht, auch einen Blick in die kleinen Seitengässchen oder in den **Kingsley Museumsshop** zu werfen. Charles Kingsley, ein Schriftsteller des 19. Jh., verbrachte viele Jahre seiner Kindheit in Clovelly und kam auch in späteren Jahren immer wieder gerne hierher zurück. Teile seines in ganz England bekannten Kinderbuches „The Water Babies" („Die Wasserkinder") sollen hier in Clovelly entstanden sein. Und

Clovellys Hafen, rechts das Red Lion Hotel

noch heute macht der Ort den Eindruck, als hätte sich seit Charles Kingsley Zeit in Clovelly nicht viel verändert.

Zwei Häuser weiter hinten kommt man zum **Fisherman's Cottage**, hier kann man sehen wie Fischer und ihre Familien noch zu Beginn des 20. Jh. lebten, und zur **St. Peter's Chapel**, eines der beiden Gotteshäuser aus der Mitte des 19. Jh. in Clovelly.

Schon immer war die Dorfstraße viel zu steil für jede Art von Fahrzeug. Also bediente man sich der Esel als Transportmittel. Heute ist ein geführter Eselritt durch Clovelly ein Spaß für Kinder.

Alle Waren und Güter, vom Möbel bis zum Zementsack werden noch heute auf Holzschlitten transportiert, die auf dem Kopfsteinpflaster recht und schlecht gleiten. Wer schon mal in Funchal auf der Insel Madeira war, dem wird das irgendwie bekannt vorkommen.

Und bevor sie den letzten Teil über einen Treppenweg hinab zum Hafen gehen, können Sie einen kurzen Abstecher nach links zum sog. **Oberammergau Cottage** machen, in dem Schnitzereien aus Deutschland zu sehen sind.

Unten angekommen, gehen Sie am Red Lion Hotel (mit Restaurant) vorbei bis ans Ende der Pier. Von dort haben Sie einen herrlichen Blick auf des Dorf und die bewaldeten Hänge, an denen sich die weißen Häuser staffeln.

Und wem der Rückweg wieder hinauf zum Parkplatz zu Fuß zu mühsam erscheint, kann sich gegen Gebühr vom Hafen mit dem Landrover-Shuttle bequem wieder nach oben chauffieren lassen.

Red Lion Hotel **, 17 Zi., The Quay, Tel. +44 (0)12 37 43 12 37; www.clovelly.co.uk/staying-clovelly/the-red-lion-hotel; das Mittelklassehotel liegt direkt am kleinen Hafen von Clovelly. Die Zimmer sind zwar klein, aber gemütlich eingerichtet, einige davon mit Blick auf den Hafen und das Meer, das „Red Lion Restaurant" ist bekannt für seine Fischspezialitäten und die beiden Bars für ihre Drinks, Cocktails und die Auswahl an Fassbieren. WLAN. Parkplatz.

*ROUTE: Man fährt zurück zur A39 und über **Bidford** nach **Barnstaple**, das am Ostende des weit ins Land reichenden schmalen Mündungstrichters des River Taw liegt. Ab Barnstaple bedient man sich der A361, die nach **Ilfracombe** an der Nordküste von Devon führt.*

Im malerischen Clovelly

Besonders Aufregendes gibt es auf dem Weg hinauf nach Ilfracombe nicht zu sehen. Erwähnung verdient allenfalls die Brücke aus dem 15. Jahrhundert, die in **Bidford** mit über zwanzig Bögen den River Torridge überspannt.

Literaturliebhaber wird interessieren, dass Charles Kingsley (1819 – 1875, Theologe und Schriftsteller) im Royal Hotel (am Westufer des Flusses und etwas flussabwärts) Teile seines Romans „Westward Ho!" schrieb. Der Ort Westward Ho an der Küste nordöstlich von Bidford soll nach dem Roman benannt sein. Ein Denkmal wurde zu Ehren von Kingsley auf dem Quay von Bidford errichtet.

Neueren Datums ist **Burton Art Galery and Museum** am Südrand des Victoria Parks. **Parkplätze [N51° 1' 14.91" W4° 12' 19.66"]** findet man gegenüber an der Kingsley Road (A386).

In **Barnstaple**, einem hübschen Städtchen am River Taw, wurde *John Gay* (1685 – 1732) geboren. Sein Geburts- und Elternhaus liegt in der High Street, Ecke Joy Street. Seinen Ruf in der Literatur- und Kunstszene erwarb sich Gay mit seiner „Beggar's Opera" („Bettleroper"), deren Libretto er schrieb und die 1728 in London uraufgeführt wurde.

Zu den wenigen Sehenswürdigkeiten in Barnstaple zählt das **Museum of Barnstaple & North Devon [N51° 4' 39.52" W4° 3' 31.45"]**, The Square, an der Ostseite der Long Bridge über den River Tay *(geöffnet tgl. 10 - 16 Uhr; www. barnstabplemuseum.org.uk).*

Barnstaple Tourist Information Centre, The Square, Barnstaple, EX32 8LN, Tel. +44 (0)12 71 34 67 47; www. staynorthdevon.co.uk. *Geöffnet Mo - Sa 10 - 16 Uhr.*

CAMPING – CROYDE

Camping Bay View Farm C & C Site [WP 266 / N51° 7' 41.00" W4° 13' 37.65"], Croyde Bay, Tel. +44 (0)12 71 89 05 01; www.bayviewfarm.co.uk; Ostern - Mitte Ende Okt.; am südwestlichen Ortsrand von Croyde an der Küstenstraße B3231; längliches Wiesengelände, zum Ort 5 Min. Fußweg; 2,5 ha – 70 Stpl.; einfache Sanitärausstattung. Imbiss, Laden, Waschmaschine, Trockner. V & E für Wohnmobile.

Auf dem Weg nach Ilfracombe kommt man durch **Braunton**. An der Küste westlich des Ortes liegen die **Braunton Burrows,** ein ausgedehntes Dünengebiet, das wegen seiner bunten Pflanzen- und Vogelwelt und den vielen Schmetterlingen im Sommer ein beliebtes Ziel von Naturliebhabern ist.

Ilfracombe gilt als eines der beliebtesten Seebäder an Devons Nordküste mit entsprechend hohem Besucheraufkommen im Sommer.

Einen großen, zentrumsnahen **Parkplatz [N51° 12' 28.85" W4° 7' 38.94"]** findet man an der Westseite der Stadt an der Wilder Road. Parkplätze findet man auch am Tourist Information Centre (s. u.).

Zu den eher bescheidenen Sehenswürdigkeiten der Stadt zählt das **Ilfracombe Museum** *(geöffnet 6. Apr. - 2. Nov. Mo - Fr 10 - 17 Uhr; 3. Nov. - 27. März Di - Fr 10 - 13 Uhr; www.ilfracombemuseum.co.uk).* Es liegt nur wenige Schritte westlich des Tourist Information Centres und des unübersehbaren weißen Kegelgebäudes des Landmark Theatres.

Untergebracht ist das Museum an der Wilder Road in den ehemaligen Gebäuden einer Hotelwäscherei in den Runnymede Gardens. Das Museum beschreibt sich selbst als „Kuriositätenmuseum", befasst sich u. a. aber auch mit Themen zu Ilfracombes Kulturgeschichte. Weitere Ausstellungen reichen vom südamerikanischen Schrumpfkopf über afrikanischen Schmuck, Militäruniformen, Schiffsmodelle, Seefunkeinrichtungen bis hin zur Schmetterlingssammlung.

Eine sommerliche Attraktion sind die **Tunnel Beaches** mit einem natürlichen Gezeitenschwimmbad. Die Besonderheit hier sind Tunnels, die in viktorianischer Zeit in den Fels getrieben wurden, um einen bequemeren Zugang zur Küste zu schaffen. Der Zugang ist gegen Eintritt von Mai bis Oktober täglich von 10 und 18 Uhr möglich.

Ilfracombes Victoria Week, eine neun Tage dauernde Festivität, findet immer Mitte Juni statt. Bei Musik- und Theaterveranstaltungen, Partys und Picknicks am Strand treten die Teilnehmer wie zu Zeiten von Königin Victoria gewandet auf.

Ein Festival aus jüngerer Zeit ist das **Sea Ilfracombe Festival**, das immer am ersten Wochenende im September stattfindet. Ausstellungen zu historischen Begebenheiten, kulinarische Events und Musikveranstaltungen; *https://seailfracombe.co.uk.*

Bei **Berrynarbor** östlich von Ilfracombe liegt nur etwa 500 m oberhalb von Watermouth Valley Camping in ansprechender Lage über einer Bucht der **Watermouth Castle and Family Theme Park [N51° 12' 49.7" W4° 04' 10.9"]** *(geöffnet Apr. - Okt. Di - So 10.30 - 17 Uhr; Aug. tgl. 10 - 17.30 Uhr, letzter Einlass 15 Uhr; www.watermouthcastle.com),* ein Märchengarten und Freizeitpark mit Fahrgeschäften, schönen Gärten und einem eindrucksvollen viktorianischen Schloss aus dem Jahre 1825. Besichtigen kann man dort – neben den Familienappartements der Schlossbesitzer – die Schlossküche, ein Verliese-Labyrinth und die „Schlossschätze" (historische Gerätschaften, Modelleisenbahn, Spielzeug aus Großmutters Zeit, Musikmaschinen u. ä.).

Übrigens: Walter Basset, ein Nachkomme des Schlossgründers Arthur Davie Basset, hat das erste Riesenrad in England nach Plänen des amerikanischen Ingenieurs Ferris errichtet. Um 1890 ging er nach Wien und baute dort das „European Fairground Wheel", das erste Riesenrad auf dem Kontinent, das noch heute im Wiener Prater zu bestaunen ist.

ten, kegelförmigen Rundgebäude untergebracht. *Geöffnet Apr. - Okt. Mo - Fr 9.30 - 16.30 Uhr, Sa + So 10.30 - 16.30 Uhr; Nov. - Apr. Mo - Fr 9.30 - 16.40 Uhr, Sa 10 - 16 Uhr.*

PUBS UND RESTAURANTS

The Thatched Inn, Pub, Hillsborough Road, Tel. +44 (0)12 71 86 44 50; www. thethatchedinn.pub; ein Pub seit dem 17. Jh. in Familienbesitz mit reicher Getränkeauswahl und guter Küche. Hübsche Sommerterrasse, hier Hunde erlaubt, im Inneren nicht.

CAMPING

Berrynarbor bei Ilfracombe

Camping Napps Cam Site [WP 268 / N51° 12′ 40.99″ W4° 3′ 41.62″], Old Coast Road, Tel. +44 (0)12 71 88 25 57; www.napps.co.uk; 5. Juli – 31. Aug.; Zufahrt von der A399 (Ilfracombe – Combe Martin) ca. 3,5 km östlich von Ilfracombe; gepflegte Terrassenanlage oberhalb der Felsküste, ca. 400 m bergwärts zur Einfahrt; 10 ha – 180 Stpl.; gute Standrad-Sanitärausstattung. Laden, Imbiss, Restaurant, Waschmaschinen, Trockner, Schwimmbad, Tennis. V & E für Wohnmobile. Der Platz liegt oberhalb von Camping Watermouth Valley und Camping Watermouth Cove Caravan & Camping Park.

Camping Watermouth Valley Camping Park [WP 269 / N51° 12′ 45.01″ W4° 3′ 56.03″], Tel. +44 (0)12 71 86 22 82; www.watermouthpark.co.uk; 23. Mai – 8. Sept.; Zufahrt von der A399 (Ilfracombe – Combe Martin) ca. 3 km östlich von Ilfracombe; schmales, langgestrecktes, leicht geneigtes Wiesengelände in einem bewaldeten Taleinschnitt. Durch hohe, dichte Laubbäume und Büsche von der Straße und einem Bachlauf getrennt. Am Ende des langgestreckten Platzteils (ca. 300 m), auf dem sich auch die Sanitäranlagen befinden, findet man zwei geteerte Stellplätze und das „Old Sawmill Inn" (Restaurant, Pub). Ein weiterer Platzteil erstreckt sich auf einem Wiesenhügel mit einigen geebneten Stellplätzen. Vom obersten Platzende herrlicher Meerblick. Von dort allerdings ist der Weg zum Sanitärgebäude weit; 10 ha – 100 Stpl.; einfache Sanitärausstattung. WLAN.

Camping Watermouth Cove Caravanning Park [WP 270 / N51° 12′ 48.18″ W4° 3′ 59.47″], Tel. +44 (0)12 71 86 25 04; www.watermouthcoveholidays. co.uk; 1. Apr. – 16. Sept; Zufahrt von der A399 (Ilfracombe – Combe Martin) ca. 3 km östlich von Ilfracombe; ovales, ebenes, schattenloses Wiesengelände unterhalb von Watermouth Castle, teils mit gekiesten Standplätzen, oberhalb einer kleinen Sandbucht; 8 ha – 130 Stpl.; Standard-Sanitärausstattung. Laden, Imbiss, Restaurant, Waschmaschine, Trockner, Schwimmbad, Bootsverleih, WLAN. V & E für Wohnmobile.

Mortehoe

Camping North Morte Farm C & C Park [WP 271 / N51° 11′ 18.51″ W4° 12′ 13.04″]; North Morte Road, Tel. +44 (0)12 71 87 03 81; www.northmortefarm.co.uk; 1. Apr. – 31. Okt.; von der A361 (Ilfracombe – Braunton) in Mullacott Cross auf die B3343 Richtung Woolacombe, nach ca. 2,5 km westwärts Richtung Mortehoe, nach 800 m Platzeinfahrt rechts; erhöht gelegenes, ausgedehntes, leicht geneigtes Wiesengelände in Meeresnähe; 5 ha – 150 Stpl.; Standard-Sanitärausstattung. Laden, Waschmaschine, Trockner, WLAN. V & E für Wohnmobile.

ROUTE 12: ILFRACOMBE – YEOVIL

Länge der Tour:	Rund 168 km/105 mls, ohne Abstecher.
Die Route:	Straßen A399 und A39 über **Lynton, Lynmouth, Porlock, Minehead, Dunster** (Abstecher in den **Exmoor National Park**) und **Washford** bis **Bridgwater** – M5 bis **Taunton** – A338 und A3088 nach **Yeovil**.
Abstecher:	In den **Exmoor National Park**.
Abstecher:	Von **Bridgwater** über **Glastonbury** nach **Wells**.
Reisedauer:	Mindestens ein Tag.
Höhepunkte:	**Lynmouth ** – Porlock Weir * – Dunster Castle *** – Wandern im **Exmoor National Park** * bei den **Tarr Steps *** – **Cleeve Abbey** – die **Kathedrale *** in Wells** – das **Fleet Air Arm Museum ***** bei Yeovilton.

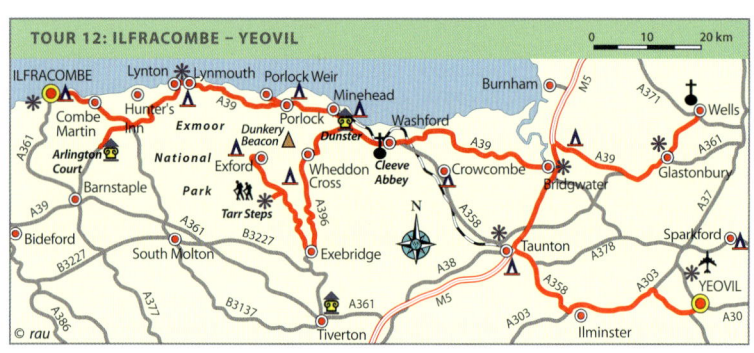

TOUR 12: ILFRACOMBE – YEOVIL

ROUTE: *Weiterreise von Ilfracombe auf der A399 über* **Berrynarbor** *(Camping und Watermouth Castle and Family Theme Park siehe vorherige Route 11) und* **Combe Martin** *ostwärts zur A39, der wir nordostwärts zunächst bis* **Lynmouth** *folgen.*

Unweit südöstlich von Combe Martin liegt an der A309 der **Combe Martin Wildlife and Dinosaur Park [N51° 11' 20.51" W4° 0' 12.76"]**. Hier können Sie u. a. durch einen tropischen Garten mit Wasserfall spazieren oder (nach vorherigem Arrangement) einen Löwen füttern oder mit einem Seelöwen schwimmen. Außerdem Dinosaurus-Museum, Kino, „Grab des Pharao" u. ä. *(geöffnet 9. März - 3. Nov. tgl. 10 - 17 Uhr, letzter Einlass 15 Uhr!; https://cmwdp.co.uk).*

Arlington Court and the National Trust Carriage Museum [Parkplatz, WP 272 / N51° 8' 57.87" W3° 59'

12.67"] erreicht man rund 10 km/6,25 mls südlich von Combe Martin und östlich der A39 *(geöffnet Mitte März - Ende Okt. tgl. 11 - 17 Uhr; Nov. - Dez. Sa + So 11 - 16 Uhr; National Trust; www.nationaltrust.org.uk/arlington-court-and-the-national-trust-carriage-museum/).* Dieses außen eher nüchtern wirkende English Country House ist im neoklassizistischen Stil errichtet. Das Anwesen der Familie Chichester liegt zwischen schönen, im 19. Jh. angelegten **Gärten**, darunter ein von Mauern umgebener Garten mit Küchenkräutern.

Sehenswert ist das prächtig dekorierte Innere des Hauses mit seinem noblen **Treppenaufgang**. Sammlung von Muscheln und Schiffsmodellen. Nicht versäumen sollte man einen Blick in das Kutschenmuseum. Besucher finden neben einem Tea Room hier auch einen Souvenirladen.

Von Ilfracombe nach Osten bis hin nach Porlock erstreckt sich ein herrlicher Küstenabschnitt, der von vielen als schönster an der Küste von Nord-Devon angesehen wird. Abstecher von den weiter landeinwärts verlaufenden Straßen A399 und A39 an die Küste lohnen also.

Wem recht enge Landsträßchen nicht zu mühsam sind, sollte hinaus nach **Hunter's Inn [N51° 12' 59.08" W3° 55' 37.51"]** fahren und von dort hinab nach Woody Bay wandern. Der Weg dort gilt als schönster Abschnitt des Somerset and North Devon Coast Path.

Von Hunter's Inn fährt man am bes-ten zurück zur Hauptstraße A39.

Die Straße von Woody Bay nach Lynton durch das „Valley of the Rocks" ist Privatstraße und gebührenpflichtig!

Von der **Woody Bay Station [N51° 12' 6.39" W3° 53' 14.80"]**, ca. 4 km westlich von Lynton, verkehrt die **Lynton & Barnstaple Railway** im Sommer mit ihren Diesel- und Dampfzügen nach Lynton. Der Betrieb der Bahnlinie, einst von Unternehmern gegründet, die auch für den Bau der Cliff Railway in Lynmouth/ Lynton verantwortlich zeichneten, war 1935 aus finanziellen Gründen eingestellt worden. Aber viele der hiesigen Einwohner hatten die Bahn so in ihr Herz geschlossen, dass sich bald eine Gruppe von Eisenbahnbegeisterten zusammenfand und daran arbeitete, dass zumindest ein Teilstück der Bahnlinie wieder in Betrieb genommen werden konnte. Heute fah-ren Züge von Woody Bay Station nach Killington Lane zwischen April bis Oktober mehrmals täglich; *www.lynton-rail.co.uk.*

Lynton ist mit dem unten an der Küste gelegenen **Lynmouth** mit der **Cliff Railway [Lynton Bergstation N51° 13' 52.66" W3° 50' 8.10"]**, der spektakulären „Klippenbahn", einer steilen Standseilbahn, verbunden.

Längst kann man aber auch mit dem Auto hinab nach Lynmouth fahren. Die Straße ist allerdings mit 25% Steigung sehr steil, auch nicht sonderlich breit und für Caravans gesperrt!

Gebührenpflichtige **Parkmöglichkeiten [N51° 13' 54.63" W3° 49' 58.01"]** sind unten in dem engen Hafen-

Die Cliff Railway in Lynmouth

städtchen Lynmouth zwar vorhanden, aber nicht selten schon zur Mittagszeit vollbelegt. Lynton und Lynmouth sind vor allem im Sommer überaus stark besuchte Urlaubsorte.

Man parkt besser bereits oben in Lynton auf dem **Parkplatz [WP 273 / N51°**

Lynmouth

13' 42.86"   W3° 49' 58.98"] etwas unterhalb des Ortszentrums, spaziert hinab nach Lynmouth und bedient sich auf dem etwas mühsamen Rückweg der Cliff Railway.

Lynmouth ist ein kleiner, aber überaus malerischer Hafenort, der das ganze Jahr über Scharen von Besuchern anzieht.

The Lynmouth Flood – Ein trauriges Datum in der ansonsten wenig aufregenden Gemeindegeschichte von Lynmouth sind der 15. und 16. August 1952. Damals wurde der Ort durch eine Flutkatastrophe über Nacht zu großen Teilen zerstört. Aber nicht von See her kamen die Wassermassen, wie man vielleicht vermuten könnte, sondern es waren 24 Stunden andauernde, überaus ergiebige Regenmassen, die das Flüsschen West Lyn River durch den Ort in wenigen Stunden zu einem reißenden Strom anschwellen ließen.

Von den Anhöhen herabgeschwemmte Bäume und gewaltige Felsbrocken schoben sich durch den Ort und hinterließen eine Spur der Verwüstung. Über hundert Häuser wurden zerstört. Sogar der Leuchtturm an der Mole war so unterhöhlt, dass er einstürzte. 35 Menschen verloren ihr Leben und 450 Bewohner waren über Nacht obdachlos. Fast alle Flussbrücken waren zerstört, 38 Autos wurden ins Meer geschwemmt. Schon kurz nach dem Desaster wurde Lynmouth wieder aufgebaut; www.visitlyntonandlynmouth.com/about/lynmouth-flood.

Eine Ausstellung über die Flutkatastrophe ist in der **Lynmouth Flood Memorial Hall** zu sehen, geöffnet von Ostern bis Oktober Di + Mi 10 - 13 Uhr, Do - Sa 10 - 15 Uhr, Eintritt frei.

Die große Attraktion von Lynmouth ist die **Lynton & Lynmouth Cliff Railway**. Diese spektakuläre Schräg-Standseilbahn wurde nach dreijähriger Bauzeit 1890 eingeweiht und verrichtet seitdem nahezu unverändert problemlos ihren Dienst.

Bis zum Ende des 19. Jh. war der kleine Hafen von Lynmouth, der für das höher gelegene Lynton aber wichtig war, nur auf einem gewundenen, steilen Pfad zu erreichen, den beladenen Pferdefuhrwerke oft nicht schafften und mit den ersten, damals noch schwach motorisierten Automobilen schon gar nicht zu bewältigen war.

Schließlich entschlossen sich ein Konstrukteur namens George Marks und ein Unternehmer namens Sir George Newnes zum Bau einer Schrägaufzugbahn, die trotz der Einwände von einigen Einwohnern, die über die schnurgerade tiefe Schneise, die in den Hang geschlagen werden musste, überhaupt nicht glücklich waren, am 7. April 1890 feierlich eingeweiht werden konnte.

Ursprünglich war die Bahn nur zum Transport von Gütern und Automobilen gedacht, die frei auf einer offenen Plattform standen. Heute ist die Cliff Railway eine bewunderte Touristenattraktion für den Personentransport.

Die ziemlich steile Bahnlinie ist insgesamt 862 feet (ca. 263 m) lang und überwindet auf dieser kurzen Strecke einen Höhenunterschied von stattlichen 500 feet (ca. 152 m).

Das Prinzip des Antriebs der Bahn ist genial einfach und wird heute mehr denn je als Beispiel umweltfreundlicher Technik angesehen. Zum Betrieb der Bahn wird nämlich ausschließlich Wasser benötigt.

Es gibt zwei Waggons, die über mehrere von einander unabhängige Bremsen verfügen, durch stählerne Zugkabel verbunden sind und auf Schienen rollen. In der Ausgangsposition steht ein Waggon in der Tal- und ein Waggon in der Bergstation. Beide Wagen verfügen über große Tanks (Inhalt 700 Gallonen, ca. 3.182 Liter), die mit Wasser gefüllt werden. Auf ein Signal hin, das heute elektrisch funktioniert, lässt der Schaffner des unteren Wagens langsam Wasser ab, soviel, bis das Gewicht des unteren Wagens etwas leichter als das des oberen Wagens ist und so durch das Gewicht des oberen Wagens nach oben gezogen wird, während der obere Wagen auf dem Parallelgleis nach unten fährt. Heute sind die Waggons mit ihren großen Glasscheiben für jeweils 40 Personen zugelassen.

ROUTE: Von Lynton auf der A39 über Porlock, das bereits in der Grafschaft Somerset liegt, bis Minehead. Für Caravangespanne ist diese Strecke m. E. nicht empfehlenswert!

PRAKTISCHE HINWEISE – LYNTON & LYNMOUTH

Lynton & Lynmouth Tourist Information [N51° 13' 48.58"   W3° 50' 11.01"], Lee Road, Town Hall, Lynton, Devon, EX35 6BT, Tel. +44 (0)15 98 75 22 25; www.visitlyntonandlynmouth.com. *Geöffnet Di + Mi 10 - 13 Uhr, Do - Sa 10 - 15 Uhr.*

Lynmouth Exmoor National Park Centre [N51°13'54.33" W3°49'54.54"], The Pavilion, The Esplanade, Lynmouth, Lynton, Devon, EX35 6EQ, Tel. +44 (0)15 98 75 25 09; www.exmoor-nationalpark.gov.uk. *Geöffnet tgl. 10 - 17 Uhr.*

PUBS UND RESTAURANTS

The Village Inn, 19 Lynmouth Street, Lynmouth, Tel. +44 (0)15 98 75 23 54; www.thevillageinnexmoor.co.uk; einladendes, uriges Pub im Zentrum von Lynmouth mit guter Getränkeauswahl und kleiner Speisekarte, Sommerterrasse. Man bietet 4 Gästezimmer an.

CAMPING – LYNTON

Camping Channel View C & C Park [WP 274 / N51° 13' 5.51" W3° 49' 45.67"], Manor Farm, Barbrook, Tel. +44 (0)15 98 75 33 49; www.channel-view.co.uk; 15. März – 15. Nov.; Zufahrt von Lynton auf der B3234 südwärts Richtung Barbrook, weiter auf der A39 nordostwärts Richtung Hillsford Bridge und nach ca. 500 m zur Platzeinfahrt links an der A39, von hohen Büschen und Bäumen umgebenes, ebenes Wiesengelände mit einigen Hartstandplätzen in ruhiger, ländlicher Umgebung; 2 ha – 70 Stp.; Standard-Sanitärausstattung. Laden, Waschmaschine, Trockner, Chemikalausguss. WLAN. Mietbungalows.

Porlock Weir

Wer dem weiteren Verlauf der Route über Minehead nicht folgen will, fährt von Lynton am besten zurück bis Barnstaple, nimmt dort die A361 südostwärts bis zur Autobahn M5 und folgt dieser bis Taunton.

Die Straße von Lynton Richtung Porlock steigt langsam an. Von der Anhöhen am Foreland Point hat man Ausblicke auf die herrliche Bucht. Es folgt eine schöne Fahrt entlang der Exmoor-Küste.

Wenige Meilen vor Porlock zweigt eine mautpflichtige, wenig befahrene Privatstraße ab. Sie führt hinab nach **Porlock**. Es ist eine sehr lohnende Fahrt hinab nach Porlock mit Blicken über den Bristol Channel, auch wenn die Straße einige Engpässe und Haarnadelkurven aufweist. Aber die „normale", nicht mautpflichtige Straße hinab nach Porlock weist ein noch größeres Gefälle auf.

Von Porlock schließlich führt eine rechte enge Küstenstraße (Sackgasse) westwärts nach Porlock Weir.

Porlock Weir [großer Parkplatz, WP 275 / N51° 13' 7.70" W3° 37' 39.06"] präsentiert sich als ebenso abgeschie-

---

PRAKTISCHE HINWEISE – PORLOCK

Porlock Visitor Centre [Parkplatz nahebei, N51° 12' 32.06" W3° 36' 0.39"], West End, Porlock, Somerset, TA24 8QD, Tel. +44 (0)16 43 86 31 50; www.porlock.co.uk. Heimatkundliche Ausstellung. *Geöffnet Sommer Mo - Sa 10 - 15.30 Uhr; Winter Mo - Fr 10 - 12.30 Uhr, Sa 10 - 12.30 Uhr.*

PUBS UND RESTAURANTS

The Ship Inn, Pub, Restaurant, B & B, High Street, Tel. +44 (0)16 43 86 25 07; www.shipinnporlock.co.uk; Porlocks ältester Gasthof, erbaut 1290, war lange Zeit ein Schmugglertreff-Pub, heute ist es ein kleines B & B-Hotel mit 5 Gästezimmern, einer zünftigen Bar und einem ordentliches Restaurant mit gutbürgerlicher Küche.

CAMPING

Camping Sparkhayes Farm [WP 276 / N51° 12' 36.93" W3° 35' 41.02"], Spark-hayes Lane, Tel. +44 (0)16 43 86 24 70; www.sparkhayes.co.uk; Feb. – Dez.; Zufahrt von der Straße nach Porlock Weir; ebenes, von hohen Hecken umgebenes Wiesengelände am Nordrand des Ortes; 4 ha – 100 Stpl.; einfache Sanitärausstattung. Waschmaschine, Trockner.

dener wie winziger, aber sehr besuchenswerter Hafenort mit einladenden Pubs an der reizvollen Exmoor-Küste am Bristol Channel.

Der kleine, gezeitenabhängige Hafen wird schon seit Menschengedenken genutzt, wie angelsächsische Chroniken aus dem 11. Jahrhundert berichten.

Später, im Industriezeitalter des 18. und 19. Jahrhunderts diente der Hafen als wichtiger Umschlagplatz für Kohle, die aus dem nördlich des Bristol Channel gelegenen Wales angelandet wurde. Im Gegenzug wurde vor allem Eichenholz exportiert.

Auffallend ist das große Schleusentor am kleinen Hafen, das eigens dafür angebracht wurde, dass der innere Hafen bei Ebbe nicht trocken fiel und die dort ankernden Schiffe besser be- und entladen werden konnten. Heute ist das Schleusentor nicht mehr in Betrieb.

Mein Tipp: Falls Sie mal in einem gemütlichen, traditionsreichen englischen Hotel übernachten wollen, sollten Sie im Hotel „The Porlock Weir Hotel" direkt am Hafen von Porlock Weir vorbeischauen, 10 Zimmer, Tel. +44 (0)16 43 80 04 00; www.porlockweirhotel.co.uk. Es wurde jüngst vom neuen Inhaber komplett renoviert, hat dadurch zwar etwas seinen alten Charme verloren, ist aber aufgrund seiner Lage direkt am historischen Hafen Porlock Weir einen Aufenthalt wert. Gutes Restaurant mit exzellenter Küche. Im Sommer serviert man auch auf der Terrasse.

*ROUTE: Von Porlock Weir zurück nach **Porlock** und auf der A39 ostwärts nach **Minehead**.*

Minehead ist zwar ein wieder aufstrebendes, aber nicht sonderlich anziehendes Seebad.

Seine touristische Blütezeit erlebte Minehead bereits im 19. Jh. mit Ankunft der Eisenbahn, die damals Sommerfrischler Zugweise von London an die Küste des Bristol Channels brachte. Noch heute schätzen Urlauber den Strand vor der Promenade, der bei Ebbe fast einen Kilometer breit wird.

Bei ausreichend zur Verfügung stehender Zeit lohnt ein Spaziergang durch die ansteigenden, noch von einigen wenigen strohgedeckten Häusern flankierten Gassen der Altstadt vom Stadtpark **Blenheim Gardens [Parkplatz Blenheim Car Park, WP 277 / N51° 12' 26.40" W3° 28' 26.25"]** hinauf zur Gemeinde Kirche an der Friday Street.

Östlich von Minehead kann man **Dunster Castle , Gardens and Working Watermill [Parkplatz, WP 278 / N51° 10' 58.87"   W3° 26' 35.02"]** einen Besuch abstatten (*geöffnet 4. März - 30. Okt. tgl. 10 - 17 Uhr; Nov. tgl. zur Führung um 11.15 Uhr, letzter Einlass 45 Mln. vor Schließung; Park, Gärten und Wassermühle 10 - Sonnenuntergang; National Trust; www.nationaltrust.org.uk/dunster-castle/*).

Dunster Castle, ein mächtiges Schloss auf einer bewaldeten Anhöhe, geht in seinen Ursprüngen auf das 11. Jahrhundert zurück, der Zeit der normannischen Könige in England. Damals entstand hier eine Bergfestung, deren Burgherr an der Seite von König Harold in der Schlacht von Hastings gefallen sein soll. Nach des Burgherren Tod erhielt William de Mohun das Anwesen Dunster für seine Dienste für Wilhelm dem Eroberer.

Erst im 13. Jh. begann man, die aus Holz errichtete Burg durch eine Stein-festung zu ersetzen.

Ende des 14. Jh. sahen sich die de Mohuns gezwungen, das Anwesen an

Minehead Tourist Information Centre [N51° 12′ 25.95″ W3° 28′ 13.19″], 19 The Avenue, The Beach Hotel, Minehead, TA24 5AP, Tel. +44 (0)16 43 70 26 24; www.mineheadbay.co.uk, *Geöffnet im Sommer Di - Fr 10 - 16 Uhr, Sa 9.30 - 16 Uhr, So 11 - 16 Uhr.*

PUBS UND RESTAURANTS

The Hairy Dog, Pub und Restaurant, 32 The Avenue, Tel. +44 (0)16 43 70 63 17; www.thehairydog.co.uk; relativ einfaches Lokal mit einer gutbürgerlichen Bar und einem Restaurant, das modern eingerichtet ist und kleinere Gerichte wie Burgers, Salate, Pasta etc. anbietet, Sommerterrasse.
The Old Ship Aground, Quay Street, Tel. +44 (0)16 43 70 35 16; www.theold-shipaground.com; am Hafen gelegen, alteingesessenes Pub mit großer Auswahl an Real Ales, Ciders und Weine, gute Küche. Live Music Freitag abends. Man bietet 12 Gästezimmer an.

CAMPING

Blue Anchor Bay bei Minehead
Camping Hoburne Blue Anchor Caravan Park [WP 279 / N51° 10′ 56.19″ W3° 23′ 49.84″], Tel. +44 (0)16 43 82 13 60; www.hoburne.com; Mitte März – Ende Okt.; östlich von Minehead von der A39 (Minehead – Washford) auf die B3191 Richtung Blue Anchor abzweigen und noch ca. 2 km zum Platz; ebene Wiesen mit Hartstandplätzen bei einem großen Mobilhomepark, Dampfeisenbahnlinie angrenzend, 50 m zum Strand; 4 ha – 100 Stpl. + Dau.; Standard-Sanitärausstattung. Laden, Hallenbad, Waschmaschine, Trockner, Minigolf, Bogenschießen. WLAN im Receptionsbereich. Mietcaravans. V & E für Wohnmobile. Keine Zelte! Zum Strand ca. 100 m.

Lady Elizabeth Luttrell zu verkaufen, um Schulden zu begleichen. Seitdem ist Dunster Castle Sitz der Familie Luttrell. 1650 dann ließ Cromwell große Teile von Dunster Castle, damals offenbar eine wehrhafte Festung, schleifen. Das stattliche Schloss, das der Besucher heute sieht, stammt in großen Teilen aus dem frühen 19. Jahrhundert.

Bemerkenswert sind das Treppenhaus mit reichem Schnitzwerk, der holzgetäfelte große Saal, ein Bankettsaal mit Ledertapeten und Stuckdecke und das sog. Gemach Charles' II. Das ganze Anwesen ist von einem herrlichen Park umgeben.

Die 2007 und 2015 restaurierten Wassermühlen können ebenfalls besichtigt wrden..

Dunster Castle lässt sich auch mit den nostalgischen, dampfbetriebenen Veteranenzügen der West Somerset Railway erreichen, die zwischen Minehead und Bishops Lydeard verkehrt. Der **„Dunster Castle Express"** verkehrt von April bis Oktober jeden Mittwoch und Samstag. Zubringer vom Dunster Bahnhof zum Schloss; *www.somerset-railway.co.uk/ events/detail/dunster-castle-express-2.*

Falls Sie dem nachstehend beschriebenen Abstecher in den Exmoor National Park nicht folgen wollen, bitte weiter mit **Hauptroute** weiter hinten!

Abstecher in den Exmoor National Park

ROUTE: *Von Dunster führt die A396 südwärts über* **Timberscombe** *und* **Wheddon Cross** *mitten hinein in den* **Exmoor National Park**. *Rund 9 km/5,5 mls westlich von Wheddon Cross liegt* **Exford**, *im Zentrum des Nationalparks. Weitere Informationsbüro findet man in Dunster und in Lynmouth.*

Südlich von Minehead erstreckt sich der **Exmoor National Park**, ein fast 700 qkm großes Naturschutzgebiet. Es soll die einzige Region in ganz England sein, in der frei lebende Hirsche zu Hause sind. Diese Gegend der Grafschaft Devon ist vor allem im August eine Augenweide, wenn die Hügel von blühendem Heidekraut überzogen sind.

Exmoor ist eine weitgehend naturbelassene, sanfte Hügellandschaft mit Mooren, Wäldern, Tälern und offenen, von unzähligen Steinmäuerchen umrahmte Weideflächen. In der Region lebt – länger schon als Menschen hier siedeln, heißt es – eine halbwilde Pferderasse, die Exmoor Ponies, die sich im Laufe der Zeit an das raue, oft kalte und feuchte Klima im Exmoor angepasst hat. Die Pferde leben zwar frei im Gelände, sind deshalb aber keineswegs herrenlos. Sie alle sind im Besitz von Farmern der Gegend.

Höchster Punkt im Exmoor National Park ist der 519 m hohe **Dunkery Beacon [Parkplatz N51° 9' 15.30" W3° 34' 49.19"]**, der rund 5 km westlich von Wheddon Cross (A396) liegt. Vom Parkplatz geht man noch etwa einen Kilometer bis auf die Anhöhe. Wer sich der Mühe des Aufstiegs unterzieht, wird – zumindest bei klarem Wetter – mit einem weiten Panoramablick belohnt.

Der Nationalpark ist natürlich ein Eldorado für **Wanderungen**, von denen die allermeisten auf gut präparierten Wegen durch die Landschaft führen. Einige Wege sind selbst für jene, die nicht so gut zu Fuß sind und für Rollstuhlfahrer mit Begleitung geeignet. In den Informationszentren gibt man Ihnen detaillierte Auskunft über entsprechende Wanderwege.

Ein viel besuchter Punkt in Exmoor National Park und Ausgangspunkt von Wanderungen ist **Tarr Steps**, etwa auf halbem Wege zwischen Withypool und Dulverton und etwa 3 km westlich der Straße B3223. Tarr Steps im dicht bewaldeten, romantischen Tal des Flüsschen Barle ist eine uralte Brücke, eine sog. „clapper bridge", was besagt, dass die Brücke aus Feldsteinen ohne Mörtel gebaut ist.

An den Tarr Steps findet man neben einer **Parkmöglichkeit [WP 280 / N51° 4' 47.30" W3° 36' 38.84"]**, eine Cafeteria sowie Toiletten.

PRAKTISCHE HINWEISE – EXMOOR NATIONAL PARK

Informationen über den Exmoor National Park erhält man bei der **Exmoor National Park Authority [N51° 2' 24.61" W3° 33' 3.09"]**, Exmore House, Dulverton, Somerset, TA22 9HL, Tel. +44 (0)13 98 32 36 65; www.exmoor-nationalpark.gov.uk. *Geöffnet tgl. 10 - 17 Uhr.*

CAMPING

Exford

Camping Westermill Farm House [WP 281 / N51° 8' 44.28" W3° 40' 55.85"], Tel. +44 (0)16 43 83 12 38; www.westermill.com; Jan. – Dez.; ca. 3 km nordwestlich von Exford gelegen. In Exford am The Crown Hotel nordwestwärts, über Park Street und die weiterführende Edgcott Road bis zum Abzweig der The Tunnel Road, der man entlang des Rivers Exe bis ans Ende am Campingplatz folgt; naturbelassenes Wiesengelände entlang des Rivers Exe bei einem Bauernhof; 6 ha – 100 Stpl.; einfache Standard-Sanitärausstattung. Laden, Waschmaschine, Trockner.

Winsford

Camping Halse Farm C & C Park [WP 282 / N51° 05' 54.0" W3° 34' 53.0"], Tel. +44 (0)16 43 85 12 59; www.halsefarm.co.uk; Mitte März – Ende Okt.; von der A396 (Wheddon Cross – Exebridge) Richtung Winsford abzweigen, am Westrand von Winsford von der Ash Lane (Winsford – Withypool) südwärts ab auf die Halse Lane, vorbei am The Royal Oak Inn und noch ca. 1,5 km zum Platz; geneigte Wiese bei einem Gehöft in ländlicher Umgebung; 1 ha – 30 Stpl.; einfache Sanitärausstattung. Waschmaschine, Trockner, Chemikalausguss. WLAN.

Dulverton National Park Centre, 7-9 Fore Street, Dulverton, West Somerset TA22 9EX; geöffnet tgl. 10 - 17 Uhr; www.exmoor-nationalpark.gov.uk/enjoying/national-park-centres/dulverton.

Der Wanderweg ‚Tarr Steps to Dulverton' über die Brücke bis nach Dulverton ist insgesamt 20 km lang. Man benötigt dafür rund 6 Stunden. Der Weg, der unterwegs die Moorlandschaft der Winsford Hills passiert, ist recht gut zu verfolgen, durchweg gut begehbar und bietet – außer zwei Steigungen – keine nennenswerten Schwierigkeiten; www.exmoor-nationalpark.gov.uk/_data/assets/pdf_file/0005/116096/tarr-steps-from-dulverton.pdf.

Kartenmaterial wie die Ordnance Survey Explorer Map OL9 über den Wanderweg erhält man in den Informationsstellen des Nationalparks. Im Sommern verkehren Busse zwischen dem National Park Centre in Dulverton und Tarr Steps.

HAUPTROUTE

Südöstlich von Dunster liegen bei Washford die Reste der einstmals stattlichen Abtei **Cleeve Abbey [Parkplatz, WP 283 / N51° 9′ 28.05″ W3° 21′ 55.36″]**. Cleeve Abbey, ausgangs des 12. Jahrhunderts gegründet, war ein Kloster des Zisterzienserordens.

Die Klosterkirche ist längst verschwunden. Sie wurde, wie so viele Klöster in England, auf Befehl von König Henry VIII. 1536 komplett verwüstet. Aber das mächtige Torhaus, das ehemalige Refektorium mit einem bemerkenswerten hölzernen Deckengewölbe aus dem 15. Jahrhundert, das Dormitorium und einige andere Gebäude vermitteln immer noch einen Eindruck von der Größe des ehemaligen Klosters.

Ausstellungen geben Einblick in die Klostergeschichte und das Leben der Mönche im Mittelalter. Im Obergeschoss der Ausstellungen sieht man kostbare alte Wandmalereien und Fliesen aus dem 13. Jahrhundert, die die Klosterzerstörung überstanden haben. Heute ist Cleeve Abbey in der Obhut von English Heritage (geöffnet Apr. - Okt. tgl. 10 - 17 Uhr; www.english-heritage.org.uk/visist/places/cleeve-abbey/).

ROUTE: Wenige Meilen weiter östlich von **Washford** – in **Williton** – kann man sich entscheiden, ob man über die A39 weiter ostwärts und über **Bridgwater** oder über die A358 und über **Crowcombe** direkt nach **Taunton** fährt.

Bridgwater liegt am Fluss Parrett. Aufgrund der Nähe zum Meer erlebt der Fluss täglich zweimal eine kleine Flutwelle mit der jedesmal geringe Mengen von Sedimenten und Schlick angeschwemmt werden. In früheren Tagen machte man sich das zunutze und fertigte aus dem grauen Schlick praktischerweise Ziegel, die sog. „bath bricks". Nicht umsonst sehen hier manche Häuser ziemlich grau aus.

Am East Quay ist in einer ehemaligen Ziegelei, die bis 1965 in Betrieb war, heute das **Somerset Brick & Tile Museum [N51° 8′ 1.08″ W3° 0′ 5.05″]** eingerichtet, das u. a. über Herkunft und Geschichte der „bath bricks" berichtet (geöffnet Di + Do 10 - 16 Uhr; www.swheritage.org.uk/our-sites/brick-and-tile-museum/). U. a. wird im Museum demonstriert, wie hier früher Ziegel, Fliesen oder Terracottatafeln hergestellt wurden.

Einer der berühmten Söhne der Stadt Bridgwater war Robert Blake (1598 – 1657), Admiral der Royal Navy, der wesentlich mit dazu beitrug, dass England eine Seemacht wurde, die die Weltmeere beherrschte. Ein Denkmal vor dem Rathaus erinnert an Robert Blake.

Das Haus des Admirals in der Blake Street dient heute als **Admiral Blake Museum [N51° 7′ 37.33″ W3° 0′ 5.92″]**, 5 Blake Street (geöffnet Apr. - Okt. Di - Sa 10 - 16 Uhr, letzter Einlass 1 Std. vor Schließung; www.bridgwatermuseum.org.uk).

Wer sich für Kirchenkunst interessiert, sollte in die gotische **St. Mary's Church [N51° 7′ 39.75″ W3° 0′ 19.21″]** vorbei schauen, die für die Schnitzarbeiten am Kirchengestühl, vor allem aber für ein Gemälde in einer Fensternische an der Ostseite des Kirchenschiffs bekannt ist, das das Motiv „Kreuzabnahme" zeigt und dem südspanischen Maler Murillo (1618 – 1682) zugeschrieben wird.

Jedes Jahr am ersten Wochenende im November feiert man in Bridgwater den **Bridgwater Guy Fawkes Carnival**, ein Lichterfest mit buntem Umzug durch die Stadt, der seit dem 18. Jh. zur Folkloretradition der Stadt gehört und jedes Jahr aufs neue Tausende von Zuschauern anlockt.

Hintergrund des Spektakels ist der sog. „Gunpowder Plot", die Schießpulververschwörung, in der ein gewisser *Guy Fawkes* am 5. November 1605 das Parlament in London in die Luft sprengen und damit den protestantischen König Jakob I. und die gesamte Regierung während der Parlamentseröffnung eliminieren wollte. Ein Reim, den jedes Kind in England kennt, beginnt mit den Worten: „Remember, remember the fifth of November ...".

Die Verbindung dieses Ereignisses mit der Stadt Bridgwater wird in Robert Parson (1546 – 1610), einem Jesuitenpater und militantem Anhänger des Katholizismus, gesehen, der zeitweise in Bridgwater gelebt haben soll und als Sympathisant und Hintermann des Gunpowder Plot galt.

Falls Sie dem nachstehend beschriebenen Abstecher nicht folgen, bitte weiter mit **Hauptroute** weiter hinten!

Abstecher von Bridgwater über Glastonbury nach Wells

Wenige Meilen östlich von Bridgwater liegen zwei interessante Städtchen, die nicht nur für an englischer Früh- bzw. Kirchengeschichte Interessierte einen Abstecher lohnen.

PRAKTISCHE HINWEISE – BRIDGWATER

Bridgwater Tourist Information, Bridgwater Arts Centre, 11-13 Castle Street, Bridgwater, TA6 3DD, Tel. +44 (0)1823 34 03 08.

PUB

Burrowbridge bei Bridgwaters
The King Alfred Inn, Burrowbridge, Tel. +44 (0)18 23 69 83 79; www.kingalf-redinn.com; man könnte sagen, ein Bilderbuch-Pub im kleinen Dorf Burrowbridge, ca. 12 km südöstlich von Bridgwater am River Parrett gelegen. Angenehmes Pubambiente mit Restaurantanteil. Es werden eine reiche Auswahl an Bieren der Region sowie Gerichte mit frischen regionalen Zutaten angeboten. Sommerterrasse. Live Music an Wochenenden. Parkplatz.

CAMPING

Bridgwater
Camping The Fairways International Touring C & C Park [WP 284 / N51° 9′ 24.81″ W2° 56′ 5.27″], Bath Road, Bawdrip, Tel. +44 (0)12 78 68 55 69; www.westcountryparks.co.uk; März – Nov.; von der A39 (Bridgport – Glastonbury), Bath Road, Richtung Woolavington nordwärts abzweigen, gleich darauf Platzeinfahrt rechts; ebenes Gelände, fast ausschließlich mit parzellierten, befestigten Stellplätzen; 3 ha – 100 Stpl.; einfache Standard-Sanitärausstattung. Waschmaschine, Trockner, Chemikalausguss. Mietbungalows.

Flaxpool bei Crowcombe
Camping Quantock Orchard Caravan Park [WP 285 / N51° 6′ 30″ W3° 13′ 36″], Tel. +44 (0)19 84 61 86 18; www.quantock-orchard.co.uk; Jan. – Dez.; 1,5 km südl. von Crowcombe von der A358 (Williton – Taunton) beschilderter Abzweig (Camping nahe der Station der Minehead-Taunton-Bahn); von dichten Bäumen bestandenes Wiesengelände, teils befestigte Standplätze; Standard-Sanitärausstattung. Laden, Schwimmbad, Sauna, Dampfbad, Fahrradverleih, Waschmaschine, Trockner, Chemikalausguss. WLAN auf Teilen des Platzes.

Glastonbury [Parkplatz St. John's Square, WP 286 / N51° 8' 54.01" W2° 43' 5.43"] gilt als die Wiege des Christentums in England. Hier soll die erste christliche Kirche des Königreichs entstanden sein.

Als Erbauer wird, man höre und staune, *Joseph von Arimathäa* genannt, einer der Jünger Jesu. Er soll es auch gewesen sein, der den Kelch des „Letzten Abendmahls", den sagenumwobenen „Heiligen Gral", am Berg Glastonbury Tor, unweit östlich von Glastonbury, vergraben hat. Viele Forscher halten Glastonbury deshalb für das mystische **Avalon**, Königssitz in der Artus-Sage. Die Ritter der Tafelrunde von König Artus gelten der Legende nach ja als die Hüter des wundertätigen „Heiligen Grals". Glaubt man der Überlieferung, entspringt an der Stelle, an der der „Heilige Gral" einstmals vergraben worden sein soll, die **Chalice Well [N51° 8' 36.74" W2° 42' 24.20"]**, die Kelch-Quelle, in einem kleinen Park am Ende der Chilkwell Street (A361).

Nicht in den Bereich der Sagen gehört das schon im 7. Jh. gegründete **Kloster von Glastonbury**, in dessen Kirche viele frühe angelsächsische König begraben sind. Leider ist von der Klosteranlage nicht mehr viel erhalten. Der letzte Abt des Klosters wurde im 17. Jh. auf dem Hügel Glastonbury Tor gehängt.

Und noch heute sollen auf dem Klostergelände frühblühende Dornenbüsche wachsen, die angeblich auf den Hirtenstab des Joseph von Arimathäa zurückgehen. Er soll den Stab bei der Kirchengründung in die Erde gestoßen haben, woraufhin der Stab zu grünen begann.

Glastonbury Tourist Information [N51° 8' 51.54" W2° 43' 2.00"], St. Dunstan's House, 1 Magdalene Street, Glastonbury, BA6 9EL, Tel. +44 (0)14 58 83 29 54.

Wells [Union Street Car Park, WP 287 / N51° 12' 33.04" W2° 38' 57.55"], knapp 9 km weiter nordöstlich, ist vor allem wegen seiner bemerkenswerten **St. Andrew Kathedrale [N51° 12' 36.60" W2° 38' 45.98"]** zu erwähnen, die aus dem 12. Jh. stammt und zu den schönsten in ganz England zählt.

Besondere Beachtung verdient – neben dem Kircheninneren mit dem ungewöhnlichen, markanten **Scherenbogen** in der Vierung, mit Chor, Querschiffen, Seitenkapellen, Bischofsgräbern und wunderbarem Rippengewölben – die wunderbare **Westfassade** der Kathedrale, mit den beiden unvollendeten Seitentürmen.

Die Westfassade entstand in der ersten Hälfte des 13. Jh. zu Zeiten von Bischof Jocelin und ist mit über 300 Statuen und Figuren geschmückt. Die Figuren auf der rechten Seite stellen kirchliche, die auf der linken Seite weltliche Würdenträger dar. Keinesfalls übersehen sollte man auch die Skulpturen in der nördlichen Vorhalle.

Andere herausragende Sehenswürdigkeiten in der Kathedrale von Wells sind im östlichen Querschiff die prächtige Treppe zum Kapitelhaus, dem Chapter House, einem achteckigen Anbau an der Nordseite mit zentralem Pfeiler und eindrucksvollem Gewölbe, sowie eine astronomische Uhr aus dem 14. Jh. Den zentralen Vierungsturm kann man besteigen.

Wenn man vom Marktplatz her auf die Kathedrale zugeht, betritt man die sog. Domfreiheit, das parkähnliche Areal um die Kathedrale, noch heute durch das Penniless Gate, das Armentor.

Wells Tourist Information [N51° 12' 38.90" W2° 38' 40.11"], Wells Museum, 8 Cathedral Green, Wells, BA5 2UE, Tel. +44 (0)17 49 67 17 70.

ROUTE: Unter Auslassung von **Taunton** *kann man von* **Wells** *oder von* **Glastonbury** *aus direkt nach* **Yeovil** *fahren.*

HAUPTROUTE

ROUTE: Weiterreise von **Bridgwater** *auf der Autobahn M5 südwärts ins 19 km entfernte* **Taunton.**

Taunton in Somerset ist Grafschaftsstadt und Hauptverwaltungsort des County.

Eine der Sehenswürdigkeiten der Stadt ist die imposante gotische (Perpenticular Style) **St. Mary Magdalene Church**. Neben der Kirche liegt der **Canon Street Car Park [WP 288 / N51° 1' 0.06" W3° 5' 56.18"].**

Besuchenswert ist darüber hinaus **Taunton Castle & The Museum of Somerset [N51° 0' 56.25" W3° 6' 16.53"]** *(geöffnet Di - Sa 10 - 17 Uhr, letzter Einlass 16.30 Uhr; Eintritt frei; www.swheritage. org.uk/museum-of-somerset/visit/).* Das recht trutzig wirkende Taunton Castle wurde zu Beginn des 12. Jahrhunderts von William Gifford, Bischof von Winchester, in Auftrag gegeben. Später, vor allem im 13. und noch einmal im 16. Jahrhundert, wurde die Burg umgebaut und dabei stark verändert.

Sein heutiges Aussehen erhielt das Schloss dann ausgangs des 18. Jahrhunderts, als das Anwesen im Besitz von Sir Benjamin Hammet war. Seit 1874 ist Taunton Castle in staatlichem Besitz.

Nach 1651 und nach dem Civil War fungierte das Gemäuer als Sitz des „Assize Court", ein Geschworenengericht, das bei den Bürgern eher als „Blutgericht" („Bloody Assize) berüchtigt und gefürchtet war. Fast alle Verhandlungen endeten mit einem „schuldig" für den Angeklagten.

Die mildeste Strafe, die der Assize Court für Männer aussprach, war der Tod durch das Beil (Frauen drohte der Scheiterhaufen). Viel häufiger wurde aber das grausame Urteil „drawing, hanging and quartering" ausgesprochen. Der Delinquent wurde dann öffentlich gehängt und geviertelt. Diese furchtbare, unmenschliche Form der Bestrafung wurde erst 1870 (damals schon lange nicht mehr verhängt) vollständig aus der englischen Rechtsprechung verbannt.

Das **Museum of Somerset** im Schloss befasst sich mit der Geschichte der Region. Besonders stolz ist das Museum auf den „Frome Hoard", den größten Schatz römischer Münzen, der je in England gehoben wurde. Eine andere Ausstellungen ist dem berüchtigten „Assize Court" von Taunton gewidmet.

ROUTE: *Von Taunton über die A358 und die A3088 nach **Yeovil**.*

Yeovil mit annähernd 45.000 Einwohnern ist eine recht neuzeitlich wirkende Stadt. Der Stadtname übrigens weist darauf hin, dass Yeovil am Zusammenfluss der Flüsschen Yeo und Parett liegt. Das altenglische Wort „vil" bedeutet angeblich soviel wie „Flussgabel".

Neben der Handschuhfabrikation und einer kurzen Epoche der Autoproduktion, waren es vor allem Waffen- und Flugzeugindustrie, von der Yeovil lebte. Letztere Industriezweige waren es wohl auch, die Yeovil im Zweiten Weltkrieg zum Ziel schwerer Luftangriffe machten. Luftfahrtindustrie, vor allem die Produktion von Hubschraubern für die Royal Navy, ist noch heute ein bedeutender wirtschaftlicher Faktor in der Region.

PRAKTISCHE HINWEISE – TAUNTON

Taunton Visitor Centre [N51° 0' 52.64" W3° 6' 8.68"], Fore Street, Market House, Taunton, TA1 1JD, Tel. +44 (0)18 23 34 04 70; wwwvisitsomerset.co.uk/ taunton. *Geöffnet Mo - Sa 9.30 - 16.30 Uhr.*

PUBS UND RESTAURANTS

Pitcher & Piano, Corporation Street, Tel. +44 (0)18 23 35 01 04; www.pitcher-andpiano.com; im historischen Gebäude der ehemaligen Bibliothek hat man dieses ansprechende Lokal eingerichtet, mehrere Räume mit hohen Gewölbe- und Balkendecken, mit Ledersesseln und einer Leseecke. Serviert werden Getränke und Speisen vom Frühstück bis zum Dinner.

CAMPING BEI TAUNTON

Camping Cornish Farm Touring Park [WP 289 / N50° 59' 32.0" W3 05' 34.0"], Shoredith, Tel. +44 (0)18 23 32 77 46; www.cornishfarm.com; Jan. –

Dez.; M5 Ausfahrt 25 Richtung Taunton, weiter Richtung Racecourse, dann beschildert, südöstlich der Stadt gelegen; ebene Wiesenrund mit einigen Bäumen und einigen Hartstandplätzen; einfache Standard-Sanitärausstattung. Waschmaschine, Trockner, WLAN.

Der erneute Versuch – nach dem Automobilhersteller Petter & Sons im späten 19. Jh. – mit dem Kleinwagen „Jenard" wieder eine Automobilindustrie aufzubauen, blieb aber Mitte der 1950er Jahre in den Kinderschuhen stecken.

Das **Fleet Air Arm Museum [Parkplatz, WP 290 / N51° 0' 56.30" W2° 38' 17.21"]** am Flughafen von Yeovilton, nördlich von Yeovil, ist nicht nur für Technikbegeisterte ein sehr sehenswertes Flugzeugmuseum, das z. B. mit der Ausstellung „Air Power from the Sea" einen hervorragenden Überblick über die Geschichte der britischen Marinefliegerei gibt. Schwerpunkt der auf vier riesige Hallen verteilten Ausstellungen sind Flugzeuge und Hubschrauber, die bei der Marine und auf Flugzeugträgern

Einsatz fanden (*geöffnet 1. Apr. – 3. Nov. tgl. 10 - 17.30 Uhr; 4. Nov. - 31. März So 10 - 16.30 Uhr, letzter Einlass 16.15 Uhr; Nov. – März Mi – So 10 – 16.30 Uhr, letzter Einlass 1 Std. 15 Min.; www.fleetairarm.com*).

Eine weitere Attraktion des Museums ist einer von nur zwei existierenden Prototypen des ersten Überschallpassagierflugzeuges „Concorde", mit dem in den siebziger Jahren des vergangenen Jahrhunderts wichtige Überschalltests für Passagierflugzeuge gemacht wurden. Die ersten Concords – ein französisch-britisches Gemeinschaftsprojekt – starteten im Januar 1976 zu ihren Jungfernflügen. Das Ende der Supersonic-Liner, von denen insgesamt 20 Stück produziert worden sind, kam mit der Absturzkatastrophe am 25. Juli 2000 auf dem Pariser Flughafen Charles-de-Gaulle.

PRAKTISCHE HINWEISE – YEOVIL

Yeovil Tourist Information [Parkplatz, WP 291 / N50° 56' 22.45" W2° 38' 5.89"], Petter's House, Petter's Way, Yeovil, BA20 1SH, Tel. +44 (0)19 35 46 27 81; www.yeoviltown.com. *Geöffnet tgl. 9 - 16 Uhr.*

Pubs und Restaurants

The Quicksilver Mail, 168 Hendford Hill, Tel. +44 (0)19 35 42 47 21; www.quicksilvermail.com; kleines, einladendes Pub-Restaurant im Zentrum von Yeovil mit komplettem Angebot an Bieren, Ciders, Whiskys, sowie frisch zubereiteten Speisen nach gutbürgerlicher Art. Gutes Preis-Leistungsverhältnis. Öffentlicher Parkplatz nahebei.

CAMPING BEI YEOVIL

Sparkford
Camping Long Hazel Touring C & C Park [WP 292 / N51° 2' 3.75" W 2° 34' 7.2"], High Street, Tel. +44 (0) 19 63 44 00 02; www.longhazelpark.co.uk; Jan. – Dez.; Sparkford liegt rund 10 mls/16 km östlich von Yeovil und südlich der A303. Zufahrt am Südwestrand des Ortes von der A303 am Kreisverkehr zur High Street (A359); ebenes, baumbestandenes Wiesengelände; ca. 2 ha – 75 Stpl.; einfache Standard-Sanitärausstattung. Waschmaschine, Trockner, Chemicaltoilettenausguss. WLAN.

ROUTE 13: YEOVIL – WINCHESTER

Länge der Tour:	Rund 160 km/100 mls.
Die Route:	Straßen A33, A303 und A344 bis **Stonehenge** – A360 bis **Salisbury** – A338 und A303 bis **Andover** – A303 und A34 bis **Winchester.**
Reisedauer:	Mindestens ein Tag.
Höhepunkte:	**Haynes Motor Museum** ** bei Sparkford – **Stonehenge** *** – **Salisbury Cathedral** *** – **Old Sarum** * – **Winchester Cathedral** *** und die **Winchester Bible** ***.

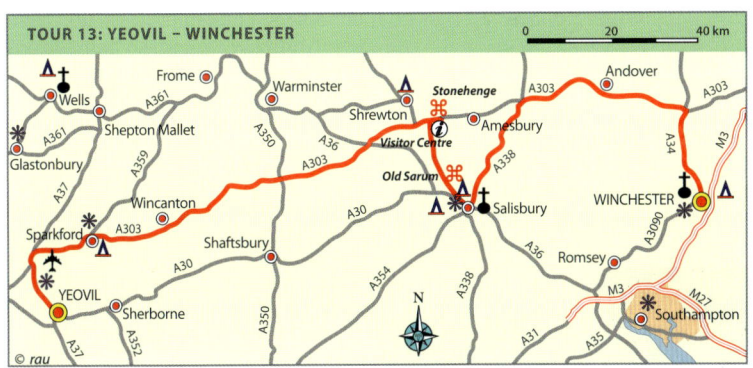

TOUR 13: YEOVIL – WINCHESTER

© rau

ROUTE: *Von Yeovil auf der A37 nordwärts zur A303. Ihr folgen wir ostwärts über* **Sparkford** *ostwärts Richtung* **Amesbury,** *rund 81 km/50,5 mls.*

Wer sich für Automobile älteren und neueren Datums, aber auch für seltene Motorräder und Fahrräder interessiert, wird am **Haynes Motor Museum [Parkplatz N51° 2' 26.30" W2° 33' 31.12"]** kaum vorbeikommen *(geöffnete 2. März - 28. Okt. tgl. 9.30 - 17.30 Uhr; 29. Okt. - 1. März tgl. 9.30 - 16.30 Uhr; https://haynesmotormuseum.com).* Um zum Museum zu gelangen, zweigt man in **Sparkford** von der A303 (Yeovil – Wincanton) auf die A359 (High Street) nach Nordosten ab.

In dem ausgedehnten, sehenswerten Museum sind in 10 Ausstellungshallen mehr als 400 Oldtimer zu sehen. Von einer Daimler Wagonette von 1898 über einen Duesenberg von 1931, von amerikanischen Straßenkreuzern über britische Modelle wie Morris Minor, Austin, MG, Rover, Rolls Royce bis

Bentley und Jaguar (E-Type 4,2 Liter und XJ 220), sowie über Rennwagen (z. B. Ferrari Formel 1 von 1996) bis zum VW-Käfer und dem Citroën 2CV, der legendären „Ente", ist hier fast alles zu sehen.

Rund 6 km westlich von **Amesbury** liegt rechts (südlich) der A303 das neue Stonehenge Besucherzentrum mit Parkplätzen. Der für **Wohnmobile und Caravans ausgeschilderte, kostenlose Parkplatz [WP 294, N51° 10' 16.0" W1° 51' 19.6"]** (Annäherungswert) liegt neben dem Busparkplatz. Im Visitor Centre kauft man die Tickets für die Besichtigung.

Vom Visitor Centre werden Besucher mit Pendelbussen zur archäologischen Stätte von Stonehenge gebracht.

Der legendäre prähistorische Steinkreis von **Stonehenge** liegt an der (ehemaligen, renaturierten) Landstraße A344 knapp 5 km westlich von Amesbury.

Der Stonehenge Tour Bus verkehr von Salisbury Rail Station oder von Salisbury New Canal Stand U nach Stonehenge und zwar im Sommer von 2. juni bis 31. August zwischen 9.30 und 17 Uhr alle halbe Stunde, im Frühjahr von 7. April bis 1. Juni, von 1. Sept. bis 12. Oktober zwischen 10 und 16 Uhr und im Winter zwischen 10 und 14 Uhr alle Stunde, Fahrzeit 33 Minuten; www.thestonehengetour.info/timetable.

Stonehenge Visitor Information

Nach jahrelangen Planungen, Querelen und Finanzierungsproblemen ist knapp 2 km westlich der archäologischen Stätte Stonehenge, an der A360 (Salisbury – Devizes), der filigrane Flachbau des neuen, weiträumigen **Stonehenge Visitor Centre [WP294 / N51° 10' 19.87" W1° 51' 25.94"]** mit **Parkplätzen** entstanden – Stonehenge, Wiltshire, Amesbury, SP4 7DE, Info-

Line-Tel. +44 (0)370 33 31 181 *(geöffnet 1. Juni - 31. Aug. tgl. 9 - 20 Uhr; 1. Apr. - 31. Mai + 1. Sept. - 15. Okt. tgl. 9.30 - 19 Uhr; 16. Okt. - 31. März tgl. 9.30 - 17 Uhr; letzter Einlass 2 Std. vor Schließung! www.thestonehengetour.info/de/das-neue-besucherzentrum-stonehenge/).* Café, Shop, WLAN, Ausstellung „Stonehenge Exhibition", 360-Grad-Audiovision „Standing in the stones", Nachbauten neolithischer Häuser.

Lt. English-Heritage: „Der Zugang zu Stonehenge wird jetzt durch **Tickets mit vorgegebener Eintrittszeit und Reservierungspflich**t geregelt. Nur bei Reservierung kann ein Einlass am gewünschten Tag zur gewünschten Zeit garantiert werden". Eintrittskarten für Stonehenge werden also nur noch als „Zeit Tickets" vergeben, d. h., Sie

wählen einen Termin oder bekommen beim Kauf der Eintrittskarte einen Besichtigungszeitpunkt an einem bestimmten Tag zugeteilt. Nur zu dieser Zeit ist die Eintrittskarte gültig.

Es gibt zwar täglich ein paar sog. „walk-up tickets" für Besuche aufs Geratewohl, die aber bei Ihrem Besuch schon ausverkauft sein können (und natürlich nicht reserviert werden können). Will man also sicher sein, an einem bestimmten Tag Stonehenge auch besichtigen zu können, ist eine Reservierung unbedingt empfehlenswert und zwar unter http://www.english-heritage.org.uk/visit/places/stonehenge/prices-and-opening-times/. Ohne vorausreserviertes Ticket sind Wartezeiten möglich!

Eintritt: £ 19 (ca. € 22,-) p. P. (Änderungen möglich!), Mitglieder von English Heritage und National Trust haben freien Eintritt. Bei schlechten Wetterverhältnissen kann der Besuch eingeschränkt sein. Besichtigungsdauer ca. 2 Std.

Der regelmäßig verkehrende Pendelzubringer fährt vom Besucherzentrum bis zum Steinkreis Stonehenge 10 Minuten, mit einem Stopp etwa auf halber Strecke, um Besuchern die Möglichkeit zu geben, den Rest des Weges (ca. 1 km) zu Fuß zu gehen.

Stonehenge, mystische Kultstätte am Anfang der Geschichte

Weit über eine Million Besucher werden jährlich von dem prähistorischen Steinkreis angezogen. Stonehenge ist Englands wohl berühmteste Touristenstätte, seit einiger Zeit abgesperrt, um den unmittelbaren Zugang zu den historischen Steinen zu verhindern und so die historischen Monolithe zu bewahren. Der Besucherstrom wird heute in angemessener Distanz um die mystischen Steine herumgeführt.

Der vielbesuchte monumentale Steinkreis ist ein deutlicher Hinweis darauf, dass es schon 3.000 Jahren vor Christus in England eine frühe Zivilisation gegeben haben muss.

Stonehenge wurde nicht in einer einzigen, zusammenhängenden Zeite-

Stonehenge

poche errichtet. Archäologen haben herausgefunden, dass es mehrere Perioden gewesen sein müssen, in denen an Stonehenge gebaut wurde. Erste Anfänge werden auf die Zeit um 3100 v. Chr. datiert, dann gab es Pausen von annährend tausend Jahren, bis Stonehenge dann um 1500 v. Chr. eine letzte Blütezeit erlebte. Den Steinkreis, den der Besucher heute sieht, zeigt wohl die Form, wie sie sich auch vor 3.500 Jahren darstellte.

Die verwendeten Steinarten sind sog. Bluestone und Welsh Sandstone, die als tonnenschwere Quader mühsam aus Wales nach Stonehenge geschleppt wurden. Später in der letzten Bauphase verwendete man sog. Sarsen Stone, der in den Marlborough Downs bei Avebury, rund 50 km nördlich von Stonehenge gebrochen wurde.

Bis zu 50 Tonnen sollen diese Monolithe gewogen haben, die auf einer Art Schlitten über Rundstämme von etwa 500 Männern gezogen worden sein sollen. Eine andere Erklärung für die Art des Transport der schwergewichtigen Steine haben die Forscher bis heute nicht gefunden.

Der Durchmesser der gesamten Anlage beträgt stattliche 100 m. Der innere eigentliche Steinkreis, der noch recht gut erhalten ist, misst etwa 60 m. In der Form eines offenen Halbkreises steht ein äußerer Ring, der noch zwei liegende Quersteine trägt.

Der ursprüngliche Zugang zu Stonehenge ging am liegenden „Slaughter Stone" vorbei. Ob er auch wirklich als Opferstein benutzt wurde, ist nicht sicher. Im Randbereich der Anlage liegen 56 sogenannte „Aubrey-Löcher", jeweils 5 m voneinander entfernt, die heute mit Beton aufgefüllt sind. Sie sind nach John Aubrey benannt, der sie im 17. Jahrhundert entdeckte.

Im Zentrum der prähistorischen Kultstätte stehen zwei Steinkreise, deren Steinmaterial aus den etwa 50 km entfernten Marlborough Downs stammt. Der umgestürzte und weitgehend zerstörte Altarkreis im Kreisinneren (viele der Steine wurde von früheren Generationen als willkommener „Steinbruch" angesehen) bestand aus 60 bis 80 Blausteinen, die aus einer Entfernung von fast 300 km, wahrscheinlich aus Wales,

CAMPING
Orcheston bei Shrewton nahe Stonehenge
**Camping Stonehenge Touring Park [WP 295 / N51° 12' 27.96" W1° 54'
55.32"]**, Tel. +44 (0)19 80 62 03 04; www.stonehengetouringpark.com; Jan.
– Dez.; Zufahrt von Stonehenge auf der A360 (Salisbury – Devizes) ca. 9 km
nach Nordwesten Richtung Devizes. In Shrewton westwärts und nach ca. 2
km beschilderter Abzweig nach Orcheston zum Platz; kleiner überschaubarer,
von Hecken umgebener Wiesenplatz am östlichen Ortsrand; 1 ha – 12 Stpl.;
einfache Sanitärausstattung. Laden, Waschmaschine, Trockner, WLAN. V & E
für Wohnmobile.

herangeschafft worden waren. Die An-
ordnung der Steine ist zwischen 1800
und 1500 vor Christus mehrmals verändert worden.

Eine Reihe von Vertiefung zwischen
den Steinkreisen und dem Außenbe-
reich deuten auf weitere prähistorische
Muster in Stonehenge hin.

Wahrscheinlich war der Steinkreis
eine heilige, religiöse Stätte, in denen
Riten für Sonnen- und Mondkulte gefei-
ert wurden. Auch die astronomische Bedeutung, etwa für die Bestimmung der
bes-ten Aussaat- und Erntezeiten, ist
unstrittig. Ein wichtiges Datum der As-
tronomen der Frühzeit muss der 21. Juni
gewesen sein. Dann steht die Sonne
nämlich genau über dem „Heel Stone",
wenn man diesen über den Altarstein
anvisiert.

Heute wird in Stonehenge allerhand
spleeniger Schabernack getrieben. So
versammeln sich zur Sonnenwende
die Mitglieder eines „Ancient Order of
Druids" um Mitternacht bei Stonehenge und veranstalten einen „Sonnenan-
beter-Gottesdienst". Auch die Werbe-
industrie hat die alte Kultstätte längst
als Hintergrundkulisse entdeckt und
die Touristen können heute nur durch
Absperrungen des inneren archäologischen Areals in Schach gehalten werden, um weiteren Schaden von der Anlage abzuwenden.

Stonehenge ist heute in der Obhut
von English Heritage.

Ein ähnliches prähistorisches Stein-
monument, aber weit weniger bekannt
und auch viel weniger überlaufen, befindet sich in **Avebury**, etwa 40 km
nördlich von Salisbury an der Landstraße A 361.

*ROUTE: Von Stonehenge auf der
A303 ein kurzes Stück westwärts bis zum
Abzweig der A360, der wir südwärts nach
Salisbury folgen.*

Salisbury, auch New-Sarum genannt, eine der schönsten Kathedralen-
städte Englands, liegt in einem Tal, in
dem sich vier Flüsse treffen.

Salisbury wurde 1220 von Bischof
Richard Poore gegründet, nachdem er
den ursprünglichen Standort der Kathedrale in Old Sarum auf einem befestigten Hügel, 3 km nördlich von Salisbury, wegen des ständigen Windes
und der schlechten Wasserversorgung
dort wieder aufgegeben hatte. Bischof
Poore ließ Salisbury mit dem Grundriss
eines Gitterwerks anlegen, das sich gut
an die Verkehrsbedingungen angepasst
hat und Raum zwischen den Häuser-
blocks beließ.

Der schlanke Turm der Kathedrale ist schon von weitem als Fixpunkt in
der Landschaft zu erblicken und bildet
den Mittelpunkt der Stadt, in der Gebäude aller Stilrichtungen in fröhlichem
Kontrast zu einander stehen: Von mittelalterlichen Giebelhäusern und historischen Gasthöfen (The Red Lion Hotel
als einstige Postkutschenstation), über
Marktplätze, die von Häusern im Georgian Style umgeben sind, bis zum modernen Shopping Centre.

Einen zentralen, gebührenpflichtigen **Parkplatz [N51° 3' 44.23" W1°
47' 53.29"]** findet man am Ende des
Broad Walk nahe südlich der Kathedrale
(Cathedral Close). Achtung! Die Einfahrt
zum Parkplatz (Einbahnstraße!) durch
das North Gate ist auch für Fahrzeuge
über 2 m Breite ok. Aber die Ausfahrt

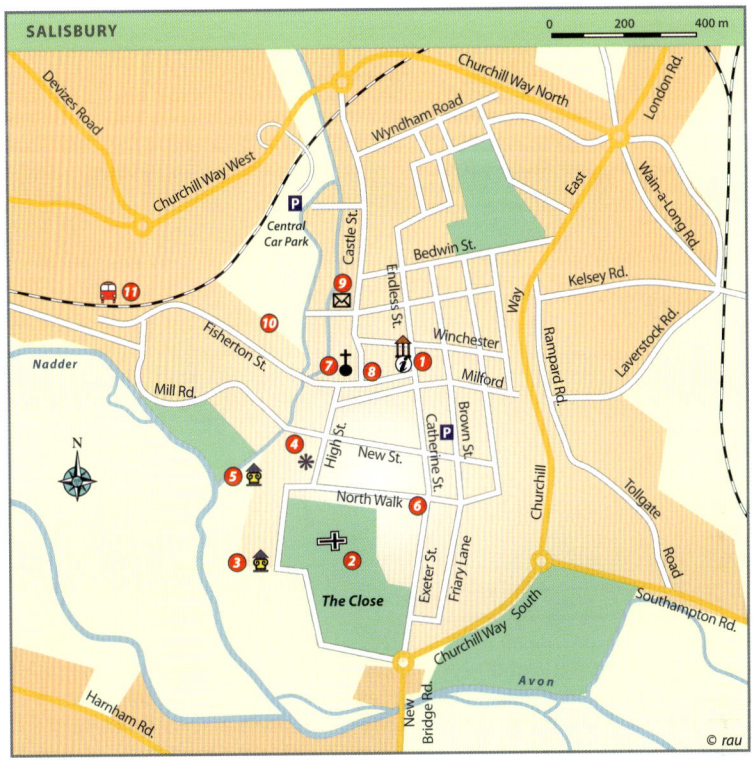

SALISBURY – **1** Touristeninformation – **2** Salisbury Cathedral – **3** Salisbury Museum – **4** Mompesson House – **5** Regimental Museum – **6** Malmesbury House – **7** St. Thomas & St. Edmund Church – **8** Poultry Cross – **9** Postamt – **10** Einkaufszentrum – **11** Bahnhof

durch das East Gate ist nur für Fahrzeuge bis 2 m Breite problemlos möglich!

Ein relativ großer, recht zentral gelegener Parkplatz in Gehnähe zur Kathedrale ist der **Brown Street West Car Park [WP 296 / N51° 4' 5.01" W1° 47' 34.14"]**.

Der **Central Car Park [N 51° 4' 21.52" W1° 47' 55.26"]**, ein Großparkplatz, liegt nordwestlich der Innenstadt an einem Seitenarm des River Avon.

Stationen eines Stadtrundgangs durch Salisbury

Ein Rundgang durch die Stadt zeigt u. a. sehenswerte Häuser: Die Fassade der Joiner's Hall in der St Anne Street stammt aus dem 16. Jahrhundert, die Shoemaker's Guildhall aus dem 17. Jahrhundert. Auch die Empfangshalle des Hauses von John Halle, einem grimmigen Bürgermeister der Stadt im 15. Jahrhundert, sollte man sich ansehen, sie wurde 1834 renoviert.

Mittelpunkt des Marktplatzes ist das Poultry Cross aus dem 15. Jahrhundert in der Silver Street.

Salisbury Cathedral (2) [N51° 3' 53.95" W1° 47' 57.65"] – Die Kathedrale in The Close ist *geöffnet: Kathedrale tgl. 9 - 17 Uhr tgl. Mo - Sa 9 - 17 Uhr, So 12 - 16 Uhr; Chapter House Apr. - Okt. Mo - Sa 9 - 17 Uhr, So 11 - 16 Uhr; Nov. - März Mo - Sa 10 - 16.30 Uhr, So 11 - 16 Uhr; www. salisburycathedral.org.uk.* Die Besichtigungsmöglichkeiten während der Gottesdienste sind eingeschränkt!

Gegen eine separate Gebühr kann man auf geführten Touren den Turm (332 Stufen!) besteigen, interessanter

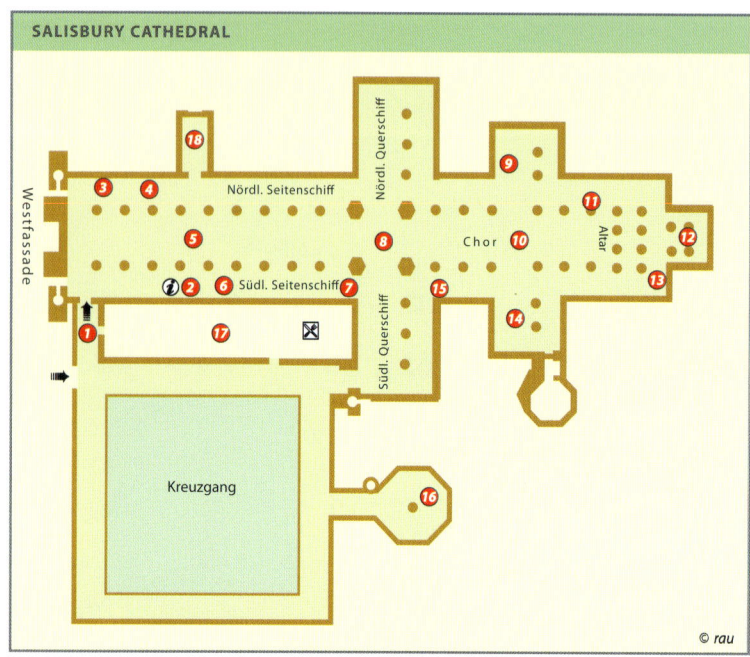

KATHEDRALE VON SALISBURY – **1** Eingang – **2** Information – **3** Modell der Kathedrale, Führungen auf den Turm – **4** Uhr aus dem Mittelalter (1386) – **5** Taufbecken – **6** Eichentruhe aus dem 13. Jh. – **7** William Longespée Grabmal (1226) – **8** Vierung, gekrümmte Säule – **9** Glasprisma, Morgenkapelle – **10** Chor, Chorgestühl – **11** Audley Kapelle – **12** Reliquiar von Bischof Osmund (1099), Trinity Kapelle – **13** Grabmal von Lady Catherine Grey und Edward Seymour – **14** Sakristei – **15** Mompesson Grabmal – **16** Magna Carta (1215), Chapter House – **17** Restaurant, Kirchenshop, Toiletten – **18** Nordportal

Blick in die Konstruktion der Turmspitze, schöner Stadtblick von oben.

Falls Sie die Gelegenheit haben, der Abendandacht „Choral Evensong" (Mo – Sa 17.30 Uhr, So 16.30 Uhr) in der Kathedrale beizuwohnen, können Sie bei dieser Gelegenheit den weit über Salisbury hinaus bekannten Kathedralenchor erleben.

Zwischen Kathedrale und Kreuzgang findet der Besucher ein Restaurant, Toiletten und einen Souvenirshop.

Meist sind in der Kathedrale ehrenamtlich tätige Personen zugegen, die Ihnen gerne Auskunft auf Fragen geben, z. B. wenn Sie die kleine berühmte Skulptur eines Affen suchen, der eine Nuss knacken und auf die Sakristei herunterwerfen will, die hoch oben im südlichen Chorseitenschiff zu finden ist.

The Cathedral Church of the Blessed Virgin Mary, die Kathedrale von Salisbury, die jährlich von annähernd 600.000 Besuchern besichtigt wird, ist das einzige mittelalterliche Gotteshaus im Südwesten Englands, das einen geschlossenen architektonischen Stil aufweist, anders als alle Kathedralen in Englands Süden, die sehr viel Stückwerk aus verschiedenen Epochen vereinigen. Mit Ausnahme des Turms zeigt sich die Kathedrale als Meisterwerk der English Gothic (Early English). Das knapp 60 m lange Kirchengebäude war schon 1280 endgültig fertiggestellt. Es soll die Summe von 27.000 Pfund Sterling gekostet haben, ein horrender Betrag in der damaligen Zeit.

Der mit 121 m Höhe höchste Kirchturm Englands war ursprünglich nicht als Teil des Bauwerks vorgesehen und kam erst ab 1315 hinzu.

Ebenso waren 1280 der Kreuzgang und das Kapitelhaus noch nicht gebaut. Das Kapitelhaus wurde erst 1284, der Kreuzgang 1310 fertiggestellt.

Der Dombaumeister James Wyatt veränderte das Äußere der Kathedrale am Ende des 18. Jahrhunderts dadurch so nachhaltig, dass er Kirchenfenster, Campanile, Gewölbe und Grabstätten einfach abreißen ließ. Er erhielt daraufhin den Beinamen „Der Zerstörer".

Wenn man das großzügige Innere der Kathedrale betritt, fallen die mächtigen Säulen aus Purbeck-Stein ins Auge.

Im dem Eingang gegenüberliegenden nördlichen Teil des Kirchenschiffs sieht man an der Wand ein **altes Uhrwerk** aus dem Jahre 1386, das möglicherweise zu den ältesten noch funktionierenden der Welt gehört Es hat keinen Zeiger. Das Uhrwerk schlägt nur die vollen Stunden an.

Unweit links sieht man ein Modell der Kathedrale.

Geht man weiter Richtung Vierung, passiert man das aus schwarzem Gestein gemachte große, moderne **Taufbecken** (2008), in dessen ruhigglatter Wasser-oberfläche sich das Kirchenschiff spiegelt.

In der zentralen **Vierung** kann man gut erkennen, dass sich eine Säule (rechts vorne) oben unter dem gewaltigen Gewicht des Turms, man schätzt es auf ca. 6.000 Tonnen, gekrümmt hat. Da zu Baubeginn ja kein Turm vorgesehen war, mithin die Tragsäulen eigentlich nur das Kirchendach stützen sollten, macht man sich angesichts dieser enormen Lasten schon

seine Gedanken über statische Berechnungen, die von den alten Baumeistern sicherlich mit viel Gottvertrauen versehen waren.

Im nördlichen Querschiff hängt eine Markierungstafel, die den Wasserstand einer Jahrhundertflut vom Winter 1915 anzeigt, in der die Flüsse im Tal über die Ufer getreten waren.

Hinter der Vierung erstreckt sich der lange **Chor.** Sehr sehenswert dort ist

Salisbury Cathedral, im Vordergrund das Taufbecken

das prächtig gearbeitete und mit kunstvollem Schnitzwerk versehene **Chorgestühl,** das aus der Zeit um 1236 stammt. Ein bemerkenswertes hübsches Detail ist eine kleine geschnitzte Grille, die eine Armlehne am Nordwestende des Gestühls ziert.

Etwas weiter kommt man im nördlichen Chorseitenschiff zur Kapelle **Audley Chantry** aus dem Jahre 1542 mit kleinem, schön gearbeitetem Fächergewölbe. Edmund Audley war im 16. Jh. Bischof in Winchester.

Ganz am Ende des Chorraums sieht man den Altarraum und dahinter die **Trinity Chapel** (Dreifaltigkeitskapelle) mit dem Heiligenschrein von Bischof Osmund (11. Jh.).

Durch das südliche Seitenschiff geht man zurück, passiert die Sakristei (oben im Gewölbe versteckt ist die weiter oben schon erwähnte kleine Skulptur des Affens mit der Nuss) und das Mompesson-Grab von 1627 und kommt zum südlichen Querschiff (siehe auch Montpesson House weiter unten).

Durch das südliche Querschiff kommt man zum **Chapter House**. Das Kapitelhaus aus der Mitte des 13. Jh. mit schönem Fächergewölbe und Bildfries mit alttestamentarischen Bibelszenen, war ehemals der Versammlungs- und Tagungsort des Domkapitels.

Heute ist im Kapitelhaus eine von vier Urversionen der **Magna Carta** mit umfangreichen erklärenden Informationen ausgestellt. Die Magna Carta stammte aus dem Jahres 1215, der Zeit von König John Lackland (Johann Ohneland). Diese außergewöhnliche Urkunde aus Englands Geschichte ist eine erste schriftliche Festlegung von Gesetzesrang, die erstmals die Beziehung, Rechte und Pflichten zwischen dem König und dem Volk festlegt. Viele Grundsätze der Magna Carta fanden Eingang bei der ersten amerikanischen Verfassung sowie bei der Menschenrechtserklärung.

Durch den **Kreuzgang**, dem größten seiner Art in allen englischen Kathedralen, und durch den Korridor mit Restaurant, Toiletten und Shop geht man zurück zum Ausgang.

Zur Domfreiheit, dem weiten, von einer Mauer umgebenen Gelände rund um die Kathedrale, gelangt man heute immer noch durch mittelalterliche Tore. St Anne's Gate bietet dazu den schönsten Blick auf die Kirche.

Rund um die Domfreiheit findet man Häuser, die teilweise noch aus dem 13. Jahrhundert stammen. Eines jener Häuser ist Old Deanery, gebaut zwischen 1258 und 1277, das noch alle alten Holzbalken aus dem 13. Jh. zeigt.

Unweit gegenüber der Westfassade der Kathedrale liegt das **Salisbury Museum (3) [N51° 3' 53.63" W1° 47' 58.16"]**, The King's House, 65 The Close, West Walk *(geöffnet ganzjährig tgl. Mo - Sa 10 - 17 Uhr; Ostern - 31. Okt. So10 - 17 Uhr; www.salisburymuseum.org.uk)*.

In dem Regionalmuseum für Salisbury und Wiltshire lernt man in der Stonehenge Gallery die Geschichte von Stonehenge und Old Sarum kennen, sieht Modelle dieser archäologischen Stätten, erlebt in einer Multimedia-Show das Leben im Mittelalter noch einmal und kann sich vieler Kunstgegenstände und Gemälde von der Eisenzeit bis zur Moderne erfreuen.

Untergebracht ist das Museum im mittelalterlichen King's House aus dem frühen 17. Jahrhundert, sogenannt weil König James I. dem Haus 1610 und noch einmal 1613 die Ehre seines Aufenthalts gab.

Das sehenswerte **Mompesson House (4) [N51° 3' 59.88" W1° 47' 54.07"]**, The Close, Christers Square unweit nördlich der Kathedrale, ist nach dem wohlhabenden Kaufmann Charles Mompesson benannt, der es 1701 bauen ließ *(geöffnet 9. März – 3. Nov. tgl. 11 – 17 Uhr; 23. Nov. - 22. Dez. Do - So 11 - 15.30 Uhr, letzter Einlass 30 Min. vor Schließung; National Trust; www.nationaltrust.org.uk/mompesson-house/)*. Es zeigt die unverändert schönen Stuckdecken und Holzvertäfelungen des frühen 18. Jahrhunderts und eine bemerkenswert schöne Treppe. Außerdem ist im Mompesson House die Turnball-Trinkgläsersammlung zu sehen. Das Gebäude gehört heute dem National Trust. Das Grabmal der Familie Mompesson ist im südlichen Chorschiff der Kathedrale zu finden.

Nicht weit westlich des Mompesson House liegt **The Rifles Museum (5)** auch Regimental Museum, The Wardrobe, 58 The Close. Das Royal Gloucestershire, Berkshire and Wiltshire Regiment Museum, wie das Museum in The Close mit vollem Namen heißt, erzählt die Geschichte des Infanterieregiments seit 1743 *(geöffnet Apr. - 15. Juni Mo - Sa 10 - 17 Uhr; 16. Juni - 15. Sept. Mo - Sa 10 - 17 Uhr, So 11 - 16 Uhr; 16. Sept. 15. Dez. Mo - Sa 10 - 17 Uhr; Jan - März Di - Sa 10 - 17 Uhr, letzter Eintritt 45 Min. vor Schließung; www.riflesmuseum.co.uk).*

Malmesbury House (6), 15 The Close, ein weiteres bemerkenswertes Stadthaus aus dem 17. Jh. liegt unweit östlich der Kathedrale, Ecke North Walk und Exeter Street. Das 1399 und noch einmal im 15. Jahrhundert wiederaufgebaute und im 17. Jahrhundert architektonisch umgestaltete und im Barockstil ausgestattete Haus, dessen Westfassade von Sir Christopher Wren geschaffen wurde, gehörte ursprünglich einer Familie Harris und ging 1660 in den Besitz der Earls of Malmesbury über. Hier weilten schon König Charles I. und Georg Friedrich Händel, der im Haus musizierte.

Das Haus steht seit einiger Zeit zum Verkauf. Fortbestand fraglich. Details darüber im Tourist Information Centre.

In der Nähe von Old Sarum liegt das **Boscombe Down Aviation Collection [Parkplatz, N51°5'57.16" W1°47'8.55"]**, Hangar One South, Old Sarum Airfield *(geöffnet 18. Feb. - 4. Nov. Di - So 10 - 17 Uhr; 4. Nov. - 16. Feb. Sa + So 10 - 15 Uhr, letzter Einlass 30 Min. vor Schließung; www. boscombedownaviationcollection.co.uk).* Es handelt sich hier um eine Sammlung von restaurierten Militärflugzeuge vom Bleriot-Doppeldecker der vorigen Jahrhundertwende bis zum Überschalljet. Interessant ist zu beobachten, wie die seltenen Fluggeräte restauriert werden.

PRAKTISCHE HINWEISE – SALISBURY

Salisbury Tourist Information [N51° 4' 8.06" W1° 47' 39.66"], Fish Row, Salisbury, SPI 1EJ, Tel. +44 (0)17 22 34 28 60; www.visitwiltshire.co.uk/salisbury/. *Geöffnet Mo - Fr 9 - 17 Uhr, Sa 10 - 16 Uhr, So 10 - 14 Uhr.*
Geführte Stadtrundgänge durch Salisbury von etwa 1,5 Stunden Dauer werden von 1. Apr. – 31. Okt. täglich und an Wochenenden von Nov. – März als Tages-und Geisterrundgang angeboten, 11 Uhr ab Tourist Information in der Fish Row; *www.salisburycityguides.co.uk/wlaks/.* Ebenso kann man an geführten Rundgängen durch Old Sarum und durch Stonehenge teilnehmen. Aktuelle Zeiten und Preise erfährt man im Salisbury Tourist Information.

Feste, Folklore
The Salisbury St. George's Spring Festival. Am 4. Wochenende im April gedenkt man mit einem mittelalterlichen Umzug des Schutzheiligen, der den Drachen getötet hat.

PUBS UND RESTAURANTS

The Coach and Horses, 39 Winchester Street, Tel. +44 (0)17 22 41 43 19; www. coachandhorsessalisbury.co.uk; alte Postkutschenstation, Salisburys ältestes Pub. Mit seiner gemütlichen Einrichtung ist das Pub-Restaurant bei Einwohnern wie Touristen sehr beliebt. Man serviert u. a. Burgers, Pasta, Risottos und Steaks sowie Real Ales.
The Haunch of Venison, Pub und Restaurant, 1 Minster Street, Tel. +44 (0)17 22 41 13 13; www.haunchpub.co.uk; schönstes Pub am Ort aus dem Jahr 1588 mit alten Deckenbalken, Fliesenboden und in die Wände eingelassenen Holzbänken. Bartresen mit Zinnbelag. Mit ein wenig Phantasie kann man sich in vergangene Zeiten träumen. Vor oder nach dem Pub-Besuch geht man in das ausgezeichnete Restaurant, das für seine Wildmenüs bekannt ist. Spezialität des Hauses ist „game pie", eine Wildpastete und „Haunch of Venison" (Rehkeule); Dinner ab ca. 40,- Euro.
The Boathouse, Mill Stream, Tel. +44 (0)17 22 41 47 82; www.theboathousesalisbury.com; altes Pub mit Biergarten direkt am Ufer des River Avon, mit Ruderbootverleih.

The Pheasant Inn, Pub, 19 Salt Lane, Tel. +44 (0)17 22 42 18 41; www.pheasantsalisbury.co.uk; im ältesten Haus der Stadt (1435) findet man das Pheasant Inn, das schon früher als „The Crispin Inn", dem Schutzpatron der Schuhmacher Krispinian, bekannt war. Kühle Biere und gute Pubgerichte.

CAMPING

Camping Salisbury C & C Club Site [WP 297 / N51° 5' 13.81" W1° 47' 56.71"], Hudson's Field, Castle Road, Tel. +44 (0)17 22 32 07 13; www.campingandcaravanningclub.co.uk/campsites/uk/wiltshire/salisbury/salisbury; 1. Apr. – 31. Dez.; nördlich der Stadt an der Straße A345 nach Amesbury, unterhalb von Old Sarum Castle; teils leicht geneigtes Wiesengelände am nördlichen Stadtrand von Salisbury; 1,5 ha – 150 Stpl.; Standard-Sanitärausstattung. Kiosk, Waschmaschine, Trockner, WLAN auf Teilen des Platzes. V & E für Wohnmobile. Nicht-Club-Mitglieder willkommen.

Netherhampton bei Salisbury
Camping Coombe Caravan Park [WP 298 / N51° 3' 15.47" W1° 51' 38.99"], Tel. +44 (0)17 22 32 84 51, The Race Plain; www.coombecaravanpark.co.uk; Jan. – Dez.; rund 6,5 km/4 mls westlich von Salisbury bei Netherhampton (A3094). Zufahrt wie Salisbury Racecourse; ausgedehntes, ebenes Rasengelände zwischen Pferderennbahn und Feldern, durch teils hohe Bäume in Stellplatzfelder unterteilt. Von den hinteren Stellplätzen Blick ins Land; gepflegte Standard-Sanitärausstattung. Laden, Waschmaschine, Trockner. V & E für Wohnmobile. Mietcaravans.

Old Sarum Castle [Parkplatz, WP 299 / N51° 5' 34.99" W1° 48' 7.80"], die älteste Siedlung der Region, liegt nördlich von Salisbury an der A345 Richtung Amesbury *(geöffnet Apr. - Okt. tgl. 10 - 17 Uhr; Nov. - März tgl. 10 - 16 Uhr, letzter Einlass 30 Min. vor Schließung; English Heritage; www.english-heritage.org.uk/visit/places/old-sarum/).* Die eisenzeitliche, kreisrunde Befestigungsanlage auf einer von Wallgräben umgebenen flachen Anhöhe mit Ruinenresten einer uralten Burg und den Fundamtsfragmenten einer Kathedrale gilt als Wiege der heutigen Stadt Salisbury.

Old Sarum war den Römern wohlbekannt, die hier eine starke Garnison unterhielten. Später im 11. Jahrhundert hielt sich Wilhelm der Eroberer gelegentlich in Old Sarum auf, was u. a. die damalige strategische Bedeutung der Festung deutlich macht. In unmittelbarer Nähe zur Burg lag die Kathedrale. Weltliche und geistliche Macht, Burgherr und Bischof, konnten aber nicht so gut miteinander. Schließlich entschied sich der Klerus zu weichen und unter Bischof Richard Poore 1219 am River Avon weiter südlich eine neue Kathedrale zu errichten. New Sarum wurde der Ort genannt.

Rasch entwickelte sich um die neue Kathedrale eine Gemeinde, eine Stadt, die immer mehr ehemalige Bewohner von Old Sarum anzog, die kurzerhand ihre Häuser in Old Saurum abtrugen und in der neuen Stadt wieder aufbauten. Und im gleichen Maße wie New Sarum, das bald Salisbury hieß, aufblühte, verfiel Old Sarum.

Liebhaber opulent ausgestatteter Herrensitze werden vor der Weiterreise von Salisbury gerne einen Abstecher in das rund 5 km westlich von Salisbury gelegene **Wilton** unternehmen wollen.

Einen Besuch dort lohnt **Wilton House [N51° 4' 47.77" W1° 51' 29.64"]**, das Sitz der Earls of Pembroke ist und das Jahrhunderte englischer Architekturgeschichte vereinigt *(geöffnet House: 8. Mai - 6. Sept. So - Do 11.30 - 17 Uhr, Grounds: 8. Mai - 6. Sept. So - Do 11 - 17.30 Uhr; www.wiltonhouse.co.uk).* Nach einem Feuer wurden Teile des Hauses von John Webb neu gestaltet, Inigo Jones ist mit seinem Palladian Style vertreten. Darüber hinaus ist der Besucher von den üppig dekorierten, mit

Historisch, aber nur noch in Fragmenten vorhanden – Old Sarum Castle

kostbaren Gemälden flämischer, italienischer und englischer Meister ausgestatteten sowie fein möblierten, prächtigen Salons und Gemächern beeindruckt. Dem Anwesen ist ein Landschaftspark angeschlossen.

Wilton House steht auf den Ländereien einer ehemaligen Benediktinerabtei, die im 16. Jahrhundert von König Heinrich VIII. aufgelöst und die Besitzung den Vorfahren der heutigen Grafen von Pembroke vermacht wurde.

Das Anwesen war der Drehort für namhafte Filme, darunter die Verfilmung des Romans „Sense and Sensibility" („Verstand und Gefühl", Filmtitel „Sinn und Sinnlichkeit") von *Jane Austen* oder „Ihre Majestät Mrs. Brown". u.v.a.

*ROUTE: Von Salisbury zunächst auf der A338 nordostwärts bis zur A303. Ihr folgen wir rund 27 km/17 mls über **Andover** bis zur Schnellstraße A34, der wir südwärts nach **Winchester** folgen.*

Winchester ist das Zentrum der Grafschaft Hampshire. Die Stadt war als Wintacaester Jahrhunderte lang die Hauptstadt der angelsächsischen und später der normannischen Könige von England. Sogar als die Normannen ih-

ren Königssitz nach London verlegten, versammelte sich das englische Parlament weiterhin in Winchester. 1485 ließ König Henry VII. seinen ältesten Sohn in der Kathedrale von Winchester taufen.

Schon vor König Alfred dem Großen, König der West-Sachsen im 9. Jh., dessen Denkmal heute am Broadway steht, war *Wintacaester* am Fluss Itchen ein bekannter Platz kontinentaler Siedler. Und noch viel früher, unter römischer Herrschaft, war *Venta Belgarm*, wie die Siedlung bei den Römern hieß, bereits die fünftgrößte Stadt in England. Teile der Stadtmauer sind daher römischen Ursprungs.

Die Stadt Winchester ist reich an architektonisch interessanter Bausubstanz aus verschiedenen Epochen. Der Fluss Itchen durchzieht die Stadt. In den Außenbezirken kann der Besucher an seinen Ufern erholsame Spaziergänge durch eine grüne Gartenlandschaft unternehmen.

Zwei Hügel blicken auf Winchester hinab. Am östlichen Ufer des Itchen ist es St. Gile's Hill, eine Parkanlage, von der man einen sehr schönen „Fotografier"-Blick auf Winchester hat. Im Südosten liegt St. Catherine's Hill, mit einem Mizmaze, einem kleinen Irrgarten.

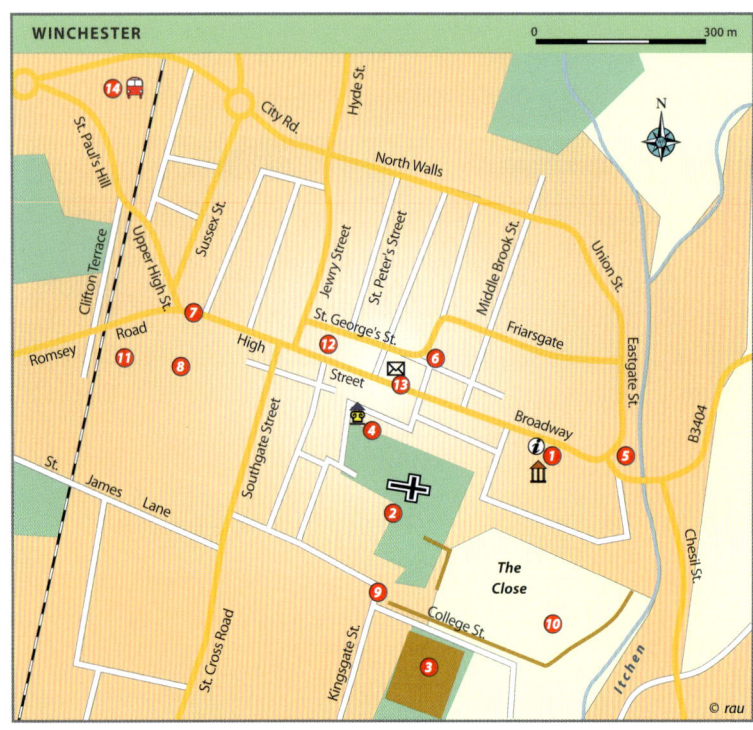

WINCHESTER – *1* Touristeninformation, Guildhall – *2* Winchester Cathedral – *3* Winchester College – *4* The City Museum – *5* Old City Mill – *6* The Brooks Shopping Centre – *7* Westgate Museum – *8* Great Hall – *9* Kings Gate , Swithun's Chapel – *10* Wolvesey Castle and Gardens – *11* Militärmuseum – *12* The Royal Oak, Pub – *13* Postamt – *14* Bahnhof

Auch in Winchester ist die Parkplatzsituation für Fahrzeuge über 1,9 m Höhe problematisch. Am einfachsten macht man es sich, wenn man den **Parkplatz Park & Ride St. Catherines [WP 300 / N51° 3' 4.03" W1° 18' 17.89"]**, Bar End Road, am Südostrand der Stadt benutzt und mit den vom Parkplatz laufend verkehrenden Pendelbussen in die nahe Innenstadt fährt. Achtung! Kein Pendelbusverkehr an Sonn- und Feiertagen! U. a. erreicht man den Park & Ride Parkplatz von der Autobahn M3, Ausfahrt 9 (südwärts fahrend zur A227 und A31) oder Ausfahrt 10 (nordwärts fahrend). Der Parkscheinautomat (nur Münzen) gibt zwei Tickets aus, eines legt man sichtbar in das Fahrzeug, das andere gilt als Fahrschein für den Pendelbus. Es gibt 10 spezielle Parkplätze für Wohnmobile.

Stationen eines Stadtrundgangs in Winchester

Die alte Hauptstadt Englands beherbergt Schätze aus dem Mittelalter in reizvollen Nebenstraßen, eine prächtige Kathedrale und viele sehenswerte Museen und Galerien. Dieser Stadtspaziergang vermittelt einen guten Eindruck von den schönsten Ecken der Stadt Winchester.

Übrigens: Sollten Sie auf ihrem Stadtspaziergang junge Männer mit Strohhüten auf dem Kopf sehen, an denen verschiedenfarbige Hutbänder angebracht sind, sind das Schüler des Winchester College bei einem Stadtbummel. Die Hutbänder zeigen eines der zehn Boarding Houses an, in dem sie leben und lernen.

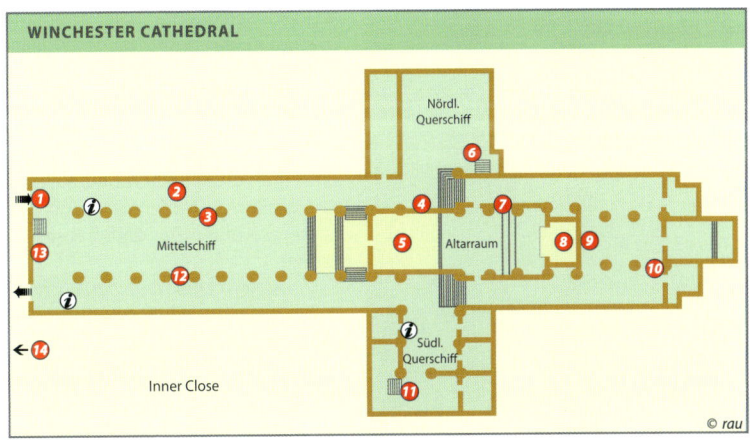

WINCHESTER CATHEDRAL

KATHEDRALE VON WINCHESTER – 1 Eingang – 2 Jane Austen Grabmal – 3 Taufbecken (12. Jh.) – 4 Holy Sepulchre Chapel, Wandmalereien (12./13. Jh.) – 5 Chorraum – 6 Treppen hinab in die Krypta – 7 Mortuary Chests, Sargtruhen – 8 Hochaltar – 9 Ikonen, „Holy Hole" Öffnung – 10 William Walker Denkmal – 11 Aufgang zur Morley Bibliothek, Prunkhandschrift Winchester Bibel, Triforium Galerie – 12 Chantry Chapel – 13 Fenster in der Westfassade – 14 zum Visitor Centre, Café, Kirchenshop, Toiletten

The Cathedral Church of The Holy and Indivisible Trinity, kurz **Winchester Cathedral (2)** – seit über 900 Jahren gehört dieses Gotteshaus zu den schönsten Kathedralen in England.

Kathedrale, Krypta und Kirchenschatz sind geöffnet Mo - Sa 9.30 - 17 Uhr, So 12.30 - 15 Uhr; Winchester Bible, Morley Librarey und Triforium Levels sind geöffnet März - Okt. Mo - Sa 9.30 - 17 Uhr, So 12.30 - 15 Uhr; Nov. - Feb. Mo - Sa 10 - 16 Uhr, so 12.30 - 15 Uhr, letzter Eintritt 30 Min. vorSchließung. Der Eintrittspreis in die Kathedrale schließt die Teilnahme an einer Führung in englische Sprache durch die Kathedrale ein. Führungen finden Mo - Sa von 10 Uhr bis 15 Uhr jeweils zur vollen Stunde statt, Dauer etwa 60-90 Minuten; www.winchester-cathedral.org.uk.

Darüber hinaus kann man an Führungen durch die Krypta (im Eintrittspreis inklusive) oder in den Turm der Kathedrale (Extragebühr) teilnehmen. Zudem besteht die Möglichkeit, sich gegen Gebühr ein Audiotour-Gerät zu leihen.

Keine Besichtigung während der Gottesdienste. Die Kathedrale kann bei

Winchester Cathedral

Jane Austen Epitaph, Winchester Cathedral

besonderen Anlässen für Besucher ges-schlossen sein.

Das **Winchester Cathedral Visitors Centre**, 9 The Close, mit Coffeeshop, Buchladen und Shop liegt direkt gegen-über des Haupteingangs in die Kathed-rale und ist *täglich von 9.30 Uhr bis 17 Uhr, im winter 9.30 bis 16.30 Uhr geöffnet; www.winchester-cathedral.org.uk.*

Der Bau der berühmten **Kathedrale (2) [N51° 3' 39.67" W1° 18' 52.96"]** *(ge-öffnet Mo – Sa 9.30 – 17 Uhr, So 12.30 – 15 Uhr, der Eintrittspreis ermöglicht Zugang zur Kathedrale so oft man möchte über 12 Monate lang; www.winchester-cathed-ral.org.uk/planning-your-visit)* wurde 1079 unter Bischof Wakelyn begonnen. Die religiöse Einweihung erfolgte dann 1093. Ende des 12. Jahrhunderts be-gann die gotische Ausgestaltung. Bis 1525 wurde das Gotteshaus immer wie-der erweitert.

Mit einer Länge von 167 m ist die Ka-thedrale von Winchester eines der läng-sten Gotteshäuser in Europa. Verschie-dene Stilrichtungen verbinden sich zu einem Ganzen, normannische Einflüs-se ebenso wie der Perpendicular Sty-le (der „senkrechte Stil", englische Spätgotik), der unter Bischof William of Wykeham an Bedeutung gewann und unter William of Edington mit der Neugestaltung der Westfassade ih-ren Höhepunkt erreichte. Sehr schön kann man diese Stilrichtung auch an den großen Seitenfenstern und den Fächergewölben des Langhauses er-kennen.

Zwischen 1189 und 1204 erwei-terte Bischof de Lucy das Chorschiff und baute Lady Chapel.

Die Kathedrale mit dem Schrein von St. Swithun, einem angelsäch-sischen Bischof im 9. Jahrhundert und Schutzpatron der Kathedrale, bildete im Mittelalter eine wichtige Etappe für die Pilger vom europäischen Fest-land, die entlang des „Pilgrims' Way" zum Schrein des Heiligen Thomas Becket in Canterbury pilgerten.

Die Schönheit der Kathedrale wird besonders dadurch hervorgehoben, dass sie sich durch ihren Standort von der sie umgebenden Stadt abhebt. Haupteingang ist das große Westpor-tal. Es vermittelt einen ersten Eindruck von der imposanten Schönheit des Bau-werks.

Durch das linke Portal der Westfas-sade gelangt man in den beeindru-ckenden, langen und hohen Kirchen-raum. Im Inneren findet der Besucher viele Denkmäler und Statuen. So stehen die Könige Charles I. und James I. gleich im Eingangsbereich.

Gleich rechts vom Eingangsportal führen Treppen hinab zur Ausstellung des **Kirchenschatzes**.

Geht man durch das linke, nördliche Kirchenschiff weiter, passiert man einen Informationsstand und drei Säulen wei-ter links an der Mauer das **Grabdenk-mal von Jane Austen**. Jane Austen gilt als die namhafteste englische Schrift-stellerin des 19. Jahrhunderts. Sie starb 1817 im Alter von 41 Jahren. Erst 55 Jah-re später wurde die bronzene Gedenk-tafel in der Kathedrale enthüllt, um den Ruf der Schriftstellerin, die eigentlich erst nach ihrem Tod in Literaturkreisen wirklich berühmt und akzeptiert wurde, gerecht zu werden.

Der ursprüngliche Grabstein ist überaus schlicht und weist nicht darauf hin, dass hier eine Schriftstellerin begraben liegt. Und es heißt, dass bei ihrem Begräbnis nur vier Personen, darunter ihre geliebte Schwester Cassandra, anwesend gewesen sein sollen.

Jane Austen, die seit 1809 in Chawton in der Grafschaft Hampshire lebte, wurde deshalb in Winchester beigesetzt, weil sie wegen ihres angegriffenen Gesundheitszustands eine Kapazität im renommierten Winchester Hospital aufsuchen wollte. Allerdings verschlechterte sich ihr Zustand rapide, sie starb am 18. Juli 1817.

Etwas weiter rechts sieht man in der Winchester Kathedrale das normannische **Taufbecken**. Es stammt aus dem 12. Jh., ist in schwarzem Marmor aus Tournai gefertigt und zeigt Szenen aus dem Leben des St. Nicholas.

Schließlich kommt man in den Chorraum unter der Vierung, an dessen linken Seite in der **Holy Sepulchre Chapel** Wandmalerein aus dem 12. Jahrhundert mit Szenen aus der Leidensgeschichte Christi zu sehen sind.

Im linken, nördlichen Querschiff führen Treppen hinab in die **Krypta**, mit ihren Rundbögen, Fächergewölben und kurzen Rundsäulen, der älteste Teil der Kathedrale. Auffallend und beeindruckend ist die Skulptur des „Wasseranbeters". Wie man erfährt, ist die Kathedrale über einer Quelle errichtet und in den Wintermonaten wird der Kryptaboden gelegentlich von Wasser bedeckt.

Entlang des Chorganges sieht man die **Sarkophage** (Mortuary Chests) von Bischöfen, einer Königin und angelsächsischen Königen, darunter den des dänischstämmigen Knut dem Großen, der im frühen 11. Jh. über Dänemark, Norwegen, Südschweden und England herrschte, die hier ihre letzte Ruhestätte gefunden haben.

Der **Hochaltar** wird von einer Chorschranke aus dem 15. Jahrhundert abgeschlossen. Geht man auf die Rückseite des Altars, sieht man eine Reihe von Ikonen, die alle aus dem späten 20. Jahrhundert stammen. Interessant ist an der Ikonenwand das sog. „Holy Hole". Durch dieses Loch sollen früher Pilger gekrochen sein, um dem Heiligen Swithun, der unter dem Altar beigesetzt ist, nahe zu sein.

Ikonenwand und „Holy Hole", Winchester Cathedral

Am Ende des Kirchenschiffs sieht man rechts ein Denkmal an William Walker, einem berühmten Taucher, der durch seine unermüdliche Arbeit zwischen 1906 und 1911 das in den weichen Untergrund einsinkende Kirchenfundament stabilisierte und so die Kathedrale vor dem Einsturz bewahrte.

Geht man durch das südliche Seitenschiff zurück, passiert man das südliche Querschiff. Dort gelangt man über eine Treppe hinauf zur Bibliothek und zur Triforium Gallery. Eine prachtvolle Sehenswürdigkeit dort ist die überaus kunstvoll gestaltete Prunkhandschrift der **Winchester Bible** aus dem 12. Jahrhundert. Sie gehört zu den wichtigsten Kirchenschätzen Englands.

Weiter Richtung Ausgang passiert man die rechterhand gelegene **Chantry Chapel**, die Kapelle von William of Wykeham, der zwischen 1366 und 1404 das Amt des Bischofs von Winchester bekleidete und der die Umgestaltung der Kathedrale im gotischen Stil veranlasste.

In der Kathedrale gibt es nicht weniger als sieben kleine Kapellen, in der spezielle Messen gelesen werden. In der **Johanneskapelle** (St. John the Evangelist) ist die Grabstelle von Izaak Walton zu sehen, der 1653 ein Kompendium des Angelns editiert hatte. Die Kapelle ist mit einem „Fisch-Fenster" verziert, das von Freunden des Angelsports gestiftet wurde.

Wenn Sie die Winchester Cathedral am späten Nachmittag besuchen, sollten Sie überlegen, ob Sie nicht bis 17.30 (außer mittwochs) zum weit über Winchester hinaus berühmten *Choral Evensong*, einem hörenswerten Chorgesang, bleiben können. Am Sonntag findet der Choral Evensong bereits um 15.30 Uhr statt.

Auf dem Gelände der Domfreiheit (The Close), dem Gebiet um die Kathedrale, das früher der Gerichtsbarkeit des Domkapitels unterstand, steht die Deanery aus dem 13. Jahrhundert und die Pilgrim's Hall, in der die Pilger auf ihrem beschwerlichen Weg einkehren und ausruhen konnten.

Bishop's Court House, Cheyney Court in der St. Swithun Street, einen Straßezug südlich der Kathedrale, ist das einstige Gericht der Bischöfe von Winchester.

Unweit nördlich der Kathedrale findet man Ecke Great Minster Street und The Square das **The City Museum (4) (N51° 3' 43.13" W1° 18' 54.14")**. Das Stadtmuseum zeigt bedeutende Exponate zur Geschichte und Archäologie von Winchester. Auch eine alte Drogerie und einen Tabakladen, die liebevoll aufgebaut wurden, sind zu sehen (*geöffnet Mo - Sa 10 – 17 Uhr, So 11 – 17 Uhr, Eintritt frei; www.hampshireculture.org.uk/winchester-city-museum*)

High Street ist die geschäftige Einkaufsstraße der 40.000 Einwohner zählenden Stadt Winchester. In der verkehrsberuhigten Zone steht das **Butter Cross**, ein auch City Cross genanntes Monument aus dem 15. Jahrhundert, das Heiligenfiguren zeigt.

In der Verlängerung der High Street zieht sich The Broadway weiter in Richtung Osten. Dort findet man die **Guildhall [N51° 3' 41.60" W1° 18' 37.90"]**, ein viktorianisches Gebäude aus dem Jahre 1783, das heute als Rathaus der Stadt fungiert. Hier sind auch das Information Centre und die Guildhall Gallery untergebracht.

Und zwischen High Street und The Broadway liegen in den kleinen Nebenstraßen Häuser aus verschiedenen Jahrhunderten, die alle ihre eigene Geschichte erzählen könnten.

Nach dem Kreisverkehr am Ostende von The Broadway quert die Brücke in der Bridge Street den River Itchen. Es ist die älteste Stelle (1813) zur Überquerung des Flusses.

Nördlich der Brücke liegt am Westufer die **Old City Mill (5) [N51° 3' 40.06" W1° 18' 28.51"]**. Die Wassermühle aus dem Jahre 1744 hat nicht nur ein beachtenswertes hölzernes Räderwerk sondern auch einen hübschen Inselgarten (*geöffnet Feb., Nov., Dez. tgl. 10 - 16 Uhr; März - Okt. tgl. 10 – 17 Uhr, National Trust; www.nationaltrust.org.uk/winchester-ci-*

ty-mill). Das Gebäude befindet sich im Besitz des National Trust und dient heute als Jugendherberge.

Kurz vor der Brücke erhebt sich die **King Alfreds Statue**, die der Bildhauer Thornycroft 1901 zum 1000. Todestag des Königs errichtete.

Und an der Südwestseite der Brücke liegt das einladende Pub „The Bishop On The Bridge" mit Biergarten, 1 High Street.

Wer etwas Zeit mitbringt, kann bei der Old City Mill rechts abbiegen, um entlang des westlichen Ufers des Flusses Itchen etwa 1 km südwärts über The Weirs, College Walk und Clarendon Way zum **Hospital of St. Cross [N51° 2' 52.90" W1° 19' 19.32"]**, einem historischen, mittelalterlichen Almosen- oder Armenhaus, zu spazieren. Es wurde 1136 von Bischof Blois für 13 arme Männer gegründet und versorgte die Bedürftigen mit Speisen und Kleidung. Es ist die älteste wohltätige Einrichtung in Großbritannien.

Diese Oase der Ruhe ist heute das Zuhause von 25 Mönchen, die den Besuchern in ihren schwarzen Kutten entgegentreten und ihnen – gegen ein kleines Eintrittsgeld – das traditionelle „Wayfarer's Dole" reichen, das traditionelle Almosen aus gebrochenem Brot und Ale.

Manchmal sieht man in Winchester ältere Männer, die in schwarzen Talaren mit einem silbernen Kreuz und mittelalterlichen Hüten umhergehen. Dies sind die Pensionäre des Hospital of St. Cross.

Auf dem Weg zum Hospital of St. Cross sieht man College Meads und Ridding Meads, die weitläufigen Sportfelder und alten Gebäude des ehrwürdigen **Winchester College.** Auf dem Fluss trainiert vielleicht gerade eine Rudermannschaft des College. Der begleitende Lehrer fährt auf seinem Fahrrad am Ufer nebenher und gibt lautstarke Anweisungen.

Das Museum **The Brooks Experience (6)** im Brooks Shopping Centre in der Upper Brook Street unweit nördlich der Kathedrale gibt einen Eindruck vom Leben der Römer und von den Lebensverhältnissen im Mittelalter (Kreuzzüge, Kerkerverliese, Feldlazarette, High-Tech Animationen).

Zwei der ehemals fünf Stadttore von Winchester stehen heute noch: **Westgate (7) [N51° 3' 48.73" W1° 19' 8.76"]**, ein befestigter Torbau mit bemalten Holzdecken aus dem Jahr 1550 am Westende der High Street, einst ein Gefängnis, ist heute ein **Museum** *(geöffnet Apr. - Okt. Sa 10 - 17 Uhr, So 12 - 17 Uhr; www.hampshireculture.org.uk/westgatemuseum/).* Ausgestellt sind seltene, altenglische Gewichte und Maße aus dem Mittelalter sowie eine bemalte Decke aus dem Winchester College.

Etwas südlich des Westgate sieht man in der Castle Avenue die aus dem Jahr 1234 stammende **Great Hall (8)** *(geöffnet tgl. 10 - 17 Uhr, Führungen tgl. um 11 und 15 Uhr; aber öfters wegen öffentlicher Veranstaltungen, Ausstellungen, Tagungen etc. geschlossen; www. visitwinchester.co.uk/listing/the-greathall/),* der einzig übriggebliebene Teil der Burg von Winchester. Hier verwahrt man, an der Stirnwand hängend, den über 700 Jahre alten „Round Table", die runde, aus Eichenholz gefertigte Tischplatte mit einem Durchmesser von 7 m, an dem die Ritter von König Artus einst zusammengesessen haben sollen.

Königin Mary I. feierte hier ihre Hochzeit mit Spaniens König Felipe II. Der Prozess gegen Sir Walter Raleigh im Jahre 1603, der mit seiner Hinrichtung endete, warf auch dunkle Schatten auf diesen historischen Schauplatz.

Das andere der beiden erhaltenen Stadttore, das **Kingsgate (9) [N51° 3' 32.95" W1° 18' 51.96"]** am südlichen Ausgang der Domfreiheit, in dessen oberem Geschoss die kleine, restaurierte St. Swithun's Chapel verborgen liegt, führt in die Straßen um das Winchester College herum.

Wolvesey Castle and Gardens (10) – Die weitläufige Ruine des mittelalterlichen **Old Bishop's Palace [N51° 3' 30.62" W1° 18' 38.84"]** *(geöffnet 6. Apr. - 30. Sept. tgl. 10 - 17 Uhr; Nov. - März Sa*

Winchester College – „Manners Makyth Man"

St. Mary's College near Winchester, oder einfach Winchester College, dessen Wappen die persönlichen Insignien seines Gründers William of Wykeham sind (die bischöfliche Mitra zwischen den Majuskeln W - W und dem Motto „Manners Makyth Man") und das als Zeichen der Gelehrsamkeit eine Feder und ein Tintenfass schmücken, wurde 1382 als Public School gegründet. Einerseits sollten damit der Kirche gebildeter Nachwuchs zugeführt werden, andererseits aus einem polternden Grobian im 14. Jahrhundert durch entsprechende Charaktererziehung ein Gentleman werden, der erst durch sein würdiges Auftreten zum richtigen Mann heranwuchs: Manners Makyth Man (Das Benehmen macht den Mann). Dieses Ziel ist noch heute Teil der Erziehung am Winchester College.

William of Wykeham war neben seinem Amt als Bischof auch ein bedeutender Baumeister seiner Zeit. Auf Wunsch König Edward III. war er maßgeblich am Bau des Windsor Castle beteiligt. Und auch König Henry VI. war durch zahlreiche Besuche in Winchester von der architektonischen Gestaltung des Winchester College so angetan, dass er die Public School von Eton unterhalb Windsors nach diesem Vorbild entwerfen ließ. Wykeham erlangte auch die politisch einflussreiche Stellung des Lord Chancellors. Er starb 80jährig im Jahre 1404.

Aus den Absolventen von Winchester College ist mit Benjamin Disraeli im Vergleich zu Eton nur ein einziger Prime Minister hervorgegangen und außer Anthony Trollope gibt es keinen Namen literarischer Größe zu vermerken. Aber der Charakter des Wykehamist, so nennen sich die aktiven und ehemaligen Schüler und Lehrer der Schule, mit seinen Grundeigenschaften „gentlemanliness, self-discipline, leadership", also die Fähigkeit, sich wie ein Gentleman durch das Leben zu bewegen, Selbstdisziplin zu üben und Führungsqualitäten zu entwickeln, dazu die Eigenart, nicht „showy" zu sein, also zurückhaltend im Auftreten zu bleiben, hat diesen Typus des Engländers eher akademische Laufbahnen an Universitäten und in der öffentlichen Verwaltung einschlagen lassen.

Die Konkurrenz zu Eton, bei der Winchester College nach außen hin nur scheinbar unterlegen ist, brachte Lord Longford, ein ehemaliger Etonian und Mitglied der britischen Regierung, auf folgende Formel: Wann immer ein Etonian zum Minister ernannt wird, kann er sicher sein, das sein Ministerium von einem Wykehamist geleitet wird.

Die etwa 500 Schüler des Winchester College leben und lernen in zehn Boarding Houses, die nach ehemaligen bedeutenden Lehrern benannt sind. Ihre Eltern bezahlen ein sehr hohes Schulgeld. Vor einigen Jahren sollen das umgerechnet annähernd 10.000 Euro pro Schuljahr gewesen sein.

Im College House werden jedes Jahr 50 hochbegabte Kinder aufgenommen, die einen rigorosen Eignungstest bestehen müssen. Ihnen wird dann das Schulgeld als Stipendium bezahlt, so dass der Wille des College-Gründers, auch begabten Kindern bedürftiger Menschen die Chance einer sehr guten Ausbildung zukommen zu lassen, bis heute erfüllt bleibt.

Die Lehrer unterrichten im Talar, die Schüler tragen keine Schuluniform. Zur Kleiderordnung gehört nur das Tragen „anständiger Kleider" (Jacke, Hose in gedeckter Farbe und der überall in England obligatorische Schlips) und ein spezieller Winchester- Strohhut, den die Schüler beim Verlassen des Schulgeländes tragen müssen, damit man sie überall in der Stadt erkennen kann. Einen solchen Hut kann man im Hutgeschäft an der Kathedrale kaufen.

+ So 10 - 16 Uhr, Eintritt frei; English Heritage; www.english-heritage.org.uk/visit/places/wolvesey-castle-old-bishop-palace/) an der College Street südöstlich der Kathedrale ist durch die alte Stadtmauer vom Stadtkern getrennt.

Das Anwesen, das in seinen Ursprüngen aus dem 12. Jahrhundert, der Zeit von Bischof Henry of Blois, stammt und von späteren Bewohnern immer wieder umgebaut und erweitert wurde, liegt heute auf einem freien Feld. Wolvesey war Sitz der mächtigen und kirchenpolitisch wie nationalpolitisch überaus einflussreichen Bischöfe von Winchester, die darüber hinaus über riesige Ländereien verfügten.

Etwas weiter südlich in der College Street schließt sich das **Winchester College** an, das 1382 von William of Wykeham als Public School gegründet wurde. Diese Privatschule gehört zu den ältesten und akademisch besten von England. Für Besucher ist ein Rundgang durch das Schulgelände an Schultagen ab 16 Uhr und an Wochenenden ab 11 Uhr möglich. Eine Besichtigung der Collegebibliothek mit Folianten von William Shakespeare ist nur nach Voranmeldung möglich.

Kingsgate Street – In dieser Straße gehören fast alle Häuser der Public School Winchester College. Hier leben die Lehrer der Lehranstalt und hier stehen einige Boarding Houses, in denen die Schüler leben. Neben dem Kingsgate liegt das „Wickham Arms", ein schönes Pub mit Biergarten.

Winchesters Militärmuseen

Winchester's Military Museums (11) [N51° 3' 49.24" W1° 19' 12.80"], Peninsula Barracks, Romsey Road, Tel. (01962) 877 826. Hier sind fünf Museen untergebracht, die leider alle unterschiedliche Öffnungszeiten haben, dafür ist der Eintritt frei:

Horse Power, das Regimentsmuseum der King's Royal Husars (geöffnet Di - Fr 10 - 12.45 + 13.15 - 16 Uhr, Sa 12 – 16 Uhr, Mitte Juni - Ende Sept. So 12 - 16 Uhr; https://horsepowermuseum.co.uk). Geschichte des Königlichen Kavallerieregiments im Krimkrieg.

The Royal Hampshire Regiment Museum (geöffnet Di - Fr 10 - 16 Uhr; Apr. - Sept. Sa + So 11 - 15 Uhr, Eintritt frei; www.royalhampshireregiment.org). Geschichte des County Regiments ab 1702.

The Royal Green Jackets Museum (geöffnet Mo - Sa 10 - 17 Uhr; Juni - Aug. Mo - Sa 10 - 17 Uhr, So 11 - 16 Uhr, letzter Einlass 45 Min. vor Schließung; www.rgjmuseum.co.uk), Diorama der Schlacht von Waterloo mit 25.000 Zinnsoldaten.

The Gurkha Museum (geöffnet Mo - Sa 10 - 17 Uhr, letzter Einlass 30 Min. vor Schließung; www.thegurkhamuseum.co.uk). Nepalesische Krieger im Dienst der britischen Krone.

Gerichte und ein Biergarten im Innenhof machen das Pub zu einem der beliebtesten der Stadt.

Brasserie Blanc, 19 – 20 Jewry Street, Tel. +44 (0)19 62 81 08 70; www.brasserie-blanc.com; zweigeschossiges Restaurant in zentraler Lage von Winchester. Im oberen Teil des Restaurants findet man die offene Küche, in der Gerichte der französischen Küche, aber auch lokale Spezialitäten kreiert werden. Gepflegte Atmosphäre.

The Chesil Rectory, 1 Chesil Street, +44 (0)19 62 85 15 55; www.chesilrectory.co.uk; gepflegtes Lokal in einem mittelalterlichen Gebäude am östlichen Ortsrand, in dem es gelungen ist, in alten Mauern ein modernes, freundliches Ambiente zu schaffen. Die ausgezeichnete Küche ist über die Stadtgrenzen hinaus bekannt, der erlesene Weinkeller erfährt ebenfalls große Zustimmung.

CAMPING

Camping Morn Hill Club Site [WP 301 / N51° 3' 42.33" W1° 15' 33.16"], Alresford Road, Tel. +44 (0)19 62 86 98 77; www.caravanclub.co.uk; 15. März – 30. Sept.; Zufahrt von Winchester auf der A31 ca. 4 km ostwärts Richtung Alton, am großen Kreisverkehr beschilderter Abzweig. Zwei Platzteile, von hohen Hecken umgeben und durch Baumreihen und einen Fahrweg getrennt. Beide Platzteile mit Sanitäranlagen. Überwiegend ebenes, gepflegtes Rasengelände mit hohen Bäumen; 3,5 ha – 110 Stpl.; einfache Sanitärausstattung. Kiosk, Waschmaschine, Trockner. V & E für Wohnmobile. Nicht-Club-Mitglieder willkommen.

Weitere Sehenswürdigkeiten

INTECH Science Centre & Planetarium [Parkplatz N51° 3' 38.80" W1° 15' 54.21"], in Morn Hill östlich außerhalb von Winchester gelegen *(geöffnet Mo - Fr 10 -16 Uhr, Sa + So 10 - 17 Uhr; www.winchestersciencecentre.org)*. Interaktives Technologiezentrum für Groß und Klein, faszinierendes Lernen. Größtes Planetarium des Vereinigten Königreichs.

Marwell Zoological Park [Parkplatz N50° 59' 24.59" W1° 17' 9.49"], Thompson's Lane, Colden Common, Tel. (01962) 777 407, *(geöffnet tgl. 10 - 17 Uhr, letzter Einlass 90 Min. vor Schließung; www.marwell.org.uk)*. 9 km südöstlich von Winchester in Richtung Bishop's Waltham, M3 Ausfahrt 11, dann M27 Ausfahrt 5. Privatzoo mit annähernd 1.000 Tieren auf 400 ha Gelände, Kamelreiten, Tiere zum Anfassen.

Watercress Line Railway Station [Parkplatz N51° 5' 19.50" W1° 9' 40.53"], Alresford, Hampshire, S024 9JG, Tel. +44 (0)19 62 73 38 10; www.watercressline.co.uk. Rund 10 km nordöstlich von Winchester entfernt (A31). Historische Dampfeisenbahn zwischen Alresford und Medstead. Ein Muss für Eisenbahnfreunde und Fans alter Dampfloks.

Rückreise ab Winchester

Der Hafen von **Poole** bei Bournmouth liegt rund 67 km/42 mls südwestlich von Winchester und ist über Autobahnen und Schnellstraße rasch zu erreichen.

Portsmouth liegt rund 53 km/33 mls südlich von Winchester und ist über die Autobahnen M3 und M27 gut zu erreichen.

Und um nach **Dover** zu gelangen (rund 224 km/140 mls), bedient man sich der Autobahn M3 Richtung Basingstoke und Chertsey bei London, später der Autobahnen M25 und M20 über Maidstone nach Dover.

PRAKTISCHE UND NÜTZLICHE INFORMATIONEN
VON A BIS Z

ABKÜRZUNGEN

AA	Automobile Association
A38	Landstraße Kategorie A mit Kennungsnummer
B3112	Landstraße Kategorie B mit Kennungsnummer
B & B	Bed & Breakfast (Privatunterkunft mit Frühstück)
C & C	Caravan & Camping (Site/Park)
Dau.	Dauercamper
EH	English Heritage
mls	Miles (Meilen)
M3	Autobahn mit Kennungsnummer
NT	National Trust
Rd.	Road
St.	Street
Stpl.	Stellplatz auf Campingplätzen
TIC	Tourist Information Centre
TR11 8PL	Postleitzahl
V & E	Ver- & Entsorgungsstelle für Wohnmobil-Frisch-/Abwasser

ANSCHRIFTEN

Auskunft

VisitBritain, Alexanderplatz 1, D-10178 Berlin, Tel. +49 (0)30 31 57 19 42; www.visitbritain.com/de/de/.

British Tourist Authority (BTA), Badenerstraße 21, CH-8004 Zürich, Tel. +41 (0)844 007 007; www.visitbritain.com/ch/de/.

Britain Visitor Center c/o British Council, Siebensterngasse 21, A-1070 Wien, Tel. +43 (0)800 15 01 70; www.visitbritain.at/de/.

Weitere Internetadressen:

www.britainexpress.com
www.aboutbritain.com
www.visitsouthwest.co.uk
www.visitcornwall.com
www.visitsomerset.co.uk
www.visitsouthsomerset.com.

Auto

The Automobil Association (AA), Fanum House, Basing View, Basingstoke, GB-Hampshire RG21 4EA, Tel. +44 (0) 845 60 76 727; www.theaa.com.

Pannenhilfe des AA Tel. +44 (0)800 88 77 66 landesweit rund um die Uhr.

ADAC-Pannenhilfe Inland, Tel. 089 20 20 40 00.

ADAC-Pannenhilfe Ausland, Tel. +49 89-22 22 22.

ADAC-Pannenhilf per SMS
- D1 Telekom Tel. 99 0 81 91 93 83 03
- D2 Vodafone Tel. 99 0 8191 93 83 03
- O2 Telefonica Tel. 32 90 81 91 93 83 03
ADAC-Pannenhilfe per eMail
- webnotruf@adac.de

Behinderte

Disabled Travel Advice, Jane Marshall (Features Editor), Green Wood Drive, Manor Park, Cheshire, WA7 1UP, www.disabledtraveladvice.co.uk.

Camping

The Camping & Caravanning Club, Greenfields House, Westwood Way, Coventry, CV4 8JH, Tel. +44 (0)24 76 47 54 42; www.campingandcaravanningclub.co.uk.

The Caravan and Motorhome Club, East Grinstead House, East Grinstead, West Sussex, RH19 1UA, Tel. +44 (0)1 342 32 69 44; www.caravanclub.co.uk.

Portal zu allgemeinen Campinginformationen, www.ukcampsite.co.uk.

Diplomatische Vertretungen

British Embassy, Königlich Britische Botschaft, Wilhelmstraße 70/71, D-10117 Berlin, Tel. +49 (0)30 20 45 70; www.gov.uk/world/organisations/british-embassy-berlin.de.

Embassy of the Federal Republic of Germany, Botschaft der Bundesrepublik Deutschland, 23 Belgrave Square/Chesham Place, GB-London SW1X 8PZ, Tel. +44 (0)20 78 24 13 00; www.uk.diplo.de/UK-de/.

Das Auswärtige Amt (AA) in Berlin gibt Auskunft und Sicherheitshinweise zu Ländern unter Tel. +49 (0)30 18 17 0; bzw. unter www.auswaertiges-amt.de.

Botschaft der Republik Österreich, 18 Belgrave Mews, West London SW1X 8HU, Tel. +44(0)20 73 44 32 50; www.bmeia.gv.at/oeb-london/.

Embassy of Switzerland, Botschaft der Schweizerischen Eidgenossenschaft, 16 - 18 Montagu Place, London W1H 2BQ, Tel. +44 (0)20 76 16 60 00; www.eda.admin.ch/london.

CAMPING

England gilt als das Stammland des Campings schlechthin. Entsprechend gut und engmaschig ist das Netz von Campingplätzen. Man wird auf der Suche nach einem Platz also kaum einmal auf Engpässe stoßen, ob man nun mit Zelt, Caravan oder Wohnmobil unterwegs ist.

In der in diesem Reiseführer beschriebenen Region Süd- und Südwest-England findet man vor allem entlang der Küste und in den touristischen Hochburgen um Bournemouth, Weymouth, Lyme Regis, Plymouth sowie auf den Halbinseln Lizard und Penwith in Cornwall zahlreiche Plätze.

Die Sanitärausstattung ist auf den allermeisten Campingplätzen recht vollständig. So findet man kaum noch Sanitäranlagen, die in den Waschbecken und Duschen nicht Warmwasser aufweisen würden. Natürlich gibt es WC's. Und es gibt kaum noch Anlagen die nicht über einen Ausguss für Chemikaltoiletten verfügen würde.

Mehr und mehr findet man auf den Campingplätzen auch Einrichtungen für Wohnmobile zur Ver- und Entsorgung von Frischwasser/Abwasser.

Wäschewasch- und Geschirrspülbecken, teils mit Warmwasser, auch Waschmaschinen und Trockner sind verbreitet. Weniger häufige Einrichtungen sind Sauna, Schwimmbad oder Tennisplatz.

Fast alle Plätze bieten – zumindest für einen Teil der Stellplätze – Stromanschlüsse für Caravans an.

Ein willkommenes Ausstattungsmerkmal sind **befestigte**, meist asphaltierte **Stellplätze**, die man vor allem bei regnerischem Wetter schätzen lernt und von vielen Campingplätzen zumindest auf einem Teil des Geländes angeboten werden.

Eine recht **unerfreuliche Einrichtung** in den Sanitäranlagen auf fast allen Campingplätzen in England sind die Druckwasserhähne an den Waschbecken. Sie werden seit Jahrzehnten installiert und erfreuen sich bei englischen Campern offenbar großer Beliebtheit. Das Wasser läuft nur, solange man eine Hand auf den Wasserhahn drückt. Lässt man los, stoppt augenblicklich der Wasserstrom. Eine lästige Installation, die einen zwingt, sich im vollgelaufenen Waschbecken zu waschen, was aber angesichts mancher Sanitärräume und den nicht immer hygienisch einwandfreien Becken dort sicher nicht jedermanns Sache ist.

Warmduschen kosten auf vielen Plätzen extra.

Erfreulicher sieht es schon auf dem Verpflegungssektor aus. Fast jeder Platz hat eine Einkaufsmöglichkeit, wenn auch oft nur Grundnahrungsmittel oder Konserven angeboten werden.

Nur auf großen Ferienplätzen gibt es auch ein Restaurant oder einen Imbissstand.

Nicht alle Campingplätze nehmen übrigens Zelte auf. Oft kann man schon aus dem Platznamen darauf schließen. Ein *Camp Site* wird mit großer Wahrscheinlichkeit Zelte aufnehmen, ein *Caravan Site* evtl. nicht. Auch hier verschafft ein vorheriger Anruf Klarheit.

Bei der Auswahl der in diesem Reiseführer gelisteten Campingplätzen wurde darauf geachtet, dass auch Zelte aufgenommen werden (Änderungen sind hier allerdings nicht auszuschließen!). „Members only"-Plätze des Caravan and Camping Club nehmen keine Zelte auf, es sei denn, sie geben bei ihren Ausstattungsmerkmalen ausdrücklich „Tent Campers welcome" an.

Sehr camperfreundlich ist auf fast allen Plätzen das Verhältnis Größe des Platzgeländes zur Anzahl der maximal erlaubten Stellplätze geregelt. Wer einmal auf einem vollgestopften Campingplatz am Mittelmeer gecampt hat, wird das zu schätzen wissen.

Englische Campingplatzbetreiber halten sich strikt an die offiziell angegebenen Aufnahmekapazität ihres Platzes, soll heißen, man wird in aller Regel seinen Platz nie – und sei der Andrang noch so große – überbelegen. Gerade in der betriebsamen Ferienzeit empfiehlt es sich also sehr, sich telefonisch nach der Verfügbarkeit von Stellplätzen zu erkundigen und sich anzumelden.

Viele Campingplätze bieten **Mobilhomes**, große, stationäre Wohnwagen zum Mieten an. Sie bieten Schlafgelegenheiten für vier bis acht Personen und kosten je nach Lage, Ausstattung, Mietdauer und Saison pro Tag zwischen ca. 50 und 200 £.

Campingplätze werden von den Automobilclubs RAC und AA klassifiziert und von den Fremdenverkehrsbehörden bewertet. Bewertungen und Klassifizierungen sind allerdings nicht vorgeschrieben, sondern sind freiwillig, d. h. der Platzhalter muss damit einverstanden sein, dass sein Platz begutachtet wird.

Allerdings sind die Bewertungskriterien durch den „National Caravan Council", der sie für die Fremdenverkehrsbehörden ausarbeitete, im Lande einheitlich.

Die Qualität der dem Gast zur Verfügung stehenden Einrichtungen wird in fünf Kategorien eingeteilt, die durch Häkchen symbolisiert werden. Fünf Häkchen bedeuten „hervorragend", ein Häkchen „akzeptabel".

Ganz besonders gut geführte und ausgestattete Campinganlagen werden mit besonderen Auszeichnungen versehen.

Campingplätze sind in England gewöhnlich geöffnet zwischen Anfang April und Ende September.

Manche Plätze gewähren bei Vorlage des Camping Carnet International (CCI) bzw. der Camping Key Europe Card eine kleine Ermäßigung.

Der **Camping and Caravanning Club** bietet sehr schöne Campingplätze mit angenehmen Stellplatzdimensionen. CKE-Inhaber können auf vielen dem Camping and Caravanning Club angeschlossenen Plätzen zu Club-Mitgliederpreisen übernachten, ohne die befristete Auslands-Mitgliedschaft zu erwerben.

Es gibt aber auch etliche dem Camping and Caravanning Club angeschlossene Plätze, die ausschließlich Clubmitglieder aufnehmen. Will man das Risiko, als Nicht-Mitglied des Camping and Caravanning Club trotz freier Plätze abgewiesen zu werden, möglichst vermeiden, kann man als ausländischer Besucher eine zeitlich begrenzte Auslands-Mitgliedschaft (Dauer drei aufeinander folgende Monate) beim Camping and Caravanning Club gegen Gebühr (rund 30,- Euro) eingehen. Infos unter www.campingandcaravanning-club.co.uk/aboutau/overseas-visitors/visitors-from-germany/. Das Membership Service Team des Camping and Caravanning Club erreicht man unter Tel. +44 (0) 24 76 47 54 26.

Bei der Auswahl der in diesem Reiseführer aufgeführten Club-Campingplätze haben wir darauf geachtet, dass der Platz zum Zeitpunkt der Recherche nach eigenen Angaben auch Nichtmitglieder aufnahm.

Ein weiterer Campingclub ist **The Caravan and Motorhome Club,** Tel. +44 (0) 1342 32 69 44; www.caravanclub.co.uk

Wildes campen oder auch nur das Übernachten außerhalb offizieller Campingplätze ist in England nicht erlaubt!

Hinweise über Angaben zu Campingplätzen

Campinganlagen, die in diesem Reiseführer nicht aufgeführt sind, liegen entweder zu weit abseits der beschriebenen Route oder sie sind für eine Erwähnung in diesem Buch weniger geeignet, z. B. weil sie überwiegend mit Mobilehomes belegt sind.

Die Erwähnung und Beschreibung von Campingplätzen in diesem Buch wird durch keinerlei Zuwendungen oder Anzeigengelder der Campingplatzhalter beeinflusst!

Bei der Beschreibung der Campingplätze in diesem Reiseführer folgen dem **Platznamen** die **GPS-Koordinaten** in eckigen Klammern, die **Telefonnummer** und die **Öffnungszeit**, dann **Lage** oder **Zufahrt** und **Beschaffenheit des Geländes**. Dabei wird die Form angegeben, die überwiegt (z. B. Wiesengelände).

Es folgen Angaben zur **Größe des Platzes** in Hektar (ha) und zur Aufnahmekapazität in **Stellplätzen** (Stpl.), aufgeteilt – wenn möglich – in Stellplätze für Touristen und Dauercamper (Dau.)

Es wird versucht, die Platzeinrichtungen, so wie sie beim Besuch vorgefunden wurden, zu charakterisieren, wobei die Übergänge zwischen den geschaffenen Kategorien Mindestausstattung, Standardausstattung und Komfortausstattung fließend sind.

Mindestausstattung: Einfacher Platz mit bescheidenen, veralteten oder vernachlässigten Einrichtungen, die außer WC's, Kaltwasserwaschbecken und evtl. einige Kaltduschen keine oder völlig unzeitgemäße oder vernachlässigte Einrichtungen für Hygiene und Körperpflege aufweisen.

Standardausstattung: Der Durchschnittscampingplatz mit WC's, Kalt- und Warmwasserwaschbecken und Warmwasser-Duschkabinen in den Waschräumen. Ordentlicher Gesamteindruck. Einige Stromanschlüsse für Caravans. Ausgussstelle für Chemikaltoiletten.

Komfortausstattung: Außer ausreichend WC's, Waschbecken mit Warmwasser und Warmduschen in ausreichender Zahl in zeitgemäßen, gepflegten Sanitäranlagen, werden auch Geschirr- und Wäschewaschbecken und/oder Waschmaschinen und Trockner erwartet, ebenso Stromanschlüsse für Caravans in ausreichender Zahl. Das Terrain soll durch Wege erschlossen sein und zumindest einige befestigte Stellplätze, im Gelände verteilte Müllbehälter und Wasserzapfstellen, Einkaufsmöglichkeit und/oder Restaurant, Kinderspielplatz und Sport- oder Freizeiteinrichtungen aufweisen.

Die Abkürzung C & C im Campingplatznamen bedeutet Caravan & Camping (Park, Site).

EINKAUFEN

Die **Ladenöffnungszeiten** sind nicht gesetzlich geregelt und variieren deshalb erheblich.

Supermärkte und Läden in Städten öffnen meist zwischen 9/10 Uhr und 17/17.30 montags bis freitags, und donnerstags bis 20 Uhr. In Dörfern und Kleinstädten sind meist die Geschäfte an Sonntagen geschlossen. Ganz große Supermärkte wie Tesco und Sainsbury's haben 24 Stunden geöffnet.

Obst, Gemüse und Fisch sind im Süden Englands immer frisch, und in fast allen größeren Ortschaften gibt es einen Wochenmarkt, der von 9.00 – 12.00 Uhr seine Waren feilbietet. Viele Inder und Pakistani haben mit ihren kleinen Geschäften oft bis spät abends geöffnet.

Alkoholische Getränke werden nur in Geschäften mit einer speziellen Lizenz verkauft, die großen Supermärkte haben immer eine Off-Licenses-Abteilung, in der Alkoholisches angeboten wird, oft bis spätabends.

Kosmetika, Kleidung aus Wolle und Tweed und Gegenstände zur Innendekoration (Laura Ashley) sind in England billiger als in Deutschland. Souvenirs und Bücher zum Thema verkaufen die Souvenirläden des National Trust in jeder Sehenswürdigkeit.

Bücher, Zeitungen und Zeitschriften, auch Schreibwaren, Videos und CDs, erhält man in den Läden der Stationers-Kette W.H. Smith & Son, www.whsmith.co.uk.

Prepaid SIM-Karten fürs Handy erhält man in den weitverbreiteten Carphone Shops, bei phones4you.co.uk, u. a.

EINREISEBESTIMMUNGEN

Persönliche Dokumente

Zur Einreise nach Großbritannien und für einen Aufenthalt bis zu 90 Tagen ist ein gültiger Personalausweis oder Reisepass notwendig.

Für Kinder ist für Auslandsreisen ein eigener Ausweis notwendig. Der Eintrag im Reisepass eines Elternteils ist seit 15. Juni 2012 nicht mehr ausreichend und wird ab diesem Datum ungültig.

Autofahrer müssen einen gültigen Führerschein sowie die Zulassungsbescheinigung Teil I. (ehemals Fahrzeugschein) mitführen. Die Internationale Grüne Versicherungskarte wird empfohlen. Empfehlenswert ist eine Vollkaskoversicherung.

Haustiere

Seit 2012 ist die Einfuhr von Hunden, Katzen und Frettchen nach Großbritannien etwas erleichtert worden. Der bislang notwendige Nachweis über Tollwutantikörper und eine Zeckenbehandlung wird nicht mehr verlangt. Somit können die Tiere schon 21 Tage nach der nach wie vor notwendigen Tollwutimpfung nach Großbritannien einreisen. Weiterhin verlangt wird neben der Tollwutimpfung und einer Bandwurmbehandlung (nur für Hunde, auch Führund Hörhunde, 24 bis 120 Stunden vor der geplanten Ankunftszeit in Großbritannien) der **EU-Heimtierausweis** und die Implantierung eines Mikrochips.

Für bestimmte Hunderassen, wie z. B. Pitbull Terrier u. a., besteht ein Einfuhrverbot, http://ukgermany.fco.gov.uk/de/visiting-uk/pet-travel-scheme/.

Zollbestimmungen

Reisegepäck im privaten Reiseverkehr innerhalb der EU unterliegt keinen Beschränkungen, wenn die Waren zum persönlichen Gebrauch bestimmt sind.

Lebens- und Genussmittel, die zum persönlichen Verzehr oder Verbrauch bestimmt sind, können bei Reisen innerhalb der EU unbegrenzt mitgeführt werden. Für Tabakwaren und Spirituosen gelten allerdings folgende Höchstmengen: 800 Zigaretten, 400 Zigarillos, 200 Zigarren, 1 kg Tabak, 110 Liter Bier, 90 Liter Wein, 10 Liter Spirituosen, 20 Liter Likör, Wermut, Port, Sherry.

Für den Duty-Free-Einkauf und für Waren, die aus Ländern stammen, die nicht der EU angehören, gelten Mengenbegrenzungen!

Einem Einfuhrverbot unterliegen: Drogen, Waffen, Schreckschuss- oder Gaspistolen, Reizgassprays, Klappmesser, Schlagringe, feststehende Fahrtenoder Wurfmesser u. a. Im Zweifel über die Einfuhrerlaubnis eines waffenähnlichen Gegenstandes oder speziellen Waren empfiehlt sich vor der Reise ein Blick in die Webseite des Zolls – www.zoll.de

Das Mitführen von Sport-, Traditionsoder Jagdwaffen bedarf einer Genehmigung der Britischen Botschaft.

Das Mitführen von Arzneimitteln – Wenn Sie auf Arzneimittel angewiesen sind, die dem Betäubungsmittelrecht unterliegen, dürfen diese nur mit einer entsprechenden Bescheinigung des Arztes mitgeführt werden.

Unsere Erfahrung auf Englandreisen ist, dass Wohnmobile gern Objekte für Zollinspektionen sind, die gewöhnlich rasch und sehr sachlich ablaufen und sich auf die Frage nach der Anzahl der Reisenden und einen Blick in Schränke und Truhen beschränkt.

Falls Sie außergewöhnliche, vom normalen Reisegepäck abweichende Dinge oder Waren nach England einführen wollen, lohnt ein ausführlicher Blick in die Webseite des Home Office der UK Border Agency: www.gov.uk/duty-free-goods.

ENGLISH HERITAGE (EH)

Die zahlreichen Burgen, Schlösser und Landhäuser in Südengland bergen sehenswerte Kulturgüter, die man in der Regel für einen Eintrittspreis von ca. £ 4,- bis £ 20,- besichtigen kann.

Und wenn Sie vorhaben viele Schlösser etc. zu besichtigen, kann es von Vorteil sein, den **English Heritage Overseas Visitor Pass** zu erwerben. Der Pass gewährt kostenlosen Eintritt in über 100 der bedeutendsten historischen Sehenswürdigkeiten Englands, zu frühgeschichtlichen Monumenten wie Stonehenge zum Beispiel, zu Schlössern wie Osborne House auf der Isle of Wight und Dover Castle zum Beispiel und zu Abteien.

Sie können den English Heritage Overseas Visitor Pass online bestellen und zwar bei www.heritagepassbritain.com oder bei www.visitbritainshop.com.

Der Pass ist für die Gültigkeitsdauer von 9 Tagen (£ 35/€42 pro Erwachsener, bzw. für 2 Erwachsene £ 60/€ 70) bzw. 16 Tagen (£ 42/€ 49 pro Erwachsener, bzw. für 2 Erwachsene £ 70/€ 81,50) zu haben (Preise veränderlich!). Es gibt verbilligte Familienpreise.

Allgemeine Infos über English Heritage: Tel. +44 (0) 370 33 31 181; www.english-heritage.org.uk/visit/overseas-visitors/.

ESSEN UND TRINKEN

Böse Zungen behaupten ja, das englische Essen sei so schlecht wie das englische Wetter. Nichts als Klischees. Genauso wie Regentage in England von sonnigen Perioden unterbrochen werden, findet man auf englischen Speisekarten durchaus auch Gerichte, mit denen man sich anfreunden kann.

Für unseren Geschmack etwas gewöhnungsbedürftig ist, dass englisches Essen traditionell von einer energiereichen Kost und dem übermäßigen Gebrauch von Würz- und Aromamitteln bestimmt wird, die in ihrer Mehrzahl indischen Ursprungs sind: Worcester Sauce, Tomatenketchup, Pickles, Mango Chutney, Curry, etc. Allerdings muss ergänzt werden, dass sich die Küche in vielen Hotels schon der sog. internationalen bzw. kontinentalen Küche angenähert hat.

Das beliebte Garen von Fleisch im Backofen, das oft durch Eintopfgerichte ergänzt wird, bietet den Vorteil, dass man die Qualität des Fleisches nicht mehr so deutlich erkennen kann.

Auch das Umbacken von Fleisch mit einem dicken Teigmantel, dann als sog. **Pie** (Pastete) bekannt, ist sehr populär, ebenso das Herstellen von Pies, die man mit süßen Früchten füllt, z. B. den bekannten Apple Pie.

Schließlich sind die diversen Vanille-Saucen (custard) zu erwähnen, die besonders den Kindern schmecken, wenn sie ohne „Haut" daherkommen, und zu Puddingen und anderen Leckereien serviert werden.

Neben diesen Besonderheiten britischer Esskultur haben natürlich die Einflüsse aus anderen Ländern oder Erdteilen die englische Küche stark verändert. So kann man in den meisten Städten Restaurants finden, die Speisen aus aller Herren Länder offerieren – italienische Pasta- und Pizzabäcker, chinesische und indische Restaurants, französische Lokale, vegetarische Spezialitätenlokale und die unvermeidlichen Fast-Food-Restaurants.

Entlang der südenglischen Küste bieten noch viele Fischrestaurants frischen Fangfisch auf ihren Speisekarten an. Auch eine Portion **Fish and Chips,** die urbritische Mittagsmahlzeit, also gebackene Kabeljaustücke auf einer großen Portion Pommes Frites, dazu ein Schlag Mayonaise oder ein Schuss Essig, das ganze in einer Zeitungsdoppelseite eingepackt (heute gibt's normales Papier), sollte jeder Englandtourist zumindest einmal probieren. Er wird überrascht sein, wie gut ein so einfaches Essen schmecken kann.

Leider scheinen die einst allerorten üblichen Fish and Chips-Läden, mit deren Angebot sich Generationen nicht nur von Touristen einst ernährten, auf dem Rückzug zu sein und von Pizzaläden, chinesischen Lokalen und Bulettenbrätern verdrängt zu werden.

Das englische **Frühstück** (breakfast) ist bestens dazu geeignet, das Image der englischen Küche zu heben. Es unterscheidet sich deutlich und positiv vom kontinentalen Frühstück.

Zu einem typischen englischen Frühstück werden gebratener Speck mit Eiern (Rührei - scrambled eggs, Spiegelei – fried egg, verlorene Eier - poached eggs) ebenso serviert, wie etwa geräucherte Makrele (kipper), Schellfisch (haddock), gebratene Würstchen, Grilltomate, Bohnen (baked beans) und Porridge, der von Liebhabern überaus geschätzte englische Haferbrei. Natürlich gehören eine halbe Grapefruit und ein Glas (möglichst frisch gepresster) Orangensaft dazu, genauso wie die bei Kindern beliebten Cornflakes in allen Variationen.

Das **Mittagessen**, in England als Lunch bezeichnet, ist eher von karger Natur und gleicht einem Snack – bekannte Pies, z. B. Steak- and Kidney-Pie, eine mit Rindergoulasch und Nierenfleisch gefüllte Pastete, oder Sheppard's Pie, ein überbackener Kartoffelauflauf mit Hackfleisch, gehören dazu, manchmal Pommes Frites (englisch: chips) und ein frischer Salat.

Beliebt ist der Ploughman's Lunch (Pflüger-Essen) in den ländlichen Gegenden, eine eher einfache Brotzeit mit Käse, Mixed Pickles und Salatbeilage, oder der Fisherman's Lunch (Fischer-Essen), der statt Käse einen geräucherten Fisch anbietet, in den Gegenden entlang der Küste. Viele Menschen belassen es zum Lunch auch nur bei einem Sandwich, das in England nicht zu zwei rechteckigen Hälften, sondern kurioserweise diagonal zu zwei dreieckigen Hälften geschnitten wird.

Nachmittags gönnt man sich beim **Afternoon Tea**, auf den kein Engländer verzichten möchte, eine Tasse Tee oder Kaffee mit Gebäck oder kleinen Törtchen. Besonders beliebt sind Muffins (Trockenkuchen mit Schokoladenstückchen), Buns (Biskuittörtchen) oder Scones (Buttergebäck).

Abends serviert man **Dinner,** das in der Regel aus drei Gängen (Suppe – Hauptgericht – Nachtisch) besteht.

Zum Essen trinken die Engländer tagsüber gerne Tee oder alkoholfreie Getränke, etwa Fruchtsaft. Nur zum Dinner ist es üblich, Bier, Wein oder Cider (spritziger englischer Apfelwein) zu trinken.

Eating out

Geht man zum Essen aus, wartet man im Restaurant auch in England mit dem eigenen Essen so lange, bis alle Tischgäste ihr Essen erhalten haben. Aber ein freundliches „Fangen Sie doch an, sonst wird das Essen ja kalt" hebt diese Höflichkeitsregel auf.

Dem Touristen wird auffallen, dass man in England während des Essens relativ wenig redet und der Tisch nach dem Essen schnell verlassen wird. Dafür nimmt man sich dann um so mehr Zeit bei einem Kaffee, den man an einem anderen Ort in aller Ruhe und bei einem ausführlichen Gespräch trinkt.

Alle Lokale, die Essen servieren oder verkaufen, müssen eine Preisliste aushängen.

In Restaurants und Cafes wird es natürlich auch eine Speisekarte geben. Die dort angegeben Preise müssen die gesetzliche Mehrwertsteuer (VAT) ausweisen, ebenso ist die Bedienung in den Preis einzubeziehen. Sollte das einmal nicht der Fall sein, so wird die VAT auf der Rechnung separat ausgewiesen. Das Bedienungsgeld in einem solchen Fall darf in einer Höhe von 5% bis 15% vom Rechnungsbetrag ausfallen.

Manche Restaurants offerieren Menüs, deren Preis auch ein Getränk und Kaffee enthalten.

Für einen Besuch in einem besseren Restaurant, der in der Regel teurer als in Deutschland ausfällt, zieht sich in England der Gentleman auch heute noch gerne eine Krawatte an, die Dame des Hauses erscheint im Kleid.

In den englischen Hotels ist die Speisekarte international, das Frühstück auch kontinental. Man findet außerhalb der großen touristischen Orte aber auch Häuser, die ein mehr traditionelles Essen offerieren.

In B & B und in Guesthouses ist das angebotene Essen deutlich billiger, aber meist von britisch traditioneller Art. In Hostels ist das angebotene Essen preiswert und einfach.

Etwas abseits der Hauptstraße findet sich in den meisten Orten ein chinesischer **Take-away-Laden**, der chinesisches Essen (warm) zum Mitnehmen sehr preiswert anbietet. **Delicatessen-Läden** eignen sich gut, um die Zutaten für ein ländliches Picknick im Freien zusammenzustellen.

Wo serviert man was?

Tea Shop – Hier serviert man Tee, Kaffee, Snacks während des Tages und zur Lunch-Zeit. Empfehlenswert für den traditionellen Afternoon Tea.

Café – Man serviert Frühstück, Lunch, Snacks, gelegentlich auch Abendessen. Empfehlenswert für preiswerte Gerichte in traditioneller Art.

Pub – Snacks und Lunch-Angebote. Empfehlenswert für preiswerte Gerichte in traditioneller Art.

Wine Bar – Neben Weinen und gelegentlich auch anderen Alkoholika werden hier lediglich Snacks serviert.

Restaurant – Hier serviert man Lunch und Abendessen. Beachten sollte man unbedingt die Closing Time, da einige Restaurants bereits um 20 Uhr schließen oder sonntags oder montags geschlossen sind. Die Preise in Restaurants sind im Vergleich zu Restaurants auf dem Kontinent teurer. Um einiges billiger sind chinesische oder indische Restaurants. Man findet auch vegetarische Restaurants und entlang der Küste Restaurants, die sich auf Seafood spezialisiert haben.

Fast Food Restaurant – Hamburger, Pizza, Pasta, meist der bekannten internationalen Anbieter.

Take Away – Preiswertes Essen der einfachen Art (besonders beliebt sind chinesische Take Aways) während des Tages bis in den späten Abend, allerdings nachmittags meist geschlossen.

Zwischen Morning Tea und Night-Cap

07.00 Uhr Morning Tea – Eine Tasse starker Tee nach dem Aufstehen.

07.00 – 09.00 Uhr Breakfast – Tee oder Kaffee, Weißbrot, Toast, Marmelade, Müsli oder Cornflakes mit Milch, Porridge, Eier (Rührei oder Spiegelei), gebratener Speck, Würste, Räucherfisch, Tomaten, Grapefruit, Orangensaft.

11.00 Uhr Elevenses – Kaffee und Gebäck.

12.00 – 14.00 Uhr Lunch – Snacks, Sandwiches, Pies, Tee und Kaffee.

16.00 – 17.00 Uhr Tea (Afternoon Tea) – Tee, Weißbrot, Toast, Marmelade, Kuchen und Gebäck (Muffins, buns, scones, apple pie).

18.00 – 19.00 Uhr High Tea – Kaltes Fleisch, Fisch, Pommes Frites.

20.00 – 21.00 Uhr Dinner – Die Hauptmahlzeit des Tages (3 Gänge).

22.00 – 23.00 Uhr Night-Cap – Nach Kino- oder Theaterbesuch, Sandwich, Snack, Wein, Bier, Likör.

Dieser lukulische Maximalplan wird im Alltag und im Arbeitsleben natürlich oft beschnitten und auf Breakfast, Lunch, Afternoon Tea und Abendessen oder High Tea reduziert. Wobei schon viel passieren muss, bis der Engländer auf seinen Afternoon Tea verzichtet.

Siehe auch unter „Miniwortschatz – Restaurant/Einkauf"!

Über Pubs, Saloons und Lounge Bars

Als **Pub** bezeichnet man das sogenannte Public House. Es handelt sich um einen öffentlich zugänglichen Ort, aber gleichzeitig stellt das Pub auch einen privaten Bereich dar. Hier genießt der Engländer mit Freunden in vertrauter Runde seine Drinks. Bier ist dabei das populärste Getränk.

In vielen Pubs kann man auch eine Kleinigkeit essen, meist traditionelle englische Snacks (Pies und Sandwiches).

Nirgends in Europa gibt es eine so große Vielfalt von großen und kleinen, alten und neuen, städtischen und ländlichen Pubs, die alle immer einen Besuch wert sind.

Die meisten Pubs haben mehr als nur einen Barraum. Der Gast kann zwischen der **Public Bar**, in der er Musik hören, Darts spielen und Spielautomaten bedienen kann, und der **Lounge Bar,** mancherorts auch **Saloon** genannt, wo er mehr Ruhe und Entspannung findet, wählen.

Mitunter findet man Pubs in sehr alten Häusern, die schon seit mehr als hundert Jahren ihren Dienst tun. Pubs mit den Namen „The Boat", „The Swan", „The Anchor" oder „The Jolly Sailor" liegen bestimmt an oder in der Nähe eines Flusses, eines Sees oder Kanals in reizvoller landschaftlicher Umgebung.

Manche dem Fremden merkwürdig erscheinenden Bräuche in englischen Pubs resultieren aus alten Gesetzen, über die man ein wenig wissen sollte.

Pubs dürfen nur zu bestimmten Zeiten alkoholische Getränke verkaufen; seit 1988 gelten verlängerte **Öffnungszeiten**, die von 11.00 Uhr bis 23.00 reichen. Nachmittags zwischen 14.30 Uhr und 17.00 Uhr sind die meisten Pubs geschlossen, sonntags von 15.00 Uhr bis 19.00 Uhr.

Kinder unter 14 Jahren dürfen, auch in Begleitung Erwachsener, nicht in Pub-räume gehen, in denen alkoholische Getränke angeboten werden; Jugendliche unter 18 Jahren können zwar ein Pub besuchen, dürfen dort aber keinen Alkohol trinken. Der Barman in einem Pub darf sogar einer Person, die jünger als 18 Jahre aussieht, den Ausschank von alkoholischen Getränken verweigern, wenn sie keine Ausweispapiere vorzeigen kann. Für Jugendliche unter 18 Jahren ist es auch verboten, an Automaten, die Geldgewinne versprechen, zu spielen.

Wenn um 22.50 Uhr der Ruf „Last orders, please" zu hören ist, darf man ein letztes Getränk kaufen und hat bis zum Ruf „Time", der den weiteren Ausschank unwiderruflich schließt, genau zehn Minuten Zeit zur „drinking-up time". Dann beginnt das Pubpersonal die Gläser einzusammeln und die Stühle auf die Tische zu stellen. Werden nach 23.00 Uhr noch Gäste von der Polizei in einem Pub angetroffen, so können diese und der Pächter oder Besitzer des Lokals große Probleme bekommen, und die möchte man sich ersparen.

In größeren Städten ist inzwischen die Sperrstundenregelung gelockert, hier darf bis 2 Uhr geöffnet sein.

Schließlich sei daran erinnert, dass auch in England das Fahren unter Alkoholeinfluss strafbar ist (Promillegrenze 0,8).

Betritt man erstmals ein englisches Pub, stellt man erstaunt fest, dass sich niemand an einen Tisch setzt, um auf die Bedienung zu warten, sondern gleich zur Bar geht, wo man sein Bier oder sein Getränk bestellt und erhält –

gegen sofortige Bezahlung. Ein Trinkgeld wird im Pub nicht gegeben. Sind die Pubs voll, was besonders am Wochenende der Fall ist, ist es üblich, für die Freunde und Bekannten eine Runde zu ordern und zu bezahlen. Dadurch hält man den Betrieb nicht auf. Als Ausgleich bezahlt ein anderer der Freunde dann die nächste Runde.

Sieht man einen leeren Sitzplatz, sollte man bedenken, dass vielleicht gerade jemand zur Bar gegangen ist, um ein neues Getränk zu holen. Am besten fragt man, ob der Platz frei ist.

Bevor man geht, ist es in England üblich, dass man seine leeren Gläser an die Bar zurückbringt und sich für die Bedienung bedankt, um sich dann mit einem freundlichen „Goodbye" oder „Goodnight" zu verabschieden.

Bier wird in Pubs entweder in Flaschen ausgeschenkt oder kommt als **Draught Beer** aus einem Zapfhahn. Benutzt das Pub zum Zapfen Treibgas, spricht man von **Keg Beer**, das immer sehr kalt serviert wird. Das traditionelle Draught Beer wird mit einer mechanischen Pumpe gezapft. Die Anzahl der verschiedenen Zapfhähne spricht für die Vielfalt des Bierangebots in einem Pub. Auch wenn der kontinentale Biertrinker schnell die Kohlensäure im englischen Bier vermisst, wird ihm ein Engländer erklären, dass sein Bier doch geschmacklich viel stärker wahrgenommen wird.

Ale ist Bier, das auf eine spezielle britische Art gebraut wird. Besondere Schilder weisen darauf hin, dass der Gast diese Bierspezialität im Pub erhalten kann.

Bier und Cider, der gespritzte englische Apfelwein, werden als Pint (568 ml) oder Half Pint (284 ml) ausgeschenkt, das Glas dabei fast ohne Schaum randvoll gefüllt.

Free Houses sind nicht an die vertraglichen Lieferungen der großen Brauereien gebunden und pflegen besonders die Tradition des guten Ale.

Die häufigsten englischen Pubnamen, oft auf wunderschönen alten

Schildern gemalt, sind „The Red Lion" (das Wappentier der englischen Könige) und „The White Horse" (das weiße Pferd, das die Könige aus dem Hause Hannover in ihrem Wappen führten).

Was man im Pub so alles trinkt

Beer, Lager – Entspricht in etwa dem hellen Pils.

Bitter – Das populäre obergärige Bier, das leicht bitter schmeckt.

Ale – Weniger starkes Bier, in der Regel von blasser Farbe. Es gibt aber auch dunkle Ales, im Geschmack weniger bitter, oder Real Ale (Alc. 5 % vol.).

Mild – Leicht süßliches und weniger starkes Bier, häufig dunkle Farbe.

Porter – Süßliches Dunkelbier mit hohem Malzanteil (Alc. 5 % vol.).

Bottled – Besonders ausgefallene Marken gibt es nur als Flaschenbier.

Stout – Fast schwarzes, cremiges Bier aus getoastetem Malz, ursprünglich nur in Irland gebraut (Alc. 7 % vol.).

Cider – Spritziger englischer Apfelwein in den Geschmacksrichtungen sweet, dry oder medium dry, in Flaschen oder vom Fass erhältlich.

Port – Portwein aus Portugal als Aperitif oder Digestif.

Sherry – Roter, weißer oder rosefarbener Sherry in den Geschmacksrichtungen sweet, medium oder medium dry.

Wine – Weine sind in England sehr viel teurer als auf dem Kontinent. Gerne werden auch Weine aus Kalifornien oder Südafrika angeboten.

Spirits – Alle alkoholischen Getränke mit hohem Alkoholgehalt (Whisky, Gin, Brandy, etc.)

Other Drinks – Liköre, Cocktails, etc.

Fruit Juice – Fruchtsaft wird in allen Geschmacksrichtungen in kleinen Flaschen verkauft.

Tonic – Zum Mischen oder als Getränk (Ginger Ale, Indian Tonic).

Soft Drink – Limonadengetränke in Flaschen oder Dosen.

Squash – Zitrussirup, der mit Wasser aufgefüllt und verdünnt wird.

Mineral Water – Mit oder ohne Kohlensäure, wird in Flaschen verkauft.

Inns sind Lokale, in denen der Reisende in früheren Zeiten auch übernachten konnte. Viele der alten Pubs und Inns haben sich heute zu fashionablen und komfortablen Lokalen verändert, die aber recht teuer sein können.

FEIERTAGE, FESTIVALS, VERANSTALTUNGEN

Feiertage

1. Januar: New Year's Day - Neujahrstag (gesetzlicher Feiertag).

6. Januar: Twelfth Night – Dreikönigsabend (12. Abend nach Weihnachten), entspricht als rein religiöser Feiertag den Heiligen Drei Königen.

Shrove Tuesday – Faschingsdienstag, ein kirchlicher Feiertag, an dem traditionell Pancakes gebacken werden.

Lent – Kirchlicher Feiertag. Die Mitte der Fastenzeit, an diesem Tag isst man Simnel-Cake (Früchtekuchen mit Marzipan).

Palm-Sunday – Palmsonntag, an dem Pax Cake (Friedenskuchen) gegessen wird.

Maundy Thursday – Gründonnerstag, an dem man Maundy Money (Almosen) an die Armen und Bedürftigen verteilt.

Good Friday – Karfreitag (gesetzlicher Feiertag).

Easter* – Ostersonntag und **Ostermontag** (gesetzliche Feiertage/Bank Holdiday).

1. Mai: Labour Day – Tag der Arbeit.

1. Montag im Mai: – **Spring Bank Holiday*** (gesetzlicher Feiertag).

Whit Monday* – Pfingstmontag (gesetzlicher Feiertag/Bank Holiday).

1. Montag im August: – Summer Bank Holiday* (gesetzlicher Feiertag).

31. Oktober: Halloween – populäres Fest mit Laternenumzügen und Verkleidungs-Parties.

1. November: All Saints' Day – Allerheiligen (eine Kerze wird am Grab der Angehörigen entzündet).

25. – 26. Dezember: Christmas – Weihnachten (Kinder erhalten erst am

26. Dezember, dem Boxing Day, Geschenke). Das Wort „boxing" leitet sich hier ab von „box", Schachtel. In Schachteln wurden früher nach alter Tradition Weihnachtsgeschenke von den Herrschaften an ihre Bediensteten überreicht.

* An Bank Holidays sind die Banken, alle Behörden und die meisten Geschäfte geschlossen.

Festivals, Veranstaltungen
April, Mai

1. April – 31. Mai: Cornwall-Gartenfestival – Über 70 Gärten in Cornwall öffnen ihre Tore.

April + Mai: Brighton Arts Festival
Mai

8. Mai: Furry Dance – Traditioneller Blumentanz durch die Straßen von Helston in Cornwall.

Glyndbourne Festival Opera Season (Mai – August, in Lewes)

Mayoring Day in Hastings

Blessing of the Sea in Hastings (auf dem Fischmarkt)

Moriskentänzer-Festival in Hastings

Historic Commercial Vehicle Club Race (Historisches Lastwagen-Rennen am 1. Sonntag im Mai in Brighton)
Juni

Transatlantic Race – Einhandsegler starten in Plymouth Harbour zur Atlantiküberquerung
Juli

Bournemouth Music Makers' Festival

Golf British Open Championship (alljährlich in Sandwich)
August

Cowes Week, Isle of Wight – Internationale Segelregatta

The Port of Dartmouth Royal Regatta

Canterbury Carnival (letzter Samstag im August)

National Town Criers' Contest in Hastings
September

Southampton International Boat Show
November

Veteran Car Race (RAC), London – Brighton, am 1. Sonntag im November

5. November: Guy Fawkes Night, in Lewes, Bonfires und Feuerwerke

5. November: Fassrollen in Ottery St. Mary, Devon – Brennende Teerfässer werden durch die Straßen getragen und gerollt.

FREIZEITAKTIVITÄTEN

Angeln

Zum Angeln in Südengland benötigt man keinen Angelschein, es genügt eine Tages- oder Wochenerlaubnis, die man in den Tourist Information Centres (TIC's) erhält. Gebühren für das Angeln von Forellen oder von Lachs belaufen sich auf ca. £ 12,- für einen Tag, £ 27,- für 8 Tage oder für 12 Monate £ 82 (£ 54,- für über 65jährige Angler). Für andere Fische pro Tag £ 6, £ 12,- für 8 Tage und für 12 Monate £ 30,- (Änderungen möglich!). Bei Kontrollen muss immer das Permit vorgezeigt werden. www.environment-agency.gov.uk/homeandleisure/recreation/fishing/.

Forellensaison ist von März bis September, Lachs fängt man zwischen Februar und Oktober. Örtliche Fischteiche eignen sich für den Anfänger, der hier unter Aufsicht angelt.

Hochseeangeln ist generell frei, meistens werden die Fische wieder ins Meer geworfen. Vom Strand aus hat man oft nur wenig Anglerglück, die Fische sind auch kleiner. Viele Küstenorte bieten Bootsfahrten zum **Seaangling**, auf denen die Ausrüstung gestellt wird. Ein Nachmittagstrip kostet etwa £ 25,- pro Person, in Cornwall stellt man insbesonders dem Hai nach, was für- die Touristen immer ein aufregendes Abenteuer ist. www.cornwallboattrips.co.uk.

Darts

Kein Wunder, dass im Heimatland des Dart-Spiels der beliebteste Pub-Sport das Pfeilwerfen ist. In fast jeder Kneipe hängt ein Dartboard, die runde Scheibe mit Zahlensegmenten von 1 bis 20, drei Kreisen und dem zentralem Punkt „Bull's eye" (zählt 50 Punkte).

Männer spielen von 501 Punkten abwärts bis zum Auswerfen (Spielende), die Damen von 301 Punkten herunter. Die Spieler werfen abwechselnd jeweils mit drei Pfeilen in einem Abstand von rund acht Fuß (bei Wettbewerben ist der Abstand der Abwurflinie „oche" natürlich genau festgelegt) auf die Scheibe.

Die Summe der entsprechend den getroffenen Segmenten erzielten Punkte werden nach den jeweils drei Würfen von der Ausgangssumme abgezogen. Wer zuerst auf Null ist, hat gewonnen. Übersteigt allerdings die Punktzahl des letzten Wurfes die verbliebenen Restpunktzahl, ist der Wurf ungültig.

Es gibt viele Varianten für das Spielende. So kann man z. B. vereinbaren, dass man vor dem Auswerfen (dem letzten Wurf) eine gerade Punktzahl erreicht haben muss und die Punktzahl des Auswurfs nur mit Treffern im „Double-Ring", dem zweiten Ring von Außen, in dem getroffene Zahlen doppelt gelten, erzielt werden darf. Das Herunterzählen und Aufschreiben fördert das Kopfrechnen ungemein.

Reiten

Wer bereits Reiterfahrung hat und gerne einen Ausritt über Stock und Stein probieren möchte, wendet sich am bes-ten an die vielen Reitervereine, deren örtliche Adressen das TIC bereithält.

Horse-Trekkings führen durch die südenglische Gartenlandschaft. Ein Lunchpaket ist immer dabei. Auch Anfänger und Kinder werden gerne gesehen. Die Preise bewegen sich bei ca. £ 20 pro Stunde Ausritt, ein Reiterhelm und Handschuhe werden gestellt.

Wandern

Infos zu einigen der wichtigsten Wanderwege im Süden Englands stehen weiter hinten unter der Rubrik „Wandern".

Wassersport

An der südenglischen Küste bieten sich Wassersportarten förmlich an. In den Seebädern werden Activity-Programme angeboten, Informationen hierzu gibt es in den TIC's.

Nicht nur königliche Segelregatten, sondern auch kleine Dinghiboote zum Mieten bieten dem Segelfreund immer Möglichkeiten, seinem Sport oder Hobby nachzugehen.

Boote kann man für einen Tag mieten. Verbreitet werden Segelkurse angeboten. Stundenweise werden Ruder- und Tretboote vermietet, die sich besonders auf vielen schönen Flussabschnitten und Seelandschaften lohnen; wer Freude am Vogelbeobachten hat, findet so auch seine gefiederten Freunde zum Greifen nahe.

An der Atlantikküste Cornwalls liegt das Paradies für **Kitesurfer** und **Surfer.** Surfboards und Ausrüstung können in Küstenorten oft auch ausgeliehen werden.

Viele kleine und abgeschiedene Buchten verlocken zum Schwimmen, da diese Strände aber oft nicht bewacht sind, sollte man nie alleine schwimmen gehen oder die bewachten Strände der Badeorte vorziehen. An der englischen Küste gibt es nicht wenige gefährliche Strömungen!

Immer mehr **Leisure Centres** bieten Freizeitattraktionen, in deren Anlagen Pools, Riesenwasserrutschen, Fitnessräume und Saunen für das Wohlbefinden sorgen sollen. Sie empfehlen sich an Tagen mit schlechtem Wetter und sind besonders für Kinder ein besonderer Spaß.

Sportarten zum Zuschauen

Informationen über den jeweiligen Spielbeginn der verschiedenen Sportarten entnimmt man den Tageszeitungen der Region.

Mit viel Geduld und Kenntnis der komplizierten Regeln über den *Bowler*, den *Batsman* und die *Runs* lässt sich sogar ein **Cricketspiel** genießen, bei denen manche Teilnehmer in ihren weißen Kitteln eher einem Stationsarzt ähneln als einem Sportler. Die Spiele dauern oft den ganzen Nachmittag; www.ecb.co.uk/england/men/.

In den Stadien Englands wird nicht Fußball, sondern **Soccer** gespielt. Während der Saison ist samstags und sonntags um 16.00 Uhr Anstoß. Tickets können an den Stadienkassen gekauft werden. Ältester Erstligaclub im Süden Englands ist der FC Southampton, der in seinem Stadion The Dell aufspielt.

Rugby, ursprünglich eine Schulsportart, ist der Kampf mit Kraft, Kopf und bedingungslosem Einsatz um ein Leder-Ei. Rugbysaison ist von Oktober bis April. Beim Zuschauen kann man viel über englische Sporttugenden wie Teamspirit und Fairplay erfahren.

Nicht der Sport, sondern die Wettleidenschaft, treibt Tausende von Engländern zu **Pferde- und Windhundrennen**. Während die Greyhounds dem Stofftier hinterher jagen und die edlen Vollblüter von März bis November überall im Land galoppieren, kann der Zuschauer Pennybeträge oder große Pfund-Summen verwetten.

KLIMA UND REISEZEIT

Nobody is perfect. Der Englandbesucher wird schnell feststellen, dass englische Meteorologen auch keine Perfektionisten sind. Schönes, warmes Wetter ist vorhergesagt, und schlechtes Wetter stellt sich ein – oder umgekehrt.

Irgendjemand muss daran natürlich schuld sein. Und so fanden die britischen Meteorologen heraus, dass das Azoren-Hoch ein gemeiner Übeltäter sein kann. Britische Wetterfrösche sagen natürlich immer das richtige Wetter voraus – so wie es sein sollte. Und dann kommt so ein impertinentes Azoren-Hoch und saugt die polaren Tiefdruckgebiete ins Land.

Wie dem auch sei, eine englische Redensart sollte der Englandbesucher unbedingt perfekt beherrschen. Egal, ob es stürmt, hagelt oder donnert, ob Kälteschauer und Nebelschwaden durch die Straßen wabern, auf die Bemerkung eines Engländers „Nice day, isn't it?" antwortet man immer ohne Zögern „Isn't it lovely?"!

Das Klima im Süden Englands wird vom atlantischen Seeklima bestimmt. Es gibt mäßig warme Sommer, dafür aber recht milde Winter. Die Niederschläge – im Schnitt 1.000 Millimeter pro Jahr und in Höhenlagen bis 2.000 Millimeter pro Jahr– verteilen sich gleichmäßig über das Jahr, nehmen aber zur Küste hin ab. Mit größeren Niederschlagsmengen (oft das Doppelte der Menge, die an der Küste gewöhnlich erreicht wird), etwas niedrigeren Temperaturen und mit mehr Wind ist gewöhnlich in den Hochmooren von Dartmoor, Exmoore und Bodmin Moor zur rechnen. Die windigsten Ecken der Region sind aber immer an der Küste zu finden. Vor allem der Südwesten Englands gilt als einer der windigsten Gegenden des Inselreichs.

Die Durchschnittstemperaturen liegen im Sommer zwischen 18 Grad und 22 Grad, im Winter zwischen 1 Grad und vier Grad. Der nahe Golfstrom sorgt für angenehme Temperaturen und ist für das satte Grün der Landschaft mit verantwortlich.

Die niederen Durchschnittswerte sind vor allem in den landeinwärts gelegenen Niederungen zu erwarten, dort kann im Winter auch Schnee fallen, was an den Küsten eher selten ist.

Auf der Isle of Wight und auf den Scilly Islands liegen die Temperaturen im Durchschnitt um 3 bis 5 Grad höher, die Sonnenscheindauer ist länger (im Sommer fast sieben Stunden), und es regnet weniger.

Reisezeit

Da in Großbritannien wie in vielen Ländern Europas Anfang Juli die Sommerferien beginnen und die Engländer selbst gerne entlang der beliebten Südküste ihren Urlaub verbringen, ist die Reisezeit von Mai bis Ende Juni und dann wieder von September bis Ende Oktober zu empfehlen.

In den Monaten Juli und August kommen auch die europäischen Nachbarn nach England, so dass sich in dieser Zeit allenthalben ein Gefühl drangvoller Enge ausbreitet.

Am schönsten ist Südengland im Frühling und im Herbst. Die Temperaturen sind dann angenehm mild, vie-

Ierorts stellt sich lang anhaltender Sonnenschein ein und die Natur zeigt sich buchstäblich in ihren schönsten Farben, sei es zur Blütezeit oder im herbstlichen Indian Summer.

Sonnenscheindauer in Stunden pro Tag

Januar	2
Februar	3
März	4
April	4
Mai	8
Juni	8
Juli	7
August	6
September	5
Oktober	4
November	2
Dezember	1

Regentage pro Monat

Januar	19
Februar	15
März	14
April	12
Mai	12
Juni	12
Juli	15
August	14
September	15
Oktober	16
November	17
Dezember	18

Temperaturen (°C)

	Min. – Max.
Januar	4 – 8
Februar	3 – 8
März	5 – 10
April	6 – 12
Mai	3 – 15
Juni	11 – 18
Juli	13 – 19
August	13 – 20
September	12 – 18
Oktober	9 – 15
November	7 – 12
Dezember	5 – 9

Wassertemperaturen (°C)

Januar	9
Februar	9
März	9
April	9
Mai	11
Juni	13
Juli	15
August	16
September	15
Oktober	14
November	12
Dezember	11

Umrechnung von Grad Celsius in Grad Fahrenheit: °C x 1,8 + 32 .

Umrechnung von Grad Fahrenheit in Grad Celsius: °F - 32 x 0,556.

Grad Celsius	Grad Fahrenheit
25	75
20	68
15	59
10	50
5	41
0	32

MINIWORTSCHATZ
Allgemeines

abbey – Abtei
amount – Betrag
bank – Bank
betting office – Wettbüro
can you change this? – Können Sie das wechseln?
to cash a check – einen Scheck einlösen
castle – Burg, Schloss
church – Kirche
cliff – Klippe
closed – geschlossen
departmentstore – Warenhaus
do you have...? – Haben Sie...?
drug store – Supermarkt/Drogerie
entrance, way in – Eingang, Einfahrt
exchange – Geldwechsel
exit, way out – Ausgang, Ausfahrt
first aid – Erste Hilfe
gift shop – Souvenirladen
good bye – Auf Wiedersehen
hello; good morning – Guten Tag
horse race – Pferderennen
how do you do? – Wie geht es Ihnen?
how much is it? – Was kostet es?
I beg your pardon! – Entschuldigen Sie bitte!
I would like... – Ich möchte...
identity card – Ausweis

letter box – Briefkasten
lost and found, lost property – Fundbüro
mall – Fußgängerzone
monastery – Kloster
pharmacy – Apotheke
pitch – Campingstellplatz
public conveniences – öffentliche Toilette
rate of exchange – Wechselkurs
rent – Miete
restroom – Toilette
sorry – Verzeihung
tax free – zollfrei
thank you – danke
toll free – gebührenfrei
tourist office – Fremdenverkehrsamt
travellers check – Reisescheck
(no) trespassing – (kein) Durchgang
you are welcome – bitte (auf Danke)

Auto

abschleppen – to tow
Abschleppseil – tow rope
Auspuff – exhaust pipe
Autokennzeichen – registration number
Autovermietung – car rental
Benzin – petrol
bleifrei – unleaded
Blinklicht – indicator light
Bremsen – brakes
Bremslicht – brake light
Dachgepäckträger – roof rack
Dichtung – gasket
Dose – can
Führerschein – driving license
Gang (Getriebe) – gear (-box)
Kaskoversicherung – collision waiver
Keilriemen – fan belt
Kofferraum – trunk, boot
Kühler – radiator
Kupplung – clutch
Lichtmaschine – dynamo
Luft – air
Motor – engine
Nummernschild – license plate
Öl (-wechsel, -stand) – oil (-change, -level)
Reifen (-druck) – tyre (-pressure)
Reifenpanne – puncture
Reparatur – repair
Reservereifen, Ersatzteile – spare tyre, -parts

Rückführungsgebühr – drop off charge
Scheibenbremse – disc brakes
Scheibenwischer – wiper
Scheinwerfer – headlights
Sicherheitsgurt – safety (seat) belt
Standlicht – parking light
Stoßdämpfer – shock absorber
Stoßstange – bumper
Tankstelle – gas (petrol) station
Unfall – accident, breakdown
Vergaser – carburator
Versicherung – insurance
Wagenheber – jack
Werkstatt – garage
Werkzeug – tools
Windschutzscheibe – windshield, -screen
Zündkerze – spark plug

Verkehr

ambulance car – Krankenwagen
bend (dangerous -) – Kurve (gefährliche -)
car park – Parkplatz
cattle, sheep – Vieh, Schafe
caution – Achtung
concealed exit – unübersichtl. Ausfahrt
cul de sac – Sackgasse
curb – Bordstein
dead slow – Schritt fahren
(no) entry – (keine) Einfahrt
fallen rock – Steinschlag
get in lane – einordnen
hairpin – Haarnadelkurve
heavy lorries – Schwerlastverkehr
keep left/right – links/rechts fahren
Lay By – Ausweichstelle, Parkplatz
level crossing (LC) – Eisenbahnübergang
loose chippings – Rollsplitt
low gear – kleinen Gang einlegen
narrow bridge – schmale Brücke
no through road – keine Durchfahrt
parking lot – Parkplatz
pavement – Gehweg
pedestrian – Fußgänger
road blocked – Straße gesperrt
roadworks – Straßenbauarbeiten
roundabout – Kreisverkehr
slippery – Schleudergefahr
slow – langsam fahren
soft mergin – Banquett nicht befahrbar
speed limit – Geschwindigkeitsbegrenzung

traffic light (-sign) – Verkehrsampel (-zeichen)
unleaded – bleifrei
yield – Vorfahrt gewähren

Hotel

air condition – Klimaanlage
bath room – Badezimmer
B & B – Bed and Breakfast, Übernachtung mit Frühstück in Privathaus
bell boy – Page
breakfast – Frühstück
cash payment – Barzahlung
check out time – Abreisezeit
couple – (Ehe)-Paar
deposit – Anzahlung
dining room – Speisesaal
double room – Doppelzimmer mit einem Doppelbett
dry cleaner – chem. Reinigung
facilities – Ausstattung
family room – Zimmer für min. 3 Personen
full Board – Vollpension
Guesthouse – Gästehaus, Pesnion
half board – Halbpension
Holiday home – Ferienhaus
indoor pool – Hallenbad
laundrette – Münzwäscherei
lavatory – Toilette
licensed – Alkoholausschank
lobby – Hotelhalle
lounge – Halle mit Service
luggage – Gepäck
maid Service – Zimmermädchen
operator – Telefonvermittlung
pets – Haustiere
plug, socket – Steckdose
refrigerator – Kühlschrank
refund – Rückerstattung
room rate – Zimmerpreis
room service – Zimmerkellner
self catering – Selbstverpflegung
to sign – unterschreiben
signature – Unterschrift
television set – Fernsehapparat
towel – Handtuch
twin bedded room – Zweibettzimmer
vacancy – Zimmer frei
valuables – Wertsachen
voltage – Stromspannung
Youth Hostel – Jugendherberge

Restaurant/Einkauf

a cup of tea/coffee – eine Tasse Tee/Kaffee
anchovies – Sardellen
apple juice – Apfelsaft
asparagus – Spargel
bacon – Speck, Frühstücks-
baked potatoe – Folienkartoffel
bean – Bohne
beef – Rindfleisch
beverage – Getränk
bill, check – Rechnung
bread, slice of- – Brot, Scheibe -
boild – gekocht
braised – geschmort
bream – Meerbrasse
brill – Meerbutt
brown bread – Schwarzbrot
brown sugar – brauner Zucker
Brussels sprouts – Rosenkohl
cabbage – Kohl
cake – Kuchen
carrots – Karotten
cashier – Kasse, Kassierer
cauliflower – Blumenkohl
cereals – Müsli, Cornflakes
cheese – Käse
cherry – Kirsche
chicken – Huhn
cinnamon – Zimt
cloak room – Garderobe
cod – Kabeljau
coffee shop – Cafeteria, Schnellgaststätte
cooked – gekocht, gedünstet
crayfish – Flusskrebs
cranberry – Preiselbeere
cream – (Kaffee)-Sahne
cross – knusprig
cucumber – Gurke
custard – Eierrahm-Pudding
duck – Ente
dumpling – Kloß
eel – Aal
eggs (boild - fried -) – Eier (gekochte -, Rühr-)
english rare – Steak Garstufe, innen blutig
french fries, chips – Pommes frites
fried – gebraten
food store – Lebensmittelgeschäft
garlic – Knoblauch
grape – Weintraube

gravy – Sauce
greasy – fettig
haddock – Schellfisch
halibut – Heilbutt
ham – Schinken
herbs – Gewürze
home fried potatoes – Bratkartoffeln
honey – Honig
hot and spicy – scharf gewürzt
ice cream – Speiseeis
ice-cube – Eiswürfel (Drinks)
irish stew – irisches Eintopfgericht
jam – Marmelade
juice, fruit- – Fruchtsaft
kidney – Niere
kipper – geräucherte Makrele
lamb – Lamm
leck – Lauch
lemon – Zitrone
lentils – Linsen
lettuce – Kopfsalat
liver – Leber
lobster – Hummer
loin – Lende
mashed potatoes – Kartoffelpüree
meat ball – Frikadelle
medium – Steak halbgar
menue card – Speisekarte
milk – Milch
minced meat – Hackfleisch
mint – Pfefferminze
mushroom – Pilz
mustard – Senf
mutton – Hammel
noodle – Nudel
onions – Zwiebeln
to order – bestellen
pancake – Pfannkuchen
parsley – Petersilie
pastry – Gebäck
pea – Erbse
peach – Pfirsich
pear – Birne
pepper – Pfeffer
pickled – sauer eingelegt
pie – Teig-Pastete
pike – Hecht
plaice – Scholle
plate – Teller
poached – pochiert
poached eggs – verlorene Eier
pork – Schweinefleisch
porridge – Haferbrei

potatoe – Kartoffel
plum – Pflaume
poultry – Fleisch (von Geflügel)
prawn – Krabbe
porter – dunkles Bier
pub – typische Kneipe
raisin – Rosine
rare – Steak kurz angebraten, innen blutig
raspberry – Himbeere
rib – Rippe
rice – Reis
restroom – Toilette
roasted – gebraten
roll – Brötchen
salad dressing – Salatsauce
salmon – Lachs
salt – Salz
sausages – Würstchen
savoury – pikant
scrambled egg – Rührei
sea food (fish) – Fisch/Meeresfrüchte
self service – Selbstbedienung
service included – Bedienung inklusive
shrimp, prawn – Garnele
slice – Scheibe
smoked – geräuchert
sole – Seezunge
soft drink – alkoholfreies Getränk
soup – Suppe
sour cream – Sauerrahm
sparkling wine – Sekt
starter – Vorspeise
stout – dunkles Starkbier
stuffed – gefüllt
sugar – Zucker
sweets – Süßigkeit
tart – Torte
trifle – süßer Auflauf
tip – Trinkgeld
trout – Forelle
veal – Kalbfleisch
vegetables – Gemüse
vinegar – Essig
waiter/Miss – Ober/Fräulein
well done – Steak durchgebraten
whipped crem – Schlagsahne
wine (-list) – Wein (-karte)

MASSE UND GEWICHTE

Gewichte

1 ounce (oz.) = 28,33 Gramm
1 pound (lb.) = 16 ounces = 453,6 Gramm

Umrechnungsfaktoren für Gewichte
Ounce – Gramm ....oz. x 28,35
Gramm – Ounce ....g x 0,035
Pound – Kilogramm ....lb. x 0,45
Kilogramm – Pound ....kg x 2,21

Längenmaße

1 inch (in.) = 2,54 cm
1 foot (ft.) = 12 inches = 30,48 cm
1 yard (yd.) = 3 feet = 91,44 cm

Umrechnungsfaktoren für
Längenmaße
Inch – Zentimeter................ in. x 2,54
Zentimeter – Inch................ cm x 0,39
Foot – Meter......................... ft. x 0,30
Meter – Foot......................... m x 3,28
Yard – Meter......................... yd. x 0,91
Meter – Yard......................... m x 1,09
Mile – Kilometer.................. ml. x 1,61
Kilometer – Mile.................. km x 0,62

Hohlmaße

1 pint (pt.) = 0,568 Liter
1 gallon (gal.) = 4,546 Liter

Umrechnungsfaktoren für
Hohlmaße
Gallon – Liter .... gal. x 4,55
Liter – Gallon .... l x 0,22
Pint – Liter............................ pt. x 0,57
Liter – Pint............................ l x 1,14

Flächenmaße

1 acre (a.) = 40,47 a = 4.047 qm
1 square mile (sq. mi.) = 640 acres = 2,59 qkm

MEDIZINISCHE VORSORGE

Wie jeder Engländer hat auch der ausländische Besucher Anspruch auf Leistungen des National Health Service, der eine kostenfreie Behandlung in Notfällen in den staatlichen Krankenhäusern und Polykliniken garantiert.

Man sollte sich aber bei seiner Krankenversicherung erkundigen, ob sie Leistungen für private Arztbehandlungen in England erstattet.

In einer **Surgery** findet man einen praktischen Arzt, ein **Dentist** ist der Zahnarzt und Medikamente gegen Rezept (Prescription) sind bei einem **Dispensing Chemist** oder in einer **Pharmacy** erhältlich.

Die größte pharmazeutische Ladenkette in England ist Boot's, man findet sie in fast jedem englischen Ort, http://www.boots.com.

Probleme mit der Brille löst in England ein **Optician** (Augenoptiker).

Der landesweit einheitliche **Notruf** für Krankenwagen (Ambulance), Feuerwehr (Fire Brigade) und Polizei (Police) sind aus dem Festnetz Tel. **112** und **999** (kostenfrei), aus den Mobilfunknetzen lediglich Tel. 112.

MIT DEM AUTO DURCH GROSSBRITANNIEN

Achtung! Links fahren! Rechts überholen. Generell empfiehlt sich eine defensive Fahrweise.

Anfangs gewöhnungsbedürftig ist die Tatsache, dass man auf der linken Straßenseite fahren muss und rechts überholt.

Wenn Sie in ihrem eigenen Fahrzeug mit Linkssteuerung reisen, sitzen Sie als Fahrer nun auf der dem Straßenrand zugewandten und dem Gegenverkehr abgewandten Seite. Besonders beim Überholen sind Sie dadurch in der Sicht behindert und (falls anwesend) auf den Beifahrer mit angewiesen. Er sollte also auch in der Lage sein abzuschätzen und zu beurteilen, ob ein Überholvorgang gefahrlos vorgenommen werden kann oder nicht. Er sollte also „mitfahren" und an Kreuzungen, Abzweigungen und Einmündungen daran erinnern, links zu fahren. Anfangs sind dies wohl die schwierigsten Stellen und Gefahrenquellen, aus Versehen zum Geisterfahrer zu werden.

Man gewöhnt sich rasch daran auf der linken Straßenseite zu fahren. Ihre Aufmerksamkeit im Straßenverkehr sollte deshalb aber keinesfalls nachlassen. Denn bei überraschend auftretenden Gefahrensituationen können „verinnerlichte" Reaktionen, die für den Rechtsverkehr angebracht sind, hier genau falsch sein!

Das Straßennetz im Südwesten Englands ist relativ dicht und es wird gut instand gehalten, vor allem die Hauptland- und Fernstraßen, deren Straßennummer mit einem A beginnt.

Allerdings findet man mitunter auch für uns ungewohnt schmale Wegstrecken. Meist sind das Straßen, deren Straßennummer mit einem B beginnt. Da sich aber gerade auf solchen Nebenstraßen der Autoverkehr in der Regel in Grenzen hält, sind einspurige „single track roads" kein besonderes Hindernis.

An sehr schmalen, einspurigen Landstraßen werden Ausweichstellen (passing places) gelegentlich mit weißen, quadratischen, auf der Spitze stehenden Schildern gekennzeichnet. Diese Ausweichstellen sollte man nicht zuparken!

Die Straßenbeschilderung und Wegweisung ist in aller Regel sehr gut.

Fahrzeuge über 2 m Breite – Gerade im ländlichen Bereich sind die Landstraßen mitunter recht eng. Dichte Hecken und/oder Steinmäuerchen unmittelbar am Straßenrand und fehlende Bankette machen die Sache nicht einfacher, verengen die Fahrbahn mitunter noch.

In diesem Reiseführer wird deshalb mit Hinweisen wie „Für Fahrzeug über 2 m Breite beschwerlich", „ungeeignet" o. ä. auf solche besonders schmale Straßenpassagen hingewiesen, soweit sie uns bekannt wurden. Mit diesem Hinweis ist an Fahrzeuge bis Kastenwagengröße (Sprinter, Crafter, Ducato, Boxer etc.) gedacht. Und diese Aussage ist eine Einschätzung des Autors, die von anderen Fahrern nicht unbedingt geteilt werden muss!

Mein Tipp! Falls Sie mit einem größeren Wohnmobil in England unterwegs sein werden, schreiben Sie sich die Maße Ihres Fahrzeugs (Länge, Breite, Höhe) in Metern und Feet/Inches auf einen Zettel und kleben Sie diesen ans Armaturenbrett. Denn es ist äußerst lästig, wenn man vor der Hinweistafel steht, die die Durchfahrtshöhe oder Breite durch einen Ort, über eine Brücke oder durch eine Unterführung angibt – und das natürlich in englischen Maßen – und man weiß nicht genau, passt das Auto nun durch oder nicht. Oft muss die Entscheidung ja schnell während des Vorbeifahrens am Schild getroffen werden.

Der britische Automobilclub AA Automobile Association unterhält auf allen stark befahrenen Straßenabschnitten einen Streifen- und Pannenhilfsdienst.

Entlang der wichtigsten Hauptstraßen und an den Autobahnen sind Notrufsäulen aufgestellt, Gelb = AA, Blau = RAC.

Pannenhilfe können Sie gebührenfrei Tag und Nacht anfordern unter folgenden Notrufnummern:

AA – Nummer +44 (0)800 88 77 66.

Kreisverkehr (Roundabout): In einen Kreisverkehr fährt man im Uhrzeigersinn ein! Im Kreisverkehr hat der von rechts Kommende Vorfahrt! Kreisverkehre mit mehreren Fahrspuren be-

Reifendruck

kg/qcm (atü)	1,0	1,25	1,40	1,70	2,0	2,11	2,40	3,0	4,0
psi*	14	18	20	24	28	30	34	42	56

* = pounds per square inch

Umrechnungsfaktoren für Reifendruck

Pounds per square inc (psi) – Bar .... psi x 0,07

Bar– Pounds per square inc (psi) .... bar x 14,2

Temperaturen

Umrechnungsfaktoren für Temperaturen

Fahrenheit – Celsius .... °F -32 x 0,556

Celsius – Fahrenheit .... °C x 1,8 + 32

Celsius	0	5	10	15	20	25	30
Fahrenheit	32	41	50	59	68	75	86

Geschwindigkeit

Eine Meile entspricht 1,61 km

Mls	5	10	20	30	40	50	60	70
Km	8	16	32	48	64	80	96	112

Konfektionsgrößen Frauen

Britische Größe		8	10	12	14	16	18	20
Europäische Standardgröße		36	38	40	42	44	46	48

Konfektionsgrößen Männer

Britische Größe		36	38	40	42	44	46	48	50
Europäische Standardgröße	46	48	50	52	54	56	58	60

Kragenweite Männer

Britische Größe		14	14,5	15	15,5	16	16,5	17	17,5
Europäische Standardgröße	36	37	38	39	40	41	42	43

Schuhgrößen

Britische Größe		3	4	5	6	7	8	9	10
Europäische Standardgröße	36	37	38	39	40	41	42	43

dingen ein rechtzeitiges Einordnen, das oft durch Markierungen auf der Fahrbahn (Pfeile, Straßennummern, Stadtnamen o. ä.) erleichtert wird. Nimmt man gleich wieder die erste Ausfahrt im Kreisverkehr, ordnet man sich auf der linken Spur ein. Ansonsten beim Verlassen eines Kreisverkehrs rechtzeitig links einordnen.

Vorfahrt: Stop oder doppelte durchgezogene Linien bedeutet Halt an der Kreuzung. **Give Way** bedeutet Vorfahrt gewähren. Doppelte, unterbrochene Linien an Kreuzung/Einfahrt signalisieren, dass man langsam an die Kreuzung/Einfahrt heranfahren soll.

Park- und Halteverbote werden auch durch Farbmarkierungen an den Straßenrändern gekennzeichnet.

Ein gelber Fahrbahnrand bedeutet Parkverbot, ein roter Fahrbahnrand bedeutet Halteverbot. Auf Schildern wird oft zusätzlich angegeben, zu welchen Zeiten das Verbot gilt. Ist die Fahrbahnmitte im Ortsbereich mit einer doppelten, durchgezogenen Linie markiert gilt in diesen Straßenabschnitten Halteverbot.

Das Parken auf den Zickzack-Markierungen an den Fußgängerübergängen ist immer verboten.

Park- und Halteverbote sollte man tunlichst beachten! Englische Ordnungshüter können unberechtigt abgestellte Fahrzeuge mit einer gelben **Parkkralle (clamp),** einer Wegfahrsperre am Rad, festsetzen. Um Ihr Fahrzeug wieder zu „befreien", müssen Sie erst mal die zuständige Behörde suchen, Ihre Strafe und für das Entfernen der Kralle bezahlen und dann brav warten (was dauern kann), bis die Parkkralle von den Beamten wieder entfernt wird. Auch ausländische Besucher sollten da auf nicht allzu viel Nachsicht bei den Polizisten hoffen!

Parken in Städten und Gemeinden – Viele Städte und Gemeinden bieten gebührenpflichtige Parkplätze in Citynähe an. Gewöhnlich findet man auf solchen Parkplätzen Parkscheinautomaten. Die gebührenpflichtigen Zeiten und Tarife sind darauf deutlich vermerkt. Der Parkschein muss gut sichtbar hinter der Windschutzscheibe angebracht bzw. auf dem Armaturenbrett abgelegt werden.

Hinweise zu Parkplätzen: Parkplätze in vielen Städten und Küstenorten, die auch mit Fahrzeugen über 1,90 m Höhe (Wohnmobile zum Beispiel) zugänglich sind (also keine Parkhäuser)

ENTFERNUNGEN IN MEILEN

	Brighton	Dorchester	Dover	Exeter	Penzance	Portsmouth	Plymouth	Salisbury	Southampton	London
Brighton	–	117	81	172	284	215	50	85	63	59
Dorchester	117	–	201	55	167	98	75	40	54	129
Dover	81	201	–	244	356	287	141	159	152	78
Exeter	172	55	244	–	110	45	133	90	112	200
Penzance	284	167	356	110	–	78	244	201	224	310
Plymouth	215	98	287	45	71	–	176	132	155	241
Portsmouth	50	75	141	133	244	176	–	43	21	75
Salisbury	85	40	159	90	201	132	43	–	23	88
Southampton	63	54	152	112	224	155	221	23	–	80
London	59	129	78	200	310	241	75	88	80	–

sind – wenn überhaupt vorhanden – oft nur schwer und nach langem, frustrierendem Suchen zu finden! Einen geeigneten Parkplatz zu finden ist in unseren Tagen aber oft „die halbe Miete" für einen entspannten Stadt- oder Besichtigungsrundgang.

Wir haben deshalb versucht, auf unseren Recherchereisen geeignete Parkplätze zu finden und **Angaben zu solchen „offenen" Parkplätzen mit GPS-Koordinaten** zu machen. Es kann allerdings keine Gewähr dafür übernommen werden, dass sich die Situation zum Zeitpunkt Ihrer Reise nicht verändert hat, der Parkplatz also nicht zwischenzeitlich mit einer höhenbegrenzten Einfahrtsbarriere versehen oder evtl. ganz aufgelöst wurde!

Vor der Angabe von Navigationskoordinaten in eckigen Klammern steht gelegentlich das Wort „Parkplatz". Dies besagt, dass sich die Koordinaten auf einen Parkplatz beziehen, der bei oder ganz in der Nähe des angegebenen Ortes, Hauses, Schlosses, Museums o. ä. liegt. Die Parkplätze bei Schlössern oder Herrenhäusern zum Beispiel liegen oft einige Hundert Meter vom eigentlichen Haus entfernt.

Scheinwerfer am Fahrzeug sollten auf Linksverkehr eingestellt werden.

Was bei älteren Scheinwerfern durch Abkleben eines bestimmten Streusektors am Schweinwerferglas einfach zu bewerkstelligen war, ist bei neueren Scheinwerfern nicht mehr so einfach möglich. Hier müssen Sie Ihren Autohändler bzw. Hersteller fragen.

Anhänger/Caravans dürfen nicht breiter sein als 2,55 m und eine Aufbaulänge (ohne Deichsel) von 7 m nicht überschreiten.

Anschnallpflicht auf Vorder- und auf Rücksitzen. Kleinkinder und Babys müssen besonders gesichert werden, z. B. durch einen Kindersitz.

Helmpflicht für motorisierte Zweiradfahrer und ihre Mitfahrer.

Promillegrenze: 0,8. Das Fahren unter Alkoholeinfluss ist strafbar und wird mit drastischen Strafen geahndet.

Nachts ist das Hupen in geschlossenen Ortschaften verboten.

Kommt es im Orts-/Stadtverkehr zu Staus, sind Fußgängerüberwege und Kreuzungen mit gelber Gittermarkierung frei zu halten!

Fußgänger sollten anfangs bei der Überquerung von Straßen besonders vorsichtig sein! Fahrzeuge kommen hier von rechts auf Sie zu! Würde man sich also vor dem Überqueren der Fahrbahn wie gewohnt zuerst nach links orientieren, um zu sehen, ob die Fahrbahn frei ist, könnte das zu fatalen Folgen führen. Denn ankommende Fahrzeuge kommen ja gerade aus der anderen Richtung, nämlich von rechts!

Fußgänger haben an Kreuzungen immer Vorrecht vor abbiegenden Fahrzeugen. Und Autofahrer sind vor Zebrastreifen zum Anhalten verpflichtet, wenn Fußgänger die Fahrbahn überqueren möchten.

Höchstgeschwindigkeiten (falls nicht anders ausgeschildert)

In Ortschaften 30 mph/48 km/h, außerhalb 60 mph/96 km/h (Caravangespanne 50 mph/80 km/h), auf Schnellstraßen und Autobahnen 70 mph/112 km/h (Caravangespanne 60 mph/96 km/h).

Kraftstoffe und Preise

Tankstellen sind gewöhnlich zwischen 7 Uhr und 21 Uhr geöffnet, an Autobahnen oder Fernstraßen mitunter auch rund um die Uhr.

Immer öfter trifft man auf Tanksäulen-Automaten, die auch außerhalb der Öffnungszeit der Tankstelle mit Kreditkarten bedient werden können.

Super bleifrei (Premium Unleaded) ca. £ 1,26 (€ 1,41) pro Liter.

Super plus bleifrei (Super Unleaded) ca. £ 1,36 (€ 1,53) pro Liter.

Diesel/Derv ca. £ 1,33 (€ 1,49) pro Liter .

NATIONAL TRUST (NT)

Der **National Trust for Places of Historic Interest and Natural Beauty (NT)** ist eine unabhängige Stiftung und neben dem englischen Königshaus wohl größter Grund- und Immobilienbesitzer Englands. Das Ziel der Organisation ist der Erwerb gefährdeter Häuser und die Bewahrung landschaftlich schützenswerter Gebiete.

1907 beauftragte das Parlament den NT offiziell mit der Pflege und Bewahrung historischer Gebäude und außergewöhnlicher Naturlandschaften.

Bei seiner Gründung im Jahr 1895 hatte die gemeinnützige Stiftung knapp 100 Mitglieder. Als erste Objekt wurde 1896 das Clergy House in Alfriston bei Lewes, ein altes Pfarrhaus aus dem 13. Jh. erworben, um es der Nachwelt zu erhalten. Heute hat der NT weit über zwei Millionen Mitglieder.

Nachdem in den 30er Jahren des vergangenen Jahrhunderts die Erbschaftssteuer in England dramatisch anstieg, übereigneten viele Adelsfamilien ihre Landsitze, Kunstsammlungen und Ländereien durch Testament dem NT, um der (in manchen Fällen ruinösen) Erbschaftssteuer zu entgehen.

Die Symbiose ermöglicht das Verbleiben der Familie im angestammten Wohnsitz, die aufwendige Erhaltung und Pflege besorgt dagegen die Stiftung. Allerdings müssen die vormaligen Besitzer mit der Öffnung ihrer Gebäude und Anwesen für Besichtigungen einverstanden sein.

Der Etat des NT bestreitet sich aus Mitgliedsbeiträgen, Eintrittsgeldern und Schenkungen sowie aus den Einnahmen der Shops des NT.

Auch ausländische Touristen können für einen Jahresbeitrag von £ 69.- Mitglied werden; eine empfehlenswerte Investition, denn die Mitgliedschaft ermöglich freien Eintritt in die vom NT betreuten Anwesen. Und nach dem Besuch von drei oder vier NT-Objekten hat sich die Ausgabe amortisiert.

Mitgliedschaften kann man vor Ort oder beim National Trust erwerben: The National Trust, Heelis, Kemble Drive, Swindon, SN2 2NA, Tel: +44 (0)1793 81 74 00; Email: mailto:internet@national-trust.org.uk; www.nationaltrust.org.uk.

Wer nicht gleich Mitglied werden will und seinen ständigen Wohnsitz nicht in England hat, dem bietet der National Trust eine Pauschaleintrittskarte an, den **National Trust Touring Pass**. Er ist für eine Gültigkeit von 7 Tagen (£ 35,-/€ 38,50 pro Erwachsener, für 2 Erwachsene £ 61,-/€ 67,50) bzw. 14 Tagen (£ 40/€44,50 pro Erwachsener, für 2 Erwachsene £ 72,-/€ 80,50) zu haben. Es gibt ermäßigte Familienpreise. Sie können den National Trust Touring Pass online bestellen und zwar bei www.nationaltrust.org.uk/features/touring-pass oder bei www.visitbritainshop.com/deutschland/nationa-trust-touring-pass/.

ÖFFNUNGSZEITEN

Die meisten **Geschäfte** haben in der Zeit von 9.00 - 17.00 Uhr geöffnet.

Aber in den Touristenzentren sind lange Abendöffnungszeiten keine Seltenheit.

Auf dem Lande gibt es einmal pro Woche einen kurzen Einkaufstag, an dem die Geschäfte schon mittags schließen.

Banken öffnen Montag bis Freitag zwischen 9.00 und 16.00 Uhr

Postämter öffnen Montag bis Freitag zwischen 9.00 und 17.30 Uhr, samstags zwischen 9.00 und 12.30 Uhr.

Pubs sind geöffnet von 11.00 Uhr bis 23.00 Uhr, sonntags von 15.00 Uhr bis 19.00 Uhr. Nachmittags zwischen 14.30 Uhr und 17.00 Uhr sind die meisten Pubs geschlossen,.

POST UND TELEFON

Ein Normalbrief bis 20 g von Großbritannien in das übrige Europa kostet als Surface Mail 78 p, als Airmail 88 p.

Innerhalb von Großbritannien kostet ein Brief bis 100 g als 1st Class Mail 60 p.

Details über englische Portokosten findet man unter www.royalmail.com/price-finder.

Telefonieren: Die typischen roten Telefonzellen mit ihren vielen viereckigen Glasscheiben, die fast schon zu einem Wahrzeichen von England geworden sind und einst nahezu überall zu finden waren, selbst an einsamen Wegkreuzungen auf dem flachen Lande, verschwinden mehr und mehr aus dem öffentlichen Bild. Sie werden ersetzt durch unscheinbare graue Plastikzellen, die billiger und leichter zu pflegen sein sollen.

Im Zeitalter von Mobiltelefonen und Internettelefonie haben öffentliche Telefone zwar an Bedeutung verloren, trotzdem ist es gut zu wissen, dass **öffentliche Telefone** in Großbritannien mit Münzen (10, 20, 50 Pence, 1 Pfund), häufig auch mit Telefonkarten bzw. mit Kreditkarten bedient werden können.

Bei Münztelefonen Hörer abnehmen und beim konstanten Summton gleich wählen, erst die Landesvorwahl (z. B. 0049 für Deutschland), dann die Ortsvorwahl ohne die erste Null (z. B. Stuttgart 711) und dann die Teilnehmernummer. Die Münzen erst dann ganz eindrücken, wenn sich der Teilnehmer meldet. Wenn dann während des Gesprächs kurze Pieptöne zu hören sind, ist es Zeit zum Nachzahlen, sonst wird die Leitung unterbrochen.

Phonecards (Telefonkarten) kann man auf Postämtern oder in Geschäften mit dem BT-Symbol (British Telecom) oder dem Aushang „Phonecards sold here" kaufen.

Obwohl die Roaminggebühren zwischen den unterschiedlichen Netzanbietern der Länder in letzter Zeit gesenkt wurden, kann Telefonieren mit dem Handy, in dem noch die SIM-Karte von zu Hause steckt, zu horrenden Rechnungen führen, besonders auch dann, wenn Urlaubsfotos per MMS verschickt werden oder man im Internet surft.

Falls Sie also unterwegs öfters mal telefonieren und ins Internet gehen wollen, sollten Sie sich vor Abreise über die Möglichkeit informieren, sich vor Ort eine zeitlich oder volumenbegrenzte **Prepaid-SIM-Karte** zu kaufen. Vorausgesetzt Ihr Mobiltelefon ist nicht mit einem Netlock versehen! Frei erworbene Handies sind in aller Regel netlockfrei. Besonders günstige, oft von Netzbetreibern angebotene Mobiltelefone sind allerdings oft an einen Netzbetreiber gebunden, also mit einem Netlock versehen.

Seit 2011 kann jeder EU-Bürger in jedem EU-Land SIM-Karten erwerben. Meist wird dabei nicht einmal mehr die Vorlage eines Ausweises verlangt.

SIM-Karten funktionieren auch in iPads und iPhones, wenn man die Karten als Micro-SIM-Karte erhält oder sie sich im Laden mit einer Stanze zurecht schneiden lässt.

Gängige Netzbetreiber in Großbritannien sind z. B. Vodafone, O2, three und EE.

Ein Anbieter mit zahlreichen Verkaufsstellen für SIM-Karten für das britische Telefonsystem und deren Netzbetreiber und für den Internetzugang ist „The Carphone Warehouse".

Prepaid-SIM-Karten vertreiben auch die oben erwähnten Netzbetreiber.

Das Freischalten der SIM-Karten kann aber einige Zeit dauern!

Ländervorwahlen

Großbritannien	0044 (+44)
Deutschland	0049 (+49)
Österreich	0043 (+43)
Schweiz	0041 (+41)

Bei Telefonaten von Deutschland nach Großbritannien erst Ländervorwahl wählen, dann Ortsvorwahl ohne die erste Null, dann Teilnehmernummer.

Auch bei Telefonaten von Großbritannien nach Deutschland wählt man nach der Ländervorwahl die erste Null der Ortsvorwahl nicht mit.

REISEN IM LANDE

Mietwagen

An allen Flughäfen, Bahnhöfen und in den meisten Häfen und Touristenorten entlang der Küste werden Fahrzeuge vermietet.

Das Mindestalter für eine Automiete in Großbritannien ist 21 Jahre (bei höherwertigen Fahrzeugtypen auch älter). Außerdem muss der Fahrer seit mindestens einem Jahr im Besitz des Führerscheins sein. Fahrer im Alter zwischen 21 und 25 Jahren müssen bei einigen Autovermietern mit einem Preisaufschlag, einer sog. „Jungfahrer-Gebühr", rechnen, die auch dann erhoben wird, wenn der „Jungfahrer" im Mietvertrag nur als Zusatzfahrer eingetragen ist.

Einwegmieten sind bei einigen Vermietern zwar möglich, aber fast immer an Zusatzbedingungen gebunden.

Beim Abschluss eines Mietvertrags ist in aller Regel – neben einem Personenausweis und einem gültigen Führerschein – eine Kreditkarte vorzulegen, die als Kautionsgarantie akzeptiert wird. Kautionszahlungen in bar sind unüblich und werden so gut wie nicht mehr praktiziert.

Pkw-Mieten sind ab rund 20 Euro (pro Tag, Mietdauer 7 Tage) möglich.

Buchen Sie möglichst einen Tarif ohne Meilenbegrenzung (unlimited mileage) und achten Sie darauf, ob in den angebotenen Preisen bereits alle Zusatzkosten wie Mehrwertsteuer (VAT – Value Added Tax), Versicherungen, Servicegebühren etc. enthalten sind.

Wer sich gegen möglichst viele Risiken absichern und die Eigenbeteiligung auf ein Minimum reduzieren möchte, kann als Extraleistung eine Collision Damage Waiver- Versicherung abschließen, die auch den Diebstahl oder die mutwillige Beschädigung des Fahrzeugs durch Dritte u. ä. abdeckt.

Kosten für Benzin/Diesel sind nie im Preis enthalten.

Bei Buchungen übers Internet oder über eine Vermietstation zu Hause können mitunter bessere Mietpreise als bei Mieten vor Ort erzielt werden.

Es empfiehlt sich, bei Übernahme des Mietautos das Fahrzeug genau zu inspizieren. Finden Sie Kratzer, Beulen, abgebrochene Antennen, defekte Außenspiegel, Beschädigungen im Innenraum o. ä., lassen Sie sich diesen Schaden vor Abfahrt von der Mietstation protokollieren. Wird der Schaden, den Sie gar nicht verursacht haben, evtl. bei Rückgabe des Wagens entdeckt, müssen Sie in aller Regel dafür haften.

Wenn Sie das Fahrzeug vollgetankt übernehmen, geben Sie es möglichst auch vollgetankt wieder zurück. Ist der Tank bei Rückgabe nicht ganz voll, tankt natürlich auch die Mietstation gerne für Sie auf. Die Zusatzkosten können aber enorm sein und übersteigen oft bei weitem den Gegenwert des dazugetankten Kraftstoffs.

Auch **Wohnmobile** können gemietet werden. Wohnmobilvermieter finden sich aber nur in großen Städten.

Das Angebot reicht vom Campervan (VW-Bus mit Aufstelldach) für etwa 100,- Euro pro Tag bis hin zum teilintegrierten Alkovenfahrzeug mit vier oder mehr Schlafplätzen ab ca. 150,- Euro pro Tag. Mitunter wird eine Mindestmietdauer (z. B. von vier Tagen, in der Hochsaison meist eine Woche) und eine Servicepauschale (um die 150,- Euro) verlangt.

Auch hier gilt: Bei Preisvergleichen immer darauf achten, ab auch wirklich alle Zusatzkosten (siehe Pkw-Miete) im angebotenen Mietpreis enthalten sind.

Fahrräder werden in England in vielen Orten in **Cycle Shops** gegen eine Leihgebühr und Kaution verliehen; die Mitnahme von Fahrrädern in Zügen ist oft kostenlos. Manche südenglische Region ist für Erkundigungen per Fahrrad besonders geeignet. Auskünfte erteilen gerne die British Rail Travel Centres.

SICHERHEIT

Taschendiebe und andere Gauner haben es auch in England auf das Geld der Touristen abgesehen. Besonders in touristischen Hochburgen blüht vor allem in der Hauptsaison ihr Geschäft. Lassen Sie kostbaren Schmuck, oder besonders wertvolle Kleidungsstücke am besten zu Hause.

Nutzen Sie im Hotel den Hotelsafe oder den Safe im Zimmer. Verwahren Sie Personaldokumente, Geld, Autopapiere, Kreditkarten, Tickets u. ä. in körpernahen Taschen. Alles in eine Tasche oder in einen Rucksack zu packen, ist keine so gute Idee.

Verteilen Sie größere Geldbeträge (falls möglich) auf mehrere Personen in der Familie und verwahren Sie nicht alles Bare an einer Stelle auf.

Legen Sie Kameras, Handys, Handtaschen etc. im Straßencafé nicht achtlos auf den Stuhl neben sich. Und achten Sie besonders im Gedränge auf Bahnhöfen oder Busstationen, z. B. bei Einsteigen, auf ihre Habseligkeiten.

Verschließen Sie Ihr Auto immer, auch die Fenster, auch wenn Sie nur mal schnell über die Straße gehen, um sich ein Zeitung zu kaufen. Lassen Sie nichts offenen im Pkw liegen und verstauen Sie möglichst alles im Kofferraum.

In einem Wohnmobil ist das natürlich schwieriger. Aber Dinge, die einigermaßen nach Wert aussehen, sollten auch dort nicht einfach so herum liegen. Und vorgezogene Vorhänge oder Fensterblenden machen gewisse Leute eher neugierig, als sie abzuhalten.

In diesem Zusammenhang sollte aber auch erwähnt werden, dass der Südwesten Englands ein überwiegend ländliches Reisegebiet ist, in dem der Feriengast relativ sicher und unbeschwert reisen kann.

SOUVENIRS

Antiquitäten sind in England oft bis zu einem Drittel billiger als in Deutschland. Der Kaufpreis wird aber durch Verhandlungsgeschick bestimmt, was im allgemeinen als üblich betrachtet wird.

In fast allen Städten gibt es teure Antiquitätenläden und preiswerte Trödlermärkte für Schnäppchenjäger. Größere Möbelstücke werden gegen Gebühr per Schiff versandt, oft als Lieferung von Haus zu Haus. Über 60 Jahre alte Stücke benötigen ein offizielles Ausfuhrzertifikat, welches die Geschäfte ausstellen.

Für Antiquitäten, die älter als 50 Jahre sind und mehr als € 5.000 kosten und Fotographien, die älter als 60 Jahre alt sind und mehr als € 500 kosten, muss beim Local Council, der örtlichen Behörde, eine Ausfuhrgenehmigung eingeholt werden.

Dokumente, Manuskripte und Archivmaterial, die älter als 50 Jahre sind, brauchen unabhängig vom Wert immer eine Ausfuhrgenehmigung. Sollten Sie Antiquitäten erwerben wollen, erkundigen Sie sich bitte vorher nach den neuesten Ausfuhrbestimmungen!

Liebhaber werden in den zahlreichen Antique Shops immer fündig. Viele Ortschaften veranstalten in den Sommermonaten auch Antiquitätenmärkte und Flohmärkte.

In Devon und Cornwall gibt es ein großes Angebot an kunsthandwerklichen Gegenständen (craft workshops) und Töpfer- und Keramikarbeiten (pottery). Auf der Isle of Wight kauft man traditionell Glasbläserarbeiten.

Seit dem 17. Jahrhundert gehören Keramik- und Töpferwaren zu traditionellen britischen Produkten. Einige weltbekannte Porzellanmanufakturen stellen wertvolle Gebrauchs- und Kunstgegenstände her. Daneben vertreiben viele freischaffende Künstler ihre nach alter Handwerksmethode hergestellten Tonarbeiten.

Pottery ist dabei der Oberbegriff für alle aus Ton hergestellten Gefäße.

Mit China bezeichnet der Engländer Tischgeschirr.

Stoneware wird heiß gebrannt und ist kaum noch porös, es zeichnet sich durch eine gelblich-braune Färbung aus, die unbehandelt bleibt.

Porcelain aus der Kaolin-Erde Cornwalls verfärbt sich durch den Brennvorgang bei über 1.000 Grad Celsius weiß und wird sehr hart.

Bone China ist eine nur in England gebräuchliche Porzellanmischung, der gemahlene Knochen beigefügt sind. Damit kann man extrafeine Gefäße herstellen, deren Farben sehr intensiv leuchten.

1675 wurde das Bleiglas in England erfunden, das gegenüber herkömmlichem Glas bruchsicherer ist. Es setzte sich gegen das venezianische Glas schnell durch und wurde durch Gravuren und Schlifftechniken noch veredelt.

Crystal und Bleiglas bricht das Licht wunderschön und findet in Kugeln und Kronleuchtern Verwendung.

In Buckfastleigh Abbey kann man sehr schöne mit religiösen Motiven bemalte Bleiglasfenster erstehen. Engravings sind gravierte Bleiglas-Trinkgefäße.

Sterling-Silber hat seit Jahrhunderten nichts von seiner Faszination verloren. Antike Stücke sind nicht erschwinglich. Maschinengefertigter Silberschmuck bleibt aber bezahlbar. Ein Prägestempel (Hallmark) an der Unterseite zeigt die Silberqualität; EPNS und EPWM zeigen an, dass es sich um versilberte Gegenstände handelt.

Lange vor der Fotographie war es in England üblich, das Zeitgeschehen, Landschaften und schöne Häuser als Kunstdrucke abzubilden. In antiquarischen Buchläden gibt es heute noch zahlreiche Lithographien, Drucke, Reproduktionen, alte Werbeplakate und Karikaturen.

In allen Orten zeigen die Schaufenster der Tabakgeschäfte Pfeifen und Raucherzubehör, dazu gibt es eine reiche Auswahl an aromatischen Tabakmischungen zu erschwinglichen Preisen. Feuerzeuge aus Gold und Silber, Zigaretten-Etuis in Sterling-Silber, Aschenbecher und andere Utensilien waren lange gern gekaufte Mitbringsel.

STROMSPANNUNG

Nicht die Stromspannung (220 V Wechselstrom), sondern die **unterschiedlichen Stecker und Steckdosen** machen den Anschluss eines Rasierers oder Haarföns für den Touristen zum Problem. In die anders ausgebildeten englischen Steckdosen mit flachen Kontaktschlitzen mit rechteckigem Querschnitt passen unsere Stecker mit runden Kontakten nicht. Zwischenstecker sind notwendig.

Zwischenstecker (plug, adapter), in die der europäische Flachnormstecker hineinpasst, bekommt man im Haushaltswarengeschäft.

Achtung! Bei Schuko-Steckern braucht man wieder einen anderen Zwischenstecker.

Mein Tipp! Sollte eine Steckdose keinen Strom liefern, schaut man zuerst nach, ob diese durch einen Kippschalter auch eingeschaltet ist!

TOURIST INFORMATION

Fast alle Ortschaften von touristischem Interesse entlang der südenglischen Küste unterhalten ein **Tourist Information Centre (TIC)**, das den interessierten Touristen mit Informationsmaterial (z. B. Stadtpläne, Regionalinformationen etc.) versorgt, Unterkunftsreservierungen (B&B, Hotels u. a.) und Buchungen vornimmt und bei vielen Problemen weiterhilft.

Verkehrsamt für Südost- und Süd-England: The Southern and South East England Tourist Board, 40 Chamberlayne Road, Eastleigh, Hampshire, United Kingdom SO50 5JH. Tel.+44 (0) 23 80 62 54 00; www.touristsoutheast.com.

Verkehrsamt für Südwest-England: Adresse derzeit unklar. www.visit-southwest.co.uk.

Weitere Tourist Information Centres (TICs) sind – soweit verfügbar – in diesem Reiseführer bei der Beschreibung der Städte und Regionen erwähnt.

TRINKGELD

Man geht in England sparsam mit Trinkgeldern um. Aber alle Dienstleistenden freuen sich natürlich über einen **tip**.

Waschräume, öffentl. Toiletten – 20 p
Fremdenführer – 1 bis 2 £ (je nach Gruppengröße) ,
Friseur – 10%
Hotelpage – 1 £
Hotelrechnung – im Preis inbegriffen
Zimmermädchen – etwa 1 bis 2 £ (pro Woche)
Pubs – man gibt kein Trinkgeld
Restaurant –10% (falls nicht inbegriffen)
Taxi – 10%

WANDERN

Wer Spaß am Wandern und keine Angst vor hohen Klippenrändern an der Küste hat, wer die waldige, hügelige Landschaft im Süden Englands mag, der sollte unbedingt eine Wanderung in seinen Aufenthalt einplanen. Die TICs stellen Broschüren mit Wandervorschlägen zusammen, dabei kooperieren sie mit örtlichen Wandervereinen.

Allerdings wird das Unternehmen ohne geeigneten **Wanderführer** nur halb so viel Spaß machen. Empfehlenswert sind Wanderführer der Pathfinder-Serie, die für den Süden Titel wie **„Dartmoor Walks“, „Cornwall Walks“** oder **„Exmoor Walks“** u. a. bereithalten und in fast jedem Buchladen der Region er-

hältlich sind (www.pathfinderwalks. co.uk).

Nahezu unverzichtbar sind detaillierte **Wanderkarten**. Das nützlichste Kartenmaterial sind die **Ordnance Survey Maps (OS)** (www.ordnancesurvey. co.uk), die in unzähligen, nummerierten Einzelkarten ganz England abdecken. Der Maßstab 1:25.000 ist so klein, dass fast jeder Bach, jede Hütte und jede Lichtung abgebildet ist, die Fehlerrate kann man vernachlässigen.

South West Coast Path und andere Fernwanderwege

Zu den schönsten Wanderwegen gehört der **South West Coast Path,** ein gut 1.014 km langer Fernwanderweg um die Südwesthalbinsel herum.

Der Weg beginnt in **Poole Harbour** bei Bournemouth **[N50° 43′ 03″ W1° 59′ 04″]** in Dorset und führt entlang der Küste – alle Buchten, Landeinschnitte, Flussmündungen, Kaps, Aussichtspunkte und Anhöhen mitnehmend – bis nach **Minehead [N51° 12′ 0″ W3° 29′ 0″]** in Somerset.

Eigentlich setzt sich der South West Coast Path, *Englands National Trail,* aus vier großen Wanderwegen zusammen, dem *Dorset Coast Path*, dem *Cornwall Coast Path*, dem *South Devon Coast Path* und dem *Somerset and North Devon Coast Path.*

Ursprünglich angelegt wurden diese Küstenpfade einstmals im 18. und 19. Jh. von der Coast Guard, die mit ihren ständigen Fußpatrouillien hart am Küstenrand entlang, dem damals blühenden Schmugglerwesen vor allem an der Küs-te von Cornwall das Handwerk legen wollten.

Auf der Strecke kommt man durch Nationalparks, geht entlang der Heritage Coast und entlang der Jurassic Coast, passiert die Bergbaugebiete in Cornwall, überquert mehr als 20 Fährverbindungen, Flussläufe und Flussmündungen, kleinere Bäche werden durchwatet.

Der South West Coast Path gilt zwar als ganzjährig zu begehender Wanderweg, dennoch sollte man sich nicht gerade die Sommerferienzeit für eine Wandertour aussuchen. Nicht nur dass dann gewisse, einfach zu erreichende Teilstücke des Weges sehr stark frequentiert werden, auch Unterkünfte entlang des Wanderweges werden dann kaum zu finden sein.

Viele Wanderer sind der Ansicht, dass der **Mai die beste Jahreszeit für eine Wanderung** auf den südenglischen Küstenpfaden ist. Aber auch der Herbstmonat September gilt als gute Wanderzeit.

Markiert ist der Weg mit einer weißen Eichel auf braunem Grund.

„Schnellwanderer" könnten den kompletten Fernwanderweg in etwa 30 Tagen schaffen. Aber wer will das schon, ohne Pause und Muse unterwegs sein.

Wer gemütlich wandert, Pausen und Aufenthalte einlegt, und auch mal den Sehenswürdigkeiten abseits des Weges einen Besuch abstattet (die Gelegenheiten und Verlockungen dazu sind mannigfach), wird für den gesamten Weg des South West Coast Path kaum weniger als sieben, vielleicht auch acht Wochen benötigen.

Man kann aber überall auch nur einen kurzen Streckenabschnitt begehen und erhält auch so einen herrlichen Eindruck von der englischen Natur. Es soll Wanderenthusiasten geben, die jedes Jahr nach England reisen, um den gesamten Wanderweg einmal zu schaffen. Teilstücke des Weges werden übrigens vom National Trust gepflegt und unterhalten.

Obwohl der **Schwierigkeitsgrad** des Wanderwegs in seiner Gesamtheit als „mittel" eingestuft ist, sollte man ihn keinesfalls unterschätzen. Gelegentlich sind beachtliche Steigungen oder Passagen entlang der Klippenküste auf schmalen Pfaden zu meistern.

Ein guter Tipp für den South West Coast Path ist sicher, die Tagesetappen etwas kürzer zu bemessen, als Sie es vielleicht sonst gewohnt sind.

Bei der Zusammenstellung Ihrer Wanderutensilien, sollten Sie daran denken, dass es unterwegs nicht nur regennass, sondern auch sehr windig sein

kann. Der Wind weht vornehmlich aus südwestlichen Richtungen.

Eine perfekte Quelle mit umfangreichen **Informationen über den South West Coast Path** ist die Webseite www.southwestcoastpath.org.uk/itineraries/de/ueber-den-pfad/. Hier können Sie sich Ihre ganz eigene Wandertour auf dem Küstenweg zusammenstellen. Darüber hinaus kann man unter „Easy Access Walks" Wegstrecken heraussuchen, die auch für Gehbehinderte Menschen oder Rollstuhlfahrer zu meistern sind. Oder Sie können „Pub Walks" oder „Family Walks" zusammenstellen.

In der einmaligen und melancholischen Landschaft des Dartmoor, deren Tors (Granitfelsen) und Heidelandschaften oft im Nebel verschwinden, kann man den **„Dartmoor Walks"** (www.divinedartmoorwalks.co.uk/) über die weiten Höhen, grüne Flusstäler folgen. Dartmoor Walks stellen eine ganze Reihe von Wanderungen dar, die vom einfachen, 2 km langen Spaziergang („Birch" Tour, einfach) bis hin zur 16 km langen, anspruchsvollen Tour „Cox Tor and Stephen's Grove" reicht.

Der ca. 160 km lange, wegen des festen Kreideuntergrunds und der einfachen Orientierung als „leicht" eingestufte Fernwanderweg **South Downs Way** durchquert die Hügellandschaft der South Downs und führt von Winchester (Hamshire) nach Eastbourne (East Sussex).

Zeitweise folgt der Wanderer alten Schmugglerpfaden, Pilgerrouten und Handelspfaden. Überall hat man phantastische Fernsichten über die Küste. Einer der Höhepunkte des Weges ist die Steilküste am Beachy Head; www.nationaltrail.co.uk/south-downs-way/.

Informationsmaterial verteilen die Tourist Information Centres (TIC's) entlang der Strecke von Eastbourne bis Winchester.

Der ca. 290 km lange **Tarka Trail**, ein Fahrrad- und Wanderweg, führt in der Form einer 8 durch Nord-Devon. Zentrum des Weges ist Barnstaple.

Der Weg ist Teil der 164 km langen „Devon Coast to Coast Cycle Route", die oft auf alten Bahntrassen von Ilfracombe nach Plymouth führt; www.tarka-trail.org.uk.

Seinen Namen hat der Tarka-Trail vom Titel eines berühmten Kinder- und Jugendbuchs, „Tarka, the Otter".

Kartenmaterial und Unterkunftsmöglichkeiten entlang der Wanderstrecken halten die jeweiligen Tourist Information Centres bereit.

Auf der Isle of Wight führen Wanderwege auch durch die Gärten von Landsitzen. Hier muss man schon einmal über ein Gatter klettern. Dafür erfrischt ein stets nahes Pub die durstige Wandererkehle.

WÄHRUNG UND DEVISEN

Zahlungsmittel in Großbritannien ist das **Pound Sterling** (£ - GBP), das Pfund Sterling, auch Britisches Pfund oder Englisches Pfund. Angeblich ist das Englische Pfund über 1.200 Jahre alt und dürfte somit die wohl älteste Währung der Welt sein.

1 Pfund Sterling (£) hat 100 Pence (p).

Banknoten gibt es in Werten zu £ 5, £ 10, £ 20 und£ 50.

5 £ - Zu sehen ist Elizabeth Fry (1780 – 1845), „Der Engel der Gefängnisse" reformierte das Haft- und Kerkerwesen in England.

10 £ – Zu sehen ist Charles Darwin (1809 – 1882, britischer Naturforscher, Evolutionstheorie.)

20 £ – Adam Smith (1716 – 1790), schottischer Philosoph und Begründer der Nationalökonomie („The Wealth of Nations"/"Der Wohlstand der Nationen", 1776). Bis Mitte 2010 gedruckte 20-Pfund-Noten zeigen Sir Edward Elgar (1857 – 1934), englischer Komponist.

50 £ – Zu sehen ist Sir John Houblon (1632 – 1712), erster Gouverneur der Bank of England. Auf Banknoten die nach November 2011 ausgeben wurden sind James Watt (1730 – 1819), schottischer Erfinder (Dampfmaschine) und Matthew Boulton (1728 – 1809), Ingenieur, Unternehmer und Beförderer der „Industriellen Revolution" in England durch den Handel mit Dampfmaschinen.

Münzen gibt es im Wert von 1 p, 2 p, 5 p, 10 p, 20 p, 50 p und £ 1. Selten sind noch alte Münzen (z. B. ½ p) im Umlauf.

1 p – Zu sehen ist ein Fallgitter (Portcullis) mit Ketten zu beiden Seiten. Das Gitter soll das bekannte Traitor's Gate darstellen, durch das Hochverräter im Tower of London zur Hinrichtung geführt wurden.

2 p – Zu sehen ist das Wappen des Prince of Wales mit Straußenfedern und dem deutschen Motto „Ich dien", das auf die Verbindung des englischen Königshauses zum Haus Hannover verweist.

5 p – Zu sehen ist neben der Krone die Distel, das Nationalsymbol der Schotten.

10 p – Zu sehen ist der britische Löwe.

20 p – Zu sehen ist die englische Rose (Tudor Rose).

50 p – Zu sehen ist Britannia mit dem Dreizack, die Großbritanniens Bedeutung als Seemacht symbolisiert.

1 £ – Zu sehen ist Königin Elisabeth II., auf der Rückseite das königliche Wappenschild (Royal Shield of Arms).

Achten Sie auf die etwas klein geratenen 1-Pfund- und 20-Pence-Münzen. Sie sind leicht mit geringeren Münzen zu verwechseln.

1 £ = 1,27 €
1 € = 0,78 £

Die Akzeptanz der gängigen **Kreditkarten** und die der Maestro-Karte (ec-Karte) ist sehr verbreitet (Tankstellen, Geschäfte und Supermärkte, größere Campingplätze und Hotels, Restaurants etc.). In kleineren Hotels, bei B&B oder in Geschäften auf dem flachen Lande sollten Sie aber nicht damit rechnen, dass Ihre Kreditkarte akzeptiert wird. Ganz ohne Bares sollte man also nicht reisen!

Es empfiehlt sich, schon von zu Hause ein paar Hundert Euro in Englische Pfund zu tauschen. So muss man vor Ort nicht als erstes Geld tauschen oder einen Bankautomaten suchen. Auf den Fähren werden sowohl Euro als auch Pfund akzeptiert.

Reiseschecks werden bei Banken, größeren Hotels, in Kaufhäusern und vielen Reisebüros gegen Gebühr eingelöst.

Sehr verbreitet sind **Geldautomaten**, an denen Sie mit Ihrer Kreditkarte bei Angabe Ihrer Geheimnummer Geld von Ihrem Konto bekommen können. Eine überaus praktische Einrichtung für den Reisenden, auch wenn man sich den Komfort, rund um die Uhr an Bares zu kommen, mit oft recht erheblichen Gebühren erkauft.

Übrigens: Wenn Sie Ihr Reisebudget kalkulieren, denken Sie an die alte Regel erfahrener Traveller – Überlegen Sie, was Sie an Gepäck und an Geld mitnehmen wollen und entscheiden Sie sich dann für die Hälfte des Gepäcks und für das Doppelte an Geld.

WICHTIGE RUFNUMMERN
Notruf
Der landesweit einheitliche Notruf für Krankenwagen (Ambulance), Feuerwehr (Fire Brigade) und Polizei (Police) sind aus dem Festnetz Tel. **112** und **999** (kostenfrei), aus den Mobilfunknetzen lediglich Tel. 112.

ADAC Notrufzentrale in Deutschland, Tel. +49 (0)89-22 22 22.

AA Notruf, Pannenhilfe Tag und Nacht, Tel. 0800 88 77 66 (Anruf ist kostenfrei). Die Hilfeleistungen des AA sind kostenpflichtig. :

Zentraler Sperrnotruf EC- oder Kreditkarten: +49-116 116.

Handysperrung: D1 T-Mobile: +49 (0) 800 3 30 22 02, D2 vodafone: +49 (0)0800 172 12 12, O2/E-Plus: +49 (0)89 78 79 79 400, Orange: +41 (0)1 27 63 535, swisscom Mobile: +41 62 286 12 12.

ZEITUNTERSCHIED
Die in England gültige ganzjährige Zeit ist die Greenwich Mean Time, kurz GMT, die eine Stunde hinter der Mitteleuropäischen Zeit (MEZ) hinterhergeht.

Zum Beispiel: Deutschland 12 Uhr, England 11 Uhr.

Der Engländer gibt die Uhrzeit im 12-Stunden-Takt an. Für Zeiten zwischen Mitternacht und Mittag wird der Zusatz a.m. (ante meridiem - lat. vor Mittag), für Zeiten zwischen Mittag und Mitternacht der Zusatz p.m. (post meridiem - lat. nach Mittag) angegeben. 9.00 Uhr morgens ist also 9 a.m., 21.00 Uhr abends 9 p.m.

Haftungsausschluss
Alle in diesem Reiseführer gemachten Angaben, sowie Reise- und Sicherheitshinweise sind nach den aktuell erreichbaren und dem Verlag zugänglichen Informationen mit Sorgfalt und nach bestem Wissen zusammengestellt. Eine Gewähr für die Richtigkeit und die Vollständigkeit der Angaben sowie eine Haftung für eventuell eintretende oder daraus entstehende Schäden kann nicht übernommen werden. Gesetze und Vorschriften können sich jederzeit ändern, ohne dass der Verlag davon erfährt. Die Entscheidung über die Durchführung einer Reise liegt in der Verantwortlichkeit des Lesers.

Verlag und Autor empfehlen, sich rechtzeitig vor Antritt der Reise nach den neuesten reiserelevanten Vorschriften zu erkundigen.

INFORMATIONEN ZU GPS-NAVIGATIONSKOORDINATEN

Ein Wort zu den GPS-Daten

Alle unsere GPS-Koordinaten sind im System WGS 84 („World Geodetic System 1984"), einer der beiden internationalen Standards für Koordinatensysteme (neben UTM), erfasst.

Bitte beachten Sie: Die Genauigkeit der Routenführung durch das Navigationssystem hängt auch von der Genauigkeit und Aktualität des in Ihrem Navigationsgerät vorhandenen Kartenmaterials ab.

Minuten/Sekunden ändern in Dezimalkoordinaten

Alle Navigationsdaten in diesem Buch sind im Format Grad/Minuten/Sekunden angegeben. Falls Sie Navigationskoordinaten in Ihr Navigationsgerät evtl. nur als Dezimalkoordinaten eingeben können, ist das kein größeres Problem.

Koordinaten lassen sich von Grad/Minuten/Sekunden – so wie bei uns dargestellt – relativ einfach „per Hand" in Dezimalkoordinaten umrechnen und müssen dann gewöhnlich auch von Hand in das Navigationsgerät eingegeben werden.

– Da das Minuten/Sekunden-System in 60er Schritten geht, darf man die Minuten- und Sekunden-Markierungen nicht einfach ignorieren und daraus Dezimalkoordinaten machen, sondern man muss die Daten durch 60 teilen. Umgekehrt ist das auch von Dezimalwerten in Minuten/Sekunden möglich (multiplizieren).

Beispiel: Grad/Minuten/Sekunden-Format: z. B. N39° 29′ 12.6″ wird so zum Dezimalformat: 29 : 60 = 0,48, 12.6 : 60 = 0,21. Das wieder zusammengesetzte Format zeigt nun die Dezimalkoordinate: N 39,4821°.

Oder: E20° 15′ 34.2″ – entspricht dann E 20,2557° (alle Angaben ohne Gewähr).

Sollten Sie Koordinatenformate konvertieren wollen, können Sie sich eines der **Konvertierungsprogramme** bedienen, die Sie kostenlos aus dem Internet herunterladen können, wie z. B.

GPS Babel http://www.gpsbabel.org (Englisch)

Routeconverter http://www.routeconverter.de (Deutsch)

Garmin POI-Loader http://www.garmin.com/products/poiloader (Englisch)

Im Reiseführer sind die Koordinaten wie folgt dargestellt:

Beispiel: [N68° 23′ 23.7″ E14° 25′ 20.4″] oder [WP 123 / N70° 10′ 40.0″   E25° 17′ 49.0″]. WP XXX ist die fortlaufende Nummerierung wichtiger Wegpunkte (oder Points of Interest – POI), so wie sie auf der Roadbook-CD abgelegt sind. Für die Verwendung bzw. Übertragung der Koordinaten aus dem Reiseführer durch Eintippen in Ihr Navigationsgerät ist diese Nummerierung ohne Bedeutung!

Koordinaten in diesem Reiseführer, die in Orten/Städten angegeben sind, und nicht mit dem Zusatz [WP XXX / …] versehen sind, sind als Anhaltspunkte zur Orientierung mit Handnavigationsgeräten bei Stadtrundgängen gedacht. Sie bedeuten NICHT, dass diese Ziele (Wegpunkte) auch immer (Ausnahme Campings oder Wohnmobil-Stellplätze) mit dem Auto zu erreichen sind! Manche Ortskerne alter Städtchen warten mit engen Straßen auf, die für den allgemeinen Autoverkehr wenig geeignet und oft auch gesperrt sind. Mitunter sind die Einfahrten in historische Innenstädte nur für den Anliegerverkehr erlaubt. Sehenswürdigkeiten, Museen, Kirchen etc. sind dort nur zu Fuß zu erreichen!

Gelegentlich steht vor der Wegpunktnummer das Wort „Parkplatz", **z. B. [Parkplatz, WP XXX / N70° 10′ 40.0″ E25° 17′ 49.0″].** Damit wird darauf hingewiesen, dass sich bei oder ganz in der Nähe des Punktes ein Parkplatz befindet. Die Koordinate bezieht sich dann auf den Parkplatz. Vom Parkplatz können es noch ein paar Meter Fußweg bis zum eigentlichen Ziel sein.

Obwohl wir bei der Erfassung von GPS-Koordinaten größte Sorgfalt walten lassen, können wir für die Richtigkeit der in unseren Reiseführern und auf unseren Roadbook-CDs angegebenen GPS-Koordinaten und Wegpunkte sowie für evtl. daraus resultierende Ereignisse durch Missweisungen keine Haftung übernehmen.

GPS-ROADBOOK-CD

Alle mit WP gekennzeichneten Navigationskoordinaten, die in den Touren dieses Reiseführers aufgeführt sind, können Sie als Roadbook-CD beim Verlag erwerben.

Die Navigations-Koordinaten sind im System WGS 84 („World Geodetic System 1984") entsprechend dem Verlauf der in diesem Reiseführer beschriebenen Routen und Touren angelegt. Sie berücksichtigen wichtige Orte, Sehenswürdigkeiten, Campings und andere Points of Interest (POI's).

Übertragen Sie die Koordinaten von der CD mittels PC oder Notebook und entsprechender Software (z. B. MapSource® oder BaseCamp® für Garmingeräte) auf Ihr Navigationsgerät.

Unsere „Roadbook-CD" stellt Ihnen vor Ort erfasste Original-Navigationsdaten im **Garmin-Format *.gdb** (garmin database) zur Verfügung.
Darüber hinaus finden Sie auf der „Roadbook-CD" alternative Dateiformate wie **GPX** (global positioning exchange), **KML 2.2** (Google Earth [Keyhole Markup Language] – *.kml), **TomTom *.ov2 poi files** (Wegpunkte) und **TomTom *.itn files** (Routen).

Sehr hilfreich kann für Sie auch die ebenfalls auf der CD abgelegte MS-Word-Datei **Info-Doc** sein. Dort wird Schritt für Schritt erklärt, wie GPS-Koordinaten von der CD auf ein Garmin-Nüvi gebracht werden können. Es werden Weblinks zu Koordinaten-Konvertierungsprogrammen angegeben und Sie können erfahren, wie Sie Routen vorab in Google Earth™ ansehen können u. v. m.

Die tatsächliche Lage der Wegpunkte (Ziele/Zwischenziele) kann von den angegebenen Koordinaten ggf. bis zu ca. 300 m abweichen!

Mit entsprechender Software „MapSource®, City Select Europe"® oder „BaseCamp"® des Anbieters Garmin® können die Daten im Garmin-Format oder im GPX-Format über einen PC oder über ein Notebook direkt in viele Garmingeräte eingelesen werden.

NEU! Wissen wo's lang geht! Mit den auf der Roadbook-CD abgelegten Dateien im GPX-Format können Sie in Verbindung mit Google Earth® (kostenloser Download) die Reiseroute, sowie alle als Wegpunkt markierten Stationen der Reise schon vorab aus der Vogelperspektive auf Ihrem PC ansehen, oder sich einzelne Abschnitte der Route im Google Earth Routenplaner berechnen lassen. Wie's geht und vieles mehr steht auf der CD.

Für die Richtigkeit der Koordinaten und deren Transformierung in andere Dateiformate kann keine Gewähr übernommen werden!

Unsere Roadbook-CD's können Sie gegen eine Schutzgebühr von EUR 9,90 nur direkt über den Verlag beziehen!

Bestellungen bitte über unseren Webshop:
www.rau-verlag.de/shop.

Oder per Post an: Werner Rau Verlag, Feldbergstr. 54, D-70569 Stuttgart,
Tel. +49-(0)711-687 21 43, Fax +49-(0)711-68 22 47, E-Mail: info@rau-verlag.de.

ZEICHENERKLÄRUNG

⊛	Hauptstadt	⚠	Campingplatz
◉	Etappen-Start-/Endpunkt	🚐	Womo-Stellplatz
◉	Orte	🚐	V & E Station
✳	Sehenswürdigkeit	♰✝	Kirche, Kathedrale
ⓘ	Touristeninformation	🏰	Burg, Kastell
🏛	Museum, Schloss	🏃	Wandermöglichkeit
🏛	Rathaus, öffentl. Gebäude	⌘	archäol. Stätte
🚌	Busbahnhof, Bahnhof	▲	Berg, Gipfel
P	Parkplatz	🪑	Rast-, Picknickplatz
Ⓟ	Tiefgarage	⤬	Grenzübergang
✈ ✈	Flughafen	) (	Pass
✉	Postamt	🏖	Strand, Badeküste
✕	Restaurant	∩	Höhle
🏨	Hotel	C & C	Caravan & Camping Park
─────	Reiseweg, Route		

V & E für Wohnmobile – Einrichtungen für Versorgung mit Trinkwasser
sowie Entsorgung für Wohnmobilabwässer sind auf dem Platz vorhanden.

Wichtige, am Anfang zu jeder Tour vermerkte Sehenswürdigkeiten sind ihrer Bedeutung entsprechend mit einem, zwei oder drei Sternchen versehen.

* = sehenswert
** = sehr sehenswert
*** = ein „Muss" auf der Reise

REGISTER

Personennamen in kursiver Schrift.

(CP) hinter dem Ortsnamen weist darauf hin, dass in oder ganz in der Nähe des Ortes ein im Reiseführer beschriebener Campingplatz zu finden ist.

A

Abbotsbury 148
Abbotsbury Subtropical Gardens 148
Abbotsbury Swannery 148
Adgestone (CP) 105
Agincourt, Schlacht bei 26
Albert von Sachsen-Coburg und Gotha 101
Alfred, König 21
Alfriston 67
Amberley 83
Amesbury 283
Angelsachsen 10, 18, 20
Anglican Church 26
Anne Boleyn 26
Antony House 202
Arabien, Lawrence von 129
Arlington Court 270
Arreton Old Village 109
Artus, König 166, 258, 259, 280
Arundel (CP) 82
Ashburton (CP) 175
Assize Court 281
Augustinus, Benediktiner-missionar, Missionar 8, 20, 43
Austen, Jane 50, 150, 293, 296
Avalon 280
Avebury 286
Axminster 153

B

Barnstaple 267
Barrynarbor (CP) 268
Battle 61
Battle of Hastings 61
Bayard's Cove 189
Beachy Head, Kap 65
Beaulieu 116
Becket, Thomas 44
Bedruthan Steps 252
Beer 153
Beer Quarry Caves 154
Bekesbourne bei Canterbury (CP) 49
Belloc, Hilaire 36, 80, 81
Bembridge (CP) 104
Benham, Gertrude 197
Benny Halt 252

Berry Pommeroy 186
Bexhill 59, 64
Bexhill-on-See (CP) 64
Bickleigh 162
Bicton Park Botanical
    Gardens 156
Bidford 267
Bignor 84
Bill of Rights 19
Birdham 88
Blackpool Sands 191
Blandford Forum (CP) 134
Blériot, Louis 40, 42
Blériot Memorial 40
Bloody Assize 281
Blue Anchor Bay (CP) 276
Bluebell Railway 78
Bodiam 62
Bodinnick 206
Bodmin 255
Bolberry (CP) 193
Bolt Head, Kap 192
Bolt Tail, Klippen 192
Bolvento 257
Bonchurch 107
Boscastle (CP) 262
Bosham 88
Boswinger (CP) 213
Botallack Head 240
Bournemouth 124
Bovington 138
Brading 104
Bramber 81
Bransgore (CP) 124
Braunton 268
Bridgwater (CP) 278
Brighstone (CP) 110
Brightling 63
Brighton (CP) 73
Britannia 20
Brixham 187
*Brown, Lancelot „Capa-
    bility" 108*
Brownsea Island 128
Buckfast Abbey 175
Buckfastleigh 176
Buckland Abbey 170
Buckland Monachorum
    170
Buckler's Hard 117
Bude (CP) 263
Burgtypen des Mittelalters
    11
Burwash 62

C

Cade, Rowena 235
Cadgwith 224
Caerhays Castle 216
Caesar, Julius 8
Calbourne 110
Camborne 246
Cambrose (CP) 247
Camelford (CP) 259
*Cameron, Julia Margaret,
    Fotografin 112*

Campingplätze

Camping Adgestone C & C
    Cub Site 105
Camping Alston Farm C & C
    Park 193
Camping Appuldurcombe
    Gardens Holiday Park
    109
Camping Bagwell Farm
    Touring Park 145
Camping Bay View Farm C
    & C Site 206, 267
Camping Bay View Park 65
Camping Beachside
    Holiday Park 247
Camping Beacon Cottage
    Farm Touring Park 248
Camping Black Horse Farm
    Club Site 51
Camping Bolberry House
    Farm C & C Park 193
Camping Brighton
    (Sheepcote Valley)
    Caravan Club Site 77
Camping Cambrose
    Touring Park 247
Camping Canterbury C & C
    Club Site 49
Camping Caradon Touring
    Park 206
Camping Carlyon Bay C & C
    Park 212
Camping Carnon Downs C
    & C Park 221
Camping Channel View C &
    C Park 273
Camping Cobbs Hill Farm C
    & C Park 64
Camping Cobbs Meadow
    Caravanpark 49
Camping Coombe Caravan
    Park 292
Camping Corfe Castle C & C
    Club Site 130

Camping Cornish Farm
    Touring Park 281
Camping Crossways
    Caravan Club Site 142
Camping Dartmouth C & C
    Club Site 191
Camping Dolbeare C & C
    Park 201
Camping Dornafield Farm
    178
Camping Durdle Door
    Holiday Park 139
Camping Eden Valley
    Holiday Park 209
Camping Folkestone C & C
    Park „The Warren" 51
Camping Franchis Holiday
    Camp Site 228
Camping Giants Head C &
    C Park 143
Camping Golden Cap
    Holiday Park 150
Camping Grange Farm
    Brighstone Bay 111
Camping Halse Farm C & C
    Park 277
Camping Harford Bridge
    Holiday Park 169
Camping Harrow Wood
    Farm Caravan Park 124
Camping Hawthorn Farm
    Caravan Park 43
Camping Heathfield Farm
    Park 113
Camping Hendra Holiday
    Park 251
Camping Henry's Camp
    Site 228
Camping Herston C & C
    Site 131
Camping Higher Rew Park
    193
Camping Highlands End
    Holiday Park 149
Camping Hoburne Bashley
    Caravanning 124
Camping Hoburne Blue
    Anchor Caravan Park
    276
Camping Holmsley
    Campsite 124
Camping Hook Farm C & C
    Park 152
Camping Juliots Well
    Holiday Park 259

Camping Karrageen C & C Park 193

Camping Kenneggy Cove Holiday Park 230

Camping Kennford International C & C Park 161

Camping Kingfisher Caravan Park 97

Camping Littlehampton Caravan Club Site 83

Camping Little Satmar Campsite & Holiday Park 51

Camping Little Switzerland C & C Site 51

Camping Little Trevothan C & C Park 224

Camping Little Winnick Touring Park 212

Camping Long Hazel Park 282

Camping Looe Caravan Club Site 205

Camping Lower PennycrockerC & C Site 262

Camping Lydford C & C Park 168

Camping Lytton Lawn Touring Park 115

Camping Manor Farm Park 153

Camping Meadowbank Holiday Caravan Park 124

Camping Merley Court Holiday Park 134

Camping Monkton Wyld Farm C & C Park 152

Camping Moreton C & C Club Site 142

Camping Morn Hill Club Site 302

Camping Mullion Holiday Park 228

Camping Napps C & C Site 269

Camping Newlands Holiday Park 150

Camping Newperran Holiday Park 249

Camping Newquay Holiday Park 251

Camping Ninham Country Holidays 106

Camping Norman's Bay C & C Club Site 65

Camping Northbrook Farm Caravan Club Site 80

Camping North Morte Farm C & C Park 269

Camping Oakdown Touring & Holiday Park 155

Camping Padstow Touring Park 254

Camping Peel House Farm Caravan Park 66

Camping Pennance Chalet & Mill Farm 223

Camping Pennymoor C & C Park 193

Camping Pentewan Sands Holiday Park 212

Camping Polborder House C & C Park 205

Camping Polmanter Tourist Park 246

Camping Porthtowan Tourist Park 247

Camping Quantock Orchard Caravan Park 279

Camping Ramslade Club Site 184

Camping River Dart Country Park 176

Camping Riverside Caravan Park 199

Camping Rosemary Vineyard Touring Park 103

Camping Rye Bay Caravan Park 58

Camping Salcombe Regis C & C Park 155

Camping Salisbury C & C Club Site 292

Camping Sandford Holiday Park 126

Camping Sandyholme Holiday Park 142

Camping Sea View Holiday Park 234

Camping Seaview International Holiday Park 213

Camping Sennen Cove Camping & Caravanning Club Site 234

Camping Shearbarn Holiday Park Haulfryn 61

Camping Silverbow Park 249

Camping Southsea Holiday & Leisure Park 97

Camping Spring Barn Farm 72

Camping Steamer Quay Caravan Club Site 186

Camping Stonehenge Touring Park 286

Camping Sunnydalefarm Touring Park 122

Camping Tavistock C & C Club Site 169

Camping Tencreek Holiday Park 206

Camping The Fairways International Touring C & C Park 279

Camping The Headland C & C Park 261

Camping The Inside Park 135

Camping The Orchards Holiday C & C Park 112

Camping The Plume of Feathers Inn 173

Camping Tollgate Farm C & C Park 249

Camping Toms Field Site 131

Camping Tower C & C Park 234

Camping Treen Farm Camp Site 236

Camping Tregarton Park 215

Camping Trelispen C & C Park 213

Camping Trethem Mill Touring Park 219

Camping Trevalgan Touring Park 245

Camping Trevella C & C Park 251

Camping Treverven Touring C & C Park 234

Camping Trevornick Holiday Park 251

Camping Trewan Hall C & C Site 251

Camping Trewethett Farm Caravan Club Site 261

Camping Truro C & C Park 220

Camping Ulwell Cottage Caravan Park 131

Camping Upper Lynestone C & C Park 264

Camping Veryan C & C Club Site 218

Camping Wareham Forest Tourist Park 129

Camping Warner Farm Touring Park 86

Camping Washington C & C Park 80

Camping Watermouth Cove Caravanning Park 269

Camping Watermouth Valley Camping Park 269

Camping Webbers C & C Park 161

Camping Westermill Farm House 277

Camping Whitecliff Bay Holiday Park 105

Camping Whitemead Caravan Park 137

Camping Widdicombe Farm Touring Park 183

Camping Widemouth Fields C & C Park 264

Camping Wilksworth Farm Caravan Park 134

Camping Wooda Farm Holiday Park 264

Camping Wood Farm Caravan Park 149

Camping Woodlands Grove C & C Park 191

Camping Woodovis Park 169

Camping Woodyhyde

Camp Site 130

Canterbury 43

„Capability" Brown, Lancelot 78, 84

Capel-le-Ferne (CP) 51

Carew, Richard 202

Carisbrooke 110

Carlyon Bay (CP) 212

Carn Brea 247

Carnon Downs (CP) 221

Castle Drogo and Gardens 165

Catherine of Aragon 26

Caxton, William 54

Cerne Abbas (CP) 143

Charlestown 213

Charmouth (CP) 149

Chartham 48

Chaucer, Geoffrey 49

Cheriton Fitzpaine 162

Chesil Beach 148

Chesterton, Gilbert Keith 56

Chichester 84

Chickerell (CP) 145

Chilham 48

Chillington 191

Chilton Chine 111

Christchurch (CP) 122

Christie, Agatha 181

Chunnel 52

Churchill, Winston 27

Churston-Galmpton 182

Chysauster Ancient Village 231

Clapper Bridges 175

Clayton 77

Cleeve Abbey 278

Cleves, Anne of 27

Clouds Hill 137

Clovelly 265

Coastal Path, Isle of Wight 99

Cockington Village & Country Park 183

Coleridge, Samuel Taylor 156

Compton Acres Gardens 126

Compton (CP) 183

Conan Doyle, Sir Arthur 89, 171

Cook, James 194

Corfe Castle (CP) 129

Cornwall 164

Cornwall, Grafschaft 200

Cornwalls Zinnminen 240

Coverack (CP) 224

Cowes 101

Crackington Haven 263

Crantock (CP) 251

Crediton 161

Crossways (CP) 142

Crowndale Farm 169

Croyde (CP) 267

Cuckmere Haven 70

Culver Cliff 104

Cury Cross Lanes (CP) 228

D

Dartmoor, Nationalpark 171

Dartmouth 189

Dartmouth Lower Ferry 189

Dart-Spiel 313

Decorated Style 11

Densole (CP) 51

Devon-Cream 152

Devon, Grafschaft 152

Devon Sea Captains 159, 194

Dickens, Charles 89

Ditchling 78

Dodman Point, Kap 216

Domesday Book 21, 25

Dorchester 140

Dorset, Grafschaft 132

Dover 39

Downend 109

Drake, Sir Francis 22, 170, 187, 194

du Maurier, Daphne 201, 206, 207, 208, 254, 257

Dunsford 165

Dunster Castle 275

Durdle Door 139

Dymchurch 54

E

Early English, Baustil 11

Eastbourne 59, 64

East Budleigh 156

East Looe (CP) 203

East Meon 95

Eden Project 210

Edward the Confessor, König 21

Elizabeth II., Königin 24

Elizabeth I., Königin 22, 27

Eurotunnel 50, 52

Excalibur, Schwert 258

Exeter 158

Exford (CP) 277

Exmoor National Park 276

Exmouth 156

Eype (CP) 149

F

Falmouth 221

Fawkes, Guy 22, 72, 279

Fishbourne 88

Flaxpool (CP) 279

Fletcher, John 56

Folkestone (CP) 50

Fowey 207
Freshwater (CP) 113
Fuller, John 63

G

Garten Englands 37
Gay, John 267
George I., König 23
Georgian Style 12
Glastonbury 280
Glendurgan Gardens 222
Glorious Revolution 19, 187
Glynde 68
Godmersham 50
Godshill 108
Goodwood House 87
Goonhavern (CP) 249
Gorran Haven 216
Gorran Haven (CP) 213
Gosport 94
Great Western Canal 163
Greenbottom (CP) 220
Greenway House 182, 187
Guillaume des Sens 11
Gunpowder Plot 279
Gweek 224

H

Habeas Corpus-Gesetz 22
Hadrian, Kaiser 20
Halsetown (CP) 246
Hambledon 94
Hambledon Cricket Club 94
Hampshire, Grafschaft 89
Hardy Monument 147
Hardy, Thomas 141
Hartland Abbey & Gardens 263
Hastings (CP) 59
Hayle (CP) 246
Haynes Motor Museum 283
Headland Garden 207
Heiliger Gral 280
Helston 223
Henry VIII., König 22, 26
Henry V., König 26
Hepworth, Dame Barbara 244
Hessenford 203
Hitchcock, Alfred 207
HMS Victory 90
Holmes, Sir Robert 112
Holton Heath (CP) 126

Holywell Bay (CP) 251
Hope 192
House of Commons 13
House of Lords 13
Hove 76
Howard, Admiral 26
Hugh Town 237
Hunter's Inn 271
Hythe 50

I

Ilfracombe 268
Industrielle Revolution 9
Irland 18
Isle of Portland 146
Isle of Purbeck 129
Isle of Wight 98
  Bahn 99
  Bus 99
  Fähren zur Isle of Wight 98
  Fahrrad 99
  Feste 100
  Round Island Circle, Autotour 100
  Wandern 99
Isle of Wight Donkey Sanctuary 108
Isle of Wight Steam Railway 103
Isles of Scilly 236

J

James, Henry 57
James II.. König 187
James I., König 22
Jones, Inigo 11
Joseph von Arimathäa 280
Jurassic Coast 139

K

Kathedrale von Salisbury 11
Kelten 17
Kennford (CP) 161
Kent, Grafschaft 37
Kenton 161
Kestle Mill 252
Kingsbridge 191
Kingston Lacy 133
Kipling, Rudyard 62, 78
Knightshayes Court and Gardens 163
Knowles Farm 108
Königreich Wessex 89
Kynance Cove 226

L

Lander, Richard und John 220
Landesnatur 15
Landrake (CP) 201
Land's End 232
Lanhydrock House & Gardens 257
Lanlivery (CP) 209
Lanyon Quoit 242
Lappa Valley Steam Railway 252
Launceston 259
Lawrence, Thomas Edward 137
Lawrence von Arabien 137
Lee-on-the-Solent bei Gosport (CP) 97
Le Nôtre, André 156
Lewes (CP) 70
Liskeard 209
Littleham 156
Littlehampton (CP) 82
Lizard, Halbinsel 201
Lizard Peninsula (CP) 225
Lizard Point 225
Logan Rock 236
Looe Island 205
Lord, Thomas 95
Lost Gardens of Heligan 215
Lostwithiel 209
Lullington 68
Lulworth 138
Lulworth Castle & Park 138
Lydford (CP) 168
Lyme Regis 150
Lymington 115
Lynmouth 271
Lynton (CP) 271
Lynton & Lynmouth Cliff Railway 272

M

Magna Carta 290
Magna Carta Libertatum 18
Maiden Castle 142
Malory, Thomas 259
Manderley House.
  Siehe Menabilly, Landsitz
Mansion Houses 11
Marconi Centre 227
Marconi, Guglielmo 108, 227

Marlie Holiday Park 58
Marlowe, Christopher 46
Marsh Mills (CP) 199
Martinmill (CP) 43
Marx, Karl 9
Mary Stuart 22
Mayflower,
    Auswandererschiff 195
Meanporth (CP) 223
Menabilly, Landsitz 208
Mên-an-tol 242
Merley (CP) 134
Merlin, Zauberer 258, 260
Merrivale Stone Rows 172
Mevagissey (CP) 215
Milford-on-Sea (CP) 115
Milton Abbas 135
Minack Theatre 235
Minehead 275
Modbury (CP) 193
Moorshop (CP) 169
Moreton (CP) 142
Mortehoe (CP) 269
Morvah 241
Mottistone 111
Mount Edgcumbe House
    202
Mousehole 232
Mullion 227
Mullion (CP) 228

N

National Seal Sancturay
    224
National Trail,
    Fernwanderweg 157
Nelson, Admiral 24, 27, 90
Neolithikum 17
Nepcot Green 79
Netley Abbey (CP) 122
Newbridge (CP) 112
Newchurch 109
New Forest 118
New Grimsby 237
Newhaven 68
Newlyn 232
New Milton (CP) 124
Newport 109
Newquay (CP) 249
New Romney (CP) 54
Newton Abbot (CP) 178
Newton St. Cyres 161
Normannen 18
Normannen-Könige 12
Normannische Könige 21
Normannischer Baustil 10

O

Obby Oss, Volksfest 254
Okehampton 168
Old Sarum Castle 292
Oldway Mansion 184
Orcheston (CP) 286
Osborne House 101
Ottery St. Mary 155
Overbeck's National Trust
    Gardens & Museum
    192
Owermoigne (CP) 142

P

Padstow (CP) 253
Paignton 183
Paignton & Dartmouth
    Steam Railway 183
Paine, Thomas 71
Palladian Style 11
Parlamentarische Etikette
    14
Parham House 81
Parr, Catherine 27
Pencarrow House and
    Gardens 255
Pentewan (CP) 212
Penwith, Halbinsel 201,
    230
Penzance 230
Perpendicular Styl 11
Perranporth (CP) 248
Peter Tavy (CP) 169
Petworth House 84
Peveney Bay (CP) 65
Pevensey (CP) 64
*Pilcher, Rosamunde 156,
    170, 174, 220, 229, 233,
    243, 253, 265*
Pilgrim Fathers 22, 121,
    194
Plantagenet-Könige 12
Plymouth 194
Poldark Mine 223
Polegate bei Eastbourne
    (CP) 66
Polperro 206
Polruan 207
Pommeroy Castle 186
Pool 248
Poole 126
Porlock (CP) 274
Porlock Weir 274
Portchester 94
Porthcurno (CP) 234
Portsmouth 89

Poundbury 142
Poundstock (CP) 264
Powderham Castle 161
Prawle Point, Kap 191
Princetown (CP) 172
Prinz Charles 12
Pulborough 81

Q

Quarr Abbey 102
*Quiller-Couch, Sir Arthur
    200, 207, 216, 217*

R

Redruth 246
Rejerrah (CP) 249
Renaissance 11
Restormel Castle 209
River Dart Country Park
    175
Rodmell 72
Rolls, Charles 43
Romanik 11
Römer 10, 17, 20
Rosenkrieg 21
Rosudgeon (CP) 230
Rowlings, J. K. 156
Royal Yacht Squadron 101
Ryde (CP) 103
Rye (CP) 55

S

Salcombe (CP) 192
Salcombe Hill 155
Salisbury (CP) 286
Saltash 201
Saltwood 53
Saxon-Könige 12
Schlacht von Hastings 25
Schmuggelwesen 221
Schmuggler in Cornwall
    256
Schottland 18
Scilly Inseln. *Siehe* Isles
    of Scilly
Seaford 68
Seaton (CP) 153
Seatown (CP) 150
Seeschlacht bei Trafalgar.
    Siehe Trafalgar,
    Seeschlacht
Selsey Bill 87
Selsey (CP) 87
Sennen (CP) 234
Seven Sisters Country
    Park 70

Seymor, Jane 27
Shaftesbury 135
Shakespeare Cliffs 42
Shaldon 179
Shanklin Chine 106
Shanklin (CP) 105
Sheffield Park 78
Sherborne 143
Shoreham-by-Sea 79
Sidmouth 154
Singer, Isaac Merritt 184
Singleton 87
Sir Walter Raleigh 156
Slapton Sands 191
Somerset Maugham, William 45
Southampton 119
South Downs Way, Wanderweg 80
South Hallsands 191
Southsea (CP) 97
South West Coast Path 157
Spanische Armada 26
Sparkford 283
Sparkford (CP) 282
„Splendid Isolation" 19
Staatswappen 16
St. Agnes (CP) 248
St. Agnes, Scilly Insel 238
St. Austell 211
St. Boniface, Heiliger 162
St. Bryher. Scilly Insel 238
St. Buryan (CP) 234
St. Catherine's Point 107
St. Columb (CP) 251
St. Ives Bay Holiday Park 247
St. Ives (CP) 243
St. Just-in-Penwith 239
St. Just-in Roseland (CP) 219
St. Martin (CP) 205
St Martin's, Scilly Insel 237
St. Mary's, Scilly Insel 237
St. Mawes 218
St. Michael's Mount 228
Stoke Fleming 191
Stoke Gabriel (CP) 184
Stonehenge 10, 283
Stuart-Könige 13
Sussex, Grafschaft 38
Swanage (CP) 131

T

Tarr Steps 277
Taunton (CP) 280

Tavistock (CP) 168
Teignmouth 179
Tennyson, Alfred 53
Tennyson Down 111
Tennyson, Frederick, Dichter 111
Tennyson, Lord Alfred 82
Tenterden 54
The Beacon (CP) 248
The Declaration of Rights 23
The Needles, Kreidefelsen 111
The Salavation Army 23
Tintagel (CP) 259
Tiverton 162
Torquay 179
Totnes (CP) 185
Tout Quarry 146
Trafalgar, Seeschlacht 27, 90
Trebah Garden 222
Trelissick Gardens 219
Trerice House 252
Tresco, Scilly Insel 237
Trevithick, Richard 246
Trewellard 241
Truro 219
Tudor-Könige 13
Turner, Joseph Mallord William 82
Turner, William 84

U

Uckfield 78
Union Jack 16
Uplyme (CP) 152
Upton Towans (CP) 247

V

Ventnor 106
Veryan (CP) 218
Victoria, Königin 24, 101
Viktorianisches Zeitalter 12

W

Wales 18
Wandteppich von Bayeux 88
Wareham 129
Washington (CP) 80
Webb, Captain Matthew 43
Wells 280
Wendron 223
West Country 164
West Grinstead 81
West Looe (CP) 203

West Lulworth (CP) 138
West Meon 95
Weston (CP) 155
West Wittering 88
Weymouth 144
Whitfiled 42
Wickham 96
Widecombe-in-the-Moor 174
Wikinger 18
Wildlife and Dinosaur Park 270
Wilhelm der Eroberer. Siehe William the Conqueror
Wilhelm II., Kaiser 101
William III. of Orange, König 187
William I., König. Siehe William the Conqueror
William the Conqueror 21, 25, 61, 64
Wilmington 66
Wilton 292
Wimborne Minster (CP) 133
Winchelsea 58
Winchester (CP) 293
Windsor-Könige 13
Winsford (CP) 277
Woodbury (CP) 161
Wood, John 12
Woody Bay Station 271
Wool (CP) 138
Woolf, Virginia 72
Worthing (CP) 79
Wren, Sir Christopher 11
Wroxall (CP) 108
Wykham, William of 95

Y

Yarmouth 112
Yeovil 281

Z

Zennor 242
Zinnminen. *Siehe* Cornwalls Zinnminen
Zone Point, Kap 219
Zweiter Weltkrieg 27

Mobil Reisen - Wohnmobilführer und Tourenbücher

Warum Reiseführer aus dem Werner Rau Verlag?

Ein großes, nahezu unübersehbares Reiseführer-Angebot erwartet Sie inzwischen im Handel. Warum sollten also gerade Reiseführer aus dem Werner Rau Verlag die richtige Entscheidung für Sie sein? Eine gute Frage… Gerne gebe ich Ihnen darauf eine Antwort:

Schon seit den 70er-Jahren begeistere ich mich fürs Wohnmobil-Touring und verfasse seit Beginn der 80er-Jahre Reiseführer für alle, die Land und Leute gerne auf eigene Faust entdecken wollen. Jahrzehnte lange Reiseerfahrungen in fast allen europäischen und zahlreichen außereuropäischen Ländern, die auf den vielen Reisen gesammelt wurden, ist Ergebnis im Konzept meiner Reiseführer.

Einfach einsteigen, losfahren und entspannt die Tour genießen! Das wäre doch ideal, war mein Gedanke. Und genau das möchte ich mit meinen „MOBIL REISEN"-Tourenbüchern Ihnen zur Verfügung stellen. Mein Ziel ist es, kompetente und in allen Bereichen aktuell informative Reiseführer anzubieten.

Zusammen mit bewährten Tourenvorschlägen und Reisetipps bieten meine Reiseführer nicht nur umfangreiche Infos zu den schönsten Reiserouten mit GPS-Koordinaten, sondern zudem eine gelungene Mischung aus zeitgemäßer Information, Kultur und aktuellen Tipps für täglich neue Reiseerlebnisse mit umfangreichen Hinweisen zu Campings und Wohnmobil-Stellplätzen auf zeitgemäß aktualisiertem Stand.

Einer der vielen Vorteile unserer Reiseführer-Reihe ist, dass Sie durch in den Büchern vorgeschlagenen Routen sich Ihre eigene, ganz individuelle Reise-Tour zusammenstellen können.

Fast alle Tourenvorschläge, jeder mit einer eigenen Übersichtskarte versehen, sind so gewählt, dass sie an einem Tag erlebt werden können. Und alle beschriebenen Touren sind Vorschläge, an die Sie sich aber nicht nach Vorgabe halten müssen. Sie haben jederzeit die Freiheit, die Touren ganz nach Ihrer Wahl zu gestalten. Dabei sind die entsprechenden Info-Tabellen zu den jeweiligen Touren eine große Hilfe. Vor Ihrer geplanten Tour haben Sie darin übersichtliche Informationen, welche die Reisehöhepunkte hervorheben, Länge der Tour nennen und auch die eventuelle Reisedauer beschreiben. Und wenn Sie diese Info-Tabelle überschauen, wissen Sie schon, ohne viel hin- und her- zu blättern, was Sie auf der ausgewählten Tour an Reisehöhepunkten, Zeitaufwand und Entfernungen erwartet. Damit können Sie unsere Tourenvorschläge ganz problemlos nach Ihren eigenen Vorstellungen zu einer persönlich individuellen Reise zusammenstellen.

Rau's Reise- und Tourenbücher mit dem erfolgreichen Konzept ‚Mobile Touring Highlights' sind handliche, praktische Reiseführer, optimal geeignet für individuelles Wohnmobil-, Auto-, Caravan- und VanCamper-Touring - mit Kompetenz aus erster Hand. Einfach einsteigen, losfahren und genießen!

Zu fast allen meinen Wohnmobilführern können Sie beim Verlag ein GPS-Roadbook auf CD bestellen, mit GPS Koordinaten zu wichtigen Wegpunkten und zu fast allen im Reiseführer erwähnten Camping- und Wohnmobil-Stellplätzen.

Vergnügten Reisegenuss wünscht Ihnen

Ihr Werner Rau

Hier geht's direkt zu meiner Webseite www.rau-verlag.de.

MOBIL REISEN

NIX WIE RAUS!

Rau's Reiseführer – die gelungene Mischung aus kompetentem Reiseführer, Tourenbuch, Camping- und Stellplatzführer.

Erlebnisreiche Reisen mit Wohnmobil, Caravan oder Van-Camper.

Mobil Reisen: BALTIKUM
Die schönsten Reiserouten, kombiniert zu einer erlebnisreichen Tour durch alle drei baltischen Länder - Litauen, Lettland und Estland. Mit einem Abstecher nach Kaliningrad. Reisetipps in Fülle. Plus Vorschläge zu sechs Radtouren.
Mit Wohnmobil-Stellplätzen u. Campingplätzen.
Von Michael Moll, 288 S., zahlr. Farbfotos, Karten und Stadtpläne.
ISBN 978-3-926145-72-7. € 19,90.
GPS-Roadbook-CD mit Navigationskoordinaten verfügbar!

Mobil Reisen: BRETAGNE
Ein individueller Reiseführer mit Routenvorschlägen, ausgesuchten Touren für eine Reise von Nantes bis ans „Ende der Welt", der Finistère an die bretonische Atlantikküste. Historisches, Amüsantes, Kulinarisches und natürlich viele praktische Reisetipps. Jetzt mit noch mehr Wohnmobil-Stellplätzen.
Mit vor Ort erfassten GPS-Koordinaten.
336 S., zahlr. Farbfotos, Karten, Stadtpläne, Hotels, Campingplätze sowie viele Infos und Reisetipps.
ISBN 978-3-926145-78-9. € 19,90.
GPS-Roadbook-CD mit Navigationskoordinaten verfügbar!

Mobil Reisen: ENGLAND SÜD
Von den weißen Felsen von Dover über lebhafte Seebäder bis hinaus an die abgeschiedene, wilde Küste von Cornwall. Wandern auf den herrlichen Küstenwegen und Klippenpfaden, den Schauplätzen aus Pilcher-Filmen nachspüren, in prächtigen Gärten schwelgen oder lieber gemütlich in einem uralten Pub verweilen, in dem sich schon die Schmuggler früherer Tage die Klinke in die Hand gaben? Dieser Reiseführer sagt Ihnen, wo's lang geht. Mit vor Ort erfassten GPS-Koordinaten.
348 S., zahlr. Farb-Abb., Karten, Stadtpläne, Pubs, sowie viele Infos und die schönsten Campingplätze.
ISBN 978-3-926145-86-4. € 22,90.
GPS-Roadbook-CD mit Navigationskoordinaten verfügbar!

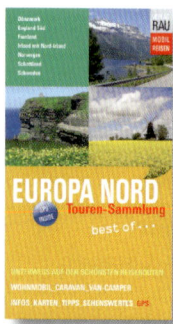

Mobil Reisen: EUROPA NORD

Wohin im nächsten Urlaub? Diese Sammlung der schönsten Wohn-mobil-Touren durch Europas Norden gibt jede Menge Tipps. Erleben Sie auf den schönsten Reisewegen Touring Highlights in Dänemarks Jütland, in Englands Süden, in Finnland, in Irland und Nordirland, in Norwegens Fjordwelt und auf den Lofoten, in Schottland und in Südschweden.

Mit einladenden Camping- und Stellplätzen und mit vor Ort erfass-ten GPS-Koordinaten.

Ca. 288 Seiten, zahlr. Farbfotos, Karten, Stadtpläne.
ISBN 978-3-926145-82-6. EUR 22,90.

Mobil Reisen: GRIECHENLAND

Aus der Reisepraxis für die Reisepraxis geschrieben. Ein Reisehandbuch mit Routen, Touren und Reisetipps fürs Reisemobil-Touring.

Eine Fülle von Routenvorschlägen führt Sie durch alle Regionen Fest-landgriechenlands, von den Badestränden der Chalkidiki-Halbinsel bis in den Süden der Peloponnes-Halbinsel und natürlich zu allen archäo-logischen Stätten.

Mit vor Ort erfassten GPS-Navigationskoordinaten!
312 S., zahlr. Farbfotos; Karten, Stadt- u. Lagepläne, Stadtspaziergänge, Hotels und die schönsten Campingplätze.
ISBN 978-3-926145-80-2. € 19,90.

GPS-Roadbook-CD mit Navigationskoordinaten verfügbar!

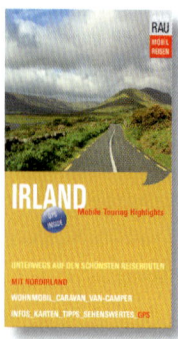

Mobil Reisen: IRLAND – Mit Nordirland

Der ideale Urlaubsführer für alle, die den Charme der "Grünen Insel" auf eigene Faust entdecken wollen. Ausgesuchte Routenvorschläge fürs Wohnmobil-Touring von den südlichen Counties über die imposante Westküste bis hinauf ins abgeschiedene Donegal und durch Nordirland. Ausführlicher Dublin- und Belfast-Teil mit detaillierten Rundgängen. Kultur, Folklore, Tipps zu Pubs, Wandermöglichkeiten.

Mit vor Ort erfassten GPS-Navigationskoordinaten!
408 S., zahlr. Farbfotos, Karten, Stadtpläne, Hotels, viele Infos und die schönsten Campingplätze.
ISBN 978-3-926145-84-0. € 22,90.

GPS-Roadbook-CD mit Navigationskoordinaten verfügbar!

Mobil Reisen: ITALIEN SÜD

Italiens Süden hat viel mehr zu bieten als Sonne, Strand und Meer. Erleben Sie auf den schönsten Reisewegen die süditalienische Regi-on Apulien mit dem hübschen Zentrum der Trullibehausungen und dem imposanten Stauferschloss Castel del Monte, die prächtige Küste der Halbinsel Gargano, sowie die einladendsten Plätze in Kalabrien. Und lernen Sie die Touring Highlights der Basilikata kennen. Natürlich fehlt auch ein Abstecher nach Paestum nicht. Neben jeder Menge an Reisetipps und Sehenswürdigkeiten finden Sie in diesem Tourenbuch eine Vielzahl von Camping- und Wohnmobilstellplätzen sowie vor Ort erfasste GPS-Koordinaten.

240 Seiten. Zahlr. Farbotos, Karten u. Pläne sowie eine Fülle an Tipps.
ISBN 978-3-926145-83-3. € 22,90.

GPS-Roadbook-CD mit Navigationskoordinaten verfügbar!

Mobil Reisen: KROATIEN

Istrien, die Dalmatinische Küste und Kroatiens herrliche Adriainseln auf den schönsten Reisewegen erleben. Dieses praktische Reisehandbuch sagt Ihnen, wo's lang geht. U. a. mit Inseln Cres, Lošinj, Krk, Rab, Pag, Hvar, Korčula u. a., Makarska Riviera, Krka-Wässerfälle, Dubrovnik, Plitvicer Seen, Zagreb, sowie mit einer Fülle an Reisetipps, Infos zu Hotels und jede Menge Campingplätze.
Mit vor Ort erfassten GPS-Koordinaten.
264 S., zahlreiche Farbfotos, Karten, Stadtpläne, Stadtspaziergänge.
ISBN 978-3-926145-81-9. € 18,90.
GPS-Roadbook-CD mit Navigationskoordinaten verfügbar!

Mobil Reisen: LOIRETAL

Komplett überarbeitet, aktualisiert! Noch mehr Womo-Stellplätze!
Die schönsten Reisewege durch das Herz Frankreichs, der Landschaft, in der es sich leben lässt „wie Gott in Frankreich". Nicht umsonst entstanden hier die prächtigsten Schlösser Frankreichs. Aber auch wer weniger das Historische als viel mehr kulinarische Erlebnisse sucht, wird in der Gegend um das Loiretal auf seine Kosten kommen. Und dieser Reiseführer sagt Ihnen wo's lang geht. Mit vielen Wohnmobil-Stellplätzen und mit vor Ort erfassten GPS-Navigationskoordinaten!
282 S., zahlr. Farbfotos, Karten, Stadtpläne, sowie viele Infos und die schönsten Camping- und Wohnmobilstellplätze.
ISBN 978-3-926145-85-7. € 19,90.
GPS-Roadbook-CD mit Navigationskoordinaten verfügbar!

Mobil Reisen: NORWEGEN – Reisewege zum Nordkap

Komplett überarbeitet! Aktualisiert! Noch mehr Womo-Stellplätze!
Neue Touren und zusätzliche Routen! Noch übersichtlicher!
Jetzt mit praktischen „Tourenpaketen" zum Kombinieren, wie z. B. „Südnorwegen","Gletscher, Fjells und Fjorde" oder „Finnmark und Nordkap". Durchgehend farbig und noch mehr Fotos und Karten!
Verlässliche Kompetenz aus langjähriger Reiseerfahrung.
Mit vor Ort erfassten GPS-Koordinaten.
408 S., Stadtrundgänge, Wandervorschläge, viele Farbfotos, Karten, Stadtpläne, Hotels, sowie Reise-Infos in Fülle, dazu über 200 Campingplätze und zahlr. Stellplätze.
ISBN 978-3-926145-77-2. € 22,90.
GPS-Roadbook-CD mit Navigationskoordinaten verfügbar!

Mobil Reisen: OSTSEE-RUNDE

Auf überlegt ausgesuchten Routen und Touren die schönsten Gegenden Pommerns und Masurens, wunderschöne baltische Städte wie Vilnius, Riga und Tallinn, sowie die russische Perle Sankt Petersburg erleben. Reisen Sie über Finnland, Schweden und die dänische Insel Seeland zurück. Dieser Reiseführer hilft – ob Wohnmobil-Tourer, Caravaner, Autourlauber oder Motorbiker – sowohl bei der Vorbereitung als auch auf der Reise unterwegs. Ein unvergessliches Reiseerlebnis!
396 S., Stadtrundgänge, zahlr. Farbfotos, Karten, Stadtpläne, Hotels, sowie viele Infos und die schönsten Camping- und Wohnmobil-Stellplätze.
ISBN 978-3-926145-75-8. € 22,90.
GPS-Roadbook-CD mit Navigationskoordinaten verfügbar!

Mobil Reisen: POLEN

Polen bequem auf eigene Faust kennen lernen. Über die Sudeten und über Schlesien, weiter durch die Karpaten, Zentral- und Ostpolen mit einem ausführlichen Teil über die Hauptstadt Warschau, durch Ermland, die Masurische Seenplatte, durchs Lebuser Land und über Pommern schließlich bis zur Ostseeküste. Alles in bequem nachvollziehbaren Reiserouten beschrieben.

Von Michael Moll, 240 S., viele Farbfotos; Karten, Stadt- u. Lagepläne, Stadtspaziergänge, Hotels und die schönsten Campingplätze.
ISBN 978-3-926145-73-4. € 19,90.

Mobil Reisen: PORTUGAL

Gesamt Portugal, vom grünen Norden bis zur sonnigen Algarveküste, vom kargen, ursprünglichen Alto Alentejo bis zu den Seebädern am Atlantik beschreibt dieser Band auf leicht nachvollziehbaren Touren, die einen kompletten Eindruck von diesem überaus interessanten Reiseland vermitteln. Besonders ausführlich die Weinstadt Porto und natürlich Lissabon, eine der schönsten Hauptstädte Europas.

Mit vor Ort erfassten GPS-Koordinaten.

300 S., zahlr. Farbfotos, Karten, Stadtpläne, Hotels, sowie viele Infos und die schönsten Campingplätze.
ISBN 978-3-926145-64-2. € 19,90.

GPS-Roadbook-CD mit Navigationskoordinaten verfügbar!

Mobil Reisen: SCHOTTLAND

Schottland auf neuen Wegen erleben. Eine variantenreiche Rundreise – von den Borders bis zu den Highlands, von den Western Isles bis zu den Orkneys. Detaillierte Beschreibung von Edinburgh, Glasgow, allen wichtigen Städten, Schlössern und Landschaften.

Außerdem Essen und Trinken, Whisky, Clans, Tartans und Dudelsäcke, Wandern u.v.m.

336 S., zahlr. Farbfotos., Karten, Stadtpläne, Hotels, sowie viele Infos und die schönsten Campingplätze mit GPS-Koordinaten.
ISBN 978-3-926145-79-6. € 19,90.

GPS-Roadbook-CD mit Navigationskoordinaten verfügbar!

Mobil Reisen: SCHWEDEN - Mit Inseln Öland und Gotland

Komplett überarbeitet, aktualisiert! Noch mehr Wohnmobil-Stellplätze! 22 sorgfältig ausgewählte, vor Ort getestete Reise(mobil)routen und Autotouren durch die schönsten Landschaften, Städte und Regionen. Mit vielen Reisetipps und Informationen über Sehenswertes vom südlichen Schonen bis Lappland. Mit ausführlichem Stockholm-Teil, Stadtrundgänge u. a. durch Helsingborg, Göteborg, Uppsala, Kalmar, sowie die Inseln Öland und Gotland. Mit vor Ort erfassten GPS-Koordinaten. 336 S., zahlr. Farbfotos, Karten, Stadtpläne, Hotels, sowie viele Infos und die schönsten Campingplätze. Mit Wohnmobil-Stellplätzen.
ISBN 978-3-926145-74-1. € 22,90.

GPS-Roadbook-CD mit Navigationskoordinaten verfügbar!

Mobil Reisen: SKANDINAVIEN
Reiseziel Nordkap
Die große Tour zum Nordkap in bequem zu kombinierenden Reiserouten. Mit neuen Touren und vielen Streckenvarianten durch alle vier nordischen Länder – Dänemark, Norwegen, Schweden und Finnland. Ausführliche Beschreibung der Hauptstädte. Übersichtlich, informativ, kompetent. Mit vor Ort erfassten GPS-Koordinaten.
408 S., zahlr. Farbfotos, Karten, Stadtpläne, Hotels, sowie viele Infos und die schönsten Campingplätze und viele Wohnmobil-Stellplätze.
ISBN 978-3-926145-71-0. € 22,90.
GPS-Roadbook-CD mit Navigationskoordinaten verfügbar!

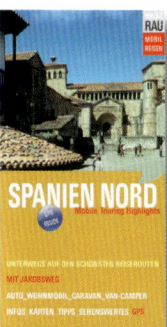

Mobil Reisen: SPANIEN NORD
Spaniens Norden von den Stränden der Costa Brava über die Pyrenäen, durch das grüne Galicien mit dem Pilgerziel Santiago de Compostela bis ins Herz Kastiliens mit den Hochburgen von Kunst, Kultur und Geschichte wie Salamanca oder Segovia.
Ausführlich: **Der Jakobsweg**. Hotels, Restaurants und die schönsten Campingplätze. Mit vor Ort erfassten GPS-Koordinaten.
283 S., zahlr. Farbfotos; Karten und Stadtpläne.
ISBN 978-3-926145-63-5. € 19,90.
GPS-Roadbook-CD mit Navigationskoordinaten verfügbar!

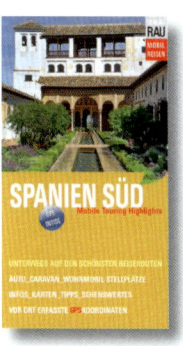

Mobil Reisen: SPANIEN SÜD
Eine gelungene Mischung aus Kunst, Kultur, Information und Reisetipps. Ein kompletter Reiseführer, der mehr als nur Routen und Touren bietet. Vom Mittelmeer ins Herz Kastiliens, auf den Spuren der Conquistadores, weiße Dörfer, maurische Paläste und der sonnige Süden Andalusiens.
PLUS: Madrid City Guide.
Mit vor Ort erfassten GPS-Koordinaten.
312 S., zahlreiche Farbfotos, Karten und Stadtpläne. Stadtspaziergänge, Hotels, Paradores, Campings, Wohnmobil-Stellplätze u. v. m.
ISBN 978-3-926145-69-7. € 22,90.
GPS-Roadbook-CD mit Navigationskoordinaten verfügbar.

Mobil Reisen: UMBRIEN, MARKEN
Mit San Marino
Auf den schönsten Reiserouten durch die mittelitalienischen Regionen Umbrien und Marken. Reisen Sie von der sehenswerten Hauptstadt Umbriens Perugia über das prächtig gelegene Orvieto bis an die Ufer des Lago di Bolsena, weiter über die einladenden Höhen der Sibellinischen Berge an die adriatische Küste und in die älteste Republik Europas, San Marino. Mit vor Ort erfassten GPS Koordinaten.
240 S., zahlr. Farbfotos, Hotels, Restaurants, Camping- u. Reisemobil-Stellplätze, Kartenskizzen, Stadtpläne und viele Infos.
ISBN 978-3-926145-76-5. € 19,90.
GPS-Roadbook-CD mit Navigationskoordinaten verfügbar.

Außerdem sind in der Reihe „Mobil Reisen" erschienen:

Dänemark

Finnland

Korsika

Toskana

Sardinien

Sizilien

Weitere Titel sind in Vorbereitung!

Fragen Sie im Buchhandel nach unseren aktuellen Neuerscheinungen.

Oder besuchen Sie uns im Internet:

https://www.rau-verlag.de

http://www.mobil-reisen.eu

WERNER RAU VERLAG, Feldbergstraße 54, D - 70569 Stuttgart

www.rau-verlag.de – e-mail: info@rau-verlag.de